加泰罗尼亚旅游路线图

路线31
坎普罗顿谷和利比斯谷
La vall de Camprodon i la vall de Ribes
第306页
路线20
阿特恩波尔达
Alt Empordà
第214页
路线32
从加洛特夏火山地区到埃斯坦尼平原
De la zona volcànica de la Garrotxa al Pla de l'Estany
第314页
路线16
撒乌水库和科萨加布拉
El pantà de Sau i el Collsacabra
第182页
路线17
基罗那
Girona
第190页
路线 21
安堡达奈
L'Empordanet
第224页
路线18
汹涌海岸
La Costa Brava
第200页
路线15
蒙特塞尼
El Montseny
第176页
路线19
拉塞尔瓦
La Selva
第208页
路线14
东瓦耶斯
El Vallès Oriental
第170页
路线11
西瓦耶斯
El Vallès Occidental
第148页
路线8
马莱斯梅
Maresme
第124页
路线9
约布雷加特三角洲
El Delta del Llobregat
第132页
游览巴塞罗那的7条旅游路线
路线1
老城：哥特区，大教堂和古海岸区
El barri gòtic i la Catedral, i el barri de la Ribera 第38页
路线2
兰布拉步行大道
La Rambla 第50页
路线3
现代主义的扩展
Eixample modernista 第60页
路线4
安东尼·高迪
Antoni Gaudí 第70页
路线5
蒙卓伊克山
La muntanya de Montjuïc 第80页
路线6
临海区
De cara al mar 第90页
路线7
康乐休闲地
Altres llocs d'interès 第108页
N

巴塞罗那及其周边

加泰罗尼亚40个最美丽的地方

Now Books 著
卢晓为等译

now BOOKS
暨南大学出版社
Jinan University Press
CATALUNYA TURISME

加泰罗尼亚地理位置图

赫尔辛基
塔林
斯德哥尔摩
莫斯科
波罗的海
里加
维尔纽斯
明斯克
华沙
柏林
基辅
布拉格
布拉迪斯拉发
基希讷乌
维也纳
布达佩斯
黑海
布尔雅那
布加勒斯特
贝尔格莱德
萨格勒布
萨拉热窝
索非亚
波德戈里察
斯科普里
罗马
地拉那
雅典
海
GS（2007）030号
瓦来塔

巴塞罗那及其周边

图书在版编目（CIP）数据

巴塞罗那及其周边：加泰罗尼亚地区40个最美丽的地方 / Now Books著，
卢晓为等译. —广州：暨南大学出版社，2006.12
ISBN 7-81079-467-1

Ⅰ.巴… Ⅱ.①N…② 卢… Ⅲ.旅游指南–加泰罗尼亚 Ⅳ.K 955. 19

中国版本图书馆CIP数据核字（2006）第154134号

翻译人员：
卢晓为 刘景芳 罗慧玲 张琳 黄锦炎 高远 褚诗薇 张红颖 苏婧 殷西陵 张珍珍 张志智
夏念 曹卿云 王萌萌

责任编辑：刘蔚绥 陈涛 周玉宏 侯丽庆
特邀编辑：Annabel Olivé 谭丽华 颜庭祺
特邀校对：姚毅 刘晓飞 林霄
版面设计：安霞

出版发行：暨南大学出版社
地 址：中国广州暨南大学
电 话：总编室（8620）85221601
营销部（8620）85227972 85220602（邮购）
传 真：（8620）85221583（办公室）85223774（营销部）
邮 编：510630
网 址：http://www.jnupress.com http://press.jnu.edu.cn

Consorci Turisme de Catalunya（加泰罗尼亚旅游局）赞助协作

出版协作：Now Books
Now Books 是Grup Cultura03集团成员之一
C. Corders 22–28
08911 Badalona (Barcelona)
Tel.：（0034）933 899 460
info@cultura03.com

图片: Paco Sánchez i Edgar de Puy (Georama)
第76页图片：agefotostock © Xavier Florensa
第78页图片：agefotostock © Jordi Trulas
第180页图片：Fototeca.cat-R.Manent
第251页图片：© Iñaki Relanzón
图片数码处理：Anibal Trejo (Georama)
书中地图系作者原图

印 刷：广州市恒远彩印有限公司
开 本：787mm x 960mm 1/24
印 张：16.75
字 数：950千
版 次：2006年12月第1版
印 次：2006年12月第1次

定 价：48.00元

（暨大版图书如有印装质量问题，请与出版社总编室联系调换）

序言

虽然为了准备这次中国之行我已经筋疲力尽，但是，对这次旅行的期待和好奇还是让我在飞机的座位上翻来覆去无法入睡。对于我，中国是个既陌生又神秘的国度，而我将在那里待上六个月。我一次又一次地在脑海里描绘中国的形象，想象着我将在中国度过的日日夜夜。最后我还是睡着了。当我到达的时候，我还没有完全清醒过来。在我面前出现了一幅热闹非凡的画面，那是我在飞机上根本没能想象到的景象：到处车水马龙，人声鼎沸；繁花似锦，奇果飘香；人来人往，充满活力……这就是广州，而我马上就爱上了这座城市。

六个月后，这个第一印象就深深地留在我的脑海里，一辈子也不会忘记。而在这段日子里，我也一直在想，我的故乡，西班牙加泰罗尼亚地区，也一定会让中国游客从一开始就喜欢上。因为这里汇集了古罗马、阿拉伯和犹太等多个民族的文化，它们在各个城市的大街小巷留下了深刻的烙印；一年四季则给田野披上色彩丰富的外衣；海边渔村海味的鲜甜；当然还有加泰罗尼亚的民间艺术、古老传统、美食佳酿……这一切都会带给中国客人一个又一个的惊喜。

中国幅员广阔，景色丰富多变，团结的多民族的文化和语言造就了其民族特性和文化多样性。我的故乡，虽然不像中国那么辽阔，但是，它的景色也同样呈现多样性，它的语言也包含多种方言。

在这本《巴塞罗那及其周边》里，囊括了加泰罗尼亚地区的40条线路，其目的是让人们详详细细地游遍加泰罗尼亚大地的各个角落。但是，这本指南的首要目的还是为不同的游人量身定做一个实用的旅游参考工具。因此，我冒昧地提出一些意见和建议，供旅程长短不一的游人参考：

两天：不要错过游览首府巴塞罗那（1-7线路），这是一座面向大海的现代大都市。

一个星期：欣赏美丽的加泰罗尼亚海边（8、10、18、34线路）或者游览某个省府（17、33、35线路）。

两个星期：走进我们景色独特的山区（15、22-27、29线路）或者考虑其他旅游选择，如三角洲（38线路）或者罗马时期的修道院（35线路）。

我热切地希望中国的客人能够细细体会我的故乡，用全身心来感受这40条线路提供的新感受。我曾仔细观察过我的一对朋友，他是来自加泰罗尼亚地区的塔拉戈纳人，而她则是中国西安人，他们的完美结合让我深深领会到中西之间人民存在着互相欣赏、互通有无的愿望。这更能使加泰罗尼亚人的中国之行或者中国人的加泰罗尼亚之行成为终身难忘的体验。

但愿中国的神秘不断地征服我，也但愿加泰罗尼亚让中国客人梦想成真。

编者：安娜贝尔·奥利维（Annabel Olivé）

目录

怎样使用这本导游手册

本导游手册的用法有两种：

一是按照每条路线的景点编排顺序来阅读；

二是根据本书最后索引的地名，查找想去的目的地。

每一条路线的相关内容安排在6-8页的空间里，尽可能把读者需要的信息都奉上。

每条路线在开始都附有一幅地图，上面标有该路线包括的旅游景点。此外，还有一个信息框，标明每个景点之间的公里数，和游览这些景点所需要的时间。

每个景点都有区分级别。

例如：*** 不容错过的；

** 非常有趣的；

* 有趣的；

无*号：如果有时间还是值得一看的。

每个景点都附有实用信息，列出旅游信息咨询点、电话、交通工具等，具体请看下面的识别标识：

* 表示每个地方的重要性
- 火车站
- 机场
- 地方首要节日
- 旅游信息咨询点
- 电话
- 时刻表
- 做弥撒的时间
- 的士
- 公共汽车
- 参观展览
- 门票价格
- 咖啡馆
- 餐馆
- 餐厅
- 巴塞罗那地铁站
- 加泰罗尼亚自治区铁路
- 国家铁路
- 价钱
- 停车场
- 游泳池

最后，每条路线结尾处有一个“实用向导”方块，提供餐饮、住宿或其他名胜的介绍等指引。

走进加泰罗尼亚

走进加泰罗尼亚

地理概况

地理位置

加泰罗尼亚地区位于伊比利亚半岛东北部。北部与法国和安道尔接壤，西部和阿拉贡地区相连，南部毗邻瓦伦西亚地区，东部紧靠地中海。

地貌特征

多元化是这片地区的主要特征。这是一片多山的地区，同时又拥有长达580公里的海岸线。这里有海拔超过3000米的山峰（例如比利牛斯山的好几个峰），高山气候和植被的特征明显。这里有大陆性气候的平原地区，像拥有多礁石的小海湾的比克平原（Vic）；这里还有许多沙质细腻的优良海滩，属于温和的地中海式气候地区。

高山

这一地区最重要的两个山系分别是北部的比利牛斯山（Pirineus）和地中海沿岸的沿海山系（又称“加泰罗尼亚——地中海”山系）。

中心盆地（Depresió Central）则位于两大山系中间。

比利牛斯山脉：这座巨大的屏障将伊比利亚半岛和欧洲大陆分隔开来。它西起阿兰谷（Val d'Aran），东至阿尔贝拉山（serra de l'Albera），绵延230公里。它的最高山峰——艾斯塔斯峰（Pica d'Estats）位于此山脉的最西部，海拔3145米。从艾斯塔斯峰往东，比利牛斯山的海拔高度逐渐降低，直到最后在克鲁斯角（cap de Creus）与大海融为一体。

临海山脉：这是一座走向与海岸线平行的山脉，海拔较低，从东北向西南蜿蜒150公里，从恩波达（Empordà）一直到巴伊斯佩内德斯（Baix Penedès）。其中著名的山有：戈瓦莱斯山（Gavarres）、黑山（el Montnegre）、考莱多山（Corredor）、科塞罗拉山（Collserola）和加拉夫山（Garraf），其中最高峰在蒙特纳戈莱山上，海拔763米。

沿海山脉：此山脉总体走向为自东北往西南，南北共跨越了250公里，中间被一片靠海低地分隔开来。

它起于北部的横向山脉（serralada Transversal），止于南部的伊比利亚山脉（serralada Ibèrica）。此山脉包括基耶里斯山（Guilleries）、蒙特塞尼山（Montseny）、蒙特塞拉山（Montser-

加泰罗尼亚地形图

rat)，其中以蒙特塞尼山的图洛德奥梅峰(Turó de l'Home)最高，海拔1706米。

横向山脉：群山方圆625平方公里，主要呈西北东南走向，连接比利牛斯山脉和临海山脉。山体的绝大部分占据了加洛萨(la Garrotxa)的南部，同时也覆盖了其他一些地区。

中心盆地：这是埃布罗河(Ebre)低地在加泰罗尼亚的部分。它由以下几块平原构成，即塞格利阿平原(el Segrià)、乌捷尔平原(l'Urgell)、比克平原(Vic)。其中还包括被山峰环绕的高原，比如俞卡奈斯高原(Lluçanès)和莫伊阿奈斯高原(Moianès)。

河流

大部分流经加泰罗尼亚地区的河流最后都注入地中海，例如穆加河(Muga)、佛卢比阿河(Fluvià)、德尔河(Ter)、多德拉河(Tordera)、贝索斯河(el Besòs)、约布雷加特河(Llobregat)、加依阿河(el Gaià)、弗兰克利河(Francolí)以及埃布罗河(Ebre)。

在这些河流当中，流量最大的河当数埃布罗河。它发源于西班牙北部的坎塔布连山脉(serralada Cantàbrica)，最后在入海口形成一个很大的三角洲。

此外，还有发源于德阿兰峡谷的加洛那河(Garona)，它是唯一一条流经此地而最后注入大西洋的河流。

海洋

加泰罗尼亚地区拥有长达580公里的海岸线。这其中有一半是海滩，另一半是岬角和临海的小山丘。比较著名的有克鲁斯角(cap de Creus)、贝古特角(cap de Begur)和萨罗乌角(cap de Salou)。海水的平均温度常年保持在11~16°C。

气候

虽然地貌上的多样性使整个地区出现了许多类型的气候特征，但加泰罗尼亚大区仍以地中海式气候为主。按不同气候类型可划分为四个地带：

低洼地区和沿海地区：这一区域属地中海气候，四季温差较小，平均温度为15~16°C。降雨量较少，湿度较大，全年日照天数高达200多天。而在雷伊达(Lleida)地区的低地，气候的变化相对来说要更大一些，更接近于大陆性气候特征。

丘陵地区：从沿海山脉一直延伸到比利牛斯山脉的最东边，这一地区的气候与沿海地区相近，只是温度会更低，雨水也更充沛。另一方面，山地也阻挡了相当一部分来自海洋的暖湿气流，从而使这一地区更加干燥，四季温差也更大。

高山地区：这是比利牛斯山脉海拔最高的区域，属高山气候。冬天寒冷，降雨量也比西班牙其他地区更大一些。

阿兰谷(Vall d'Aran)：这是加泰罗尼亚地区内唯一具备温带海洋性气候特征的地方。降雨量适中，湿度大。

加泰罗尼亚气候划分图

动植物群落

加泰罗尼亚地区地形和气候的多样性使这一区域的动植物群落也显得非常丰富。当地政府一直很重视对附近35个地区的动物加以保护，公布了禁止猎杀的动物名单。

与此同时，人们保护比利牛斯山脉植被的意识也在与日俱增。尽管每年夏天加泰罗尼亚都会发生一些森林火灾，但森林覆盖率还是呈上升趋势。

适宜出游时间

总体说来，这里全年气候较为温和，但是有一些活动在适当的季节进行会更好，例如：

滑雪：一般十二月和二月是适宜的月份。

海滩：从六月到九月，其中七八月份多是高温天气。

参观名胜：当然选在最适宜散步和游览的季节——春末和秋初。

历史

史前期

大约45万年前(旧石器时代)：考古学家发掘的遗迹可以表明，这是加泰罗尼亚地区最早有人定居的时期。

伊比利亚人

公元前11世纪至公元前5世纪，许多伊比利亚人的部落——伊莱海德斯部落(ilergetes)、阿乌塞塔诺部落(ausetans)、戈塞塔诺部落(cosetans)都曾居住在这片土地上。

一些古代遗存下来的大坟场和居民点遗址都留有他们生活过的痕迹。

古希腊人

公元前7世纪至公元前5世纪，古希腊人在此创建了恩普里埃斯(Empúries)和罗塞斯(Roses)两个城邦。

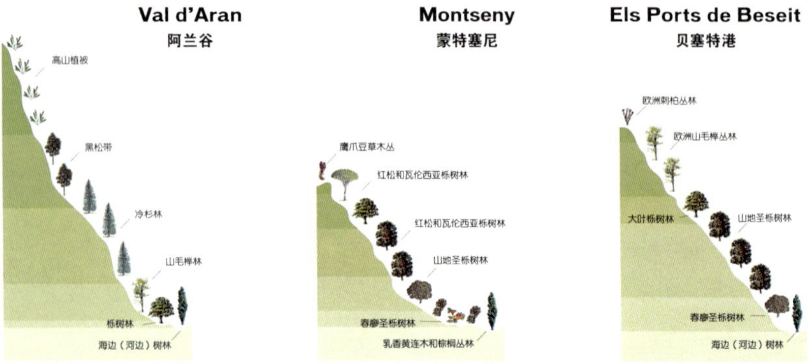

植被分布图

古罗马人

公元前218年： 古罗马人征服了恩普里埃斯。这是古罗马帝国在加泰罗尼亚地区进行扩张的开始，尽管其入侵遭到了伊比利亚各个不同部落的反抗。之后塔拉戈（后来的塔拉戈纳，Tarragona）的建立是一个里程碑式的事件。在这一地区曾经居住着伊比利亚人中的戈塞（Cosse）部落。

1世纪到2世纪： 塔拉戈纳成为塔拉戈纳省的省会。在这一时期，基督教连同拉丁文明一起来到了这片地域。

中世纪

5世纪： 西哥特人占领了加泰罗尼亚地区。

711年： 阿拉伯人（摩尔人）开始了他们的入侵。他们的版图一直扩张到了比利牛斯山附近地区。从那以后，法兰克人开始反击，要一寸一寸地收复属于自己的失地。

801年： 法兰克人占领了巴塞罗那。西班牙这个名称自此开始确立，并用此命名一个由加泰罗尼亚伯爵构成的组织。他们的领地与摩尔人统治区接壤，同时守护着法兰克帝国的疆域。

9世纪： 基弗莱·佩洛斯伯爵统一了乌捷尔（Urgell）、塞尔达尼亚（Cerdanya）以及巴塞罗那、比克、基罗那及贝萨卢（Besalú）的领地，建立了自己的王朝。关于这位伯爵还有这样一个传说：当伯爵在战斗中受了致命伤的时候，法兰克国王卡洛斯二世（Carles II el Calb）将手指插进他的伤口中，然后用手沾着他的鲜血在镀金的盾牌上画下了加泰罗尼亚的旗帜。

人文遗产：圆形剧场，在塔拉戈纳

9世纪到11世纪： 这里建起了几个最重要的修道院。同时，人们也开始兴建巴塞罗那的罗马大教堂，并铸造出了加泰罗尼亚地区最早的通用硬币，编纂了欧洲第一部封建法典——《巴塞罗那法典》（大约在1064-1068年）。

985年： 阿尔曼索（Almansor）的入侵摧毁了加泰罗尼亚地区主要的城市，巴塞罗那也无法幸免。法兰克人并没有帮助波莱依伯爵二世（comte Borrell II），他最后只得孤军奋战，血溅沙场。

12世纪： 其他省的伯爵陆续加入，新加泰罗尼亚地区形成，包括塔拉戈纳（Tarragona），多尔多萨（Tortosa）和雷伊达（Lleida）。

加泰罗尼亚—阿拉贡王国

1137年： 贝雷戈尔四世（Berenguer IV）与阿拉贡王国公主佩隆纳娅（Peronella d'Aragó）的联姻，使巴塞罗那伯爵领地与阿拉贡联邦合并。

1213年： 加乌马一世（Jaume I）的统治时期开始。在他在位期间，马略卡（Mallorca，1229年）和瓦伦西亚（València，1238年）先后加入。那个时代主要的政治机构包括：加泰罗尼亚议会（在瓦伦西亚和阿拉贡都有同等机构），参与者有国王召集的军队、教会和普通民众成员；众议会院，参与者为三个王国派出的代表；巴塞罗那市政委员会，行使参议会的职能。

1282年： 征服西西里岛。加泰罗尼亚海军控制了地中海。

14世纪： 雷伊达（Lleida）大学创办。黑死病造成了人口数量锐减（该地区25%的人口死于黑死病）。

1359年： 加泰罗尼亚自治政府（国会的常驻代表）创立，目的是要约束国王的权力。

15世纪： 经济危机爆发。

1412年： 马尔蒂国王（Martí l'Humà）无嗣，去世后其他三个王国的代表必须挑选出一个继承人。他们一致推举来自德拉斯达玛拉家族（Trastàmara）的卡斯蒂亚人费尔南多·德·安黛盖拉（Ferran d'Antequera） 为新一任国王。此人在后来并不太重视发扬加泰罗尼亚的传统。

1442年： 阿方斯四世（Alfons IV）征服那不勒斯。

1462年： 发生了农民起义，1484年又发生了另一起暴动。反对胡安二世（Joan II）的内战爆发。

1474年： 阿拉贡王子费尔南多（Ferran）与卡斯蒂亚的伊莎贝尔（Isabel）结合，也就是历史上有名的天主教双王。他们两人都很尊重各个不同王国的自治权。

1492年： 克里斯多弗·哥伦布（Cristòfol Colom）首次到达美洲大陆。胜利返航时他在巴塞罗那的提奈尔大厅受到了天主教双王的热情接待。同年，犹太人遭驱逐，宗教法庭在整个加泰罗尼亚的地位得以巩固。

1516年： 费尔南多国王去世后，女王卡洛斯一世（Carles I）倾向于削弱加泰罗尼亚—阿拉贡地区的主权，进而设立总督一职作为在这一地区的统治代表。同时她还下令禁止加泰罗尼亚人与美洲的贸易往来。

16到17世纪： 经历了危机后的加泰罗尼亚经济得以恢复部分元气。然而17世纪的新一轮经济危机再次出现。这一时期的海盗活动猖獗，土耳其人经常在海岸杀人劫船越货。

1609年： 驱逐摩尔人。

1640年： 加泰罗尼亚人揭竿而起反对国王费利佩四世（Felip IV）。此人为了打赢西班牙的内外战争而强迫加泰罗尼亚地区给予他强大的经济支持。与此同时还大大加强了国家的中央集权制度。加泰罗尼亚总督在这场起义中被杀死。起义一直持续到了1652年。

1659年：《比利牛斯协定》签订。加泰罗尼亚丧失了罗塞约地区（Rosselló）和塞尔达那（Cerdanya）的部分地区。这两个地区成为法兰西联邦的成员。

中央集权制国家

1701-1714年： 奥地利的卡洛斯（Carles d'Àustria，得到加泰罗尼亚的支持）和安赫乌的费利佩（Felip d'Anjou，得到卡斯蒂亚和法国的支持）之间开始了“王位继承战争”。

在长达三个月的包围中，巴塞罗那人民在拉菲尔·卡萨诺瓦（Rafael Casanova）和安东尼·比亚罗埃尔（Antoni Villarroel）两人的带领下进行了英勇顽强的反抗。1714年9月11日，费利佩的军队攻陷了巴塞罗那。

1715年：《乌德莱切特协定》（Tractat d'Utrech）签订。在这个协定中，西班牙将梅诺卡（Menorca）连同直布罗陀海峡（Gibraltar）割让给英国人。直到1782年，西班牙才正式收回梅诺卡岛。

1716年： 费利佩五世（Felip V）强制实施新法令，使西班牙成为一个高度中央集权制的国家。在这一法令的规定下，加泰罗尼亚所有政府机构被解散，加泰罗尼亚人丧失了自己的法律法规，甚至连加泰罗尼亚语也得不到承认。由此引发了在这之后的很多年里，起义和各种反抗活动此起彼伏。

1758年： 巴塞罗那贸易董事会成立，它推动了加泰罗尼亚地区技术、经济和文化的进步。

1765年： 农民问题开始日渐显露。

1778年： 加泰罗尼亚几个港口不允许与美洲进行经济交往的禁令被解除。

1792年：《加泰罗尼亚日报》诞生。

1793-1814年： 在法国大革命战争结束的时候，各地相继发生了一系列轰轰烈烈的反抗法国的战争，例如1808—1814年的“法兰西之战”（也称拿破仑战争）。

法国军队占领了加泰罗尼亚，在这场战争中，马德里方面没有给予任何支援。就这样，法兰西大军的铁蹄在1823—1826年再一次践踏了加泰罗尼亚。

圣赫罗尼修道院柱头上的哥伦布像

约布雷加特的工业区，在19世纪深受工业化的影响

19世纪：政治和社会动乱

1812年： 加迪斯王朝颁布了西班牙第一部宪法。两年之后，费尔南多七世（Ferran VII）又重新建立了君主专制统治。同年，西班牙很多海外殖民地宣布独立。

1830年： 蒸汽机开始进入工厂。工业革命对社会发展的推动力是巨大的。而与此同时，工人运动也在蓬勃发展。自此，一个交织着被压迫和反压迫的时代开始了。

1833年： 由波纳文图拉·卡洛斯·阿尔巴乌（Bonaventura Carles Aribau）创作的《祖国》颂歌标志着加泰罗尼亚民族复兴和现代加泰罗尼亚主义文化的开端。之后不久，就涌现出了许多左派和右派的加泰罗尼亚独立宣言。

1833-1840年： 第一次卡洛斯战争爆发。之后又发生了第二次、第三次卡尔利那战争。这些武装冲突是矛盾最终激化的结果。这一切同时也影响到政府机构，出现了自由主义（通常集中在城市）和保守主义（在农村地区有更多的支持者）两种思潮的激烈对抗。

1842-1843年： 加泰罗尼亚人反对埃斯帕尔特罗（Espartero）将军的自由贸易主义政策。

1848年： 第一条由巴塞罗那到马达罗（Barcelona-Mataró）的铁路线建成。

1855年： 加泰罗尼亚地区首次爆发了大罢工。

1868年： "九月革命"把波旁君主赶出国土。宣布举行由男性公民参加的普选并公布了议会的权力。同时还召开了由工人团体参加的代表大会。

1873年： 西班牙第一共和国宣告成立。加泰罗尼亚人埃斯丹尼斯拉乌·菲盖莱斯（Estanislau Figueres）成为临时政府主席。

1874年： 发生政变，君主制成功复辟，阿方索十二世（Alfons XII）重登国王宝座。自由党与保守党轮流执政。

1888年： 巴塞罗那举办了世界博览会。西班牙工人社会党（PSOE）也与同年成立。九年之后，劳动者联盟（UGT）成立。1911年还创建了西班牙全国劳工联合会（CNT）。

20世纪：动乱和压迫

1906年： 加泰罗尼亚联合会成立。这一组织几乎聚集了所有的加泰罗尼亚政党（莱洛乌斯Lerroux领导的政党和另外两个保皇派政党除外）。

1909年： "血腥一周"。当局残酷地镇压了反对派兵摩洛哥的起义。

1914年： 成立了由布拉特（Prat de la Riba）领导的加泰罗尼亚联邦。这是向成立自治政府的目标迈出的一小步。第一次世界大战的爆发为加泰罗尼亚经济带来了异常的活力。这些年当中，罢工、工人和雇主雇佣的枪手之间的武装冲突开始转由所谓的"自由工会组织"来领导。巴塞罗那由于动荡不安的政局，在那些年里该城家喻户晓，被人们称为"炸弹之城"和"火中玫瑰"。

1917年： 爆发政治总罢工。1919年，卡纳邓卡罢工，工人律师和民族主义者弗朗塞斯克·拉伊莱特（Francesc Layret）被暗杀。

1923-1930年： 开始了布里莫·维拉（Primo de Rivera）在西班牙的独裁统治，也开始了对加泰罗尼亚文化的封锁和压制。加泰罗尼亚联邦被解散。弗朗塞斯克·马西阿（Francesc Macià）试图入侵加泰罗尼亚。

共和国和战争

1931年： 于同年成立的加泰罗尼亚共和党赢得了市政选举的胜利。4月14日弗朗塞斯克·马西阿（Francesc Macià）在伊比利亚联邦宣告成立加泰罗尼亚共和政府。最后，通过了加泰罗尼亚在政治上遵循自治条例。该条例由隶属西班牙共和国的加泰罗尼亚自治政府制定并于1932年得以通过。

1934年： 马西阿去世后，鲁伊斯·康帕尼斯（Lluís Companys）接任自治政府主席一职。国际性的经济大危机也影响到了西班牙，从而削弱了共和国的职能。反对右翼亲法西斯者的“劳动者联盟”成立。“十月六日革命”后，康帕尼斯被关进监狱，自治也就此终止。右翼和左翼之间出现了空前紧张的局面。

1936年：左翼政党联盟——人民阵线在选举中获得胜利。1936年7月18日，在各个保守阶层的支持下发动了反对共和国的军事叛乱。在其他一些没有获得支持的大城市，包括巴塞罗那，军事叛乱演变成了一场内战的前奏。弗兰西斯科·弗朗哥（Francisco Franco）将军成为叛军占领区的首领。

1938年：埃布罗河战役打响。

1939年：由于政府在管理和内部凝聚力方面存在着明显的问题，加上来自国际方面的援助也较弗朗哥叛军少，因而原合法政府最终输掉了这场战争。战争的结束也意味着大规模的流亡和胜利者一方镇压的开始。1940年加泰罗尼亚自治委员会主席康帕尼斯被枪决。

独裁统治和民主时期

1939-1975年：弗兰西斯科·弗朗哥在西班牙独裁统治。加泰罗尼亚又一次被剥夺了拥有自己政府机构的权利，甚至连公开用加泰罗尼亚语发表言论的基本权利也被禁止。然而加泰罗尼亚从来没有停止过争取作为一个独立民族存在的斗争。自治委员会仍旧秘密地继续履行它的职能。在国际范围内，冷战在无形中帮助了西班牙和美国建立外交关系，弗朗哥的非法政府得到了全世界的承认。1955年，西班牙加入联合国。同时，旅游业迎来了它的春天。经济开始迅速发展。上世纪六七十年代出现了大规模的回流移民浪潮。

1975年：弗朗哥逝世。波旁王朝的胡安·卡洛斯（Juan Carlos de Borbó）被任命为西班牙国王。从此开始了在君主议会制政体下向民主的过渡。

在加泰罗尼亚地区，议会行使立法权

哥贝拉艾布拉，蒙受西班牙内战创伤的地区之一

1977年：何塞·达拉德亚斯（Josep Tarradellas）从流放地返回，重新担任临时自治委员会主席的职位。并通过了新的自治条例。

1980年：在第一次自治选举之后，加泰罗尼亚民主联合联盟领导约尔蒂·普约尔（Jordi Pujol）担任新一任自治委员会的主席，并先后在1984年、1988年、1992年、1995年和1999年连任这个职务。

1983年：加泰罗尼亚电视台创建。同时，规范加泰罗尼亚语的法律正式颁布。

1992年：巴塞罗那奥林匹克运动会举行。

2003年：社会学家巴斯夸尔·玛拉加侬（Pasqual Maragall）当选为自治委员会主席。

2004年：2004年度世界文化论坛在巴塞罗那召开。

加泰罗尼亚的政治组织

在整个西班牙国家范围内，加泰罗尼亚拥有自己自治区的条例和法规。它行使议会民主制政体的职能。执行的具体机构是自治委员会。由普选产生的议会履行立法职能，最高法院履行司法职能。

领导自治政府的是由议会选举出来的主席，他代表加泰罗尼亚政府并协调政府的各项行为。地区结构设立的基础是1936年共和制自治政府的地区划分以及西班牙全国省级行政区域的划分。地方委员会中有来自41个地方的代表。加泰罗尼亚地区的四个省——巴塞罗那（Barcelona）、基罗那（Girona）、雷伊达（Lleida）、塔拉戈纳（Tarragona）都拥有自己的委派代表。

经济

20世纪初，农业是最重要的产业部门，工业次之。如今，农业的地位慢慢被削弱，工业生产也开始让位于服务业。商业贸易在这个地区一直拥有悠久的历史，它连同第三产业和旅游业在日益全球化的大环境里成为加泰罗尼亚地区的三大支柱产业。

服务业

这是加泰罗尼亚地区的主要经济部门。它的产值占整个地区国民生产总值的60%，服务业从业人员占总人口的比例也接近60%。在加泰罗尼亚历史长河里，商业活动一直占据着重要的位置，尤其是在中世纪。旅游业同样是举足轻重的，它为全地区14%的人口提供了就业机会。

工业

加泰罗尼亚曾经历过轰轰烈烈的工业革命。从那时起，这一产业部门就成为最重要的经济轴心之一。尽管如此，工业仍然表现出不稳定的因素。在最近的几十年中，为了更好地促进服务业的发展，工业已经开始走下坡路。这一地区比较重要的工业类型有：汽车及配件等冶金及相关产业，纺织、化工、造纸及食品加工业。从业人员几乎占整个地区劳动人口的30%。

建筑业

这一部门取决于公共工程项目，从业人员大约占劳动人口的8%。

农业、畜牧业和捕鱼业

在20世纪初期，农业的从业人数大约占据了该地区劳动人口总数的一半，然而现在却只有3.5%。当前最主要的农业生产是葡萄酒和卡瓦酒、园艺和花卉、橄榄、甜味水果、干果、小麦、酸味水果及稻米。说到畜牧业，比利牛斯山脉让这一产业在这一地区找到了唯一的用武之地。奶牛、生猪、兔类和家禽的农场数量与日俱增，畜牧业得到了发展。由于地中海自然资源的贫瘠，所以捕鱼业并不是主要的生产部门。同时，人们也在逐步有意识地保护河流里的动物。近年来，捕鱼者的数量已经减少，然而那些新型的海洋捕鱼技术不断涌现则有效地弥补了由于从业人数的下降而带来的不良影响。

语言和文学

使用范围

加泰罗尼亚语（català）是这一地区特有的语言。其使用范围还包括瓦伦西亚地区，巴利阿里群岛，加泰罗尼亚地区西边与阿拉贡地区相交的地方，安道尔以及法国南部的北加泰罗尼亚地区。尽管如此，这种语言却只在加泰罗尼亚地区、巴利阿里群岛和瓦伦西亚地区被正式承认，并与卡斯蒂亚语（castellà，即西班牙语）一样并立为官方语言。而在

加泰罗尼亚行政区地图

安道尔，它则是国家唯一的官方语言。总之，世界上大约有1000万人会说加泰罗尼亚语。在阿兰谷地区，当地的语言阿兰语（aranès），则是一种加斯贡语（gascó）的变体。阿兰语也是被加泰罗尼亚自治政府所承认的一种语言。

起源

加泰罗尼亚语属于罗马语，起源于拉丁文。后者就是从罗马入侵开始被带到这一土地上的语言。尽管人们通常认为加泰罗尼亚语早在7至8世纪就以某种方式脱颖而出，然而有确凿的证据表明它是从9世纪才彻底独立出来的。最原始的证据就是书写在日常拉丁语读物之间的加泰罗尼亚语单词，之后出现了一些完整的句子，再后来就出现了文献。第一部重要的非文学读物是《Liber iudicus》的译本。庞培·法布拉（Pompeu Fabra，1868—1948）是加泰罗尼亚语语法和正字法法典编纂的推动者。他也是《加泰罗尼亚语大词典》（1932年）的作者。胡安·考洛米耐斯（Joan Coromines，1905—1997）编写了《词源学大词典》以及《加泰罗尼亚专门名词研究》。

文学

加泰罗尼亚地区第一篇著名的文学作品可以追溯到12世纪末，名为《Homilies d'Organyà》，是一系列的训诫篇。

13世纪到15世纪：从13世纪起，开始出现一种高品质的散文，拉蒙·尤依（Ramon Llull）是当时最为耀眼的作家、诗人和哲学家。尤依是首位用新拉丁语来写哲学作品的人。他的主要作品之一是《Blanquerna》。在这个时期，有四部重要的编年史和历史叙事作品。它们分别由加乌马一世（Jaume I），贝尔纳特·德斯科劳特（Bernat Desclot），拉蒙·穆恩塔纳尔（Ramon Muntaner）及皮雷（Pere el Cerimoniós）编著或者口述而成的。

到了15世纪，意大利人文主义思潮的种子传播到了使用加泰罗尼亚语的地区。凭借作品《Lo somni》（1399），贝尔纳特·梅特赫（Bernat Metge）成为人文主义潮流中最出众的人物。新的文学水平远远超出了先前以弗朗塞斯科·埃以科斯梅内斯（Francesc Eiximenis）等为代表的中世纪的作品。在诗歌方面，最重要的作品是约尔蒂·圣赫尔迪（Jordi de Sant Jordi）及阿乌斯阿斯·玛尔切（Ausiàs March）等人的著作。加乌马·罗依格（Jaume Roig）的《L'espill》被认为是资产阶级小说的典范。骑士文学的两部主要作品也可以追溯到15世纪：《Curial e Güelfa》和《Tirant lo Blanc》，这一类型作品的先行者是赫尔诺特·马尔多莱伊（Joanot Martorell）。塞万提斯本人后来也承认他是从《Tirant》的故事中得到启发，从而创作了堂吉诃德这个人物形象。所以我们可以把《Tirant》这本书视为用加泰罗尼亚语写作的第一部现代小说。

16世纪到18世纪：由于政治主权的丧失和这几个世纪发生的若干大事件，加泰罗尼亚文学开始逐步走下坡路。这是个趋于没落的时期，几乎所有的文学创作都只是单一局限于口头传播。

奥尔干亚，发掘出最早用加泰罗尼亚语写的文字资料的地方

19世纪：加泰罗尼亚进入工业化时期，这个时期出现了一个新的社会阶层：资产阶级。这个现象被反映在复兴时期的文学作品中。例如波纳文图拉·卡洛斯·阿里巴乌（Bonaventura Carles Aribau）的《祖国》。哈辛提·贝尔达盖尔（Jacint Verdaguer）重新将加泰罗尼亚语作为一种高雅和词汇丰富的语言使用，并赋予了它更多现代气息。这些特点在他的史诗作品《L'Atlàntida》及《Canigó》中都有所体现。其他一些现代的戏剧家还有维克多·巴拉盖尔（Víctor Balaguer）和塞尔拉费·皮塔拉（Serafí Pitarra）。

19世纪的最后25年里，那尔希斯·奥叶尔（Narcís Oller）和阿佩尔·梅斯德莱斯（Apel·les）的自然主义潮流影响较大。现代主义风格也接踵而至。

20世纪：《Glosari》和《La ben plantada》两部作品的作者——埃乌赫尼·德·奥尔斯（Eugeni d'Ors）——创立了一种新的文学形式，在风格上远离了浪漫主义。在诗歌方面，有这样几位卓越的诗人：盖尔拉乌·德·利奥斯特（Guerau de Liost）、何塞·卡尔纳尔（Josep Carner）、胡安·德·萨尔瓦特（Joan Salvat-Papasseit）。20世纪上半叶的加泰罗尼亚戏剧中留下了两个响亮的名字：何塞·萨格拉（Josep Maria de Sagarra），卡洛斯·索尔德维拉（Carles Soldevila）。

由于内战，一个创作的时代又一次被终结。这一时期创作的作品都反映了战后和流放过程中环境艰苦的情形。皮雷·夸尔特（Pere Quart）续写了他在战前就已经开始创作的作品，在讽刺之中夹杂着深

哥固尔石窟壁画

深的思考。在小说领域，梅尔塞·罗多莱达（Mercè Rodoreda）的《La plaça del diamant》可以视为一部经典之作。皮雷·卡尔德尔斯（Pere Calders）的小说也是值得一提的，作品在现实与幻想之中交替跳跃。

在近十年里涌现的叙事作品作家中，值得一提的有皮雷·希姆费莱尔（Pere Gimferrer），胡安·佩尔乌求（Joan Perucho），德莱恩斯·莫依斯（Terenci Moix），随笔作家中最负盛名的是胡安·富斯特（Joan Fuster）。在戏剧领域，出名的有费利乌·富尔莫萨（Feliu Formosa），阿尔伯特·博阿德娅（Albert Boadella），何塞·贝内特·伊·赫奈特（Josep Maria Benet i Jornet）和塞尔希·贝尔贝（Sergi Belbel）。

艺术

史前时期

石窟绘画在加泰罗尼亚地区较为稀少，尽管有一些有一定历史价值的作品，像在哥固尔（Cogul）、巴拉盖尔（Balaguer）、佩莱约（Perelló）、乌得科那（Ulldecona）和蒂维萨（Tivissa）等地发现了人和动物造型的壁画，其中多为狩猎或是战争的场面。还有远古时代巨石纪念碑，其中最著名的一座位于阿尔贝拉山脉。

希腊和古罗马时期

恩普里埃斯保留了加泰罗尼亚最重要的古希腊艺术的代表作品，例如艾斯古拉皮奥（Esculapi，药神）和阿芙洛迪达（Afrodita，美神）的塑像。此外，在塔拉戈纳还有很多典型的古罗马风格的城市遗迹。这里还有另外一些重要的文物古迹，像埃斯皮人的高塔、圆形竞技场、圆形剧场、马赛克的装饰画，还有被珍藏于塔拉戈纳国家古代博物馆里的雕塑作品。除了上述的古迹以外，整个加泰罗尼亚地区都遍布着古罗马文明的遗迹。像贝拉的凯旋门、巴达隆那的维纳斯神像、巴塞罗那神庙遗址等等。在康恩斯塔蒂里（Constantí）的建于4世纪的陵墓可以说是古基督教艺术最重要的代表作。基罗那圣费利乌（Sant Feliu）教堂的石棺群也值得欣赏。

西哥特人和伊斯兰教的艺术

在塔拉戈纳还发现了很多西哥特人统治时期遗留下的具有极高艺术价值的珍品，像带有马蹄形拱门的修道院，在古罗马人的圆形剧场里也可以看到这种马蹄形拱门。特拉萨（Terrassa）向来以圣皮雷（Sant Pere）、圣米格尔（Sant Miquel）和圣玛丽亚（Santa Maria）等众多教堂而闻名于世。在这里还可以找到西哥特人礼拜仪式上用的青铜器。

在加泰罗尼亚地区伊斯兰教的艺术遗迹并不多见。其中较为重要的一些古迹除了摩尔之窗、塔拉戈纳大教堂和阿拉伯人的浴室之外，还有在雷伊达、多尔多萨和巴拉盖尔等地区保留的“苏达”，即阿拉伯人建造的堡垒。

前罗马时期的艺术（9世纪到10世纪）

这个时期的艺术的特点是大量使用马蹄形拱门以及用石头、陶土及木头屋顶修建小型的教堂。这个时期遗留下的主要代表建筑有圣皮雷德罗德斯（Sant Pere de Rodes）的修道院。圣吉尔则德佩德莱特（Sant Quirze de Pedret）和奥拉尔多拉（Olèrdola）也有一些这个时期的建筑作品。

罗马艺术（11世纪到13世纪）

古罗马艺术风格的作品在加泰罗尼亚地区占有重要的地位。在罗马人占领这一地区的同时，他们的艺术风格也得到充分的发展。在11世纪盛行这样一种建筑风格，即使用未经打磨的石块和锯齿形柱楣并使用拱形门作为装饰。窗子的内部比外部要窄些。钟楼造型一般高大典雅。这一艺术形式的主要代表作有卡尔多那(Cardona)城堡里的礼拜教堂、塞乌捷尔(Seu d'Urgell)的大教堂、圣皮雷德卡塞雷斯(Sant Pere de Casserres)修道院和圣玛丽亚德里波伊(Santa Maria de Ripoll)修道院，以及波依峡谷里的教堂群等。

从12世纪开始，建筑的风格遵循流行于整个欧洲大陆的建筑模式。这个时期的建筑变得更加复杂。最负盛名的艺术家是卡贝斯塔尼大师(mestre de Cabestany)和佩德莱特大师(mestre de Pedret)。这一时期的建筑多使用大方石，装饰上大量使用雕刻。在圣克里门特(Sant Climent)和圣玛丽亚德塔乌伊(Santa Maria de Taüll)教堂中有许多令人叹为观止的壁画作品。圣古加特(Sant Cugat)和雷伊达的古老大教堂(Seu Vella)修道院里的柱顶也是其代表(雷伊达地区的建筑体现了这一风格和有阿拉伯风格特点的美学的有机结合)。这一时期的木雕也非常重要。

这一时期珍贵的绘画雕塑作品大部分都被收藏在加泰罗尼亚国家艺术博物馆(MNAC)里，它是世界上最重要的收藏古罗马艺术品的博物馆之一。另外这里还藏有丰富的哥特时期艺术品。其他一些比较具游览价值的博物馆分别是：索尔索那(Solsona)的迪奥塞萨诺、比克、基罗那、塞乌捷尔(Seu d' Urgell)等地的博物馆。

哥特式艺术(13世纪到16世纪)

这个时期的建筑艺术在加泰罗尼亚有其自身的特点，总体说来，使用宽大和匀称的空间，装饰上也更加严格考究。在这--时期出现了新的社会阶层即资产阶级，他们使得城市向乡村扩展。所以在许多非宗教的建筑中也可以领略到哥特式的建筑风格特点：如船坞、自治政府大厦、提奈尔大厅(el Saló del Tinell)、巴塞罗那蒙特卡达大街上(el carrer Montcada de Barcelona)的建筑物、蒙特布兰科的纪念碑群(conjunt monumental de Montblanc)。

说到具有哥特式风格的宗教建筑，其中最重要的代表作有：巴塞罗那、基罗那、索尔索那和雷伊达(旧址)等地的大教堂，巴拉盖尔的教堂群，巴塞罗那圣玛丽亚礼拜堂，以及圣古加特的大修道院(monestir de Sant Cugat del Vallès)等，可以说是数不胜数。

文艺复兴时期的艺术(16世纪到17世纪)

这一时期艺术风格没有古罗马和哥特时期的艺术那么有分量，而是更多在原有的建筑基础上添加了些元素，比如自治政府大厦、塔拉戈纳大教堂的改造。这一时期著名的艺术家有：弗朗塞斯克·里巴尔塔(Francesc Ribalta)和加乌马·阿米高(Jaume Amigó)。绘画方面有胡安·德·胡安内斯(Joan de Joanes)等。

巴洛克风格的艺术(17世纪到18世纪)

从这个时期的建筑特点已经可以感受到加泰罗尼亚正逐步从繁荣走向衰败，这种情形也影响了新的艺术潮流的发展，整个建筑风格黯然失色。但尽管如此，在多尔多萨大教堂和基罗那的圣费利乌(Sant Feliu de Girona)教堂的正面依然可以看到巴洛克的建筑风格特点。这一时期，较为著名的还有一些教堂里的装饰屏，在索尔索那的米拉格罗(Miracle)和卡达盖斯(Cadaqués)的神殿中都可以看到。

新古典主义艺术(19世纪)

在"王位继承战争"之后，卡斯蒂亚的工匠们开始推行一种新古典主义的风格建筑，像塞尔贝拉大学(la Universitat de Cervera)、巴塞罗那的蒙卓伊克城堡(el castell de Montjuïc de Barcelona)。在宗教建筑领域，这一风格的代表作有比克大教堂(la catedral de Vic)，巴塞罗那拉梅尔塞教堂(l'església de la Mercè)。在同一时期，还出现了洛可可艺术风格，主要代表有巴塞罗那总督夫人宫(el palau de la Virreina de Barcelona)。19世纪还有一个重要的里程碑式的城市规划项目，那就是伊尔德丰斯·萨尔达(Ildefons Cerdà)设计的巴塞罗那扩建区工程。在绘画方面，奥洛特(Olot)的艺术风格赋予加泰罗尼亚风景画以极强的个性。

现代派艺术(19世纪到20世纪)

在19世纪末开始倾向于与文艺复兴紧密联系的浪漫主义风格，体现了对丰富的想象力及神话虚构的东西的兴趣。打破了以前传统的次序，大胆地使用鲜艳的颜色和花形装饰。这种艺术风格不仅仅局限于建筑，还向珠宝业、海报和家具装饰等方面拓展。这一时期著名的建筑师有：安东尼·高迪(Antoni Gaudí)，代表作是圣家堂(Sagrada Família)、桂尔公园(Park Güell)；鲁伊斯·多梅内克(Lluís Domènech)，代表作是加泰罗尼亚音乐厅(Palau de la Música Catalana)、圣保罗(Sant Pau)医院；何塞·普伊·卡达法克(Josep Puig i Cadafalch)，代表作是阿玛德叶之家(casa Amatller)。在雕塑方面值得一提的是何塞·伊莫那(Josep Llimona)。绘画方面最具代表性的人物有圣地亚哥·鲁西尼奥

邮票上的基罗那大教堂挂毯的图案

桂尔宫的龙，安东尼·高迪的作品

尔（Santiago Rusiñol）、拉蒙·卡萨斯（Ramon Casas）、伊斯德莱·诺奈伊（Isidre Nonell）和华金·米尔（Joaquim Mir）。

新百年主义艺术流派和先锋派（20世纪）

在20世纪的前30年，埃海尼·德·奥尔斯（Eugeni d'Ors）是新百年主义（noucentisme）主要的推动者。这一艺术风格带有明显的地中海式风格和信仰理性主义的特点。这个流派的其他代表性艺术家还有哈维尔·诺盖斯（Xavier Nogués）和华金·托莱斯·加西亚（Joaquim Torres-Garcia）；建筑方面有尼古拉·鲁维奥·图度里（Nicolau Rubió i Tudurí）。雕塑方面有阿里斯蒂德斯·马伊约尔（Arístides Maillol）、何塞·克拉拉（Josep Clarà）以及马诺罗·乌盖（Manolo Hugué）。加泰罗尼亚地区一些先锋派艺术家的名字在世界现代艺术史上可谓是家喻户晓。而与此同时，巴塞罗那也在这个世纪的前几十年里成为吸引众多国外艺术家们前来实现理想的艺术中心。巴布罗·毕加索（Pablo Picasso）、萨尔瓦多·达利（Salvador Dalí）、胡安·米罗（Joan Miró）、马诺罗·乌盖、胡里奥·冈萨雷斯（Julio González）和保罗·加尔加约（Pau Gargallo）都是绘画界和雕塑界最负盛名的巨擘。在建筑方面，1930年GATCPAC（加泰罗尼亚促进现代建筑发展建筑工程师联合会）的成立是一个里程碑性的事件。这一组织的成员有：何塞·鲁伊斯·塞尔特（Josep Lluís Sert）、何塞·托莱斯·克拉贝（Josep Torres Clavé），里卡多·楚尔鲁加（Ricardo Churruca）和其他一些知名的人物。

然而内战摧毁了艺术家们的灵感和活力，直到20世纪50年代之后才又一次出现了先锋主义的浪潮。围绕着名为《Dau al Set》的杂志，形成了新生代的画家：安东尼·塔皮埃斯（Antoni Tàpies）、莫德斯特·古伊萨尔特（Modest Cuixart）、胡安·旁科（Joan Ponç）、J. 何塞·达拉特斯（J. Josep Tarrats）和胡安·波萨（Joan Brossa）等。从60年代开始，建筑方面最为突出的代表是：J. 安东尼奥·科德尔切（J. Antoni Coderch）、奥利奥尔·波伊加斯（Oriol Bohigas）、里卡多·波菲伊（Ricard Bofill）和何塞·马尔多莱伊（Josep Martorell）。现代加泰罗尼亚雕塑家中拥有以下一些知名人士：苏萨娜·索拉诺（Susana Solano）、加乌马·普莱恩萨（Jaume Plensa）和塞尔西·阿基拉尔（Sergi Aguilar）。近几十年的一些可圈可点的知名画家还有何塞·基诺瓦尔特（Josep Guinovart）、阿尔伯特·拉弗尔斯—卡萨马达（Albert Ràfols-Casamada）、胡安·霍尔南德斯·皮胡安（Joan Hernández Pijoan），阿方斯·波莱伊（Alfons Borrell）和安东尼·叶那（Antoni Llena）。

一年中的节日和传统

一月

1日：元旦 即西方的新年。通常是在除夕进行庆祝活动。

6日：东方三王节 这一天庆祝东方三王的到来，东方三王向圣婴耶稣献礼。在加泰罗尼亚各个地区，节日的前夕即五日晚上都会有骑马的队伍上街游行(代表东方三王宫庭的华丽的轿式大马车列队行进在大街上)。作为一种风俗,孩子们会去观看三王的游行,而国王的侍卫们则会在经过他们身边时给孩子们抛去糖果。回到家中,孩子们通常会收到礼物。在桌子上,通常少不了一种传统的甜面包,里面藏着一个小玩具之类的东西。

17日:三圈节 圣安东尼奥(Sant Antoni)被视为动物的保护者。为了庆祝这个节日,一般传统的做法是会有马和马车的游行,现在一般在每年1月17日前后的那个周末会看到这样的游行队伍。

二月

2日:坎得雷拉节 这一天,人们会在教堂里派发被赐了福的蜡烛。在普拉特斯德莫约(Prats de Molló)这个地方,人们通常还会跳一种狗熊舞。

狂欢节 大概在这个月的第二周。这个起源于古罗马的节日,其最大的特点就是在若干天里放肆地违反平时那些我们熟知的惯例常规。通过化妆来掩盖自己的身份。狂欢节是通宵达旦的没有节制的歌舞狂欢。饮食方面也没有节制:鸡蛋灌肠、馅饼、香肠等。

大斋节(复活节前的四十天) 依照基督教的传统,有大约四十天的时间要进行忏悔,所有的星期五都不许吃肉。"Quaresma"代表一个有着七条腿的老妇人(每一条腿即代表一周)。她的手中还拿着一条鳕鱼,因为在古代教会禁止人们在这段时间里吃肉,所以在加泰罗尼亚地区鳕鱼在当时是一种非常普遍的食物。在这段时间里人们还吃一种名为布努埃罗(bunyols,一种用面粉和鸡蛋做的油煎饼)的非常传统的食物。

三月

19日:圣何塞节 这个节日的传统食品是一种甜食,配料是鸡蛋、牛奶、桂皮和柠檬。

圣周 在比克等地,周六会有拉莫集市,会有很多牲畜在集市上卖。圣周过后的第二天就是拉莫斯(Ramos)的星期天。人们会用棕榈叶和月桂枝相互祈祷祝福。在加泰罗尼亚很多地区,人们会上演舞台剧《耶稣基督受难》,人们把耶稣基督生命中最后的时刻改编成剧本搬上舞台。埃斯帕莱盖拉(Esparreguera)和奥莱萨(Olesa)两地的剧目得到了整个国家的认可,被宣布成为国家性的节日项目。在贝尔海斯(Verges),周四这天还可以在大街上看到一种名为"死亡之舞"的节目。

四月

复活节的星期一(通常是在月初) 教父教母们会赠送给教子女们一种叫莫那(mona)的巧克力蛋糕——装饰有小人图案。在农村还有一个习俗就是男孩子和女孩子们会结伴走家串户唱歌。

23日:圣约尔蒂日 圣约尔蒂是加泰罗尼亚的守护神。这一天是地方的情人节,也同时是书和玫瑰的节日。在整个加泰罗尼亚地区的大街小巷都有各种各样的书和玫瑰出售。在该节日里,男人要送女人玫瑰花,女人要给男人送书。情侣们通常会互相赠书。

27日:蒙特塞拉特的圣母节 该节日因蒙特塞拉特本笃会修女的修道院里那具黑色的圣像而得名。这个圣母也是加泰罗尼亚的保护神。在这一天前后,很多村镇都会举行庆祝活动迎接春天的到来。

五月

1日:国际劳动节 这是一个国际性的节日,这一天放假,在一些主要的城市会有劳动者的游行队伍。

9日:五月的玫瑰节 以前是一个带有宗教色彩的节日,后来变成了世俗的节日,也是一年当中最主要的节日之一。

11日:圣旁塞和圣安那斯塔斯奥节 在巴塞罗那会举行圣旁塞集市,那里会卖一些有医疗作用的草药、水果蜜饯、蜂蜜等东西。圣安那斯塔斯奥则是雷伊达和巴达罗那的庇护神,这两个地方会在这一天庆祝这个节日。

六月

圣体节 大约是六月的第一周。在这一天前后会开始一种名为烟火节(la Patum de Berga)的庆祝活动。这个节日最早可以追溯到1525年。在西吉斯(Sitges)和加里加(la Garriga)等小镇人们会制作一种用鲜花编成的地毯。而在萨叶恩特(Sallent)和阿尔布斯阿斯(Arbúcies)人们会用树枝编织装饰物来庆祝这个节日。

24日:圣胡安节 地中海沿岸的其他国家和加泰罗尼亚地区一样都会庆祝这个节日。这个节日起源于古代与火有关的宗教仪式。在一年当中夜晚最短的那一天,按照习惯人们会点燃篝火,燃放鞭炮。各地都举行各种露天舞会。传统上还会喝卡瓦酒(cava),吃一种名为可卡(coca)的馅饼以及各种甜食。在29日,圣佩德罗和圣巴布罗这两个庇护神的节日里也会有露天舞会,只是现在已经渐渐变得不像以前那么重要了。

法雅节 通常在月底。比利牛斯山一带都会庆祝。这个节日的主角通常是篝火和熊熊烈火。在一些地区会公开地焚烧一些带有讽刺性质的纸扎人物,通常都代表不同类型的人物形象。在上里巴高尔卡(l'Alta Ribagorça)等地的村镇,通常还会有游行活动。人们列队行进,手拿火炬从山里的寺庙里下来走回村镇。而在伊斯尔(Isil)等地,人们会在圣胡安节的前夜庆祝法雅节。

七月

希腊舞台艺术戏剧节 一般在7月举行。在巴塞罗那和其周边地区都会举行这个重要的文化庆祝活动。有戏剧表演、舞蹈、音乐和其他一些表演项目。

巴尔塞洛斯节 也称为木排节。这一天,在塞古尔镇(Segur),那些古老的木排(一种在过去用于运输货物的小船,现在已经不再使用)会沿着诺格拉·巴雅尔斯河(Noguera Pallaresa)而下。

三枝松节 七月的第三个星期天。在加斯德亚尔德里乌(Castellar del Riu),从1904年起就举行这个带有爱国主义性质的节日。该节日的名称象征着

重新恢复三个说加泰罗尼亚语的联邦的统一：加泰罗尼亚、瓦伦西亚和巴利阿里群岛（三根松枝分别代表这三个地区）

24日：圣克里斯蒂娜节 约莱特（Lloret）的居民通常会在这一天举行一种传统的名为斯阿莫拉的船只比赛，比赛规定第一个到达海岸的船为胜利者，而下午一般会有一场大型的舞蹈活动。

八月

15日：八月的圣母节 这一天对于大多数说加泰罗尼亚语的地区都是一个重要的节日。

阿盖拉莱节（八月的最后一个星期六） 尽管这个节日还是一个较新的传统，但在塞尔贝拉（Cervera），它已经是深入人心了。伴随着那些女巫们出没的小巷，阿盖拉莱节已经成为一个充满火光、魔力、神秘色彩和音乐的美妙夜晚。

30日：圣费里科斯节 这一天在卡斯蒂亚的日历中是一个重要日子。尤其对上佩内德斯（Alt Penedès）的居民来说，这一天就是他们的国庆日。

九月

11日：加泰罗尼亚的国庆日 在波旁王朝国王费利佩带领军队进行了一场旷日持久的围攻之后，加泰罗尼亚最终在1714年的这一天失去了民族自由。传统上会在这一天对拉菲尔·卡萨诺瓦（Rafael Casanova）这位巴塞罗那英勇的内阁首领致以敬意。从1977年以来，也会举行一些游行活动。

24日：拉梅尔塞圣母节 这是巴塞罗那地区一个重要的节日。在这一天将举行各种丰富多彩的文化和体育活动。

29日：圣米格尔展览会 在雷伊达举行的全国最负盛名的水果展览会，那里各种庆祝活动让人眼花缭乱，远远超出了一个农产品展览会的范畴。

十月

葡萄酒节和采葡萄节 在十月，正好是葡萄丰收的季节，通常会举行活动庆祝葡萄采摘工作大功告成，和下一季葡萄酒酿造时机的到来。尤为出名的是在圣萨图尔尼德阿诺伊阿地区（Sant Sadurní d'Anoia）进行的一种名为“卡瓦周”的庆祝活动（卡瓦是一种泡沫丰富的葡萄酒）。

蘑菇节 贝尔盖达（el Berguedà）是优质蘑菇的重要产区之一。因而这里也理所当然地成为最著名的蘑菇节举办地。这个节日并不固定，一般是挑该月当中森林里蘑菇最多的那一天举行庆祝活动。

31日：栗子节 这天是在鬼节的前夕，人们通常会聚在一起吃炒栗子、甘薯和一种用杏仁制成的甜食。

十一月

万圣节和万灵节 习惯上，这一天用来悼念已故的亲人。今天人们依然保留去墓地祭扫的传统。

11日：圣马丁节 在这一天，农民会举行屠宰猪的仪式，一般家人和邻里都会聚集在一起，杀了猪之后主人还会设宴款待众人。就像一句西班牙谚语说的那样，“每头肥猪都会等到它的圣马丁”（意思是每个坏人都会等到遭报应的一天）。这个节日庆祝的意义就在于人们从这一天之后，就有了冬天吃的肉和香肠了。

22日：音乐节 尽管现在音乐节通常都是在六月举行，但是历史上对音乐家们来说音乐节就在这一天即圣女塞西莉亚节，尤其在阿尔坎那尔（Alcanar）、雷伊达和伊瓜拉达（Igualada）。

十二月

圣露西亚展览会 大概从12月3日这一天之前的一周开始到圣诞节前夕，巴塞罗那大教堂的周围便布满了摆设在露天的小摊，通常在这里可以买到小人儿或动物造型的小物件，用来做Pessebre（即耶稣诞生情景模型）。还可以买到一种传统的名为“提奥”（tió）的人脸树身的东西，在它的“枝干”处会藏有给小孩子们吃的零食。当然还有其他各种各样用来装饰家居的饰品。

活动的牲口槽节（在圣诞节和东方三王节前后） 在整个加泰罗尼亚地区，都会摆设耶稣降生的马槽，有些是活动的，有些是静止不动的。《圣婴降生》里的人物经常由当地的居民扮演。每逢此时，各个地方的人们都会争相演绎着圣婴耶稣出生的情景。也有表演《牧羊人》这一剧目的，通常有弗尔切·伊·托莱斯（Folch i Torres）和塞拉费·索莱尔（Serafí Soler）分别创作的两种版本的剧本。

25日：圣诞节 这是祖先留传下的节日，最开始是人们为了庆祝冬至这一天的到来，但后来成为宗教日历中最重要的一个日子：即在这一天庆祝耶稣的诞生。在加泰罗尼亚地区，圣诞节前夕人们都会在午夜去参加弥撒，然后做一顿丰盛的晚宴，孩子用手杖将“提奥”敲破，从里面掏出零食。圣诞节当天家人会聚集在一起吃中午饭。

饮食文化

菜肴

加泰罗尼亚地区的烹调种类呈现出多元化的特点：有海边特色的烹饪法，米饭加新鲜的鱼类一起烧；也有山区特色的，菜的味道更浓一些，原料包括肉类和腌鱼；还有一种旱地特色的菜（旱地顾名思义，这种田地里所生产的农作物都是没有经过灌溉的）。加泰罗尼亚人更倾向于原汁原味的烹调而不是把菜蘸上各种调料酱汁。做菜通常用橄榄油而不用黄油，还喜欢把甜味和咸味混合起来。总体说来，这里烹调的特点是简单的混合，没有太多复杂的加工，从而使菜肴保持了原有的自然口味。除了传统的烹调方法之外，在加泰罗尼亚还有世界各国的烹调美食，尤其是在巴塞罗那，这里有可以做很多有创意的美食的知名饭店。说到在世界范围都享有美名的饭店，不能不提布伊（el Bulli）饭店、罗科德坎法贝斯（el Racó de Can Fabes）饭店和圣保罗饭店等。

番茄面包（Pa amb tomàquet） 用于搭配香肠、奶酪和其他各类食物一起食用。将番茄涂抹于薄面包片上，加少量盐和油调味即可。

锅烧肉(Escudella i carn d'olla)一种传统菜肴，以前是劳动人民每天必吃的家常菜。而现在则是只在圣诞节时必吃的一道菜。它实际上就是用几种不同的肉、蔬菜和豆类混合在一起烧制而成的浓汤，里面固体的东西通常和汤分开吃。

加泰罗尼亚式的焖肉(Faves a la catalana)通常用一种黑色的香肠(botifarra negra)，一种肥的咸猪肉(tocino)加上新鲜的植物香料，如薄荷、桂皮或是茉乔栾那(一种植物调味料)一起焖烧而成的菜肴。

蘑菇烧牛肉(Vedella amb bolets)在焖肉这个系列中，这个菜是非常受欢迎的。这个菜通常会再加上些土豆和其他一些蔬菜，像胡萝卜和豌豆。荤素搭配相当合理。

烤大葱(Calçots)一种上坎普(Alt Camp)地区传统的冬令食品。用在炭火上烤好的嫩洋葱，加上从烧烤过的番茄里提取的浓汁，配以干果、大蒜和诺拉(nyora，一种辣椒)等原料制成。

烤茄子(Escalivada)将辣椒、茄子和洋葱直接在火上烧制而成，这个菜有时会配着主食一起吃，像炭火烤肉之类的。有时也单独作为主食，里面会再放一些鳕鱼(一种腌制的鱼)或鲱鱼之类作为配料。

炖鱼(Suquet de peix)人们习惯上用鱼、马铃薯、西红柿和蒜等配料来烹调这道菜。

凉拌白豆(Empedrat)这个菜是在以鳕鱼为原料的基础上再加上其他配料而成的一种色拉。通常人们会放干四季豆，总体说来这个菜很清爽而且也很有营养。

蜗牛(Cargols a la llauna)这道菜很简单，也很受欢迎。通常将蜗牛放在明火上烤，调料只有盐、胡椒粉和油。

烤肉卷(Canelons)尽管这道菜起源于意大利，但是早在18世纪，就已经在巴塞罗那广为流传了。典型的菜谱是用面卷，里面包着烤肉丁为馅，外面再涂上用奶酪调制成的一种酱汁。

圣胡安的可卡(Coca de Sant Joan)这是一种或甜或咸的馅饼，在整个加泰罗尼亚地区都很普遍。上面通常还可以放上水果蜜饯、松子和糖。

焦糖布丁(Crema)这是在圣何塞节上必吃的一种食品。

葡萄酒

在古代加泰罗尼亚就已经开始大量生产酿制葡萄酒。现在享有世界声誉的葡萄酒是佩内德斯(el Priorat)产的卡瓦酒(Cava)，这里很多大型的卡瓦酒生产企业都有产品出口到国外。最近越来越引起人们关注的另一个重要的酿酒基地是普利奥拉多(Priorat)，这里生产一种高品质的酒精浓度很高的黑葡萄酒。尽管在不久之前，这种酒的香味还被人们认为不是很纯正细腻的。

目前，加泰罗尼亚的九个地区拥有被葡萄酒制造行业所认同的产地命名资格(这种资格称作DO)。这九个地区分别是：恩波尔达—汹涌海岸(Empordà-Costa Brava)、阿莱亚(Alella)、佩内德斯(Penedès)、普拉德巴海斯(Pla de Bages)、科恩卡德巴尔贝拉(Conca de Barberà)、塔拉戈纳、普里奥拉特(Priorat)、德拉阿尔塔(Terra Alta)、科斯特洛斯德塞格莱(Costers del Segre)。作为一种旅游项目，人们可以造访大部分的酒窖，参观葡萄酒生产的全过程。同时，一些酒窖还有着极高的建筑学方面的研究价值，尤其是那些在现代主义艺术风格盛行时期修筑的酿酒厂。

除了我们上面所说的葡萄酒之外，还有一种不出名但也相当重要的弥撒用葡萄酒，一般用于天主教堂。另外普里奥拉特的卡普卡内斯(Capçanes)产的一种名为科斯切尔(vi koscher)的酒也大量出口到全世界范围内的犹太人聚集区。

比那德斯的一个酒窖

CAIXA CATALUNYA

走遍巴塞罗那

巴塞罗那概况

巴塞罗那是加泰罗尼亚的首府。它与圣科罗玛德格拉梅(Santa Coloma de Gramenet)、圣阿德里亚德贝索斯(Sant Adrià de Besòs)、巴达隆那(Badalona)和奥斯彼德约布雷加特(l'Hospitalet de Llobregat)一起形成了巴塞罗那地区。该地区位于贝索斯(Besòs)河和约布雷加特(Llobregat)河之间,被科塞罗拉(Collserola)山脉保护着,有迪比达波(Tibidabo)山(海拔512米),还有一个非常重要的海港。巴塞罗那港是最具活力的港口之一,它的吞吐量之大为地中海西岸之最。

巴塞罗那城市之所以大规模扩建,是按照1860年出台的"塞尔达计划"(Pla Cerdà)进行的。该计划的实施,使巴塞罗那在"城市扩建工程"(Eixample)后,又兼并了一些与之相邻的小城市,有格拉西亚(Gràcia)、圣安德鲁(Sant Andreu)、圣斯(Sants)、拉斯阔斯(les Corts)、萨里亚(Sarrià)、圣海瓦斯(Sant Gervasi)、奥尔塔(Horta)以及圣马丁·普罗旺斯(Sant Martí de Provençals)等,这些城市现在成为了巴塞罗那市的区,但它们依然保持着自己当地的特色。巴塞罗那于1888年又发生了显著的变化,因为当年的世界博览会在这里举行。1929年,这里还迎来了世界博览会。然而,真正把城市全面改造规划推向顶峰的,是为了1992年巴塞罗那奥运会所兴建的大型工程。政府对基础设施进行了再次改造,包括大规模、有重大意义的新设施的建设。

起源

罗马人在其殖民和征服期间,曾驻扎在蒙卓伊克山(Montjuïc),那里是拉耶达纳斯(laietans),也叫拉耶(Laie)或巴克诺(Barkeno),是伊比利亚人居住的地方。公元前1世纪末,罗马人在城市的最高点——塔贝尔(Tàber)建起了殖民区。3世纪时法兰克人的入侵使这里建于1世纪的四方城墙又被迫重建。当时罗马城的主要通道是Bisbe路、Ciutat路和Call-Llibreteria街;在后两条通道交叉的地方建了一间法庭,这就是城市的心脏。若要看原来的城市中心,建议参观城市历史博物馆(Museu d'Història de la Ciutat)、位于Paradís街的奥古斯多罗马寺庙(temple romà d'August)的柱子、马德里维拉广场的墓地(necròpoli de la plaça de la Vila de Madrid)以及考古博物馆(Museu Arqueològic)。

西哥特人曾于415年间将巴塞罗那定为他们王国的首都,但时间只有几个月。由于540年教会决定在此召开教士会议,该城的名望使它成为了一个政治和宗教的中心。西哥特王国最后几年里发生了严重的政治危机,这使巴塞罗那的摩尔人乘虚而入占领了该地。穆斯林对巴塞罗那的占领一直持续到公元801年,路易斯王(Lluís el Pietós)带领军队收复了此地。来自法国的法兰克人在此建立了西班牙地区(la Marca Hispànica)并将它作为欧洲和在阿拉伯人控制下的安达卢西亚之间的边界地区,他们将此地分成几块不同的领地,由国王指派的法国伯爵来此统治管理。

伯爵统治下的巴塞罗那

9世纪末,基弗莱·佩洛斯(Guifré el Pilós)这位加泰罗尼亚的伯爵、卡尔卡索那(Casa de Carcassona)家族的成员,获得了管辖加泰罗尼亚的伯爵领地中的一大部分权力,其中包括乌捷尔(Urgell)、塞尔达尼亚(Cerdanya)、巴塞罗那(Barcelona)、基罗那

巴塞罗那罗马时期的古城墙

(Girona)和奥索那(Osona)。在他的任职期间，他利用所继承的伯爵领地统治权，对抗法兰克当局的统治，向所谓的“独立”道路迈进了一大步。后来的伯雷尔二世(Borrell II, 947—992)，在面对阿尔曼索(Almansor)于985年的进攻时，没能得到新的卡比多(Capetos)法兰克王朝的帮助。后来，这座城市遭到了以阿尔曼索为首的摩尔人的掠夺，无数教堂惨遭毁坏。但不久这座城市又迅速恢复了元气，城墙外出现了很多新区，它们后来变成了真正的新市区或是商贩、手工艺者和水手们的城郊村镇。这些新区当中，有德尔比教堂(del Pi)、圣玛丽亚(santa Maria)教堂、圣玛丽亚德玛(Santa Maria del Mar)教堂和圣皮雷(Sant Pere de les)修道院。在巴塞罗那伯爵拉蒙·贝雷戈尔(Ramon Berenguer)统治期间，通过了一些封建条例。在巴塞罗那伯爵家族(Casa de Barcelona)的统治下，加泰罗尼亚的伯爵们和领主们重新组织起来。11世纪时，在城墙内，又建了新城区，大教堂(la Catedral)也扩建了(新的、罗马式风格取代了纪元初年的大教堂)，还建了伯爵宫殿(Palau Comtal)及一些用来保卫这座城市的城堡。新的社会阶层还有城墙外的市区的手工艺者，他们从事不同的行业。尽管伯爵不是国王，但他有相当于君主的权力。他们的权力受制于封建的条约和封建制度的本身。加泰罗尼亚的封建制度的法律条例——《巴塞罗那乌萨法典》(Usatges de Barcelona)，于拉蒙·贝雷戈尔三世或四世时被颁布。在拉蒙·贝雷戈尔三世(Ramon Berenguer III, 1096—1131)——又称“伟人”(el Gran)的推动下，巴塞罗那伯爵家族的权力不断扩大，该地区由此变成了加泰罗尼亚最富有和最有权势的地区。城市不断发展，充满了活力，这使得12世纪时很多教堂得以重建，比如圣保罗教堂(Sant Pau del Camp)或圣皮雷教堂(Sant Pere de les Puelles)，还修建了一些宫殿比如爱比可帕(Episcopal)宫，即主教宫(Palau del Bisbe)。加泰罗尼亚的教堂的独立是源于拿伯那的大主教(arquebisbe de Narbona)也参与了伯爵领地统一的进程。由于拉蒙·贝雷戈尔四世和阿拉贡(Aragó)国王拉米尔(Ramir)二世的女儿伯娜亚(Peronella)的婚姻，巴塞罗那伯爵家族便得以在阿拉贡实施统治。他们的后代自然被命名为阿拉贡国王和巴塞罗那伯爵。政治上的分崩离析和安达卢西亚的得寸进尺，萌生了一个半岛扩张的政策——征服

从陶瓷工艺上我们能看出它代表了中世纪古老的职业

哥特式的圣玛丽亚·德玛教堂

新加泰罗尼亚和它们的首府：巴拉盖(Balaguer)、雷伊达(Lleida)、多尔多撒(Tortosa)、塔拉戈纳(Tarragona)，光复并将基督教王国的居民迁回这些被摩尔人占领了的土地。

地中海的力量

征服者加乌马一世(Jaume I el Conquerido, 1213—1276)统治下的阿拉贡王朝(也称为“加泰罗尼亚—阿拉贡联邦”)，开始了经济、政治和军事上的扩张。加乌马一世征服了马约卡(Mallorca, 1229)和瓦伦西亚(València, 1238)。这种扩张也反映在城市的发展上：修造第二座城墙围住圣皮雷(Sant Pere)和圣玛丽亚(Santa Maria)区。罗马艺术留下了新的建筑，如圣尤西娅(Santa Llúcia)小教堂。建造了当时的圣卡达琳娜(Santa Caterina)修道院教堂，完全是哥特式的。现在该教堂已经不复存在，取而代之的是一个与它同名的市场。

皮雷三世(Pere III, el Gran)继续对地中海进行大肆扩张，并征服了西西里岛，以此奠定了他大权在握的基础，并推动了加泰罗尼亚—阿拉贡王国，尤其是巴塞罗那市的商业贸易。扩张一直持续到对科塞加(Còrsega)的征服，和后一个世纪对萨丁尼亚岛(Sardenya)的征服。

巴塞罗那的哥特式艺术

8世纪末，巴塞罗那开始建造最后一座教堂，是哥特式的，时间是加乌马二世(Jaume II, el Just)期间。这期间还记载的有其他的巴塞罗那教堂，比如卡门修道院的教堂(església del convent del Carme)、大皇宫的小教堂，由加乌马二世的最后一

加泰罗尼亚议会宫，加泰罗尼亚的政府机构

个妻子爱丽桑达王后建的圣玛丽亚德尔比教堂(Santa Maria del Pi)等。非宗教的建筑也很重要，比如改造和扩建后的王宫。在阿方斯四世(Alfons IV el Benigne, 1327—1336)时，开始建造圣玛丽亚德玛教堂(Santa Maria del Mar)，它是加泰罗尼亚哥特式建筑的一个重要的招牌。在皮雷三世(Pere III el Cerimoniós, 1336—1387)统治期间，由加泰罗尼亚—阿拉贡王国构造的地中海帝国，在征服了雅典和奈巴里亚(Neopàtria, 1387)后，其范围远至希腊。15世纪初出现了"议会"(Generalitat)，这是一个代表朝廷的组织，在政治上、经济上和法律上行使着政府的权力。王宫随后又重新扩建，增加了宏伟的提奈尔(Tinell)大厅，还扩建了不少庭院；市府大厅也被改造，多了西恩多(Cent)大厅和特兰特那里奥(Trentenari)大厅。城市的发展使得国王又修建了第三座城墙，以围住发展到城墙以外的兰布拉(Rambla)城区，也就是现在的拉巴尔(Raval)区。这座城墙是从Tallers路连着现在的Sant Antoni路、Sant Pau路和Paral·lel路一直到阿塔拉萨那地区，有三个城门：圣马多那门(Santa Madrona)、圣安东尼门(Sant Antoni)和塔叶尔门(Tallers)。城市越来越富有了，商人和银行家成了强有力的群体，这个群体中还有一个生气勃勃的犹太团体，住在科尔(call)或犹太区。他们在阿塔拉萨那区造了很多船只，被指派走的贸易线路是：地中海北面、非洲沿岸及近东沿岸。14世纪时，还规划出了Montcada路。巴塞罗那不断地打造着它的市容，每一个地方都有着它的历史。玛尔蒂王(Martí l' Humà, 1395—1410)是巴塞罗那王朝的最后一个国王，在他统治时期，建筑的鼎盛时代还依然持续着，代表作包括市政大厅的正面和圣十字医院(Hospital de la Santa Creu)。玛尔蒂王死后，由于没有后代，就到了"加斯贝合约"(compromís de Casp, 1412)时期：德拉斯达马(Trastàmara)家族。这是统治卡斯蒂亚(Castella)的家族的一个支系，他们管辖的是阿拉贡王国。阿方斯五世(Alfons V el Magnànim, 1416—1458)曾于1443年打败了拿破仑，在他统治时期出现了联邦的经济和政治危机。尽管如此，还是有一些重要的建筑是属于这个时代的，如门廊、石阶和圣约尔蒂(Sant Jordi)的小教堂，议会宫和皮亚阿尔莫尼亚(Pia Almoina)大楼——一个救济穷人的地方。这一时期，德尔比教堂建好了，圣安那修道院(monestir de Santa Anna)也被改造了，后者坐落在和它同名的街道上。为了保卫城市，国王还下令建起了海边的城墙，在Montcada路还造了私人住宅——有贝雷戈尔·阿吉拉(Berenguer d'Aguilar)的、里奥(Llió)侯爵的、达尔马斯(Dalmases)家族的、塞尔维约(Cervelló)的，等等。此外在Bisbe路、Lledó路和Regomir路也有很多那时遗留下的私人住宅。

首府地位的旁落

阿拉贡的费尔南多在1479年继承了王位，同时也接手了一堆前人统治时遗留的问题。他与卡斯蒂亚女王伊莎贝尔的联姻，使卡斯蒂亚和加泰罗尼亚—阿拉贡这两个最强大的王国联合起来。与此同时，巴塞罗那也渐渐失去了它政治首府的地位。当然，要强调的一点是这对"天主教国王"(els reis Catòlics)曾在巴塞罗那的提奈尔大厅接待了从美洲回来的哥伦布。而后来，1519年，年轻的国王卡洛斯(Carles)也是在巴塞罗那收到了有关要举行王位选举的消息的。美洲新大陆的发现使原来以地中海为中心的贸易活动转向了大西洋沿岸。16世纪初，巴塞罗那已经丧失了地中海沿岸地区首府地位。它在西班牙君主统治时期的复杂联合体中，变为一个被忽视的城市。当时只有一个总督代表国王控制着加泰罗尼亚—阿拉贡王国。尽管有着来自于西班牙王国的压力，加泰罗尼亚直到18世纪都还保留着自己的货币、自己的海关和财政制度，加泰罗尼亚语依然是他们的官方语言。

1640年，加泰罗尼亚人第一次与西班牙国王发生了公开的对抗，这次对抗叫"塞加多尔"农民起义（塞加多尔指农村的劳动者）。

王位继承之战

西班牙的王位继承之战和卡洛斯国王二世（Carles II）的死有直接关系。在争夺王位继承者的两个人中，加泰罗尼亚支持奥地利的卡洛斯（Carles）公爵而不支持法国路易十四世的孙子费利佩（Felip d'Anjou）继承王位。1714年的9月，加泰罗尼亚人在巴塞罗那被卡斯蒂亚—法兰西的部队打败了。西班牙的新国王费利佩五世强行颁布了《新计划宪法》（Decret de Nova Planta），废除了原有的政治、法律、管理及司法结构。一切都要服从总首领领导下的军政府，他们才是西班牙真正的执政者、专制主义者和中央集权者。费利佩五世将加泰罗尼亚语排除在公众生活以外，取而代之的是卡斯蒂亚语（即现在的西班牙语）。这是一个重造蒙卓伊克（Montjuïc）城堡和修建军队堡垒以控制人民的时代。尽管有着严格的政治高压，巴塞罗那在工业领域还是获得了重要的发展，尤其是在棉纺工业。此外，由于民主的复兴、土地耕种的恢复、商业的发展，加泰罗尼亚的经济得以增长。与美洲的贸易在18世纪达到了高潮，商业贸易成为了巴塞罗那乃至加泰罗尼亚地区经济发展的命脉。巴塞罗那又一次成为重要港口，船只从地中海开始它们前往大西洋的线路。在宫殿广场（Pla de Palau）有总督的住宅、重新修建过的约特加海上贸易市场（Llotja）和新建的海关。后来又建了一个新区，包括小巴塞罗那（Barceloneta）、拉巴尔区（Raval）、卡门医院的周边地区等。兰布拉大道变成了一条现代的步行街，两旁有很多树和新的宫殿，例如总督夫人宫、莫贾和马克（Moja i Marc）家族的宫殿等。此外，还兴建了很多教堂，有圣费利佩·奈力的礼拜堂（oratori de Sant Felip Neri, 1748—1752），梅尔塞教堂（Mercè, 1765—1775）等。来自那普勒斯（Nàpols）的卡洛斯三世（Carles III, 1759—1788），在这座城市的王位空缺了半个世纪后，开始了他的新的统治时期。

蒙卓伊克纪念碑

皇家广场喷泉的细节

19世纪

从18世纪开始的经济恢复期被推迟了，原因有两个：首先是西班牙同英国的战争失利。战争切断了连接西班牙与美洲的大西洋生命线。其次是1808年至1814年间的法兰西战争，那是一场巨大的灾难。尽管西班牙失去了殖民地，失去了庞大的美洲帝国，巴塞罗那还是通过开辟伊比利亚半岛市场，继续着它的工业化进程。就这样巴塞罗那成为了西班牙的资本主义工业之都。从19世纪下半叶开始，受文艺复兴运动的影响，加泰罗尼亚语作为文化语言得以复兴，加泰罗尼亚对政治权利的要求日益强烈。1892年，在曼雷萨（Manresa）市举行了大会，会议通过了加泰罗尼亚地区宪法的基础条例，这是真正的加泰罗尼亚政治制度化的纲领。巴塞罗那不断兼并邻近范围，城市不断扩大。1827年，沿着旧时连接巴塞罗那和格拉西亚（Gràcia）的古道，修建了格拉西亚之路（格拉西亚成了巴塞罗那的一部分），这是巴塞罗那最有特色、最雅致的一条路。在伊莎贝尔二世（Isabel II）统治期间，由于基督教会出售已转让给他们的土地，有了几块空地，于是开始筹建利塞奥大剧院（Liceu），并于1848年举行落成典礼。就在同一年，巴塞罗那开始兴建皇家大广场并建设开通了西班牙第一条铁路，巴塞罗那—马塔罗（Mataró）铁路。但最影响深远的是被称作"现代主义的扩展"（Eixample）的城市扩建工程。

巴塞罗那的"现代主义的扩展"规划

从1859年开始，中世纪的城墙被推倒了，对城墙与邻近城镇之间地带的规划也开始了。现代主义的扩展规划给了巴塞罗那方格形的外形，并规划了城市范围的扩张。从1860年开始，城市规划专家、工程师伊尔德丰斯·塞尔达（Ildefons Cerdà）的规划，带来了迄今为止最辉煌的城市发展。在1868年革命中，伊莎贝尔二世下台了。在人民的一再要求下，也多亏了当时的加泰罗尼亚英雄胡安·普利姆（Joan Prim）将军，最后的岗楼消失了。第一共和国宣告成立，接着阿方斯十二世（Alfons XII）宣告君主制复辟。新国王离开他的逃亡地法国从巴塞罗那进入西班牙，他在和平门登陆，和平门的名字就是为了纪念他的全面和平方针而起的。在1878年至1881年间，海边（de mar）城墙消失了。1886年在兰布拉（la Rambla）步行大道的尽头建造了哥伦布（Colom）纪念碑。

1888年世博会

在玛丽亚·克里斯汀娜（Maria Cristina）统治期间，在巴塞罗那市长路易斯·伊·塔五莱特（Lluís i Taulet）的推动下，1888年，在军事岗楼原址上建了世博会会址。世博会的大门叫胜利门，会址内的所有建筑中，值得一提的是三龙城堡，即现在的动物博物馆。19世纪末的那些年，文化艺术的大繁荣通过一些重要的建筑表现出来，例如始建于1891年的圣家堂。另一庙宇迪比达波（Tibidabo）建于20世纪初。迪比达波山改建成了游乐场，还建了蓝色有轨电车、缆车，1904年建成法布拉（Fabra）天文台，1905年建成门多·阿西纳（Mentor Alsina）博物馆。几年后又建了科学博物馆。巴塞罗那的发展体现在它的大街小巷上，体现在它的广场上，体现在巴塞罗那市内每一栋房子上。这些发展变化把巴塞罗那变成了现代主义的瑰宝。米拉之家（Casa Milà）、加泰罗尼亚音乐厅以及桂尔（Güell）公园就是其中的典范。尽管经济增长了，人民群众和无产阶级仍生活凄惨。不满终于在1909年的"血腥一周"（Setmana Tràgica）爆发出来，而之前已从几次不同的无政府主义袭击中露出端倪，例如，"利塞奥炸弹事件"等。

1929年世博会

1929年又举行了一届世博会，当时是阿方索十三世在位。在他的庇护下，普利莫·利贝拉（Primo de Rivera）实施了长达八年的军事独裁统治。为了举办世博会，巴塞罗那改造了蒙卓伊克（Montjuïc）山，在山上建了国家大厦（Palau Nacional）、各种楼阁、西班牙村和工程师卡洛斯·布加斯（Carles Buigas）设计的著名的魔幻喷泉。1931年独裁统治垮台，君主制也随之告终，西班牙第二共和国宣告成立。1936年至1939年爆发了内战。佛朗哥时期，人们从西班牙各地涌入巴塞罗那，促使了巴塞罗那社会的分化，随着上世纪60年代经济的发展，一些新的边远地区得到开发。

议会制民主和加泰罗尼亚自治

1975年，佛朗哥去世，国王胡安·卡洛斯恢复了君主制。1977年举行了立法选举，产生了第一届西班牙民主议会。1978年通过了新的西班牙民主宪法。1979年加泰罗尼亚人民举行了全民公决，同意加泰罗尼亚自治条例。1980年4月，在加泰罗尼亚议会选举中，约尔蒂·普约尔（Jordi Pujol）当选为总委员会主席。从那时起，加泰罗尼亚自治政府一直发展至今。

1992年奥林匹克运动会

1979年第一届民主市政府刚刚建立，巴塞罗那就面临了严重的城市规划问题。这些问题源于城市建设缺少规划以及20世纪五六十年代的无序发展。1979年至1982年间，纳西斯·塞拉（Narcís Serra）市长解决了一些紧迫的问题，建了一些新广场，在各区建公园、市民中心及体育设施。这是巴塞

1929年世博会大楼，现在的加泰罗尼亚民族艺术博物馆

1992年的奥运会使蒙卓伊克山得到重新规划

罗那的第一次改造，完全视乎需要而作，公私两方面的协作非常重要。1983年至1997年，巴斯卡尔·马拉加尔（Pasqual Maragall）市长延续了这一阶段的改造，加快了公共设施的安装，加快了绿地的建设。那些年里建了西班牙工业公园、艾思可夏多公园等公园，确定了十二个新中心区。1984年，巴塞罗那就开始申办奥运会。设置了活动分区，如迪亚戈纳尔—萨利阿（Diagonal-Sarrià）区，塔拉戈纳（Tarragona）大街，圣安德鲁·萨格利拉（Sant Andreu-Sarrià）区，以及旧港（Port Vell）区。奥林匹克区具体到了蒙卓伊克、迪亚戈纳尔、奥运村及埃布隆山谷（Vall d'Hebron）各区。在80年代初期，为了改善城中几个较差的区域，起草了旧城区的整体规划。旧城的改造政策同艾克桑布相仿。巴塞罗那城市改造从此启动了，而成为1992年奥运会举办城市后，这一进程进一步加快。利用建设体育城的机会，巴塞罗那重整了蒙卓伊克山，建造奥运村时政府有意改造了新村（Poblenou）工业区。该区建于19世纪，把巴塞罗那与海分隔开了。

改造工程使巴塞罗那从背海而居变为面海而居，并拥有了欧洲最好的城市海岸线。同时设计建造了环城路，从而更大范围连接各区，改善市内交通。在胡安·克罗斯（Joan Clos）市长在位期间，加大了各区的改造力度，划分了三大城市中轴线，连接了一些大型基础设施，这些基础设施是：拉萨格雷拉（la Sagrera）高速铁路车站区、约布莱加特（Llobregat）三角洲，即机场、港口物流区和贝索斯（Besòs）河的改造及河口工程。所有改造活动都应城市发展需要而作，大型城市中轴设计改善了城市交通与流动性，降低噪声使城市得到可持续发展，道路的铺设、城市灯光照明的改造、广场及住宅的建设、城市绿地的建设令城市各区得到更新。

世界文化论坛

奥运盛事过去十年后，巴塞罗那又迎来了一大国际盛会，为此这座城市又经历了一次重大的规划改革。如果说奥运会给巴塞罗那留下了奥运村和环城路，那么2004年世界文化论坛的举行则促使了贝索斯河口地区的改造。因世界文化论坛而重新规划的是贝索斯河右岸的一块土地，土地面积不多不少正好50公顷，为巴塞罗那和圣阿德里亚德贝索斯（Sant Adrià de Besòs）两市共有。工程遮住了部分海边的环城路和为两个市供水的巨大水厂，兴建了论坛用的大楼以及其他办公楼、酒店等社会设施，还包括一座大学城、一个新公园，还为市民整理出更多海滩，彻底翻修了圣安德利亚（Sant Adrià）码头。

奥运村的玛弗雷塔和艺术酒店

老城：哥特区，大教堂和古海岸区

El barri gòtic i la Catedral, i el barri de la Ribera

哥特区是巴塞罗那老城的中心。它四周被古罗马的城墙包围着，区内有奥古斯多神殿（Temple d'August）、公爵圣王宫（Palau dels comtes reis）和大教堂（Catedral）。在古罗马大议会旧址，即现今的圣加乌马广场（plaça de Sant Jaume），有中世纪以来城市的代表机构：加泰罗尼亚议会宫（Palau de la Generalitat）和城市之家（Casa de la Ciutat）——市政府（Ajuntament）。第二道城墙以兰布拉步行大道（La Rambla）为界，墙内是从古罗马城墙向外延伸的新居民点。13世纪，古罗马帝国派往地中海的远征军到达此地，往来频繁的商业活动使当地的工业和手工业出现了一个新高潮，城市手工业也变得空前集中。古海岸区的街道、蒙特卡达（Montcada）大街上的名宅和宫殿都以古代手工作坊命名，这正反映了当时城市变革发展的情况。到了14世纪，城市又扩建了第三道城墙并与拉巴尔（Raval）地区结合在一起。

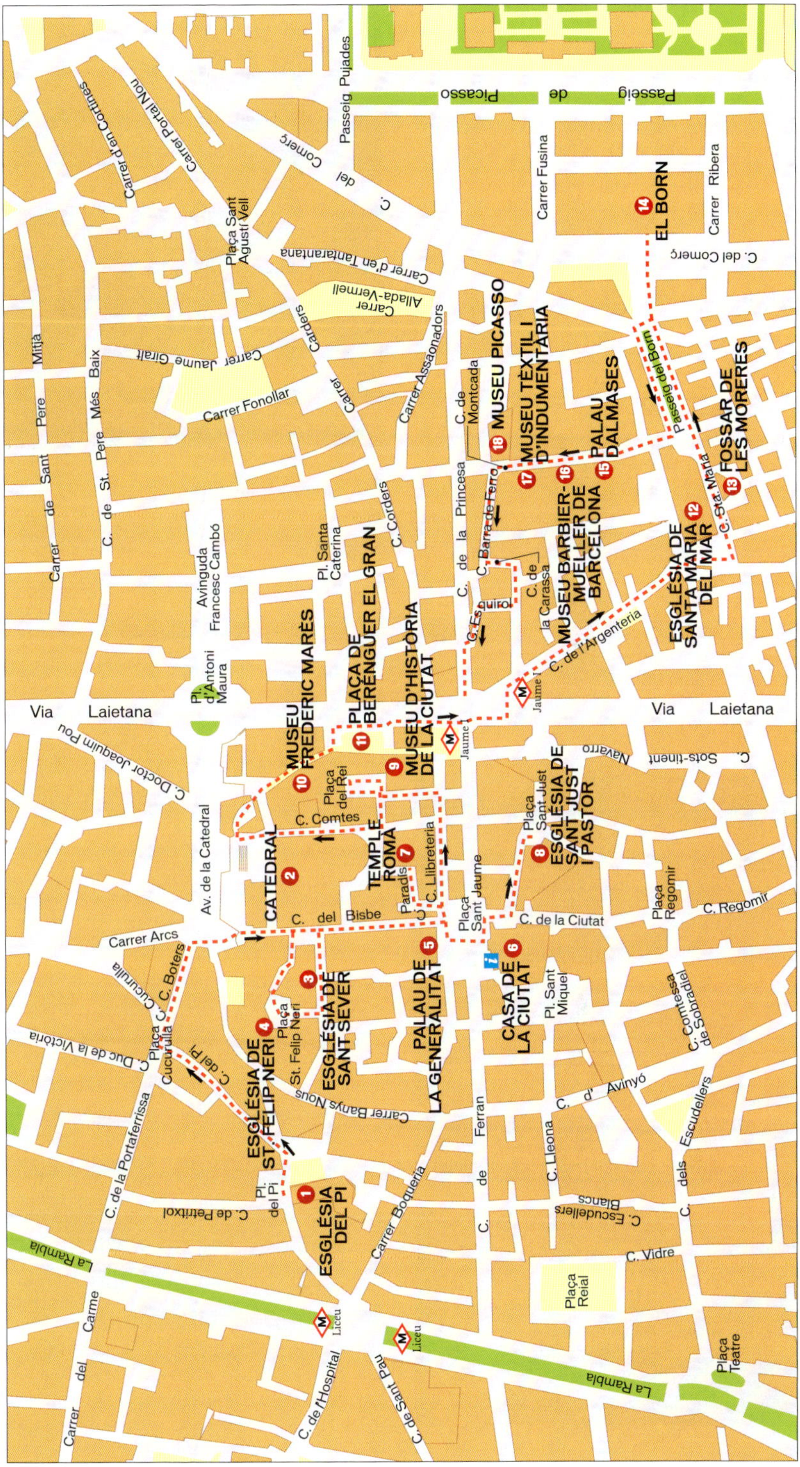
ESGLÉSIA DEL PI
Pl. del Pi
ESGLÉSIA DE ST. FELIP NERI
Plaça St. Felip Neri
ESGLÉSIA DE SANT SEVER
CATEDRAL
TEMPLE ROMÀ
PALAU DE LA GENERALITAT
CASA DE LA CIUTAT
ESGLÉSIA DE SANT JUST I PASTOR
Plaça Sant Just
MUSEU D'HISTÒRIA DE LA CIUTAT
Plaça del Rei
MUSEU FREDERIC MARÈS
PLAÇA DE BERENGUER EL GRAN
ESGLÉSIA DE SANTA MARIA DEL MAR
FOSSAR DE LES MORERES
EL BORN
PALAU DALMASES
MUSEU BARBIER-MUELLER DE BARCELONA
MUSEU TÈXTIL I D'INDUMENTÀRIA
MUSEU PICASSO
Via Laietana
Via Laietana
La Rambla
La Rambla
Liceu
Liceu
Jaume I
Jaume I
Plaça Sant Jaume
Av. de la Catedral
C. Doctor Joaquim Pou
Pl. d'Antoni Maura
Avinguda Francesc Cambó
Pl. Santa Caterina
C. Comtes
C. del Bisbe
C. Llibreteria
C. Paradís
Carrer Arcs
C. Boters
Plaça Cucurulla
C. Cucurulla
C. del Pi
C. Duc de la Victòria
C. de la Portaferrissa
C. de Petritxol
Carrer Banys Nous
Carrer Boqueria
C. de Ferran
C. de la Ciutat
Plaça Regomir
C. Regomir
Pl. Sant Miquel
C. d' Avinyó
C. Lleona
C. Escudellers Blancs
C. dels Escudellers
C. Comtessa de Sobradiel
C. Vidre
Plaça Reial
Plaça Teatre
C. de l'Hospital
C. de Sant Pau
Carrer del Carme
C. Sots-tinent Navarro
C. de l'Argenteria
C. de la Carassa
C. Esquirol
C. de la Princesa
C. Barra de Ferro
C. de Montcada
C. Sta. Maria
Passeig del Born
C. del Comerç
Carrer Ribera
Carrer Fusina
Passeig de Picasso
Passeig Pujades
C. del Comerç
Carrer d'en Tantarantana
Carrer Allada-Vermell
Carrer Assaonadors
C. Corders
Carrer Carders
Carrer Fonollar
Carrer Jaume Giralt
Plaça Sant Agustí Vell
Carrer d'en Cortines
Carrer Portal Nou
Carrer de Sant Pere Mitjà
C. de St. Pere Més Baix
1
2
3
4
5
6
7
8
9
10
11
12
13
14
15
16
17
18

❶
德尔比教堂 *
Església del Pi *

地址：pl.del Pi, s/n。📞 93 318 47 43。Ⓜ Liceu (L3)。🕓 逢周一至周六，8:30到13:00，16:30到21:00；逢周日和节假日，9:00到14:00及17:00到21:00。✝非公众假期，11:00、18:30以及20:00；节前，11:00、16:30、18:30、20:00；逢公众假期，11:00、12:00、13:00、18:30、20:00。

德尔比教堂是加泰罗尼亚典型的哥特式建筑：外形结实，线条平直，没有雕塑装饰。教堂于1322年在一座旧建筑的基础上兴建，于1415年竣工。主墙面上突出连拱环绕的正门，一孔圆花窗和两座未完工的塔楼。八角形底座的钟楼为一座平顶的独立建筑。教堂内部有一主殿，穹顶分七段，与交叉拱及侧殿相连。教堂面朝德尔比广场（plaça del Pi）和何塞·奥利奥（Sant Josep Oriol）广场，广场原先是教区墓地，1821—1823年间出于卫生的原因被拆除。德尔比广场的标志性建筑包括：建于1342年的布里斯·圣格来（Puríssima Sang）教堂、转卖商行会大楼和马尔达·卡斯特伊维尔宫（Palau Maldà Castellvell）。前者曾在18世纪重新修葺，当时教士们就是在那里护送死刑犯上绞刑架的。每月的第一个周五、周六和周日，广场上都会举办美食庙会。广场上的费瓦勒官（Palau Fivaller）建于1571年，正墙于18世纪重修。

德尔比教堂

德尔比教堂的彩色玻璃窗

❷
大教堂 ***
La Catedral ***

地址：pl. de la Seu。📞 93 315 15 54。Ⓜ Liceu, Catalunya (L3)。🚌 17、19、45。哥特区旅游专线。🕓 逢周一至周五，10:00到12:30，16:30到18:30；逢周六和周日，10:00到13:00，17:00到19:00。🏛 唱诗台 Cor 🕓 逢周一至周五，9:00至13:00，16:00到19:00；逢周六，9:00到13:00。💲 1欧元。🏛 教堂顶 Terrat 🕓 逢周一至周五，10:30到12:30，16:30到18:00；逢周六，10:30到12:30。💲 2欧元。🏛 教士室（内院）Museu Sala Capitular (claustre) 🕓 逢周一至周五，10:00到13:00，16:00到18:30；逢周六和周日10:00到13:00。💲 1欧元，有导游讲解。✝ 逢周一至周六，上午9:00、10:00、11:00、12:00及19:00；逢周日和节假日，9:00、10:30、12:00、13:00、18:00、19:00。

现今的哥特式大教堂是为供奉欧拉利亚圣母（Santa Eulàlia）建造的，工程始于1298年（见罗斯圣母堂大门前的石碑）。这座教堂是在原来两座大教堂的废墟上重建的：一座是基督教堂（4世纪），另外一座是罗马教堂（1058年），工程一直延续到1454年完工。正墙、圆顶和两侧塔楼在19世纪末20世纪初建成。由何塞·奥利奥（Josep Oriol Mestres）和奥古斯托·丰特（August Font）两位建筑师根据中世纪卡尔里大师的一幅画设计的，资助者是银行家兼政治家马努埃尔·基罗那（Manuel Girona）。地下室、大殿、大祭台、内院、两座钟楼和唱诗台均为最典型的14世纪哥特式风格。尤西娅圣母堂（capella de Santa Llúcia）建于13世纪，含有罗马式向哥特式过渡的风格，是供奉保护神尤西娅圣母的。教堂大门处矗立着基督像，教堂的门廊是由现代派雕塑家胡安·罗依格（Joan Roig）和阿加庇特·瓦伊米加纳（Agapit Vallmitjana）雕塑的。

教堂内有三个大殿，分成四段，有几个侧殿、后拱顶和回廊，有一段通向尤西娅圣母堂的正门，圣母堂有一道门是大教堂通向内院的通道。进入教堂正门，右手就是圣体室，原建于15世纪，改建于17世纪，那里安置着圣奥勒盖尔（Sant Oleguer）的灵柩，有时还会放置莱潘多的基督（Crist de Lepant）受难像（16世纪）。那尊圣像在莱潘多战役中曾经装饰过战船"奥地利胡安号"（Joan d'Àustria）的船头。唱诗台占据了正殿的大部分。需要指出的是，座位的排列、布道台和1519年画的金羊毛骑士团（Toisó d'Or）的盾徽，与骑士团当年的会议布置是一模一样的。唱诗台的后面，是雕塑家巴尔托洛梅·奥尔多涅斯（Bartolomé Ordóñez）和他的徒弟皮雷·维亚尔（Pere Villar）创作的白色大理石浮雕，讲的是圣女欧拉利亚殉难的故事。正殿的一头，在半圆形的后殿，是圣本笃祈祷室，供奉圣本笃（Sant Benet）会创始人和欧洲守护神的。里面有绘画大师贝尔纳特·马尔多莱伊（Bernat Martorell）画的极其精美的耶稣幻化组画。地下室和高高的大祭台是加乌马·法布雷的杰作。在地下室里安放着圣女欧拉利亚的遗体，大教堂就是以她和克鲁斯圣母（Santa Creu）命名的。

教堂内院回廊是贝尔纳特·罗卡（Bernat Roca）的作品，建造于1382至1448年间。13只大雁是为了纪念4世纪初圣女欧拉利亚在迪奥格雷西亚诺（Dioclecià）被迫害时受难的岁月。教堂里有一些具有重要意义的祭堂，其中包括大教堂正墙的保护者桑莱伊（Sanllehy）和基罗那家族（Girona）墓室。地面铺着大教堂施主家庭、行会和教友会（裁缝、鞋匠、面包师等等）捐献的印有族徽的墓室地砖。

巴塞罗那大教堂的正墙

巴塞罗那哥特式大教堂的回廊

通过回廊，游览者可以进入展厅。展厅里可以看到11世纪罗马大教堂里的洗礼池，矗立在比斯贝街以圣女欧拉利亚命名的门楼前的用陶土做的她的塑像、巴尔托洛梅·贝尔梅霍（Bartolomé Bermejo）的名画《慈爱圣母像》（1490）、一幅马努埃尔·特拉姆雷斯（Manuel Tramulles）的名画、加乌马·乌盖特（Jaume Huguet）的组画等。大教堂的玻璃窗分别是14、15和20世纪建成的。慈爱圣母门上突出的是三角楣上的浮雕。那是个复制品，据说原作是弗拉门戈雕刻家米切尔·罗奇纳尔（Michael Lochner）的作品。这座教堂的圆顶根基在教堂脚下，而不是像常见的哥特式教堂那样建在大殿的交叉拱上。从教堂的屋顶平台放眼望去视野开阔。此外，用各式各样的象征性图案装饰的顶饰、滴水嘴也都令人惊叹：有吝啬鬼、圣约尔蒂（Sant Jordi）和少女以及龙、异国飞禽等形象。

3

圣塞韦尔教堂
Església de Sant Sever

地址：c. de Sant Sever, 9-11。✆ 93 318 16 81。Ⓜ Jaume I（L4）。◷ 每逢周二和周四，13:00到14:30。

教堂根据设计师加乌马·阿尔纳乌迭斯（Jaume Arnaudies）的设计于1699年开始建造，是巴塞罗那重要的巴洛克风格建筑之一。有一个正殿、两侧祭堂和多角形穹顶。教堂内部四壁和房顶都有影线，是埃斯卡拉瓦塞莱斯（Escarabatxeres）的作品。正墙朴实无华，用的是蒙卓依克的石料。一尊置于神龛中的圣塞韦尔（sant Sever）雕像统领全景，与百叶窗、木雕工艺、彩色材质交相辉映。

4

圣菲利普·内利教堂和广场 *
Església i plaça de Sant Felip Neri *

地址：pl. de Sant Felip Neri。Ⓜ Jaume I（L4）。◷ 7:50到8:30，19:00到20:00。H 鞋类博物馆

浪漫的圣菲利普·内利广场

Museu del Calçat 地址：pl. de Sant Felip Neri, 5。☎ 93 301 45 33。⏰ 逢周二至周日，11:00到14:00。💲 2.5欧元。

1752年建的巴洛克教堂，墙上有内战时轰炸留下的弹痕。教堂内部可见巴洛克风格的圣菲利普·内利（Sant Felip Neri）祭坛，是瓦伦西亚人伊格纳西·维尔加拉（Ignasi Vergara）的作品。圣菲利普·内利广场（plaça de Sant Felip Neri）是巴塞罗那最富诗意的角落之一，在那里有两座16世纪的建筑：鞋业行会之家（内有鞋类博物馆）和锅匠协会之家。鞋业行会的标志——圣马克的狮子，在大楼的一楼窗户间很突出，特点是穿了四只鞋子。大楼的旁边是锅匠行会之家，这个如今已经消失的行会标记是两个缠在一起的汤勺。两座建筑的正墙石块都是从它们的旧址一块块拆建到这里的。

5

加泰罗尼亚议会宫 **
Palau de la Generalitat **

地址：pl. de Sant Jaume, 4。Ⓜ Jaume I（L4）。🚌 哥特区旅游巴士专线。⏰ 只在圣约尔蒂日（Sant Jordi, 4月23日）才可以参观。

大楼最古老的墙面是朝 carrer de Sant Honorat的那一面；carrer del Bisbe侧墙面是由马克·萨丰特（Marc Safont）创作的、漂亮的火焰状哥特式风格的样板。主墙面正对广场，是巴塞罗那文艺复兴时期颇有意义的建筑实例。该建筑完工于1602年，是皮雷·勃拉伊（Pere Blay）的作品。大楼内部是15世纪哥特式的回廊。外露的楼梯通向圣约尔蒂祭堂（1434年），也是马克·萨丰特创作的。议会宫内有个橘树大院（pati dels Tarongers, 1532—1536）。议会宫的金色大厅里一块精美的镶板式天花板是由拉蒙·布伊格（Ramon Puig）在1578年绘制和布置的，托雷斯·加西亚厅（Saló Torres García）里面存有这位画家的几幅壁画，还有圣约尔蒂厅，那是皮雷·勃拉伊（Pere Blay）于1596年设计的，加泰罗尼亚共同体就是在那里成立的。1931年，弗朗塞斯克·马西亚（Francesc Macià）主席就是在大楼的阳台上宣告加泰罗尼亚共和国成立。1934年，鲁伊斯·康帕尼斯（Lluís Companys）在此宣告联邦共和国成立。1977年，何塞·塔拉德拉斯（Josep Tarradellas）在这里向前来欢迎流亡回归的自治区主席的人群高呼：“我又回来啦！”

6

城市之家 **
Casa de la Ciutat **

地址：pl. de Sant Jaume, 1。Ⓜ Jaume I（L4）。🚌 哥特区旅游巴士专线。⏰ 逢周六和周日，10:00到13:00，带导游讲解，每半小时一次。

1249年，加乌马一世（Jaume I）国王授予城市选举市政会议成员和政府参事的权利，成立了百人参事会。百人堂（Saló de Cent）就是参事会举行会议的地方，这是市政府最具有标志性的大厅。靠城市大街一侧的哥特式墙面，是阿尔努·巴尔盖斯（Arnau Bargués）的作品，展示了礼仪王皮雷的王

自治区议会宫

室盾徽和城市盾徽（雕塑家约尔蒂·胡安的作品）以及大天使圣拉菲尔（Sant Rafael）的圣像（皮雷·桑格拉达的作品）。在墙面的拐角处还有巴塞罗那的圣人欧拉利亚和塞韦尔的雕像。1839年，在修缮圣加乌马广场时改短了正墙，使大门的拱门线线脚缩进了。正墙是由设计师何塞·马斯（Josep Mas）在1832至1847年间完成的，属新古典主义风格。大门的两侧，左面是加乌马一世的雕像，右面是胡安·费维勒尔（Joan Fiveller）的雕像。两尊雕像是何塞·鲍威尔（Josep Bover）在1841至1844年间的代表作品。门厅是一个雕塑美术馆，展示着艺术家何塞·克拉拉（Josep Clarà）、弗朗塞斯克·马勒斯（Francesc Marès）、何塞·里莫纳（Josep Llimona）、何塞·玛丽亚·苏比拉齐斯（Josep Maria Subirachs）、胡安·米罗（Joan Miró）、保罗·加

城市之家——市政府

尔加洛（Pau Gargallo）以及马诺罗·乌盖（Manolo Hugué）等人的作品。

黑色的楼梯上面有一尊何塞·韦拉多马特的雕塑《欢迎》以及米格尔·韦拉德里奇（Miquel Viladrich）的大笔画，都是有深刻含义的。编年史厅里装饰着何塞·维拉多玛（Josep Viladomat）的画作，参照了拉蒙·蒙塔内尔（Ramon Muntaner）和贝尔纳特·德斯克罗特（Bernat Desclot）写的故事或历史。画面表现的是军人罗杰尔·德·弗洛尔（Roger de Flor）在14世纪远征东方的事迹。女摄政王厅是F.达涅尔·莫里纳（F. Daniel Molina）在1860年修造的，现在是召开市政会议的地方。百人堂是为了给100名市政府参事开会而建的大厅，由建筑大师皮雷·尤贝特（Pere Llobet）在1369年建造。大厅曾经多次改建。墙上挂的几块壁毯，展示的是19世纪末、20世纪初加入到巴塞罗那的一些古城的城徽。地面的图案是与行会有关的，还有城市的盾徽。其他的标志性元素有30人厅门扉上精美的装饰、哥特式回廊、贵宾楼梯和院子，那里有装饰性浮雕，讲的是有关大力神赫拉克利斯（Hèrcules）的传说。大楼里设了一个旅游信息办公室，大门开在城市大街上。

7

罗马神庙

Temple romà

地址：c. del Paradís, 10。Ⓜ Jaume I（L4）。

在一座哥特式的建筑加泰罗尼亚郊游中心总部里面，是唯一保存了供奉奥古斯多皇帝（August）（1世纪）的罗马神庙的废墟，位于老城的制高点塔维

尔山上。现在还可以看到四根有槽沟的柱子和神庙的部分飞檐。

8
圣朱斯特和牧人教堂
Església de Sant Just i Pastor

地址：pl. de Sant Just。☎ 93 301 74 33。Ⓜ Jaume I(L4)。🕓 9:00到13:00，17:00到20:00。✝ 逢公众假期，11:00、12:00、13:00和20:00。

教堂建于1342至1363年间，工程由贝尔纳特·罗卡(Bernat Roca)领导。依照当时巴塞罗那哥特式教堂的风格，外观以平直线条为主；现在的正墙是19世纪末重修的，是何塞·奥利奥尔·梅尔塞特尔斯(Josep Oriol Mestres)的杰作。教堂内部突出的是一套18世纪的主体组画，瓦伊米加纳兄弟(Vallmitjana)的雕塑，还有皮雷·努涅斯(Pere Nunyes)1528到1530年间画的圣菲利乌组画。广场于19世纪进行过城市化改造，铲除了教区的墓地。

9
城市历史博物馆 **
Museu d'Història de la Ciutat **

地址：pl. del Rei, s/n。☎ 93 315 11 11。Ⓜ Jaume I(L4)，Drassanes(L3)。🚌 14、17、39、40、45、57、59、64，哥特区旅游巴士专线。🕓 10月至次年5月，逢周二至周六，10:00到14:00，16:00到20:00；6月至9月，逢周二至周六，10:00到20:00，逢公众假期，10:00到15:00；逢1月1日、5月1日、12月25日和26日闭馆。Ⓢ 4欧元。网址：www.museuhis.bcn.es。

博物馆由一个庞大的中世纪建筑群构成，包括大王宫、提奈尔厅、圣母阿加塔(Santa Àgata)王室祭堂和玛尔蒂国王(Rei Martí)瞭望塔，此外还有4000m²的考古展区。博物馆的本部包括：帕德拉斯大楼(Casa Padellàs)的地下室、国王广场、马勒斯博物馆(Museu Marès)大院、洛斯孔德斯(els Comtes)大街和巴塞罗那大教堂。馆内播放的28分钟录像，浓缩了从伊比利亚人出现到1992年奥运会以来2000多年的历史。从地下室一部宽大的电梯上可以看到国王广场的风景照，在下降过程中，一块显示板显示了倒退的历史时间。整个行程，通过街道、手工作坊、巴塞罗那早期的天主教徒教堂等考古遗址，跟文物的展区结合在一起。博物馆的外部是11世纪以来已经存在的国王广场，那里有一尊钢制的雕像，是巴斯克雕塑家埃杜阿多·齐伊达(Eduardo Chillida)的作品，是这位艺术家捐献给城市的。他建议把雕像放在这里，因为广场的中世纪建筑跟作品的简朴风格很相配。

10
弗雷德里克·马雷斯博物馆
Museu Frederic Marès

地址：pl. de Sant Iu, 5-6。☎ 93 310 58 00 Ⓜ Jaume I(L4)。🚌 17、19、40、45。Ⓢ 3欧元。🕓 逢周二至周六，10:00到19:00；逢公众假期，10:00到15:00。逢周一闭馆。4月1日至9月30日，每天10:00至22:00。逢元旦、圣周星期五、5月1日、6月24日、12月25日和26日闭馆。网址：www.museumares.bcn.es。

大楼是古老的大王宫的一部分，10世纪到15世纪那里是阿拉贡王朝君主在巴塞罗那的行宫。博物馆于1948年开馆，大楼是由雕塑家和收藏家弗雷德里克·马雷斯(Frederic Marès, 1893—1991)捐献给巴塞罗那的。他在那里任馆长一直到1991年去世。馆藏分三个部分：西语国家雕塑收藏，大部分是彩色木雕，从西罗马时期到20世纪初叶；收藏家

城市历史博物馆

玛尔蒂国王瞭望塔

小屋，收藏了19世纪资产阶级日常生活用品，弗雷德里克·马雷斯称之为“伤感博物馆”；还有一部分是他的书房，那里存放了马雷斯的雕塑作品和个人纪念品，是个私家博物馆。最近博物馆重新布置，新增了15世纪前的雕塑收藏，并增加了一个展厅。目的是通过收藏概要地展示一部艺术史，因为在那里可以看到伊比利亚半岛上所有的艺术流派和不同工作室的艺术家的代表作。新展室的展览将以雕塑和收藏品为主。

11

拉蒙·贝雷戈尔广场
Plaça de Ramon Berenguer el Gran

从这个广场朝露出一段罗马城墙、背靠拉耶塔纳大道（Via Laietana）的大墙望去，从左到右依次可以看到一排高楼：帕德拉斯大楼（城市历史博物馆本部），阿加塔圣母堂钟楼——那是建在城墙一个塔楼上的，还有就是利用了罗马城墙作基础建造的大王宫。

12

圣玛丽亚·德玛教堂 ***
Església de Santa Maria del Mar ***

地址：pl. de Santa Maria，1。 93 310 23 90。 Jaume I（L4）。 王宫广场旅游巴士专线。 9:00到13:00，16:30到20:00。 非公众假期，9:30；公众假期，10:00，11:00，13:00，19:30。

教堂由贝雷戈尔·德·蒙塔古特（Berenguer de Montagut）建造。工程于1329年开工，为纪念攻占塞尔达尼亚（Sardenya），完成加泰罗尼亚统领地中海大业而造。这段历史始于100年前加乌马一世攻占马略卡群岛（Mallorca），到西西里岛和希腊归入巴塞罗那公爵领地辖区达到扩张的顶峰。地区的所有代表团体都参与了教堂的建筑工程，主要是搬运材料。他们的形象永远地留在了教堂柱头和大门的青铜浮雕上。圣玛丽亚·德玛（Santa Maria del Mar）主宰着这个新的首都。

教堂建设的速度奇快，这说明工程中各方齐心协力。而这种情况在中世纪的重大工程中是少见的。礼仪国王皮雷（Pere el Cerimoniós，1336—1287）是这个工程最有效率的推动者。

1714年，教堂被法国、西班牙联军的炸弹炸毁了。后来尽管用石膏做了修补，但很马虎，所以在1936年再次遇大火时一下子就毁了，又恢复到1714年的破烂样子。1782年曾造过一座气派的巴洛克式祭坛，也在1936年的大火中化为灰烬，后来被拆除了。1967年重造了一座线条简洁的大祭坛，并在教堂内外添置了辉煌的灯光照明。

从外观上看，这是唯一的一座装修完美的加泰罗尼亚哥特式大教堂。它的外墙与欧洲大陆哥特式不同，具有加泰罗尼亚哥特式的基本特点：以平直线条为主，合理利用空间布局，上盖无瓦平屋顶，喜欢大片的无装饰地面，有护墙垛而无扶拱垛，八角形的塔楼建在平顶上面。教堂的大门上装饰着圣皮雷（Sant Pere）和圣保罗（Sant Pau）的塑像，分立两侧。三角楣上的耶稣圣像立在圣母和圣约翰中间。火焰饰的圆花窗是15世纪的，替代了一个世纪前毁于地震的老窗。塔楼都是原设计的组成部分，北楼完成于1496年，南楼到1902年才建成。在最近的整修和清扫中，发现三角楣上的一层灰色颜料下藏

圣玛丽亚·德玛教堂的内部

着另一幅画。此外上面的三幅圣像原来的色彩也大部分复原了。穹顶的一扇门通向伯恩广场。此门是贝尔纳特·萨尔瓦多(Bernat Salvador)以圣奥古斯丁教堂(església de Sant Agustí Vell)的门作样板造的，属哥特式风格，建造于1542年。另一扇门通向莫雷拉斯(Moreres)方池广场。一块石碑的铭文，用拉丁文和加罗卢尼亚语回顾了教堂奠基时的情景。

在结构上需要提一下的是，它的三个主殿，净空几乎是一样的，都很高。内部的支撑只有八角形的柱子，没有那种典型的哥特式交叉侧肋支撑。柱与柱之间相距13米，这样的跨度没有任何一座中世纪的建筑能超过它。

13

莫雷拉斯方池
El fossar de les Moreres

这个广场是为一个历史古迹设计的。它现在所处的位置，以前曾是圣玛丽里亚·德玛教区的墓地。另一处原来的墓地是现今的圣玛丽亚广场。碑文正巧在街道的水平线下面，那是剧作家弗雷德里克·索雷尔(Frederic Soler)的一首有名的诗歌《睡朦胧》(19世纪)，以纪念安葬在这里的行业民团成员，他们在1714年保卫了这座被围困的城市。

14

伯恩
El Born

地址：c. del Comerç, s/n。Ⓜ Jaume I (L4)。🚌 王宫广场旅游巴士专线。

这座金属结构的建筑建于1876年，原先是巴塞罗那的水果和蔬菜中心市场，于1976年停止使用。该建筑是由建筑师何塞·丰塞雷(Josep Fontserè)和何塞·马里亚·科内特(Josep Maria Cornet)设计的，它是巴塞罗那标志性的钢铁建筑之一。整个建筑为长方形，墙体垂直，梁柱外露。房顶结构复杂，由平板琉璃瓦覆盖。当初想把它改为省图书馆总部时，发现了一些非常有价值的文物。

15

达尔马塞斯宫
Palau Dalmases

地址：c. Montcada, 20。Ⓜ Jaume I (L4)。🚌 王宫广场旅游巴士专线。🕒 周一至周五，只能参观院子。

此王宫的名字来自于17世纪购置并改造这座建筑的一个家族。院子里的一座隐蔽楼梯的护板上绘有人物连环画，那是加泰罗尼亚–巴洛克风格的一幅杰出作品，上面讲的是神话故事“劫持欧罗巴”以及“海神的胜利”。另外支撑拱顶的柱子上也雕有类似人物和故事。

圣玛丽亚·德玛教堂的两座塔楼之一

16

巴塞罗那巴尔别尔—姆埃勒前哥伦布艺术博物馆 *
Museu Barbier-Mueller d'Art Precolombí de Barcelona *

地址：c. Montcada, 12-14。📞 93 310 45 16 Ⓜ Jaume I (L4), Liceu (L3)。🚌 14、16、17、19、36、39、40、45、51、57，王宫广场旅游巴士专线。🕒 逢周二至周五，11:00至19:00；逢周六，10:00至19:00；逢公众假期，10:00至15:00。逢周一及元旦、圣周星期五、5月1日、6月24日、12月25日和12月26日闭馆。💲 3欧元。

这里是展出"前哥伦布时期"艺术品最有名的博物馆之一，是日内瓦巴尔别尔——姆埃勒博物馆临时借给巴塞罗那市政府的。

巴塞罗那巴尔别尔—姆埃勒前哥伦布艺术博物馆里的藏品是按不同的时期和各著名的土著群体分类的：中美洲有奥尔梅卡人、玛雅人、阿兹台克人；安第斯地区有恰文文明、莫奇卡人、印加人；还有一些不太知名的部落，如中美洲部落和亚马逊部落。展品有雕塑、陶器、画毯、玉石以及金银和顿巴黄铜制品。博物馆有利于研究各种"前西班牙时期"的文明和认识"发现"美洲对这些文明的影响及其后果。这里经常举办与博物馆的主题有关的临时展览会。为了迎合这座博物馆的风格，政府特地重修了附近一座建于中世纪的纳达尔宫（Palau Nadal）。

17

纺织和服装展览会 *
Museu Tèxtil i d'Indumentària *

地址：c. Montcada, 12。📞 93 319 76 03。Ⓜ Jaume I (L4), Liceu (L3)。🚌 17、39、40、51、王宫广场旅游巴士专线。🕒 逢周二至周六，10:00至18:00；逢公众假期，10:00至15:00。周一及元旦、圣周星期五、5月1日、6月24日、12月25日和26日闭馆。💲 3.5欧元。网址：www.museutextil.bcn.es。

博物馆占了里奥侯爵宫（Palau del Marquès de Lió）和纳达尔宫的一部分。前者建于13世纪，尽管现在的建筑结构属于里奥侯爵居住的时期（18世

四只猫和毕加索

在蒙特肖街 3 号有座马蒂楼，是现代主义建筑师布伊格·伊·卡达法尔奇的作品，建于 1885 年。

1897 至 1903 年间，这里就是著名的"四只猫酒吧"。这家兼有夜总会和现代派画廊特色的酒吧是拉蒙·卡萨斯、圣地亚哥·鲁西尼奥尔和米格尔·乌特里略三个人合伙开的，由佩雷·罗梅乌管理。那里是年轻的艺术家们喜欢的聚会地点，他们在那里展出自己的作品和举办音乐会。在这些年轻人当中就有毕加索和伊西德雷·诺内尔等画家。巴布罗·毕加索于 1895 年来到巴塞罗那，那时他才 14 岁，就已经开始以他的天赋崭露头角。在巴塞罗那，他找到了创作所需的文化氛围和自由空间，并全身心地投入了现代主义艺术家们反学院派的洪流之中。在巴塞罗那，毕加索还找到了通向新艺术之都——巴黎的道路。1900 年，他在朋友卡尔雷斯·卡萨赫马斯的陪同下，首次前往巴黎。从 1904 年开始，毕加索在法国塞纳市定居。

伯恩市场，钢铁结构的标志性建筑

纪）；后者是15世纪的建筑，目前存放巴尔别尔—姆埃勒的收藏品。

博物馆的名字及其三大部分的划分缘由，是因为原来有三个博物馆：纺织博物馆、服装博物馆和罗卡莫拉收藏博物馆。1982年三馆合一并入了花边织物博物馆。博物馆会长期展览从藏品中精选出的部分展品，目的是展示由织物、服装、刺绣、花边和织毯构成的艺术和技术门类在欧洲文化（加入了一些埃及和伊斯兰世界的元素）中发展的历程。博物馆用自己的馆藏组织临时性的展览会，属专题性质。参观这个博物馆对于评价该城的重要纺织传统是具有重大意义的。

18

毕加索博物馆 **
Museu Picasso **

地址：c. de Montcada，15-19。📞 93 256 30 00。Ⓜ Jaume I（L4）。🚌 17、39、40、51，王宫广场旅游巴士专线。🕙 每逢周二至周日，10:00至20:00；逢公众假日，10:00到15:00。逢周一及元旦、圣周星期五、5月1日、6月24日、12月25日和12月26日闭馆。$ 5欧元。网址：www.museupicasso.bcn.es。

在毕加索的朋友加乌马·萨瓦尔特斯（Jaume Sabartés）的积极推动下，博物馆于1963年开张。博物馆安置在5座文艺复兴时期哥特式建筑中：贝雷戈尔·达基拉尔宫、卡斯特雷特男爵宫、麦加宫，再加上毗邻的两座大楼——毛利大楼和菲内斯特雷宫。博物馆是专门展示毕加索（1881—1973）生平和作品的专题展览中心，也是全世界毕加索青年时代和成长期作品最重要的收藏馆。他在这个时期的突出作品有：《第一次领圣体》（La primera comunió，1896）和《科学和慈悲》（Ciència i caritat，1897）。他的一批作品反映了艺术家与现代主义运动的接触，那些现代派画家经常聚集在蒙特肖街的

毕加索的自画像邮票

四只猫酒吧里。另一些世俗题材的色彩不协调的作品《马格特和矮女人》（Margot i La nana，1901）创作于他从1900开始的多次巴黎行之后，是与国际艺术先锋派接触的结果。蓝色时期（1901—1904）的作品有《无依无靠者》（Desamparados，1903）、《疯子》（El loco，1904）等。蓝色时期后面是玫瑰色时期（1905—1906），这时期的作品意味着回归古典主义。从立体主义开始的毕加索风格体现在作品《维拉斯凯兹的小公主》（Las Meninas de Velázquez，1957）中。除了长期展出绘画、印刷作品（1904—1972）和陶塑作品（1947—1965）外，博物馆还举办毕加索作品的专题展览和介绍现代艺术家及艺术运动的短期展览。

毕加索博物馆，安置在一座文艺复兴时期哥特式大厦里

实用向导

餐馆

Opaqo 餐馆 地址：Ciutat，10。☏ 93 318 46 76。周日不营业。餐馆招牌菜：金枪鱼小吃，家常重油鹅肝，清蒸蛤蜊，茄子肉块，雷昂咸肉。

El pintor 餐馆 地址：Sant Honorat，7。☏ 93 301 40 65。高档家乡菜谱。

Casa fonda Senyor Parellada 餐馆 地址：Argenteria，37。☏ 93 310 50 94。周日和节假日不营业。推荐菜：苏勒律师通心粉，鳕鱼，蒜头烧羊肉。

Cafè de l'Acadèmia 咖啡厅 地址：Lledó，1。☏ 93 319 82 53。周六和周日不营业。紧邻圣丘斯特和牧师教堂。传统菜革新菜谱，甜食点心极佳。推荐菜：小扁豆鳕鱼色拉（加泰罗尼亚名菜）、糖渍土豆茄子加灌肠（加泰罗尼亚著名灌肠）。

Euskal Etxea Restaurant 餐馆 地址：Placeta de Montcada，1 至 3。☏ 93 310 21 85。周日晚上、周一及 8 月份不营业。推荐菜：温拌醋溜洋葱鲣鱼色拉，托洛萨豆配蔬菜。

El salón bar Bistrot 餐馆 地址：L'Hostal d'en sol，6 至 8。☏ 93 315 21 59。周日、节假日和圣周不营业。

Tast d'Argenteria 餐馆 地址：Argenteria，27。☏ 93 319 34 23。周日营业。店面宽敞，装饰现代。供应色拉、面条、米饭、肉汤和荤菜。

El Xampanyet Ca l'Esteve 餐馆 地址：Montcada，22。☏ 93 319 70 03。周日下午和周一不营业。饭店建于 1929 年。特色菜：罐装鳕鱼和下酒菜。

Nou Celler 餐馆 地址：Princesa，16。☏ 93 310 47 73。周六和周日晚上不营业。加泰罗尼亚时鲜菜谱。

La Cuineta 餐馆 地址：c.Pietat，12。☏ 93 315 01 11。巴塞罗那传统饭店。

Pla 餐馆 地址：Bellafilla，5。☏ 93 412 65 52。中午不营业。

酒店

Ambassador 酒店 **** 地址：c.Pintor Fortuny，13。☏ 93 342 61 80。1992 年奥林匹克运动会时开张，酒店提供最舒适的房间。有观光平台和游泳池。房价：120 欧元起。

Catalonia Albinoni 酒店 *** 地址：Portal de l'Àngel，17。☏ 93 318 41 41。1998 年开张，旅馆在一座漂亮的大楼里。房价：120 欧元起。

Reding 酒店 *** 地址：Gravina，5 至 7。☏ 93 412 10 97。现代风格，非常舒适。靠近加泰罗尼亚广场、特里安格尔（Triangle）商场和现代艺术博物馆所在区。房价：120 欧元起。

Duques de Bergara 酒店 **** 地址：Bergara，11。☏ 93 301 51 51。旅馆典雅，紧邻加泰罗尼亚广场、兰布拉大街和格拉西亚大道。房价：120 欧元起。

Gran Hotel Barcino 酒店 **** 地址：Jaume I，6。☏ 93 302 20 12。房价：96 至 120 欧元。

Suizo 酒店 *** 地址：plaça de l'Àngel，12。☏ 93 310 61 08。靠近市中心与历史建筑，环境幽雅，交通方便。房价：96 至 120 欧元。

Metropol Hesperia 酒店 *** 地址：Ample，31。☏ 93 310 51 00。旅馆很典雅，具有现代风格，位于巴塞罗那老城和海滩之间。房价：96 至 120 欧元。

Jardí 酒店 ** 地址：pl. St. Josep Oriol，1。☏ 93 301 54 00。房价：48 欧元以下。

Mesón Castilla 酒店 ** 地址：Valldonzella，5。☏ 93 318 21 82。房价：48 至 72 欧元。

Best Western Regina 酒店 *** 地址：c. Bergara，2。☏ 93 301 32 32。房价：72 至 96 欧元。

Colón 酒店 **** 地址：av. de la Catedral，7。☏ 93 301 14 04。有悠久历史的旅馆。房价： 120 欧元起。

Adagio 酒店 ** 地址：c. Ferran，21。☏ 93 318 90 61。新装修旅馆，设备齐全，环境幽雅，靠近兰布拉步行大道和历史名胜景点。房价：48 至 72 欧元。

Hostal Fontanella** 酒店。地址：Via Laietana，71，2º。☏ 93 317 59 43。房价：48 欧元以下。

Fonda España 酒店 ** 地址：c. Sant Pau，9 至 11。☏ 93 318 17 58。酒店由建筑师多梅内奇·蒙塔内尔改建了一层楼面。较为突出的是一只壁炉，上面有尤塞比·阿尔纳乌和保罗·加尔加洛的雕刻作品。房价：48 至 72 欧元。

兰布拉步行大道
La Rambla

兰布拉步行大道是巴塞罗那最具代表性的城市地标之一。如今，此处已经成为巴塞罗那这个大都市的市民活动中心。然而以前这里只是一处海边低地，在此汇聚了来自科塞罗拉山地（Collserola）的河水。河水的汇合处被起名为“兰布拉”（意思是雨水聚集的地方，源自阿拉伯语中的rámla一词）。当时这里是兴建第三座城池时使用的通道。后来，此处汇集的水被改道引入市中心。从16世纪起，在拉巴尔区（Raval）旁陆续兴建了一批修道院，兰布拉也就初具街道的面貌。18世纪时，城墙倒塌的地方开始建起了私人住宅，并种植了第一批树木。19世纪，巴塞罗那整个城市的面貌大为改观。这是由于1835年起教会的房产被大量出售，1860年城墙最终被推倒，因而有了大量的空地来兴建广场和楼宇。剧院广场（Pla del Teatre）最近又建起了一所大学。这样一来，在原来多姿多彩的花鸟市场，以及熙熙攘攘的人流中，平添了一股书香气。

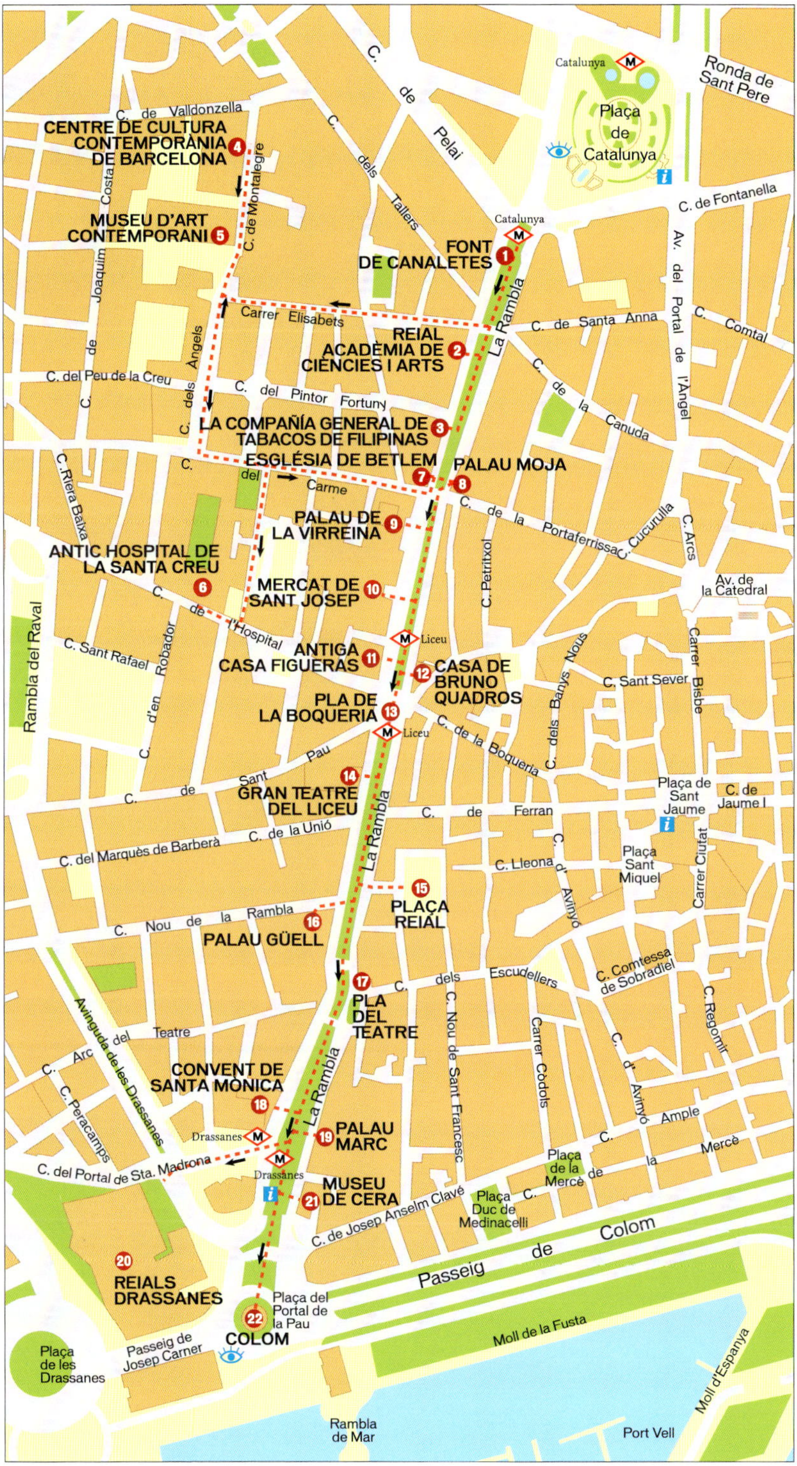
CENTRE DE CULTURA CONTEMPORÀNIA DE BARCELONA 4
MUSEU D'ART CONTEMPORANI 5
FONT DE CANALETES 1
REIAL ACADÈMIA DE CIÈNCIES I ARTS 2
LA COMPAÑÍA GENERAL DE TABACOS DE FILIPINAS 3
ESGLÉSIA DE BETLEM 7
PALAU MOJA 8
PALAU DE LA VIRREINA 9
ANTIC HOSPITAL DE LA SANTA CREU 6
MERCAT DE SANT JOSEP 10
ANTIGA CASA FIGUERAS 11
CASA DE BRUNO QUADROS 12
PLA DE LA BOQUERIA 13
GRAN TEATRE DEL LICEU 14
PLAÇA REIAL 15
PALAU GÜELL 16
PLA DEL TEATRE 17
CONVENT DE SANTA MÒNICA 18
PALAU MARC 19
MUSEU DE CERA 21
REIALS DRASSANES 20
COLOM 22
Catalunya
Plaça de Catalunya
Ronda de Sant Pere
C. de Pelai
C. dels Tallers
C. de Valldonzella
C. de Montalegre
C. Joaquim Costa
C. de Fontanella
Av. del Portal de l'Àngel
C. Comtal
Carrer Elisabets
C. de Santa Anna
La Rambla
C. del Peu de la Creu
C. dels Àngels
C. del Pintor Fortuny
C. de la Canuda
C. del Carme
C. Riera Baixa
C. de la Portaferrissa
C. Cucurulla
C. Arcs
Av. de la Catedral
C. Petritxol
C. de l'Hospital
Liceu
Rambla del Raval
C. Sant Rafael
C. d'en Robador
C. dels Banys Nous
C. Sant Sever
Carrer Bisbe
C. de la Boqueria
C. de Sant Pau
Plaça de Sant Jaume
C. de Jaume I
C. de Ferran
C. de la Unió
C. del Marquès de Barberà
C. Lleona
C. d'Avinyó
Plaça Sant Miquel
Carrer Ciutat
C. Nou de la Rambla
C. dels Escudellers
C. Comtessa de Sobradiel
C. Regomir
C. Nou de Sant Francesc
Carrer Còdols
Avinguda de les Drassanes
C. del Teatre
C. Arc
C. Peracamps
C. d'Avinyó
C. Ample
C. de la Mercè
Drassanes
C. del Portal de Sta. Madrona
Plaça de la Mercè
Plaça Duc de Medinacelli
C. de Josep Anselm Clavé
Passeig de Colom
Plaça del Portal de la Pau
Moll de la Fusta
Moll d'Espanya
Plaça de les Drassanes
Passeig de Josep Carner
Rambla de Mar
Port Vell

1
卡纳勒塔喷泉
Font de Canaletes

这是巴塞罗那最具人气的地方之一。当地有这样的传说，谁喝了卡纳勒塔喷泉的水，谁最终就会回到巴塞罗那。它起初是汇集了来自蒙卡达（Montcada）矿区的泉水，现在的泉址是19世纪时被选定的。

2
皇家科学艺术学院
Reial Acadèmia de Ciències i Arts
地址：La Rambla，115

该学院成立于1764年，以科学方面的研究为主，1796年迁到现址。1883年学院大楼修葺一新，由建筑师何塞·多梅内克·伊·埃斯塔巴（Josep Domènech i Estapà）亲自操刀。它的特色在于其装饰繁复的大楼正面，有两尊马努埃尔·福克萨（Manuel Fuxà）的塑像及一面大钟。这面大钟自1891年开始使用起，就成为巴塞罗那人的正式报时器。如今皇家科学艺术学院和伯利奥拉马剧院（Teatre Poliorama）总部共用一栋大楼。

3
菲律宾烟草总公司
Compañía General de Tabacos de Filipinas
地址：La Rambla，109

该大楼原为菲律宾烟草总公司的总部所在地。1880年由建筑师何塞·奥利奥尔·梅斯特尔斯（Josep Oriol Mestres）设计建造，1932年扩建延伸到了Pintor Fortuny街，甚至占据了1929年被大火吞噬的世纪百货公司（magatzems El Siglo）旧址。菲律宾烟草总公司成立于1881年，是西班牙帝国在菲律宾群岛设立的最后一个机构。时光飞逝，如今这里已改成了一个名叫1898年的宾馆。

4
巴塞罗那当代文化中心 *
Centre de Cultura Contemporània de Barcelona *
地址：c. de Montalegre，5。☎ 93 303 41 00。Ⓜ Universitat（L1，L2），Catalunya（L1，L3）。🚌 9、14、16、17、18、38、41、55、58、59、66，Tombús线、Aerobús线以及旅游专线Pelai-Centre d'art contemporani。🕘 逢周二到周日，11:00到20:00；逢非公众假期的周一，12月25日和1月1日闭馆。$ 4.4欧元，带导游讲解。短期展览参观时间：逢周二到周五每日18:00前；逢周六和周日每日11:30前。网址：www.cccb.org。

巴塞罗那当代文化中心（缩写为CCCB）自1994年起对公众开放。它是拉巴尔区（Raval）上世纪90年代开始的文化配套设施改造计划的一部分，也是欧洲第一家专门从事城市研究的机构。该中心还不定期举办临时展览和其他活动来丰富其展出内容。在其中的"妇女庭院"（Pati de les dones）的玻璃斜面上，映照着拉巴尔区的几栋大楼的倒影。建筑师阿尔贝特·维阿卜拉那（Albert Viaplana）和艾里奥·皮农（Helio Piñón）把自己令人惊叹的设计创造才华全部挥洒在了这座文化中心上。他们类似的风格也体现在原济贫院和"慈善之家"（Casa de la Caritat）两座建筑上。

卡纳勒特塔喷泉，巴塞罗那最具人气的地方之一

5
现代艺术博物馆 **
Museu d'Art Contemporani **
地址：pl. dels Àngels，1。☎ 93 412 08 10。Ⓜ Universitat（L1，L2），Catalunya（L1，L3）。🚌 9、14、16、17、18、38、41、55、58、59、66、Tombús线、Aerobús线以及旅游专线Pelai-Centre d'art contemporani。🕘 9月25日到次年6月23日，周一到周五，11:00到19:30。6月24日到9月24日，周一到周五，11:00到20:00。周日和公众假期，10:00到15:00。$ 6欧元，带导游讲解。网址：www.macba.es。

现代艺术博物馆（缩写为MACBA）于1995年11月揭幕。展馆大楼是美国建筑师理查德·梅耶尔（Richard Meier）之作，位于拉巴尔区中心，是巴塞罗那旧城大改造工程的一部分。博物馆在一楼永久地展出其部分藏品，二楼和三楼是临时展览厅。此外，还进行与当代艺术创作有关的活动。该博物馆的收藏活动可以追溯到20世纪40年代，有些藏品甚至还早于这个时期，如米罗（Miró）、卡尔德（Calder）、克里（Klee）以及托雷斯·加西亚（Torres García）的作品。博物馆里主要收藏了加泰罗尼亚地区艺术家的作品，也兼收西班牙其他地区和其他国家艺术家的作品。展品围绕三个中心分类：过去、现在和未来。当中比较具有代表性的艺术家包括：塞尔吉奥·阿吉拉尔（Sergi Aguilar）、米格尔·巴尔塞罗（Miquel Barceló）、何塞·贝乌耶斯（Joseph Beuys）、阿方斯·波雷（Alfons Borrell）、胡安·布罗萨（Joan Brossa）、何塞·马努埃尔·布罗托（José Manuel Broto）、让·杜布费特（Jean Dubuffet）、何塞·吉

巴塞罗那现代艺术博物馆（简称MACBA）

诺瓦特（Josep Guinovart）、胡安·埃尔南德斯·比胡安（Joan Hernández Pijuan）、麦克尔·布鲁塔尔斯（Michael Broodthaers）、克里斯蒂安·波尔堂斯基（Christian Boltanski）、李·白阿尔斯（Lee Byars）、理查·隆（Richard Long）、卢西奥·方塔纳（Lucio Fontana）、胡安·庞可（Joan Ponç）、马努埃尔·米亚雷斯（Manuel Millares）、豪尔赫·奥泰伊萨（Jorge Oteiza）、马里奥·梅尔茨（Mario Merz）、罗伯特·莫里斯（Robert Morris）、米开朗基罗·比斯多雷托（Michelangelo Pistoletto）、安东尼·莱纳（Antoni Llena）、皮雷·加乌马（Pere Jaume）、加乌马·布廉萨（Jaume Plensa）、巴布罗·巴拉索勒罗（Pablo Palazuelo）、阿尔贝特·拉佛尔斯·卡萨玛达（Albert Ràfols Casamada）、安赛姆·科菲尔（Anselm Kiefer）、罗伯特·拉森伯格（Robert Rauschenberg）、何塞·M·西西里亚（José M. Sicilia），苏珊娜·索拉诺（Susana Solano）、J·斯塔巴克（J. Sterbak）、安东尼·塔皮埃斯（Antoni Tàpies）、胡安·乌斯勒（Juan Uslé）以及苏斯（Zush）。在展馆外，参观者可以欣赏到爱德华多·齐伊达（Eduardo Chillida）创作的名为《巴塞罗那》（Barcelona）的陶瓷壁画和豪尔赫·奥泰伊萨的名为《浪》（Ola）的雕塑。在门口的大厅里，游客们还可以欣赏到一个名为《因真》（Rinzen）的作品，1993年加泰罗尼亚艺术家安东尼·塔皮埃斯凭此获得两年一度的威尼斯艺术大奖。

6

原圣十字医院
Antic hospital de la Santa Creu

原圣十字医院1401年开始建造，初衷是打算把巴塞罗那中世纪旧城原有的四家医院合并为一。如今，有一些文化机构已经在原圣十字医院的旧址上安家落户，如马萨纳（Massana）艺术学校和加泰罗尼亚图书馆（Biblioteca de Catalunya）。

整栋建筑前面由三个两层大殿组成，后面是分隔为两个区域的一个长方形庭院。最有趣的是原疗养院，它绕着一个带连拱廊的宽敞庭院依势而建。1926年，建筑设计巨匠安东尼·高迪（Antoni Gaudí）在此与世长辞。

7

贝宁教堂
Església de Betlem

地址：La Rambla，107；c. del Carme，2-4。Ⓜ Liceu（L3）。🚌 14、38、59、91。✝ 非公众假期，8:00、9:00、11:00、13:00、15:00和20:00；公众假期，9:30、11:00、12:00、13:00、19:00及20:15。

该教堂取代了1671年被大火烧毁的耶稣会教堂，建于1681年至1732年间，以罗马耶稣教堂为蓝本。其内部装饰在巴塞罗那的巴洛克风格建筑中是最为辉煌的一个。不幸的是在1936年惨遭破坏，但其外部，无论是教堂正面还是门厅的装饰都幸免于难。

8

莫贾宫
Palau Moja

地址：La Rambla，118。Ⓜ Liceu（L3）。🕘 由于隶属加泰罗尼亚地区政府文化委员会（Conselleria de Cultura de la Generalitat de Catalunya），不对外开放。

莫贾宫建于1774年至1790年间，响应莫贾侯爵（Marquès de Moja）的遗孀卡尔特拉（Cartellà）侯

建于18世纪末的莫贾宫

爵夫人倡议而建。后来，卡尔特拉侯爵夫人把它卖给了安东尼·洛佩斯（Antoni López）——第一任科米亚斯（Comillas）侯爵。最后，莫贾宫到了第二任桂尔（Güell）伯爵的手上。现在它已是加泰罗尼亚自治区政府的国有财产。莫贾宫由两个楼体组成：一个面向波达费丽萨（Portaferrissa）街，另一个面向兰布拉大道。1934年，兴建塞布（Sepu）百货公司时，人们在兰布拉步行大道上架设了拱廊，莫贾宫的花园随之消失，当然现在塞布百货公司也不复存在了。宫内上层的宽敞大厅装饰的是弗朗塞斯克·布拉·艾尔·韦加塔（Francesc Pla el Vigatà）的绘画作品。有关方面偶尔也会安排在这里举办一些展览以及其他文化活动，参观者就可以借机参观一下难得一见的莫贾宫了。

莫贾宫、总督夫人宫（Palau de la Virreina）以及"马克·德·雷乌斯之家"（Casa Marc de Reus）是兰布拉新古典主义建筑艺术的三个重要代表作。

兰布拉步行大道

兰布拉是一个有几处分支和两个空地的步行大道组成：卡纳勒塔段的兰布拉（la rambla de Canaletes），方济各会段的兰布拉（la rambla dels Caputxins），戏剧广场以及圣·莫尼卡段的兰布拉（rambla de Santa Mònica）。

兰布拉步行大道两旁，酒店、酒吧、餐馆、报亭、花鸟鱼虫摊和其他摊位一家挨一家，小丑和其他街头艺术家把这当作他们表演的舞台，画家在给游人画像和作漫画。周末兰布拉大道的尽头，也就是圣·莫尼卡段，手工艺人在此展示他们的作品。

在某些地段，露天酒吧就设在兰布拉大道上，人们一边休息，一边欣赏着美丽动人的街头景色，对于很多人来说，这无疑是全世界最美的大道，而这里原来是一处海边的低地。

9

总督夫人宫
Palau de la Virreina

地址：La Rambla, 99。Ⓜ Liceu（L3）。

它被视作18世纪下半叶加泰罗尼亚地区民用建筑风格的象征。大约在1770年，秘鲁总督马努埃尔·阿马特·伊·君廷特（Manuel Amat i Junyent）下令建造。此宫由首层和上面三层组成。其独特之处是在加泰罗尼亚的巴洛克风格中融入了一些法国风格的元素。建筑正面由带叶状装饰的支柱支撑，中间部分有一个带瓶状装饰的栏杆。宫里面是巴塞罗那市政府文化部门的总部。他们会不定期在首层和二层的闲置区域举办一些短期展览。

10

圣何塞肉菜市场 **
Mercat de Sant Josep **

地址：La Rambla, 85-89。

人们通常将它称为波克里亚（la Boqueria，意为"肉铺"），因为它是巴塞罗那市最传统的肉菜市场之一。该市场于1840年3月19日（天主教圣何塞日）奠基。它的旧址是原圣何塞（Sant Josep）赤

著名的圣何塞肉菜市场

足卡门教派修道院，市场也由此而取名圣何塞。19世纪初，在出售教会财产的运动以及1835年的起义中，市民放火烧毁修道院，许多天主教的建筑被付之一炬。后来，人们在这些地方兴建了广场和其他公共设施。圣何塞肉菜市场1914年封顶。游人值得一去，因为里面各式食品琳琅满目，应有尽有。

11

原菲格拉斯之家
Antiga Casa Figueras

地址：La Rambla，83。

原菲格拉斯之家是由安东尼·罗斯·桂尔（Antoni Ros Güell）在1902年亲自主持设计。在装饰方面，设计师得到许多重要的现代主义艺术家的鼎力支持，其中包括兰伯特·埃斯卡拉斯（Lambert Escales），他是这幢建筑角落上一尊不起眼的女性塑像的作者；马里奥·马里格利诺（Mario Mariglino），他绘制了墙上的马赛克画。自1986年起，这里开设了一家全城数一数二的糕点铺。游客们可以挑一些特色糕点作为礼物送人，例如著名的“猫舌”（llengües de gat）糕点和以巴塞罗那建筑为造型的巧克力。

布鲁诺·瓜德罗斯之家的中国龙

12

布鲁诺·瓜德罗斯之家
Casa de Bruno Quadros

地址：La Rambla，82。

何塞·韦拉塞克（Josep Vilaseca）在1885年对该建筑进行了重新设计，当中注入了东方文化的血液，例如角落处悬挂的中国龙。这些革新还包括对店铺首层的重新布局和设计，大楼正面的装修以及加盖一层带一圈廊柱的楼层。1980年，此处被改建成一家银行储蓄所的营业部。

13

波克里亚平地
Pla de la Boqueria

在古西班牙语里，波克里亚（boqueria）就是“肉铺”的意思。当时有许多肉贩在此做生意，门庭若市。它也被称为“熊之平地”（el pla de l'Ós），原是一座中世纪古城门前的平地。1976年，人们在此地人行道中间铺上了一幅胡安·米罗（Joan Miró）的马赛克画。

14

利塞奥大剧院 *
El Gran Teatre del Liceu *

地址：La Rambla，51-59。Ⓜ Liceu（L3）。

总督夫人宫组织的临时展览

利塞奥大剧院正面的局部

这个由米格尔·格利戈·伊·罗卡（Miquel Garriga i Roca）设计建造的剧院，是在一座修道院的旧址上建成的。它的建造在当时得到了巴塞罗那资产阶级的大力支持。剧院于1847年启用。1861年的一场大火后，何塞·奥利奥尔·梅斯特尔斯在一年内又将它重建好。1893年，它成了反对工商业资本家的无政府主义者的攻击对象。1994年1月的一场大火则把它再次摧毁，只剩下建筑正面的根基以及“镜子大厅”（Sala dels Miralls）。在剧院里原来设有“利塞奥俱乐部”（Cercle del Liceu），当年是一个专为上层资产阶级设立的私人俱乐部。1848年后，这里开设了利塞奥音乐学校（Conservatori del Liceu）。这个在巴塞罗那具有代表性的建筑如今已经再次重建和扩建，很大一部分的装饰得以恢复原貌。此外，剧院内还添加了一些新的元素，比如有加泰罗尼亚艺术家皮雷·加乌马绘制的花状装饰。1999年10月7日重新开张至今，已经有许多著名的歌唱家先后在此引吭高歌。

安东尼奥·洛佩斯·伊·洛佩斯塑像

在拉耶塔纳大道（la Via Laietana）的尽头未到哥伦布步行大道（el passeig de Colom）的地方，屹立着一尊塑像。这尊塑像纪念的是1817年出生在科米亚斯后来在美洲发了大财的安东尼奥·洛佩斯·伊·洛佩斯（Antonio López i López）。洛佩斯和当时许多西班牙人一样，先移民到古巴，开始了店员的生涯。他的生意头脑让他赚够了钱回到了西班牙。随后，他在巴塞罗那定居下来，开始做与银行和运输有关的生意，最终成为当时西班牙最大的资本家。他的女儿伊莎贝尔·洛佩斯·布鲁（Isabel López Bru）和艾乌塞比·桂尔（Eusebi Güell）结婚。艾乌塞比·桂尔的父亲胡安·桂尔·伊·费雷尔（Joan Güell i Ferrer）也在古巴发迹后回到巴塞罗那，成立了一家重要的纺织品公司，之后踏足政界。

15

皇家广场 **
Plaça Reial **

皇家广场的旧址是方济各会修道院，该修道院作为教会财产于1835年被出售。后来设计师弗朗塞斯克·丹尼尔·伊·莫里纳（Francesc Daniel i Molina）将它完美地融入了已有的城市氛围当中。他利用了大街小巷把广场和附近地方巧妙地连接起

皇家广场，一个不同寻常的散发着大都市魅力的去处

铁三角商业中心

这个建筑群位于由加泰罗尼亚广场（Plaça de Catalunya）、贝尔加拉街（Bergara）和贝拉约街（Pelai）组成的区域。1998 年 11 月 12 日投入使用。其设计者是克里斯蒂安·西里希（Cristian Cirici）和卡洛斯·巴索（Carles Bassó）。商业中心的使用面积为 37000 平方米，包括商业区、办公区和公寓。久负盛名的苏黎世酒吧（bar Zurich）改建后生意依然红火。占地面积较大的商家店铺有：著名室内装修店 Hábitat，全球最大的化妆品连锁专卖店 Sephora 和法国文化产品连锁店巨头 FNAC。

来。广场带檐廊的建筑正面，饰有发现美洲新大陆的航海家和探险家们的半身浮雕塑像。

此外，广场挂起的树状街灯是出自著名建筑大师高迪之手；铁铸成的美惠三女神（les Tres Gràcies）喷泉，在19世纪末就已完工。1982-1984年间建筑师费雷德里科·克勒阿（Frederic Correa）和阿方斯·米拉（Alfons Milà）对广场进行了修复。这的确是一个不同寻常、散发着都市魅力的好去处。

16

桂尔宫
Palau Güell

地址：c. Nou de la Rambla, 3-5。

（参看路线4）

17

剧院广场
Pla del Teatre

1597年，在兰布拉这个地方建起了“圣十字剧院”（Teatre de la Santa Creu），附属于同名的医院。“圣十字剧院”在1787年被大火烧毁，重建后又在1845年化为灰烬。弗朗塞斯克·丹尼尔·伊·莫里纳重新设计后将它取名为“主剧场”（Teatre Principal）。位于广场中央的纪念碑1906年揭幕，是为了纪念绰号叫“眼屎”的浪漫主义诗人兼戏剧家费雷德里科·索雷尔（Frederic Soler）。纪念碑由建筑师皮雷·法尔克斯（Pere Falqués）设计，由雕塑家阿古斯蒂·克罗尔（Agustí Querol）完成制作，前者还为格拉西亚大道（passeig de Gràcia）设计了路灯。著名戏剧家费雷德里科·索雷尔在19世纪的加泰罗尼亚文艺复兴运动中，在主剧场首演了许多他创作的剧目，人们因此选择在此地建纪念碑来纪念他。

18

圣·莫尼卡修道院
Convent de Santa Mònica

地址：La Rambla, 7-9。

这是兰布拉现存的唯一一座17世纪的建筑物，至今先后经历了多次改建。这个古老的修道院在1835年作为教会财产被出售后，先后发挥了不同的用途。修道院里正方形的回廊是这座建筑中得以保留下来的最古老的东西。修道院1988年修复后成为现在的圣·莫尼卡文化中心（Centre d'Art de Santa Mònica）。

原圣·莫尼卡修道院，现在是艺术中心

修道院的改建工作由建筑师艾里奥·皮农和阿尔贝特·维阿卜拉那完成。这项工程后来曾在民间引发了不少争议。现在，修道院的首层设有文化咨询处。

19

马克宫
Palau Marc

地址：La Rambla，8。不对外开放。

马克宫是胡安·索雷尔·伊·法内卡（Joan Soler i Faneca）的作品。这座威严的宫殿建于1775年至1780年间，是马克（Marc）家族的私宅，而它最初的主人是雷乌斯（Reus）家族。1892年它曾被改建成西班牙银行（Banc d'Espanya）的总部，如今则是加泰罗尼亚自治区政府文化部所在地。

20

皇家船坞
Reials Drassanes

（参看路线6）

21

蜡像博物馆 *
Museu de Cera *

地址：Passatge de la Banca，7。电话 93 317 26 49。地铁 Drassanes（L3）。时间 周一到周五，10:00到13:30，16:00到19:30；逢周六、周日和公众假期，11:00到14:00，16:30到20:30。票价 7.50欧元，逢周六和周日18点前有导游讲解。

博物馆建于1867年，由商业信贷总公司（Compañía General de Crédito El Comercio）承建，先后成为巴塞罗那银行（Banc de Barcelona）、信贷和船坞公司（Crédito y Docks）的总部。

地中海前的哥伦布纪念碑

蜡像博物馆

它独特的历史和艺术性使它成为西班牙珍贵的建筑遗产。1973年恩里克·阿拉尔贡（Enrique Alarcón）成立了巴塞罗那蜡像博物馆。

论馆内环境，它是世界上最好的蜡像馆之一，排名仅次于世界闻名的伦敦蜡像馆。蜡像馆的咖啡厅“仙女森林”（Bosc de les Fades）气氛神秘而魔幻。

22

哥伦布纪念碑 *
Colom *

地铁 Drassanes（L3）。时间 10月到次年5月，10:00到18:30；6月到9月，9:00到20:30。逢1月1日，10月12日，12月25日，12月26日不开放。票价 2.30欧元。

这座纪念碑由建筑师加耶塔·布伊加斯（Gaietà Buïgas）为1888年世界博览会设计建造，以纪念天主教国王夫妇（Reis Catòlics）在巴塞罗那欢迎首次自美洲探险归来的航海家哥伦布。

59米高的柱子由铁铸成，顶端屹立着美洲大陆发现者哥伦布的塑像，指向新大陆的方向。布伊加斯同时还完成了八座铜狮子的塑像以及再现发现美洲新大陆历史过程的浅浮雕。纪念塔内装有升降机，可以在高处俯瞰地中海沿岸和整个巴塞罗那市。这座纪念碑也是兰布拉步行大道终点的标志物。

实用向导

餐馆

Quo Vadis 餐馆 地址：c. Carme，7。☎ 93 302 40 72。逢周日和复活节的周一不营业。巴塞罗那极富历史盛名的餐馆。主要经营西班牙传统美食和一流的法国菜。时令季节可品尝各色菌类。€€€

Les Quinze Nits 餐馆 地址：pl. Reial，6。☎ 93 317 30 75。餐馆外观美丽，地理位置佳，价廉物美。€

Egipte 餐馆 地址：la Rambla，79。☎ 93 317 95 45。鳕鱼是该店的招牌菜。中午的套餐提供多达 60 道菜和 15 种家常甜点。€€

Rincón de Aragón 餐馆。地址：c. Carme，28。☎ 93 302 67 89。特色菜：烤肉，时令菜和鳕鱼。€

Margarita Blue 餐馆 地址：c. Josep Anselm Clavé，6。☎ 93 317 71 76。逢周六、周日中午不营业。设计独特的会所。中午提供富有创意的美食，晚上是得克萨斯混合菜式（texa-mix）。€

Pinocho 餐馆 地址：mercat de la Boqueria，p. 466–470。☎ 93 317 17 31。晚上，逢周日和八月不营业。以传统大众美食为特色。是早餐和午餐的理想之选。€

La Dentellière 餐馆 地址：c. Ample，26。☎ 93 319 68 21。法国风格装修，家居和装饰品位高雅。溶化奶酪（fondue）和澳大利亚烧烤（raclettes）出色，甜点诱人。€€

Taverna Basca Irati 餐馆 地址：c. Cardenal Cassanyes，17。☎ 93 302 30 84。每逢周一和周日晚、圣诞节、8 月 10 日到 31 日不营业。日常用餐首选，欢迎提前预约订位。€€

酒店

Rivoli Ramblas 酒店 **** 地址：La Rambla，128。☎ 93 302 66 43。其风格兼顾夸张的装饰和前卫的设计。从露台可俯瞰全城。房价：120 欧元起。🍴

Mercure 酒店 *** 地址：La Rambla，124。☎ 93 412 04 04。舒适如家，风格现代。房价：96 至 120 欧元。P

Le Meridien 酒店 **** 地址：La Rambla，111。☎ 93 318 62 00。古代贵人私宅改造成的酒店，房间宽敞，装饰高雅。房价：120 欧元起。P 🍴

Citadines Aparthotel 酒店 *** 地址：La Rambla，122。☎ 93 270 11 11。现代、舒适的酒店。有公寓，房间和套房。从酒店露台可看到索拉日翁（Solàrium）全景。房价：72 至 96 欧元。

Oriente 酒店 *** 地址：La Rambla，45–47。☎ 93 302 25 58。修道院改成的酒店。房价：96 至 120 欧元。🍴

Gaudí 酒店 *** 地址：c. Nou de la Rambla，12。☎ 93 317 90 32。房间舒适，设施完善。在高迪设计的桂尔宫（Palau Güell）前，位于与兰布拉大道连接的一条街道上。房价：48 至 72 欧元。

Monegal 酒店 ** 地址：c. Pelai，62。☎ 93 302 65 66。位于加泰罗尼亚广场（plaça Catalunya）和兰布拉大道旁，毗邻金三角商业中心。房价：72 至 96 欧元。

Turín 酒店 *** 地址：c. Pintor Fortuny，9–11。☎ 93 302 48 12。房间设施完善，位于兰布拉大道旁。房价：72 至 96 欧元。P 🍴

Internacional 酒店 * 地址：La Rambla，78–80。☎ 93 302 25 66。风格简约，位于著名的圣何塞肉菜市场前，朝向兰布拉大道的房间可能有些喧闹。房价：72 至 96 欧元。

l'Arc 酒店 ** 地址：La Rambla，19。☎ 93 301 97 98。舒适，靠近哥伦布纪念碑和马勒马格侬（Maremàgnum）区。房价：48 至 72 欧元。

Albergue Fernando P 酒店 ** 地址：c. Ferran，31。☎ 93 301 79 93。酒店完全改造成乡村风格，舒适如家，环境优越。靠近兰布拉大道，座落在旧城中心。房价：48 欧元以下。

Ramblas 酒店 *** 地址：La Rambla，33。☎ 93 301 57 00。楼面风格与众不同，1992 年得到修复。在 7、8 和 9 层的露台上可以看到城市全景。房价：120 欧元起。

Continental 酒店 *** 地址：La Rambla，138。☎ 93 301 25 70。位于兰布拉大道上著名的卡纳勒塔喷泉前。乔治·欧维尔（George Orwell）创作《致加泰罗尼亚》时，就住在这里。房价：48 至 72 欧元。

Peninsular 酒店 * 地址：c. Sant Pau，34。☎ 93 302 31 38。酒店并不豪华但显简单之美，封闭庭院四周的房间光线很好。此建筑在 1876 年前是赤足卡门派的产业。房价：30 至 48 欧元。

现代主义的扩展

Eixample modernista

工业化的最终结果是必须要推倒中世纪的城墙，因为这些城墙限制了城市人口的发展和城市版图的扩张。巴塞罗那就曾推行过城市扩建方案，并通过实施1859年制定的“萨尔达计划”（pla Cerdà）打破了原有的中世纪城市格局。由于有私人投资的推动，原来大片的闲置地皮摇身一变成为升值潜力巨大的城市用地。很多靠卖地一夜暴富的农民迁到巴塞罗那城里居住。那些在美洲淘金归来的人和数不清的巴塞罗那人也把自己的全部身家押在了这场城市改造工程的豪赌当中。这是资产阶层和贵族们最辉煌的时刻。1888年的世界博览会让巴塞罗那重拾自信，昂首进入现代大都市的行列。巴塞罗那这次城市扩建工程在时间上恰好和现代主义这种新兴艺术风格的出现相吻合。在建筑方面，现代主义赋予装饰艺术、实用艺术以及传统行业以新的理念。建筑成为一个可以涵盖所有艺术形式的创作空间。加泰罗尼亚资产阶级在文化方面再次为大都市的建设出资出力的同时，并没有忘记要时刻保持自己高贵的身份。他们接受了这些新的艺术形式和观念，成为许多现代主义艺术家的主顾。因为资产阶级认为自己和这些艺术家在某些方面有相通之处，拥有他们的作品可以让自己显现出比其他社会阶层高出一筹的品位。

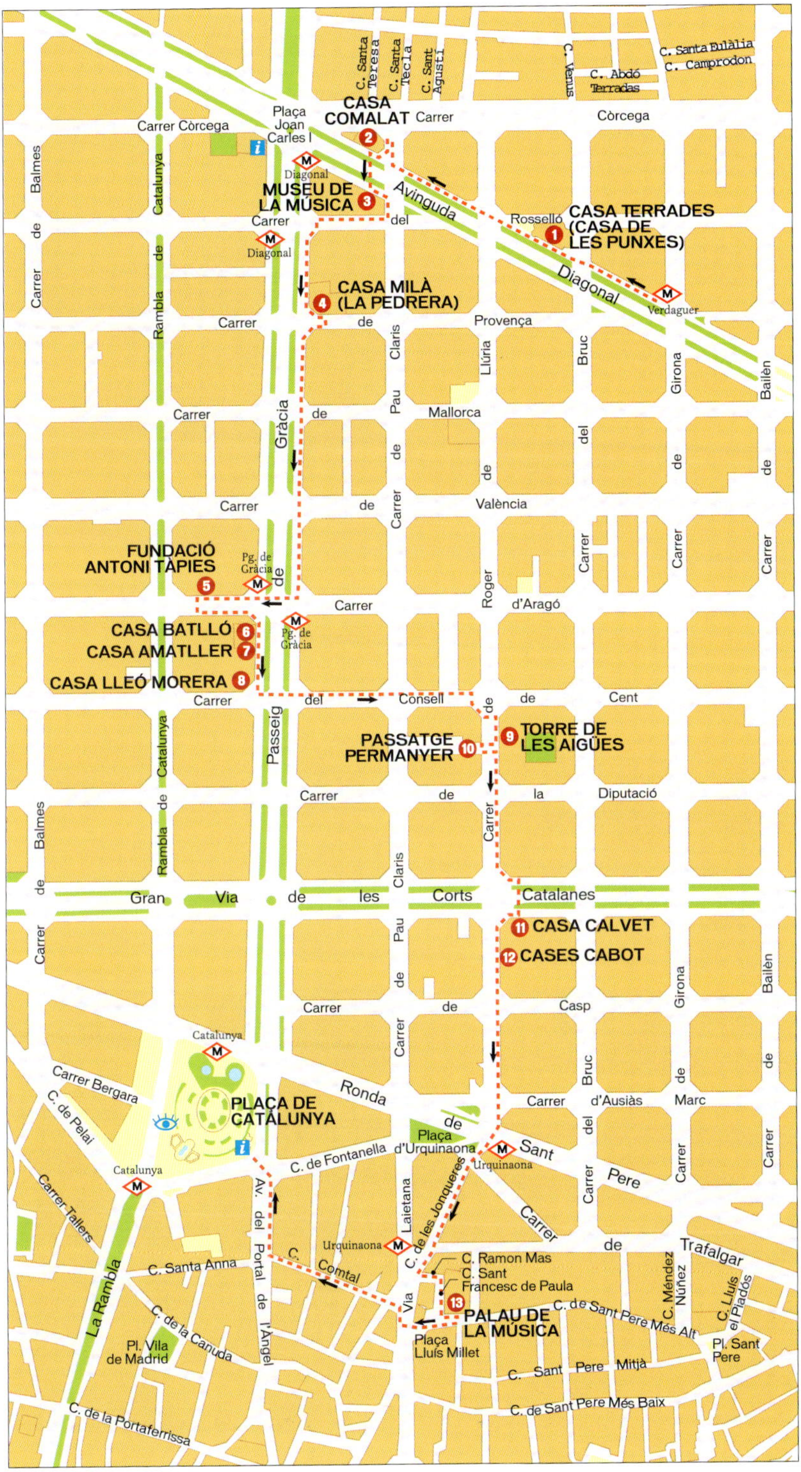
CASA TERRADES (CASA DE LES PUNXES)
CASA COMALAT
MUSEU DE LA MÚSICA
CASA MILÀ (LA PEDRERA)
FUNDACIÓ ANTONI TÀPIES
CASA BATLLÓ
CASA AMATLLER
CASA LLEÓ MORERA
TORRE DE LES AIGÜES
PASSATGE PERMANYER
CASA CALVET
CASES CABOT
PALAU DE LA MÚSICA
PLAÇA DE CATALUNYA
Plaça Joan Carles I
Plaça d'Urquinaona
Plaça Lluís Millet
Pl. Vila de Madrid
Pl. Sant Pere
Diagonal
Verdaguer
Pg. de Gràcia
Catalunya
Urquinaona
Carrer Còrcega
Carrer Rosselló
Avinguda Diagonal
Carrer de Provença
Carrer de Mallorca
Carrer de València
Carrer d'Aragó
Carrer del Consell de Cent
Carrer de la Diputació
Gran Via de les Corts Catalanes
Carrer de Casp
Ronda de Sant Pere
Carrer d'Ausiàs Marc
Carrer de Trafalgar
Carrer de Balmes
Rambla de Catalunya
Passeig de Gràcia
Carrer de Pau Claris
Carrer de Roger de Llúria
Carrer del Bruc
Carrer de Girona
Carrer de Bailèn
C. Santa Teresa
C. Santa Tecla
C. Sant Agustí
C. Venus
C. Abdó Terradas
C. Santa Eulàlia
C. Camprodon
Carrer Bergara
C. de Pelai
Carrer Tallers
La Rambla
C. Santa Anna
C. de la Canuda
C. de la Portaferrissa
Av. del Portal de l'Àngel
C. de Fontanella
Via Laietana
C. de les Jonqueres
C. Comtal
C. Ramon Mas
C. Sant Francesc de Paula
C. de Sant Pere Més Alt
C. Sant Pere Mitjà
C. de Sant Pere Més Baix
C. Méndez Núñez
C. Lluís el Piadós

现代主义的流派

现代主义指的是在印象主义和第一次先锋浪潮期间形成的艺术和文学风格，时间大概是 1890 至 1910 年之间。现代主义中名气最大的当数法国流派“新艺术”（Art Nouveau）。在美国，现代主义风格流露于查里·路易斯·蒂凡尼（Charles Lewis Tiffany，1812-1902）的玻璃作品上，尤其集中体现在当时新兴的建筑——摩天大楼上。现代主义在不同地方有不同的名字，例如在德国，它被命名为“Jugendstil”，而在英国则被叫做“艺术和手工艺”（Arts and Crafts）。

戈马拉特之家的装饰效果

1

特拉德斯之家 **
Casa Terrades **

地址：av. Diagonal，416。Ⓜ Verdaguer（L4，L5）。🚌 6、15、33、34、20、39、45、47。属私人住宅，但有些门厅可以参观。

俗称为尖刺之家（Casa de les Punxes，加泰罗尼亚语punxes一词为“尖刺”之意）。因为它的六个角落每处都有一个圆形塔楼，而塔楼的冠顶呈尖刺形。何塞·普伊·伊·卡达法克（Josep Puig i Cadafalch）受特拉德斯家三姐妹之托，于1903年到1905年建造了这幢建筑。

这个由三栋房子连成一体的私人住宅在巴塞罗那城市扩建时期的建筑中自成一派，因为它的四面都是正面。并在Diagonal大道、Rosselló街、Llúria街及Bruc街之间形成了一个不规则的住宅区。建筑正面使用的砖和门窗、看台使用的石头相映成趣。

在大楼正面上方可看到有花草、美女等图案的玻璃陶瓷镶板，一个太阳钟和一尊加泰罗尼亚保护神圣·约尔蒂（Sant Jordi）的塑像。

2

戈马拉特之家
Casa Comalat

地址：av. Diagonal，442。Ⓜ Diagonal（L3，L5）。🚌 34、33、15、6。属私人住宅。

这座住宅楼是建筑师萨尔瓦多·瓦雷里·伊·普普鲁尔（Salvador Valeri i Pupurull）受戈马拉特家族之托，在1909年至1911年间建造的。

大楼正面和背面风格的强烈对比引人注目。位于Còrsega街316号的正面装饰着绚丽多彩的花色玻

尖刺之家或叫特拉德斯之家

米拉之家，通常称为“贝德雷拉”

璃，陶瓷马赛克画及一些可卷起的百叶窗，赋予了整个正面很强的装饰效果。这也是“高迪风格”影响下的同时期建筑的代表。

3

亚洲之家
Casa Àsia

地址：av.Diagonal，373。电话 93 368 08 36。地铁 Diagonal（L3，L5）。6、7、15、20、21、22、24、26、34、39、45。周一到周五，10:00到14:00，16:00到20:00。网址：www.casaasia.es。

亚洲之家坐落在瓜德拉斯子爵宫（Palau Baró de Quadras）。瓜德拉斯子爵宫是一座辉煌的现代主义风格建筑，是建筑师何塞·普伊·伊·卡达法克（Josep Puig i Cadafalch）的力作。如今，这座宫殿式的建筑已经被列为西班牙国家历史艺术遗产。音乐博物馆（Museu de la Música）的原址在瓜德拉斯子爵宫，并在此向公众开放了许多年，如今，音乐博物馆已经搬到了另外一个叫Auditori的音乐大厅。

创办亚洲之家的初衷是想在西班牙和亚洲及太平洋国家之间搭起一座沟通的桥梁，通过举办各式各样的活动，促进地区之间的交流，达到资源共享的目的。在亚洲之家里，交流项目的范围非常广泛，包括科学、经济、文化等多个领域。

优雅的大街

1827年建成的格拉西亚大道（Passeig de Gràcia），把巴塞罗那和附近的格拉西亚小镇（vila de Gràcia）连在一起，但是随着城市扩展步伐不断加快，这里成了高档百货公司和优雅步行街的天下。发展到后来，甚至让一些重要的中心大道，如Ample街、Ferran街和兰布拉步行大道都相形见绌。与格拉西亚大道平行的就是著名的兰布拉步行大道。在格拉西亚大道上，椴树林立，露天酒吧、高档商铺和艺术画廊一直延伸到Consell de Cent街。

4

米拉之家 ***
Casa Milà ***

地址：pg. de Gràcia，92。电话 93 484 59 95。地铁 Diagonal （L3，L5）。公交 22、24、28。10:00到20:00。8欧元，带导游讲解。

人们通常将它称作“贝德雷拉”（Pedrera，在西语里是“采石场”之意）。它是受巴塞罗那商人皮雷·米拉（Pere Milà）之托建造而成。

建筑巨匠安东尼·高迪（Antoni Gaudí）将一座位于街角、加工起来非常棘手的民宅变成了一座活生生的艺术品。他最初的想法是利用柱子的墩座设计成圣母玛丽亚的塑像，但由于当时的社会和政治环境（1909年的历史事件“血腥一周”），这个想法遭到业主的反对。因为没有受力的墙面，石头砌成的大楼正面结构可自行支撑。墙面围成了大楼正面和内部庭院。飘檐用于遮挡强烈的阳光。阳台和正门上的铸铁装饰引人注目。

1986年，西班牙著名的金融机构——加泰罗尼亚储蓄银行（Caixa de Catalunya）斥资将其重新修葺。现在该储蓄银行成了业主，时刻关注对它的保护和维修。公众只可以参观位于阁楼和屋顶天台的“短期展览区”以及“高迪区”（入口在c. Provença街261—265号）。参观米拉之家，有助于了解高迪的作品、技巧及其时代背景。此外，漫步在屋顶造型奇特的烟囱和排气口中间，俯视巴塞罗那城市改造后的全貌，感觉也妙不可言。

1999年7月这里又开辟了一处新的展区：一栋当时的住宅。它占据了米拉之家的两套房子，总面积为569平方米，并刚好位于“高迪区”之上。参观指南会向人们再现现代社会形成之初时的面貌：电气化、城市化、机动车、住宅的现代设备、电话、先锋浪潮等等。

5

安东尼·塔皮埃斯基金会 **
Fundació Antoni Tàpies **

地址：c. Aragó, 255。📞 93 487 03 15。Ⓜ Passeig de Gràcia (L3, L4, L2)。⇄ 🚌 7、16、17、22、24、28。🕓 逢周二到周日，10:00到20:00；非公众假期的周一闭馆。$ 6欧元。网址：www.fundaciotapies.org。

位于蒙特内尔·伊·西蒙出版社（Editorial Montaner i Simón）旧址的办公楼里，这是加泰罗尼亚建筑师鲁伊斯·多梅内克·伊·蒙特内尔（Lluís Domènech i Montaner）的作品，建于1880年至1885年间。它被视为现代主义的第一座建筑。

多梅内克借助铸铁结构的优势，建造了一个真正独立于大楼正面的楼层。在这么一个重要的建筑上，他任由砖头裸露在外，充分显示出建筑师对穆德哈尔艺术的偏爱。现在这里是加泰罗尼亚画家安东尼·塔皮埃斯在1984年创办的基金会的总部。他致力于研究和推广现代艺术。该基金会完整地收藏了该画家在各个创作高峰时期的作品。基金会还致力于成为活跃的艺术研究中心，因此经常举办一些有趣的展览和研讨会。图书馆内藏有大量20世纪现代艺术介绍的文献资料，当然也包括塔皮埃斯作品的完整档案。

安东尼·塔皮埃斯基金会大楼

此外，还有大量亚洲文化艺术的文献资料，推广亚洲艺术和文化也是该基金会的宗旨之一。大楼正面顶上有一个铝管做成的雕塑《云和椅子》，是反映塔皮埃斯象征世界的代表之作。

安东尼·塔皮埃斯
Antoni Tàpies

安东尼·塔皮埃斯 1923 年生于巴塞罗那。受超现实主义的影响，他和 A·布伊（A. Puig），J. 布罗萨（J. Brossa），J. 庞克（J. Ponç），J. J. 萨拉特斯（J. J. Tharrats）和 M· 古伊夏尔特（M. Cuixart）一起，在 1948 年创办了先锋派艺术组织“达乌·阿尔·塞特”（Dau al Set）。他很快就向存在主义风格演变，其特点是使用简朴的材质，运用大量具有象征意义的符号（如十字）及留白（东方禅宗和道教艺术的特征）。其作品在美国的展出奠定了他日后的国际声望，他的绘画和雕塑作品被看作是 20 世纪下半叶对艺术的最重大贡献。

6

巴特约之家 **
Casa Batlló **

地址：pg. de Gràcia, 43。Ⓜ Passeig de Gràcia (L3, L4, L2)。⇄ 🚌 7、16、17、22、24、28。属私人住宅，只可参观门厅。

巴特约之家

卡尔维特之家

这是一栋1877年的建筑，安东尼·高迪曾在1904年至1906年间对它进行了改造和扩建。为了使馆内得到更充足的光线，他重建了大楼正面和里面的庭院。新大楼正面带柔和的弧线，主人楼层增加了看台和凸出来的面具状阳台。

重修后的大楼正面镶嵌着马赛克并穿插有一些大小不等的陶瓷圆片。这栋大楼有着生机勃勃的外形：它起伏的屋顶上饰有色彩鲜艳的琉璃瓦片，其后延伸的平屋顶，有着一些形状奇特的烟囱。在内部，因为开了两个天窗，光线可以直达底层，陶砖由深蓝渐变为几近白色，有利于光线的均匀分配。从铸铁阳台到主人居住楼层的家具，高迪参与了这幢大楼所有细节的设计。

米拉之家的“高迪创作空间”（Espai Gaudí）展出的模型显示了高迪风格的演变。他首先为富起来的资产阶层建造了卡尔维特之家（Calvet），巴特约之家和米拉之家，并为先富后贵的工业家艾乌塞比·桂尔（Eusebi Güell）建造了著名的桂尔宫（Palau Güell），后者被认为是当时造价最贵的豪宅。

7

阿玛德叶之家 **
Casa Amatller **

地址：pg. de Gràcia，41。Ⓜ Passeig de Gràcia（L3，L4，L2）。🚌 7、16、17、22、24、28。属私人住宅，只可参观门厅。

这栋建筑始建于1875年，它的主人——巧克力生产商安东尼·阿玛德叶（Antoni Amatller）委托建筑师卡达法克于1898年至1900年对它进行了整修。

这是整片住宅区里最古老的建筑。大楼正面体现了装饰艺术应用于建筑的重要形式：带浮雕和金属光泽的陶瓷、影线、铸铁阳台花状栏杆、玻璃、门窗边的雕饰。和其他现代主义风格的建筑一样，这里也出现了象征加泰罗尼亚的圣·约尔蒂与龙搏斗的

阿马特耶尔之家

加泰罗尼亚广场

这是巴塞罗那市中心的中心，是旧城和扩建城区间的连接点。它位于中世纪城墙废墟的旧址上。1927 年，根据弗朗塞斯克·德·宝拉·内伯特（Francesc de Paula Nebot）的方案，最终被纳入城市范围。这里有多家银行机构、旅店、餐馆和其他具历史意义的楼宇。广场上有何塞·里莫纳（Josep Llimona）、巴乌·加尔加约（Pau Gargallo）、费雷德里克·马勒斯（Frederic Marès）的雕塑，以及里查·萨拉（Ricard Sala）于 1982 年复制的何塞·克拉拉（Josep Clarà）的一尊女神塑像，此外还有何塞·玛丽亚·苏比拉克斯（Josep Maria Subirachs）1992 年创作的弗朗塞斯克·马西亚（Francesc Macià）纪念碑。

塑像。建筑师不仅融合了加泰罗尼亚哥特式建筑、住宅建筑、民用建筑及宗教建筑的题材，还加入了北欧风格的元素，让人想到荷兰的某些住宅。现在它是阿马特耶尔西班牙艺术学院（Institut Amatller d'Art Hispànic）的所在地。该学院由房东的女儿在1942年创办。

同时，这里还是由巴塞罗那市政府和议会推动的"现代主义之路"（Ruta del Modernisme）的咨询处和售票处。

8

耶奥·莫勒拉之家 **

Casa Lleó Morera **

地址：pg. de Gràcia, 35。Ⓜ Passeig de Gràcia（L3, L4, L2）。🚌 7、16、17、22、24、28。

这是建筑师路易斯·多梅内克·伊·蒙特内尔在原来1902—1906年所建房子的基础上改建的。这栋住宅楼在设计方面有其独特之处，涵盖了现代主义装饰风格丰富多样的元素（玻璃、马赛克画、雕塑、细木工艺）。在阳台和二楼的窗户，我们可以看到一些文艺女神雕像，她们手举着一些现代的发明：留声机、电灯泡、电话、照相机等等。目前该处不对公众开放。

9

水塔

Torre de les Aigües

地址：c. Roger de Llúria, 56。

这是一片街区的中心，由巴塞罗那市政府修复为民用，从c. Roger de Llúria街56号首层开的过道走去即可到达。

这里保留了1867年由何塞·奥利奥尔·梅斯特尔斯（Josep Oriol Mestres）设计的一座水塔，具有19世纪中期工程的特点，用途是向城市扩建后的第一批住宅提供自来水。根据设计师伊尔德丰斯·萨尔达（Ildefons Cerdà）方案的最初想法，这是该区绿地修复计划的一部分。

加泰罗尼亚广场是老城和扩建城区的连接点

多梅内克·伊·蒙特内尔设计的加泰罗尼亚音乐宫

⑩
贝尔曼耶尔步道
Passatge Permanyer

地址：c. Roger de Llúria，43。

萨尔达曾建议通过贝尔曼耶尔步道最大可能地利用城市空间，但这样一来，街区的中心不得不改作无法建民宅的露天空地。

这条甬道在1864年完工，是第一个完完整整保留到今天的实用工程，而其他类似的甬道都经历过改建。

⑪
卡尔维特之家
Casa Calvet

地址：c. Casp，48。Ⓜ Urquinaona（L1，L4）。🚌 42、47、7。属于私人住宅。

这栋居民楼是高迪受纺织商人皮勒·M.卡尔维特（Pere M. Calvet）之托在1898年至1990年间建造的。它融入了城市扩建时期住宅的典型特征：正面和侧面对比鲜明，看台富于动感，阳台和三角墙呈波浪状。

这个住宅最美丽的地方是它的整个装饰氛围：镜子、门上的圆形把手、主人房间的家具等等。该馆不对公众开放。

⑫
卡伯特之家
Cases Cabot

地址：c. Roger de Llúria，8-10 i 12-14。Ⓜ Urquinaona（L1，L4）。🚌 7、22、28。属于私人住宅。

这是私人委托建造的住宅群，是当时另一位建筑大师何塞·维拉塞卡·卡萨诺瓦斯（Josep Vilaseca Casanovas，1848—1910）建造的首批现代主义建筑之一。建议仔细欣赏8—10号漂亮的大门，这是雕塑家维维斯（Vives）和阿尔巴雷达（Albareda）的杰作。

⑬
加泰罗尼亚音乐宫 ***
Palau de la Música Catalana ***

地址：c. Sant Francesc de Paula，2。📞 93 295 72 00。Ⓜ Urquinaona（L1，L4）。🚌 7、17、19、40、45。🕓 逢周一到周六，10:00到15:30。须事先电话预约。💲 8欧元。

音乐宫由多梅内克设计，于1905年至1908年间建造，该建筑可被视作加泰罗尼亚现代主义的象征。设计师加入了当时的加泰罗尼亚民族感情和文化向外传播的愿望。

东方的影响

现代主义一个重要的特点是注重与装饰打扮有关的一切，寻找建筑和装饰之间的联系。为此，它赋予传统艺术和行业以新的概念。现代主义作品中出现最多的是自然的人和物：鲜花、昆虫、飞鸟、水中仙女、鱼美人、长发飘逸裙裾飞扬的女性。这些装饰元素来自于日本风格以及由英国人立波提（A. L. Liberty）引入的时髦东方物品。

音乐宫由加泰罗尼亚无伴奏合唱团委托建造，该合唱团由鲁伊斯·米勒特（Lluís Millet）创办，旨在推动和发展加泰罗尼亚民俗音乐。这里可以看到建筑和造型艺术的紧密联系。大楼正面的上方有巴勒斯特里纳（Palestrina）、巴赫、贝多芬和瓦格纳的半身塑像。这些都是雕塑家乌塞比·阿尔纳乌（Eusebi Arnau）的作品，他也创作了浮雕半身像的室内马赛克画。在一处角落，米格尔·布拉伊（Miquel Blay）的群雕作品象征着通俗音乐。花草图案装饰的马赛克画与砖砌结构相映成趣。这些全部是鲁伊斯·布鲁（Lluís Bru）的作品。在音乐大厅内部，自然光透过一个彩色玻璃做的巨大穹顶和艺术玻璃装饰的墙面一泻而下。这个倒置的穹顶是安东尼·利加尔特（Antoni Rigalt）的杰作。该大厅最多可容纳两千多名观众。1997年，联合国教科文组织宣布将加泰罗尼亚音乐宫列为人类文明遗产。

音乐宫的舞台区有音乐家何塞·安赛姆·克拉维（Josep Anselm Clavé）的数尊半身塑像，他为劳动大众创办了多个通俗合唱团；贝多芬的塑像则在诺丁神的马队旁。这些塑像分别代表了地方音乐和国际音乐。贝多芬塑像和长着翅膀的骏马塑像是巴乌·加尔加约（Pau Gargallo）的作品。1982—1989年间，建筑师奥斯卡·图斯科特斯（Òscar Tusquets）负责完成了这些建筑的扩建和修葺的重要工程。

为纪念加泰罗尼亚音乐宫建成一百周年，1991年，何塞·S·亚桑斯（Josep S. Jassans）雕了一尊名为鲁伊斯·米勒特（Lluís Millet）的塑像并安放在面向罗曼·马斯街的大门处。2001年开始进行一项改造，在音乐宫内增设了一家餐馆和一个多功能音乐厅。

加泰罗尼亚音乐宫的建筑细节

实用向导

餐馆

La Rueda 餐馆 地址：c. Rosselló, 266。☎ 93 207 31 63。乌拉圭特色。招牌菜：烤肉，醋制鳎鱼。

El Trobador 餐馆 地址：c. Enric Granados, 122。☎ 93 416 00 57。环境幽雅，设计独特。一流的家常菜。

Ba-Ba-Reeba 餐馆 地址：pg. de Gràcia, 28。☎ 93 301 43 02。天天开门营业。主营加泰罗尼亚菜式。有各式各样的下酒菜和烤面包可供选择。

Tábata 餐馆 地址：c. Torrent de l'Olla, 27。☎ 93 237 84 96。周日和周一晚上不营业。提供石烤肉、鱼、蔬果以及其他精致的特色菜。有停车场。

Jean Luc Figueras 餐馆 地址：c. Santa Teresa, 10。☎ 93 415 28 77。周六中午，周日及8月下半月不营业。有大厨独创的地中海式菜谱，富有创意的特色菜包括蝉虾卷、狼鲈和鳕鱼肚、黑灌肠。

El Boliche del Gordo Cabrera 餐馆 地址：c. Consell de Cent, 338。☎ 93 215 68 81。周日不营业。地方宽敞。招牌菜：炭烤肉和鳕鱼。

La Font de Llúria 餐馆 地址：c. Roger de Llúria, 54。☎ 93 488 17 23。周日晚上不营业。招牌菜：排骨、布尔戈斯羊肉、鳕鱼、盐焗金黄鱼、无须鳕鱼块。

Casa Calvet 餐馆 地址：c. Casp, 48。☎ 93 412 40 12。周日及公众假期不营业。位于高迪设计的一栋建筑里。地方舒适，隐秘，装饰细节带现代主义风格。一流的富有创意的地中海式美食。推荐菜式：对虾菌类色拉、胡椒巴马汁鸭肝、炸咖啡油牛奶。

El Mussol 餐馆 地址：c. Casp, 19。☎ 93 301 76 10。特色菜：炭烤肉、蜗牛。地方宽敞舒适。

El Glop Braseria Taverna 餐馆 地址：c. Casp, 21。☎ 93 318 75 75。餐馆主要经营加泰罗尼亚菜式、炭烤肉、时令菜。时令季节供应 calçots（葱的一种）。设计独特，地方宽敞，环境宜人。

L'Altell 餐馆 地址：c. Mallorca, 251。☎ 93 467 71 66。位于亚历桑德拉酒店（Hotel

Alexandra)，靠近格拉西亚大道。传统的地中海式菜谱。

Brasserie FLO Barcelona 餐馆 地址：c. Jonqueres, 10。经营烧烤、鹅肝、猪皮、泡卷心菜等等，此外还有加泰罗尼亚传统菜式。环境幽雅。推荐菜式：马赛式鱼汤、李子鸭、泡卷心菜猪肘。

Chicoa 餐馆 地址：c. Aribau, 73。☎ 93 453 11 23。周日，公众假期及 8 月份不营业。传统大众菜式，一流独创现代风格菜肴。推荐菜式：烤蔬菜、菜豆炒鲥鱼、鳕鱼杂碎（有灯笼椒、茄子和土豆）、加泰罗尼亚奶油烤苹果。

Fresc Co 餐馆 地址：Via Laietana, 55。☎ 93 412 63 72。自助餐。特色菜：色拉、意大利面食和汤。

L'Explorador 餐馆 地址：c. Pelai, 40。☎ 93 318 42 49。特色菜：各式下酒菜、各式小烤面包、米饭、鳕鱼、炭烤肉。位于金三角商业中心和加泰罗尼亚广场旁 。

La Maison du Languedoc 餐馆 地址：c. Pau Claris, 77。☎ 93 301 04 98。周日、公众假期及 8 月份不营业。法国菜。生蚝和奶酪出色。饭后甜点美味之极。

酒店

Claris 酒店 ***** 地址：c. Pau Claris, 150。☎ 93 393 81 28。位于格拉西亚大道旁改造后的韦德鲁纳宫（Palau Vedruna），有一个私人埃及艺术展览馆。房价：120 欧元起。

Majestic 酒店 **** 地址：pg. de Gràcia, 70。☎ 93 488 17 17。新古典风格建筑，完全翻新过，格调高雅。位于米拉之家和巴特约之家之间。房价：120 欧元起 。

Condes de Barcelona 酒店 **** 地址：pg. de Gràcia, 73–75。☎ 93 445 00 00。属现代主义风格，大堂气派。靠近米拉之家。房价：120 欧元起。

Alexandra 酒店 **** 地址：c. Mallorca, 251。☎ 93 467 71 66。舒适如家，装饰格调高，注重细节。两个套房现代主义风格装饰。房价：120 欧元起。

Catalunya Plaça 酒店 *** 地址：pl. Catalunya, 7。☎ 93 317 71 71。位于市中心，交通便利。生意人首选之地。建于 19 世纪，宽敞的大厅以壁画装饰。房价：120 欧元起。

NH Belagua 酒店 **** 地址：Via Augusta, 89。☎ 93 237 39 40。现代装饰风格，舒适，靠近格拉西亚大道，交通便利。房价：96 欧元至 120 欧元。

Hotel Via Augusta 酒店 ** 地址：Via Augusta, 63。☎ 93 217 92 50。酒店位于一座辉煌的大楼里。靠近格拉西亚大道的商业生意区，交通便利。房价：72 欧元至 96 欧元。

Lleó 酒店 *** 地址：c. Pelai, 22–24。☎ 93 318 13 12。现代装饰风格，位于金三角商业中心前和加泰罗尼亚广场旁。房价：72 欧元至 96 欧元。

Hostal Felipe II Pensió 酒店 ** 地址：c. Mallorca, 329。☎ 93 458 77 58。简单，干净的旅馆，座落在城市改造时期一栋旧建筑内，靠近特拉德斯之家。交通便利。房价：48 欧元以下。

Roma 酒店 *** 地址 av. Roma, 31。☎ 93 410 66 33。现代风格，非常舒适，交通便利。房价：96 欧元至 120 欧元。

Hostal Oliva Pensió 酒店 ** 地址：pg. de Gracia, 32。☎ 93 488 01 62。位于格拉西亚大道上的一座雄伟的大楼里。阳光充足，令人愉快。古老的电梯令人好奇。房价：48 欧元以下。

Taber 酒店 *** 地址：c. Aragó, 256。☎ 93 487 38 87。位于由设计师多梅内克设计建造的一座现代主义风格的大楼里，靠近格拉西亚大道。房价：120 欧元起。

Ritz 酒店 ***** 地址：Gran Via Corts Catalanes, 668。☎ 93 510 11 30。该酒店是巴塞罗那最高级的酒店。酒店内有不同的套房，装饰豪华，风格古典，环境幽雅。房价：120 欧元起。

Hostal Ciutat Condal 旅馆 地址：c. Mallorca, 255。☎ 93 215 10 40。房间配备电话和电视，靠近格拉西亚大道。房价：48 欧元至 72 欧元之间。

Balmes 酒店 *** 地址：c. Mallorca, 216。☎ 93 451 19 14。位于城市扩展区的中心，环境幽雅，大楼里有一个带游泳池的花园。房间环境非常好。房价：84 欧元至 180 欧元。

Cristal 酒店 **** 地址：c. Diputació, 257。☎ 93 487 87 78。位于格拉西亚大道旁，环境幽雅，房间舒适，设施完善。房价：120 欧元起。

NH Calderon 酒店 ****。地址：Catalunya, 26。☎ 93 301 00 00。位于市中心，服务周到，房间舒适，实用。房价：120 欧元起。

安东尼·高迪
Antoni Gaudí

作为世界上最伟大的建筑师之一，安东尼·高迪的大名早已为世人所熟知。这当中，美国人科林斯（Collins）功不可没，1952年他在纽约为高迪举行了一个规模空前的作品展。同时，日本人对他建筑作品的崇拜和着迷也达到了狂热的程度。世人对高迪的认同让他们对现代主义作出了新的评价。此外，1992年巴塞罗那奥运会对这个城市风貌的推介，将人们对高迪和其他现代主义艺术家的认识推上新的高峰。高迪有幸生于那个时代，巴塞罗那城市扩建（Eixample）给他搭就了一个大展身手的好舞台。这座城市的发展计划是由伊尔德丰斯·赛尔达推行的。此时的资产阶级不但把建筑视为一种投资方式，建筑也是他们向公众炫耀自己与众不同的品位的手段。高迪拥有过人的艺术天赋和不断创新的能力，他在创作过程中能发掘出应用艺术所有的潜质，不断推出后来为世人称道的建筑作品。这条观光线路包括了安东尼·高迪在巴塞罗那的主要建筑，有关米拉之家（Casa Milà）、巴特约之家（Casa Batlló）和卡尔维特之家（Casa Calvet）的介绍文章分别在“现代主义的扩展”一节中的第4、6和11景点中。

SERRA DE COLLSEROLA
Tibidabo 512
Ciutat Meridiana
Vallvidrera
Sant Just Desvern
Esplugues de Llobregat
Cornellà de Llobregat
l'Hospitalet de Llobregat
Santa Coloma de Gramenet
Sant Adrià de Besòs
Sant Andreu del Palomar
el Bon Pastor
Horta
el Carmel
el Guinardó
Gràcia
Sarrià
Sant Gervasi de Cassoles
les Corts
Sants
el Poblenou
el Besòs
la Verneda
Ciutat Vella
Montjuïc
el Port
Polígon Industrial Zona Franca
BARCELONA
l'Eixample
1 SAGRADA FAMÍLIA
2 CASA VICENS
3 PARC GÜELL
4 BELLESGUARD
5 COL·LEGI DE LES TERESIANES
6 FINCA MIRALLES
7 PAVELLONS DE LA FINCA GÜELL
8 EL PALAU GÜELL
9 ELS FANALS DE LA PLAÇA REIAL
Ronda de Dalt
Ronda Litoral
Ronda Guinardó
Passeig Fabra i Puig
Meridiana
C. Felip II
Avinguda Diagonal
Rambla de Prim
C. Bac de Roda
C. Pere IV
C. de la Marina
Trav. de Gràcia
Passeig de Gràcia
Carrer Aragó
Corts Catalanes
Gran Via
C. Urgell
Av. Paral·lel
Avinguda Josep Tarradellas
C. de Sants
Nus de la Trinitat
Nus del Llobregat
a l'aeroport
el Besòs
el Llobregat
C-33
B-20
N-II
C-31
B-10
N-340
A-2

安东尼·高迪生于1852年6月25日。他的父亲虽是一名普通锅炉工，但从小对他进行三维想象力的启发，激发其对建筑空间的灵感，对高迪日后成才有极大的帮助。

高迪1873年开始在巴塞罗那省立建筑学院学习，1878年获得建筑师称号。他最初是弗朗塞斯克·德尔·维亚尔（Francesc del Villar）的绘图员。当他还是学生的时候，就已经和何塞·方特塞勒（Josep Fontserè）一起为城堡（Ciutadella）公园进行了部分设计，和胡安·马尔多莱伊（Joan Martorell）的合作更是对他影响深远。同时他还结识了许多同行业的工匠和师傅，如艾乌达尔德·彭蒂（Eudald Puntí）就是出色的锻工。

1878年的巴黎世博会上，高迪为埃斯蒂夫·科梅拉斯（Esteve Comellas）的手套展设计了玻璃橱窗。艾乌塞比·桂尔（Eusebi Güell）爱上了这件玻璃作品，最终在彭蒂的工作坊找到了高迪本人。从那时起，桂尔成为高迪最忠实的保护人，他对高迪充满信心。他们之间的友谊使当时的社会认识了高迪，人们并没有漠视高迪某些有争议的作品。高迪的独特风格在于他摒弃惯常正统的方法。每一个新的建筑对于他都是一场挑战，他要考虑到所有的方方面面，从最宏大的规划到最微小的细节。

因此，他独创了一种新的建筑语言及鲜明的个人装饰风格。他总是可以在大自然中获取灵感，并赋予作品极强的表现力。

高迪纪念邮票

❶

圣家堂 ***

Temple expiatori de la Sagrada Família ***

地址：pl. de la Sagrada Família；从c. Sardenya街进入。☎ 93 207 30 31。Ⓜ Sagrada Família（L5, L2）。🚌 33、34、43、44、50、51、19、10、turístic Sagrada Família旅游专线（北线路）。☺10月到次年3月，9:00到18:00；4月到9月，9:00到20:00。逢12月25日、12月26日、1月1日和1月6日下午不开放。$ 8欧元，乘电梯另加2欧元，位于“热情之门”（Passió），最高上到90米。H 教堂地下室 Cripta-parròquia ◷ 逢工作日，9:00到10:00，19:00到21:00；逢节假日，8:30到14:00，18:00到21:00；逢周六，9:00到10:00，18:30到20:30。H 圣家堂的教区学校 Escoles parroquials de la Sagrada Família 不对公众开放。网址：www.sagradafamilia.org。

圣家堂的建设得益于私人的捐助。耶稣会创始人何塞·M. 博卡贝亚（Josep M. Bocabella）发起建设该教堂来献给圣家族。最初由弗朗塞斯克·德尔·维亚尔来进行设计，1883年高迪接替了他。

在高迪的手中，圣家堂无论是在规模还是表现力以及象征意义上都提升了一个档次。高迪为此连续工作了43年，给建筑界奉献了一部具有典范意义的鲜明巨作。圣家堂的主圆顶献给耶稣，次圆顶献给圣母玛丽亚，四个小一点的圆顶献给福音书的四个

圣家堂的建筑细节

艾乌塞比·桂尔·巴希贾卢比
Eusebi Güell i Bacigalupi
(1846–1918)

工业家和艺术家的保护人艾乌塞比·桂尔被国王阿方斯八世(Alfons XIII)加封为伯爵。他一直看好高迪,并把他前卫的建筑风格作为与其他大资本家和贵族区分开来的标准。在当时社会分化之际,这些贵族需要建筑师在城市显眼的地方给他们建造风格独特的豪宅,尤其是建筑的正面要尽可能地与众不同。

作者,而十二座塔则是献给耶稣的十二门徒的。教堂的正面是耶稣诞生和耶稣受难的情景。

荣耀(La Glòria)之面,是整个教堂最雄伟壮观的一面,是进行最后裁判的地方,有罪之人必须通过这里方可升上天堂或者堕入地狱。这一面的地下室是专题展览,在开始参观教堂前应该前来这里看看。展览展示了从开始兴建到现在的整个过程,并用草图描绘了几个重要的建设阶段。同时也展出了维亚最初的哥特式方案,雕塑家何塞·伊莫那(Josep Llimona)的地下室祭坛装饰,用墙和玻璃显示安东尼·高迪用不同材质设计的方案,以及他遍布西班牙各地的建筑作品照片。这里有介绍高迪作品的音像资料,有教堂象征的一层全图、教堂大殿石膏模型、教堂完工之时的效果图、原来的石膏模型、高迪大厅和他绘制的原图、制模工作坊以及受难之面的绘图和模型。

教堂内部由五个大殿组成,它们分别对着五扇门。旁边的两扇门通向忏悔堂和洗礼堂。中大殿最高,在它的深处是半圆屋顶环绕的主祭坛,镶着彩色玻璃的半圆屋顶是高迪在1891至1893年间建造的。大柱之上,直着或微微斜着伸出带条纹的分支,支撑着屋顶的数处地方。整个建筑就好像一片树林,虽然只是象征性的,但十分真实。石头做的屋顶起到了很好的平衡作用。

如今,有了新技术的帮忙,加泰罗尼亚科技大学和新西兰维多利亚大学共同协作,用电脑进行计算,使圣家堂工程的进展更加迅速。

1882年,地下室(从c. Provença街进入)开始投入建设,维亚尔指挥下的教堂建筑工程开始。高迪接手后,给教堂建起了拱顶,并在它的四周挖了沟。

1891年新哥特风格的拱顶建设完工。这是由七个小教堂围起的圆形建筑,七个小教堂面对着排成直线的另外五个教堂,中间是带有圣家族浅浮雕的祭坛,浮雕则是何塞·伊莫那的作品。何塞·M.博卡贝亚就葬在圣耶稣教堂里,而高迪则葬在圣女卡门的脚下。耶稣诞生正面是最早完工的一面,三个巨大的门廊分别代表了信仰(右边)、希望(左边)和慈悲(中间),四个钟塔则分别代表了耶稣的父母、他的童年和青少年。三个门廊中间,两只乌龟驮着顶端以棕榈树叶装饰的两根柱子,海的一边是海龟,山的一边是陆龟。

正面的两侧分别有巨大的蜥蜴。塑像则包括四个吹小号的天使,他们没长翅膀,坐在蘑菇之上,预示着世界末日。

慈悲门廊被一根柱子一分为二,柱子上从下到上盘旋着一条蛇,口中衔着代表罪恶的苹果;从上到下,写着从阿卜拉汗开始耶稣所有祖先名字。上面是耶稣诞生群像(何塞、玛丽亚、耶稣、牛和驴),婴儿脸孔的天使们正在端详着刚出生的耶稣。在大卫星的指引下,牧羊人和东方三王来到了门廊前。在另一处,六个音乐天使弹奏着高雅和通俗的乐曲。下方,天使们手持横幅,上面写道:“耶稣已经诞生。大家来向他致敬吧!”门上用拉丁语写道:“荣耀属于天国里的上帝而和平属于地上好心的人们。”

在耶稣诞生群像之上是装饰了串状饰的圆花窗以及圣母受孕群像:天使用手抚摸圣母玛丽亚,浅浮雕的黄道带中部缠绕着天使,显示圣母受孕发生的时间。在上方的凹陷处,描绘的是耶稣给圣母玛丽亚加冕,宣布她为天国之母。圣母之上是耶稣名字的缩写(JHS)和一只白鹈鹕。加冕窗正面上的一群天使飞身而下,口中吟唱着圣歌。

希望门廊出现的情景分别是残暴的犹太王希律屠杀无辜者和他逃往埃及,幼年耶稣在圣·安娜

圣家堂

圣家堂塔楼的装饰细节

(Santa Anna)和圣·华金(Sant Joaquim)的注视下，给一位智者看一只看上去受了伤或者已死去的鸽子。下面，入口的拱门描绘了一座山峰，众多的工具代表了建筑的各个行业。上面是圣母玛丽亚和何塞的婚礼：何塞坐在船里，面对一盏巨大的灯，一个

圣家堂的建筑细节

华盖载着象征圣灵的鸽子。门廊的尽头是一块巨石，在它的一面写着“Salvaens”。

在信仰门廊的不同雕塑中，游客可以看到耶稣的心脏上插着尖刺，鲜花和蜜蜂在吮吸着他的血。上方描绘的情景分别是：圣母玛丽亚造访她的表妹伊萨贝尔；耶稣在纳撒勒(Natzaret)家里做着木工活；何塞和玛丽亚端详着刚出生的耶稣；当天使通知胡安他妻子怀孕的消息时，萨卡利亚斯(Zacaries)神父在墙上写上胡安的名字，对面是幼年圣·胡安·巴乌蒂斯特(Sant Joan Baptista)，耶稣的表弟。

门廊上是耶稣在圣殿的群像。再上面的情形是三芯灯(代表了三位一体)、圣母受孕、麦束和麦穗(圣餐)以及一只镶着眼睛的手。不朽树上，一棵柏树庇护着这个正面的三个门廊。

塔尖上有一个字母“T”、一个字母“X”和一只鸽子，代表了三位一体的三个人物。

游客游览时可以走楼梯或乘电梯，或者阶梯、电梯交替上去参观塔顶。上楼和下楼时不同的景观是参观教堂最难忘的地方。高迪有生之年只看到耶稣诞生正面四个塔尖中的一个，建筑师苏格拉内斯(Sugrañes)完成了另外三个塔尖。

之后，1977年又建成了耶稣受难门的四个塔尖，光荣正门的塔尖比其余塔尖都要高。这些塔的底部呈方形，顶上则是圆形。顶端是25米高的尖部，代表了主教、耶稣十二门徒的继任者及他们的法器：戒指、法杖、法冠和十字架。

已经建成的塔尖雄伟壮观，色彩绚丽。迎着阳光，从很远的地方就可看得清清楚楚。高迪为耶稣受难正面绘制了一群感人至深的人物形象，让人想起表现主义雕塑和绘画。他的绘画中最令人难忘的是用柱子搭起的庭院。

何塞·玛丽亚·朱约尔
Josep Maria Jujol
1879-1949

朱约尔从1906年起和高迪合作，他给高迪提供了更加直接和富于造型的线条，这是一个全新的富有想象力的概念。在桂尔公园的设计上，在柱式厅的天棚镶板使用了陶瓷碎片和玻璃及物体造型，如一个娃娃、水杯、高脚杯和有耳杯。在高迪的指导下，朱约尔在多彩石凳上沿用陶瓷的制造程序，在烧制之前，加入了图案、线条和字母。朱约尔最重要的建筑作品之一是圣·胡安·德斯比（Sant Joan Despí）的“蛋塔”（la torre dels Ous）。

高迪并没有活到这个入口建成的时候，1998年雕塑家何塞·玛丽亚·苏比拉克斯（Josep Maria Subirachs）被委任创作这组雕像，当时他的创作充满争议。苏比拉克斯用倒S形的方法，完成了从圣苏巴尔（Sant Sopar）到耶稣被钉在十字架上和耶稣安葬的人物群像。他的雕塑特点是角度分明、线条清晰、轮廓鲜明，注重表现衣物的体积和人体的轮廓。在细节处理方面，苏比拉克斯其实已经很接近高迪的境界。

和高迪一样，他也喜欢猜谜，比如在《犹大之吻》旁放了一组密码，无论怎样加起来都是33，正好是耶稣去世时的年龄。

苏比拉克斯在造型创作方面，是约廉克·马塔马拉（Llorenç Matamala）及他的儿子胡安、卡洛斯·马尼（Carles Mani）和里查·奥比索（Ricard Opisso）的风格继承者，他们都是高迪的同代人，和加乌马·布斯科特斯（Jaume Busquets）的风格类似。

圣家堂的教区学校（建于1909年）在一栋砖结构的建筑里，只有一层，屋顶和墙面呈波浪状。它和圣家堂在同一个区里。高迪用一些凹面对屋顶进行了处理，这些凹面是直线围绕一个轴做波浪运动产生的效果，这样，就可以用最少的材质取得最大的承受力。

这是20世纪富于创新理念的现代建筑，具有承前启后的意义。

2

维森斯之家 *
Casa Vicens *

（1883—1888）

地址：c. de les Carolines, 18-24。Ⓜ Fontana（L3）。🚌 22、24、25、27、28、31、32、87。🔗 Plaça Molina, Gràcia。私人住宅。不对公众开放。

这是高迪为瓷砖建造商马努埃尔·维森斯·蒙达内尔（Manuel Vicens Montaner）一家建造的住宅。在建材方面，高迪富于想象力，大胆把它们和石块、砖头一起使用，提高了它们的品位。

绿色、白色瓷板以及黄色花朵图案的瓷砖砌在外墙上，形状独特，色彩斑斓，让人目不暇接。把住宅和街道隔开的铁栅栏用棕榈叶装饰。

1925到1927年，建筑师塞拉·德·马丁内斯（J. B. Serra de Martínez）对维森斯之家进行了很好的扩建。因此，1927年获得了巴塞罗那市政府颁发的最佳建筑奖。这是高迪第一个重要的建筑作品，运用了穆德哈尔艺术（art mudèjar）。室内装饰风格繁复，氛围各不相同，这是多个手工艺人和艺术家创造性劳动的成果。

3

桂尔公园 ***
Parc Güell ***

（1900—1914）

地址：ctra. del Carmel, 23 i c. d'Olot, s/n。Ⓜ Lesseps, Vallcarca（L3）。🚌 24、25、28、31、32、74、87, turístic parc Güell旅游专线（北线路）。高迪博物馆之家 Casa-Museu Gaudí ☎ 93 219 38 11。🕓 10月到次年3月，10:00到18:00；4月到9月，10:00到20:00；12月25日和26日、1月6日（14点起）和1月1日（全天）不开放。Ⓢ 4欧元（博物馆门票）。网址：www.casamuseugaudi.org。

桂尔宫的一个屋顶

米拉之家夜景

艾乌塞比·桂尔委托安东尼·高迪设计这座城市公园，要求利用所谓的“不毛之山”原有的地貌和植被。于是，安东尼·高迪巧妙地把公园融入自然景色当中，取得了和谐一致的效果。但这个设计方案最后以失败告终。现在，这里有雄伟的大门（c. d'Olot街）、柱式大厅，边上有贴着多色陶瓷石凳的广场，用于解决地面不平问题的栈道和石扶墙。

这个世上独一无二的公园于1922年启用，1984年被联合国教科文组织宣布为人类遗产。

雄伟大门处的铁栅栏原是维森斯之家的，1965年移到这里。有着陶瓷碎片屋顶的两个亭子让人想起了儿童故事里的情景：大亭子是门房，而小亭子则是接待室和等候室。

双阶梯引导游人拾阶而上，来到阶梯交界处的人工岩洞。奇怪的动物，如匍匐在进口处的蛇、龙、符号、文字和其他元素组成了一个神奇的世界。

公园中心有两个会合之地：位于有86根柱子的大厅里的市场和壮观的广场。

公园中的建筑包括“Can Muntané”之家，桂尔伯爵在这里退隐直到去世。1923年后这里改成了学校。展览馆原是弗朗塞斯克·贝廉格尔·梅斯特勒斯（Francesc Berenguer Mestres，1866—1914）设计的住宅，他从1887年起就一直是高迪的朋友和伙伴。

高迪买下这座房子，一直住到他迁往圣家堂为止。1963年这栋房子又到了“高迪之友协会”手中，并成了一座展览馆。展出来自桂尔宫、卡尔维特之家、维森斯之家的家具，有的出自高迪之手，有的是和阿勒伊克·克拉佩斯（Aleix Clapés）合作。展品还包括阿勒拉（Alella）制作的维森斯之家的烟囱，何塞·M. 朱约尔（Josep M. Jujol）制作的家具。除了花园外，展览馆的布置以及卧室也值得欣赏。

4

菲格拉斯之家，贝勒斯桂尔德 *
Bellesguard, la Casa Figueras *

（1900—1902）

地址：c. de Bellesguard，16-20。🚉 60，Ronda de Dalt下；🚌 22、58、64、73、75，Plaça

桂尔宫入口处的“龙”

桂尔宫的露台

Bonanova下车。私人住宅。只可参观花园，大楼内部不对公众开放。

这是一座单门独户的住宅。由加乌马·菲格拉斯(Jaume Figueras)的遗孀玛丽亚·萨格斯·莫林斯(Maria Sagués Molins)发起建造。建筑师多梅内克·苏格拉内斯(Domènec Sugrañes)和高迪联手合作，高迪做了一些设计，但被认为不合时宜，如靠墙石凳靠背上的马赛克画。这是一座四方形的建筑，菱形的楼身傲然挺立，顶端的望塔呈针状。主要由石头构造。整栋大楼，尤其是门窗体现了加泰罗尼亚哥特式风格，马蒂国王曾在这里建造夏宫。内部装饰风格多变，建筑和构造独特。建筑正面使用的多种材质值得细细品味。

5

圣德蕾莎学院 *
Col·legi de les Teresianes *
(1888—1889)

地址：c. de Ganduxer, 85。🚌 30、70、72、16、74、14，Bonanova下车。不对公众开放。

这栋未完工的建筑呈长方形，四层楼高，这是高迪一直沿用的构造，他还在某些结构和内部装饰上加入了个人风格。在结构上，如围绕庭院的抛物线拱廊；在内部装饰上，如栏杆、陶瓷、窗户上的假拱、楼顶的筑堞，整个正面上不断地重复“耶稣万岁”的字眼。外观上，建筑正面装饰朴素，砖头和石块加上陶瓷碎片覆盖了墙面；正面的上方，构造和造型则变化不定。用外部垂直、顶冠和尖顶突出最高一层，四角顶部呈十字形等方法，来解决内部高度减少的问题。大门栅栏上是圣·德蕾莎之心及圣母玛丽亚之心，里面是一排排的抛物线拱门。

6

米拉雷斯庄园大门和铁栅栏 *
Porta i tanca de la finca Miralles *
(1901—1902)

地址：pg. de Manuel Girona, 55-6。Ⓜ Maria Cristina (L3)。🚌 6、16、70、74、34、66、72。

米拉雷斯庄园是印刷商及出版商爱尔梅内基尔多·米拉雷斯(Hermenegildo Miralles)的府第。其部分外墙和栅栏由高迪设计，最小的门为流浪者所设，如今还保留了原有的铁栅栏。正门呈叶状拱，由两个斜面的栅栏护卫着，金属交叉的设计使正门显得更厚实。围墙蜿蜒延伸，到十字正门处，形状显得更为自由多变。最近做了一次修复工作，更换了铁栅栏和围墙上的金属网，用一个不锈钢框架取代原有的铁框架，围墙上的石头则留在原处。

7

桂尔庄园的亭子 *
Pavellons de la finca Güell *
(1884—1887)

地址：av. de Pedralbes, 7。pg. de Manuel Girona。Ⓜ Maria Cristina或Palau Reial

重量和承受力的计算

为了计算强度，高迪在屋顶上吊下一个用布和绳子做的模型及一些装有散弹的小袋子，其重量与每个点的承重成正比，这些袋子决定了建筑的机械构造。他用相机拍下这些，翻转相片，就可以在上面绘制建筑的结构了。

(L3)。🚌 7、33、63、67、68、74、75, turístic Palau Reial 旅游专线(北线路)。📞 93 204 52 50。🕓 逢周一到周五, 8:00到14:00。

这是桂尔庄园的附属建筑，左边的亭子是门卫，右边的则是马倌亭。亭子的门被看做是现代主义最精彩的设计。在铸铁栅栏处，一条中了金苹果园仙女魔法的龙张大嘴迎接来客，就好像是庄园的忠实护卫。根据希腊传说，看守金苹果园仙女的花园里有一名护卫、一条龙和两名少女。亭子的尖顶上有一棵橙子树，写着庄园主人桂尔姓氏开头的字母"G"，这个字母被野玫瑰缠绕着。这些亭子结构简朴，砖头起到主要建造和装饰作用。马倌亭的拱顶和抛物线拱门、圆顶吉塔式天窗值得细细品味。

8

桂尔宫 **
El Palau Güell **
(1886—1890)

地址: c. Nou de la Rambla, 3-5。📞 93 317 51 98。Ⓜ Liceu, Drassanes (L3)。🚌 14、38、59、91。🕓 逢周一到周五, 10:00到14:00, 16:00到19:30; 逢周六、周日和公众假日闭馆。2007年2月之前暂时关闭。$ 3欧元，每15分钟有导游讲解。

高迪的符号

安东尼·高迪喜欢使用花卉和动植物图案；宗教题材不但运用在如庙宇、教堂等建筑上，也运用在民用建筑上。字母重组以及其他元素，在建筑上发挥了具体的实用，而且拥有与功能同等重要的象征意义，如柱子、圆顶、十字状、阶梯、穹顶等。

桂尔宫是桂尔家族位于兰布拉住宅的扩建。无论是在建筑上还是装饰上都富有创新性。尤其是为数众多、形状多变的柱子和每一层的结构变化。多名艺术家和手工艺者参与了桂尔宫的设计和建造。

栅栏和铁构造是双层门的主角，象征着加泰罗尼亚四支柱的雕塑也是用铁铸成的，支柱上有盔状饰和橡。主人桂尔名字开头的字母出现在正面的两扇大门上。从门厅到车库，要走下一个螺旋状的斜坡，来到地下室，那里有一些令人赞叹的柱子。从这里，正门的阶梯分别通向不同的门厅和大厅，其中顶层的大厅最为壮观，上面是抛物线形状的拱顶。这个大厅装饰着阿勒伊克·克拉佩斯(Aleix Clapés)的

agefotostock © Jordi Trulas

皇家广场夜景

壁画。建筑的背面由木、铁和玻璃马赛克建造，有一个带阳台和花园的看台。整个背面就好像一扇巨大的卷帘，挡住阳光，窗户上的遮阳伞由一个复杂的机械带动。

桂尔宫平屋顶上烟囱和排气口的形状富于表现力，铺砌着多彩陶瓷，护卫着有避雷针和风向标的针顶。有些烟囱虽然不是由高迪设计的，但仍然有很好的效果。

桂尔宫于1969年被宣布为国家遗址，1984年被联合国教科文组织宣布为世界文化遗产。

9

皇家广场上的大烛台灯

Els fanals de la plaça Reial (1879)

地址：pl. Reial。 Drassanes (L3)。

为了庆祝1879年的梅尔塞（la Mercè）节，在皇家广场放置了两盏大烛台灯，各有六条臂，设计者为高迪。高迪使用了铸铁和铜。冠顶最令人瞩目：盔状饰象征着海神墨丘利。皇家广场是巴塞罗那人气最旺的地方之一，周日有一个古钱币集市。

实用向导

餐馆

Paradís Barcelona 餐馆 地址：pg. de Manuel Girona，7–21。 93 203 76 37。周日晚上不营业。自助餐由于富有创意的烹饪而非常出名。旁边是 Casa Juan 餐馆，可品尝到地中海烹饪的典型菜色。

L'Indret 餐馆 地址：c. Ganduxer，31。 93 201 69 31。周日和 8 月份不营业。原为 Semon 肉食店的附设餐厅，很快就名声在外。

Vilaplana 餐馆 地址：pl. Sant Gregori，4。 93 201 13 00。周日和 8 月份不营业。因为它的肉食店和糕点铺在巴塞罗那很有名气。

Florentina 餐馆 地址：c. Saragossa，122。 93 211 26 95。周日晚上不营业，8 月里有 15 天不营业。市场产品烹制的家常菜。推荐菜色：蜗牛和马约卡灌肉肠、蘑菇、麝香葡萄猪蹄。

Folquer 餐馆 地址：c. Torrent de l'Olla，3。 93 217 43 95。周六中午、周日和 8 月有 15 天不营业。有加泰罗尼亚内陆和沿海烹饪以及大厨自创菜式。

La Dida 餐馆 地址：c. Roger de Flor，230。 93 207 23 91。周日晚上不营业，夏天周六和周日不营业。原是牛肉店改为社区餐馆。现在是巴塞罗那最负盛名、最传统的餐馆。

L'Encís 餐馆 地址：c. Provença，379。 93 457 68 74。冬天：周日和周一晚上不营业；夏天、周六晚上和八月不营业。加泰罗尼亚烹饪，各种鳕鱼菜式尤为出色。

Rosalert 餐馆 地址：av. Diagonal，301。 93 207 19 48。周一和 8 月不营业。巴塞罗那传统海鲜。有人认为，这里是吃贝壳最好的餐馆。

酒店

Rey Juan Carlos I Conrad Int. 酒店 ***** 地址：av. Diagonal，661–671。 93 364 40 40。名流光顾的豪华酒店。美式大堂富丽堂皇，花园引人入胜。房价：120 欧元起。

Avinguda Victòria 酒店 **** 地址：c. Bertrán i Rózpide，7–9。 93 206 99 00。非常舒适，富于地方特色的优雅。靠近桂尔宫。房价：120 欧元起。

Hesperia Barcelona 酒店 **** 地址：c. dels Vergós，20。 93 204 55 51.。位于安静的社区，古典装饰。离现代主义风格的圣德蕾莎学院（col·legi de les Teresianes）仅一步之遥。房价：120 欧元起。

NH Pedralbes 酒店 *** 地址：c. Fontcuberta，4。 93 20371 12。现代风格，房间很舒适，靠近米拉勒斯宫（finca Miralles）。房价：96 至 120 欧元。

NH Belagua 酒店 *** 地址：Via Augusta，89。 93 237 39 40。酒店房间舒适，设备完善，交通便利，靠近维森斯之家。房价：96 至 120 欧元。

Aparthotel Silver 酒店 *** 地址：c. Bretón de los Herreros，26–30。 93 218 91 00。简单和舒适的酒店，居家环境，靠近维森斯之家。房价：48 至 72 欧元。

Hotel Via Augusta 酒店 ** 地址：Via Augusta，63。 93 217 92 50。交通很便利，酒店靠近格拉西亚区（barri de Gràcia）和格拉西亚大道（Passeig de Gràcia）。房价：72 至 96 欧元。

Hotel Medicis 酒店 ** 地址：c. Castillejos，340。 93 450 00 53。现代酒店，房间舒适，靠近 Santa Creu i de Sant Pau 医院，离圣家堂仅一步之遥。房价：72 至 96 欧元。

蒙卓伊克山
La muntanya de Montjuïc

蒙卓伊克山，也叫犹太人山（mons jueus）或者朱庇特山（mons Jovis），从中世纪起，就是警戒区以及为从巴塞罗那出海的船只引航的地方。自古以来蒙卓伊克山便在巴塞罗那港口和城市有着重要的战略地位，因此山上的建筑物大多都有军事用途。今天，蒙卓伊克山上有1929年国际博览会期间建造的数栋建筑及1992年“蒙卓伊克山奥运环形带”改造和城市化后的建筑。最近巴塞罗那市政府为恢复绿地和建造一个城市公园，在这里进行了新的规划。山上的几间博物馆值得多花时间游览，它们分别是加泰罗尼亚民族艺术博物馆（Museu Nacional d’Art de Catalunya，简称MNAC）、米罗基金会（Fundació Miró）、盖厦储蓄基金会博物馆（Caixa Forum）、人类学博物馆（Museu Etnològic）以及考古博物馆（Museu Arqueològic）。

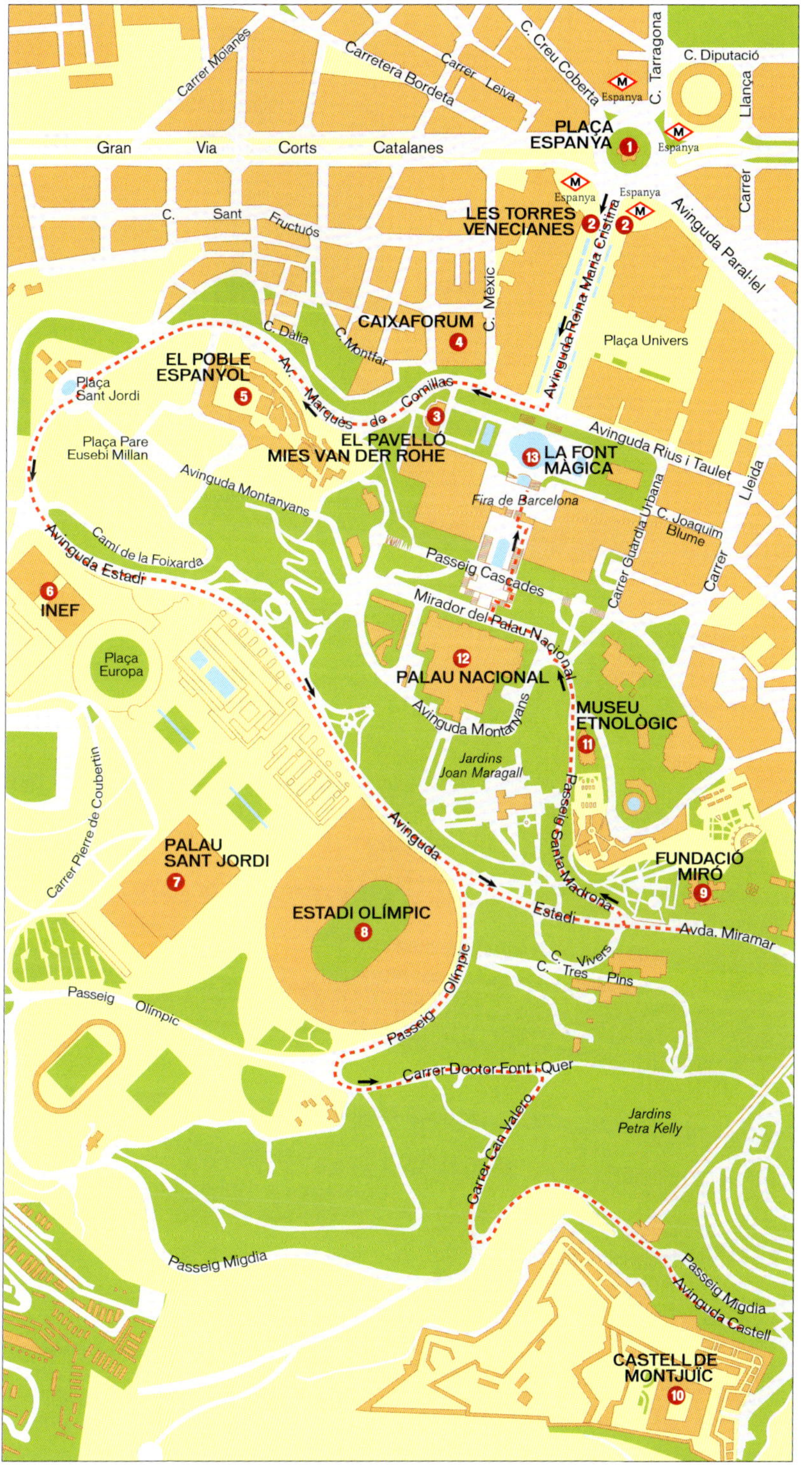
PLAÇA ESPANYA
LES TORRES VENECIANES
CAIXAFORUM
EL POBLE ESPANYOL
EL PAVELLÓ MIES VAN DER ROHE
LA FONT MÀGICA
INEF
PALAU NACIONAL
MUSEU ETNOLÒGIC
PALAU SANT JORDI
ESTADI OLÍMPIC
FUNDACIÓ MIRÓ
CASTELL DE MONTJUÏC
Gran Via Corts Catalanes
Carrer Moianès
Carretera Bordeta
Carrer Leiva
C. Creu Coberta
C. Tarragona
C. Diputació
Llança
Espanya
C. Sant Fructuós
Avinguda Paral·lel
Carrer
C. Mèxic
C. Dàlia
C. Montfar
Avinguda Reina Maria Cristina
Plaça Univers
Plaça Sant Jordi
Av. Marquès de Comillas
Plaça Pare Eusebi Millan
Avinguda Montanyans
Avinguda Rius i Taulet
Lleida
Fira de Barcelona
Carrer Guàrdia Urbana
C. Joaquim Blume
Camí de la Foixarda
Avinguda Estadi
Passeig Cascades
Mirador del Palau Nacional
Plaça Europa
Avinguda Montanyans
Jardins Joan Maragall
Passeig Santa Madrona
Carrer Pierre de Coubertin
Avinguda Estadi
Avda. Miramar
C. Vivers
C. Tres Pins
Passeig Olímpic
Carrer Doctor Font i Quer
Carrer Can Valero
Jardins Petra Kelly
Passeig Migdia
Avinguda Castell

1

西班牙广场
La plaça d'Espanya

为了举办1929年的国际博览会，以一个面向蒙卓伊克山斜坡的区域为轴心，在这个区域进行了规划。一端是西班牙广场（plaça d'Espanya），广场中间有何塞·玛丽亚·朱约尔（Josep M. Jujol）设计的喷泉和靠近国际博览会会址的塔楼；该区域的中心是民族宫，四周围绕着阿方斯八世（Alfons XIII）和维多利亚·尤金妮娅（Victoria Eugenia）国王夫妇的宫殿，这是何塞·普伊·卡达法克（Josep Puig i Cadafalch）设计的。站在西班牙广场上，还可以看到现已弃用的拉斯阿勒纳斯（les Arenes）斗牛场，以及外墙铺砌彩色马赛克的帕帕约纳之家（Casa de la Papallona）顶上的蝴蝶。此建筑建于1912年，因其顶上的蝴蝶，也被称为“蝴蝶之家”。

2

威尼斯双塔
Les torres venecianes

这是1929年城建的一部分。位于胡安步行大道（passeig de Sant Joan）上的胜利门是1888年世博会的入口，而高47米的威尼斯双塔则是1929年国际博览会的入口标志。威尼斯双塔是由拉蒙·拉维多斯（Ramon Raventós）设计建造的。双塔的尽头是通讯大楼和劳动交通大楼的凹形正面及带排柱的门廊。如今，经过双塔即可到达巴塞罗那展览中心和议会大楼。

3

米尔斯·范·德尔·罗尔展馆 *
El pavelló Mies van der Rohe *

地址：av. Marquès de Comillas, s/n。📞 93 423 40 16。Ⓜ Espanya (L1, L3)。🚌 9、

为1929年国际博览会而建立的威尼斯双塔

西班牙广场的喷泉

38、13、109、91、turístic pl. Espanya旅游专线。🕒 每天10:00到20:00。💲 3.5 欧元。

这是位于Marquès de Comillas大道上的建筑，由巴哈斯·路德维（Bauhaus）建筑学院的建筑师兼负责人米尔斯·范·德尔·罗尔（Ludwig Mies van der Rohe）为1929年国际博览会设计建造的德国展馆。展馆在国际博览会结束后被拆除，1986年又被重建。从建筑学的角度上来说，由于其创新的空间概念及工业材质在建筑上的巧妙运用，这个建筑有着重要意义。它大面积地使用了玻璃和石头，柱子是由钢铁和不同质地的大理石制成的。这个到处都体现着现代风格（或者叫理性主义风格）的展馆，很快就在众多的折中主义风格的建筑中凸显出来。倒映在展馆水池里的阿尔巴雕塑，则是乔治·科尔贝（Georg Kolbe, 1877—1945）的作品。在展馆里，米尔斯设计的巴塞罗那椅是20世纪设计史上的重要作品。

4

盖厦储蓄基金会博物馆 **
Caixa Forum **

地址：av. Marquès de Comillas。Ⓜ Espanya (L1, L3)。🚌 13、50，在西班牙广场处9、27、30、56、57、65、79、91、105、106、109、153、157和165有停站。🕒 周二到周日，10:00到20:00。

盖厦储蓄基金会博物馆文化中心是巴塞罗那休闲的必去之处，位于卡萨拉莫纳（Casaramona）纺织厂的原址上，是由著名建筑师卡达法克在1909年设计建造的。这里举办的活动包括展览会、各种课程以及音乐会等。

这个被誉为现代主义工业建筑瑰宝的大楼在装饰元素方面包含了陶瓷和铸铁。现在它已经是盖厦储蓄基金会（La Caixa）的物业，1992年改造为银行的文化中心。最吸引人的是那些大型展览厅，经常展出盖厦银行基金会的部分现代艺术藏品，也有一些有趣的历史回顾展。入口处迎接来客的一组钢铁玻璃森林尤为显眼，这是由日本建筑师矶崎新（Arata Isozaki）设计的。大堂处的太阳墙（LeWitt）也值得一看。

胡安·米罗 Joan Miró

1893 年 4 月 20 日，胡安·米罗出生在巴塞罗那的 Passatge de Crèdit 大道 4 号。虽然父亲反对，但他还是选择了绘画。他先是在美术学校学习，1912 年，又去弗朗塞斯克·贾利（Francesc Galí）艺术学校学习。后来，他在巴黎结识了巴布罗·毕加索（Pablo Picasso）和安德烈·布雷顿（André Breton）的超现实主义小组，并与国际先锋流派也有来往。米罗独创了个人风格的绘画语言，米罗的一双慧眼能捕捉到隐藏着的现实的真相。米罗的风格具有最大的表达自由、色彩和形状的逐步释放和无处不在的诗情画意，因此，他大量的绘画、雕塑、造型创作成为 20 世纪艺术的风向标。米罗从 20 世纪 40 年代起，就和夫人比拉尔·云克萨（Pilar Juncosa）及女儿多萝尔斯（Dolors）居住在马约卡岛上，直到 1983 年 12 月 25 日在那里去世，29 日被安葬在巴塞罗那的蒙卓伊克墓地。

5

西班牙村 *
El Poble Espanyol *

地址：av. Marquès de Comillas, s/n。📞 93 325 78 66。Ⓜ Espanya（L1, L3）。🚌 50, turístic Poble Espanyol旅游专线。🕓 周一，9:00到20:00；周二、周三和周四，9:00到凌晨2:00；周五和周六，9:00到凌晨4:00；周日，9:00到24:00。Ⓢ 7.5欧元，带导游讲解。网址：www.poble-espanyol.com。

这是为1929年国际博览会而建造的，是其众多建筑遗产中的一个。景区里集中了西班牙各地风情的建筑、广场、街道以及纪念碑的复制品，它们组成了一个村子的模样。

西班牙村由卡达法克设计，是建筑师弗朗塞斯克·弗尔盖拉（Francesc Folguera）、拉蒙·雷文托斯（Ramon Reventós）在米格尔·乌特里约（Miquel Utrillo）和画家哈维尔·诺格斯（Xavier Nogués）的艺术指导下共同完成的。西班牙村再现了西班牙各地著名的景观。

6

国家体育学院
INEF

地址：50, turístic Anella Olímpica-MNAC。

它和1990年完工的圣约尔蒂宫都是建筑师理查·波菲尔（Ricard Bofill）的设计作品。这里是国家体育学院的总部，是该建筑师最近几年来古典风格的代表之作，在奥林匹克环带风格多变的建筑中独树一帜。

7

圣约尔蒂宫 *
Palau Sant Jordi *

地址：50, turístic Anella Olímpica-MNAC。

由建筑师矶崎新设计建造，是奥林匹克环带最雄伟的建筑。1990年启用，专为1992年的奥运会而建。它的圆顶是整个地区建筑的标志，是用最先进的技术，建起一个半圆形和带横纹的950吨重的巨大屋顶。圣约尔蒂宫的门前有一个由36根用钢绳连接的柱子组成、名为“改变”（Canvi）的大型雕塑。这是建筑师矶崎新的妻子宫胁爱子（Aiko Miyawaki）的作品。

拉斯阿勒纳斯斗牛场

奥林匹克体育场

8

奥林匹克体育场
Estadi Olímpic

在巴塞罗那取得1992年夏季奥运会主办权之前，著名建筑师费雷德里科·克雷阿（Frederic Correa）、·布查德（Carles Buixadé）、胡安·马尔卡利特（Joan Margarit）以及维托利托格里高第（Vittorio Gregotti）早在1986到1989年间就一起合作规划设计了这座体育场。为了和皮雷·多梅内克（Pere Domènech）在1929年设计建造的市体育场相互呼应，保留了市体育场的正面和马拉松门，其余部分严格按照原风格建造，内部则粉饰一新。现在的体育场可以容纳55000名观众。1992年奥运会的主要赛事都在这里举行。

9

米罗基金会 **
Fundació Miró **

地址：av. de Miramar, s/n。📞 93 443 94 70。Ⓜ Paral·lel（L3）一直到Montjuïc山缆车。🚌 50, turístic Telefèric de Montjuïc-Fundació Joan Miró旅游专线。🕒 10月到次年6月，周二到周六，10:00到19:00；7月到9月，周二到周六，10:00到20:00，周四，10:00到21:30，周日及节假日，10:00到14:30；非公众假日的周一、1月1日、5月1日及12月25日不开放。💲 7.5欧元。网址：www.bcn.fjmiro.es。

米罗基金会是建筑师兼米罗的朋友——何塞·鲁易斯·赛尔特（Josep Lluís Sert）的最新设计之一。1987年和1988年之间得到了很好的扩建。参观基金会可以了解画家胡安·米罗作品的演变和技巧的发展，因为这里有一个详尽的永久性的展出。在展出的米罗作品中，有《女孩肖像》（Retrat d'una vaileta, 1924）、《晚上的女人和鸟》（Dona i ocell en la nit, 1945）、《太阳前的人物》（Personatge davant el sol, 1967）、《死囚的希望》（L'esperança del condemnat a mort, 1974）等。这些作品本身就是20世纪绘画上一种重大的创新。基金会收藏了米罗大量的作品，包括绘画、造型作品——巴塞罗那系列（sèrie Barcelona, 1939—1944）、工作草图等等。这些珍贵的藏品有助于了解米罗的创作过程。米罗的意图是创建一个自己的基金，来推广对20世纪艺术的认识。为此，米罗基金会从创建之日起，就不遗余力地面向巴塞罗那人和其他参观者组织一流的现代艺术展。值得一提的是亚历山特·卡尔德（Alexander Calder）创作的水神魔丘利泉（font de mercuri）雕塑。该作品是为1937年巴黎世博会，在“西班牙共和国展馆”（Pavelló de la República Espanyola）上展出而作的，是这位美国雕塑家向当时的西班牙共和党表达敬意的作品。在露天雕塑公园里，可以看到当代艺术家的作品。米罗基金会还有一间图书馆和一个可举办各种活动的观众大厅。

10

蒙卓伊克城堡 *
El castell de Montjuïc *

地址：Parc de Montjuïc。📞 93 441 68 29。Ⓜ Paral·lel站（L3）到蒙卓伊克缆车。军事博物馆 Mueseu Militar 🕒 3月15日到11月15日，

建筑师何塞·路易斯·赛尔特设计的米罗基金会大楼

民族宫，如今是加泰罗尼亚民族艺术博物馆

9:30到20:00。11月16日到次年3月14日，周一到周五，9:30到17:00；周六、周日，9:30到20:00。Ⓢ 2欧元。

蒙卓伊克城堡位于蒙卓伊克山的制高点上，从这里可以看到港口和城市全貌。

最早的城堡建于1640年，但是1705年被菲利佩五世（Felip V）摧毁。在其废墟上，建起了现在的波旁王朝军事要塞。在独立战争时期，它曾被拿破仑的军队占领过，在内战时期被充当监狱。1940年，当时的加泰罗尼亚政府主席鲁伊斯·康帕尼斯（Lluís Companys）在这里被处死。同年，蒙卓伊克城堡失去了其军事作用。1960年佛朗哥把城堡还给了巴塞罗那。城堡的附属建筑如今是军事博物馆的展厅。

和城堡（Ciutadella）的军事要塞一样，蒙卓伊克城堡也见证了许多镇压巴塞罗那及加泰罗尼亚地区社会运动的历史事件。

11

人类学博物馆
Museu Etnogràfic

地址：pg. de Santa Madrona。Parc de Montjuïc。☎ 93 424 68 07。Ⓜ Espanya（L1，L3）。🚌 61、turístic Anella Olímpica-MNAC旅游专线。🕘 3月、周日，10:00到14:00；周二和周四，10:00到19:00；周一、1月1日、5月1日、12月25日及耶稣受难日不开放。Ⓢ 3欧元。

这栋建筑建于1972年到1974年之间，用于人类学博物馆的展出。这里举办各种关于人类学的临时展览。藏品中包括美洲、摩洛哥、非洲和菲律宾的各式物品收藏，还有一个宽敞的图书馆。

12

民族宫—加泰罗尼亚民族艺术博物馆 ***
Palau Nacional-Museu Nacional d'Art de Catalunya***

地址：Parc de Montjuïc。☎ 93 423 71 99。Ⓜ Espanya（L1，L3）。🚌 50、9、27、30、38、55、turístic Anella Olímpica-MNAC旅游专线。🕘 周二到周六，10:00到19:00；周日和公众假日，10:00到14:30；非公众假日的周一、1月1日、5月1日及12月25日不开放。Ⓢ 8.5欧元，周六和周日12:00有导游讲解。网址：www.mnac.es。

这是1929年国际博览会最有代表性的建筑，内部最突出的是椭圆形大厅。带圆顶的塔楼勾画出巴塞罗那的轮廓。自1934年起，这里就是加泰罗尼亚民族艺术博物馆的馆址，收藏了加泰罗尼亚地区最重要的艺术作品。1985年，根据建筑师加尔阿乌廉蒂（Gae Aulenti）的方案进行了改造，成为现在的加泰罗尼亚民族艺术博物馆（简称MNAC）。

加泰罗尼亚考古博物馆

加泰罗尼亚考古博物馆位于造型艺术宫的原址上。博物馆展出自人类出现以来，所有的物品、艺术品、历史遗迹等等。欧洲古代的藏品最为重要。旧石器时代、新石器时代以及巨石时代的物品收藏也很有趣。

地 址：Passeig de Santa Madrona，39。☎ 93 423 21 49。

加泰罗尼亚民族艺术博物馆展品之一，赛乌赫尔教堂的主祭坛

除了临时展览外，还有三个大型的永久性展览，它们是罗马艺术藏品展，展品包括独一无二的壁画、版画、木雕、大型雕塑、金银器皿、珐琅制品；哥特艺术藏品展，包括这个时期加泰罗尼亚地区的重要作品，以及伊比利亚半岛和欧洲同期的艺术品；政治家、艺术保护人弗朗塞斯克·坎波（Francesc Cambó）的藏品展——一个14世纪到19世纪欧洲艺术运动发展的缩影——展品包括意大利画家和法国画家的作品。此外，还有16世纪到18世纪的绘画展，包括贝鲁戈特（Berruguete）、丁托列托（Tintoretto）、格列高（el Greco）、里巴尔塔（Ribalta）、维拉斯凯兹（Velázquez）、弗朗西斯科·德·苏尔巴朗（Francisco de Zurbarán）和胡安·安东尼奥·里贝拉（Juan Antonio Ribera）的绘画作品。其中，有维拉斯凯兹第一个时期创作的《圣巴布罗》。这个展览还在寻找永久展出的地方。加泰罗尼亚民族艺术博物馆还收藏了大量的绘画、版画、广告画、照片，还有加泰罗尼亚钱币展。艺术史总图书馆也附属于该博物馆。

当然，加泰罗尼亚民族艺术博物馆里面最重要的藏品还是大量的壁画，它们大部分属于宗教题材，主要来自加泰罗尼亚不同地方，尤其是波伊河谷（Vallde Boí）的教堂，如著名的圣·克里门特·德·塔育尔（Sant Climent de Taüll）壁画，是博物馆藏品中的佼佼者；圣·玛丽亚·德·塔育尔（Santa María de Taüll）壁画，及圣·胡安·德·波伊（Sant Joan de Boí）教堂壁画。另外的壁画藏品还有《贝德雷特之友》（Cercle de Pedret的作品），以及其他相同风格的壁画，如艺术家贝德雷特、阿内乌（Àneu）和布尔卡尔（el Burgal）的作品。此外还展出来自伊比利亚半岛古老王国的一系列艺术作品和壁画。

这些壁画原来的所在地——那些教堂，大部分依然存在和使用。博物馆展出的大部分壁画，由博物馆委员会在1919-1923年获得，当时，博物馆委员在全国范围内进行了一场拯救和保护壁画的运动。

罗马艺术藏品

第一展区。三个分别刻有拉丁语、伊斯兰语和希伯来语的石碑向来客介绍了这个时期的历史背景、多文化并存的社会环境，以及这些文化背景对罗马艺术发展的影响。

玻璃橱窗里加泰罗尼亚伯爵领地时期的钱币表明了展览品所属的年代的开始。伴随着参观前进的路线，玻璃橱窗展示的钱币显示了它们与加泰罗尼亚罗马时期从开始到结束的历史关系。结束部分展出的则是国王加乌马一世（Jaume I）时期的钱币。这一展区展出的主要有圣皮雷德赛乌捷尔（Sant Pere de la Seu d'Urgell）教堂的半圆屋顶以及作为范例的该教堂的26幅壁画，同时还介绍了教堂半圆屋顶上经常使用到的壁画题材：主的形象被四个“灵物”（Tetramorfo）围绕着。根据圣耶米罗的说法，它们分别代表了福音书的四个作者：人或者天使代表了圣马太，牛代表了圣马可，狮子代表了圣路加，鹰代表了圣约翰；半圆屋顶内部坐落着塔维尔诺勒斯的圣塞尔尼（Sant Serni de Tavèrnoles）祭坛，祭坛旁还放置了拉·赛乌赫尔（la Seu d'Urgell）祭坛及伊克斯（Ix）祭坛前面的横梁。

第二展区。再现了圣胡安德波伊教堂，参观者可以看到该教堂的壁画。这些壁画被看做是加泰罗尼亚罗马时期的第一批壁画。

第三展区。展出了在风格上与意大利北部壁画相类似的作品。意大利北部风格在11世纪末进入加泰罗尼亚地区。代表作有圣皮雷德阿格尔（Sant Pere d'Àger）教堂、圣玛丽亚德阿内乌（Santa Maria d'Àneu）教堂以及圣皮雷德布尔加尔（Sant Pere de Burgal）教堂的壁画。

第四展区。通过不同的手法和象征意义体现耶稣和圣母的形象。展品主要有：埃斯特里·德·卡尔多斯（Esterri de Cardós）教堂的半圆屋顶、格尔（Ger）的圣女、卡尔德特（Cardet）祭坛前的横梁以及莫索尔（Mosoll）祭坛前的横梁等等。

第五展区。展出圣·克里门特教堂的壁画，如主半圆屋顶装饰、罗马教堂的礼拜仪式器皿等。

第六展区。展出大型雕塑，包括巴塞罗那圣皮雷·德·勒斯普埃尔勒斯教堂回廊的雕塑，以及来自卡马拉萨（Camarasa）教堂主祭台的雕塑。通过不同的柱头雕塑，表现了罗马艺术特有的题材。

第七展区。展出同样来自波伊河谷的圣玛丽亚德塔育尔教堂壁画的复制品。半圆屋顶的壁画突出其人物造型和色彩，以及其丰富多样的题材。

第八展区。木刻的圣像，按照内容分门别类地排列着：圣母与圣婴像，耶稣从十字架上被放下的像，耶稣被钉在十字架上的像。

第九展区。展出索尔佩（Sorpe）教堂的壁画，包括两个拱门上的壁画和大殿部分壁画。

第十展区。这里只有一件展品，是圣其尔塞（Sant Quirze）以及圣朱丽亚杜洛（Santa Julia de Durro）祭坛前的横梁，形象地展示了圣徒和殉难者的事迹。

第十一展区。为了证明《贝德雷特之友》、塔乌尔教堂壁画等作品对当地艺术家和画家产生的巨大影响，特别展出了埃斯塔翁（Estaon）教堂和苏尔佩（Surp）教堂的半圆屋顶壁画，以及吉内斯塔勒（Ginestarre）教堂和埃斯特里·德·卡尔多斯教堂的半圆屋顶壁画。

第十三展区。反映公元1200年以前西方艺术在绘画、模型制作、雕塑和金银制品上革新的作品，包

从原处取下的壁画

当博物馆委员会得到这些壁画时，就负责把它们从原处剥落取下。这个过程通常使用幕布（strappo）或者白灰（stacco）技术来完成。幕布技术是仅剥落画层，而不剥落下面的灰泥底。白灰技术则是不但剥离画层，还要剥离灰泥底。罗马厅的大部分壁画都是用幕布技术来剥落取下。壁画一旦取下，马上移到一张涂有钙酪朊的布上，除去剥落时使用的布后，放在框架上，可以是平的，也可以模仿壁画原处的构造，博物馆大部分的壁画用的是后一种处理方法。

括在安道尔的圣史蒂夫（Sant Esteve）教堂的壁画，从中可以看到拜占庭对其风格的影响。

第十四展区。为了反映意大利伦巴第对加泰罗尼亚现存教堂的影响，展出了位于卡尔多纳（Cardona）城堡的圣维森克（Sant Vicenç）教堂门廊的三组壁画。

第十五展区。三个玻璃橱柜展出了金属物品（铜和青铜）以及有珐琅装饰的奢侈艺术品。

第十六展区。圣克里斯托夫·德·托塞斯（Sant Cristòfol de Toses）祭坛的壁画，是13世纪后期的作品，虽然还是罗马的人物，但明显接近哥特式风格。

第十七展区。通过大天使祭坛前的横梁上的图画反映天使及其形象。值得注意的是横梁壁画的趣闻性和叙事性：一个魔鬼正在设圈套。

第十八展区。阿方斯一世（Alfons I）以及加乌马一世（Jaume I）铸造的钱币展，侧面反映了加泰罗尼亚—阿拉贡王国在地中海扩张的开始。

第十九展区。收集了里巴郭尔萨（Ribagorça）作坊的作品。这是13世纪中期加泰罗尼亚制作木刻彩画最负盛名的作坊。其作品色彩丰富，风格具有叙事性和趣味性，接近哥特式。所使用的技巧包括在作品底部用灰浆填充雕刻处，然后镶上银片等。

第二十展区。展出阿尔兰萨尔·圣·彼得·德修道院的三组壁画以及西塞纳（Sixena）教堂的壁画。值得一提的是传说中和想象中的动物的形象。

第二十一展区。忠实地复制了西塞纳的圣玛丽亚女子修道院教堂的构造，是1200年典型的新拜占庭风格大型壁画。

哥特艺术藏品

第一展区。8世纪到15世纪间贵族和民间的艺术品。包括占领马约卡的壁画、一尊女性半身雕像、贵族徽章展以及教友徽章展。

第二展区。来自阿拉贡（Aragó）和纳瓦拉（Navarra）地区的艺术品，反映了8世纪末年及9世纪初哥特式风格逐步为宗教艺术所接纳。

第三展区。展出的是加泰罗尼亚最早的艺术品（8世纪末到9世纪初）。值得一提的是所罗门石碑和瓦尔伯纳修士（Vallbona de les Monges）的木版画。

第四和第五展区。来自加泰罗尼亚的雕塑（14世纪下半叶和15世纪初），概括了当时外国的影响：据说是加乌马·卡斯卡尔斯（Jaume Cascalls）的作品，以及意大利风格的据说是巴尔托美乌·德·罗比奥克（Bartomeu de Robió）的作品。

第六展区。展出的是意大利画家的作品。乔托（Giotto）的新技巧以及他的追随者对人物造型和空间进行了重新演绎。

第七展区。14世纪意大利对加泰罗尼亚艺术的影响。包括菲雷尔（Ferrer）兄弟和阿尔纳乌·巴萨（Arnau Bassa）、巴尔蒂莫勒（Baltimore）大师、拉蒙·德斯托连特斯（Ramon Destorrents）大师以及塞拉（Serra）兄弟作坊的艺术创作。

第八展区。15世纪末，迎来了一种新的艺术风格，这就是所谓的国际哥特式风格，这是15世纪的宫廷艺术风格。首先在瓦伦西亚引入，然后迅速传播开来。人物造型更加生动，色彩浓烈，对比强烈，过渡细腻，注重细节。

第九展区。14世纪末加泰罗尼亚绘画受到了来自国际哥特式风格的影响，表现在巴塞罗那重要画家的作品上，如鲁伊斯·波拉萨（Lluís Borrassà）、古埃拉乌·格内尔（Guerau Gener）、胡安·马特斯（Joan Mates）、塔拉戈纳学派的画家拉蒙·德·穆尔（Ramon de Mur）、基罗那学派的创始人胡安·安蒂格（Joan Antigó）和侯诺拉特·波拉萨（Honorat Borrassà）以及活跃在加泰罗尼亚中部的贝尔纳特·德斯布伊格（Bernat Despuig）和加乌马·希勒拉（Jaume Cirera）。在雕塑方面，游客可以看到皮雷·桑格拉达（Pere Sanglada）及皮雷·胡安（Pere Joan）和马克·萨丰特（Marc Safont）的作品。

加泰罗尼亚民族艺术博物馆展出的塔乌尔村的圣克里门特教堂著名壁画

加泰罗尼亚民族艺术博物馆展出的阿维亚主祭坛横梁

第十展区。雷伊达和阿拉贡地区国际风格的影响反映在一些哥特绘画上，这些绘画作品包括皮雷·方塔纳·伊·阿尔梅达（Pere Fontana i Almeda）遗孀的捐赠品以及加泰罗尼亚民族艺术博物馆自己的六件藏品。

第十一展区。画家贝尔纳特·马尔多莱伊（Bernat Martorell）的作品，他丰富了先前的绘画形式，更加注重色彩的对比以及细节的处理。他开始了所谓的“第二国际”。鲁伊斯·达尔马乌（Lluís Dalmau）于1431年去了一次佛兰德斯（Flandes），于是给加泰罗尼亚带来了佛兰德斯风格，可以在马尔多莱伊最后的绘画作品中看到这一影响。

第十二展区。瓦伦西亚画家鲁伊斯·达尔马乌的作品《参事的圣女》（La Mare de Déu dels Consellers）显示了他的作品和佛兰德斯画家凡·艾克（Jan van Eyck）作品的关系。这幅作品不同凡响，因为它引入了风景、肖像概念以及油画的技巧，模仿了画家在佛兰德斯见过的绘画形式。而加乌马·胡戈特（Jaume Huguet）的作品反映了40多年间他以及他的作坊的艺术演变过程。

第十三展区。加乌马·胡戈特同时代的一组作品，被认为是皮雷·加尔西亚·贝纳瓦利（Pere Garcia de Benavarri）和威尔戈斯（Vergós）家族的创作。

第十四展区。15世纪中期起，伊比利亚哥特式风格和欧洲哥特式风格在凡·艾克的佛兰德斯派的基础上各自得到发展。

第十五展区。在赛乌赫尔（Seu d'Urgell）大师的一组作品中，他自己加入了假文艺复兴主义的元素，16世纪前30年这些元素在加泰罗尼亚开创了新的造型艺术流派。

第十六展区。阿拉贡和瓦伦西亚的绘画，可以看到佛兰德斯影响的演变。

第十七展区。宗教金银制品的展示，以及捐赠人形象的演变：原先一直是做祈祷状，之后形象接近圣人。

第十八展区。展出14世纪和15世纪殉葬雕塑和不同的坟墓造型。

第十九展区。圣母玛丽亚的形象，或者出现在雕塑群组中或者单独出现。

第二十展区。展出15世纪和16世纪佛兰德斯和北欧其他地区的绘画，还有一组佛兰德斯派的雕塑作品。最近还展出现代艺术博物馆（Museu d'Art Modern）的藏品，是加泰罗尼亚地区从19世纪中期到20世纪30年代最重要的艺术作品。这些现代作品见证了一系列艺术流派在加泰罗尼亚的影响力，这些流派包括新古典主义、现实主义、现代主义、新百年主义（Noucentisme）、1917年代派以及先锋派。在博物馆内，可以欣赏到玛丽亚·弗图尼（Marià Fortuny）及其周边画家的作品；奥罗特（Olot）学院派创始人华金·瓦伊雷达（Joaquim Vayreda）让人浮想联翩的风景；被称为加泰罗尼亚的库尔贝的画家玛尔蒂·阿尔斯纳（Martí Alsina）的作品，罗马·里贝拉（Romà Ribera）、何塞·弗朗塞斯克·马斯利埃拉（Josep i Francesc Masriera）兄弟、弗朗塞斯克·米拉耶斯（Francesc Miralles）和胡安·菲雷尔·米罗（Joan Ferrer Miró）的作品，以及19世纪最后15年现实主义雕塑家马努埃尔·福克萨（Manuel Fuxà）和何塞·雷伊内斯（Josep Reynés）的杰出作品，其作品迎合了当时新兴资产阶层的喜好。在现代主义方面，包括了圣地亚哥·鲁西尼奥尔（Santiago Rusiñol）、拉蒙·卡萨斯（Ramon Casas）、华金·米尔（Joaquim Mir）以及伊西特勒·诺内尔（Isidre Nonell）的绘画作品。在雕塑方面，要数何塞·伊莫纳（Josep Llimona）和米格尔·布拉伊（Miquel Blay）。装饰艺术和室内装饰方面，有普伊·伊·卡达法克、加斯巴尔·欧玛尔（Gaspar Homar）和安东尼·高迪（Antoni Gaudí）的作品范例，分别来自阿马特耶尔之家（Casa Amatller）、来奥·莫雷拉（Lleó Morera）之家和巴特约之家（Casa Batlló），全部位于巴塞罗那市中心的passeig de Gràcia大道。新百年主义的代表主要有华金·森耶尔（Joaquim Sunyer）、哈维尔·诺格斯（Xavier Nogués）、华金·托雷斯·加尔西亚（Joaquim Torres-Garcia）和何塞·托格雷斯（Josep Togores）的绘画以及何塞·克拉拉（Josep Clarà）、恩里克·卡萨诺瓦（Enric Casanovas）和马诺罗·乌戈叶（Manolo Hugué）的雕塑。整个展区以先锋派的雕塑作品作为结束，这些是艺术家保罗·加尔加约（Pau Gargallo）

加泰罗尼亚民族艺术博物馆展出的巴特约的耶稣

和胡里奥·冈萨雷斯（Julio González）的杰作，他们是铸铁雕塑真正的先锋人物。此外，著名的提森—波尔内米斯萨（Thyssen-Bornemisza）美术馆的部分藏品也在这里。原来收藏在贝德拉尔贝斯修道院博物馆（Museu del Monestir de Pedralbes）。藏品主要包括自8世纪末到18世纪中叶的木版画和绘画，分为七个部分：中世纪雕塑、意大利300周年、意大利400周年、北部绘画、意大利500周年、欧洲巴洛克、意大利600周年。重要作品主要有弗拉·安赫里科（Fra Angelico）的《谦恭的圣母》（Verge de la Humilitat）、卡那来托（Il Canaletto）的《威尼斯的圣母升天节》（El Bucentauro a Venècia）、瓜尔蒂（Guardi）的《圣马可广场的景色》（Vista de la piazzetta di San Marco）、威罗尼的《天使报喜图》（Anunciació）、卡拉契（Carracci）的《圣婴在神殿上》（La presentació del Nen en el temple）、范·罗伊斯达尔（van Ruysdael）的《小村边上的帆船》（Velers junt a un llogaret）、提香（Ticiano）的《圣母和圣婴》（La Verge amb el Nen）、维拉斯凯兹的《奥地利的玛丽安娜肖像》（Retrat de Marianna d'Àustria）。

13

魔幻喷泉 *
La Font Màgica *

地址：pl. de Carles Buïgas。 10月5日到次年4月30日，周三、周六和节假日，18:30到21:30；19:00后，每半小时有彩色音乐表演（5月到9月）。

1929年国际博览会的水和灯光游戏为的是展示电的巨大威力，当时电是新发明，能够产生造型和色彩。喷泉是工程师查尔斯·布伊戈斯（Carles Buïgas）的作品，位于Maria Cristina大道和Rius i Taulet大道所形成的十字交会点。

实用向导

餐馆

Fundació Miró 餐馆 地址：Parc de Montjuïc, s/n。 93 443 94 70。周日和周一不营业。服务殷勤周到。推荐菜式：番茄猪肉意大利冷粉、配醋腌蔬菜、三文鱼、大白菜、红萝卜点心。

Marisquero Panduriño 餐馆 地址：c. Floridablanca, 3。 93 325 70 16。周二不营业。1970 年开始经营，菜单包括加利西亚内地及其沿海菜式。推荐菜式：所有海鲜、加利西亚杂烩。有自己的菜园。

Rías de Galicia 餐馆 地址：c. Lleida, 7。 93 424 81 52。主理加利西亚内地及其沿海菜式，卖相好，风格独特。有拿手鱼类和海鲜。

Gourmet 餐馆 地址：pl. Espanya, 6–8。 93 426 26 00。主理法国菜和加泰罗尼亚菜，和巴塞罗那广场酒店位于同一栋楼里。烹饪一流，菜色卖相好，得到一致好评。

Ca l'Isidre 餐馆 地址 c. de les Flors, 12。 93 441 11 39。周日、节假日和 8 月不营业。巴塞罗那老牌餐馆。不但有自创菜式，还有拿手的加泰罗尼亚传统菜肴和西班牙美食。推荐菜式：各色米饭、艾布罗三角洲小章鱼。

Braseria Cañota 餐馆。地址：c. Lleida, 7。 93 325 91 71。12 月 25 日晚上不营业。各式下酒菜和烤肉。

酒店

Hotel Fira Palace酒店****地址：c. Rius i Taulet, 1–3。 93 426 22 23。风格高雅的酒店，大堂气派。房间宽敞舒适。房价：120欧元起。

Hotel Barcelona Plaza 酒店 **** 地址：pl. Espanya, 6–8。 93 426 26 00。离展览中心（Fira de Mostres）及议会大楼（Palau de Congressos）仅一步之遥。房价：120欧元起。

Hotel Meliá Confort Apolo酒店**** 地址：av. Paral·lel, 57–59。 93 443 11 22。现代、实用的酒店。靠近上蒙卓伊克山的缆车，离阿波罗剧院、维多利亚剧院及阿尔纳舞剧院不远。房价：120欧元起。

Hotel Onix酒店*** 地址：c. Llançà, 30。 93 426 00 87。现代风格，服务周到，环境幽雅。靠近胡安·米罗公园和西班牙广场。房价：96欧元至120欧元。

Hotel Paral·lel酒店** 地址：c. Poeta Cabanyes, 5。 93 329 11 04。风格现代，房间舒适。靠近西班牙广场，交通方便。房价：72欧元至96欧元。

Hotel Auto-Hogar酒店** 地址：av. Paral·lel, 64。 93 443 98 50。实用而舒适的酒店，靠近上蒙卓伊克山的缆车。房价：72欧元至96欧元。

Hotel Climent酒店* 地址：Gran Via de les Corts Catalanes, 304。 93 423 98 07。很实惠的酒店，靠近西班牙广场。房价：48欧元以下。

临海区

De cara al mar

从蒙卓伊克山（Montjuïc）到贝索斯河（riu Besòs）的出海口，大自然向世人描绘出了一道世上独一无二的海岸线。不但让城市更加靠近海，而且还星罗棋布地点缀着无数的海边浴场。这条蜿蜒的海岸线经过修复过的“旧港”（Port Vell）。这里遍布饮食休闲娱乐场所，包括餐馆以及商业区马勒马农大型商业中心（Maremàgnum）、多功能电影院、水族馆和伊马克斯（Imax）电影院。小巴塞罗那（La Barceloneta）海边建筑群，建于18世纪，被认为是西班牙巴洛克风格城市建筑的典范：蜿蜒的海滨大道和一个接一个的海滩一直延伸到奥林匹克港（Port Olímpic）；新奥林匹克港是另一个集娱乐、商业和休闲于一体的好去处；由著名建筑师为1992年奥运会设计的奥林匹克村、为1888年国际展览会兴建的城堡公园（如今仍对公众开放）、为2004年多元文化博览会举办而修建的占地50公顷的博览会区，都为巴塞罗那市民增添了更多的海滩。

Sant Adrià del Besòs
Pg. Taulat
Ronda Litoral
Parc de la Pau
Port esportiu de Sant Adrià del Besòs
500 m
Lull
ESPLANADA FÒRUM
49
EDIFICI FÒRUM
48
PARC DELS AUDITORIS
52
Carrer
Rambla Prim
Plaça Llevant
CENTRE DE CONVENCIONS
51
ZONA DE BANYS
Avinguda Diagonal
PARC DE DIAGONAL-MAR
50
Pg. Taulat
C. Josep Pla
Pg. García Fària
Ronda Litoral
ESGLÉSIA DE SANT ABRAHAM
46
CENTRE METEOROLÒGIC TERRITORIAL DE CATALUNYA
Avinguda Litoral
PLATJA NOVA ICÀRIA
45
250 m
AVINGUDA ICÀRIA
47
NOVA ICÀRIA-VILA OLÍMPICA
40
44
PORT OLÍMPIC
43
C. de la Marina
PLAÇA DELS VOLUNTARIS
41
ELS DOS GRATACELS
42
Carrer Sardenya
GRAN CASINO DE BARCELONA
26
25
EL PEIX DAURAT
C. Wellington
ARC DE TRIOMF
28
PALAU DE JUSTÍCIA
29
C. Buenaventura Muñoz
Passeig Lluís Companys
CASCADA
38
PARC DE LA CIUTADELLA
27
Parlament
37
36
PLAÇA D'ARMES
35
34
CAPELLA
ZOO DE BARCELONA
39
Passeig Circumval·lació
Ronda Litoral
Carrer Doctor Aiguader
TORRE D'AIGÜES DE CATALANA DE GAS
24
Passeig Salvat Papasseit
C. Comerç
MUSEU DE ZOOLOGIA
30
HIVERNACLE
31
UMBRACLE
33
MUSEU DE GEOLOGIA
32
PALAU DEL GOVERNADOR
ESTACIÓ DE FRANÇA
14
C. Sant Pere Més Baix
Carrer Princesa
C. Montcada
PLA DE PALAU
13
MUSEU D'HISTÒRIA DE CATALUNYA
11
ESGLÉSIA DE SANT MIQUEL DEL PORT
23
LA BARCELONETA
22
Via Laietana
C. Argenteria
LA LLOTJA
15
Passeig Isabel II
PORXOS D'EN XIFRÉ
16
MOLL DE LA BARCELONETA
10
Pg. Joan de Borbó Comte de Barcelona
Avinguda Catedral
Carrer Portaferrissa
Pl. Sant Jaume
C. Jaume I
CARRER AMPLE
18
BASÍLICA DE LA MERCÈ
19
PASSEIG DE COLOM
17
EL MOLL BOSCH I ALSINA
5
PORT VELL
6
CINEMA IMAX
9
8
L'AQUÀRIUM
TORRE DE SAN SEBASTIÀ
21
C. Ferran
Plaça Reial
C. Escudellers
la Rambla
PLAÇA DEL DUC DE MEDINACELI
20
LA PLAÇA DEL PORTAL DE LA PAU
2
Rambla Mar
4
LES GOLONDRINES
7
MAREMAGNUM
Hospital
Carrer Sant Pau
Carrer
Rambla del Raval
Avinguda Drassanes
LES REIALS DRASSANES
1
LA DUANA
3
Plaça Carbonera
Avinguda Paral·lel
Moll de Barcelona
MOLL BARCELONA: WORLD TRADE CENTER BARCELONA
12

巴塞罗那的城市标志之一，哥伦布塑像

1

皇家船坞
Les Reials Drassanes

地址：av. de les Drassanes, s/n。 93 318 32 45。 Drassanes（L3）。 14、18、36、38、57、59、64和91。 海洋生态博物馆 Museu Marítim 93 342 99 20。 逢周二到周日及节假日，10:00到20:00；逢周一、1月1日、1月6日、12月25日和12月26日不开放。 6欧元。商业购物区：Llotjade Sant Cristòfol。

皇家船坞以其规模和内部衔接完美而闻名。自8世纪初起，这里就开始为加泰罗尼亚—阿拉贡王室建造船只。它的历史和加泰罗尼亚中世纪海军以及阿拉贡王室在地中海的贸易版图扩张密切地联系在一起。这是哥特式风格民用建筑的代表之作，世上独一无二，是巴塞罗那面向地中海最杰出的建筑之一。

自18世纪起，经过数次修复和扩建，皇家船坞被用于军事用途，1935年海军又把它还给巴塞罗那市。现在它属于巴塞罗那航海博物馆，展出不同船只的模型、船头装饰、航海仪器、地图、航海日记等等，展示了航运业历史的时空变化和发展，尤其是加泰罗尼亚的航运业。

展览内容包括：1.巴塞罗那，城市和港口；2.皇家船坞的演变历史和作用；3.船头装饰；4.临时展览区；5.航海运动；6.传统渔业；7.木结构造船；8.地球的形状；9.大帆船时代；10.巴塞罗那航运业的辉煌（1750—1850）；11.蒸汽机船航海时代；12.航海大冒险。这是一次独一无二的体验，游客可以通过影像、物品、气味、环境模拟、地图、音乐、特技效果等等，亲身经历一次历史上著名的莱潘多（Lepant）海战，感受在帆船上体验风暴的情形，乘蒸汽船前往新大陆以及潜到海底转上一圈。博物馆还购买了一艘1918年的领港船，并对其进行了修复，游客可以乘坐这艘船去参观木码头。

2

和平门广场
La plaça del Portal de la Pau

这是连接兰布拉和地中海的地方。与其说是广场，还不如说它是数条大街的交叉点，如船坞大道（avinguda de les Drassanes）和哥伦布步行街（passeig de Colom）；哥伦布步行街是海边最早

巴塞罗那之首雕塑

这个雕像的作者是画家兼雕塑家罗伊·里切滕斯坦（Roy Lichtenstein）。他是流行艺术的创始人之一。其特征是使用广告和漫画世界的技术和语言创作。该雕塑高20米，用白混凝土筑成，表面覆盖油彩和玻璃陶瓷。作者从一个妇女的脸上找到了创作“巴塞罗那之首”的灵感，他的意图是让人们在不同的角度看到不同的画面。

的城墙的墙边，城墙是16世纪中为保护城市海岸线而建起的。

广场的名字是为了纪念此地在1878年被毁的城门。

3

海关
La Duana

海关大楼建于阿方索十三世统治时期的1895年至1902年，建筑师是恩里克·萨格尼埃尔（Enric Sagnier）和皮雷·加尔西亚·法里亚（Pere Garcia Fària）。大楼外观雄伟，其内部装饰有别于当时建筑及文化潮流。

4

燕子号
Les Golondrines

地址：pl. del Portal de la Pau。电话 93 442 31 06。地铁 Drassanes（L3）。公交 14、18、36、38、57、59、64、91以及turístic Colom–La Rambla旅游专线。环埃斯科耶拉灯塔游 $ 4欧元（航程半小时）。环奥林匹克港游 $ 9.70欧元（航程一个半小时）。网址：www.lasgolondrinas.com。

在这个两层楼高且有挡棚的码头上可以欣赏到巴塞罗那港及其海岸线的美丽景色。游客在这里可以选择两条线路：一条是游埃斯科耶拉灯塔，可参观港口内部，另一条是游奥林匹克港，可以到开阔的海边漫步。这里的景点包括圣塞巴斯蒂安（Sant Sebastià）海滩、小巴塞罗那（La Barceloneta）、滨海大道、新伊卡里亚（Xin Icària）、博加特尔（Bogatell）和美丽海（Mar Bella）。最近，这里又放置了一些双体帆船，底部透明，从奥林匹克港出发，一直开到论坛区。

5

波徐·伊·阿尔斯纳码头
El moll Bosch i Alsina

也被称为木码头（Moll de la Fusta，加泰罗尼亚语中fusta意为木头），因为直到20世纪中这里还堆放着许多临时卸下的木头。

上世纪80年代这里和哥伦布步行街一起得到修复，作为公共场所向游人开放。这是一个三层叠式建筑：首层是有棕榈树和座椅的开阔人行街，保留了原来的石砌地面，最上面是一层也种有棕榈树的开阔散步区，旁边是一条慢行车道；中间一层分为上下两部分：下面是停车场上面是快车道。

6

旧港 *
Port Vell *

地铁 Drassanes（L3），Barceloneta（L4）。公交 14、17、19、36、39、40、45、57、59、64以及turístic旅游专线。

旧港是巴塞罗那港最老的区。1990年开始的改建工程使巴塞罗那人和游客拥有了一个面向大海的

位于港口的海关大楼

这是欧洲最大的水族馆

休闲、体育及文化的活动场所。经过一个木制走廊——海上兰布拉(Rambla de Mar),可以到达西班牙码头(Moll d'Espanya)。

7

马勒马农大型商业中心
Maremàgnum

93 225 81 00。每日11:00到23:00。网址:www.maremagnum.es。

该商业中心位于地中海之上,是巴塞罗那市最具人气的集休闲、娱乐和餐饮为一体的活动场所。游人可在此购物,在露天酒吧来一个夹心面包或者一碟海鲜拼盘,晚上还可以听音乐、跳舞以及小酌几杯。它提供适合所有年龄段的娱乐项目。

停车场有850个车位。在马勒马农的电影院里,8个放映厅上演最新的电影,音响设备世界一流。

8

水族馆 *
L' Aquàrium *

93 221 74 74。周一到周五,9:30到21:00;周六、周日和节假日,9:30到23:00;7月、8月,9:30到23:00。15欧元。

论面积,它是欧洲最大的水族馆;论重要性,它是在研究地中海海洋生物方面全世界最重要的一间水族馆。

馆内有一条长达80米的海底隧道以及20个巨大的分类鱼池,可以观看到鲨鱼、海马和色彩绚丽的各式鱼类。有300个不同科属,8万个海洋动植物。此外,还有使用方便的耳机向导出租。

9

伊马克斯电影院
Cinema Imax

93 225 11 11。分上午场、下午场和夜场。从7欧元到12欧元。网址:www.imaxportvell.com。

这是拥有三种不同放映模式、世界上独一无二的电影院:Imax模式是七层楼高的巨大屏幕,Omnimax模式是一个表面有900平方米的圆顶,而3D则是电影史上最完美的三维放映。这三个模式都有数字音响,声道由电脑控制。

10

小巴塞罗那码头
Moll de la Barceloneta

地址:Marina Port Vell。93 484 23 00。

航海旧港(Marina Port Vell)是一个体育港口,有410个停泊位,可停泊长达70米的各式船只,提供各式船只出租服务。附设建筑里有商业店铺、水上运动商店、银行、洗衣店、超市等完善的服务项目。

航海'92(Marina'92)和航海旧港一起是地中海海边用于水上运动的主要场所。它提供各式船只,包括娱乐和专业船只的维修保养服务。

仓库码头(Moll del Dipòsit)位于海官大楼(Palau de Mar)。原来的港口仓库改建成了现代办

海宫大楼的加泰罗尼亚历史博物馆

公大楼，有商店、餐馆、酒吧以及提供给大楼用户的各种服务设施。这是新世纪工业建筑不同凡响的代表作之一。

11

加泰罗尼亚历史博物馆 *
Museu d'Història de Catalunya *

地址：pl. de Pau Vila, 3。☎ 93 225 47 00。Ⓜ Barceloneta (L4), Drassanes (L3)。🚌 14、17、39、40、45、57、59、64以及turístic Port Vell旅游专线。🕓 周二到周六，10:00到19:00；周三，10:00到20:00；非节假日的每周一、12月25日、12月26日、1月1日和1月6日不开放。$ 3欧元。

加泰罗尼亚历史博物馆在海宫大楼里。馆内的展览通过文物、文献、历史再现和再现环境、音像器材和电脑设备等，全面详细地介绍加泰罗尼亚从史前--直到现在的历史。为了方便游客了解加泰罗尼亚的历史以及重大历史事件，展馆以时间为线索分为八个展区。

12

巴塞罗那码头:巴塞罗那世贸中心
Moll Barcelona:
World Trade Center Barcelona

巴塞罗那世贸中心总面积达13万平方米，是拥有最先进信息和通讯技术的商业中心。它更加巩固了巴塞罗那港作为欧洲南部交通和商业枢纽的地位。320米长的人行道旁种植了绿树，有花坛和灯光照明。

这条人行道通过设计独特的柱子把巴塞罗那市、巴塞罗那世贸中心大楼以及附近的渡轮停靠站巧妙地连为一体。

一个彩色音乐喷泉装扮着由四个塔楼围成的广场：其中的三个塔楼一模一样，是办公楼；另外一个朝向巴塞罗那市，是酒店。

13

宫殿广场 *
Pla de Palau *

它的名字来自17世纪在这里兴建的一座王宫，后在1875年被大火烧毁。自1714年起成为将军们的官

在巴塞罗那码头旁的巴塞罗那世贸中心

> **海上领事馆**
>
> 这是商人合作组织的一个机构，其作用是商业法庭，仅限于处理商业纠纷。这些纠纷通过迅速执行商人们之间达成的协议来解决。协议登记在海上领事馆文件上，后来该馆成为国际海上法庭的核心。

邸，而在19世纪这里则变为法庭。原来的门——海门（Portal de Mar）把小巴塞罗那区和城市连为一体。

虽然王宫和海门已不复存在，但宫殿广场是欣赏新古典主义建筑的最理想之地。约特加区（Llotja）的大楼、海关、希弗雷檐廊（Porxos d'en Xifré）以及献给坎波·萨格拉多（Campo Sagrado）侯爵的“加泰罗尼亚天才”喷泉，仿佛向人们叙说宫殿广场在18世纪取代圣加乌马（Sant Jaume）广场成为新城市中心后的那段辉煌历史。

经历了由“王位继承战争”而引发的社会动荡后，这块开阔的平地上又掀起了一场城市大建设的运动。

14

法国车站 *
Estació de França *

这是最后一批用巨型金属框架结构建成的众多车站之一，建于1929年，目的是为了迎接当时国际博览会的召开。车站中央大厅和三个扇贝形状的拱顶给人印象深刻。

这是工程师安德列乌·蒙特内尔（Andreu Montaner）、建筑师贝德罗·德·姆古鲁萨（Pedro de Muguruza）和拉蒙·杜兰·雷伊纳尔斯（Raimon Duran Reynals）的杰作。经修复后，只有三列长途列车还在使用这个车站。此外这里还举办一些文化活动，如国际漫画展等。

15

约特加海上贸易市场 *
La Llotja *

地址：c. del Consolat de Mar, 2。电话 93 319 24 12。地铁 Jaume I（L4）。公交 17、40、45、100、turístic Pla de Palau旅游专线。开放时间 周一到周五，10:00到12:00。

这是1774年重建的新古典主义风格的建筑。里面还保留了建于1380年和1387年间、由绰号为“礼仪国王”的皮雷国王（Pere el Cerimoniós）下令修建的商业交易大厅。

由于14世纪巴塞罗那海上贸易的重要性，有必要建造一个永久性受保护的海上贸易市场。大厅木结构的平顶由三排拱柱支撑，是哥特式风格民用建筑的重要作品。约特加海上贸易市场是地中海所特有的机构；而巴塞罗那的约特加海上贸易市场则是其中最权威最具影响力的市场。

15世纪经过扩建后，它成为海上领事馆和海关。菲利佩五世的军队用做住处。如今位于格拉西亚大道的巴塞罗那股票交易市场在1915年到1994年间曾设址这里。现在这里是圣约尔蒂美术学院的总部。

16

希弗雷檐廊
Porxos d'en Xifré

地址：pg. d'Isabel II, 8–14。

提出建造这栋居民大楼的人是在美洲发财后回到西班牙的何塞·希弗雷·伊·卡萨斯（Josep Xifré i Cases）。希弗雷生于阿恩那斯（Arenys de

约特加海上贸易市场的建筑特色

梅迪纳切利公爵广场

Mar)，是巴塞罗那19世纪最富有的人。在新古典风格的大楼正门处，最引人注目的是大楼主体和首层的檐廊。檐廊之间是美洲航海家和发现者的塑像。楼顶的飞檐是一组反映农神、天文女神及历史故事的雕塑。四角的浅浮雕分别代表商业、工业和航海。

传统餐馆Les 7 Portes（餐馆的名称在加泰罗尼亚语中是七扇门的意思）自1838年起就在该大楼的首层经营。

17

哥伦布步行大道
Passeig de Colom

1878—1881年间进行的城市规划，推倒了16世纪建起的旧海边城墙。其目的是把世博会会址和兰布拉大道连接起来，把该地区变为一条新人行大道，这条大道于1888年建成。

1983—1987年间，根据著名建筑师马努埃尔·德·索拉—莫拉雷斯（Manuel de Solà-Morales）的方案，对这里又进行了一次新的规划，拆除了原来木码头的商业仓库。

18

安普勒街
El carrer Ample

16世纪时期的大街，居住着巴塞罗那后中世纪和现代主义时期的贵族。安普勒街和蒙特卡达（Montcada）大街形成了鲜明的对比：后者聚集了商业新贵的财富，而前者街旁都是贵族们的宫殿。19世纪以前，能居住在这里是一种身份和地位的象征。后来，那些富有的家庭都搬到了兰布拉（Rambla）和扩建新区（Eixample）。

19

梅尔塞大教堂 *
Basílica de la Mercè *

这是18世纪在原哥特式建筑基础上改造的建筑。最令人感兴趣的是建筑的四面墙。巴洛克风格的正面是巴塞罗那独一无二的，它把平面和凹墙结合起来。安普勒街上的墙面是文艺复兴风格，1870年从附近的教堂移到该处。教堂所有的祭坛装饰以及其他装饰品已在内战中被毁。

教堂内部有一尊巴塞罗那城保护神——梅尔塞圣母的哥特式风格的塑像，这是皮雷·莫拉格斯（Pere Moragues）的作品。

20

梅迪纳切利公爵广场
Plaça del Duc de Medinaceli

这个广场是巴塞罗那19世纪宗教修道院改建公共场地的又一成功之例。在圣弗朗塞斯克修道院（convent de Sant Francesc）的原址上进行这个广场的规划。这里是巴塞罗那市最古老、最开阔的地方之一，它的设计者是丹尼尔·莫里纳（F. Daniel Molina）。

广场中央矗立的纪念碑是纪念新大陆远征军司令加尔塞朗·马尔科特（Galceran Marquet）。

广场3号是克拉维合唱团的创始人、音乐家何塞·安塞尔姆·克拉维（Josep Anselm Clavé，1824—1916）的故居。

21

圣塞巴斯提阿塔 *
Torre de San Sebastià *

地址：Moll Nou, s, s/n。☎ 93 225 27 18。⏲ 从11月到次年2月，周一到周日，12:00到17:30；3月到6月和9月到10月，10:30到19:00；6月14日到9月12日，10:30到20:00。$ 去米拉马尔（Miramar）的往返船票9欧元；单程去米拉马尔船票7.5欧元。

这座78.4米高的塔楼和位于巴塞罗那世贸中心旁的加乌马一世（Jaume I）塔一起，支撑着两条缆车线。其设计方案来自工程师卡洛斯·布伊格斯（Carles Buïgas），旨在把1929年的博览会会址（蒙卓伊克山）和海边连在一起，这个计划直到1931年才付诸实现。

游客可以先乘电梯一直上到塔楼的看台，经过15分钟，缆车先经过加乌马一世塔，然后到达终点站——蒙卓伊克山（瞭望台）。

22

小巴塞罗那 *
La Barceloneta *

推倒了利贝拉（Ribera）区的一部分来建造城堡使米那侯爵（marquès de la Mina）动了新建一个社区的念头，于是他委托军队工程师塞尔梅诺（J. M. Cermeño）来设计。塞尔梅诺的设计是直线的街道围成规整的小区，小区里的房子狭长。在每个小区建造一模一样的独门独户单层住宅，门窗上有山墙和小螺旋状装饰，有些门窗依然保留至今。

19世纪末，随着人口增长、区内工业建筑的建成，以及随之而来的住房需求的增加，这里的住宅逐渐向高层发展，单门独户的住宅也被分成数家。小巴塞罗那统一设计的面貌随着原来住宅的改变而发生了变化。新的住宅建了起来，基础设施和公共场所得到完善。

现在小巴塞罗那给城市新添了海边浴场和人行道，在保留原有海边风貌的同时，还提供了多种美食选择。

23

港口之圣米格尔教堂 *
Església de Sant Miquel del Port *

这个巴洛克风格的教堂始建于1753年，塞尔梅诺也是在这一年开始建设这片区域。教堂正面的两根柱子分为三部分，中间的壁龛上有圣米格尔的塑像，上面是一面大山墙。建筑师艾利埃斯·罗根特（Elies Rogent）在1850年和1853年之间对教堂底层进行了改造。18世纪和19世纪以来，这间教堂和航海事业有着密切的关系。

24

加泰罗尼亚煤气厂水塔
Torre d'Aigües de Catalana de Gas

在小巴塞罗那区的滨海大道上可以看到这座独特的塔楼，旁边是小巴塞罗那公园里金属构造的储气罐。这是原加泰罗尼亚煤气厂唯一剩下的遗迹。加泰罗尼亚煤气厂1840年设于此地，1989年遭关闭，1992年奥运会举行后，这里得以重建。

水塔建于1905年至1906年间，设计者是何塞·多梅内克·伊·埃斯特巴（Josep Domènech i Estepà），他在装饰方面留下了现代主义风格的痕迹——陶瓷和砖头，同时他也设计了现在的天然气公司总部的大楼，位于Portal de l'Àngel大街22号。

25

金鱼雕塑
El peix daurat

这尊弗兰克·哥利（Frank O. Gehry）的招牌式雕塑位于玛利娜村（Marina Village）商业中心，这里众多的商店、餐馆和迪斯科舞厅提供了美食、购物和休闲等多重选择。该商业中心位于滨海大道上，沿途还有奥林匹克港、哥雷加尔（Gregal）码头及梅斯特拉尔（Mestral）码头等。

26

巴塞罗那大赌场
Gran Casino de Barcelona

地址：Marina Village. c. de la Marina, 19-21。☎ 93 225 78 78。Ⓜ Vila Olímpica-Ciutadella（L4）。🚌 10、36、45、57、59、71、92、

小巴塞罗那港全貌

奥林匹克港商业娱乐中心和金鱼雕塑

157、N0、N6及N8。🕐13:00到凌晨5:00。进入娱乐场须出示身份证或护照。里面设有游戏大厅和各式游戏机。The King餐馆，供应一流各国美食，营业时间：每天20:00到24:00。The Queen咖啡厅，营业时间:13:00到凌晨5:00；20:00到24:00供应自助餐。网址：www.casino-barcelona.com。

巴塞罗那大赌场是巴塞罗那主要的休闲、旅游中心之一。内部装修豪华，游客不但可以在传统和最新的游戏上碰碰运气，还可以在它的餐馆、咖啡厅里品尝美食，或者在有现场音乐演出的Baccara迪斯科舞厅一展身手。

27

城堡公园 *
Parc de la Ciutadella *
🕐 8:00到21:00对公众开放。

这是在巴塞罗那建造的第一座公园，它的名字是为了纪念菲利佩五世在这里下令建造的军事堡垒。堡垒在1869年被推倒，但保留了一些原来的建筑，如军火库、总督官和教堂。这里的城市改造计划由何塞·方特塞雷·伊·梅斯特雷(Josep Fontserè i Mestre)负责，后来艾利埃斯·罗根特(Elies Rogent)接手其工作。建起了一个新的公园来举行1888年的世博会，世博会留下的建筑包括三龙城堡(castell dels Tres Dragons)。世博会的用地从从凯旋门一直延伸到地中海，经过现在的Lluís Companys人行道和城堡公园。

28

凯旋门 *
Arc de Triomf *
地址：pg.de Lluís Companys。Ⓜ Arc de Triomf(L1)。

这座雄伟的建筑由何塞·韦拉塞卡(Josep Vilaseca)设计建造，是通向1888年世博会会址的大门。建筑材料主要是砖头。值得一提的是上方的三组浮雕作品：《巴塞罗那城迎接来客》，雕塑家何塞·雷伊内斯(Josep Reynés)的作品；《向参赛者颁奖》，何塞·伊莫纳(Josep Llimona)的作品以及工业、农业、商业和艺术的寓意雕塑。

29

司法宫
Palau de Justícia
地址：pg. de Lluís Companys, 14-16。

这座雄伟的建筑建于1887至1898年间。是建筑师何塞·多梅内克·伊·埃斯特巴和恩里克·萨格尼

城堡公园的池塘和花园

司法宫

埃尔·韦拉维奇亚（Enric Sagnier Villavecchia）的最早设计之一。有两个侧翼，角落处有八个塔，大楼主体有一个巨大的门廊，从石阶上去。

30

动物博物馆 *
Museu de Zoologia *

地址：pg. de Picasso, s/n. Parc de la Ciutadella。☎ 93 319 69 12。Ⓜ Arc de Triomf（L1），Jaume I（L4）。🚌 14、39、40、41、42、51、141、B25、Parc de la Ciutadella-Zoo旅游专线。🕘 周二、周三、周五、周六、周日及节假日，10:00到14:00；周四，10:00到18:30；逢周一、1月1日、5月1日、12月24日、12月25日、12月26日，圣周星期五不开放。Ⓢ 3.5欧元，和地质博物馆的套票是5欧元。

人们通常称这栋大楼为三龙城堡，现在是动物博物馆，建于1887—1888年。当时是作为1888年世博会的咖啡馆餐厅而建造的，但最终没派上用场。这是现代主义建筑师鲁易斯·多梅内克·伊·蒙塔内尔（Lluís Domènech i Montaner）设计的。值得一提的是内部白色和蓝色的陶瓷装饰。动物博物馆根据动物所属的科目来分类，展示了动物世界的多样性。

31

温室
Hivernacle

地址：Parc de la Ciutadella。☎ 93 310 22 91。Ⓜ Arc de Triomf（L1），Jaume I（L4）。🚌 14、39、40、41、42、51、57、141、B25、Parc de la Ciutadella-Zoo旅游专线。🕘 10:00到21:00。

这个分为三个主厅的建筑使用了铁和玻璃，建于1883—1887年，设计师为何塞·阿马尔戈斯（Josep Amargós），目的是为了展出异国的植物。其中一个大厅用于展出植物，还有一个是咖啡馆餐厅，其露天酒吧舒适宜人。夏天这里经常举办一些文化活动，如爵士乐演出、诗歌朗诵等等。

32

地质博物馆 *
Museu de Geologia *

地址：P. dels Til·lers, s/n. Parc de la Ciutadella。☎ 93 319 68 95。Ⓜ Arc de Triomf（L1）和Jaume I（L4）。🚌 14、39、40、41、42、51、57、141、B25、Parc de la Ciutadella-Zoo旅游专线。🕘 周二、周三、周五、周六、周日及节假

用铁和玻璃建成的温室极富异国情调

小巴塞罗那的住宅

在小巴塞罗那的五处地方—— Doctor Giné i Partagàs 大街 56–58 号、Sant Carles 大街 26 号、Sant Carles 街、Sant Elm 街和 Sant Miquel 街的拐角处保留了 18 世纪时的建筑。为了最大限度地满足住房的需求，人们先是把这些老房子一分为二，变成上下两层楼，之后又把每一层分为两家人（也就是说，每间老房子分成四户人家）。

日，10:00到14:30；周四，10:00到18:30；逢周一、1月1日、5月1日、12月24日、12月25日、12月26日不开放。Ⓢ 3欧元，和动物博物馆一并参观的套票是5欧元。

这座带有明显古典风格的建筑1882年启用，是建筑师安东尼·罗维拉·伊·特利亚斯（Antoni Rovira i Trias）的设计，最初用途是为了收藏考古学家弗朗塞斯克·马尔多莱伊·伊·贝纳（Francesc Martorell i Peña，1822–1878）留给巴塞罗那的遗赠品。

1924年这里仅是地质博物馆，它的藏品成为现在的博物馆的一部分，展出的学科包括矿物学、石油学以及古生物学。在前厅有一个奥罗特（Olot）火山地区地质的永久性展览。

城堡教堂

33

遮阳棚 *
Umbracle *

这座建筑是由设计师何塞·方特塞勒（Josep Fontserè）设计，于1883至1884年间建造的，是铁和木应用于建筑上的经典作品。值得一看的是它的砖结构正面，铸铁制造的纤细柱子与沉重的大门形成鲜明对比。木质嵌条结构的拱顶覆盖上面，光和影营造了仿佛热带、亚热带丛林的昏暗效果。这里种植的主要是一些需要遮阳的阴生植物。

34

城堡教堂
Capella

城堡教堂建于1717—1727年，由军队工程师普罗斯贝尔·德·威尔本（Pròsper de Verboom）设计建造，现在是军队的教堂。

35

总督宫
Palau del Governador

这是1716—1717年间建造的城堡总督官邸，设计者也是普罗斯贝尔。世博会期间成为皇家厅。现在是维尔达克尔高中（Batxillerat Verdaguer）。

36

兵器广场
Plaça d'Armes

这个广场在1917年由让·弗雷斯蒂埃尔（Jean Forestier）改造成公园，中间是何塞·伊莫纳的雕塑《忧伤》的复制品，何塞·伊莫纳是现代主义雕塑家和抒情象征主义的代表人物之一，他的原作现藏于现代艺术博物馆。

37

议会 *
Parlament *

地址：Parc de la Ciutadella，s/n。

议会大楼原是城堡的火药库，建于1746至1748年间。1889年当时的市政府决定把议会大楼改为王宫。

38

卡斯卡达喷泉 *
Cascada *

这座雄伟的喷泉建于1875–1881年，设计者为何塞·方特塞勒。当他还是学生的时候，就曾和安东尼·高迪一起合作过。喷泉的中部突出，可由两排对称的石阶上去，石阶分两层围绕着一个水池。喷泉中

何塞·伊莫纳的雕塑作品《忧伤》

部有一个水帘瀑布，上面有曙光女神的驷马车雕塑，是罗森德·诺瓦斯（Rossend Nobas）的作品。

39

巴塞罗那动物园 *
Zoo de Barcelona *

地址：Parc de la Ciutadella, s/n。电话 93 225 67 80。地铁 Barceloneta, Ciutadella-Vila Olímpica（L4），Arc de Triomf, Marina（L1）。火车 Arc de Triomf, estació de França。公交 14、39、41、42、141、Parc de la Ciutadella-Zoo旅游专线。时间 1月和2月，10:00到17:00；3月到5月，10:00到18:00；6月到9月，10:00到19:00；10月，10:00到18:00；11月和12月，10:00到17:00。门票 14.50欧元。网址：www.zoobarcelona.com。

巴塞罗那动物园建于1892年，现在被认为是世界上最好的动物园之一。动物爱好者在这占据城堡公园三分之一的动物园里看到来自各大洲的动物。

门票包括动物园的所有项目：水族区（水族馆、海豚表演），飞鸟区（白鹦鹉、红鹦鹉、鹦鹉、大嘴鸟等等），爬行类区（鳄鱼、凯门鳄、龟类、蛙类、蛤蟆、蝾螈、蛇类等等），动物幼儿园（圈养的小羊、小鸡和小猪）以及灵长区（猩猩、大猩猩、环尾狐猴、蜘蛛猴、狒狒等等）。灵长类中最著名的是历史上唯一的一只患白化病、名为"雪绒"的狒狒，直到2003年去世为止一直是该动物园的明星。多纳那鸟区有一群来自多纳那自然保护区湿地的濒危鸟类。此外，大象、骆驼、鸵鸟和其他一些动物分布在动物园的各个地方。水族馆旁是胡安·罗伊格（Joan Roig, 1835—1918）的雕塑《带雨伞的女士》（La dama del paraigua），因代表了巴塞罗那1888年世博会时期的繁荣而著称。

40

新伊卡里亚—奥林匹克村 *
Xin Icària-Vila Olímpica *

1992年举办的奥运会为巴塞罗那市的城建带来了一场深刻的变化。兴建奥运村的新港区由何塞·马尔多莱伊（Josep Martorell）、奥利奥尔·波伊加斯（Oriol Bohigas）、大卫·马凯（David Mackay）以及阿尔贝尔特·布伊·多梅内克（Albert Puig Domènech）等建筑师共同担纲。

这里进行了一场规模浩大的城建工程。它改变了新港的滨海区，也彻底改变了巴塞罗那市的城市面貌——奥林匹克港上的摩天大楼、新伊卡里亚（Xin Icària）的海边浴场、博加特尔（Bogatell）、美丽海（Mar Bella）以及新美丽海（Xin Mar Bella）。

在原来的19世纪废置工业区（原Can Folch工厂的烟囱，是旧时代的象征）所在的位置上，1989年到1992年间建设了新伊卡里亚新区，在这里先建起了奥运村，后来逐渐变成了一片新的居民住宅社区。

41

志愿者广场
Plaça dels Voluntaris

广场上有一个直径56米、由何塞·玛丽亚·梅尔塞（Josep Maria Mercè）设计的喷泉，还有安东尼·耶纳（Antoni Llena）的雕塑《大卫与格里亚特》（Da-

新伊卡里亚区

新伊卡里亚区的规划由建筑师奥利奥尔·波伊加斯以及他的合作者大卫·马凯和阿尔贝尔特·布伊格多梅内克、奥利奥尔·波伊加斯完成。整个规划尊重了城市扩建新区的建筑原则。这片区域的建筑设计委托了二十多家建筑师事务所进行规划，它们的共同之处是都曾获得装饰艺术促进奖（简称 FAD）。

vid i Goliat）、瀑布公园（parc de les Cascades）以及奥林匹克港。

42

摩天大楼双塔
Els dos gratacels

摩天大楼双塔是指马弗雷塔（Mapfre）和艺术酒店（Hotel de les Arts）两栋大楼。马弗雷塔是建筑师伊尼戈·奥尔蒂茨（Iñigo Ortiz）和恩里克·莱昂（Enrique León）的作品，而艺术酒店的设计师则是布鲁斯·格朗汉（Bruce Graham）以及弗兰克·O.格里（Frank O.Gehry）。这两座摩天大楼高153.5米，构成了奥林匹克港区内最具代表性的景观，也是巴塞罗那现代化的特征之一。

43

奥林匹克港
Port Olímpic

这里是巴塞罗那最具吸引力的地方之一，也是晚上娱乐休闲最重要的去处之一。它的设计者是以工程师胡安·拉蒙·德·克拉斯克（Joan Ramon de Clascà）为首的建筑师事务所。在梅斯特拉尔码头（Moll de Mestral）和格雷加尔（Gregal）附近，有许多全天营业的露天酒吧和餐馆。在奥林匹克港的滨海大道，有更多的酒吧、雪糕店、餐馆和购物点，使这里成为巴塞罗那最热闹的人行道之一。

44

加泰罗尼亚地区气象中心
Centre Meteorològic Territorial de Catalunya

地址：pg.Marítim de la Xin Icària。

这个实用性的大楼是由葡萄牙建筑师阿尔瓦罗·西萨·维埃伊拉（Alvaro Siza Vieira）所设计，使用了风格简约的材质，如上部墙面使用的白色大理石，大楼内使用的混凝土，以及门窗放射性的分布。

45

新伊卡里亚海边浴场
Platja Xin icària

新伊卡里亚的滨海大道上有三座照明塔，是由设计师安东尼·罗塞约（Antoni Roselló）设计的，晚

罗贝尔特·伊莫斯的著名雕塑《框架》

奥林匹克村全貌

上照亮了整条海岸线。这些照明塔都有两面，一面是用不锈钢制成，另一面则已经生锈。

400米长的海滩距离奥林匹克港的停车场和娱乐区很近，停车场后面是"木桥公园"。后者因为公园里有许多连接着停车场和娱乐区这两个地方的木桥而得名。

46

圣阿布拉罕教堂
Església de Sant Abraham

地址：c. Jaume Vicens Vives。

这栋白色鱼状的建筑是何塞·贝内蒂多（Josep Benedito）以及奥古斯丁·马特奥斯（Agustí Mateos）的设计。1992年奥运会期间供各宗教信仰者使用。

47

伊卡里亚大道
Avinguda d'Icària

沿着伊卡里亚大道走到卡洛斯一世（Carles I）公园，可以看到新社区的所有设施、建筑、商业中心以及电影院。一些上漆钢和木制的蔓藤架（1992），赋予了奥运村中心枢纽前卫的都市风貌。这些蔓藤架是由恩里克·米拉雷斯（Enric Miralles）以及卡尔梅·皮诺斯（Carme Pinós）设计。这里曾经接通了西班牙最早的火车线（1848）。圣约尔蒂区，也就是新港的所在地，是2000—2004年进行城建的地方：滨海前沿规划完成了海滨的第二期改造工程，它和奥运村同时建造；延长了迪亚哥纳尔（Diagonal）大道一直到海边，建设2004年世界文化论坛。

迪亚哥纳尔大道—海边的规划使巴塞罗那的古海岸区域得以完整，自成了一个新的社区，在此之前这里一直被人们遗忘。这里有新的设施、住宅以及巴塞罗那第三大公园。迪亚哥纳尔大道—海边的空地上，在一个从海上争取到的半岛上，2004年举办了世界文化论坛，使巴塞罗那在那5个月里成为争论、展览和艺术的中心。

48

博览会馆 *
Edifici Fòrum *

地址：c. Llull, 95-97, planta 6。✆ 933 209 010。Ⓜ Maresme-Fòrum（L4）；Besòs有轨电车也可到达。🚌 7、36、41、43和141。

直到不久之前，位于贝索斯河及海边的区域还堆积着弃置的工业设备。2004论坛的选址意味着

位于奥林匹克村的新伊卡里亚海滩

巴塞罗那的一座现代建筑

重新规划这片区域，把它归在巴塞罗那以及圣阿德里亚·德·贝塞斯（Sant Adrià de Besòs）的城市范围之内。

在这里新建起的建筑当中，28000平方米的博览会馆成为了城市改造以及论坛本身的象征。由荷尔索戈（Herzog）以及德·梅乌龙（De Meuron）设计的三角形大楼，观众厅的墙壁是玻璃制造的，可容纳3000人以上。观众厅好像是悬在空中的，游客可以从“下面”走过。

一条地下通道连接巴塞罗那会展中心，而另一条通道则连接这里的标志性建筑。论坛举行之后，大楼用做举办各种演出、比赛的活动场地。

49

论坛滨海广场
Esplanada Fòrum

连接论坛所有新建筑和大楼的是一处开阔的广场，这个广场是论坛的中心。这是一块14公顷的平地。从上往下看，整个广场就像是一只手：手掌是开阔的区域，和巴塞罗那相接，而那五根手指则是伸向圣阿德里亚方向的巨大看台。其中的桥看台是最引人注目的，因为从这里通过一道海上天桥前往圣阿德里亚，而且下面是干涸的海滨，可容纳400艘船只。

50

迪亚哥纳尔大道—海边公园 *
Parc de Diagonal Mar *

Ⓜ Selva de Mar（L4）。🚌 7、36、41、43和141、B-23。

漫步在迪亚哥纳尔大道—海边公园是参观论坛区最佳的地方。公园由建筑师兼城市规划师恩里克·米拉耶斯（Enric Miralles）设计。

51

巴塞罗那国际会展中心
Centre de Convencions Internacional de Barcelona

Ⓜ Maresme-Fòrum（L4）；Besòs有轨电车也可到达。🚌 7、36、41、43、141。

巴塞罗那国际会展中心的建造是2004论坛的重大工程之一，它的设计者是建筑师何塞·路易斯·马特奥（José Luis Mateo）。会展中心正面的巨大金属板仿佛是海浪，与博览会馆的框架结构形成了鲜明的对比。巴塞罗那国际会展中心可同时容纳21000人，是南欧最大的会展中心。

52

音乐厅公园和浴场区
Parc dels Auditoris i zona de banys

Ⓜ Maresme-Fòrum（L4）；Besòs有轨电车也可到达。🚌 7、36、41、43、141。

从博览会馆往地中海方向望去，就可以看到音乐厅公园，再下去就是浴场区。公园里带植被的沙丘一直下到海边，那里是女设计师贝特·加利（Beth Galí）设计的浴场区。浴场区位于体育步道（rambla de Prim）和街末端建起的防波堤之间，由多个海水游泳池以及一个离海边60米的人工岛组成。

实用向导

餐馆

宫殿广场 Pla de Palau

Agut 餐馆 地址：c. Gignàs, 16。📞 93 315 17 09。8 月不营业。巴塞罗那最古老的餐馆之一，位于 la Ribera 区。推荐菜式：面卷、猪脚炖虾。

Set Portes 餐馆 地址：pg. Isabel II, 14。📞 93 319 30 33。历史悠久的餐馆。开业时的名字是 Cafè de les Set Portes 咖啡馆（意为七扇门咖啡馆），1929 年世博会后改为餐馆。推荐菜式：蒸各式蔬菜和著名的各式海鲜饭。

旧港

Port Vell (Moll d'Espanya, s/n)

Mandongo 餐馆 地址：Maremàgnum. Local 108, 1r pis。📞 93 225 81 43。餐馆位于 Maremàgnum 首层的露台上，游客可以从海上欣赏巴塞罗那。提供时令菜式以及一流海鱼。

El Chipirón 餐馆 地址：Maremàgnum。📞 93 225 80 40。餐馆分烤鱼区、海鲜餐厅、点菜部。这里是游客欣赏巴塞罗那海景的最佳去处。

Reial Club Marítim 餐馆 📞 93 221 73 94。周日不营业。因菜肴的品质和丰盛而著称。

Elx 餐馆 📞 93 225 81 17。以做西班牙海鲜饭 paella 和海鲜见长。餐馆距海边只有几分钟。

旧港

Port Vell (Palau de Mar)

Dive! 餐馆 📞 93 225 81 58。以美式快餐为主，包括胡萝卜、米饭、色拉、美式比萨饼、烤肉和三文治。

Little Italy 餐馆 地址：Rec, 30 。📞 93 319 79 73。仿纽约上世纪 50 年代风格的餐厅。地中海烹饪，如加泰罗尼亚式和意大利式。推荐菜式：扇贝 mozzarella 意大利面、葱芊果烧鸭面条。每逢周三和周四晚上有现场爵士乐、swing、blues。

Emperador 餐馆 地址：plaça de Pau Vila, 1。📞 93 221 02 20。主理海鲜菜式和地中海烹饪，擅长烹饪各式海鲜饭、盐焖鱼、各类海鲜以及可口的甜点。

Cal Pinxo 餐馆 地址：plaça de Pau Vila, 1。📞 93 221 22 11。餐馆环境舒适优雅，主要经营各式海鲜饭、地中海面条、墨斗鱼汁饭、煎杂鱼、传统鳕鱼油煎饼，还有安康鱼串。

Merendero de la Mari 餐馆 地址：plaça de Pau Vila, 1。📞 93 221 31 41。周日晚上不营业。有可口的海鲜饭、地中海面条、海鲜和鱼。拥有 Port Vell 最好的露天酒吧，可欣赏到大型帆船。

La Gavina 餐馆 地址：plaça de Pau Vila, 1。📞 93 221 05 95。厅堂风格独特，面向大海的露台开阔。制作精良的炉烤鱼、盐焖鱼、地中海面条、海鲜饭及炖鱼。

小巴塞罗那 Barceloneta

Can Solé 餐馆 地址：c. de Sant Carles, 4。📞 93 221 50 12。周日晚上、周一、2 月 15 日，8 月的 15 天里不营业。1903 年开业，传统的加泰罗尼亚烹饪、海鲜，简单但美味。推荐菜式：钵仔饭、咸鳕鱼色拉、兔子烧蜗牛、炖墨斗鱼。

La Bombeta 餐馆 地址：c. de la Maquinista,3。📞 93 319 94 45。周三不营业。人气很旺的地方，有各种下酒菜供选择（分量少，选择多），火腿出色。

Can Ramonet 餐馆 地址：c. Maquinista, 17。📞 93 319 30 64。小巴塞罗那醉鼓矿酒窖，建于 1763 年。餐馆尤其擅长主理海鲜。

Casa Costa-Cal Pinxo 餐馆 地址：c. Baluard, 124。📞 93 221 50 28。从餐馆里可欣赏到巴塞罗那美丽的海滩。主要经营海鲜。

Barceloneta 餐馆 地址：L' Escar, 22. Moll dels Pescadors。📞 93 221 21 11。餐馆的楼上有巴塞罗那最好的露天酒吧。主理炖鱼、海鲜饭和海鲜。

Salamanca 餐馆 地址：c. Almirall Cervera, 34。📞 93 221 50 33。圣塞巴斯蒂亚海滩的海鲜餐馆。推荐菜式：炸杂鱼、海鲜饭、墨斗鱼汁饭、萨拉曼卡细面条、烤自养乳猪。

El Vaso de Oro 餐馆 地址：c. Balboa, 6。📞 93 319 30 98。酒吧，有众多下酒菜供选择。是小巴塞罗那本地人及喜好下酒菜者经常光顾的地方。

Ca la Lluïsa 餐馆 地址：pg. de Borbó, 12。📞 93 225 06 95。周一不营业。la Maquinista 街旁温馨的餐馆。主理各式海鲜饭。

Can Majó 餐馆 地址：c. Almirall Aixada, 23。☎ 93 221 54 55。周日晚上和周一不营业。制作的海鲜饭是全城最美味的食物之一，可品尝到炉烤鱼、海鲜及其他海产品。露天酒吧面对大海。

小巴塞罗那步行大道

Passeig Marítim de la Barceloneta

Agua 餐馆 地址：pg. Marítim de la Barceloneta,30。☎ 93 225 12 72。设计独特的会所，位于海滩边，带开阔的露天酒吧。白天光线充足，晚上环境舒适放松。其烹饪超过了海滩供应的传统菜式。此外，供应美味的独家下酒菜。

Baja beach club 餐馆 地址：pg. Marítim de la Barceloneta, 34. Local 3。☎ 93 225 91 00。营业时间：周四和周日，12 点到凌晨 5:00；周五和周六，12:00 到凌晨 6:00。露天餐馆和音乐俱乐部，身材健美的侍应身穿泳衣招待客人。是用餐、喝酒及欣赏娱乐节目的好去处。

Marina Moncho's 餐馆 地址：c. de la Marina,19–21 (junto a Hotel Arts)。☎ 93 221 15 14。擅长主理海鲜饭、炉烤鱼。靠近小巴塞罗那海滩和奥林匹克港不同环境的会所。

奥林匹克港

Port Olímpic (Moll de Gregal)

El Cangrejo Loco 餐馆 地址：Moll de Gregal, 29–30。☎ 93 221 17 48。有面向大海、海港和城市的露天酒吧。地中海烹饪，有多种葡萄酒和汽酒可供选择。主理炉烤鱼、铁板鱼、龙虾饭、海鲜饭、墨斗鱼汁饭和各式下酒菜。

La Galerna 餐馆 地址：Moll de Gregal, 3 i 4。☎ 93 221 27 74。超一流的时令菜式。主理烤海鲜、炖杂鱼、海鲜拼盘、海鲜酱蛤蜊及烤乳羊。

El Túnel del Port 餐馆 地址：Moll de Gregal,12。☎ 93 221 03 21。周日晚上和周一不营业。美食中心，有开阔的露天酒吧，可以吃到美味的炖鱼和海鲜饭。

A la Menta 餐馆 地址：Moll de Gregal, 20–21。☎ 93 225 29 13。周日晚上及节假日晚上不营业。主理烤肉和烤鱼。

La Barca del Salamanca：Moll de Gregal, 13–14。☎ 93 221 18 37。海鲜餐厅。推荐菜式：炸杂鱼、海鲜饭、墨斗鱼汁饭、萨拉曼卡细面条、烤自养乳猪。

El Celler del Rocxi 餐馆 地址：Moll de Gregal, 26。☎ 93 221 00 21。周日晚上不营业。高雅宽敞的会所，带露天酒吧和包房。主理海鲜、烤鱼、烤肉、炖安康鱼、海鲜饭、面条、鳕鱼、蜗牛、石烤肉。此外还有多种葡萄酒供应。

奥林匹克港

Port Olímpic (Moll de Mestral)

El Rey de la Gamba 餐馆 地址：Moll de Mestral, 23–25。☎ 93 221 00 12。餐馆每逢周一不营业。主理铁板虾、铁板鱼及铁板海鲜。

Jabugo 餐馆 地址：Moll de Mestral, 8–9。☎ 93 221 05 25。餐馆特色菜：肉及火腿。

Barnabier 餐馆 地址：c. Marina, 16–18, local 3。☎ 93 221 02 12。特色菜：鹅肝酱、奶酪、香肠、啤酒等等。

Sharaku 餐馆 地址：Moll de Mestral, 44。☎ 93 221 10 92. 日本料理。主理鱼和海鲜的日本菜。

Lungomare 餐馆 地址：c. Marina, 16–18。☎ 93 221 04 28。一流的传统菜。推荐菜式：意大利酱肉面食、虾和蛤蜊意大利通心粉，米兰做法的牛肉面条。

Talaia 餐馆 地址：c. Marina, 16。☎ 93 221 90 90。一流烹饪，位置佳，视野好。

酒店

Hotel Arts 酒店 **** 地址：c. Marina, 19–21。☎ 93 221 10 00。位于巴塞罗那最具代表的建筑里。部分房间可欣赏到最佳的海景。服务细致周到。位于奥林匹克港。房价：120 欧元起。

NH Podium 酒店 **** 地址：c. Bailèn, 4。☎ 93 265 02 02。酒店靠近加泰罗尼亚广场和凯旋门。这里的服务殷勤周到。房间装饰现代舒适。房价：96 欧元至 120 欧元。

Metropol hesperia 酒店 *** 地址：c. Ample, 31。☎ 93 310 51 00。高雅的酒店，设计现代，位于老城和面向大海的区域中间。房价：96 欧元至 120 欧元。

Park 酒店 *** 地址：av. Marquès de l'Argentera,11。☎ 93 319 60 00。酒店位于法国车站对面，靠近 Born 区和城堡公园，房间简洁舒适，服务周到。房价：72 欧元至 96 欧元。

l'Arc 酒店 ** 地址：La Rambla, 19。☎ 93 301 97 98。酒店舒适，靠近哥伦布纪念碑和Maremàgnum。白天黑夜环境都很好的酒店，交通方便，服务周到。房价：48 欧元至 72 欧元。

康乐休闲地

这条线路包括了纪念碑、博物馆以及位于巴塞罗那不同地区的一些景点。由于这些建筑物各有特色，彼此之间也没什么太大的联系，因此它们被归在名为“康乐休闲地”这条线路里。科塞罗拉（Collserola）山脉是巴塞罗那天然的地理分割边缘，游客可以在这里找到一些有趣的地方：瓦尔韦德雷拉（Vallvidrera）区那些漂亮的现代主义建筑；从科塞罗拉瞭望塔或者迪比达波（Tibidabo）游乐场俯瞰整个美丽的巴塞罗那城；在科塞罗拉山脚下，男女老少可以在科学博物馆以互动的方式，学习到科学知识。

为了满足游客不同的兴趣爱好，这条路线设计了一些不同寻常的地方，如：下水道系统博物馆，展示城市的“肠子”；蒙卓伊克植物园，有来自世界各地的植物；斗牛场，一流斗牛士施展身手的地方；还有巴塞罗那足球俱乐部博物馆和球场。

建筑方面，贝德拉尔贝斯（Pedralbes）修道院和圣保罗（Sant Pau）修道院都是中世纪的宗教建筑，其中漂亮之极的圣保罗医院是公众用途的现代主义风格的建筑。另外还有加泰罗尼亚民族剧院和音乐厅，这些都是巴塞罗那历史及其建筑演变的见证。

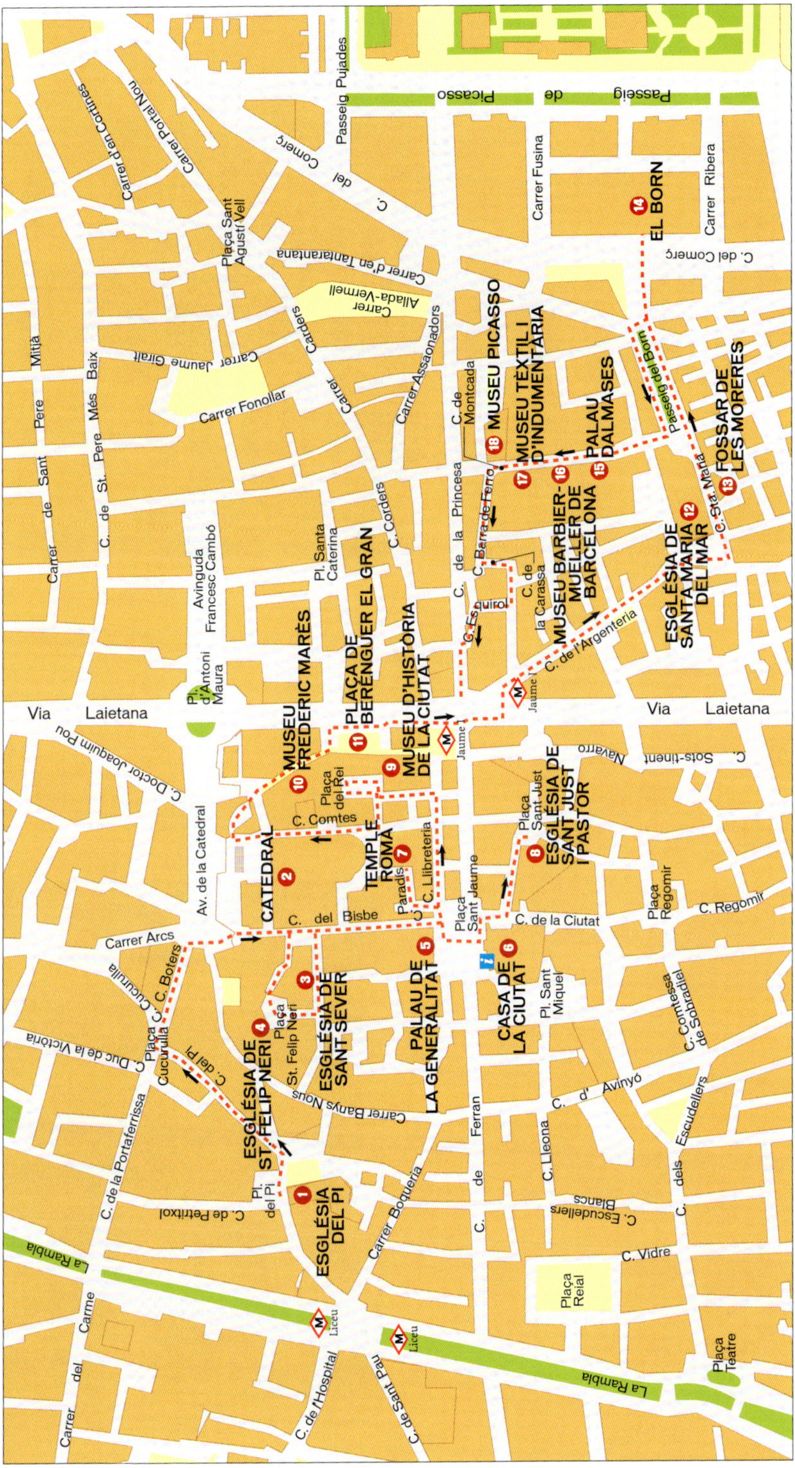
Passeig de Picasso
Passeig Pujades
C. del Comerç
Carrer Fusina
Carrer Ribera
EL BORN
14
Passeig del Born
FOSSAR DE LES MORERES
13
C. Sta. Maria
ESGLÉSIA DE SANTA MARIA DEL MAR
12
PALAU DALMASES
15
MUSEU BARBIER-MUELLER DE BARCELONA
16
MUSEU TÈXTIL I D'INDUMENTÀRIA
17
MUSEU PICASSO
18
C. de Montcada
C. de la Princesa
C. Barra de Ferro
C. de la Carassa
C. Esquirol
C. de l'Argenteria
Jaume I
Via Laietana
MUSEU FREDERIC MARÈS
10
PLAÇA DE BERENGUER EL GRAN
11
MUSEU D'HISTÒRIA DE LA CIUTAT
9
Plaça del Rei
C. Comtes
CATEDRAL
2
TEMPLE ROMÀ
7
C. Llibreteria
Paradís
C. del Bisbe
Plaça Sant Jaume
ESGLÉSIA DE SANT JUST I PASTOR
8
Plaça Sant Just
C. de la Ciutat
CASA DE LA CIUTAT
6
PALAU DE LA GENERALITAT
5
ESGLÉSIA DE SANT SEVER
3
ESGLÉSIA DE ST. FELIP NERI
4
Plaça St. Felip Neri
ESGLÉSIA DEL PI
1
Pl. del Pi
C. del Pi
Plaça Cucurulla
C. Boters
Carrer Arcs
Av. de la Catedral
C. Doctor Joaquim Pou
Pl. d'Antoni Maura
Avinguda Francesc Cambó
Pl. Santa Caterina
C. Corders
Carrer Assaonadors
Carrer Calders
Carrer Fonollar
Carrer Jaume Giralt
Carrer Allada-Vermell
Carrer d'en Tantarantana
Plaça Sant Agustí Vell
Carrer Portal Nou
Carrer d'en Cortines
Carrer de Sant Pere Mitjà
C. de St. Pere Més Baix
C. Sots-tinent Navarro
Plaça Regomir
C. Regomir
C. Comtessa de Sobradiel
C. d'Avinyó
C. dels Escudellers
C. Escudellers Blancs
C. Vidre
Plaça Reial
Plaça Teatre
La Rambla
Liceu
C. de Sant Pau
C. de l'Hospital
Carrer del Carme
C. de la Portaferrissa
C. de Petritxol
Carrer Boqueria
C. de Ferran
C. Lleona
Pl. Sant Miquel
Carrer Banys Nous
C. Duc de la Victòria

西班牙工业公园的人工湖

1 蒙卓伊克植物园
El Jardí Botànic de Montjuïc

地址：c. Doctor Piu Font i Quer。巴士 50、61。时间 4月到6月，9月，周一到周五，10:00到17:00，周末和节假日，10:00到20:00；7月到8月，10:00到20:00；10月到次年3月，10:00到17:00。1月1日，12月25日不开放。门票 3欧元。

蒙卓伊克植物园位于奥运会主赛场后面，1999年4月18日启用。占地14公顷，种植了来自世界各地地中海气候的多种植物，这些地方包括澳大利亚、智利、美国加利福尼亚、南非及地中海沿岸，并按照其生态特征排列组合。这是一个融活动、休闲和传播知识为一体的地方。天桥指引游客参观各处，并有指示牌介绍。在植物园的每一个角落，都可以看到巴塞罗那城市及植物园本身的美丽景色。此外，植物园还在不断的建设当中。

从广场到公园

在老城区，诸如 Gràcia 区的小广场，在经历城区重建的改造后，到上世纪 80 年代末 90 年代初，成为了大公园，如胡安·米罗公园、西班牙工业公园、克罗特公园 (el Clot)、贝加索 (la Pegaso) 公园、克雷乌埃塔·德尔·格尔 (la Creueta del Coll) 公园以及北车站 (Estació del Nord)。

2 西班牙工业公园
Parc de l'Espanya Industrial

地址：pl. de Joan Peiró。地铁 Sants-Estació (L3, L5)。巴士 30、43、44、50、57。

这个现代公园由巴斯克建筑师路易斯·贝纳·甘切吉 (Luis Peña Ganchegui) 设计，位于Vapor Nou纺织厂的原址上，通常称为西班牙工业公园。

胡安·米罗的雕塑《女人和鸟》位于以他命名的广场上

1985年开始对公众开放，得益于市政府扩大绿地面积的一个大计划。公园里有运河和一个中间有海神雕像的湖，雕像是马努埃尔·福克萨（Manuel Fuxà）的作品，湖的周围是石阶。在一旁，十个未来主义风格的瞭望塔排成一列，威严地守护着整个公园，当然它们的作用只不过是瞭望塔和照明。

其他一些雕塑家也有作品放在公园里供游人参观：安东尼·卡罗（Anthony Caro）的《狂想曲》（Rapsodia）、巴布罗·巴拉索尔罗（Pablo Palazuelo）的《荒原5》（Landa V）和安德烈斯·纳戈尔（Andrés Nagel）创作的一条巨大的金属龙，后者巧妙地跟小朋友的滑梯连在一起。

3

胡安·米罗公园
Parc de Joan Miró

地址：c. d'Aragó, 1。Ⓜ Tarragona（L3）。🚌 30、43、44、50、57。

这个公园，人们更多地把它称为屠宰场公园（parc de l'Escorxador）。因为Escorxador在加泰罗尼亚语的意思是屠宰场。它位于19世纪原市政府屠宰场的位置上。在1983年启用，但到1986年才完工。

安东尼奥·索拉纳斯（Antonio Solanas），马里乌斯·金塔纳（Màrius Quintana）、贝斯·加里（Beth Galí）以及安德列乌·阿里奥拉（Andreu Arriola）参加了设计工作。整个公园分为两层：下面一层包括几块空地、儿童游乐区、绿地和绿树；上面一层铺了沥青。胡安·米罗《女人和鸟》（Dona i ocell）的塑像倒映在脚下的池塘里。公园的尽头是一个公共图书馆，是游人进行文化休闲活动的好去处。

4

科塞罗拉瞭望塔
Mirador torre de Collserola

地址：ctra. de Vallvidriera al Tibidado。📞 93 406 93 54。Peu del Funicular站，转乘211号公交车。🕒 周二到周五，11:00到14:30，15:30到19:00；周六、周日和节假日，11:00到20:00；周一、周二不开放。💲 5.2欧元。网址：www.torredecollserola.com。

这个通讯塔是英国设计师诺曼·佛斯特（Norman Foster）为1992年奥运会设计的。这是一个288米高的巨大工程。透明玻璃电梯一直上到用做瞭望塔的平台，在这个海拔560米的平台上可以看到整个巴塞罗那市。

5

迪比达波游乐场 *
El Tibidabo *

地址：pl. del Tibidabo, 3-4。📞 93 211 79 42。Blau站或者缆车下来后，步行到Av.Tibidabo大道。魅力公园 Parc d'atraccions 🕒 周六和周日，12:00到20:00。💲 22欧元。圣心教堂 Temple del Sagrat Cor 🕒 10:00到19:00。

迪比达波游乐场是西班牙最老的游乐场，1899年迪比达波股份公司（La Compañía Anónima Tibidabo）推动它的建造，并在20世纪初，开始对科塞罗拉山进行城市规划。1902年建起了顶上有圣心塑像的祭祀教堂，是著名设计师恩里克·萨格尼埃尔（Enric Sagnier）新哥特风格的建筑作品。这是一个绝佳的瞭望塔，从电梯可以一直上到巨大的耶稣雕像的脚下。

迪比达波游乐场，从这里可以看到整个巴塞罗那城

巴塞罗那——一个露天的大博物馆

巴塞罗那遍布有着独特雕塑作品的城市空地。这些雕塑作品有的是为了纪念历史，如那些塑像和纪念碑；有的有实用性，如喷泉；或者有象征意义，代表各个时代不同的艺术表现形式。从上世纪 80 年代起，巴塞罗那就邀请了一些知名的雕塑家和艺术家为巴塞罗那露天博物馆添加永久性的展品。

迪比达波游乐场1908年启用，其游乐项目在上世纪80年代得到全部更新。这个有“灯光巴塞罗那城”象征的游乐场，不但保留了最温馨的项目，如瞭望塔（1921）、飞机（1928）、机器人博物馆，还添置了最新的具有强烈感官刺激的游乐设施，包括“金矿”、美国西部景色的“水过山车”、克鲁戈尔（Krüger）酒店，后者的一个房间被布置成恐怖片《魔鬼娃娃》中的情景。乘坐有轨电车和缆车到达也是有趣的事情，另外，在这里还可以看到巴塞罗那全城的风貌。

6

巴塞罗那音乐厅
L’Auditori de Barcelona

地址：c. Lepant，150。📞 93 247 93 00。Ⓜ Glòries和Marina（L1），Monumental（L2）。🚌 6、10、7、56、62、N2、N3、N0、N7。音乐厅售票处售票：每日9:00到22:00。网址：www.auditori. com。

巴塞罗那音乐厅是巴塞罗那最大的文化设施之一，在1999年3月22日的开幕式上，巴塞罗那交响乐队在此举行了一场音乐会。这是拉菲尔·莫内欧（Rafael Moneo）设计的建筑，音响效果绝佳，交响乐厅有2300个座位。未来，这里必将成为加泰罗尼亚音乐活动的中心，因为除了音乐厅（交响乐、多功能和室内乐）外，还兴建了音乐学院和音乐博物馆。

7

加泰罗尼亚民族剧院
Teatre Nacional de Catalunya

地址：pl. de les Arts，1。📞 93 306 57 00。Ⓜ Glòries和 Marina（L1），Monumental（L2）。🚌 6、10、7、56、62、N2、N3、N0、N7。有导游讲解，门票在公交车（TNC）售票处可购得。🕒 周一，12:00到15:00，16:00到21:00；周二到周六，12:00到21:00；周日，12:00到18:00。网址：www.tnc.es 。

加泰罗尼亚民族剧院（简称TNC）大楼是由里卡多·波菲尔（Ricardo Bofill）建筑事务所设计，其建筑面积为2000平方米，由一个金属屋顶覆盖，两道水流缓缓地从26根12米高的柱子上流下。透过外墙的玻璃，从街上可以看到内部的空间。戏剧作品在大大小小的厅堂和试演室上演。贝迪塔（Petita）厅以实用材质建造而成，形成了一个灵活的空间，适应具体演出的需要，改变了惯常演员和观众的关系。大厅则是木装饰，音响效果更好，空间更显舒适，里面有由波菲尔本人设计的烟色皮沙发，以及由电脑系统控制的舞台布景。加泰罗尼亚民族剧院1997年9月11日正式启用，上演了由阿道夫·玛尔西雅克（Adolfo Marsillach）导演的加泰罗尼亚戏剧家圣

由理查德·波菲尔建筑事务所设计的加泰罗尼亚民族剧院

地亚哥·鲁西尼奥尔(Santiago Rusiñol)的剧本《史蒂夫先生》(L'auca del senyor Esteve)。试演室位于总面积5600平方米的附属大楼的中央，占地800平方米。加泰罗尼亚民族剧院还有录音室、资料室、图书馆，用不同的语言上演戏剧作品，成为巴塞罗那人和游客参加文化活动的必去之地。

8

贝德拉尔贝斯王宫 *
Palau Reial de Pedralbes *

地址：av. Diagonal, 686。 93 280 13 64。 Palau Reial(L3)。 7、33。 装饰艺术博物馆和陶瓷博物馆 Museu de les Arts decoratives i Museu de Ceràmica 周二到周六，10:00到18:00；周日和节假日，10:00到15:00；逢周一、1月1日、5月1日、复活节星期五、6月24日、12月25日和26日不开放。 3.5欧元(参观两个博物馆是5欧元)。只可参观王宫和两个博物馆。公园 Parc 每年5月到8月，10:00到21:00；9月到次年4月，10:00到18:00。

贝德拉尔贝斯王宫所在地由桂尔(Güell)家族捐出，为阿方索十三世及家人建造，是其访问巴塞罗那期间居住的宫殿。建筑师艾乌塞比·伯纳·布伊(Eusebi Bona Puig)和弗朗塞斯克·德·宝拉·内波特(Francesc de Paula Nebot)于1924年在作为宫殿核心的建筑基础上进行了改造。1931年，阿方索十三世退位，恢复了第二共和国后，王宫成为了市政府的物业。

1937年，西班牙共和国总统马努埃尔·阿萨纳(Manuel Azaña)在此下榻，西班牙内战后，佛朗哥将军及其家人在巴塞罗那时，也居住在这里。1960年成为公用设施，安置了一系列的博物馆。现在，上面的楼层是陶瓷博物馆和装饰艺术博物馆。大楼建筑期间，巴塞罗那最好的木匠在这里工作过。无论是家具还是有两个副翼的大楼，都是新巴洛克风格和新古典风格。

1926年启用的花园由尼可拉乌·鲁维奥·图杜里(Nicolau Rubió i Tudurí)设计。大门前还可以看到一尊阿加比特·维尔米加纳(Agapit Vallmitjana)创作的大理石雕像，再现伊莎贝尔二世女王手抱阿方索王子的情景。陶瓷博物馆展出自12世纪到现在的丰富的加泰罗尼亚和西班牙陶瓷制品。总共20个展厅，按题材分布，可以看到陶瓷在技术和装饰方面的演变。展品中，最值得一提的是巧克力色镶板和斗牛镶板，此外还有哥特风格的地板砖、巴特纳(Paterna)的陶瓷碎片、阿尔科拉(Alcora)陶瓷、加泰罗尼亚和瓦伦西亚的金属色泽制品，应用于建筑的陶瓷，以及由现代艺术家捐出的制品，如毕加索、约廉斯·阿尔蒂加斯(Llorens Artigas)(由其儿子捐出)和米罗(和约廉斯·阿尔蒂加斯合作的作品)。

装饰艺术博物馆展出的是不同的家具(从哥特过渡到文艺复兴、巴洛克、洛可可、新古典主义时期、帝国时期、伊丽莎白一世时期、19世纪中期)，玻璃制品——包括从罗马时期到19世纪的制品，加泰罗尼亚珐琅制品、威尼斯制品、德国制品以及格朗夏(la Granja)制品、金银制品(15世纪到19世纪的制品——包括胡安·阿尔菲(Joan Arfe)制作的十字架，一批英国、法国和瑞士制造的怀表以及其他物品(象牙制品、扇子等)。

9

科斯莫盖厦储蓄银行，新科学博物馆 **
CosmoCaixa, nou Museu de la Ciència **

地址：c. Teodor Roviralta, 55。从c. Císter, 64处进入。 93 212 60 50。 Blau站下来后，步行到Av. Tibidabo大道。 60, Nus de Collse-

科学博物馆前的潜水艇“纳尔西斯·蒙托日奥尔”号

贝德拉尔贝斯王宫修道院的回廊

rola，17，22，58和73路，pl. John F. Kennedy。 周二到周日，10:00到20:00；节假日的周一闭馆。 3欧元，各项活动：3欧元。

新巴塞罗那科斯莫盖厦储蓄银行大楼是由史蒂夫·特拉达斯和罗伯特·特拉达斯（Esteve i Robert Terradas）兄弟设计，他们也设计了马德里科斯莫盖厦储蓄银行大楼。这是一次对23年前启用的旧博物馆的全面改造。位于地面以下的大楼创造了一个新的公共空间：科学广场，有6000平方米，博物馆的永久展览和物质展厅，占了其中大约3500平方米。

展厅的高度从6米到13米不等，可以举办不同类型的展览。在同一个区域已经布置了两个新的展览空间：310平方米的"地质墙"（Mur geològic）和1000平方米的"被淹的森林"（Bosc inundat）。

永久性展览展示了物质的历史，从宇宙大爆炸到我们今天，分为四个大的区域：惰性物质区，参观者可以通过解释性的模型看到宇宙之初、物理定律、偶然定律、日常生活中的物品和现象；活的物质区，解释地球最初的单细胞生物的出现发展到最初的生态系统过程中的改变、演变和突变；智能生物区，生命从神经细胞开始的演变和大脑的形成；文明的物质区，从人类出现伊始到物质工程的出现，直至发明新的物质形式。

新巴塞罗那科斯莫盖厦储蓄银行大楼创新之处在于，它重现了亚马逊森林1000平方米的地区。在被淹的森林的设施上，建造了亚马逊河的部分区域，里面有鱼、两栖动物、昆虫、爬行动物、哺乳动物、鸟类以及亚马逊不同种类的植物，目的是让人们了解这个珍贵又脆弱的生态系统。新巴塞罗那科斯莫盖厦储蓄银行大楼也提供临时展出。

10

巴塞罗那足球俱乐部博物馆和球场 *
Museu i estadi del Futbol Club Barcelona *

地址：av. d'Arístides Maillol, s/n。 93 496 36 00。 Palau Reial（L3）和 Les Corts（L3）。 75，turístic Futbol Club Barcelona ruta Nord旅游专线。 周一到周六，10:00到18:30；周日和节假日，10:00到14:00；1月1日和6日、9月24日、12月25日和26日不开放。 7欧元。

巴塞罗那足球俱乐部为世人所熟悉，它的主场就设在"诺坎普球场"（Camp Nou，加泰罗尼亚语是"新赛场"之意）。俱乐部创建于1899年，由于它的会员（超过12.5万人）以及全世界无数球迷的支持，在社会、文化和体育上获得举足轻重的地位。主场位于Diagonal大道上，建于1987年，由弗朗塞

贝德拉尔贝斯修道院的徽章

这些家族徽章在整个建筑上到处可见，尤其是在回廊的石碑和陵墓上。这些家族包括卡布雷拉（Cabrera），蒙卡达，卡尔多纳（Cardona），塞尔维约（Cervelló），巴亚斯 （Pallars），卡斯特耶特（Castellet）等等。这些徽章是中世纪的个人或家族身份的标志。

斯克·米扬斯（Francesc Mitjans）设计，视野好，座位舒适，安全。

赛场的入口处是巴塞罗那足球俱乐部博物馆，在那里有视听设备、图片、体育服饰、奖杯、奖牌、俱乐部历史介绍栏、不同时期的杂志、报纸以及其他资源来介绍俱乐部的成长过程。俱乐部的创始人胡安·坎贝尔（Joan Gamper）和第一任主席有单独的展览区。在模拟酒吧Aliron里，球迷和游客按下不同的键，就可以听到从1923年到1998年不同时期的俱乐部队歌。

值得一提的是体育玩具展，有桌面足球以及和足球有关的游戏的收藏。围绕球场外面的地方有一个多功能体育场（布拉乌格拉纳宫，Palau Blaugrana）、一个迷你球场、训练场地，以及一个典型的加泰罗尼亚庄园，从街上就可以看到。

11

贝德拉尔贝斯圣玛丽亚修道院 ***
Monestir de Santa Maria de Pedralbes ***

地址：Baixada del Monestir，9。☎ 93 203 92 82。🚌 22、64，Reina Elisenda。

贝德拉尔贝斯圣玛丽亚皇家修道院是加泰罗尼亚哥特式建筑的代表作之一。由哈乌梅二世的第四任妻子艾丽桑达·德·蒙卡达（Elisenda de Montcada，1293—1364）王后发起建造，并捐赠给方济各会的修女。她本人守寡后一直住在这里，死后被安葬在一个巨大的墓穴里，上面有两尊她躺着的塑像：一个作为王后，一个作为修女。始建于1326年的修道院教堂只有一个大殿，祭坛室位于护墙和八角钟楼之间。威严回廊的首层是圣米格尔（Sant Miquel）祭坛室和围墙，围墙上有关于圣母和耶稣生平的叙述性画作，其制作是受艾丽桑达的侄女、女修道院长弗朗塞斯卡·萨波尔德亚（Francesca Saportella）之托。

1346年，菲雷尔·巴萨（Ferrer Bassa）及其子阿尔纳乌·巴萨（Arnau Bassa）绘成油画，他们在加泰罗尼亚引入了意大利300年风格（和锡耶纳及佛罗伦萨主要大师有关的新艺术潮流）。这个祭祀室是西班牙14世纪最重要的建筑之一。

斗牛场，斗牛博物馆的所在地

12

下水道系统博物馆
Museu del Clavegueram

地址：pg. de Sant Joan，98。☎ 93 457 65 50。Ⓜ Verdaguer（L5）。🚌 43、44、15、55。🕒 周二到周五，9:30到14:00（展览）；周六，周日，10:00到13:00（参观下水道），周一不开放。💲 2欧元。

周六和周日举办参观一段下水道的活动，此外还有一个用图片、照片和文献介绍下水道历史的展览。周一到周五，只给公众开放展览。

13

斗牛场
Plaça de Toros Monumental

地址：Gran Via de les Corts Catalanes，749。☎ 93 245 58 02。Ⓜ Monumental（L2）。🚌 6、7、19、56。💲 15到75欧元。🏛 斗牛博物馆 Museu Taurí 🕒 周一到周六，10:30到14:00，16:00到19:00；周日，10:30到13:00。💲 3欧元。

这里是巴塞罗那的斗牛场。巴塞罗那的斗牛季节是从4月到9月，其中7月是大师云集的时候。每逢周日，最著名的斗牛士便在这里登台演出。斗牛博物馆展出著名斗牛士的服饰、著名斗牛的头标本、历史文献以及其他与斗牛有关的物品。

14

圣保罗田园道院 *
Monestir de Sant Pau del Camp *

地址：c. de Sant Pau，101。☎ 93 441 00 01。Ⓜ Paral·lel（L3）。🚌 20、36。🕒 周一到周六，18:00；周日，做弥撒时开放；周二不开放。

圣保罗田园道院于10世纪建在一块巨大的农田和菜园地上。修道院的名字以及该区的特征最后决定了这个区的名字。如今这里成了Sant Pau环城路和Sant Antoni环城路。教堂是12世纪的，是唯一保留的原修道院的建筑，呈希腊十字形，有三个半圆屋顶，并有一座巴洛克时期添加的钟楼。最神奇的所在是回廊，呈长方形，有一个带三裂叶状拱的游廊。周边的改造更加显示出修道院的建筑之美，此外，里面还保留着911年安葬在此的基弗莱二世（Guifré II）伯爵的坟墓。

15

圣保罗医院 **
Hospital de Sant Pau **

地址：av. de Sant Antoni M. Claret，167-171。Ⓜ Hospital de Sant Pau（L5）和Guinardó

(L4)。🚌 15、19、20、45、47、50、51、N1、N4。正在使用的医院，不对游客开放。

这是建筑师鲁伊斯·多梅内克·伊·蒙特内尔(Lluís Domènech i Montaner)设计建造的，里面的氛围会让人想起恬静的公园。这里有所有的服务设施，但主要是适合病人康复的舒适环境，把病人区用绿地隔开，通过宽敞的、铺有白色瓷砖和有自然光照明的隧道相连接。

大楼依照萨尔达(Cerdà)的设计，在空间上通过一条中央大道来组织安排，这个大道略显长方形的地面呈倾斜状。这样就可以有倾斜的线条来方便修建联系城市建筑的大道。如此一来把圣家堂和医院连接起来，同时，打破了萨尔达平均城市规划的原则。

该建筑是用大理石拱顶覆盖的，内部装饰一流，还使用了花卉图案以及陶瓷。

16

瓦尔韦德雷拉区
Vallvidrera

往Sabadell或Terrassa方向，在Peu del Funicular站下车；然后乘坐缆车到达Vallvidrera Superior。科塞罗拉公园问讯中心 Centre d'Informació del Parc de Collserola 地址：Ctra. de l' Església, 92。📞 93 280 35 52。网址：www. parccollserola. net。

瓦尔韦德雷拉曾是巴塞罗那市的一个区，1890年并入现在的萨里亚(Sarrià)区。从那时起，夏天度假的人们使这个区的面貌发生了变化：建起了酒店、瞭望塔和缆车(1906年)。

在乘缆车前，要先到瓦尔韦德雷拉大道44号处，可以远远地看到多尔切特之家(Casa Dolcet, 1907年)，这是胡安·鲁维奥·伊·贝尔维尔(Joan Rubió i Bellver)现代主义风格的建筑。乘上缆车后，可以到达瓦尔韦德雷拉现代风格的车站。车站前有一个纪念圣约翰·保罗蒂斯塔的塔楼(1909年)，正面有一些饰有影线的诗句。沿Queralt街可以到达人民广场(plaça del poble)；Mont d'Orsà街的33号是原布宜诺斯艾利斯酒店(hotel Buenos Aires, 1908)，现被改造成住宅，这是现代主义建筑师海罗尼·格拉内尔(Jeroni Granell)的作品。

想要欣赏大自然和远处的科塞罗拉瞭望塔和第比达波游乐场，就应该沿着les Alberes街一直到布德雷拉公园(parc de la Budellera)，从那里再到科塞罗拉公园咨询中心，靠近加泰罗尼亚自治区铁路(FGC)的火车站。

高迪大道

这条有许多露天酒吧的大道从圣家族教堂所在的广场开始，一直延伸到圣保罗医院的正门。从大道上可以欣赏到两旁的建筑物，以及由皮雷·法尔克斯(Pere Falqués)设计的现代主义风格的路灯以及一尊阿贝尔·勒斯·菲诺萨(Apel·les Fenosa)的雕塑作品。

17

埃及博物馆
Museu Egipci

埃及博物馆 Museu Egipci。地址：c. València, 284。📞 93 488 01 88。🕒 周一到周六，10:00到20:00；周日，10:00到14:00；12月25日和26日，1月1日不开放。💲 6欧元，有导游讲解。网址：www. fundclos.com。

鲁伊斯·多梅内克·伊·蒙特内尔设计的现代主义建筑，圣保罗医院

巴塞罗那埃及博物馆及克罗斯考古基金会(Fundació Arqueològica Clos)1994年启用。其丰富的古埃及法老文化的藏品来自约尔蒂·克罗斯(Jordi Clos)的私人收藏。游客可以在900平方米的展区里，看到埃及文化的方方面面。600多件物品和艺术品，让人们可以认识诸如法老、官员、奴隶、当时的艺术和职业、诸神、信仰以及殉葬等的真实面貌。

18

弗朗西斯科高迪亚基金会
Fundació Francisco Godia

弗朗西斯科高迪亚基金会 Fundació Francisco Godia 地址：c. València, 284, 1a planta。☎ 93 272 31 80。周一到周六，10:00到14:00，16:00到19:00；周日，10:00到14:00；周二不开放。5欧元，有导游讲解。

弗朗西斯科高迪亚基金会和埃及博物馆同在一栋大楼里，分为10个展厅。游客可以欣赏到弗朗西斯科·高迪亚·萨勒斯(Francisco Godia Sales，1921—1990)的私人收藏。

弗朗西斯科·高迪亚·萨勒斯是一级方程式赛车的车手，他的藏品丰富多样，有中世纪的雕塑和绘画以及500件陶瓷制品(尤其是加泰罗尼亚和瓦伦西亚的)，此外还有巴洛克风格的绘画作品和19世纪的绘画作品。

实用向导

餐馆

La Balsa 餐馆 地址：c. Infanta Isabel, 4。☎ 93 211 50 48。周日不营业。靠近科学博物馆。餐馆全年供应时令菜肴，8月供应冷热自助餐。环境幽雅，舒适。木结构，露天酒吧搭有棚子。

Botafumeiro 餐馆 地址：c. Gran de Gràcia, 81。☎ 93 218 42 30。这里是全城做海鲜最好的餐馆之一，有一个屏风把人满为患的吧台和里面的用餐区域分开。推荐菜式：海产品拼盘、海鲜面卷、烤全鱼和家常糕点。

La Vaquería 餐馆 地址：c. Déu i Mata, 139-141。☎ 93 419 07 35。周日不营业。这里是巴塞罗那最具特色的餐馆之一。原是牛肉店，改造后保留原来的结构。一流市场时令产品烹饪。晚上游客可以欣赏到酒吧钢琴演奏。

St. Rémy 餐馆 地址：c. Iradier, 12。☎ 93 418 75 04。周日晚上不营业。餐馆宽敞舒适，供应富有创意的加泰罗尼亚和普罗旺斯烹饪，如：酿鹅肝酱或者细蒜酱白鱼的去骨猪肘。

Via Veneto 餐馆 地址：c. Ganduxer, 10-12。☎ 93 200 72 44。周六中午和周日全天，8月1日到20日不营业。巴塞罗那风格古典高雅的餐馆。主理加泰罗尼亚菜式，带点法国特色，主要是菜昂而不是巴黎的特色。服务无可挑剔，有多种葡萄酒可供选择。

酒店

Barcelona Hilton 酒店 ***** 地址：av.Diagonal, 589-591。☎ 93 495 77 77。富丽堂皇的酒店，现代风格，国际化，环境舒适，靠近贝德拉尔贝斯王宫。房价：120欧元起。

Princesa Sofía Intercontinental 酒店 ***** 地址：pl. Pius XII, 4。☎ 93 508 10 00。巴塞罗那具有象征性的酒店，靠近巴塞罗那足球俱乐部球场和贝德拉尔贝斯王宫。房价：120欧元起。

Atenea Aparthotel 酒店 **** 地址：c. Joan Güell, 207。☎ 93 490 66 40。风格现代，交通方便，靠近商业区。房价：96欧元至120欧元。

Avenida Victoria 酒店 **** 地址：av. Pedralbes, 16 bis。☎ 93 280 15 15。位于幽雅的社区里，在贝德拉尔贝斯王宫和巴塞罗那足球俱乐部球场旁，附近有大片绿地。房价：96欧元至120欧元。

Husa Arenas 酒店 **** 地址：c. Capità Arenas,20。☎ 93 280 03 03。所处区域安静高雅，交通方便。靠近高迪设计的米拉耶斯之家大门和商业区。房价：96欧元至120欧元。

Husa Illa 酒店 **** 地址：av. Diagonal, 555。☎ 93 410 33 00。位于拉菲尔·莫内欧设计的“L'Illa Diagonal”大型商业中心的大楼里，靠近弗朗塞斯克·马西亚(Francesc Macià)广场。房价：120欧元起。

NH Rallye 酒店 *** 地址：Travessera de les Corts, 150。☎ 93 339 90 50。现代风格的酒店。房价：96欧元至120欧元。

Mikado 酒店 **** 地址：pg. Bonanova, 58。☎ 93 211 41 66。酒店条件舒适，靠近贝德拉尔贝斯修道院。房价：96欧元至120欧元。

巴塞罗那实用信息

常用信息

中华人民共和国驻巴塞罗那总领事馆：
www.fmprc.gov.cn/ce/cgbar/chn/
地址：Av. Tibidabo 34。
☎ 93 254 11 99
中华人民共和国驻西班牙大使馆：
www.embajadachina.es
巴塞罗那旅游信息中心：
地址：Pl. Catalunya，17，soterrani.
☎ 906 301 282。
加泰罗尼亚旅游信息中心：
地址：Palau Robert. Passeig de Gràcia，107。
☎ 93 238 40 00。www.gencat.es/probert

巴塞罗那旅游信息咨询点

巴塞罗那旅游信息咨询处：
www.barcelonaturisme.com
地址：C. Ciutat，2。☎ 906 301 282。
地址：Estació de Sants，s/n。
☎ 906 301 282。
地址：Pl. Catalunya，17 soterrani。
☎ 906 301 282。
巴塞罗那市政府首页： www.bcn.bat
（语言：加泰罗尼亚语，西班牙语，英语）。
巴塞罗那亚洲之家首页：
www.casaasia.es（多国语言页面）.
加泰罗尼亚其他的旅游信息网页：
加泰罗尼亚政府主页（Generalitat Catalunya）： www.gencat.cat
基罗那市政府主页：
（Ajuntament de Girona）：
www.ajgirona.org
塔拉戈纳（Tarragona）旅游信息主页：
www.tarragonaturisme.es
雷伊达（Lleida）旅游信息主页：
www.lleidatur.com
基罗那（Girona）旅游信息主页：
www.turismegirona.com
汹涌海岸（Costa Brava）主页：
www.costabrava.org

交通工具：

多样便利的公共交通工具： ☎ 010。
☎ 93 481 00 84。www.tmb.net
客户服务中心：
Diagonal站服务中心。（周一至周日7:00-21:00）。
Universitat站服务中心
Sants站服务中心

国家铁路网络（RENFE）：

☎ 902 24 34 02。
www.renfe.es/cercanias/barcelona
加泰罗那自治区铁路，服务于巴塞罗那及周边地区（Ferrocarrils de la Generalitat）☎ 93 205 15 15。www.tgc.net
客户服务中心： Plaça Catalunya广场客服中心（周一至周日7:00-21:00）。

的士：

电召的士： ☎ 93 481 00 85。
网上服务： www.radiotaxi033.com

汽车：

巴塞罗那汽车站（长途）：
巴塞罗那汽车北站 地址： Carrer d'Alí Bei，8。
☎ 93 265 65 08 y 902 260 606。
www.barcelonanord.com
市内公交： www.tmb.net/ca_ES/tmbmultica-nal/ibus/ibus.jsp

船：

巴塞罗那港： ☎ 93 306 88 00。
Transmediterránea（地中海线）：
国内咨询：☎ 902 454 645。国际咨询：☎ 93 295 91 00。www.transmediterranea.es
Baleària（巴利阿里群岛线）： ☎ 902 160 180。www.balearia.com
Buquebus（游艇）： ☎ 902 414 242。
www.buquebus.es

巴塞罗那机场：**www.aena.es** ☎ 902 404 704。

丢失物品：☎ 93 298 33 49。机场运输（机场巴或火车专线）：☎ 93 481 01 88。

其他有用电话

巴塞罗那信息服务： ☎ 010。
电话信息服务： ☎ 1004。
邮局： ☎ 93 310 04 04。www.correos.es
急救： ☎ 061。
城市警察： ☎ 092。www.bcn.cat/guardiaur-bana/cat/index.html
自治区警察： ☎ 088。www.mossos-esquadra.com

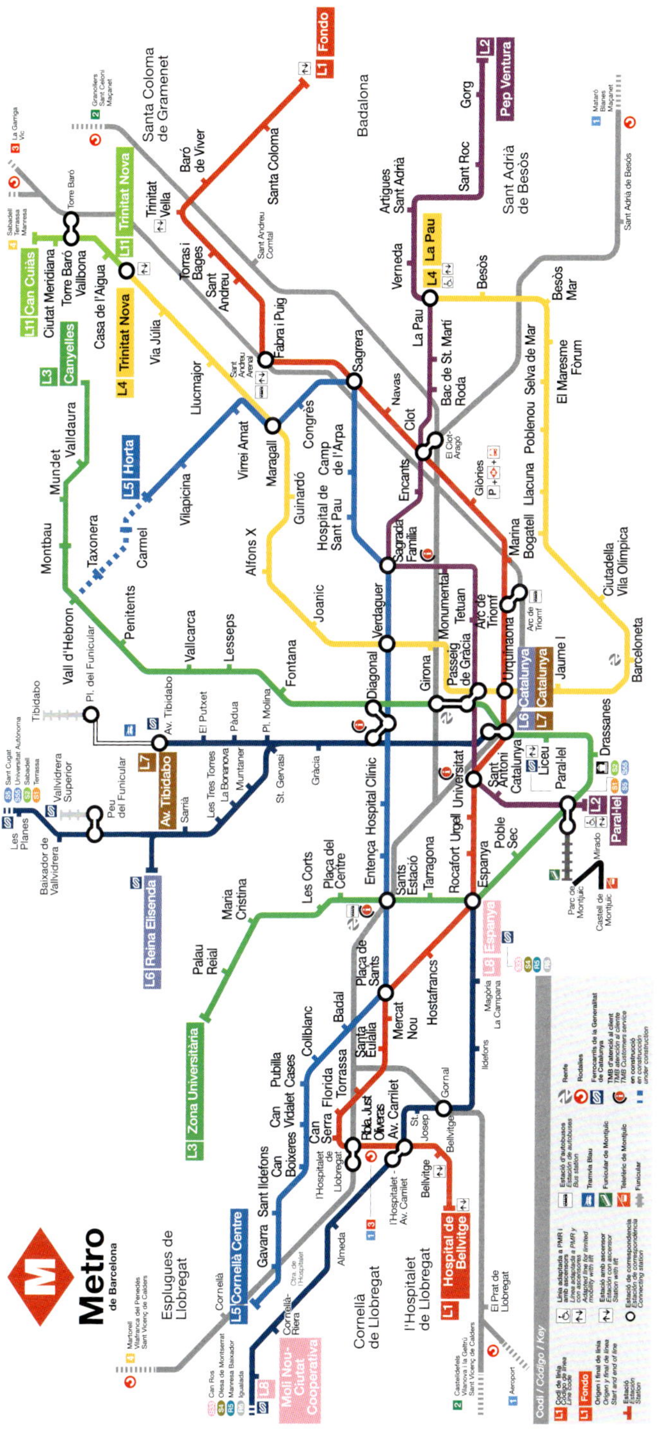
Metro de Barcelona
L1 Fondo
L1 Hospital de Bellvitge
L2 Pep Ventura
L2 Paral·lel
L3 Canyelles
L3 Zona Universitària
L4 Trinitat Nova
L4 La Pau
L5 Horta
L5 Cornellà Centre
L6 Reina Elisenda
L6 Catalunya
L7 Av. Tibidabo
L7 Catalunya
L8 Espanya
L8 Molí Nou-Ciutat Cooperativa
L11 Trinitat Nova
L11 Can Cuiàs
Santa Coloma de Gramenet
Badalona
Sant Adrià de Besòs
Esplugues de Llobregat
Cornellà de Llobregat
l'Hospitalet de Llobregat
El Prat de Llobregat
Santa Coloma
Baró de Viver
Trinitat Vella
Torras i Bages
Sant Andreu
Fabra i Puig
Sagrera
Navas
Clot
Glòries
Marina
Arc de Triomf
Urquinaona
Universitat
Rocafort
Urgell
Espanya
Hostafrancs
Mercat Nou
Plaça de Sants
Santa Eulàlia
Torrassa
Florida
Can Serra
Rbla. Just Oliveras
Av. Carrilet
Bellvitge
Gorg
Sant Roc
Artigues Sant Adrià
Verneda
La Pau
Bac de St. Martí
Roda
Encants
Sagrada Família
Monumental
Tetuan
Passeig de Gràcia
Sant Antoni
Poble Sec
Besòs
Besòs Mar
El Maresme Fòrum
Selva de Mar
Poblenou
Llacuna
Bogatell
Ciutadella Vila Olímpica
Barceloneta
Jaume I
Liceu
Drassanes
Via Júlia
Llucmajor
Maragall
Guinardó
Alfons X
Joanic
Verdaguer
Diagonal
Fontana
Lesseps
Vallcarca
Penitents
Vall d'Hebron
Montbau
Mundet
Valldaura
Canyelles
Roquetes
Ciutat Meridiana
Torre Baró Vallbona
Casa de l'Aigua
Congrés
Camp de l'Arpa
Hospital de Sant Pau
Virrei Amat
Vilapicina
Carmel
Taxonera
El Coll
Hospital Clínic
Entença
Sants Estació
Tarragona
Les Corts
Plaça del Centre
Maria Cristina
Palau Reial
Badal
Collblanc
Can Vidalet
Pubilla Cases
Can Boixeres
Sant Ildefons
Gavarra
Gràcia
St. Gervasi
Muntaner
La Bonanova
Les Tres Torres
Sarrià
Pl. Molina
Pàdua
El Putxet
Av. Tibidabo
Peu del Funicular
Baixador de Vallvidrera
Les Planes
Vallvidrera Superior
Pl. del Funicular
Tibidabo
Magòria La Campana
Ildefons Cerdà
Gornal
Almeda
Cornellà-Riera
Sant Josep
Cornellà
l'Hospitalet - Av. Carrilet
Paral·lel
Parc de Montjuïc
Castell de Montjuïc
Mirador
Codi / Código / Key

巴塞罗那传统文化节日：

一月
1日：新年
6日：东方三王节 www.bcn.es/nadal

二月
11–13日：圣爱拉利亚节–冬天节日
(Santa Eulàlia–Festa Major d'hivern)
www.bcn.es/cultura.santaeulalia
月底：狂欢节
www.bcn.es/carnaval/ca/index.htm

三月
8日：妇女节
巴塞罗那吉他节（3月底开始，持续整个春天 www.theproject.es/demo/es/global/index.php）

四月
14日：圣星期五，圣周的开始
17日：复活节的星期一，圣周
20日：土地节（www.diadelaterra.org）
23日：圣约尔蒂节（Sant Jordi），也叫书节（www.bcn.es/stjordi）
29日：国际舞蹈节
春季摄影节
（http://cultura.gencat.net/primaverafotografica.htm）
巴塞罗那国际卡通漫画厅
（www.ficomic.com）
巴塞罗那亚洲电影节
（www.baff-bcn.org）

五月
1日：劳动节
18日：博物馆日（http://cultura.gencat.net/museus/dia.htm）
维拉城弗拉门哥舞蹈节（www.cccb.org）
多文化节（www.sosracisme.org）

六月
21日：音乐节
24日：圣胡安节（www.bcn.es/santjoan）
Sónar音乐节（www.sonar.es）
"马拉松"表演（www.marato.com）
Grec巴塞罗那戏剧节
（www.barcelonafestival.com）

七月
巴塞罗那同性恋电影展示
（www.cinemalambda.com）

八月
15日：8月圣母节（圣母升天日）
Gràcia区首要节日
（www.festamajordegracia.org）
巴塞罗那其他区的相关节日可以到此链接查询：
（www.bcn.es/festes/festesmajors.htm）

九月
11日：加泰罗尼亚地区国庆日
22–25日：La Mercè
巴塞罗那首要节日（http://merce.bcn.cat/catala/home.shtm）
BAM节（巴塞罗那动感音乐节）
（www.bcn.es/bam）
巴塞罗那图书交易会
（www.liberbcn.com）

十月
12日：西班牙语国家节
世界音乐界
（该节和其他音乐界咨询可以到此链接查询：www.auditori.org）

巴塞罗那的"巨人"

市政府前叠的人塔

巴塞罗那国际爵士乐节（www.theproject.es/demo/global/index.php）
新创作戏剧节
（www.festivaloperabutxaca.org）
维拉城爵士乐节
（www.agendaconcertscatalunya.com）
巴塞罗那当代音乐节（www.auditori.org）
国际LEM音乐节（www.gracia-territori.com/indes.htm）

十一月

1日：圣徒节
巴塞罗那独立制作电影节
（http://alternative.cccb.org）

十二月

6日：西班牙宪法日
8日：圣母受孕节
13日：圣尤西娅节
25日：圣诞节（www.bcn.es/nadal）
26日：圣艾斯特万节

露天自由市场

手工艺品市场：
Gran Via街/ Comte d' Urgell街
（每月第二个星期五）
Rambla街/Port Vell街（逢周六，周日和节假日）。
Turó Parc公园/Av. Pau Casals街
（每月第一个星期天）

手工制作食品市场：
Pl. del Pi（每月第一个周五、六、日）

古董市场：
Pla de la Seu（逢周四）
Pl. de Sarrià（逢周二）

二手货市场：
Pl. de les Glòries（周一、三、五、六）

邮戳，古币收藏：
Pl. Reial（周日上午，每个月两次）

旧书，套卡，邮戳，古币收藏：
Mercat de Sant Antoni, Comte d'Urgell, 1
（周日上午）

艺术藏品：
Pl. Sant Josep Oriol（周六、日）
Port Olímpic（周六、日）

家庭作坊食品：
Pl. del Pi（逢周四）
Pl. Sagrada Família（逢周日）

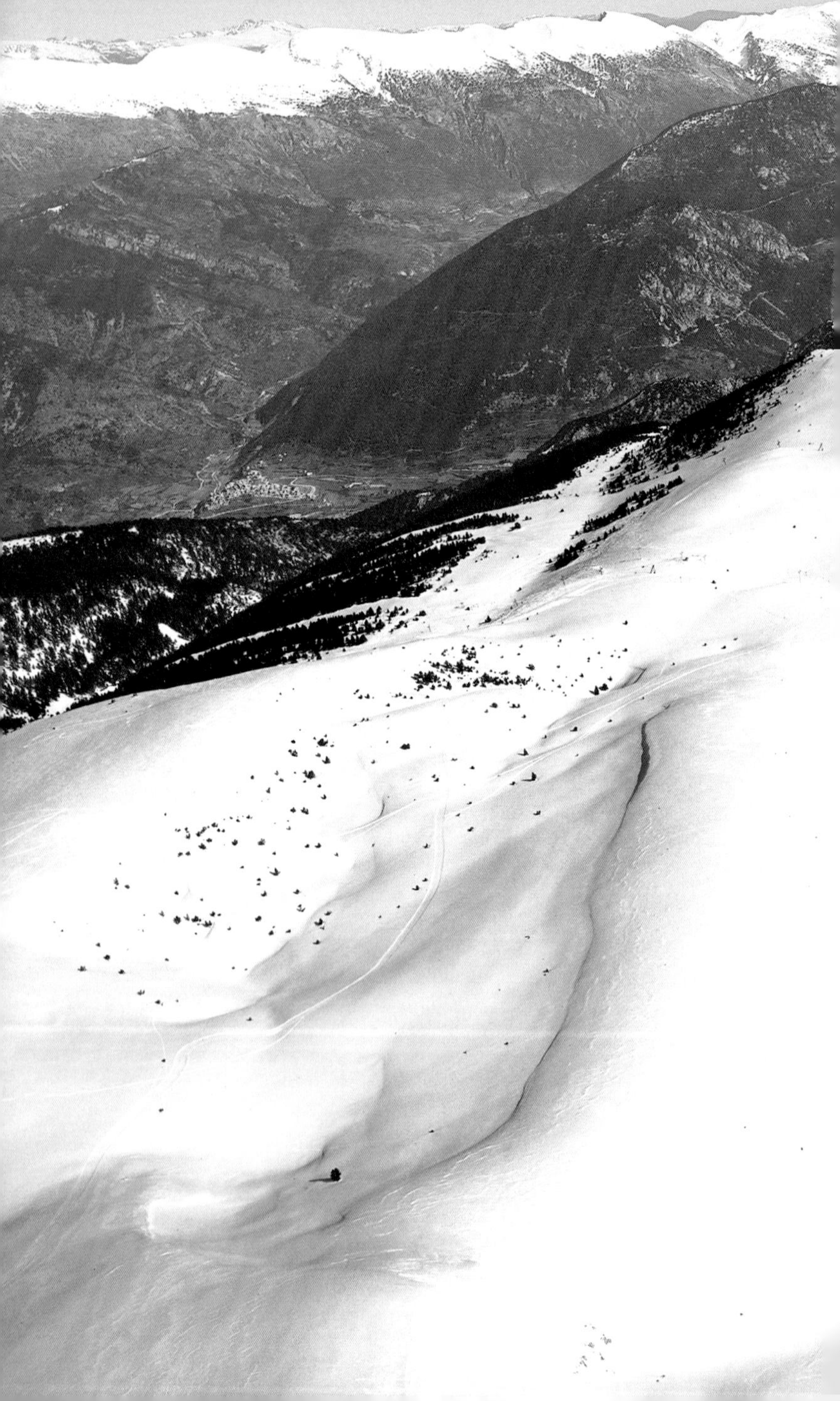

认识加泰罗尼亚

马莱斯梅
Maresme

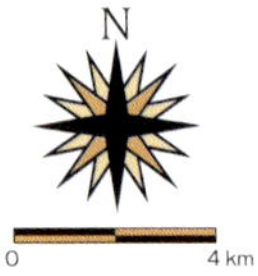

沿着50公里的海岸线，在蒙特加特（Montgat）和多尔德河的（Tordera）入海口之间，就是我们今天要游览的马莱斯梅。这块位于科莱多尔（Corredor）、黑山（Montnegre）两大山脉及地中海之间的狭长地带，很早便有人定居了。这里风平浪静的良好地理条件使得它成为重要的旅游和居住胜地。马莱斯梅现代主义建设风格的塔楼和住房，让旅游者回想起巴塞罗那人在20世纪初时发现这块土地时的那段历史。那些海滩，那些用于体育赛事和捕鱼业的港口，阿莱尼斯的手工艺品，阿莱亚的葡萄酒，阿尔根多那和卡布莱拉地区的矿泉也是这一地区的旅游热点。

行程:
1天/56km

巴达隆那（Badalona）→阿莱亚（Alella）	**5km**
阿莱亚→彼拉萨尔（Vilassar）	**9km**
彼拉萨尔→卡布莱拉（Cabrera）	**5km**
卡布莱拉→阿尔根多那（Argentona）	**7km**
阿尔根多那→马塔洛（Mataró）	**4km**
马塔洛→阿莱尼斯（Arenys）	**8km**
阿莱尼斯→卡奈特（Canet）	**6km**
卡奈特→圣波尔（Sant Pol）	**4km**
圣波尔→卡莱亚（Calella）	**4km**
卡莱亚→皮奈达（Pineda）	**4km**

1

巴达隆那 *
Badalona *

ⓘ pl.de la Plana，14。☎ 93 483 29 90。🚌 TMB，SA；Hispania，SA；TUSGSAL；AISA；Bacoma，SA。🚉 Renfe。☺ 圣安那斯塔西节（5月11日）。其他节日：圣母玛丽亚升天节（8月15日），国际电影和电视短片节（10月）。🏛 巴达隆那博物馆 Museu de Badalona 地址：pl. de l'Assemblea de Catalunya，1。☎ 93 384 17 50。🕓 从9月到次年6月，周二至周六10:00至14:00，16:00至20:00；周日和节假日，11:00至14:00；周一休息。7月、8月，11:00至14:00，17:00至20:00；周一、周日休息。需要导游要事先预约。🏛 巴达隆那博物馆—罗马民居 Museu de Badalona-Casa Romana 地址：c. de Lladó，47。☎ 93 384 17 50。🏛 巴达隆那博物馆—引水渠 Museu de Badalona-Conducte d'Aigües 地址：c. Pujol，s/n。☎ 93 384 17 50。导游要事先预约。网址：www.museubdn.es。

现在已经成为大都市的巴达隆那，至今仍保留着众多的历史遗迹。在3世纪，古罗马人曾在这片土地上建起了名为巴埃图罗（Baetulo）的小镇，但是后来被摧毁了。在以后很长一段时间里，这里一直成为海盗频频光顾的地方。此外，企图侵入巴塞罗那的军队也时常袭击这一地区。然而到了18世纪，巴达隆那已经成为海边固定的从事捕鱼业的中心。现在这一地区的支柱产业则是兴起于19世纪的工业。

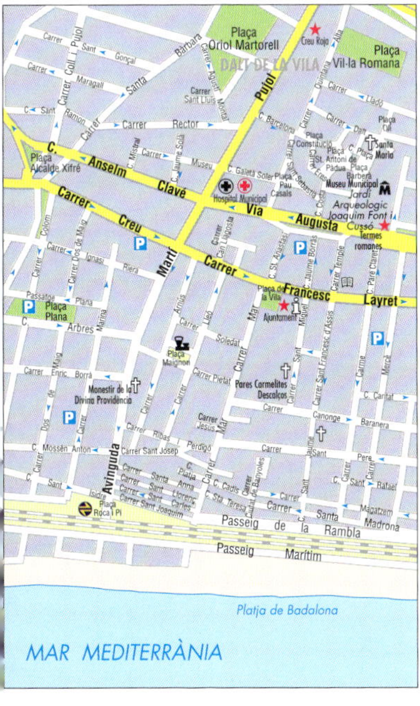

巴达隆那的中心区地图

巴达隆那的海边大道

这个村镇最古老的中心地带位于圣母玛丽亚教堂（església）的周边（18世纪建造，1939年修复），这一地区其他有历史价值的建筑还有贝亚塔楼（La Torre Vella加泰罗尼亚语中的意思是古老的塔楼），属哥特式建筑，门厅带有文艺复兴时期的风格。梅纳塔楼，除了保留了一幅古罗马镶嵌画以外，据说在它的地底下还埋葬着305年因殉道而亡的圣徒安那斯塔西（Anastasi）。从19世纪末到20世纪初，这一时期可能有几种不尽相同的现代主义风格的建筑作品。像《卡恩阿古斯蒂》，是建筑设计师多梅内伊·蒙特内尔（Domènech i Montaner）的作品。另外还有《米尔之家》等。

巴达隆那地区大部分古罗马时期的艺术遗迹都可以在市立博物馆里欣赏到。巴达隆那的维纳斯女神像是这其中最为突出的代表。此外，在这个博物馆的地下，游人们还可以参观保存完好的古罗马浴室。一条让人心旷神怡的街道把人们带到这个城市中最让人流连忘返的自然景点——海滩。沿着与兰布拉大道相接的著名的滨海人行道即可到达这里。在五月纪念圣安那斯塔西的节日里，这里的海滩便是露天舞会的大舞台，吸引着众多游客。

在离这个城市三公里的地方，便是圣海罗尼德穆尔德拉修道院（monestir de Sant Jeroni de Murtra）。1493年"天主教双王"在此接见航海归来的哥伦布。此修道院由商人贝尔德兰·尼古拉乌出资，于1413年建成。一个世纪之后，国王卡洛斯五世（Carles V）曾把它作为行宫。今天的这所修道院由不同年代的建筑组成，如科洛，是一座哥特式古教堂的半圆形后殿；还有一座用于防御的塔楼。在作为教会财产被转让之后，它经历了一场火灾，其中的大部分被烧毁。现在是否要重建还正在考虑之中。

2

阿莱亚
Alella

ⓘ pl. Ajuntament，1。☎ 93 555 23 39。🚌 Casas，SA；Hispania，SA。🚉 Renfe。☺ 8月1日。其他节日：葡萄收获节（9月11日）。

阿莱亚，以美酒和现代主义建筑而著称

阿莱亚以它所盛产的拥有产地命名资格的葡萄酒而闻名于世：方圆400公顷的土地上主要出产酒精浓度介于11.5度至13度之间的白葡萄酒。这个有着一千多年历史的小镇，依山傍海，被农田和森林环抱其中。小镇最重要的古迹是15世纪带有哥特式建筑风格的圣菲里乌（Sant Feliu）教堂。这座教堂的正面在经过重新装修后带有文艺复兴时期的风格特点。四方形的钟楼建筑属于更早的古罗马风格。在它的内部，游人们可以瞻仰到由安东尼·高迪（Antoni Gaudí）绘制的基督圣像。在教堂的附近，可以欣赏建筑师海罗尼·马尔多莱伊（Jeroni Martorell）设计的葡萄酒窖。在小镇的周边，可以找寻到数量众多的庄园和富丽堂皇的住宅群，这些都是阿莱亚小镇过去辉煌的见证。此外，在这里同样也可以找到史前人类居住的遗迹。

3

彼拉萨尔
Vilassar de Mar

ⓘ pl. Ajuntament，6。📞 93 759 24 00。🚌 Barcelona Bus，SL；Casas，SA。🚆 Renfe。☺ 圣胡安节（6月24日）。

马莱斯梅典型的大棚农作物

彼拉萨尔有一条很长的海滨大道，沿途遍植棕榈树和令人愉悦的绿化带。漫步在大街小巷里，尤其是那条叫做“Balcons”的那条街上，可以领略到马莱斯梅最具特色的现代主义风格的住宅建筑的风貌。在圣胡安教堂，还可以观赏到画家安东尼·比拉·阿鲁法特（Antoni Vila Arrufat）和何塞·奥比奥尔斯（Josep Obiols）的作品。同样，游人们可以一直走到卡恩纳达尔防御塔楼（15世纪建）面前，这座塔楼勾起人们对中世纪时期，马莱斯梅许多海滨村镇频频遭受海盗袭击的那段历史的回忆。

4

布里阿科城堡—卡布莱拉
Castell de Burriac – Cabrera de Mar

ⓘ pl. Ajuntament，5。📞 93 759 00 91。☺ 1月22日和8月1日。🏰 纪念塔楼 Torre de l'Homenatge 🕓 周日的11:00到16:00。

在卡布莱拉这个被松林环抱的小镇，可参观布里阿科城堡（12世纪到15世纪）遗址。从著名的景点彼坎特（Picant）出发，需要步行大约40分钟。从海拔350米的城堡顶端俯瞰，马莱斯梅的美丽风光尽收眼底。如果是在周末，游人们还可参观一下城堡里的纪念塔楼。

马莱斯梅的农业

马莱斯梅农业的最明显特征之一就是温室大棚种植，这种方式完全改变了这个地区的面貌。主要的蔬菜有豌豆等，这里出产的草莓以其味道可口而闻名，除此之外此地种植的花卉也非常出名。

5

阿尔根多那
Argentona

ⓘ c. Ramon Par, 1。☎ 93 797 49 00。🚌 Casas, SA; Cingles Bus, SA。☺ 1月第二个星期六和星期天，8月4日集市，花卉节（六月的第一个星期天）。🏛 坎蒂尔博物馆 Museu del Càntir 地址：pl.Església, 9。☎ 93 797 21 52。🕓 6月15日到9月15日，周二至周六，11:00至14:00，18:00至21:00；从9月16日到6月14日，周二至周五，10:00至13:00，17:00至20:00；周日和其他节假日，11:00至14:00，周一休息。$ 2欧元，带导游参观。网址：www.museucantir.org。

阿尔根多那是一个主要用于夏天度假的地方，同样也以它的喷泉而闻名。这一地区的温泉多达200多个，比较著名的有布里雅克、圣多梅内克、阿尔根多那、克拉那（Clarà）和巴约（Ballot）。这里的古城区，最早兴建于11世纪。

这里最负盛名的是历史遗留下来的领主们富丽堂皇、典雅高贵的建筑群。整个地区以后哥特式风格的圣胡丽亚教堂为中心扩展开去，位于教堂广场的坎蒂尔博物馆（Museu de Càntir）（坎蒂尔在加泰罗尼亚语中意为一种陶制的双嘴大肚的水罐）里陈列着近3000个按不同功能排列的水罐藏品。在阿尔根多那的新区，即西部的扩建区，有很多有趣的现代主义风格的住宅建筑。在河边，还可以观赏到很多卡巴尼埃斯农庄（Can Cabanyes）地区雄伟庄严的农庄建筑群。

朝着卡布莱拉的方向，还有一个很有意思的现代主义风格的楼宇——加里（Can Garí）。该楼在20世纪初由建筑师普伊·伊·卡达法尔切（Puig i Cadafalch）设计建造，被打算用作一个夏季避暑的地方。在阿尔根多那的周边地带，和其他地方一样，也陆续挖掘出很多古代伊比利亚和古罗马村庄的遗迹，例如图洛（Turó）和坎宾斯（Can Pins）等地方。

6

马塔洛
Mataró

ⓘ c. Riera, 48。☎ 93 758 21 21。🚌 Barcelona Bus, SL; Casas, SA; Cingles Bus, SA。🚆 Renfe ☺ 7月28日 其他节日：马塔洛特产展览会（6月11日）🏛 马塔洛博物馆 Museu de Mataró 地址：c. el Carreró, 17-19。☎ 93 758 24 01。🕓 9月15日到次年6月14日，周二至周五，18:00至21:00；周六周日及节假日，11:00至14:00，18:00至21:00。6月15日到9月14日、周二、周三、周四、周六、周日及节假日，18:00至21:00；周五，10:00至21:00。以下几天都休息：周一，1月1日，圣周星期五，5月1日，圣灵降临节，7月27日、12月25日和26日。导游要事先预约。🏛 马塔洛博物馆-拉乌德尔塔楼 Museu de Mataró,Clos Arqueològic de Torre Llauder 地址：av. de Lluís Companys。☎ 93 758 24 01 🕓 9月15日到次年6月14日，周六周日和其他节假日，11:00到14:00；6月15日到9月14日，周六周日和其他节假日，17:00至20:00。周一、周二、周三、周四、周五和每年的1月1日，圣周星期五、5月1日、7月27日、12月25日和12月26日休息。导游要事先预约。

作为这一地区的首府和重要的交通枢纽，马塔洛在最近若干年里经历了日新月异的发展。古老的罗马鲁洛区（Iluro）至今还保留着它作为一个重要的体育赛事海港的传统。这里优良的海滩也是不能不提的。坐落于老中心城区的圣玛丽亚大教堂内珍藏着一座重要的巴洛克风格的罗莎（Roser）的祭坛（1691年），此外，其中还有一座供奉着圣母多乐莱斯（Dolors）的神殿。这座神殿全部由巴洛克主义代表画家安东尼·彼拉多马特（Antoni Viladomat）一手设计的。在这座大教堂的四周还汇集着众多不尽相同的现代主义风格的建筑群。这里尤其要强调一下由现代派大师卡达法尔切建造的位于阿尔根多那大街上的住宅。卡达法尔切，这位出生于马塔洛的建筑

阿尔根多那，以坎蒂尔博物馆而著称

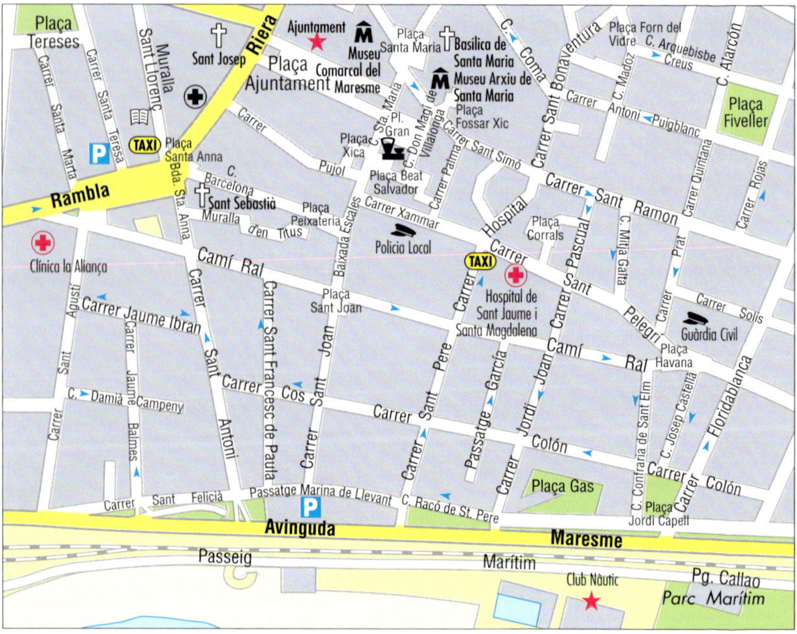

马塔洛城区地图

师曾于1917年至1924年间担任加泰罗尼亚联邦主席一职。在位于城中心一座16世纪的宫殿里的马莱斯梅地方博物馆里，还陈列着与这个地区历史息息相关的古代文物和其他一些当代展览品。

7 阿莱尼斯 *
Arenys de Mar *

ⓘ Riera Pare Fita, 31 (Edifici Calisay)。☎ 93 795 77 50。🚌 Cingles Bus, SA; Barcelona Bus, SL; Martín Colomar, SL。🚆 Renfe。☺ 7月9日 其他节日：萨尔达那大集会（4月的第二个星期天）。🏛 阿莱尼斯博物馆 Museu d'Arenys de Mar 地址：c. de l'Església43。☎ 93 79 217 84。🕓 周二到周六，11:00至13:00，18:00至20:00；周日和其他节假日，11:00到14:00。以下时间对外关闭：周一、1月1日、圣周星期五、7月9日、12月25日。💲 2.70欧元。导游要事先预约。参观祭坛后的宗教装饰屏时间：周一到周五，11:00到13:00，17:00到19:00；周六11:00到13:00；周日11:00到13:00，17:00到19:00（这一天还要考虑到弥撒的时间安排）。公墓参观时间：周二到周六，9:00到13:00，17:00到19:00；周日，9:00到14:00，周一休息。

位于马塔洛老中心城区的圣玛丽亚大教堂

阿莱尼斯位于一个连接着山脉和海洋的宽阔地带。居住在老城区的居民生活总是与地中海息息相关的。今天，旅游业、餐饮业和渔业是当地居民最主要的生活来源。出生于圣科罗马德法尔奈尔斯的作家萨尔瓦多·埃斯普里乌（Salvador Espriu），也曾和阿莱尼斯有过密切的联系，他经常在夏天来到这里度假。

这位加泰罗尼亚诗人在他的几部不同作品中都描写过这里居民的生活场景。在他名为《西奈拉公墓》的书中，埃斯普里乌称这里的公墓为“Sinera”（而这恰恰是Arenys倒过来后组成的词语）。在这个面向大海的公墓里，可以欣赏到何塞·伊莫那（Josep Llimona）和贝南西·巴伊米特哈那（Venanci Vallmitjana）的雕塑。在圣玛丽亚教堂的大祭坛后

卡奈特部分风光

有一个由雕塑家保罗·科斯塔（Pau Costa）设计的豪华精美的巴洛克式风格的装饰屏。普恩塔弗德里科马莱斯博物馆（El Museu de la Punta Frederic Marès）还收藏有一套绝无仅有的用线轴织成的纱织花边展品。

8

卡奈特
Canet de Mar

ⓘ Casa Museu Domènech i Montaner。☎ 93 794 08 98。🚌 Barcelona Bus，SL 🚆 Renfe。☺ 6月29日。

卡奈特是沿着河床两边建起来的。从N-II公路进入卡奈特镇后，可以看到很多现代主义风格的建筑。比如阿特奈奥，现代主义大师多梅内克的作品。在游览过整个小镇后最后应该去参观一下圣皮雷（Sant Pere）的哥特式教堂。还可以抽时间去一下慈悲神殿（santuari de la Misericòrdia），那里每年的9月初都会举行各种体育比赛。很多年前，卡奈特还是戏剧团“Els Comediants”建团的地方。该址位于一个漂亮的农庄里，可供游人参观。

9

圣波尔
Sant Pol de Mar

ⓘ c. Abad Deàs，36。☎ 93 760 45 47。🚌 Barcelona Bus，SL。🚆 Renfe ☺ 7月25日。其他节日：圣保罗的阿普莱科（1月25日），8月的艺术节。🏛 圣波尔博物馆 Museu de Sant Pol de Mar 地址：pl. de la Vila，1。☎ 93 760 04 51。⏲ 10月至次年6月，周六，18:00至20:00；周日和其他节假日，11:00到14:00。7月至9月，从周四到周日及其他节假日，18:00到21:00。

圣波尔海滩是马莱斯梅最美丽的海滩之一。环海滩狭长的街道旁布满了渔民们有着悠久历史的白房子，每逢夏天这里处处充满盎然生机。近年来，圣波尔的旅游者与日俱增，主要得益于这里高品质的酒店和旅游管理业的蓬勃发展。圣保罗修道院（Sant Pau）的建造继承了原马莱斯梅圣波尔古修道院的风格。它坐落于一个小小的山坡之上，从那里可以领略到小镇的旖旎风光。圣波尔另一座宗教建筑是修建于16世纪的带有后哥特式风格的圣加乌马教堂。它的钟楼前身是一个用于防守工事的塔楼，曾饱受外来战事的袭击。在教堂内部陈列着一尊圣女罗莎像和一幅圣母玛丽亚哀痛地抱着基督尸体的雕像，这是塞维利亚雕塑家胡安·马丁内斯·蒙塔内斯（Juan Martínez）的作品。其他一些较有特色的建筑还有：现代主义风格的公立学校以及建筑大师圣波尔籍人伊格纳西·马斯·伊·莫莱伊（Ignasi Mas i Morell）的作品。这里还有一个市立博物馆，里面

阿莱尼斯活跃的捕鱼港口

圣波尔与地中海只隔着一条铁路

陈列有诸多艺术大师，像拉蒙·卡萨斯（Ramon Casas）、拉蒙·皮乔特（Ramon Pichot）、胡安·米罗及一些当地画家的作品。在圣波尔的周边地带还发掘出了一些千年以上的历史遗迹，像法莱伊和卡斯德鲁姆的伊比利亚及古罗马的村落遗址。离开村镇一公里的地方有一个停车场。从停车场可以步行去到小海湾，其中一个小海湾是裸体主义者的天堂，这里风景秀丽，通常也比其他聚集了很多人的海滩更加幽静。

10

卡莱亚
Calella

ⓘ c. Sant Jaume, 231。☎ 93 769 05 59。🚌 Barcelona Bus, SL; Eurolines Peninsular, SA; Autocares A.García, SA; Autocars Calella, SL; Starbús。🚆 Renfe。☺ 6月16日。🏛 卡莱亚市立档案馆 Museu-Arxiu Municipal de Calella 地址：c. de les Escoles Pies, 36。☎ 93 769 51 02。🕒 周二至周六，17:00到20:00；周一、1月1日、1月6日、5月1日、6月16日、9月11日、9月23日以及12月25日和26日停止对外开放。

卡莱亚最早兴起于14世纪，尽管直到一个世纪以后才正式作为一个镇而存在。在小镇的大街小巷至今还可以看到具有那个时代建筑风格的作品。其中的代表作有现在被用作市立档案博物馆的经过重建的哥特式建筑。这座博物馆收集了卡莱亚历史上所发现的古文物，另外在这间博物馆内还专门设有一个厅用于展示过去的传统行业。新古典主义风格的圣玛丽亚教堂则保留了原有庙宇属于巴洛克风格的前殿。从19世纪末开始，由于拥有得天独厚的海滩，卡莱亚逐渐转变成一个重要的旅游中心。拥有众多花园、面积宽广的达尔马乌公园（Parc Dalmau）是这座城市另一个引人入胜的去处。

11

皮奈达
Pineda de Mar

ⓘ c. Sant Joan, 57。☎ 93 762 34 90。🚌 Barcelona Bus, SL; Autocares A. García, SA。🚆 Renfe。☺ 圣霍佩蒂特节（6月24日）和圣胡安格罗斯节（8月29日）。

皮奈达，这个离旅游胜地卡莱亚很近的具有古罗马渊源的小镇，也拥有一个绝好的海滩。它的名字来源于古时候靠近海边的一片松林。这个小镇自中世纪以来就饱受各种战乱之苦，很多的建筑群和古迹都在战乱中被摧毁。这座城市的历史以各种方式留存在人们的记忆里。在一些纪念碑上依然可以看到影射过去历史的碑文。尽管在20世纪的六七十年代这里曾经历了一场声势浩大的城市扩建运动，但在原有的中心地带还是保留了大量18和19世纪的建筑。在前身是国家公路的马约尔大街（Carrer Major）上可以欣赏到哥特式风格的十字架和带有哥特式大窗子的建筑群。

在海之街（carrer del Mar）（这条街是渔民聚集区的一条中心线）上矗立着一株名为“美丽树荫”的大树，据说这棵树是140年前由一位到美洲殖民地发财致富后回国的加泰罗尼亚人种下的。紧挨着公路边的圣玛丽亚教堂，是在一个以前的修道院的基础上修建起来的。它的各个建筑部分还分属好几个不同的时代：中心大厅是16世纪建的，两边的侧厅和钟楼是18世纪修建的，而教堂的正面则是巴洛克式风格的。其中的一些碑文记述了这个城镇在1545年所经历的一场由土耳其发起的武装进攻。在那个时代，这座教堂起到防御和给居民提供避难场所的作用。圣约尔蒂学校是一座现代建筑物，它是建筑设计师奥里奥尔·波伊加斯和何塞·马尔多莱伊以及大卫·马科卡伊等人的共同作品。在拉瓜尔蒂阿的小山丘上至今还矗立着3世纪古罗马人修建的水管桥当中的四个拱形建筑物。

实用向导

周边地区

发源于蒙特塞尼山脉的拉多尔德拉河在马尔格拉特、帕拉弗伊斯、布拉奈斯南部等城镇都拥有它宽阔的河口。它在河口处形成一个巨大的三角洲，这是加泰罗尼亚地区第三大三角洲。仅次于埃布罗河和约布雷加特河三角洲。

埃斯德拉科的加尔德斯则是一个以海水浴场和温泉而闻名的小镇，这里的温泉水富含氯化钠而且温度可达 37°C。

餐馆

巴达隆那 Badalona

Obiols 餐馆 地址：c. Prim, 170。☎ 93 384 42 78。周一和 8 月的后半个月停止营业。

阿尔根多那 Argentona

El Celler d'Argentona 餐馆 地址：c. Bernat de Riudemeya, 6。☎ 93 797 02 69。周一和周日的晚上停止对外营业。€€

马塔洛 Mataró

Dimas 餐馆 地址：p. de Callao, s/n。☎ 93 790 32 09。周三和周日的下午停止对外营业。这里的鱼是极负盛名的。€€€

El Nou Cents 餐馆 地址：c. Torrent, 21。☎ 93 799 37 51。周日及圣周，7 月 25 日到 8 月 25 日这段时间停止对外营业，值得一提的是用巧克力做的马塔洛大虾。€€

阿莱尼斯 Arenys de Mar

Bar-Restaurante de Mariners 酒吧餐馆 地址：Arenys 港。☎ 93 792 38 207。有各种类型的鱼和新鲜的海产品。€€

Hispania 餐馆 地址：c. Real, 54。☎ 93 791 04 57。周二、周日晚上，十月和圣周的十天都停止营业。€€€

圣波尔 Sant Pol de Mar

Sant Pau 餐馆 地址：c. Nou, 8-10。☎ 93 760 06 62。周日晚上和周一不营业。€€€

卡莱亚 Calella

El hogar gallego 餐馆 地址：c. Ànimes, 73-75。☎ 93 766 20 27。周一和二月份不营业。这里主要吃鱼和海鲜。€€

皮奈达 Pineda de Mar

La Taverna 酒馆 地址：c. Ciutadans, 25。☎ 93 767 00 78。周一不营业。€€

住宿

酒店

巴达隆那 Badalona

Miramar 大酒店 地址：c. Santa Madrona, 60。☎ 93 384 03 11。

马塔洛 Mataró

Hotel NH Ciudad de Mataró 大酒店 地址：c. Camí Reial, 648。☎ 93 757 55 22。离海滩仅 100 米，非常舒适。

圣波尔 Sant Pol de Mar

Gran Sol 酒店 *** 地址：crta. N-II, km 644。☎ 93 760 00 51。离海滩非常近。

La Costa 酒店 地址：c. Nou, 30-32。☎ 93 760 01 51。

卡莱亚 Calella

Sant Jordi 酒店 *** 地址：av. del Turisme, 80-88。☎ 93 766 59 80。

皮奈达 Pineda de Mar

Mercè 酒店 ** 地址 c. Ciutadans, 25。☎ 93 767 00 78。从 10 月 21 日到次年的 5 月 21 日停止营业。酒店内设施一流。

Mont-Palau 酒店 地址：c.Roig i Jalpi, 1。☎ 93 767 14 66。离海滩仅 400 米。

乡村旅馆

圣苏萨娜 Santa Susanna

Can Solé 乡村旅馆 地址：Casa de Camp Horta Solé。☎ 93 767 84 66。9 月到次年 6 月不营业。

露营地

阿莱尼斯 Arenys de Mar

Càmping Carlitos 地址：crta. N-II, km658。☎ 93 792 13 55。设施一流。

卡奈特 Canet de Mar

El Globo Rojo 地址：crta. N-II, km660。☎ 93 794 11 43。

约布雷加特三角洲
El Delta del Llobregat

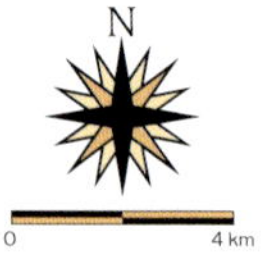

下约布雷加特镇的河口为出发点，可以设计一条横穿下约布雷加特镇(Baix Llobregat)南部地区的旅游线路。这条线路引人入胜的独特之处在于沿途可以一览海滩的自然风光，闻名遐迩的19世纪末的纺织业中心，充满现代主义气息的建筑。其中就包括在克罗尼亚·桂尔的一个由安东尼·高迪(Antoni Gaudí)建造的墓室。同样具有现代主义风格的还有由何塞·M.胡安建造的“圣胡安·德斯皮之家”。除此之外，同样值得一游的还有加瓦的史前矿山以及位于加拉夫高地(massís del Garraf)旁边的避暑胜地贝格斯。

行程:
1天/44km

约布雷加特三角洲自然保护区
(Reserva natural del delta del Llobregat)
→卡斯特尔德菲斯(Castelldefels) **11km**
卡斯特尔德菲斯→加瓦(Gavà) **4km**
加瓦→布鲁戈斯(Bruguers) **5km**
布鲁戈斯→贝格斯(Begues) **4km**
贝格斯→克罗尼亚·桂尔(Colònia Güell) **10km**
克罗尼亚·桂尔→圣波伊(Sant Boi de Llob) **3km**
圣波伊→圣胡安·德斯皮
(Sant Joan Despí) **7km**

1

约布雷加特三角洲自然保护区
La reserva natural del delta del Llobregat

ⓘ c. Major, 2。📞 93 379 00 50。🚆 RENFE。✈ El Prat。☺ 9月26日。🏛 约布雷加特三角洲讲解中心 Centre d'interpretació del delta del Llobregat 地址：pl. Pau Casals, s/n。📞 93 370 90 02。🕓 8:00到15:00。带导游讲解。🏛 普拉特博物馆 Museu del Prat 地址：pl. Pau Casals, s/n。🕓 逢周一至周五，17:00到21:00；逢周六只有上午开放。导游讲解提前预约。

约布雷加特三角洲的面积为90平方公里，一马平川，其中被开辟为自然保护区的地带分别被命名为普拉特·德·约布雷加特（el Prat de Llobregat）、维拉德坎斯（Viladecans）、卡斯特尔德菲斯。这个三角洲地带从18000年前开始形成。如今的部分近海海岸线在罗马时期，还是一块露出海面、面积约3平方公里的土地。

这块三角洲的土地面貌始终处于变化之中。近些年来，由于河水的冲刷作用，土地的面积有所缩减。与海边的景色不同的是，在这个自然保护区里，主要看点在于多种多样的动植物群落，尤其是禽类。鸟类爱好者们可以在那里找到很多观赏鸟类的绝佳观赏点。要想参观这一自然保护区，建议大家最好按照我们这里所推荐的路线来游览。比较理想的出发点是巴萨（Bassa）——一个位于普拉特北部的人工湿地。在海边沙滩，也有一小块自然保护区的空间。由于距机场非常近，游客们将会惊奇地看到低空飞行的飞机。从海滩开始，游客可以考虑骑着自行车顺着瓦伦西亚公路，到达里卡达水塘（estany de la Ricarda），在那里可以看到许许多多三角洲地区的植物。阿拉那水塘（estany de l'Arana）和雷默拉尔水塘（estany del Remolar）也是非常理想的观赏鸟类的地点。如果有兴趣的话，我们还可以前往穆尔德拉水塘（estany de la Murtra）。在自然保护区中，有一部分土地是属于私人所有的。整个旅游线路中，有个别地段是不太好走的，但相信等到正在进行中的市政建设完工以后，情况将会有很大的改善。

卡斯特尔德菲斯的奥林匹克运河

2

卡斯特尔德菲斯
Castelldefels

ⓘ pl. de l'Església。📞 93 635 27 27。🚌 Cintoi Bus, SL; Mohn, SL。🚆 RENFE。☺ 8月15日。其他节日：舞蹈节（7月）。

卡斯特尔德菲斯是白克斯—约布雷加特地区最著名的旅游地点。它最具魅力的地方就是那一大片拥有着浅滩细沙的海湾。在卡斯特尔德菲斯城里，我们能看到一座同名的城堡。在19和20世纪，建筑家恩里克·萨格尼尔（Enric Sagnier）对它进行了重建，使这座城堡重现了中世纪的风格。这座中世纪时修建的城墙一直保存到了今天。城堡的一边矗立着圣玛丽亚教堂（església de Santa Maria），它总体上是罗马式风格的，其中也糅合了哥特式风格的因素。它的四周被一个花园环绕，漫步在其间，可以眺望到远处的深海。

卡斯特尔德菲斯位于圣玛丽亚城堡和教堂的脚下

加拉夫自然公园
Parc Natural del Garraf

加拉夫自然公园位于加拉夫高地，地跨白克斯·约布雷加特区、加拉夫—阿特—佩内德斯区。根据地质成分的不同，可将这个自然公园划分为两个部分：石灰岩地区和赤砾岩地区。即便走不同的旅行路线，我们都能够欣赏到独特的动植物景观，还能借机参观路上所见到的庄园。要想获得更详细的信息，您可以致电自然公园文献中心，位于加瓦博物馆，地址：plaça Dolors Clua，13-14，☎ 93 638 25 70。⌚ 逢周一至周五，9:30 到 13:00，17:00 到 20:00。

1992年，为了迎接同年的巴塞罗那奥运会，政府在卡斯特尔德菲斯修建了奥林匹克运河。在这片宽阔的水域上，人们可以从事许多水上运动，在夏季的晚上来此休闲还可以享受很高的折扣。

3

坎汀多雷尔矿山
Les mines de Can Tintorer a Gavà

ⓘ c. Salvador Lluch，22。☎ 93 263 91 00。🚌 Mohn，SL。🚆 RENFE。☺ 8月15日。🏛 史前矿山 Mines prehistòriques 地址：c. Jaume I。☎ 93 662 35 85。⌚ 9月15日到次年6月15日，早上，9:30到14:00，下午，逢周二到周六，15:00到18:00；6月16日到9月15日，早上，10:00到14:00，下午，逢周二到周六16:00到19:00；逢周一不开放。💲 普通游客4欧元，探险游客7欧元。导游讲解须提前预约。🏛 加瓦博物馆 Museu de Gavà 地址：pl. Dolors Clua，13-14。☎ 93 683 25 70。⌚ 9月15日到次年6月15日，9:30到13:00，17:00到20:00；逢周六及周日，11:00到14:00；周六只有下午开放；6月16日到9月15日，9:30到13:00，18:00到21:00；逢周一，周日下午，6月24日，12月25日，12月26日，1月1日不开放。带导游讲解。网址：www.patrimonigava.com。

坎汀多雷尔矿山在史前时期是整个欧洲最古老的矿山之一，也是唯一用以开采磷铝石矿的矿山。在新石器时代，这种绿色的石头是用来制作装饰品的。今天，我们可以在卡瓦参观这些矿山，也可以沿着矿山的多条巷道步行。有一种所谓的"探险者之旅"将会引导游客到达那些不易接近的地区。在加瓦博物馆，以矿山的形成过程为线索，您将会了解到矿山的变迁。

4

布鲁戈斯庙和埃兰普伦亚城堡
L´ermita de Bruguers i el castell d´Eramprunyà

ⓘ 参看Gavà。☎ 93 263 91 00。✝ 逢周日及节庆日，12:00。

布鲁戈斯庙位于加瓦和贝格斯的交界处，它的旁边就是通向贝格斯（Begues）的公路。该庙在埃兰普伦亚城堡的下面，周围有许多家餐馆。这座罗马风格的建筑修建于13世纪，里面有一个大殿，穹顶为半圆形，四边共有四间墓室，另外还有一个哥特式的门廊。前方还有一个同时代的十字架。

如果不想爬到上面的城堡的话（爬上去大约耗时35分钟），那么游客可以就在此地欣赏海景，领略加拉夫高地的风光。而且，我们强烈建议大家沿着一条从西北通向城堡后部的公路略走一小段，这条公路上有一段路很陡，路面上布满了石头，但很快我们就可以观赏到悬崖峭壁，看到加拉夫高地独具特色的岩石。

加瓦最引人瞩目的休闲地点之一：里乌克塔

5

贝格斯 *
Begues *

ⓘ av.Torres Vilaró, 4。☎ 93 639 05 38。🚌 Mohn, SL。☺7月25日。🏨 巴拉乌·诺贝亚 Palau Novella ☎ 93 743 22 85。

贝格斯是一个避暑胜地，坐落在加拉夫高地之中，它的中央是一条小街道和一个鲜花盛开的广场。在贝格斯有一座名为圣克里斯托弗的教堂(església de Sant Cristòfol)，修建于16世纪。建议游客可以根据不同的参观路线，到加拉夫自然公园(Parc Natural del Garraf)去游览。这座加拉夫自然公园面积100平方公里，涵盖了加拉夫高地中最多山的区域。

从贝格斯可以到达莫雷亚(Morella)，加拉夫高地的最高点(海拔约600米)。以上所说的这一趟旅程步行大约需要1小时45分钟。站在山顶上俯瞰，景色宜人，令人心驰神往。

游客从246号街区可以到诺维亚宫(Palau Novella)，这是一座印度人的宫殿，如今已成为一座向游客开放的佛教景点。

6

克罗尼亚·桂尔 **
La colònia Güell **

ⓘ c. Pau Casals, 26-34。☎ 93 645 07 00。☺ 圣·科罗马德·塞尔维奥，8月15日；克罗尼亚·桂尔，圣心节 Sagrat Cor。🏨 克罗尼亚·桂尔 Colònia Güell Ⓢ 1欧元。✝ ☺ 圣心节。

克罗尼亚·桂尔是19世纪末出现的一大批纺织业中心之一，这一时期的纺织业的繁荣得益于当时巴塞罗那的工业发展以及工会扩展。企业家欧塞维·桂尔(Eusebi Güell)抓住机遇，决定于1890年把他的纺织厂瓦博尔·桂尔(Vapor Güell)迁到了塞尔维

加拉夫自然公园里，贝格斯有一座现代主义风格的建筑

利奥(Cervelló)，同时，在当地也建立了一片具备社区服务设施的移民区。

今天，这座纺织厂仍在运行之中，只是工人已经不必一定要在工厂里劳作了。在那里，游客可以穿梭于高大的树丛之中，欣赏周边现代主义风格的建筑。这些建筑都是高迪的学生贝雷戈尔(Berenguer)和鲁维奥·贝尔维(Rubió i Bellver)之手。

在这里，毫无疑问，最有名的建筑非桂尔地下教堂莫属了。它由安东尼·高迪设计，由于其建筑的美妙绝伦而被公认为高迪最重要的作品之一。桂尔地下教堂位于一片树林之中，处于当地较高的位置，游人可以通过一段宽敞的石梯来到这座地下教堂。

这座地下教堂仅仅是高迪建造的一座教堂的一部分。高迪受哥特式风格的启发，完成了这座类似于圣家堂的建筑。事实上，有人认为，高迪是把这个地下教堂作为了一次结构创新的尝试，之后在此经验的基础上，建造出了巴塞罗那那座举世闻名的教堂。高迪把这座地下教堂看作是一个有生命的东西，在其间加入了周围的自然因素。建筑的外部由11根高低不等的石柱构成，用以支撑尚未完工的顶部。在墙上开了几扇蝴蝶形状的彩色玻璃窗，阳光就从彩色玻璃窗穿过。除此之外，屋子的内部没有其他更多的装

坐落于加拉夫海岸的一座出自高迪之手的建筑作品

"魔鬼桥"和"镶花瓷砖"

马尔多莱伊的"魔鬼桥"位于约布雷加特河面上，原为罗马式风格，后来加入了一些哥特式的装饰。人们认为这座桥是非人力所能建造的。传说魔鬼建造了这座桥，并提出以第一个通过的人的灵魂作为交换。第一个必须要过桥的人欺骗了魔鬼，他自己没有过去，而是先让一只猫通过了。1931年，这座桥被确定为国家纪念性建筑。

在马尔多莱伊还可以造访"镶花瓷砖"（加泰罗尼亚语为"enrajolada"，西班牙语为"embaldosada"）。这是一座博物馆，里面展出的是桑塔卡纳家族（família Santacana）的陶瓷器皿和许多其他有趣的收藏品。

饰了。这座地下教堂为平顶的椭圆形，通过祭台对面的木椅，我们可以更加形象地领略到高迪在设计上的特点。

外面有一些台阶会把游客带到祭台后面比较高的地方，从那里可以更清楚地看到整座地下教堂。另外，我们还可以在这里看到一个展出高迪画稿的小博物馆。

7

圣波伊
Sant Boi de Llobregat

ⓘ pl. Ajuntament, 1。☎ 93 635 12 12。🚌 Mohn, SL; Oliveras, SA, La Hispano Igualadina, SA。🚆 Ferrocarrils de la Generalitat。☺ 5月20日。其他节日：农产品庙会，12月8日。🏛 圣波伊温泉 Termes romanes de Sant Boi de Llobregat 地址：av. de Maria Girona。☎ 93 635 12 50。🕒 逢周五，17:00到19:00；逢周六，11:00到14:00，17:00到19:00；逢周日，11:00到14:00。逢周一不开放。带导游讲解。

在到达圣波伊之前，从公路上可以看到矗立于小城之巅的圣巴尔蒂里主教教堂（església parroquial de Sant Baldiri）。这座巴洛克风格的教堂建造于17世纪，其中保留有些许罗马式教堂的风格。

在教堂里面有一幅画家鲁伊斯·达尔毛（Lluís Dalmau）所作的哥特式风格的画作，另外还有1714年内战时期加泰罗尼亚地区的领袖拉法埃尔·卡萨诺瓦（Rafael Casanova, 1660-1743）之墓。在教堂的外部有一座观望台，从那里可以俯瞰到整个约布雷加特平原。建议游客可以围绕老城区游览一遍，那里有一些值得一看的深宅大院。前不久刚刚向公众开放了圣波伊温泉，那里有游泳池和淋浴房等休闲设施。

8

圣胡安·德斯皮
Sant Joan Despí

ⓘ Camí del Mig, 9。☎ 93 480 60 00。🚌 TMB, SA; Mohn, SL; Oliveras, SA, Rosanbús, SL。🚆 RENFE。☺ 6月24日。🏛 克雷乌塔 Torre de la Creu o dels Ous 地址：pg. Canalies, 14。🏛 胡安中心—卡萨内戈雷 Centre Jujol-Casa Negre 地址：pl. Catalunya, s/n。☎ 93 373 73 63。导游讲解须提前预订。

在圣胡安·德斯皮有很多现代主义风格的建筑，例如避暑度假村卡萨内戈雷以及克雷乌塔。这两座

横跨约布雷加特河的充满传奇色彩的"魔鬼桥"，位于马尔多莱伊

恩拉赫拉达（意为“镶花瓷砖”）是马尔多莱伊一座很有意思的展览馆，里面陈列着精美的镶花瓷砖展品

建筑都出自何塞·玛丽亚·朱约尔（Josep Maria Jujol，1879–1949）之手。他是塔拉戈纳的建筑师和设计师，曾与安东尼·高迪合作过。

卡萨内戈雷位于加泰罗尼亚广场，离市政府大楼很近，其整个侧面都堪称精美。这是一个现代主义版的庄园，修建于1914年到1930年之间。起初里面是由菜园和花园环绕的，现在开辟成了胡安中心，在此可以看到建筑师的许多设计图纸以及建筑的内部情况。

在火车站旁边，矗立着克雷乌塔（加泰罗尼亚语意为“十字塔”，也叫做奥斯塔（torre dels Ous，加泰罗尼亚语意为“鸡蛋塔”）。它是于1916年为朱约尔的一位阿姨修建的，是作者建筑风格特点的完美展示。这座建筑由五部分组成，每部分都分别带有穹顶，目前这里是精神病学中心。

沿着城市游览，我们还能看到其他的一些具有现代主义风格的建筑。在圣胡安·德斯皮还有一些加泰罗尼亚电视台的工作室。

实用向导

周边地区

在托雷耶斯·德尔·约布雷加特（Torrelles de Llobregat）的加泰罗尼亚缩微公园（parc Catalunya Miniatura），可以用另外一种视角来欣赏加泰罗尼亚地区的有趣景点。

在圣·维森特·德尔·奥尔特斯（Sant Vicenç dels Horts），可以参观母亲博物馆（museu de la Mare）以及布伊·卡斯德里亚（Puig Castellar）的伊比利亚村（poblat ibèric）遗迹。

游客可以把卡尔维利奥村（Cervelló）作为另外一条非常有趣的路线。

尤其值得一提的是位于科尔贝拉（Corbera）的圣·彭克修道院（monestir benedictí de Sant Ponç），这是一座始建于11世纪的罗马式教堂，只有一间大殿，三个穹顶。周围的环境异常肃穆，人们可以以此为基础设计多条旅游线路。

餐馆

卡斯特尔德菲斯 Castelldefels

La Canasta 餐馆 地址：pg. Marítim，197。✆ 93 665 68 57。暂停营业时间：冬季、周日晚上。餐馆主要经营各类海鲜和鱼类。€€

Las Botas 餐馆 地址：ctra. comarcal 246，km 20,3。✆ 93 665 18 24。餐馆暂停营业时间：10月到次年6月的周日晚上。加泰罗尼亚地方菜。€€

Can Moyas 餐馆 地址：c. Estrella de Mar，10。✆ 93 636 12 81。地处市中心。€€

克罗尼亚·桂尔 La colònia Güell

El Capritx 餐馆 地址：c. Reixac，16。✆ 93 630 76 52。只在中午营业。€€

圣胡安·德斯皮 Sant Joan Despí

Can Pau Torrents 餐馆 地址：c. Despoblat，20。✆ 93 373 10 43。

住宿

酒店

卡斯特尔德菲斯 Castelldefels

Luna 酒店 *** 地址：pg. de la Marina，153。✆ 93 665 21 50。

Rey Don Jaime 酒店 **** 地址：av. del Hotel，22。✆ 93 665 13 00。

Ciutat de Castelldefels 酒店 *** 地址：pg. Maria，212。✆ 93 665 19 00。

圣波伊 Sant Boi de Llobregat

El Castell 酒店 地址：c. del Castell。✆ 93 640 07 00。该酒店就在老城堡原来的位置。

圣胡安·德斯皮 Sant Joan Despí

Hesperia Sant Joan 酒店 地址：c. Josep Trueta，2。✆ 93 477 30 03。

露营地 Gavà

Tres estrellas 地址：ctra. C-31，km 186，2（Autovia de Castelldefels）。✆ 93 633 06 37。

比那德斯与加拉夫
El Penedès i el Garraf

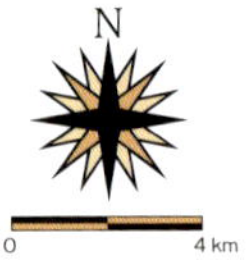

当在比那德斯与加拉夫两地旅行时，你可以享受到一样景致的海岸和到处都是葡萄种植园的内陆风光。在到处都是重要的葡萄酒产区之中，比拉佛朗加和圣萨杜尔尼是最重要的两个地方。奥来尔多拉最开始是移民定居之地，随后移民相继在平原和沿海出现。比拉诺瓦和黑尔德鲁、西吉斯以及加拉菲尔是三个海边小镇，19世纪以航海和贸易闻名，之后则依靠旅游业带旺了经济。

行程:
2天/97km

奔德雷尔（El Vendrell）
→比拉佛朗加（Vilafranca del Penedès） **21km**
比拉佛朗加→圣萨杜尔尼（Sant Sadurní d'Anoia） **12km**
圣萨杜尔尼→奥来尔多拉（Olèrdola） **18km**
奥来尔多拉→比拉诺瓦和黑尔德鲁（Vilanova i la Geltrú） **10km**
比拉诺瓦和黑尔德鲁→西吉斯（Sitges） **8km**
西吉斯→加拉菲尔（Calafell） **28km**

奔德雷尔风光。这里是保罗・加萨尔斯的出生地

❶

奔德雷尔
El Vendrell

ⓘ av. Brisamar。☎ 977 68 00 10。🚌 Cintoi Bus, SL; Autocares Poch, SA; La Hispano Igualadina, SA; AutocaresdelPenedès, SA; La Hispano de Fuente en Segures, SA。🚆 RENFE。☺ 圣安娜节（7月26日）。🏛 德乌博物馆Museu Deu地址：pl. Nova, 6。☎ 977 66 63 08。🕘 9月到次年6月，逢周二到周五，10:00到13:00，17:00到20:00；逢周六，10:00到13:00，18:00到21:00；逢周日，11:00到14:00。7月到8月，工作日，10:00到13:00，18:00到21:00；周六，11:00到14:00，18:00到21:00；周日和其他节假日，11:00到14:00。💲 4欧元，带导游讲解。🏛 加尔基梅拉博物馆 Casa Museu Cal Guimerà ☎ 977 66 56 84。🕘 9月到次年6月，10:00到14:00，17:00到19:00；7月到8月，10:00到14:00，18:00到20:00；逢周六，11:00到14:00；17:00到20:00；逢周日和节假日，11:00到14:00。💲 1欧元。

比那德斯地区的首府向着内陆平原延伸。包括高马陆加（Coma-ruga）海滩（在20世纪初，曾有过一些重要的温泉浴场），圣萨尔瓦多和菲兰加斯（Sant Salvador i el Francàs）在内的这些地方都是当地有名的消暑胜地。

圣萨尔瓦多教区的教堂是一座在原址上重建的新古典主义的建筑。钟楼是一座八角形的建筑，以其优美的流线造型而著称。其内部值得称道的是巴洛克式的管风琴，著名的大提琴手保罗・加萨尔斯（Pau Casals, 1876—1973）曾经用它来演绎过音乐作品。

加萨尔斯是加泰罗尼亚人民的儿子，很年轻的时候就被认为在大提琴的演奏上有着很深的造诣。他在大提琴上面倾注了他的生命。他的演奏技巧是划时代的。1939年，由于反对佛朗哥，他不得不开始了流亡生涯。1971年，他写就了联合国国歌，两年之后死在波多黎各的圣胡安（San Juan）。他的故居就在圣萨尔瓦多的海滩上，现正在修葺正名之中。故居的前面是一个以他名字命名的音乐厅。

德乌博物馆，是德乌方特（Deu Font）家族的产业。在这个博物馆里面有很重要的艺术收藏品，其中最为突出的要数华金・米勒（Joaquim Mir）和拉蒙・卡萨斯（Ramon Casas）两位著名画家的优秀作品了。

安吉尔基梅拉博物馆（Casa museu de l'Àngel Guimerà），是这位剧作家（1845—1924）家族的祖居。他是《大海与蓝天》（1888）和《低地》（1897）这些作品的作者。加尔基梅拉的原籍是加那利群岛，虽然说他父亲是奔德雷尔人，但是他于1853年定居于加泰罗尼亚并成为当时最重要的文人之一。

❷

比拉佛朗加 **
Vilafranca del Penedès **

ⓘ c. de la Cort, 14。☎ 93 818 12 54。🚌 Bus Castellví, SA; La Hispano Igualadina, SA; La Hispano Llacunense, SL; Autocars Vendrell, SL; T. y J. Plana, SL; Bacoma, SA; Llorente Bus, SL; Cintoi Bus, SL。🚆 RENFE。☺ 圣菲力克斯节（8月30日）。🏛 比拉佛朗加博物馆和葡萄酒博物馆 Museu de Vilafranca i Museu del Vi 地址：pl. de Jaume I, 1-3。☎ 93 890 05 82。🕘 9月到次年5月，周二到周六，10:00至14:00，16:00到19:00；周日和节假日，10:00至14:00。6月到9月，逢周二到周六，9:00到21:00；周日和节假日，10:00至14:00；周一不开放。💲 3欧元，带讲解。

比拉佛朗加的首要节日

比拉佛朗加的首要节日是加泰罗尼亚最典型的节日之一。8月30日，圣菲力克斯日（Sant Fèlix），所有人聚集在比拉广场（plaça de la Vila）。晚上，圣人进入圣玛丽亚大教堂是一个令人难忘的时刻。从此刻开始，喧闹和放纵成了夜晚的主题。

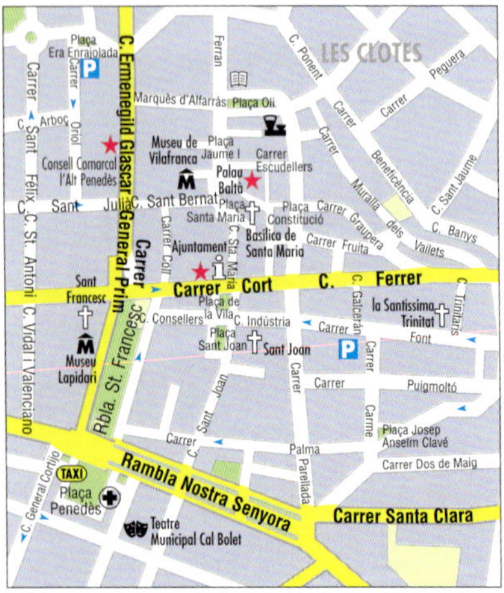

比拉佛朗加的城市中心地图

比那德斯地区的首府位于一个大平原上，整个平原就是一个巨大的葡萄种植园。它是本地区一个典型的中心城市：具备一切城市的便利条件，却不失它作为村庄的本色风情。如果不了解本地区不断发展壮大的葡萄酒酿酒业，你就不能透彻地了解比拉佛朗加。20世纪，奥来尔多拉的堡垒被攻破之后，当地的居民迁徙到平原，发现了这个更适宜居住的地方。比拉佛朗加这个城市原来有城墙，但是后来由于城市的不断发展扩张而被推倒了。在一群纪念性的建筑物中，值得一提的是圣玛丽亚大教堂。它是一座重要的14世纪的哥特式建筑。它只有一个中殿，上面有一个52米高的八角形的钟楼。在教堂的地下室里可以参观圣墓，这是雕刻家何塞·伊莫那（Josep Llimona）的作品。教堂旁边就是建于16世纪的佛拉雷特宫（el Palau del Fraret），教堂前面是卡斯特耶尔纪念碑和由雕刻家何塞·卡纳斯（Josep Cañas）雕刻的五层塔石柱。在庙宇之前，是13世纪时期哥特风格的古王宫。现在里面成了比拉佛朗加博物馆，展出的是19世纪和20世纪在考古、陶瓷和绘画等方面的珍品以及本地区的鸟类学藏品。在第一层，参观者可以游览酒类博物馆。这是一条有趣的路线，你可以同时了解到酒的历史和葡萄酒的酿造过程。哥特风格的圣佩雷格利（Sant Pelegrí）小教堂，倚着王宫而建。多罗雷斯（els Dolors）巴洛克式教堂

卡瓦酒

卡瓦酒是一种用香槟的酿造法制造出来的气泡酒。

这个方法从1994年起，香槟（Champagne）产区的法国生产商把这种酿造法称为传统方法。这个制造方法就是一次性地把糖和葡萄串的酵素转化为酒精和二氧化碳的发酵过程。最常用的葡萄种类有马卡贝奥（macabeu）、沙雷洛（xarel·lo）、帕雷亚达（parellada）与霞多丽（chardonnay）。酿造过程在酒窖进行，然后把酒装瓶并搁几个月。虽然这时已经有了酒的基调，但还可以往里添加烈酒来校正口感，使它更加平滑。卡瓦酒原产于加泰罗尼亚，是当地的特色。即使全世界有着用同一方法酿造出来的气泡酒，但加泰罗尼亚的才是正宗的。

比那德斯的比拉佛朗加的圣玛丽亚大教堂哥特式正门

圣萨杜尔尼·德·阿诺亚的菲雷伊斯内酒窖

和前者一样，它们在一条绕着圣玛丽亚（Santa Maria）广场的尽头。圣佛朗西斯科（Sant Francesc）修道院位于同名的大街上，里面珍藏着14世纪圣约尔蒂（Sant Jordi）哥特式装饰屏，这是鲁伊斯博拉萨（Lluís Borrassà）的重要作品，位于圣胡安广场上。市政府门前的圣胡安教堂（Sant Joan），是一座漂亮的罗马式建筑。

3

圣萨杜尔尼
Sant Sadurní d'Anoia

ⓘ c. Hospital, 26。☎ 93 891 31 88。🚌 La Hispano Llacunense, SL；La Hispano Igualadina，SA；Autocars Vendrell，SL。🚆 RENFE。☺ 圣萨杜尔尼节（11月29日）。🏰 科多纽酒窖 Caves Codorniu 地址：av. Codorniu, s/n。☎ 93 891 33 42。🕓 逢周一到周五，9:00到17:00；逢周六、周日及节假日，9:00到13:00。周末以及节假日参观须预约。🏰 菲雷伊斯内酒厂 Caves Freixenet 地址：c. Juan Sala, 2。☎ 93 891 70 00。🕓 逢周一到周四，10:00，13:30，15:30，17:00；逢周五10:00，13:30；逢周六周日、节假日、圣周、一年的第一周和最后一周不开放。带导游讲解。

圣萨杜尔尼镇将近80家企业生产了占整个西班牙90%的瓶装葡萄酒。早在18世纪时，葡萄种植园就在这个地区发展起来了。1872年，科多纽家（casa Codorniu）的约瑟夫拉文多斯（Josep Raventós），制成了第一瓶当时被称为香槟的酒。1887年发生的葡蚜危机，摧毁了所有的葡萄园（整个加泰罗尼亚地区约有40万公顷）。经过调整，后来这个地区恢复了往日的生产能力，现在成为现代化和技术化葡萄酒厂的典范。出口世界级葡萄酒使得这些企业成为加泰罗尼亚地区经济的佼佼者。要参观这个地区，必不可少的就是这边的酒厂了。这些酒厂的地名在整个地区标识都非常明显，使得参观者可以到达任何一个地方。大部分酒厂在工作日和节假日都接受参观，特别是那些重要的酒厂。很多酒厂里，除了演示卡瓦酒的制作过程之外，在建筑外观上也很有特色。其中值得推介的是科多纽酒窖，它位于一个自1551年就已经记载在册的古农场里，里面的现代主义建筑是建筑家何塞·普伊·卡达法克（Josep Puig i Cadafalch）的作品。用于使卡瓦酒在瓶内变陈的地下室有四层，值得一看。另外一个大生产商就是菲雷伊斯内（Freixenet），酒厂有着上个世纪初新中央主义（noucentista）风格的建筑。

4

奥来尔多拉 *
Olèrdola *

ⓘ av. Catalunya, 12。☎ 93 890 35 02。🚌 La Hispano Igualadina, SA；T. y J. Plana, SL；Cintoi Bus, SL。☺ 8月15日。🏰 奥来尔多拉城堡，矿床和博物馆 Castell d'Olèrdola, jaciment i museu。☎ 93 890 14 20。🕓 3月16日到10月15日，10:00到14:00，15:00到20:00；10月16日到次年3月15日，工作日，10:00到14:00，15:00到18:00；逢周六和节假日，10:00到16:00。$ 3欧元，带导游讲解。

奥来尔多拉曾是现在比那德斯与加拉夫地区居民的原聚集中心。新石器时期、伊比利亚时期、罗马时期以及后中世纪（12到13世纪）的许多遗址可以显示它的重要性。值得去参观一下被围墙围起来的那些

比拉诺瓦和黑尔德鲁的圣安东尼·阿巴特教堂

遗址。整个城市被分成四个部分：莫贾（Moja）、圣米格尔（Sant Miquel d'Olèrdola）、圣佩雷莫兰达（Sant Pere Molanta）以及比拉德约普斯（Viladellops），彼此四通八达。从圣米格尔过去，游客可以走到一条直接通向圣米格尔峰（358米）的路，那里有考古学的遗址。要强调一下的是，以下几个地方值得一游：伊比利亚时期从岩石下挖出的粮仓、古罗马城墙（公元前3世纪到公元前2世纪）、具有西哥特罗马风格的圣米格尔教堂、宋耶尔（Sunyer）伯爵在城市废墟上面建造的城堡遗址。推荐参观专题博物馆，那里展出了不同时期部落定居点的遗址。

5

比拉诺瓦和黑尔德鲁 **
Vilanova i la Geltrú **

ⓘ parc de Ribes Roges (pg. del Carme, s/n)。☎ 93 815 45 17。🚌 T. y J. Plana, SL; Cintoi Bus, SL。🚆 RENFE。☺ 雪圣女节（8月5日）。🏛 岗巴标尔罗马博物馆 Museu Romàntic Can Papiol 地址：c. Major, 32。☎ 93 893 03 82。🕒 逢周二到周六，9:30到14:00，16:00到18:00；逢周日，9:30到14:00。周一不开放。目前暂停开放。💲 2欧元，带导游讲解。🏛 罗伊多格斯航海博物馆 Museu de Curiositats Marineres Roig Toqués 地址：c. d'Alexandre de Cabanyes, 2。☎ 93 815 42 63。🕒逢周一到周日，12:00到14:00，17:00到20:00。💲 3欧元。🏛 铁路博物馆 Museu del Ferrocarril 地址：pl. de Eduard Maristany, s/n。☎ 93 815 84 91。🕒 周二到周日，10:30到14:30；逢周六，16:00到18:30；逢周一闭馆。💲 3欧元。🏛 维克多巴拉盖尔图书馆暨博物馆 Biblioteca-Museu Victor Balaguer 地址：av. de Víctor Balaguer, s/n。☎ 93 815 37 02。🕒6月到9月，逢周三至周五，10:00至14:00，16:30到19:30；10月到次年5月，10:00至14:00，16:00到19:00；逢周四，下午，18:00至20:30；逢周六、周日和节假日，10:00至14:00；逢周一、1月1日、1月6日、12月25日和12月26日均闭馆。💲 3欧元，带导游讲解。

加拉夫地区的首府是一个有着五万居民的动感城市。该城市旅游业很发达，它的沿城海岸线有4公里长，依然延续着古老的捕鱼传统。一个名为阿达拉（Adarra）的古居民点，现仍在挖掘过程中，据说是伊比利亚罗马人的起源地。比拉诺瓦创建于1274

奥来尔多拉考古建筑群中的罗马式教堂

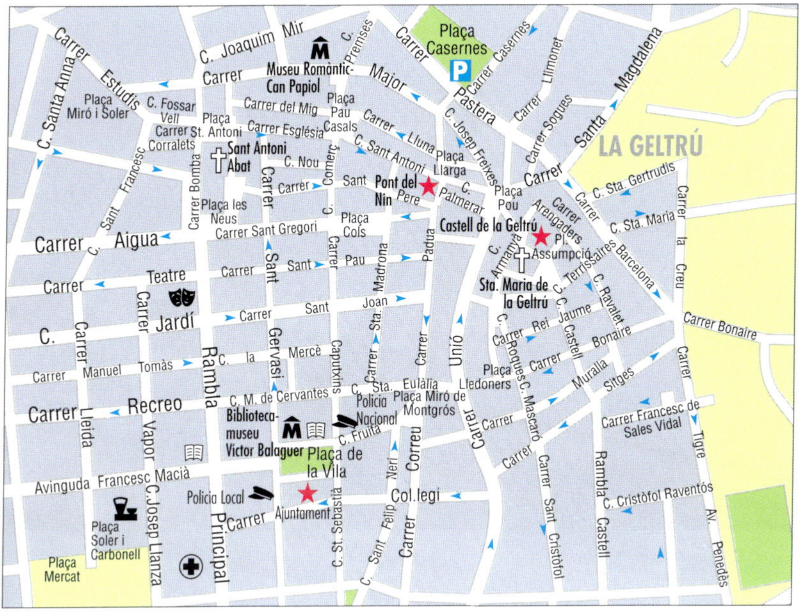

比拉诺瓦和黑尔德鲁的历史中心地图

年。1368年，黑尔德鲁并入比拉诺瓦，酝酿出了现在城市的雏形。在13世纪至16世纪之间，该城遭受了柏柏尔人的多次入侵。14世纪时，居民们筑起了城墙以抵御外来入侵。现在还可以在内格雷尔门厅（Portal del Negrell）欣赏到城门。18世纪兴起的贸易，主要集中在棉花和烧酒的海外贸易，使得比拉诺瓦在19世纪直接进入工业化。

1839年，西班牙第一家由蒸汽推动的工厂在此安家落户。黑尔德鲁工匠的白色建筑，有着殖民地的余味，比如市政广场；当地的现代主义建筑物不引人注目但令人陶醉；从海外（古巴和菲律宾）发财回来的人的小宫殿是那个经济辉煌时代的见证。浏览着岗巴标尔罗马博物馆的那些陈列架，游客可以清楚地了解到19世纪一个富裕家庭的日常生活。

维克多巴拉科尔图书馆暨博物馆是比拉诺瓦和黑尔德鲁最重要的博物馆。它是应著名的历史学家和政治家维克多·巴拉盖尔（Víctor Balaguer，1824—1901）的要求而创建的。在第一层，游客可以欣赏到19世纪当时博物馆内的原汁原味的摆设，包括艾尔格列高（El Greco）、胡安·卡雷尼奥·卡尔杜奇（Juan Carreño i Carducci）的作品，还有埃及古董厅以及考古学遗址。第二层重建于1997年，在这里游客可以欣赏到一个汇集了拉蒙·卡萨斯（Ramon Casas）、圣地亚哥·鲁西尼奥尔（Santiago Rusiñol）、玛丽亚·芭伊蕾达（Marià Vayreda）、华金·米尔（Joaquim Mir）、阿尔伯·拉佛尔斯（Albert Ràfols Casamada）、胡安·埃尔南德斯（Joan Hernández Pijuan）和胡安·约瑟夫（Joan Josep Tharrats）等人的加泰罗尼亚画作。博物馆还接受了马德里普拉多博物馆的转赠。罗伊多格斯航海兴趣博物馆汇集了古代航海用具。铁路博物馆展出的则是极其重要的收藏的蒸汽机车。

美食也是比拉诺瓦和黑尔德鲁吸引人的另外一个地方。特色菜肴有吞拿鱼香肠（bull de tonyina）、烧蒜头、油炸大蒜汁（all cremat）、剑鱼鱼汤泡饭（rossejat）、吞拿鱼鳃（espineta）、鱼类大杂烩（ranxos de peix）以及几种海鱼加特制酱汁制成的沙拉。比拉诺瓦的节日是加泰罗尼亚地区重要的节日之一。三圈节、狂欢节及地方首要节日给当地人的生活增添了一种特别的色彩。

6

西吉斯 **
Sitges **

ⓘ Sínia Morera, 1。✆ 93 894 50 04。🏛 卡乌菲拉特博物馆 Museu del Cau Ferrat 地址：c. Fonollar, s/n。✆ 93 894 03 64。◷ 6月到9月，10:00至21:00；9月到次年6月，9:30至14:00；逢周二至周五，16:00至18:00；逢周六，16:00至20:00；逢周日全天闭馆。逢周一、元旦、8月24日、12月25日和26日均下午开放。Ⓢ 4欧元，带导游讲解。🏛 玛丽赛尔博物馆 Museu Maricel 地址：c. Fonollar, s/n。✆ 93 894 03 64。◷ 6月到9月，10:00至21:00；9月到次年6月，早上，9:30至14:00，下午，逢周二至周五，16:00至18:00；逢周六，16:00至20:00；周日全天闭馆。周一、元旦、8月24日、12月25日和26日均下午开放。Ⓢ 4欧元，带导游讲解。🏛 罗曼蒂克博物馆 Museu Romàntic 地址：c. de Sant Gaudenci, 1。✆ 93 894 29 69。◷ 6月到9月，10:00至21:00；9月

仿如地中海的一座灯塔，西吉斯的圣特格拉及圣保尔托美乌教堂

到次年6月，早上，9:30至14:00，下午，周二至周五，16:00至18:00；逢周六，16:00至20:00；周日全天闭馆。逢周一、元旦、8月24日、12月25日和26日均下午开放。Ⓢ 4欧元，带导游讲解。

西吉斯是加泰罗尼亚主要的旅游胜地之一。它位于一面靠海的悬崖，坐拥得天独厚的地中海美景。它曾经目睹了汉尼拔（Aníbal，公元前247—公元前183，迦太基统帅）的军队从此经过，这些军队在通往罗马的路上包围了加拉夫。它曾是罗马人的要塞，经常被认为是神话中的苏布尔（Subur），还被拉丁作家们与阿拉伯城堡和中世纪要塞相提并论。城墙周围逐渐发展起了一个渔民城市。该城有沙滩，并向着通往巴塞罗那的道路延伸。西吉斯是一个重要的与美洲贸易的起航点，特别是烧酒和白葡萄酒。18—19世纪，在地中海和美洲的主要港口都有西吉斯的船和水手们。现在可以通过四条由西吉斯的街道组成的路线游览那些建筑遗产，一览这里超过80座风格迥异的建筑物。在因跨大西洋贸易而日渐丰富起来的先锋建筑风格中，以美洲风格最为出名。

著名的作家和画家圣地亚哥·鲁西尼奥尔（1861—1931）于1880年使得这个城市声名鹊起，这样一来西吉斯就变成了艺术现代主义的首都和不同艺术家以及创造家的聚集之地。鲁西尼奥尔住在两个古老的渔民民居里面。建筑师佛朗塞斯克·罗吉特（Francesc Rogent）对它们进行了改造，鲁西

夏多沙拉 El xató

本地区吸引人的美食之一就是夏多沙拉。一种海边和山区的沙拉，一月份左右就有很多人蜂拥而至去品尝。基本说来夏多沙拉就是一种沙拉苣荬菜和鳕鱼、橄榄、吞拿鱼以及鳕鱼，加上一种配以杏仁、番茄、柠檬、红椒、香草等煮成的酱汁，再搭配上尼奥拉椒 nyores：产于西班牙穆尔西亚的小而圆的椒，微辣）、烘焙过的干果、铁皮石斛、红灯笼椒、烤面包片、洋葱、蒜头、番茄、橄榄油和醋。这道沙拉配合菜豆卷饼一起吃。在这个配方的基础上，不同地方不同人演绎出无数的种类。

夏多沙拉

卡乌菲拉特

尼奥尔把它们命名为卡乌菲拉特。1892和1899年间人们在这里庆祝了现代主义节。1933年，在鲁西尼奥尔死后两年，当地建起了卡乌菲拉特博物馆。值得推介的藏品是格列高（El Greco）的两幅作品：《悔过的马达莱那》（Magdalena penitent）以及《圣佩德罗的忏悔》（El penediment de Sant Pere），还有拉蒙·卡萨斯、毕加索、伊西德来·诺内尔（Isidre Nonell）、伊格纳西·奥苏罗阿嘉（Ignacio Zuloaga）、米格尔·乌德利约（Miquel Utrillo）和鲁西尼奥尔自己的一些作品。该馆所藏的作品突出了从现实主义到象征主义的范围。马诺罗乌格（Manolo Hugué）、恩力克格拉拉索（Enric Clarassó）和帕乌加尔加约（Pau Gargallo）的雕刻作品，都是这座特别建筑吸引参观者的地方。

美国的收藏家和千万富翁查理斯·第尔林（Charles Deering）跟随着鲁西尼奥尔的脚步，把古老的圣胡安·巴普第斯塔医院（Sant Joan Baptista）改造成了一个存放他从整个西班牙搜罗的画作收藏品和古董的地方。

1910年开始的玛丽赛尔宫（Palau Maricel）的改造是由米格尔乌德利约负责的，同时他还负责了蒙特辉科的西班牙村（Poble Espanyol de Montjuïc）的改造。玛丽赛尔宫分成两个部分：陆地部分和海洋部分。前者值得强调的是入口处一扇15世纪的从萨拉曼卡运过来的大门。1913年画家何塞·M. 赛尔特（Josep M. Sert）完成了装饰宫殿内部的壁画。第二层的小回廊，有西吉斯的雕塑家皮雷·夏欧（Pere Jou）的作品，还有那些金蓝厅（Or i Blau），都是些使人流连忘返的独特之地。

自1970年起，在玛丽赛尔博物馆建造在堡垒岩石上的海洋部分，与其他最近一百年的藏品一起，放置了赫苏斯·皮雷斯医生（Jesús Pérez Rosales）的收藏、俄美仁西亚（Emerencià Roig）的水手收藏以及市政府的艺术收藏。从宫殿的这个角度，地中海、圣塞巴斯蒂安（Sant Sebastià）的沙滩以及小城的景色都有着一种独特的美丽。

让帕拉乌玛丽赛尔和卡乌菲拉特、圣巴尔托美乌（Sant Bartomeu）以及圣特格拉（Santa Tecla）小教堂相通的星状小巷被称为“宁静之角”（Racó de la Calma），因为它让参观者感到了内心的宁

通向“宁静之角”的石头台阶

加拉菲尔城堡的秘密小径

传说中提到加拉菲尔的穆斯林国王曾下令建造了一条从城堡通向海边的秘密小径，这样即使那时候已经被基督教徒围困了，他仍旧可以每天下午毫无危险地去游泳。一天下午，在海滩上，一个早已发现了国王藏身之处的基督教徒指使他的女人过去引诱国王，最后用匕首杀了国王并游泳逃走。

静。罗曼蒂克坎约比斯博物馆（Romàntic Can Llopis），是一座19世纪的房子，是建筑师何塞·波那文图拉（Josep Bonaventura）的作品。至今仍保存得相当完好，使得参观者得以近观在浪漫主义时期加泰罗尼亚地主一家在鼎盛时期的生活方式。1949年开馆以后，逐渐得以拓宽，其中一系列的画面描述了19世纪不同的生活场景和加泰罗尼亚民俗传统。第二层可以参观到插图画家罗拉·昂格拉达（Lola Anglada）的玩偶收藏，那里还聚集了不同国家的作品超过400件。西吉斯是一个国际都市，它承办了一些国际性的活动，比如西吉斯国际电影节。无与伦比的夜景、美食和酒店、海滩和1840年起就存在的海边大道（pg. Marítim i pg.de la Ribera）。便利的交通，毗邻巴塞罗那，这一切都使得该城成为一个吸引人前来度假的缤纷之都。几十年前，西吉斯曾被选为盖伊自治区的住宿和休闲之地。

7

加拉菲尔
Calafell

ⓘ c. de Sant Pere, 29-31。✆ 977 69 91 41。🚌 Cintoi Bus, SL；La Hispano Igualadina, SA；Autocares del Penedès, SA；La Hispano de Fuente en Segures, SA。🚆 RENFE。☺ 圣特佩雷节（6月29日）。🏰 伊比利亚堡垒 Ciutadella ibèrica 地址：ctra. C-246。✆ 977 69 46 83。🕒 1月、2月、11月、12月，周二至周日，11:00至14:00；3月到6月、9月、10月，逢周二至周五，11:00到14:00，16:00至18:00；7月、8月，11:00到14:00，18:00到21:00。$ 4欧元，带导游讲解。网址：www.ibercalafell.org。🏰 加拉菲尔城堡 Castell de Calafell ✆ 977 69 56 56。🕒 逢周一至周五，10:00至14:00；周六及周日，10:00至13:00，17:00至19:00。$ 2欧元，带导游讲解。

加拉菲尔现在是一个极其重要的旅游胜地。那些移民聚居地的遗址证明了这是几个世纪以来移民潮毫不间断的城市。加拉菲尔的伊比利亚堡垒公元前1世纪已有人居住，后来重建并整修了一次。10世纪的城堡遗址在战争中被菲利普四世（Felip IV）的军队摧毁过。加拉菲尔最引人注目的旅游景点是超过5公里长的细幼沙滩。

诗人卡洛斯巴拉尔（Carlos Barral，1928-1990）是一个出了名的喜欢度假的人。这位诗人在他的作品中无数次提到了海边的生活、沙滩的颜色、大海和远航。

加拉菲尔的城堡

实用向导

周边地区

喀斯特耶特酒类博物馆（Museu Castellet）在阿尔伯科（Arboç）。值得去游览风景如画的小村庄加拉夫，它位于一个面向大海的充满诗情画意的地方。桂尔日（Güell）酒庄就在小村进口处，是建筑师佛朗西斯科·贝冷戈尔（Francesc Berenguer）的现代主义作品。圣马丁·萨洛加（Sant Martí Sarroca）有两个吸引人之处：圣马丁子爵城堡（Castell de Sant Martí），在与穆斯林人的战争中被摧毁并于966年重建。

餐馆

比拉诺瓦和黑尔德鲁 Vilanova i la Geltrú

La Cucanya 餐馆 地址：Racó de Santa Llúcia, s/n。☎ 93 815 19 34。全年开放。推荐龙虾炖菜（la caldereta del llamàntol）。€€

Peixerot 餐馆 地址：pg. Marítim, 56。☎ 93 815 06 25。全年开放。€€€

比拉佛朗加 Vilafranca del Penedès

Cal Ton 餐馆 地址：c. Casal, 8。☎ 93 890 37 41。周日晚上以及周一关门。€€

Casa Joan 餐馆 地址：pl. de l'Estació, 8。☎ 93 890 31 71。周日，8月下半月以及圣诞节关门。€€

科马陆加 Coma-ruga

Casa Víctor 餐馆 地址：pg. Marítim, 23。☎ 977 68 14 73。平时周一下午以及周二关门，夏季全周开放。€€

奔德雷尔

Molí de Cal Tof 餐馆 地址：ctra. de Santa Oliva, 2。☎ 977 66 26 51。周一关门。€€

西吉斯 Sitges

El Velero 餐馆 地址：pg.de la Ribera, 38。☎ 93 894 20 51。周日晚上和周一关门。€€

Maricel 餐馆 地址：pg. de la Ribera, 6。☎ 93 894 20 54。周二以及11月下半月关门。€€

Cal Pinxo 餐馆 地址：pg. de la Ribera, 5。☎ 93 894 74 64。周一和周日晚上关门，夏季全天候开放。地中海海鲜风味。€€

El Greco 餐馆 地址：pg. de la Ribera, 70。☎ 93 894 29 06。有创意高品质烹调法。€€

奥来尔多拉 Olèrdola

Casa de Conill 餐馆地址：c. de Anselm Clavé, 13（Sant Miquel l'Oèrdola）。☎ 93 890 20 01。特色菜是蜗牛和羊背。€€

La Posada 餐馆地址：c. de Sant Pere, 20（Sant Pere Molanta）。☎ 93 892 13 99。中午和周六晚上开门。特色菜是石锅烤肉。€€

圣萨杜尔尼 Sant Sadurní d'Anoia

Mirador de les Caves 餐馆 地址：ctra. de Sant Sadurní a l'Ordal, km 4。☎ 93 899 31 78。周日晚上和周一关门。位于一个小山上，可以俯瞰整个地区的景色。厨师推荐比那德斯鸭配卡瓦酒。€€

住宿

酒店

比拉诺瓦和黑尔德鲁 Vilanova i la Geltrú

Cesar 酒店 *** 地址：c. Isaac Peral, 8。☎ 93 815 11 25。由同一个家族管理超过百年。

Ricard 酒店 ** 地址：pg. Marítim, 88 bis。☎ 93 815 71 00。坐落在马里第莫大道上。

圣萨杜尔尼 Sant Sadurní d'Anoia

Fonda Neus 酒店 * 地址：c. de Marc Mir, 14-16。☎ 93 891 03 65。

比拉佛朗加 Vilafranca del Penedès

Alfa 酒店 **** 地址：N-340, km 1209。☎ 93 817 20 26。

Domo 酒店 **** 地址：c. de Francesc Macià, 4,4。☎ 93 817 24 26。

Pere III El Gran 酒店 *** 地址：pl. del Penedès, 2。☎ 93 890 31 00。

西吉斯 Sitges

Estela Barcelona 酒店 **** 地址：av. d'Aiguadolç, s/n。☎ 93 811 45 45。

Best Western Subur Marítim 酒店 地址：pg. Marítim, s/n。☎ 93 894 15 50。

Celimar 酒店 地址：pg. de la Ribera, 20。

Best Western Subur Marítim 酒店 地址：pg. Marítim, s/n 。☎ 93 894 15 50。

Celimar 酒店 地址：pg. de la Ribera, 20。☎ 93 811 01 70。朝向大海的现代主义建筑。

露营地

比拉佛朗加 Vilafranca del Penedès

Càmping Vilanova 公园 地址：ctra. de l'Arboç, km 2,5。☎ 93 893 34 02。

西吉斯 Sitges

El Garrofer 沙滩 地址：ctra. C-246, km 39。☎ 93 894 17 80 和 93 811 01 70。朝向大海的现代主义建筑。

Celimar 酒店 地址：pg. de la Ribera, 20。☎ 93 811 01 70。朝向大海的现代主义建筑。

西瓦耶斯
El Vallès Occidental

西瓦耶斯有两座重镇：萨巴德尔和特拉萨，这两座城市都是西班牙工业化的先驱。我们在这里的旅程将会沿着它们的历史足迹走过，而沧桑岁月最好的见证就是当年的建筑和富裕资产阶级遗留下来的财富。通过游览圣古加特、特拉萨及穆拉这三个地方，游客们完全有回归中世纪时期的感觉。圣略伦特以及奥巴克山，则算是西瓦耶斯的“绿色之肺”，那里将有和大都市里截然不同的景致。

行程：
1天/58km
圣古加特（Sant Cugat del Vallès）
→特拉萨（Terrassa） **15km**
特拉萨→圣略伦特（Sant Llorenç del Munt） **15km**
圣略伦特→穆拉（Mura） **5km**
穆拉→萨巴德尔（Sabadell） **23km**

1

圣古加特 **
Sant Cugat del Vallès **

ⓘ pl. Octavia, s/n。📞 93 675 99 52。🚌 Martí Renom, SA。🚆 Ferrocarrils de la Generalitat。☺ 6月29日。其他节日：圣梅迪尔节（3月3日）
🏰 修道院 Monestir 地址：pl. Octavia, 1。📞 93 316 27 72。🕓 6月1日到9月30日，10:00到13:30，15:00到17:30；10月1日到5月31日，10:00到13:30，15:00到17:30；逢周日只有上午开放；逢周一不开放。💲 3欧元，逢周二免费参观，带导游讲解。🏰 教堂 Església 🕓 9:00到12:00，18:00到20:00。✝ 逢工作日，9:00，20:00；逢公众假期，8:00，11:00，12:00，13:15，19:00，20:30。

奥柯达维亚农城堡（Castrum Octavianum）是一座罗马时期的城堡，当时的主要作用是监视从巴塞罗那到艾嘉拉城（即现在的特拉萨城）之间的一段路上的情况，也是现在我们所看到的修道院的前身。4世纪的时候，圣古加特和圣菲利克斯（Sant Fèlix）就是在这座城堡里被砍头的，于是后人在这里建了一座祠堂，祠堂后来变成了一座名为圣古加特的本笃会教堂修道院。关于这一修道院的最初历史记载可以上溯到9世纪。12世纪和14世纪之间，在原来古老的罗马工事的基础上修建了这座巴塞罗那地区最为重要的修道院。同时，修道院所在的城镇也因此而得名。在它的鼎盛时期，修道院里共供养着三十多位修士。就目前我们看到的这个建筑群而言，首先值得一提的就是教堂及其回廊。除了墙面和圆花窗是哥特式的建筑风格之外，教堂的其他部分都是罗马式风格的。整间教堂长52米，宽23米，里面共有三间大殿、三个穹顶和一座钟楼。教堂内部有由皮雷·塞拉（Pere Serra）于14世纪绘制的《全圣图》作为装饰。回廊是这个建筑群中最为突出的部分，因为它的144个柱头的装饰协调配合，浑然一体。除了16世纪后加进去的顶部拱饰之外，其他部分都是罗马式风格的。柱头的浮雕是12世纪时由阿尔瑙·卡德尔（Arnau Cadell）完成的。利用这些浮雕，他描绘了《圣经》故事中的画面，展现了日常生活的场景，为参观者提供了美的享受。在角落处的一座柱头中人们可发现作者的自画像，画面上画家正在勤勉地工作着。近年来政府曾对修道院及回廊进行过修缮。目前，圣古加特城区不断向外扩展，建设了一些比较大的住宅区、一座剧院、一个音乐厅、数家电影院以及一座高尔夫球场，但修道院周围的老城区仍然保持着一部分古老的中世纪建筑风貌。

修道院门廊的柱头

2

特拉萨 **
Terrassa **

ⓘ Raval de Montserrat, 14。📞 93 739 70 19。🚌 Martí Renom, SA; Alsina Graells, SA;

圣古加特本笃会修道院

特拉萨的中世纪时期的圣皮雷教堂建筑群概貌

特拉萨的瓦尔帕拉蒂斯城堡兼修道院

La Vallesana, SA; Transportes Generales de Olesa, SA; Cingles Bus, SA; La Hispano Igualadina, SA; Martí Renom, SA; Bacoma, SA; SARFA, SL。 Ferrocarrils de la Generalitat; RENFE。☺6月29日。 圣皮雷教堂建筑群 Conjunt monumental de les esglésies de Sant Pere 地址：pl. del Rector Homs。 93 783 37 02。 逢周二到周六，10:00到13:00，16:00到19:00；逢周日，11:00到14:00；节假日及星期一不开放。导游讲解须提前预约。 阿雷格雷之家 Casa Alegre de Sagrera 地址：c. Font Vella, 29-31。 93 731 66 46。 逢周二到周六，10:00到13:30，16:00到19:00；逢周日，11:00到14:00，节假日及星期一不开放。带导游讲解。 宫殿塔 Torre del Palau 地址：pl. de la Torre del Palau, s/n。带导游讲解。 纺织品博物馆 Museu Tèxtil 地址：c. Salmerón, 25。 93 731 52 02。 逢周二到周五，9:00到18:00（周四开放到21:00）；逢周六和周日，10:00到14:00；节假日及星期一不开放。 2欧元，每个月的第一个星期日免费参观。带导游讲解。 加泰罗尼亚科学技术国家博物馆 Museu Nacional de la Ciència i de la Tècnica de Catalunya 地址：rbla. d'Ègara, 270。 93 736 89 66。 逢周二到周五，10:00到19:00；逢周六、周日及节日，10:00到14:30；7月和8月，10:00到14:30。 2.40欧元，带导游讲解。网址：www.mnatec.com。

特拉萨，在古罗马时代被称为艾嘉拉（Ègara），因其纺织工业发达而闻名于世，与萨巴德尔同为西瓦耶斯的首府。特拉萨有很多引人入胜的景点。在中世纪的建筑中，首屈一指的就是圣皮雷教堂建筑群（les esglésies de Sant Pere），这一建筑群融合了不同时代的不同建筑风格。其中最大的、作为主体建筑的圣皮雷教堂修建于8世纪到12世纪之间，大殿内有一个穹顶，在教堂后面的半圆形室内，有10世纪的装饰石雕。旁边是一尊前罗马时期的圣米格尔的雕塑。这座教堂的特别之处在于它的八边形结构，正值中央的穹顶覆盖着洗礼柱，同时也由八根有柱头的柱子支撑着（其中四根是罗马时代的，另外四根是西哥特人时代的）。教堂后面的半圆形室

特拉萨科学技术国家博物馆

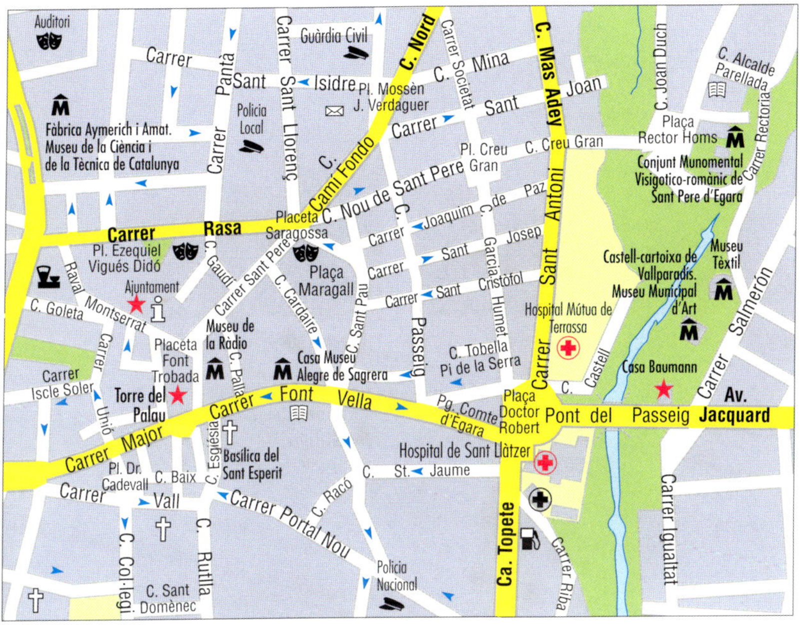

特拉萨老城区地图

内有7世纪时留下的装饰画。再下面就是圣·塞罗尼(Sant Celoni)的墓穴。第三间教堂是具有罗马和意大利伦巴第风格的圣玛丽亚教堂。它是仿照了之前一座修建于5世纪的教堂而建造的。内部结构同样为罗马十字形,壁画的内容展现的是圣托马斯牺牲(Sant Tomàs de Canterbury)的情景,另外三幅图的画面分别是加乌马·西雷拉(Jaume Cirera)、鲁伊斯·波拉萨(Lluís Borrassà)、加乌马·胡哥特(Jaume Huguet)的画像。这一组中世纪的建筑群旁边就是瓦尔帕拉蒂斯公园(parc de Vall paradís,意为天堂谷地),这是加泰罗尼亚地区最大的公园之一。近年来经过了修缮。在公园里有一座12世纪修建的、名为瓦尔帕拉蒂斯的城堡兼修道院(el castell-cartoixa de Vallparadís),里面还设有特拉萨博物馆。

特拉萨的玛希亚·弗雷萨

在特拉萨的中心是特拉萨城堡——宫殿的遗址:宫殿塔(torre del Palau)。最初修筑于12世纪,是整座城市的标志。在宫殿的旁边是圣灵教堂(basílica del Sant Esperit),里面保存着雕塑家马蒂·迪埃兹(Martí Díez)于1539年到1540年雕刻的一组具有文艺复兴主义风格的《耶稣卧像》。

市政府大楼是新哥特式风格的,而阿雷格雷之家(la Casa Alegre de Sagrera)则见证了过去特拉萨曾是整个半岛上的工业中心之一。阿雷格雷之家是一座典型的、融合了罗马风格和现代风格的资产阶级家庭建筑,现在里面陈列着很多收藏品,例如来自中国的艺术品、亚历山大·利戈尔(Alexandre de Riquer)的现代主义绘画等等。鲁伊斯·穆古尼尔(Lluís Muncunill,1868—1931)主持修建的圣约尔蒂公园(parc de Sant Jordi)是100年以前该城市高度繁荣的见证。引人入胜的博比拉·阿米拉尔烟囱(xemeneia de la Bòbila Almirall)高63米,游人可以顺着一条螺旋状、共有234级的楼梯上去。在那里我们可以看到古老的瓦博尔·阿伊梅奇工厂(fàbrica del Vapor Aymerich),该工厂由鲁伊斯·穆古尼尔于1909年修建,现在开辟为加泰罗尼亚地区科学技术国家

特拉萨的爵士乐节

在特拉萨，每年的春天都举行爵士乐节。3、4月份到来时，当地乃至国际上的爵士音乐界的知名人士将会把这座城市挤得水泄不通。确切地说，爵士乐节举行的具体地点是诺瓦卡瓦（Nova Jazz Cava）。

如欲获取更多的信息，请您致电高迪售票处咨询有关诺瓦卡瓦的情况。☎ 93 786 27 09。

博物馆（Museu Nacional de la Ciència i de la Tècnica de Catalunya），另有纺织博物馆（Museu Tèxtil）向游客们展现制作纺织品的过程。

3

圣略伦特自然公园和奥巴克山 *
Parc natural de Sant Llorenç del Munt i la serra de l´Obac *

ⓘ ctra. de Terrassa a Navarcles, km 14,8。☎ 93 743 30 20。🕘 9:00到14:00。🏛 卡萨诺瓦文化中心 Centre Cultural Casa Nova de l' Obac 地址：ctra. de Terrassa a Rellinars, km 10。☎ 93 743 54 68。🕘 逢周六及节日，10:00到15:00。

圣略伦特自然公园以及奥巴克山是1972年开辟的第一批自然保护区。圣略伦特萨瓦尔（Sant Llorenç Savall）、穆拉（Mura）、玛达德培拉（Matadepera）三个地区占地面积达2655公顷，构成了一整块充满魅力、生态平衡、风景如画的自然公园，尤为有趣的是其中由于火山喷发而形成的岩石。

整个自然公园分为两部分：圣略伦特和奥巴克山。在这座自然公园中游览的行程大部分要靠步行。建议游客们在埃斯塔纳耶斯港口（port d'Estenalles）下船，以此为出发点，可以进行不同线路的旅行：第一条到达莫拉山顶（Mola，整座天然公园的最高点，海拔1095米），第二条到达山顶的圣略伦特修道院（monestir de Sant Llorenç），第三条到达莫拉尔·德尔·德拉克（Morral del Drac）的独石碑。行程大约持续2小时30分钟。还有一种选择就是找导游陪同（须提前在奥巴克文化中心付费）。如果游客不愿意走太多路的话，在埃德纳耶斯港口有一片开阔的平地，游人可以随意在那里休息。

圣略伦特自然公园和奥巴克山

4

穆拉
Mura

🏛 讲解中心 Centre d'interpretació ☎ 93 831 83 75。🚌 Transbages, SL；Transportes Generales de Olesa, SA。🕘 逢周六及节假日，10:00到14:00。

穆拉位于圣略伦特自然公园北坡山脚下，至今仍保存着神秘而复杂的中世纪街道，这也正是游客值得一去的理由。修建于11世纪到17世纪的圣玛尔蒂教堂（església de Sant Martí），里面有带有拱门的罗马式门廊，还有承载着历史的柱子和柱尖，大堂内的三角楣上的装饰图案为“东方三王”（Reis Mags）。

在穆拉附近有两条线路可供参考：第一条是游览穆拉山洞（大约历时两小时），事实上这些山洞相当于是一串长度共为200米的水平凹陷地，要进去的话需要提前去讲解中心预约取钥匙；第二条线路是沿着穆拉泉远足郊游（大约历时1小时）。需要说明的是，这两条游览线路都是从讲解中心出发的。

5

萨巴德尔 *
Sabadell *

ⓘ pl. Sant Roc, 1。☎ 93 745 31 10。🚌 Alsina Graells, SA；CRA la Hispania, SA；La Hispano Igualadina, SA；Martí Renom, SA；La Vallesana, SA；Bacoma, SA；SARFA, SL。🚆 Ferrocarrils de la Generalitat；RENFE。✈ Aeroport de Sabadell。☺ 9月的第一个周末。其他节日：健康集会（aplec de la Salut，5月份第二个周一）。🏛 古生物学院博物馆 Museu de l'Institut Paleontològic 地址：c. Escola Industrial, 23。☎ 93 726 17 69。🕘 逢周二到周五，10:00到13:00，17:00到20:00；逢周六，10:00到13:00，17:00到19:00；逢周日及节日，11:00到14:00；逢周一不开放。$ 2.40欧元，带导游讲解。🏛 萨巴德尔艺术博物馆 Museu d'Art de Sabadell 地址：c. Doctor Puig, 16。☎ 93 725 77 50。🕘 逢周二到周六，17:00到20:00；逢周日及节日，11:00到14:00；逢周日闭馆。导游讲解须提前预约。🏛 天文观象台 Observatori astronòmic 地址：c. Prat de la Riba, 1。☎ 93 725 53 73。🕘 逢周一到周五，17:00到20:00（参观须提前预约）。

西瓦耶斯的另外一个首府是萨巴德尔。萨巴德尔老城区的中心位于“钟楼角落”（racó del campanar）。新哥特式风格的圣菲利乌教堂

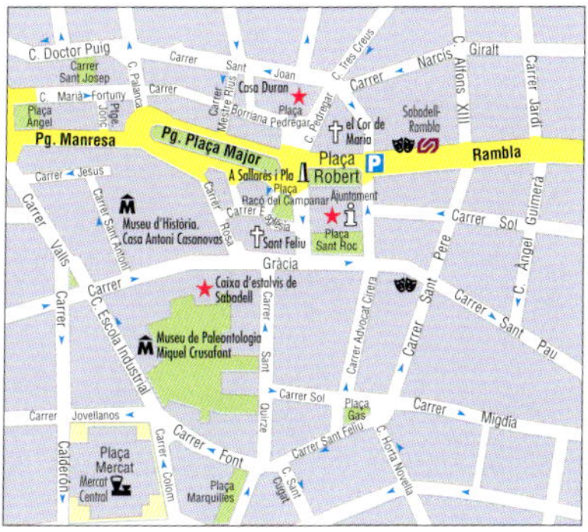

萨巴德尔老城区中心地图

(església de Sant Feliu)，教堂有一个哥特式的穹顶和一座巴洛克式的钟楼。当游人在市中心漫步，游览那些得益于棉花工业而发展起来的加泰罗尼亚的“曼彻斯特”（意为自由手工业）。在教堂附近矗立着一座现代主义风格的建筑，那就是由海罗尼·马尔多莱伊（Jeroni Martorell）设计的萨巴德尔盖厦储蓄银行文化中心（Centre Cultural de la Caixa de Sabadell），在这里经常会举行一些短期的展览。作家萨巴德尔·胡安·奥利维尔（Sabadell Joan Oliver）的故居如今已经变成了一处短期展览馆。如果您有兴趣欣赏一下当地的画家或是19、20世纪与这座城市有关联的画家的作品，欢迎您拜访一下萨巴德尔艺术博物馆。

在古生物学院博物馆（Museu de l'Institut de Paleontologia）里，游客可以看到恐龙和哺乳类动物的化石，这在加泰罗尼亚地区是独一无二的。加泰罗尼亚公园（Parc Catalunya）坐落在城市的西北边，占地43公顷，是欧洲最大的公园之一，里面有一个天文观象台。

实用向导

周边地区

可以游览一下最近才向公众开放的伊比利亚村庄——坎奥利维德塞尔丹约（Ca n'Olivé de Cerdanyola）。

在塞尔丹约拉（Cerdanyola）境内文化气息比较浓厚的就是巴塞罗那自治大学。可以从萨巴德尔起程，到巴尔贝拉，参观一下修建于 11 世纪的、罗马式的圣玛丽亚（església de Santa Maria）教堂。

餐馆

圣古加特 Sant Cugat del Vallès

Can Cortès 餐馆 地址：ctra. Arrabassada, km6.5。☎ 93 674 17 04。周日全天、周一晚上、10 月份的 16 日到 27 日均不营业。主营 17 世纪的加泰罗尼亚地区传统菜系。

Casablanca 餐馆 地址：c. Sabadell, 47。☎ 93 674 53 07。周日不营业。有加泰罗尼亚地区传统菜系。

La Fonda 餐馆 地址：c. Enric Granados, 12。☎ 93 674 50 59。周日晚上及周一全天不营业。加泰罗尼亚地区传统菜系。

特拉萨 Terrassa

Casa Toni 餐馆 地址：ctra. de Castellar, 124。☎ 93 786 47 08。周六、周日的晚上以及 8 月份的前两个星期不营业。有非常地道的加泰罗尼亚地区传统菜系。

Burrull-Hostal del Fum 餐馆 地址：ctra. Montcada, 19。☎ 93 788 83 37。周日的晚上、周一以及 8 月份不营业。有非常美味的加泰罗尼亚地区传统菜系。

萨巴德尔 Sabadell

Els Arcs 餐馆 地址：av. Onze de Setembre, 24。☎ 93 716 31 42。全天候的点餐及套餐服务。有包间，尤其擅长肉菜的烹调。

Forrellat 餐馆 地址：c. Horta Novella, 27。☎ 93 725 71 51。周日、圣周以及 8 月份不营业。餐馆主要经营加泰罗尼亚菜系，尤其擅长鱼类的烹调。

Viena 餐馆 地址：c. Sant Quirze, 22。☎ 93 725 65 03。主要经营快餐，有各种各样的三明治。

住宿

酒店

圣古加特 Sant Cugat del Vallès

Novotel Barcelona Sant Cugat 酒店 地址：pl. Xavier Cugat。☎ 93 589 41 41。

特拉萨 Terrassa

Don Càndido 酒店 地址：rbla. Pare Alegre, 98。☎ 93 733 33 00。条件舒适。

萨巴德尔 Sabadell

Gran Hotel Verdi 酒店 **** 地址：av. Francesc Macià, 62。☎ 93 723 11 11。条件舒适。

Alfa Sabadell 酒店 地址：av. Francesc Macià, 66。☎ 3 723 14 41。条件舒适。

Sabadell 酒店 ** 地址：c. de la Plaça Catalunya, 10。☎ 93 727 92 00。

曼雷萨、索尔索纳及卡尔多那
Manresa, Solsona i Cardona

沿着巴格斯（Bages）、索尔索内斯（Solsonès）和塞加拉（Segarra）这三个区走，游览曼雷萨、索尔索纳及卡尔多那这三座城市，将会使我们认识加泰罗尼亚另外三个别具特色的地方。这里有数不胜数的景点，如博物馆、街道、广场、纪念碑等，还有价值连城的文化遗产。曼雷萨的塞乌大教堂（basílica de la Seu de Manresa）、圣维森特教堂等（col·legiata de Sant Vicenç）都是这条"城市之旅"线路中不可不去之处。

行程:
2天/124km

曼雷萨（Manresa）	
→圣贝内特（Sant Benet de Bages）	**7km**
圣贝内特→卡尔多那（Cardona）	**37km**
卡尔多那→索尔索纳（Solsona）	**19km**
索尔索纳→奥里乌斯（Olius）	**5km**
奥里乌斯→米拉戈罗圣女堂（Santuari del Miracle）	**22km**
米拉戈罗圣女堂→巴尔菲罗萨塔（Torre de Vallferosa）	**24km**
巴尔菲罗萨塔→托拉（Torà）	**10km**

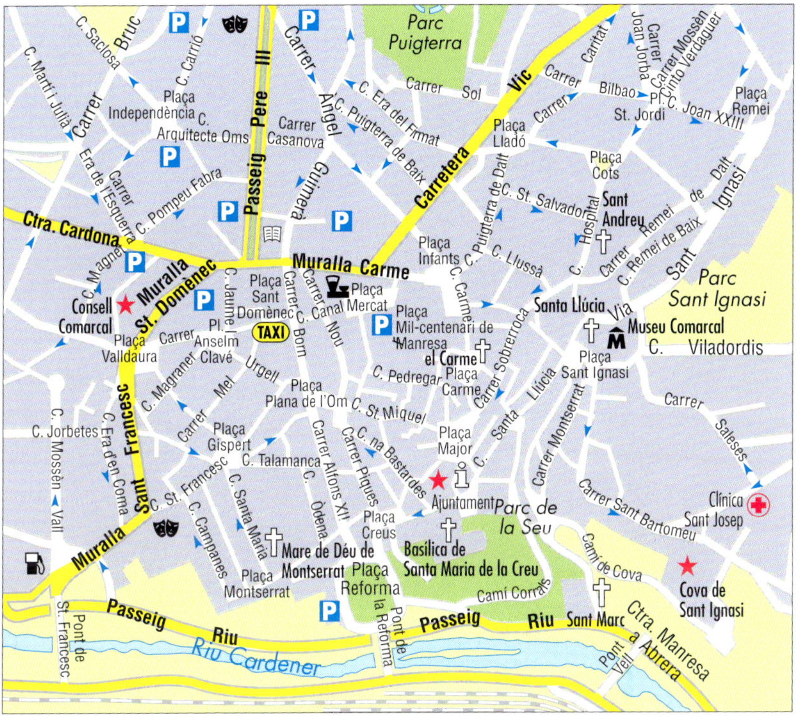

曼雷萨老城区地图

1

曼雷萨 **

Manresa **

ⓘ av. Sant Ignasi, 40。📞 93 878 40 90。🚌 Alsina Graells, SA; Cingles Bus, SA; Transbages, SL; La Hispano Igualadina, SA; Bacoma, SA; Eurolines Peninsular, SA; Masats, SA。🚆 Ferrocarrils de la Generalitat; RENFE。☺ 略姆节(2月21日),其他节日:圣体节(8月最后一个星期六后的那个周一),耶稣升天节(5月),圣安德鲁集会(11月的最后一个星期天)。🏛 圣玛丽亚大教堂 Col·legiata Basílica de Santa Maria de la Seu 地址:Baixada de la Seu, s/n。🕒 逢周一到周五,10:00到13:00,16:00到19:00;逢星期六及节日,12:00到14:00。带导游讲解。教堂弥撒时间:逢周一到周六,10:00,19:30;逢周日,10:00,11:30,12:30,19:00。🏛 塞乌历史博物馆 Museu Històric de la Seu 地址:Baixada de la Seu, s/n。📞 93 872 15 12。🕒 逢周日及节日,12:00到14:00。仅限集体参观。导游讲解须预约。🏛 技术博物馆 Museu de la Tècnica 地址:ctra. Santpedor, 55-59。📞 93 877 22 31。🕒 逢周二到周日,10:00到13:00;周一不开放。导游讲解须预约。🏛 曼雷萨区博物馆 Museu Comarcal de Manresa 地址:Via de Sant Ignasi, 40。📞 93 874 11 55。🕒 逢周五、周六,11:00到14:00,17:00到20:00;逢周日及节日,10:00到14:00;逢周一到周四、1月1日、圣周星期五、12月25日不开放。请来访者慎选参观时间。💲 2欧元,周五免费参观。

人口有6万多人的曼雷萨是巴格斯区的首府。它面积广阔,地理位置优越,位于加泰罗尼亚地区的中心地带,是与周边地区联系的交通枢纽。游客们只需游览这座城市的众多繁华的街道,就可以感受到曼雷萨作为商业中心的重要地位。曼雷萨的商业和工业尤为发达,首屈一指的就是纺织业。

曼雷萨与卡尔德内尔河以及老桥相望

曼雷萨的老桥概貌

曼雷萨城沿着卡尔德内尔河(riu Cardener)而建。它被群山环绕，包括梅尔卡达尔山(puig Mercadal)、圣巴尔托美乌山(puig de Sant Bartomeu)等。老市政府的中心就在这群山之中。以前，这里居住着伊比利亚人、罗马人和西哥特人。而后，曼雷萨于889年被吉弗雷·贝罗斯(Guifré el Pelós)占领，从此以后这座城市成为了对抗摩尔人扩张的前沿重镇。从14世纪开始，这里就逐渐成为了商旅的必经之路，具有重要的战略意义。在16世纪和17世纪，这里的人们饱受战争的灾难。19世纪后半叶，曼雷萨在加泰罗尼亚地区的工业革命进程中扮演了至关重要的角色。

除了那些古老的街区外，对于游客们来讲，曼雷萨还有其他引人入胜之处。其中值得一提的是12世纪修建的老桥，它在1962年时进行了重建。这座老桥长113米，距河面25米。由于桥身上有8个桥拱，使得这座老桥看起来形状修长。塞乌(Seu)的圣玛丽亚教堂是这座城市里最具代表性的建筑，它建立在卡尔德内尔山峰(puig Cardener)上，是具有加泰罗尼亚特色的哥特式风格的宗教建筑。教堂的主体建于1322年到1488年之间，其塔顶是迄今为止世界上最大的哥特式塔顶(高18米)。尽管教堂内没有十字厅堂，但由于教堂里设计了三十多扇窗户和两扇巨大的圆花窗，所以整座教堂宽敞明亮。

敲钟塔，始建于1592年，高50米，四周有18个护垛环绕。教堂的正面和洗礼堂是新哥特式风格，修建于1915年到1934年。教堂的内部有12世纪的罗马门廊的遗迹。祭台上是一座哥特式的阿尔巴圣女(Mare de Déu de l'Alba)的彩色雕塑，我们现在所能看到的只是复制品，原始雕塑已于1979年被毁。还有教堂内的一组宗教画，它们均出自一些享负盛名的画家之手，其中的一幅《圣灵》是加泰罗尼亚最有名的画家之一皮雷·塞拉(Pere Serra)的得意之作，创作于1394年；《圣马克》的作者是阿纳乌·巴萨(Arnau Bassa)，绘于1346年；《圣米格尔》和《圣尼古拉斯》，它们的作者是加乌马·卡布莱拉(Jaume Cabrera)；还有《神圣的三位一体》，作者为加夫列尔·瓜尔蒂亚(Gabriel Guàrdia)。教堂祭坛下面的墓穴中安放着该城的守护者的灵柩：圣毛里奇(Sant Maurici)、圣福鲁多斯(Sant Fruitós)、还有圣阿格内斯(Santa Agnès)。另外，在塞乌历

阿古亚公园以及曼雷萨的蒙特塞拉山远景

曼雷萨的标志性建筑之一——赌场

史博物馆的众多珍品之中，还有一幅精美的刺绣，就是一幅18世纪佛罗伦萨风格的祭坛帷幕。

曼雷萨称还有一些其他的揽胜之处，例如圣伊格纳西（Sant Ignasi）山洞。在1552年，圣伊格纳西用了8个月的时间在这里修行。这座山洞是由卡尔德内尔河的河水冲刷而成。山洞的内部是由设计师胡安·格拉乌（Joan Grau）和弗朗塞斯克·格拉乌（Francesc Grau）父子以及何塞·桑耶尔（Josep Sunyer）进行修饰，墙面的装饰由米格尔·塞瑟（Miquel Sesé）完成。山洞的外面有一条装饰繁复的走廊，走廊的另一头连接着一座建造于18世纪的教堂。教堂的外部均为巴洛克式的装饰，与此相反，教堂的内部却是简朴的格调。在教堂前面的主祭坛所在的位置，建有一座新古典主义风格的修道院。

正义宫建于17世纪，人们最初的计划是建造一座主教宫。建造于18世纪的市政府是由胡安·加利多（Joan Garrido）设计、海罗尼·托兰特斯（Jeroni Torrents）主持修建的。现代风格的建筑中，比较突出的有"托兰特斯之家"（Casa Torrents）、"皮雷三世之路"（passeig Pere III）和琉维亚塔（torre Lluvià）。曼雷萨的克马尔卡博物馆里有十一间大厅，里面展出的是关于巴格乌（Bages）的历史。科技博物馆里展现了手工业技术以及纺织工业的演变史。阿古亚公园（parc de l'Agulla）是曼雷萨人经常造访之处。

圣贝内特修道院的门廊

❷

圣贝内特 *
Sant Benet de Bages *

ⓘ ctra. de Vic, 52。✆ 93 876 00 16。☺ 圣弗鲁伊托斯节（7月份的第一个星期日）。其他节日：冬季节（1月21日）、大米节（狂欢节中的星期天）。

距曼雷萨城不远处，就是圣贝内特修道院。这是一组加泰罗尼亚地区最美丽的罗马建筑群之一。修道院建造于996年，教堂、回廊以及环绕着整座教堂的院墙建于12到13世纪，变卖后为画家拉蒙·卡萨斯（Ramon Casas）所有。后者随后任命建筑师何塞·布伊·伊·卡达法克（Josep Puig i Cadafalch）对其进行重建。整座教堂由教堂主体、中心半圆形室、教堂地下室以及钟楼组成。教堂仍旧保存有修道院、饭厅、教士会议厅（目前已为私人所有）以及地下仓库。

建于13世纪的修道院是整个建筑群中最为突出的建筑。两组又短又粗的柱子组成的拱形造型协调，64根柱头的图案为战争场景、植物等，装饰渗透着神秘的色彩。距修道院250米处是两座罗马风格的教堂：圣伊斯克莱教堂（Sant Iscle）和圣维多利亚教堂（Santa Victòria）。

卡尔多纳因矿山而闻名于世

3

卡尔多纳 **
Cardona **

ⓘ av. Rastrillo, s/n。☎ 93 869 27 98。🚌 Alsina Graells, SA; Planas Vila, Ramon。☺ 奔牛节（每年9月份的第二个星期日）。☺ 圣拉蒙节（每年8月）。其他节日：耶内加集会（10月和11月）。🏛 盐山 Muntanya de Sal ☎ 93 869 24 75。⏲ 逢周二到周五，10:00到15:00；周六、周日，10:00到18:00。$ 9欧元，带导游讲解。网址：www.salcardona.com。🏛 萨尔何塞博物馆 Museu de la Sal Josep Arnau 地址：c. Pompeu Fabra, 4。☎ 93 869 23 47。逢周一到周五，11:00到14:00, 15:00到17:00；逢周六、周日和节假日，10:00到14:00, 17:00到19:00。$ 2欧元，带导游讲解。🏛 圣维森特教堂 Col·legiata de Sant Vicenç de Cardona $ 3欧元，带导游讲解，逢周二免费参观。🏛 卡尔多纳城堡 Castell de Cardona ☎ 93 869 13 14。导游讲解须提前预约，预约地点 av. Rastrillo, 11。☎ 93 869 13 41。

卡尔多纳只有6500多人口，位于卡尔德内尔谷地，巴格斯地区的边缘地带，与索尔索内斯接壤。来到该地区，有三样景观会给我们留下深刻印象：城堡、老城镇和盐山。

城堡是卡尔多纳最具代表性的建筑。它修建于海拔589米的山顶上，以前曾是加泰罗尼亚地区有名的封建家族的门第。城堡四周环绕的护墙建于18世纪。迄今为止，残存下来的11世纪的建筑仅剩下敏约纳塔（torre de la Minyona）以及卡尔多纳的圣维森特教堂。后者位于城堡所在的区域之内，大概修建于1040年，最初，曾经有阿吉斯戈兰教派的人在此居住，后来在11世纪末，换成了奥古斯丁教派的信徒。18世纪，教派的信徒们离开了原址，搬到了位于卡尔多纳市中心地带的圣米格尔。

修道院建于14世纪。整座教堂由三间大厅组成，这三间大厅用柱子隔开，其中的中厅顶上有一个烟囱穹顶。在这三间大厅的地下有一个巨大的地下室，卡尔多纳公爵和伯爵在此长眠。这座地下墓穴具有文艺复兴时期的风格。十字架的正上方有一个八角形的穹顶，穹顶绘有简朴的伦巴第旗帜。建议游客们登上观望台看看，这是一个可以俯瞰整座教堂全貌的绝佳位置。您会看到，这座教堂糅合了加泰罗尼亚特色和罗马风格，也是伦巴第建筑的杰出代表。现在在教堂内部只能看到裸露的石头，而看不见原来的装饰图案了。中央拱顶的下方是一座地下墓室，共有三个墓穴，与整座教堂的宽敞明亮形成鲜明对比的是，这几个墓穴显得比较拥挤。它和圣史蒂夫德奥里乌斯（Sant Esteve d' Olius）的墓穴有几分相像之处。墓穴的墙面显得比较简单。除了让人印象深刻的

卡尔多纳城堡位于城区的最高处

索尔索纳的圣玛丽亚大教堂，原建筑为罗马风格，内部装饰为哥特式风格

城堡之外，卡尔多纳的老城也是一处充满魅力的景观，那里满是古老的街区，还有中世纪的房屋。这些建有围墙的古老建筑中残留着一些塔式建筑，另外还有通向格拉耶斯门庭（portal de Graells）的通道。城镇中的圣米格尔教堂位于同一个古老的中心街区，它的历史可以追溯到1013年。这座教堂的修建深受当时的圣维森特城堡的影响，同时也兼有11世纪和13世纪的风格，但修建于1397年的新教堂却具有典型的哥特式风格。它只有一间大的殿堂，拱顶为多边形的，四周共有10个小房间。从罗马人时代开始，盐山（海拔170米）就已经成为了欧洲主要的钾盐开采地。现在我们可以参观到的是盐谷和盐脉（Minilla），这是一条令人叹为观止的长廊，全长270米。在这里，人们可以看到不同颜色的脉矿的汇合。在何塞·阿尔纳乌盐博物馆（Museu de la Sal Josep Arnau）里展出有关于盐山的各种矿产品。

索尔索纳的节日及庆祝活动：牲畜和巨人

索尔索纳的狂欢节总是能吸引众多来自全国各地的游客，因为它原汁原味，富有传统。节日期间，“发疯了的巨人”们伴着狂欢节的乐曲载歌载舞，另外，节日期间适逢周六的“愚弄驴子”也成为了这项民间活动的重心。索尔索纳狂欢节是该地区最主要的节日，庆祝时间为每年的 9 月 7 日到 9 月 11 日。在狂欢节和圣体节上，游人们可以欣赏到著名的索尔索纳巨人舞蹈和手杖舞，看到马、骡子、鹰等动物，这是索尔索纳城里独具特色的项目。

4 索尔索纳 **
Solsona **

ⓘ ctra. de Bassella, 1。☎ 973 48 23 10。🚌 Alsina Graells, SA; Planas Vila, Ramon; Cots Alsina, SL。☺ 克劳斯特罗圣女节（每年9月8日）。其他节日：圣伊希德雷集会（距离5月15日最近的周末），夏季音乐会（7月和8月的周五）。圣安东尼节（1月17日之后的周六）。🏛 索尔索纳大教堂 Catedral de Solsona ⏲ 8:00到13:00，16:00到21:00。🏛 迪奥塞萨诺博物馆 Museu Diocesà i Comarcal de Solsona 地址：pl. Palau, 1。☎ 973 48 21 01。10月到次年4月，逢周二到周六，10:00到13:00，16:00到18:00；5月到9月，逢周二到周六，10:00到13:00，16:30到19:00；逢节假日，10:00到14:00；逢周一、1月1日、12月25日不开放。$ 2欧元。🏛 刀具及宫廷用具博物馆 Museu del Ganivet i Eines de Tall 地址：travessia de Sant Josep。☎ 973 48 15 69。⏲ 逢周二到周六，10:00到14:00，17:00到20:00；逢周日、节假日，10:00到14:00；逢周一、1月1日、12月25日不开放。$ 2欧元。

索尔索纳是索尔索内斯区（Solsonès）的首府，位于该区的中心地带，人口约6000多人。作为一个核心城市，它拥有着健全完备的各项服务设施。索

索尔索纳大桥的门廊

尔索内斯区的大多数城市的布局分散、不计其数的传统农民之家遍布城中。但与此不同的是，索尔索纳城内至今仍然保存着古老而又恢弘的都市中心遗址。从布恩特（Pont）的城门进入，四周可见14世纪的古城墙。

穿过城堡的甬道和约贝拉（Llobera）的甬道，就进入到了古城遗址。圣玛丽亚教堂就在眼前。这座教堂的修建与索尔索纳城的建设同步进行（教堂的初建是在977年开始的），由原来的老教堂变成了现在的大教堂。目前我们所看到的教堂内保存有三个穹顶，还有一个罗马式的钟楼，自1163年起开始举行宗教活动，由奥古斯丁教派的教士们进行管理。教堂的建筑大部分为哥特式风格，修建于1299年到1630年之间。

教堂的内部只有一个哥特式风格的大殿，回廊的大门是罗马风格，仍然保留着原始建筑的印记。游客可以从大门所处的高度开始参观，而后会发现路面越来越低。回廊具有巴洛克风格，里面的庭院保持着原来罗马回廊的四方形。祭坛装饰同样具有巴洛克风格，其中的梅塞圣女（Mare de Déu de la Mercè）出自卡洛斯·莫雷托（Carles Moretó）之手。克劳斯特罗圣女（Mare de Déu del Claustre）祈祷室具有新古典主义风格，穹顶为拉丁十字架形状。这所大教堂的外墙是巴洛克风格，圣奥古斯丁之门（修建于1780年）上所绘的图案是有关圣徒的故事。

主教宫是另外一个比较突出的建筑。它是弗朗塞斯克·蓬斯（Francesc Pons）于1776年到1779年之间主持修建的具有新古典主义风格的教堂。1896年，在这座教堂的基础上开辟了主教及索尔索纳区博物馆，在这里，游客们可以参观到史前文明的遗迹，欣赏到罗马式和哥特式的绘画以及雕塑作品。其中比较引人注目的有圣·吉尔则·德·贝德雷特（Sant Quirze de Pedret）的壁画，这些艺术风格具有前罗马时期风格，壁画大体分为两组：一组

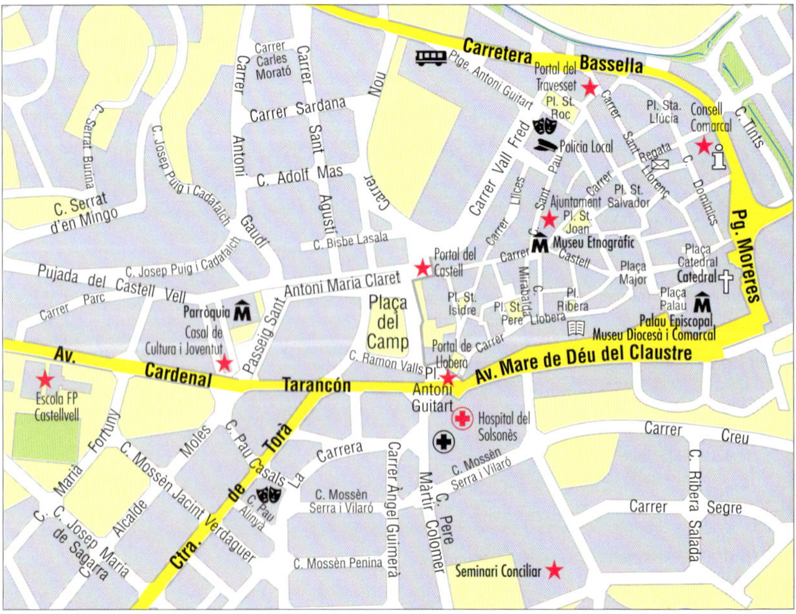

索尔索纳地图

描绘的是上帝训诫，另一组是关于基督教中所提到的火鸡吃葡萄的场景。在教堂的另一边，我们能看到它在12世纪时的遗迹。

另外，在博物馆内还可以欣赏到圣·保罗·德·卡瑟雷斯(Sant Pau de Casserres)的壁画，这些壁画位于萨迦斯教堂(església de Sagàs)的祭坛正面以及圣·加乌马·德·弗隆坦亚(Sant Jaume de Frontanyà)祭坛组画中。宫廷刀具器具博物馆位于中心广场的附近，其中的展品折射出该地区发达的刀具生产工业。漫步在大街上，游客可以看到圣胡安广场(plaça de Sant Joan)的钟楼，那里至今仍保存着一座14世纪的喷泉；还有建于16世纪的具有文艺复兴风格的市政府大楼，以及分布在市政府大楼里的民俗博物馆。最后还必须一提的建筑是建造于15世纪的哥特式的约贝拉宫(Palau de Llobera)。

5 圣史蒂夫教堂
Sant Esteve d'Olius

ⓘ 参看Solsona。☎ 973 48 23 10。☺ 圣史蒂夫节后第一个星期天。

从索尔索纳出发，我们还可以进行一个短途旅行，一起去认识一下美丽的罗马建筑群——圣史蒂夫教堂。

这座教堂建于1079年，有一个大殿，为半圆形的穹顶。祭台下面的墓穴被柱子分成了三部分，建筑上的精美令人叹为观止。教堂的附近有一座现代风格的墓地，建于1919年，形状奇特，所有的墓穴都是在石头上开凿的。

6 米拉戈罗圣母教堂
Santuari de la Mare de Déu del Miracle

ⓘ 参看Solsona。☎ 973 48 23 10。☺ 米拉戈罗圣女节(8月3日之后第一个星期天)。

根据传说，米拉戈罗圣女于1458年8月3日在米拉戈罗圣母教堂中降生。修建于16世纪的、具有文艺复兴主义风格的"戈兰德之家"是她过去的住所。这座米拉戈罗圣母教堂修建于17世纪，在教堂的内部我们可以看到16世纪时留下来的、为米拉戈罗圣女量身定做的塑像。祭坛的建造完成于18世纪，四周的雕刻多为巴洛克风格，是出自卡洛斯·莫拉托(Carles Morató)的手笔，装饰工作由安东尼·波东斯(Antoni Bordons)完成。这座祭台被公认为整个西班牙最漂亮的祭坛之一。从1901年起，在这座教堂里生活的本笃会教士们开始负责教堂的修缮工作，并将这一传统保持至今。

7 巴尔菲罗萨塔
Torre de Vallferosa

ⓘ 参看Torà。☎ 973 47 30 28。

沿着公路走一小段路，就会到达这座中世纪时修建的塔。塔身高33米，直径12.5米，大约修建于10世纪或是11世纪。自修建之日至今保存得非常完好，游客们今天看到的几乎是巴尔菲罗萨塔修建时的原始面貌。塔身共分三层，塔内部有一口井，塔顶

罗马建筑群圣史蒂夫教堂

米拉戈罗圣母教堂

是一个人造穹顶。巴尔菲罗萨塔是加泰罗尼亚地区最高的塔之一。另外，由于其地理位置处于边界地区，因此，在摩尔人与基督教徒进行战争的几个世纪之内，这座巴尔菲罗萨塔都成为了监视敌情、抵挡敌军入侵的前沿阵地。

8

托拉

Torà

ⓘ pl. del Vall，1。☎ 973 47 30 28。🚌 Alsina Graells，SA；Cots Alsina，SL。☺ 9月1日。其他节日：狂欢节，也称布鲁特和布鲁达节（2月）。罗塞尔节（5月的第一个星期天）。阿古达庙聚会(10月12日)。

托拉是塞加拉区的一座城市。它处于阿诺亚（Anoia）和索尔索纳交界处。从古至今，这时都是一个农业发达的富庶之地。在托拉的老城里游览，我们可以看到狭窄的胡同，还有古老的城门等，例如奥弗莱拉城门（portal de l'Ofrena）就是中世纪时城区的见证。另外，还有城市之家喷泉和修建于1412年的大火炉。在托拉城里最引人注目的是古老的圣安东尼修道院（Sant Antoni de Pàdua），这座修道院建于17世纪，从1885年起停止使用，至今靠私人捐助进行维护。

在位于城市最高点的山上有一座名为圣玛丽亚阿古达教堂（santuari de Santa Maria de l'Aguda）。这座美丽的罗马式教堂修建于12世纪，里面只有一个大殿，穹顶为曲线形的意大利伦巴第式风格。

在索尔索纳附近，有许多乡间旅游景点，例如苏景点

杜达女神的奇迹

在附近的一个名叫伊卜拉的小村庄里有一座杜达女神(Dubte，加泰罗尼亚语中“怀疑”之意) 教堂，就是在这里发生了传说中的杜达女神奇迹。相传在 11 世纪时，牧师默森·贝尔纳特·奥利维尔在做弥撒的时候，曾经怀疑盛在杯子中的液体是耶稣的鲜血。就在这位牧师产生疑问之后，奇迹也发生了：杯子中的血自己动了起来。面对这个奇怪的现象，乌戈尔主教把沾上了血的手帕带到了罗马，那时的教皇塞尔希奥四世确认了血的真实性。对于奇迹的发生深感满意的主教向这座教堂赠送了一些圣徒的骸骨遗物作为礼物，例如安德鲁的一节手指、圣母的一缕头发、圣佩德罗的一缕胡子等。

实用向导

周边地区

在距离奥里乌斯非常近的地方有一个圣彭克水库（Pantà de Sant Ponç），那里的蓄水是引自卡尔德内尔河的。在苏里亚城里有一处古城遗址，位于城内地势较高的区域。在城中游览，游客们可以发现许多风景如画的地方。卡拉夫建于罗马时代，至今仍保持着许多罗马时代的遗迹，例如阿拉伯城堡遗址、圣奥古斯丁修道院（Convent de Sant Agustí）遗址，还有古老的城门断壁。值得一提的还有哥特式风格的圣加乌马教堂（església de Sant Jaume），以及古老的温泉浴场普达德卡拉夫（Puda de Calaf）。距米拉戈罗几公里处还有一座圣玛丽亚教堂（església de Santa Maria de Torredenegó），这是一座罗马式的建筑，顶上有一个半圆形的穹顶和一座钟楼。

餐馆

曼雷萨 Manresa

Aliguè 餐馆 地址：crta. de Vic, barriada del Guix, 8。☎ 93 873 25 62。

La cuina 餐馆 地址：c. Alfons XII, 18。☎ 93 872 89 69。有曼雷萨人地道的鳕鱼做法。

卡尔多纳 Cardona

Parador de Turisme Ducs de Cardona 餐馆 地址：Castell, s/n。☎ 93 869 12 75。

Perico 餐馆 地址：pl. del Vall, 18。☎ 93 869 10 20。有用狩猎的野味和鱼类烹制的加泰罗尼亚典型菜肴。

索尔索纳 Solsona

La cabana d'en Geli 餐馆 地址：ctra. Sant Llorenç, 35。☎ 973 48 29 57。周二的晚上以及周三的全天不营业。

Solterra 餐馆 地址：pl. Sant Roc, 4。☎ 973 48 06 27。本店特色是时令菜肴。

托拉 Torà

La Xera 餐馆 地址：pl. de l'Església, 7。☎ 973 47 35 92。环境幽雅舒适，菜品丰富，如米饭拌意大利奶酪、蘑菇、鹿里脊加面包等。

Jaumet 餐馆 地址：ctra. de Barcelona。☎ 973 47 30 77。餐馆主要经营精心烹制的当地特色菜肴。

住宿

酒店

索尔索纳 Solsona

Sant Roc P 酒店 地址：pl. Sant Roc, 2。☎ 973 48 00 06。

Gran Sol 酒店 地址：ctra. de Manresa。☎ 973 48 09 75。

Crisami 酒店 地址：ctra. de Manresa, 52。☎ 973 48 04 13。

曼雷萨 Manresa

Pere III H 酒店 地址：muralla de Sant Francesc, 49。☎ 93 872 40 00。

卡尔多纳 Cardona

Parador de Turisme Ducs de Cardona 酒店 地址：Castell, s/n。☎ 93 869 12 75。

托拉 Torà

Jaumet 酒店 地址 ctra. d'Andorra。☎ 973 47 30 77。

乡村旅店

曼雷萨 Manresa

La Masia Blanca 旅店 地址：camí d'en Suanya。☎ 93 872 85 23。这里是一处在乡间度假的理想住所。

托拉 Torà

Casa la Collita 旅店 ☎ 973 47 33 99。以这里为起点，一路往山里走，游客可以领略到约布雷格斯山谷的美妙风光，还可以开展钓鱼、远足郊游等活动。

Cal Jan Bastardas 旅店 地址：Finca Jan Bastardas。☎ 93 873 27 01。环境优美，在这里可以骑马郊游。

卡尔多纳 Cardona

La Torre Blanca 旅店 地址：barri Coma。☎ 93 869 00 13。

Torre d'en Bofill 旅店 地址：Barri Segalés。☎ 97 93 869 19 68。这座庄园的四周被绿草环绕，在这里我们可以骑马郊游。

亚杜尔斯 Lladurs

Casa Corral 旅店 地址：ctra. de Sant Llorenç, km 7。☎ 973 48 03 03。

Casa Moixella 旅店 地址：Casa Moixella, s/n。☎ 973 48 03 03。

露营地

索尔索纳 Solsona

El Solsonès 地址：ctra. de Sant Llorenç, km 2。☎ 973 48 28 61。这里有充足的资源，提供优质的服务，保证旅客度过快乐的假期。

圣约伦特 Sant Llorenç de Morunys

Morunys 地址：ctra. de la Coma, km 1.5。☎ 973 49 22 13。

蒙特塞拉和拉诺亚
Montserrat i l'Anoia

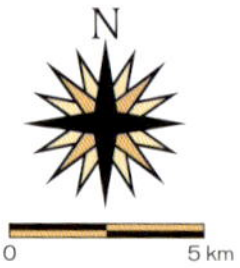

蒙特塞拉山是加泰罗尼亚地区诸多奇异的自然景观之一。该地区建于1025年的本笃会修道院是一个具有举足轻重地位的朝圣之地。

行程：
2天/102km

科尔巴托（Collbató）
→蒙特塞拉（Montserrat） **15km**
蒙特塞拉→奥德纳（Òdena） **20km**
奥德纳→圣马蒂德托斯（Sant Martí de Tous） **16km**
圣马蒂德托斯→伊瓜拉达（Igualada） **11km**
伊瓜拉达→拉托萨德蒙特布伊（Tossa de Montbui） **8km**
拉托萨德蒙特布伊→圣玛丽亚米拉雷斯（Sta. Maria de Miralles） **11km**
圣玛丽亚米拉雷斯→克拉拉蒙特城堡（Castell de Claramunt） **17km**
克拉拉蒙特城堡→卡佩亚的斯（Capellades） **4km**

加泰罗尼亚的保护神，蒙特塞拉圣母（Mare de Déu de Montserrat）——又叫莫雷内塔（Moreneta）——则是加泰罗尼亚人的象征之一。

蒙特塞拉山脉西面毗邻拉诺亚（l'Anoia）。游客在拉诺亚旅游时，沿途可以欣赏到奥德纳、圣马蒂德托斯（Sant Martí de Tous）、首府伊瓜拉达和卡佩亚的斯等村镇美丽的景色。

1

科尔巴托山洞 *
Les coves de Collbató *

萨尔尼特山洞 93 777 03 09。逢节假日，10:30到13:00，16:30到18:30。一周余下的几天只向学生开放。逢非节假日的周一、12月25日、12月26日和1月6日，景点关闭。6.5欧元，带导游参观。

科尔巴托的萨尔尼特山洞位于蒙特塞拉山麓，洞深500米左右，游览需要近一个小时。进入洞中可以观赏到美妙的石笋和钟乳石。在适宜的灯光照射下，可以看到几千年来水滴在岩石上形成的痕迹。在自然的鬼斧神工留下的雕塑中，所谓的"耶稣受难墙"(La Passió)最负盛名，据说还给了著名的建筑大师安东尼·高迪(Antoni Gaudí)灵感，使他设计出圣家堂(Sagrada Família，高迪的代表作之一，位于巴塞罗那，尚未竣工)的墙面。通过洞口附近的眺望台可以把美丽的景色尽收眼底。眺望台旁边是条通向蒙特塞拉山山脚的路，从上往下需要2小时。

2

蒙特塞拉山 ***
Montserrat ***

pl. de la Creu, s/n。93 877 77 01。Eurolines Peninsular, SA; Transbages, SL; Transportes Castellà, SA; La Hispano Igualadina, SA。RENFE。蒙特塞拉博物馆 Museu de Montserrat 10:00到17:45；逢周六和节假日，10:00到19:00。6.5欧元，带导游讲解。圣母小教堂 Capella de la Mare de Déu 8:00到10:30，12:00到18:30；逢节假日，19:30到20:30。9:00，11:00和12:15；逢周六，19:30；逢周日，8:00，9:00，11:00，13:00，17:30和19:30。

蜂蜜和玛多

饭后的蜂蜜和奶酪甜点在加泰罗尼亚是很有特色的，其中又以蒙特塞拉周围的质量为上乘。在蒙特塞拉修道院近旁的一些商店里可以品尝和购买到味道鲜美的玛多鲜奶酪和蜂蜜。

圣玛丽亚修道院(monestir de Santa Maria)和蒙特塞拉山的自然景观也许算得上是加泰罗尼亚地区标志性的地带了。这要归功于该地方奇特的地质形态，使这个地区成了加泰罗尼亚主义的象征和朝圣者的目的地。

由于风化和水流的侵蚀，蒙特塞拉山脉呈现出奇特的外形。山脉最高峰为圣海罗尼峰(Sant Jeroni)，海拔1235米。理查德·瓦格纳(Richard Wagner, 1813—1883，德国作曲家，以创作长篇歌剧出名)从蒙特塞拉山脉的石灰岩形态变化汲取了必要的灵感，运用到其歌剧作品当中。

位于蒙特塞拉山的本笃会修道院热衷于文化和宗教事业，它是由圣玛丽亚德利波修道院(Santa Maria de Ripoll)的奥利巴(Oliba)神父在1025年建立的，此人还是一位罗马艺术的推动者。本笃会修道院在15世纪时达到鼎盛时期，然而后来在1812年被法国军队的铁蹄摧毁。

从1881年以来，蒙特塞拉圣母便是当地的主要保护神，其代表形象为莫雷内塔(Moreneta，黑色的意思)，因其皮肤黝黑而得名。流传甚广的一则传说称这一圣像是一些牧民在大约12、13世纪的时候发现的。

目前所能见到的修道院建筑大部分是19和20世纪的作品，没有什么太多的艺术性。各种建筑物当

蒙特塞拉山脉是自然保护区

蒙特塞拉修道院

中最值得一提的是经过多次重修（最近一次重修是在1996年）、具有后哥特时代特色的教堂，教堂的外墙原先是古哥特式回廊的残垣断壁，在1901年改为现在的新巴洛克风格。

从教堂内部的大祭坛右侧的楼梯上去，就来到圣母室，里面供奉着摆放在黄金和宝石神位上的加泰罗尼亚保护神莫雷内塔的圣母像。参拜圣母像时的传统做法是点上一根大蜡烛。

修道院通往教堂一侧的墙建于1939年。

修道院的另外一些建筑供朝觐者和游客下榻或修士、修女住宿。建于12世纪的僧童院，是欧洲最古老的儿童唱诗班之一，由8到11岁的孩子组成。这是游客们不容错过的好地方。每天13:00和19:10都会举行唱诗活动。

蒙特塞拉博物馆位于修道院广场，1967年在何塞·萨拉·阿迪斯（José Sala Ardiz）的捐助下建立。博物馆收藏着现代著名艺术家的雕塑和绘画，如：巴布罗·毕加索（Pablo Picasso），萨尔瓦多·达利（Salvador Dalí），克劳德·莫奈（Claude Monet），圣地亚哥·鲁西尼奥尔（Santiago Rusiñol），米开朗琪罗（Michelangelo Merisi da Caravaggio），格列高（El Greco）等人，以及东方考古发掘的金银珠宝。

游览蒙特塞拉修道院值得推荐的另外一条经典路线是乘缆车去Santa Cova山洞，沿途的罗萨里奥（Rosari）路两侧布满现代主义风格的建筑群。

这里还有一条不错的线路是从圣胡安（Sant Joan）缆车站出发去往圣胡安小教堂，步行的话只需20分钟，可以饱览胜景。从缆车站通向圣海罗尼的路步行需约50分钟，景色同样值得观赏。

从修道院出发可选择的远足路线颇多，其中较为知名的是行经圣米格尔（Sant Miquel）教堂，大约30分钟行程，直达一个观望台，可以欣赏到极佳的异国风景。

从修道院下来4公里的地方是罗马风格的圣塞西利亚（Santa Cecília）教堂，沿途在和通往布鲁克（Bruc）港口的道路交会处应该驻足一番，从那里的观望台可以一睹整座山的尊容。

> **蒙特塞拉修道院僧童院**
> **L´Escolania de Montserrat**
>
> 蒙特塞拉修道院僧童院是欧洲最古老的儿童唱诗班，也是世界上最古老的僧童院之一。它最初建于12世纪，由修道院的修士手把手地教授这些孩子音乐和文化知识。每天13:00唱著名的《Virolai》曲，19:10也有演唱。

3

奥德纳
Òdena

ⓘ 参看Igualada。☎ 93 805 15 85。🚌 La Hispano Igualadina, SA; Masats, SA。✈ Aeròdrom d'Igualada-Òdena。☺ 4月29日。

游客值得在奥德纳镇稍作停留，在巷子里散步欣赏保留至今的风格各异的建筑：镇子中心有城堡

莫雷内塔圣母像

的遗迹，城堡上有一座多边形的塔楼，像是镇子的皇冠；还有罗马教堂圣贝纳贝（Sant Bernabé）。奥德纳镇入口处是别具风情的圣米格尔教堂。

4

圣马蒂德托斯
Sant Martí de Tous

ⓘ 参看Igualada。📞 93 804 67 00。🚌 La Hispano Igualadina, SA。☺ 11月18日。

圣马蒂德托斯（Sant Martí de Tous）是一条小村落。村子坐落在一座小山上，其中私人所有的德托斯城堡地位显赫。城堡的一侧是圣玛尔蒂（Sant Martí）教堂，前面摆着一个哥特式风格的十字架。

5

伊瓜拉达 *
Igualada *

ⓘ pl. Sant Miquel, 5。📞 93 805 15 85。公路：Alsina Graell, SA；La Hispano Igualadina, SA；Masats, SA；Montferri Hermanos, SL。🚆 RENFE。☺ 8月24日。其他节日：圣徒游行日，复活节星期二。🏛 拉诺亚 l'Anoia 🏛 地区博物馆 Museu comarcal de l'Anoia 地址：c, del Dr. Joan Mercader. Cal Boyer。📞 93 804 67 52。🕓 逢周二到周五，10:00到14:00和16:00到18:30；逢周六和节假日，11:00到14:00；逢周一、1月1日和12月25日闭馆。$ 3欧元，导游讲解须预约。

从圣玛尔蒂来到伊瓜拉达村的路左侧就可以隐约见到袁·卢比奥·贝叶维尔（Joan Rubió i Bellver）1931年的现代派建筑作品——耶稣之家（Llar del Sant Crist），是间养老院。

拉诺亚区府目前是一个重要的纺织工业区。这里过去有不少卤制品加工作坊，现在可以在区博物馆中看到那时候的印迹。狭窄的街道通往宽阔的中心广场，街道两旁景色宜人。紧挨着中心广场的是文艺复兴时代的圣玛丽亚教堂（Església de Santa Maria），里面陈列着珍贵的巴洛克时代由何塞·沈叶（Josep Sunyer）和夏辛·莫雷多（Jacint Moretó）创作、经建筑师恺撒·马丁内尔（Cèsar Martinell）修复的祭坛画，不幸的是部分画作在西班牙内战时期遭到了破坏。在抗击法国侵略战争的布鲁克一役中，伊瓜拉达区扮演了重要的角色。

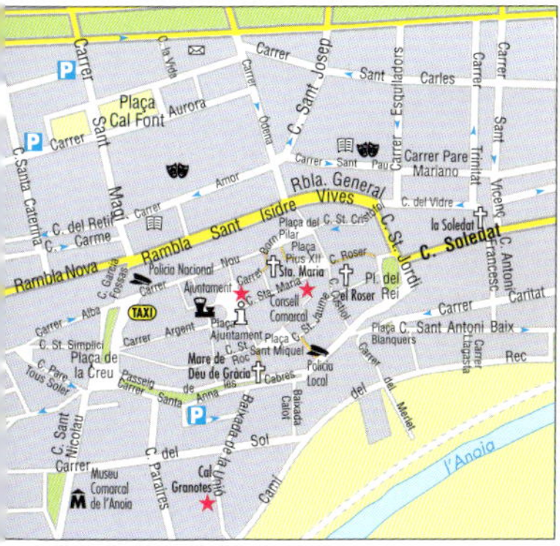

尹瓜拉达市中心地图

蒙特塞拉大教堂的正面

6

拉托萨德蒙特布伊
La Tossa de Montbui

ⓘ 参看Igualada。📞 93 805 15 85。☺ 圣女玛格丽特节，7月20日。

拉托萨德蒙特布伊（La Tossa de Montbui）高地是拉诺亚地区风光最漂亮的地方，上面有一片壮观的建筑群。拉托萨德蒙特布伊的圣玛丽亚教堂是一座了不起的建筑。它由三个运用伦巴第拱形的苍穹和三艘10世纪时带有大炮的前罗马时期战舰组成。教堂内摆放着具有哥特式风格的格拉西亚圣母（Mare de Déu de Gràcia）的圣像。

教堂旁边是一个古堡的遗址。这些建筑旁边有一家带酒吧的庄园。整个地区保护完好，四周围绕着青松翠柏。停车场的一端有一个瞭望台，可以领略奥德纳谷地的美景。

7

圣玛丽亚米拉雷斯城堡
Castell de Santa Maria de Miralles

ⓘ 参看Igualada。✆ 93 805 15 85。

圣玛丽亚米拉雷斯城堡和罗马寺庙遗址位于一个小山顶上。这些建筑的遗迹不太具有观赏性。人们来此远足是为了可以鸟瞰拉诺亚村落和米拉雷斯山脉的优美景致。

8

克拉拉蒙特城堡
Castell de Claramunt

ⓘ 参看Igualada。✆ 93 805 15 85。 克拉拉蒙特城堡 El castell de Claramunt 夏季，10:00到14:00，16:00到19:00；冬季，9:30到14:00，14:30到17:00；逢非节假日的周一、周二关闭。 1.76欧元，带导游讲解。

到达克拉拉蒙特城堡之前需要沿着一条羊肠小道步行约15分钟。这座中世纪的城堡四周由城墙围着，曾经重修过。城堡内部有一间巨大的起居室，一个摆放兵器的院子和一口地下蓄水池。

另外还有一个院子正好被圣玛丽亚罗马式教堂同前一个院子隔开，以及摆放玛格丽特圣女像（Santa Margarida）的一间小屋。从城堡的最上部可以俯瞰整个伊瓜拉达市。

9

卡佩亚的斯 *
Capellades *

ⓘ c. Onze de Setembre, 4。✆ 93 801 10 01。 La Hispano Igualadina, SA; Montferri Hermanos, SL。 Ferrocarrils de la Generalitat。 8月15日、16日、17日。其他节日：多洛特阿圣母节，2月6日。 莫林诺博物馆 Museu del Molí Paperer 地址：c. Pau Casals, 10。✆ 93 801 28 50。 10:00到14:00；逢周六、周日和节假日时为10:30到14:30。 4欧元。网址：www.mmp-capellades.net。 阿布里各考古发掘地 Jaciment arqueològic Abric Romaní 要参观该地，应在莫林诺巴贝来诺博物馆就协商好。 逢周一到周五，11:00到14:00，逢节假日，12:00到14:00。 3欧元。带导游讲解。

伊瓜拉达中心广场

克拉拉蒙特城堡

卡佩亚的斯在18、19世纪是最重要的造纸村落之一，这主要得益于村里的一个水库，从中流出的水为16台造纸水磨提供动力。

靠近水库的莫林诺博物馆(Museu del Molí，意为水磨)里保存了这些传统的器械(如一台17世纪的造纸水磨)，并有专门的关于纸的历史和造纸工序的展览。

从莫林诺博物馆可以顺便参观阿布里各(Abric Romaní)考古发掘地，后者位于卡佩亚的斯河的右岸，可以看到不少旧石器时代的发掘物。目前该地还在进行考古工作，博物馆中设立了专门展出考古文物的展厅。游览卡佩亚的斯可以沿河散步的方式收场。如果到了镇子中间，那么应当参观始建于10世纪、历经数次重修的教堂，也不要忘了去巴斯之家(Casa Bas)，这是一幢17世纪时的深宅大院，以单拱形的建筑样式矗立在街道旁。

卡佩亚的斯造纸水磨博物馆

实用向导

周边地区

在马尔多莱伊(Martorell)，可以去参观圣卡纳博物馆(Museu Santacana)，里面陈列着加泰罗尼亚地区不同时期的陶瓷品。或者去参观“魔鬼桥”(Pont del Diable)，这是当地有名的景点，始建于罗马时期，中世纪的时候得以重修。

圣项廷镇(Sant Quintí de Mediona)的拉斯得乌斯(“Les Deus”)山洞是加泰罗尼亚唯一经历城市化的洞穴，尽管不是很大，但是洞中有地下河流和小面积的地下湖泊。

奥莱萨(Olesa)和艾斯帕雷盖拉(Esparreguera)一带的村镇以三、四月间的圣周而闻名遐迩：人们利用演出等活动再现了耶稣受难的场景。别具特色的是演员们都来自于邻近的村镇。为获取更多的信息，可以拨打93 778 10 09和93 777 15 87咨询。

餐馆

蒙特塞拉 Montserrat

Abat Cisneros 餐馆 地址：pl. del Monestir, Restaurant-hostal Abat Cisneros。✆ 93 877 77 01。传统美食制作精良。

Montserrat 餐馆 地址：在圣玛丽亚修道院入口处。✆ 93 877 77 01。有一个视野很好的眺望台。

伊瓜拉达 Igualada

El Mirall 餐馆 地址：pg. Verdaguer, 6。✆ 93 804 25 02。每周三、周日晚上和9月份前半个月停业。

El Jardí de Granja Plà 餐馆 地址：Rambla Sant Isidre, 12。✆ 93 803 18 64。应当去尝一尝那里的饭后巧克力甜点和柠檬蜜饯拌甘草。

卡佩亚的斯 Capellades

Tall de Conill 餐馆 地址：pl. Àngel Guimerà, 11。✆ 93 801 01 30。周日、周一和7月1日到7月15日停业。值得推荐的食品是灌洋葱和猪蹄。

住宿

酒店

蒙特塞拉 Montserrat

Abat Cisneros 酒店 *** 地址：pl. del Monestir, s/n。✆ 93 877 77 01。全年营业，房间配置齐全、细致。

Cel·les Abat Marcet 酒店 ✆ 93 877 77 01。全年营业，房间最近新装修过，配置齐全。

Monestir 酒店 ** 地址：pl. del Monestir, s/n。✆ 93 877 77 01。只在夏天营业，允许旅客带随行宠物入内。

伊瓜拉达 Igualada

Amèrica 酒店 *** 地址：Antiga N-II, km 553。✆ 93 803 10 00。除了8月份前半月，全年营业。环境适宜，配置良好。

卡佩亚的斯 Capellades

Tall de Conill 酒店 ** 地址：pl. Àngel Guimerà, 11。✆ 93 801 01 30。除了7月1日至7月15日和1月2日至1月8日之外，酒店全年都营业。

东瓦耶斯
El Vallès Oriental

行程：
1天/76km

莫耶特（MOLLET）→加耶斯（Gallecs） **5km**
加耶斯→卡尔德蒙特布依（Caldes de Montbui） **10km**
卡尔德蒙特布依→加依法（Gallifa） **16km**
加依法→圣米格尔德尔法依（Sant Miquel del Fai） **15km**
圣米格尔德尔法依→格拉诺耶斯（Granollers） **30km**

东瓦耶斯具有迷人的吸引力：加耶斯的自然保护区，卡尔德蒙特布依的温泉，美丽的加依法市，郊游胜地圣米格尔德尔法依，首府格拉诺耶斯传统的集市，还有埃尔巴耶斯的莫耶特地区等，都以独特的魅力吸引了许许多多的游客。

卡尔德蒙特布依的温泉疗养地

1

莫耶特
Mollet del Vallès

ⓘ pl. Major, 1。☎ 93 751 95 00。🚌 CRA la Hispania, SA; Sagalés, SA; Ferrocarriles y Transportes, SA; Ampurdán Bus, SL。🚆 RENFE。☺ 圣加乌马节（7月25日）。🏛 阿贝约博物馆 Museu Abelló 地址：c. Berenguer III, 122。☎ 93 593 80 70。🕒 星期二到星期五：从11:00到14:00，16:00到20:00；星期六：11:00到20:00；逢节假日，11:00到15:00。逢周一不开放。导游讲解须提前预订。网址：www.museuabella.com。

莫耶特如今是一个工业城市，人口非常密集。20世纪的后50年其人口、城市规划和工业都得到大幅度增长。这个城市的起源可以追溯到993年，有两份史料可以证明莫耶特这个城市的存在。圣维森特（Sant Vicenç）教堂的钟楼是莫耶特早期的建筑中唯一尚存的遗迹。其他值得一看的建筑是一些中世纪的庄园和贵族宅院。如坎鲍内尔（Can Borrell）庄园，还保留着一口井和一座防卫塔楼；坎耶多（Can Lledó）庄园则留有公共保健和社会服务的设施。坎潘蒂格特（Can Pantiquet）和坎弗拉格尔（Can Flaquer）庄园都是16世纪遗留下来的。还应提及的是当地艺术家胡安·阿贝约（Joan Abelló）留下来的精神财富，都保存在阿贝约博物馆里。在这个博物馆里可以欣赏到阿贝约的作品，胡安·米罗（Joan Miró）的一幅有意思的画——《改革》，还有华金·米尔的大幅画像及其他许多艺术家们不同风格和技法的作品：诸如弗朗塞斯克·赫梅诺（Francesc Gimeno）、何塞·拉克（Josep Clarà）、安东尼·塔皮埃斯（Antoni Tàpies）和安东尼奥·萨乌拉（Antonio Saura）等艺术家的作品。另外该博物馆还会举办临时的展览。

2

加耶斯
Gallecs

ⓘ pl. Prat de la Riba, 4。☎ 93 571 95 00。☺ 圣加乌马节（7月25日）。

加耶斯是东瓦耶斯的一座小镇，与相邻的几个城市不同，它没有扩大规模，一直保持原有的风貌，是一个传统庄园的集合体。它位于一个自然公园，现在还没有做太多的广告宣传。它拥有富于反差的魅力，那是因为这里一片原始葱绿的空间却紧邻着一个重要的工业区。在这里小憩漫步片刻绝对令人流连忘返。在这座小镇，旅游者可以观赏到罗马式风格的圣玛丽亚教堂。

3

卡尔德蒙特布依 *
Caldes de Montbui *

ⓘ pl. de la Font del Lleó, 20。☎ 93 865 41 40。🚌 Ferrocarriles y Transportes, SA; Sagalés, SA; Cingles Bus, SA。☺ 每年10月

莫耶特现代主义风格的博物馆和房子

加泰罗尼亚环形路

离格拉诺耶斯 10 公里，离莫耶特 4 公里的地方是蒙特梅罗的加泰罗尼亚环形路。该环形路于 1991 年落成。在这条环形路上经常举行 F1 赛车和摩托车赛。除此以外也举行其他活动。这里有一些现代的设施可以用于举行最重要的摩托车比赛。该环形路拥有不同走向的路段：大奖赛环路，4727 米；国家赛环路，3067 米；练习赛环路，1703 米。可以容纳十多万观众。现在经常在该环形路上举行的比赛主要有 F1 西班牙大奖赛和加泰罗尼亚摩托车大奖赛，这些都是为世界锦标赛做准备的。另外这些现代的设施也可以出租，用于娱乐、测试、演示和会议等活动。该环形路是 RACC-Renault 旅游学校、ELF-Renault 驾驶学校和方程式赛车驾驶学校的训练基地。

的第一个星期天。其他节日：农牧业集会（5月）。罗马温泉 Termes Romanes 地址：pl. de la Font del Lleó。11:00到14:00，17:00到20:00；逢周日，11:00到14:00；逢周一不营业。

卡尔德蒙特布依以其温泉和有着悠久历史的浴场而闻名。在本市有四处温泉。这些温泉可以提供各种不同的治疗和疗养套餐。旅游风景区在市中心的冯特德耶沃广场（plaça de la Font del Lleó）。在这个广场上有古老的罗马浴场，其历史可以追溯到公元前1世纪。这些浴场是整个西班牙保存最完好的。游客们只能参观其中的卡尔达里浴场。拉丁作家普里尼奥（Plini）在他的作品里引用过卡尔德蒙特布依这座城市，也提及了这座城市的温泉。冯特德耶沃广场是一处天然泉水，其水温高达76摄氏度。温泉水注入姆拉亚街（Muralla）19世纪建的公共洗衣处。温泉博物馆（museu Thermalia）也是一个值得一去的地方，它也位于拉冯特德耶沃广场，里面收藏着雕塑家马诺罗·乌格（Manolo Hugué，1872—1945）的作品。乌格是一位卓越的艺术家。他于1901年至1910年居住在巴黎，是毕加索、马克思·哈科伯（Max Jacob）等其他先锋派艺术家的朋友。他也受到了新思潮的影响，创造了个人形象风格。在这间博物馆不仅可以欣赏乌格的作品，还能欣赏到毕加索的陶瓷样品及画作。这间博物馆还介绍了关于该地传统温泉疗养的信息。

加依法美丽的环境和圣约伦特自然保护区

4

加依法
Gallifa

pl. Major, 1（Mollet）。93 571 95 00。Sagalés, SA。圣加乌马节（7月25日）。

加依法小镇处于一个得天独厚的地理位置，被松林和峭壁环绕。除了分布在不同辖区的众多喷泉外，游览本镇的三个罗马式的教堂也别有一番风味。12世纪的圣皮雷·圣菲利乌（Sant Pere i Sant Feliu）教堂，其最著名的是装饰半圆屋顶的连拱。较小的圣玛丽亚德卡斯特尔教堂坐落在旧城堡的城墙内。11世纪的圣萨杜尔尼教堂（Sant Sadurní）位于一座小山上，从山上可以饱览迷人的景色。

这座小镇里另外一处有名的建筑是胡安·米罗和何塞·约仁克·阿尔蒂加斯（Josep Llorenç i Artigas）合作的陶艺工作室。阿尔蒂加斯受到东方的影响发展了他独具个性的陶瓷技术。

5

圣米格尔德尔法依 *
Sant Miquel del Fai *

pl. Abadia, s/n。93 865 80 08。Ferrocarriles y Transportes, SA; Sagalés, SA。冬季，10:00到17:00；夏季，10:00到19:00。逢周一不营业，节假日照常营业。5欧元。带导游讲解。

圣米格尔德尔法依是一个拥有漂亮的自然风光的地区，因德内斯河（riu Tenes）谷地而闻名。建于10世纪的慈善修道院将该镇变成了朝圣的地方。直到19世纪中期，该镇才不再作为朝圣之地。从那时起，该镇的各种自然风光成为吸引游客的因素。如今该镇成为举行庆祝活动和婚礼的重要中心。

圣米格尔德尔法依自然保护区山脚下的里埃尔斯的风景

经过一座小石桥进入该镇范围，穿过雕刻在岩石上的奇特的石拱后，美丽的德内斯河谷地的风景就会映入眼帘。右边是15世纪的修道院。这个修道院旁是一间餐厅。圣米格尔教堂很小，是罗马式风格，建在一个山洞下，山洞成为了教堂的墙壁和房顶。再往前走，旅游者可以看到圣米格尔教堂的范围一直延续到一片地下湖。

沿着这条路一直往前走就会看到莱波斯广场(Repòs)，坐在这里的长凳上可以欣赏风景。再走几米，在石壁深处是修女湖。这是一个小水潭，由于光学效应可以看见山洞的倒影。继续沿着这条道路前行就能看到圣米格尔的象征性景观：特内斯河瀑布。从通往特内斯河内部通道可以欣赏到瀑布。从这里开始，道路变得更宽阔，可以看到修道院和比拉广场动人的景色。

游览的终点是圣玛尔蒂庙和托格斯洞，托格斯洞旁有狭窄难行的走道。

6

格拉诺耶斯 *
Granollers *

ⓘ c. Sant Roc, 14。✆ 93 879 61 90。🚌 Sagalés, SA, CRA la Hispania, SA, Cingles Bus, SA; Ferrocarriles y Transportes, SA; SARFA, SL。🚆 RENFE。☺ 8月的最后一个周末。其他节日：国际音乐节(11月)。🏛 格拉诺耶斯博物馆 **Museu de Granollers** 地址：Anselm Clavé, 40-42。✆ 93 870 65 08。🕒 逢周三到周六，18:00到21:00；逢周日，11:30到13:00，18:00到21:00；逢周一不开放。带导游讲解。🏛 格拉诺耶斯自然科学博物馆 **Museu de Granollers de Ciències Naturals**。地址：Francesc Macià, 51。✆ 93 870 96 51。🕒 11月到次年3月，逢周二到周六，17:00到20:00；逢周日和节假日，11:00到13:00，17:00到20:00。4月到10月，逢周二到周六，18:00到21:00；逢周日，11:00到13:00，18:00到21:00；逢周一不开放。带导游讲解。

圣米格尔德尔法依自然保护区

波尔萨达广场，格拉诺耶斯文艺复兴风格的门廊

格拉诺耶斯是东瓦耶斯首府。这个城市的重要性大部分要归功于从几个世纪前就开始的每个星期四在该市举行的集市。格拉诺耶斯这个名字来自于拉丁词语granularis，罗马人用这个词来指粮仓。旅游热门景点——圣史蒂夫教堂（Sant Esteve）属于新哥特式风格。虽然在西班牙内战时期这间教堂被摧毁了，但是15世纪的钟楼得以保存下来。

格拉诺耶斯的另一个著名的建筑是古老的圣多梅内克（Sant Domènech）医院，现在变成公共图书馆。刚修建时采用的是哥特式风格。1927年重建时，引入了现代主义的装饰。集市在市政广场名为波尔萨达的具有文艺复兴特点的门廊下举行。

欧洲旅馆

欧洲旅馆由帕雷亚达家族于 1771 年修建。从那时起就一直忠实于其服务理念，即供应大众的高品质的加泰罗尼亚菜。这家旅馆不可避免地会引来很多骄奢淫逸的人。然而在那些忠实的顾客中也有如何塞 · 普拉（Josep Pla）这样的作家们，如圣地亚哥鲁西纽尔这样的画家们和众多的政客们。尤其推荐在集市节那天的早餐时间去这家旅馆，在那个时间顾客主要是乡下人和商人。另外这家旅馆也提供住宿服务。

波尔萨达门廊是格拉诺耶斯城最具代表性的建筑，它的15个圆柱嵌入一个24×16米的长方形楼层。在这个门廊旁边可以看到如1904年的市政府大楼这种现代主义风格的建筑。游览格拉诺耶斯市最好的方式就是漫步于广场的四周及其主要街道——安塞尔姆卡拉维（Anselm Clavé）街。在这条街上有著名的欧洲旅馆。这里从两个世纪前起，逢周四提供丰盛的午餐。在这条街上还可以看见格拉诺耶斯博物馆，游客可以在博物馆里重温格拉诺耶斯从史前到现在的历史，或者也可以欣赏博物馆里各式各样的珍藏（陶瓷、艺术品、考古文物等）。格拉诺耶斯另一个有趣的博物馆是自然科学博物馆，馆内的展览以东瓦耶斯的自然环境为主题。博物馆里还有一个大花园。游客漫步在花园里可以看到该地区多种多样的地质环境和极富特色的动植物群落。

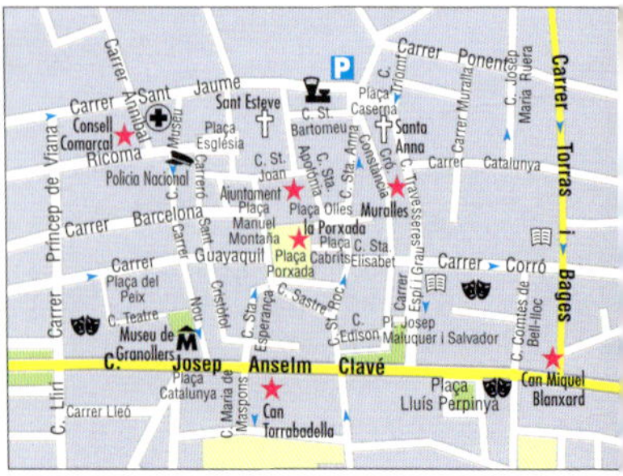

格拉诺耶斯市中心平面图

实用向导

周边地区

靠近莫耶特，在马尔托雷耶斯（Martorelles）的尽头是西班牙的一个小镇的遗址，矗立在卡斯特鲁夫（Castellruf）山上。在帕拉乌德普雷加曼斯郊外是圣玛丽亚的帕拉乌，一座装饰精美的罗马式教堂。只有一个哥特式祭坛装饰和一排陶瓷的祭坛帷幔保存尚好。在教堂的尽头可以看到普雷加曼斯城堡，这座城堡是14、15世纪最重要的建筑，保存状态不太稳固。圣塞巴斯蒂昂教堂（Sant Sebastià de Montmajor）也是值得一去的地方。只有一个带十字架的中殿，上面是钟楼。在教堂里面有安东尼·比拉·阿卢法特（Antoni Vila Arrufat）的画，其环境非常宜人。

餐馆

卡尔德蒙特布依 Caldes de Montbui

Na Madrona 餐馆 地址：Canal，8。☎ 93 862 68 31。美味简单的意大利菜放在卡尔德斯德旧陶片上，菜的性价比很高。

Robert de Nola 餐馆 地址：pg. del Remei，48–50。☎ 93 865 40 47。星期日晚上和星期一不营业。菜品精美。

圣米格尔德尔法依 Sant Miquel del Fai

El Monestir 餐馆 地址：pl. de l'Abadia。☎ 93 865 80 08。星期一不营业，特色是可口的加泰罗尼亚菜和优美的地里环境。

格拉诺耶斯 Granollers

Fonda Europa 餐馆 地址：c. d'Anselm Clavé，3。☎ 93 840 30 39。餐馆的特色菜是加利西亚菜和海鲜。

Ca la Sila 餐馆 地址：c. d'Anselm Calvé，3。☎ 93 879 45 70。逢周一暂停营业。餐馆位于 Fonda Europa 旁边，每道菜的性价比都很高。

Os Galegos 餐馆 地址：trav. Lledoner，9。☎ 93 840 30 39。以加利西亚地区菜式和海鲜闻名。

El Trabuc 餐馆 地址：ctra. Granollers–El Masnou，s/n。☎ 93 870 86 57。星期日晚上和8月的下半月不营业。特色菜式有罐头蜗牛、蜂蜜泡沫和新鲜奶酪。

Layon 餐馆 地址：pl. de la Caserna，2–3。☎ 93 879 40 82。星期二和9月的上半月不营业。特色菜式圣塞巴斯蒂昂鳕鱼和烤小山羊肉。

住宿

酒店

卡尔德蒙特布依 Caldes de Montbui

Vila de Caldes 酒店 **** 地址：pl. de l'Àngel，5。☎ 93 865 41 00。是一个舒适的享有国际盛誉的温泉疗养酒店。1月7日到2月7日不营业。

Termes Victòria 酒店 *** 地址：c. Barcelona，12。☎ 93 865 01 50。是一个有19世纪花园的温泉疗养酒店。

Balneari Broquetes 酒店 *** 地址：Font del Lleó。☎ 93 865 01 00。全年营业。位于市中心，靠近古老的罗马温泉的现代温泉疗养酒店。

格拉诺耶斯 Granollers

Ciutat de Granollers 酒店 **** 地址：Turó Bruguet，2。☎ 93 879 62 20。是一间新酒店，实用舒适，服务周到（还有为残疾人准备的服务设施）。

Fonda Europa 酒店 *** 地址：Anselm Clavé，3。☎ 93 840 30 39。位于一座历史建筑里，有7间装饰华丽的房间。从1714年开始都由帕雷亚达家族管理。

Granollers 酒店 *** 地址：av. Francesc Macià，300。☎ 93 879 51 00。全年开放，环境幽雅，设备齐全。

Iris 酒店 *** 地址：Av. Sant Esteve，92。☎ 93 879 29 29。是一间实用舒适的酒店。

莫耶特 Mollet del Vallès

Formule–1 汽车旅馆 地址：av. Rabassaires，40–42。☎ 93 570 80 90。这是一间自助式汽车旅馆（没有接待处，也没有服务员），是实用经济的旅馆。

Catalán 旅馆 地址：Can Flequer，30–Can Paniquet。☎ 93 570 64 34。最近其旅馆大堂刚装修过。

乡村旅馆

德蒙托内斯 Montornès del Vallès

Can Sala 旅馆 地址：c. Josep Tarradellas，s/n。☎ 93 568 34 85。有圈养的牲畜，可以购买手工艺品。

露营地

圣吉尔则萨法哈 Sant Quirze Safaja

L'Illa 地址：Afores，s/n。☎ 93 866 25 26。有各种设施，靠近河边。

蒙特塞尼
El Montseny

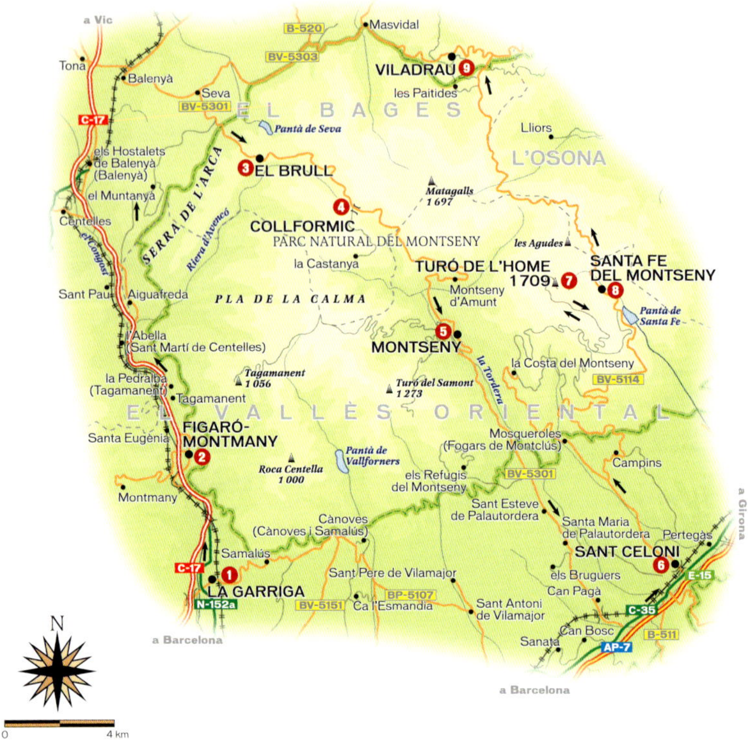

蒙特塞尼高原是一个风景秀丽的自然公园，有珍稀的动物群和植物群。同时这里还有各式各样的地理生态环境。托尔德将山地分为两个区域：一边是卡尔玛平原（Calma）和玛塔加斯山脉（Matagalls），另一边是阿古德斯（Agudes）和图罗德奥美地区。这里一年四季都会呈现出各种交相更替的颜色和变幻的色调。

蒙特塞尼周围的村镇，如彼拉德劳，拥有迷人的魅力，并带着些许威严的余味。游客走在村中，可以让人感受度过轻松时光的安逸，尽情享受漫步于大自然的惬意。

行程：
2天/106km

加利加（La Garriga）	
→费加罗（El Figaró）	**4km**
费加罗→布鲁尔（El Brull）	**15km**
布鲁尔→科尔佛米克（Collformic）	**6km**
科尔佛米克→蒙特塞尼（Montseny）	**12km**
蒙特塞尼→圣塞罗尼（Sant Celoni）	**18km**
圣塞罗尼→图罗德奥美（Turó de l´Home）	**16km**
图罗德奥美→圣塔菲水库（Pantà de Santa Fe）	**10km**
圣塔菲水库→彼拉德劳（Viladrau）	**25km**

费加罗独具特色的房子

1

加利加
La Garriga

ⓘ pl.de l'Església，2。☎ 93 860 50 50。🚌 Sagalés，SA。🚆 RENFE。☺ 8月3日。

加利加是一个安静的避暑胜地，靠近蒙特塞尼。其温泉有着悠久的历史，一直延续到现在，使得该地成为了温泉疗养胜地。在这里泡温泉不但可以获得美容的功效，还可以进行各种疾病的治疗。另一个旅游亮点则是它的超轻便飞机，在这里可以接受专门的训练或在专家的陪伴下乘坐这种超轻的飞机享受飞翔的乐趣。

到了加利加镇，绝对不能错过莱斯帕尔(Casas Raspall)住宅区(位于原来的小镇中心)。它由“九十年代派”和现代主义风格的房子组成。在郊外公路的另一边靠近墓地的地方是罗马式建筑多玛教堂。与阿尔布歇斯一样，在加利加也庆祝Corpus Christi节，节日来临时街上会撒满鲜花，使整条街道犹如铺上花的地毯。晚上的游行之后还会举行一场康乃馨之战。

2

费加罗
El Figaró

ⓘ Estació de tren。☎ 93 842 93 61。🚌 Sagalés，SA。🚆 RENFE。☺ 8月的最后一个星期日。

费加罗最重要的风景就是分布在公路两旁的“九十年代派”和现代主义的别墅。欣赏这些别墅的最好方式就是乘坐火车游览。从费加罗有一条通往塔加玛能特山(Tagamanent)的路。车程大约两到三个小时。站在塔加玛能特山的山顶，费加罗的景色可以尽收眼底。

3

布鲁尔
El Brull

ⓘ pl. de l'Ajuntament，s/n。☎ 93 884 06 92。🚌 Sagalés，SA。☺ 11月15日。

加利加的市中心有各种现代主义建筑

水神

神话里记载着蒙特塞尼的喷泉里有一群水神。只有很少的人能看见她们。她们有着金色的头发，笑容可掬，穿着白色的衣服，喜欢一起在阿尔布歇斯（Arbúcies）、瓜尔瓦（Gualba）和里埃尔斯（Riells）喷泉里沐浴。如果哪个人能碰到她们沐浴将会很幸运，如果能得到她们部分衣物的话就更幸运了，这个幸运儿将从此不会为经济问题而担忧。

布鲁尔市临近玛塔加斯山脉，位于蒙特塞尼自然公园里面，海拔843米。整个城市里可以看见分散的一些庄园。市中心由罗马式教堂圣玛尔蒂（Sant Martí）、18世纪的钟楼和市政府组成。旁边是布鲁尔的信息中心，即蒙特塞尼自然公园办公室。信息中心前面的公路两旁是一些城堡的遗迹。这些城堡的遗迹构成了蒙特塞尼的优美风光。

4

科尔佛米克
Collformic

ⓘ Oficina del Parc Natural del Montseny。
📞 93 847 51 02。

科尔佛米克是一个海拔1100米的山间隘口，将玛塔加斯山脉和卡尔玛平原分开。另外科尔佛米克还是游览蒙特塞尼高原的必经之路。从公路上可以看见托尔德拉盆地（Tordera）。沿着小山丘下来有美丽的土地和图罗德奥美山（最高海拔1712米）。在一间餐馆旁有一条路通往卡尔玛平原。爱好骑自行车的人经常会取道于此。不需要爬太高，骑行二十分钟左右就可以看到卡尔玛平原美丽的平地，从这里可以欣赏到美妙的风光。

科尔佛米克的另一边是通向玛塔加斯山顶（海拔1700米）的路。因为山路高低不平，登上玛塔加斯山顶大约要花一个半小时，从山顶可以欣赏到山下的风景的全貌。另一条路将旅游者带往圣塞西蒙（Sant Segimon）的神堂。圣塞西蒙神堂由圣塞西蒙寺庙和巴雷通（Barretons）的圣米格尔寺庙（Sant Miquel dels Barretons）组成。

5

蒙特塞尼
Montseny

ⓘ Casal de Cultura del poble de Montseny: pg. de les Escoles, s/n。📞 93 847 30 03。🚌 Cingles Bus, SA。🕒 逢周六和节假日，11:00到13:00。☺ 8月第四个星期日。

在蒙特塞尼，村庄的名字与山的名字相同。房子以阳台的形式分布，给这条村庄增添了一种特殊的魅力。该处的圣胡丽（Sant Julià）亚教堂属于罗马式风格。在文化别墅里长期有一个关于蒙特塞尼高原的展览。该村庄以其餐馆菜式的多样性为最大特点。

6

圣塞罗尼
Sant Celoni

ⓘ Oficina del Parc Natural del Montseny。
📞 93 847 51 02。🚌 Cingles Bus, SA；

圣塞西蒙寺庙，是在蒙特塞尼郊游值得欣赏的地方之一

Hispano Hilarienca, SA; Sagalés, SA; SARFA, SL。 RENFE。 9月8日和11月11日。

圣塞罗尼镇由于其作为自然公园的入口而称为"蒙特塞尼之门"。圣塞罗尼的主要景点在其古老的镇中心。比拉广场(plaça de la Vila)是值得去的地方。圣玛尔蒂教堂就坐落于此。这个教堂有个非常漂亮的巴洛克风格的外墙，当中有饰以影线的天使塑像。另外，哥特式建筑的旧教区神父住宅和罗马式建筑圣波克(Sant Ponç)小教堂(原是圣尼克拉麻风病医院)都很值得一去。在中世纪遗留下来的大广场上每个星期三都会举行集市。在不远处普格德贝尔维尔(Puig de Bellver)教堂所在的小山上可以看到这个地区风景的全貌。

7

图罗德奥美
El Turó de l´Home

Oficina del Parc Natural del Montseny。 93 847 51 02。 Observatori del turó de l'Home。 93 74 400 46。

图罗德奥美(意为男人的山)是蒙特塞尼最高的地方(海拔1712米)，与阿古德斯山(最高海拔1706米)相邻。是构成蒙特塞尼高原地区的两座山峰之一。在山顶上有一个气象观测站和一个雷达站。作为看守人住所的小茅屋(有酒吧服务)是个挪威亭。这个挪威亭曾在1929年巴塞罗那的世博会上展出过。从山上俯瞰风景绝对是美不胜收。在天空格外晴朗的日子里还能看见马约卡(Mallorca)、埃尔阿内托(l'Aneto)和多尔多撒港口(Tortosa Beseit)。

蒙特塞尼高原是一个自然公园和生态环境保护区

8

圣塔菲
Santa Fe del Montseny

Centre d'interpretació Can Casades。 93 847 51 13。 Cingles Bus, SA。 逢节假日，11:30到14:30；工作日，11:30到16:30。每一个半小时播放一次视频节目。

圣塔菲市中心是由各种建筑组成。其中最突出的有一座小教会、一间旅店和卡萨德斯(Can Casades)展示中心。展示中心会播放蒙特塞尼自

法赫达，离圣塔菲（蒙特塞尼）很近

自然公园的动植物群落

蒙特塞尼高原的环境变化万千，这使得该地区的植物因为所处的地理环境而各不相同。按照海拔由低至高有如下几种类型的植物：地中海式植物（海拔 900 米以下），欧洲西伯利亚植物（海拔 900 米至 1600 米）和北阿尔卑斯山植物（海拔 1600 米以上）。蒙特塞尼高原的动物群也是按照上述三个生态地理区域分类，有 30 多种爬行类动物，200 多种禽类，相当数量的啮齿类动物、翼手目、食虫类和食肉类动物，还有大量的昆虫（其中最多的是蝴蝶）和野猪。

然公园一年四季景色更替的视频。在停车场有一条路通往圣塔菲水库，水库很小，但是很值得一去。

9

彼拉德劳
Viladrau

ⓘ pl. Major 4。☎ 93 884 80 35。🚌 Sagalés, SA。☺ 9月8日。其他节日：圣玛尔蒂节（11月11日）。

彼拉德劳是一个避暑胜地。城市中心由狭窄的街道和圣玛尔蒂教堂组成。最有趣的要数具有威严外表但有着乡村风情的塔楼，塔楼总是被茂密的植物包围着。彼拉德劳市的优美环境使其成为了像格拉德·里奥斯特、何塞·卡尔内尔（Josep Carner）、玛丽亚·玛能特（Marià Manent）这些作家们的庇护所。

Fototeca.cat-R.Manent

蒙特塞尼森林一景

彼拉德劳市也以其喷泉而闻名。在市中心有五个喷泉。其中最著名的是燕子（Oreneta）喷泉。在这个喷泉处矗立着一块独石碑，上面刻着格拉德里奥斯特的诗。

彼拉德劳的温泉疗养中心

实用向导

周边地区

在帕拉乌托德拉（Palautordera）的圣埃斯特维（Sant Esteve）有一座宏伟的保存完好的城堡。

在卡诺维斯（Cànoves）小镇可以游览一个罗马式庙宇；在萨玛鲁斯（Samalús）可以观赏漂亮的教堂；在坎昆（Can Cuc）可以看到一棵欧栗树——这是加泰罗尼亚地区最粗的树，它的中间是空的。这是由于上个世纪30年代的一场火灾造成的。

如果想在蒙特塞尼自然公园尽情地游玩，可以去地狱坟墓。大多数人都会来到这个地方。起点在BV-5119公路，一直走到冯玛尔蒂那露营地。从那里在一条深入森林的狭窄小道上继续前行，这条小道慢慢扩宽直至到达右边的一条通往“地狱坟墓”的狭窄小路。

餐馆

加利加 La Garriga

Catalonia 餐馆 地址：ctra. de l'Ametlla，68。✆ 93 871 56 54。推荐品尝的菜肴：海鲜，鱼或烤肉。€€

布鲁尔 El Brull

L'estanyol 餐馆 地址：Masia l'Estanyol，s/n。✆ 93 884 03 54。从9月份到次年6月份晚上不营业，但星期五和星期六除外。庄园餐馆内供应的是高档菜肴。€€

EL Castell 餐馆 地址：Paratge El Castell，s/n。✆ 93 884 00 63。位于高速公路旁边。星期二晚上、星期三和11月整月都不营业。其特色菜是香肠和烤肉。€€

蒙特塞尼 Montseny

Can Barrina 餐馆 地址：ctra. Palautordera-Montseny，km12，67。✆ 93 847 30 65。圣诞节不营业，具有17世纪庄园的特点。€€

圣塞罗尼 Sant Celoni

Racó de Can Faves 餐馆 地址：c. Sant Joan，6。✆ 93 867 28 51。逢周日晚和周一不营业。三星级服务，有以家常菜原料烹调出的一流水准、富有创造力的美味佳肴，餐馆里的美酒也非常出名。€€

Les Tines 餐馆 地址：pg. dels Esports，16。✆ 93 867 25 54。星期二和9月的下半月不营业。€€€

彼拉德劳 Viladrau

Glòria 餐馆 地址：c.Torreventosa，12。✆ 93 884 90 34。星期一不营业。€€

住宿

酒店

加利加 La Garriga

Termes La Garriga 酒店 **** 地址：c. Banys，23。✆ 93 871 70 86。酒店向游客提供舒适优质的温泉疗养服务。此外，花园里还设有温泉游泳池。

Balneari Blancafort 酒店 *** 地址：c.Banys，55。✆ 93 871 46 00。是一个让人身心放松的温泉疗养地。

蒙特塞尼 Montseny

Sant Bernat 酒店 *** 地址：Finca el Cot，s/n. Ctra. Palautordera a Seva，km 20。✆ 93 847 30 11。位于蒙特塞尼山中的卡塔卢尼亚美丽的庄园。

Can Barrina 酒店 ** 地址：ctra. Palautordera-Montseny，km 12，67。✆ 93 847 30 65。12月25日不营业。

圣塞罗尼 Sant Celoni

Suís 酒店 * 地址：pl. de la Vila-c. Major。✆ 93 867 00 02。位于市中心，环境怡人。

彼拉德劳 Viladrau

la Glòria 旅馆 ** 地址：c.Torreventosa，12。✆ 93 884 90 34。这里环境怡人，靠近蒙特塞尼自然公园。但在12月22日到次年1月7日不营业。

乡村旅馆

布鲁尔 El Brull

La Masoveria de La Morera 旅馆 地址：Masia de la Morera。✆ 93 884 04 77。

蒙特塞尼 Montseny

Can Jubany 旅馆 地址：Can Cervera. BV-5301，km 15。✆ 93 847 30 66。庄园旁是11世纪罗马寺庙的遗迹。

EL Baiés 旅馆 地址：ctra. Palautordera a Seva，km 20，2。✆ 93 847 30 20。它位于蒙特塞尼山中，游客从这里可以开始游览自然公园。

露营地

蒙特塞尼 Montseny

Camping les Illes 地址：ctra. de Palautordera a Seva，km 20。✆ 93 847 32 04。庄园露营地，可以携带动物。

Les Piscines 地址：ctra. Seva a Montseny，km 12,3。✆ 93 847 30 70/ 93 847 30 58。

撒乌水库和科萨加布拉
El pantà de Sau i el Collsacabra

比克城是奥索那（Osona）地区的历史文化经济中心，同时也是本次旅行的理想出发点。本次旅行途经撒乌水库和圣罗马（Sant Romà）古镇。这个小镇被淹没在水中，不同季节水浸的程度也不同。

壮观的峡谷、和谐的乡间小镇卢比特和塔贝特、卡瑟雷斯的罗马式修道院是本次旅游线路上特别值得一看的景点。与这些建筑和小镇相映成趣的是吉耶利亚斯（Guilleries）和科萨加布拉（Collsacabra）周围的自然风光。

行程：
1天/152km

比克（Vic）→佛格罗勒斯（Folgueroles）	5km
佛格罗勒斯→撒乌水库（Pantà de Sau）	13km
撒乌水库→卢比特和普鲁伊特（Rupit i Pruit）	49km
卢比特和普鲁伊特→塔贝特（Tavertet）	28km
塔贝特→曼列乌（Manlleu）	23km
曼列乌→多雷洛（Torelló）	6km
多雷洛→塔贝诺雷斯（Tavèrnoles）	16km
塔贝诺雷斯→卡瑟雷斯（Sant Pere de Casserres）	12km

比克的大广场一角

1 比克 **
Vic **

ⓘ c. Ciutat, 4。☎ 93 886 20 91。🚌 Autocares Prat, SA; 25 Osona Bus, SA; Planas Vila, Ramon; Sagalés, SA; Eix Bus, SA; TEISA; Rovira Sansalvador, Josep M; J. Verdaguer, SL; Comasolivas Codina, Jordi; Transportes Castellà, SA。🚆 RENFE。☺ 7月5日。其他节日：拉莫集市（拉莫斯节前的星期六），武装游行（5月的第一个周日），比克音乐万岁集市（9月16日至19日），中世纪集市（12月5日—8日）。主教博物馆 Museu Episcopal 地址：pl. del Bisbe Oliba, 3。☎ 93 886 93 60。⏲ 4月到9月，周二到周五，10:00到13:00，15:00到18:00；周六，10:00到9:00；周日和节假日，10:00到14:00；逢周一，1月1日，1月6日，12月25日和12月26日关门。$ 4欧元。网址：www.museuepiscopalvic.com。皮革博物馆 Museu de la Pell 地址：c. de l'Arquebisbe Alemany, 5。☎ 93 883 32 79。⏲ 周二至周六，11:00到14:00，17:00到20:00；节假日11:00到14:00；周一关门。

有28000多人口的比克是奥索那地区的中心。城区在比克地区的中间，是奥索那地区的贸易文化中心。旧城区是历史的见证。从伊比利亚时代的阿乌纱（Ausa）到罗马时代的阿乌索那（Ausona）或中世纪具有神授能力的奥里巴（Oliba）神父手下重要的主教辖区奥索那城，这个城市在城墙范围内不断发展着。这些城墙现在大致在环绕老城区的林荫道上，它包括40座塔和7扇门。现在仍然可以欣赏到这些城墙的一部分。它是由皮雷三世国王下令在格拉特（Queralt）地区建造的。在那里也可以看到11世纪建造的跨越梅德尔河的罗马式桥梁。这座桥在巴塞罗那王室大道（camí ral de Barcelona）上。

马约尔（Major）广场又被称为市集（del Mercadal）广场。它是城市的枢纽，值得在星期二或者星期六到此处一游，以参观比克的集市。它是加泰罗尼亚地区最大最漂亮的广场之一，由一系列风格各异的建筑物构成。值得一提的是现代主义风格的建筑哥梅耶斯（Comelles），科斯塔（Costa）和哥尔迪那（Cortina），以及巴洛克和文艺复兴风格的建筑，如多罗莎（Tolosa）、墨伊索（Moixó）

梅德尔河上的中世纪桥梁，进入比克老城的通道

比克的罗马神庙

和贝乌罗(Beuló)。市政府离广场非常近，原本是一座建于1388年的哥特式建筑。在旧城区漫步，游客可以发现许多具有艺术和建筑学价值的建筑物。如哥尔拓达(Cortada)，一座建于17至18世纪的巴洛克风格建筑；文艺复兴风格的加拉迪耶斯(Galadies)，是如今文化处的所在地；现代主义风格的马斯菲勒(Masferrer)，或者博洪斯(Bojons)，等等。一路漫步，还可以看见许多教堂，例如圣德蕾莎(Santa Teresa)教堂和修道院，巴洛克式教堂圣菲利普(Sant Felip)，多洛雷斯(Dolors)教堂或皮艾达(Pietat)教堂。

比克最重要的纪念性建筑物是圣皮雷(Sant Pere)大教堂。如今的建筑是几个世纪改建的结果。今天游客们可以欣赏到的最重要的部分是新古典主义风格，它由建筑师何塞·莫雷多(Josep Moretó，1748—1826)于1781年至1803年间建造。9世纪的原建筑现在只剩下塔尖。宏伟的钟塔高达47米，殿堂地下室是罗马伦巴第风格。与教堂中殿墙壁相连的是14世纪的哥特式修道院，值得一提的是里面阿拉伯风格的大拱门。修道院的合葬墓里埋着本地教士和哲学家加乌马·巴尔梅斯(Jaume Balmes，1818—1848)。这个建筑包括三个有着半球形拱顶的中殿。在宽阔的回廊里可以看到15世纪雪花石膏做的大型祭坛装饰雕像，叙述的是圣母和圣皮雷(Sant Pere)的事，这是皮雷·奥耶尔(Pere Oller)的作品。同样值得一提的是圣伯那特(Sant Bernat)的巴洛克式小教堂。里面用了大量壁画家何塞·M.塞特(Josep M. Sert)的大型壁画作为装饰。这些画创作于1930年，题材都是关于宗教的。明暗手法的使用大大加强了壁画的表现力，使教堂的内

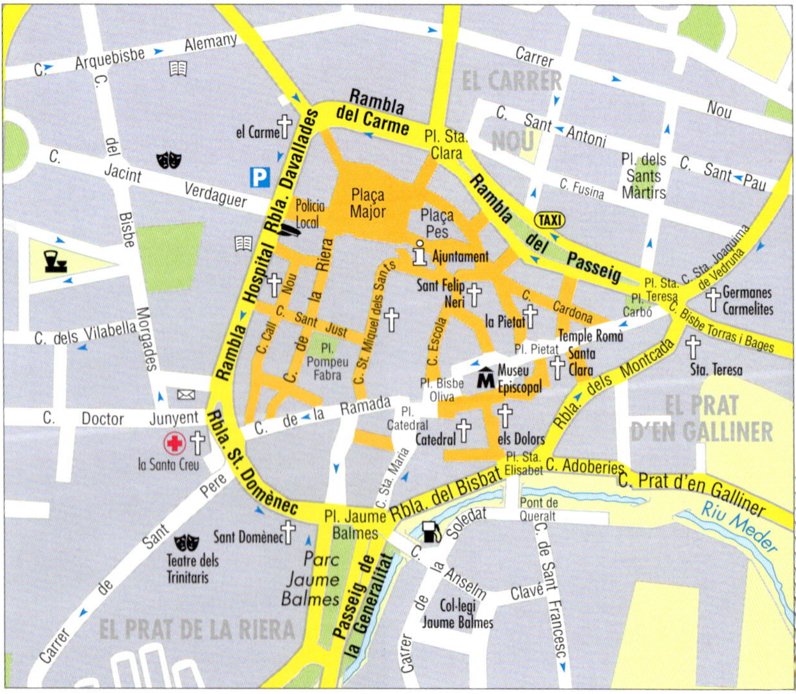

比克老城的地图

撒乌水库和塔贝特的小山丘

部成了一个奇特的空间。在离教堂不远处可以看到主教宫殿（Palau Episcopal）。这里值得一看的是宗教会议厅。在那里有比克主教辖区大主教们的画像。主教博物馆拥有大量罗马式和哥特式的艺术品。在哥特式艺术品中特别突出的是一系列祭坛装饰画。博物馆中还有大量瓷器、金银器及古董。

博物馆由一座罗马神庙和蒙卡达（Montcada）城堡遗址组成。罗马神庙建于2世纪，上个世纪对其进行了修复，现在用作临时展示厅。在这里，特别推荐参观皮革艺术博物馆。该处收集了比克城传统皮革制作的经典样品。

2

佛格罗勒斯
Folgueroles

ⓘ pl. Verdaguer, 2。☎ 93 812 20 54。🚌 Comasoliva Codina, Jordi。☺ 每年9月的第2个周日。🏛 莫森辛托博物馆 Museu Mossèn Cinto Verdaguer 地址：c. Major, 7。☎ 93 812 21 57。

哈辛特 · 贝尔达格尔
Jacint Verdaguer

1845年出生于佛格罗勒斯，身为教士、作家和诗人的哈辛特·贝尔达格尔写出了风格迥异的文学作品。他在作品中运用了一种现代的加泰罗尼亚文学风格，游走于浪漫主义和现实主义之间。他最初的作品史诗《亚特兰迪达》（L'Atlàntida,1877）和《加尼格》（Canigó，1866）受到了热烈的欢迎。他与教会的关系曾一度非常紧张。哈辛特·贝尔达格尔于1902年死于巴塞罗那。

佛格罗勒斯从公元1000年开始出现于历史记载中，是石匠和古老家族之乡。那里有着建于17至18世纪的有趣的建筑。圣玛丽亚（Santa Maria）教堂中蕴涵着11世纪罗马风格的元素，例如它的大门。

在距离教堂非常近的地方，游客可以看到纪念诗人哈辛特·贝尔达格尔（Jacint Verdaguer, 1845—1902）的现代主义风格的纪念碑。诗人出生的房子在马约尔街，现在已经成了展览这位写过《亚特兰迪达》（L'Atlàntida）和《加尼格》（Canigó）的诗人的相关物品的博物馆。

3

撒乌水库
Pantà de Sau

ⓘ Edifici Escoles Públiques。☎ 93 812 22 23。☺ 8月15日。

比拉诺娃德撒乌（Vilanova de Sau）周围以树林风景为主。撒乌水库于1947年建成。塔贝特（Tavertet）的峡谷具有独特的吸引力。在到达水坝之前就可以看见水库和峡谷最好的景观。根据水库水位线情况，游客或许可以观赏到淹没在水中的古镇圣罗马德撒乌（Sant Romà de Sau）。水库为游客准备了那乌迪可德比克—撒乌（Nàutic de Vic-Sau）俱乐部以及同名的旅馆。

4

卢比特和普鲁伊特 *
Rupit i Pruit *

ⓘ pl. Major, 6。☎ 93 852 20 03。🚌 TEISA; 25 Osona Bus, SA。☺ 卢比特，9月29日；普鲁伊特，9月30日。

通往卢比特的路，在树林中延伸。在到达卢比特之前，可以看到峡谷旁边的圣胡安的法布雷格斯（Sant Joan de Fàbregues）教堂。建于11世纪

卢比特，加泰罗尼亚内陆经典小镇之一

的罗马式教堂由一个中殿三个拱顶和一扇现代样式的天窗组成。从该教堂到卢比特的路上有着许多迷人的景点，例如阿古罗拉（l'Agullola）岩石，沙岩特（Sallent）瀑布——从那里流过的是卢比特河里的水。

旅客在路上可以欣赏到卢比特最美丽的景色。该地被认为是加泰罗尼亚地区最漂亮最上镜的小镇之一。许多屋子被当做第二住处而被翻新。但是，从整体上说，小镇还是保持了自己迷人的特色——例如16至18世纪的石屋。在佛萨（Fossar）街上可以看到费雷利亚（Ferreria）特色房屋。卢比特的佛萨街、吊桥、中世纪的桥、圣米格尔（Sant Miquel）教堂、圣马达莱那（Santa Magdalena）教堂构成了这里独特的景色。普鲁伊特在一公里之外。该地从前的中心是在圣安德鲁（Sant Andreu）教堂的保护之下发展起来的。这座教堂原本是一座12世纪的罗马式建筑，经受了多次的破坏和扩建。

5

塔贝特 *

Tavertet *

ⓘ c. Jaume Balmes, s/n。📞 93 856 50 79。☺ 8月的最后一个周日。其他节日：圣格内里节（8月的第二个周日），圣米格尔聚会（9月的第二个周日）。

塔贝特位于同名石灰岩峡谷附近，它主要由三条街道组成。那里保留着五十多幢建于17至18世纪的房屋。圣克里斯多弗（Sant Cristòfol）教堂由一个中殿和有连拱装饰的拱顶组成。该教堂建于11世纪，保存着一尊15世纪雪花石膏做的哥特风格的哥尔圣母像（Santa Maria del Cor）。在郊外，可以看到圣米格尔德索雷洛斯（Sant Miquel de Sorerols）教堂。它离城堡旧址很近。建于11世纪，是座由一个中殿和带连拱的拱顶组成的罗马式教堂。其他景点，如圣格内里（Sant Corneli）圣殿以及圣巴多梅塞哥盖斯（Sant Bartomeu Sesgorgues）教堂或布伊德拉佛卡（Puig de la Força）城堡，都是具有纪念意义的建筑。塔贝特及其周围的山洞、岩洞——例如有着充满钟乳石的走廊的伯拉佛斯卡（Bora Fosca）深渊，景致非常特别。

6

曼列乌

Manlleu

ⓘ pl. Fra Bernadí, 6。🚌 Osona Bus, SA; J.Verdaguer, SL; Rovira Sansalvador, Josep M。🚆 RENFE。📞 93 850 66 66。☺ 8月15日。其他节日：方特圣女节（圣体节后的周日）。

曼列乌是奥索那地区最重要的中心之一，这里的人口有16000多。其经济活动主要集中在外贸和工业方面。一个有门廊的广场是这里的中心，小城正是由这里开始往外扩展的。一些阶梯连接着新城区达尔特·维拉（Dalt Vila）和旧城区。其中值得一提的古迹是圣玛丽亚德拉格拉西亚（Santa Maria

塔贝特石灰岩山丘景色

曼列乌古城及圣玛丽亚升天教堂

de la Gràcia）修道院遗址，那里至今仍保留着这所罗马哥特风格修道院的一部分。在遗址后面，就是圣玛丽亚升天教堂（Santa Maria de l'Assumpció）。

7

多雷洛
Torelló

ⓘ c. Ges d'Avall, 5。📞 93 859 10 50。🚌 Osona Bus, SA; J.Verdaguer, SL。🚆 RENFE。

> **强盗贝罗特·罗卡吉那达**
> ***Perot Rocaguinarda***
>
> 16、17 世纪，尤卡奈斯（Lluçanès）地区的路上充满了危险，人们必须非常小心以避免受到强盗的拦劫。大名鼎鼎的强盗贝罗特·罗卡吉那达（Perot Rocaguinarda）便来自奥利斯达（Oristà）小镇，确切地说，他来自于以其名字命名的农庄，尽管该农庄现在已是一片废墟。他生于 1582 年，确切的死亡日期尚无人知晓，尽管已经知道直到 1635 年他仍活着。在他出生的房子附近的岩石上可以看见他的签名。在这个地区的不少小城镇，许多广场和街道都以这位强盗的名字为名。这位强盗在 1602 年至 1611 年间拦路抢劫，成了各路帮派争斗中的主角。在被国王派来的人追捕了多年之后，他于 1611 年被赦免，成了国王的随从，并与其他随从一起去了那不勒斯。

☺ 8月1日。其他节日：国际山区电影节（11月中旬的10天），雷盖音乐会（8月初）。

多雷洛，一座有围墙的小镇，位于赫斯（Ges）山谷。与山谷同名的河与特尔（Ter）河在那里交汇。流淌在这片土地上的河水孕育了当地的纺织业和冶金业。

在带门廊的广场上漫步，游客可以看到一些庄严的建筑。小镇里还有一些有趣的景点：规模宏大并且有着两座塔、建于17世纪的教堂圣菲利乌（Sant Feliu）；与设计者同名的佩里加斯（Pericas）塔；距离迪那（Can Codinac）很近、门由两根圆柱形柱子支撑的圣费里奥（Sant Ferriol）山寺。

在郊外，离曼列乌公路一公里处，可以看到洛卡普雷贝拉圣殿（Santuari de Rocaprevera）。这是一座建于15世纪的教堂，1923年由建筑师J.M.佩里加斯（J. M. Pericas）重修。

8

塔贝诺雷斯和萨巴松拿
Tavèrnoles i Savassona

ⓘ pl. Església, s/n。📞 93 888 73 08。☺ 8月的第一个周日。

说到塔贝诺雷斯小镇，不得不提起那里美丽的农庄（农民的传统房屋）。这些农庄散落在小镇各处，如17世纪由石匠建造的巴奴斯（Banús）农庄，18世纪的甘·塞拉堡（Can Serrabou）农庄，或者雷格尔（Reguer）农庄。

毫无疑问，当地最有吸引力的纪念性建筑是圣史蒂夫（Sant Esteve de Tavèrnoles）教堂。尽管岁月流逝使其有了一些改变，但教堂外观仍然非常吸引人。这是11世纪的罗马式建筑，中殿由带烟囱的

被撒乌水库环绕的加泰罗尼亚罗马风格的杰出作品：圣皮雷德卡瑟雷斯修道院

拱顶覆盖，教堂后的半圆屋顶由不透光的窗户装饰，还有一座窗户嵌入了连拱的美丽的钟楼。萨巴松拿在塔贝诺雷斯镇内。

在这里值得一游的是萨巴松拿城堡。它是奥索那子爵的府第。在18世纪末被改建为居民住宅。城堡脚下是罗马式教堂圣皮雷(Sant Pere de Savassona)。它由一个中殿和一个带连拱的拱顶组成。圣菲利乌艾特(Sant Feliuet de Savassona)教堂位于萨巴松拿附近的一座山的山顶。那里保留着10世纪的教堂前部以及12世纪的教堂中殿。由于在教堂附近找到了类人猿化石，在这里发现了一个伊比利亚人的村落。教堂下面是祭品石，在它的下面发现了新石器时代的墓葬。

9

卡瑟雷斯 **

Sant Pere de Casserres **

ⓘ Centre d'acolliment。圣皮雷教堂 Sant Pere de Casserres ☎ 608 89 22 00或93 744 71 18。🕓 11月1日至次年2月28日，10:00到13:30，15:30到18:00；6月15日至9月14日，10:00到13:30，15:30到20:00；非节假日周一、1月1日、12月25日关门。$ 3欧元，带导游讲解。

从比克旅游宾馆步行可以到达卡瑟雷斯修道院。这是一座给人留下深刻印象的11世纪罗马风格的建筑物，其中殿高大宽广，由拱顶覆盖，中间只有两根柱子支撑。这所修道院坐落在撒乌水库湖滨的外沿的一座工事上。这座工事建于9世纪之前，在马斯德罗达(les Masies de Roda)境内。奥索那·卡尔多那(Osona Cardona)子爵们于1006年开始建造这所修道院。始用于1050年，并一直依靠Cluny教派至1080年。一个本笃会修道士团体在那里居住到1572年，直到那时才准许修道士过世俗生活。宏伟的教堂拥有三个中殿和三个拱顶，是加泰罗尼亚地区罗马风格的代表作。钟楼、古老的修道院房间和回廊遗址构成了这个于1999年重修的纪念性建筑物的主体。该建筑于1931年被定为历史艺术纪念性建筑。

关于卡瑟雷斯修道院建造的传说

奥索那·卡尔多那子爵们于1006年打下了修道院的地基。这个地方原本是由鲁伊斯艾比阿多索(Lluís el Pietós)于798年建造的城堡。据一则古老的传说，修道院的僧侣们保存着卡尔多那家族一个王子的干尸。据说，建造修道院的位置是由这位已经死去的婴儿奇迹般指点的——他的尸体被放在一头骡子的背上，当走到卡瑟雷斯那个隐蔽的地方时，这头骡子忽然死去。

实用向导

周边地区

这里的古迹值得一看：色拉色斯（Serrasses de Torelló）的矿床，圣吉尔则（Sant Quirze de Besora）的伊比利亚人和罗马人遗迹，艾斯格尔达（L'Esquerda de Roda de Ter）的伊比利亚和中世纪矿床。奥索那有很多农庄，大部分都建于中世纪。

餐馆

比克 Vic

Jordi Parramon 餐馆 地址：c. Cardona，7。☎ 93 886 38 15。自创风味。

La Taula 餐馆 地址：pl. Don Miquel de Clariana，4。☎ 93 886 32 29。特色菜：嫩洋葱鳕鱼。

Mamma meva 餐馆 地址：rambla del Passeig，61。☎ 93 886 39 98。2月17日至27日，10月13日至29日，餐馆每逢周三关门。意大利特色。

Bocatti 餐馆 地址 c. Mossèn Josep Gudiol，21。☎ 93 889 56 44。周四、周日晚关门，有海鲜和各国风味时鲜。

Ciudad de Vic 餐馆 地址：pge. de Can Mastrot。☎ 93 889 25 51。周日晚关门。本地风味。

比拉诺娃德撒乌 Vilanova de Sau

El Canari 餐馆 地址：c. Santa Maria，4。☎ 93 884 70 95。

卡德登内斯 Calldetenes

Can Jubany 餐馆 地址：ctra. de Sant Hilari，s/n。☎ 93 889 10 23。

曼列乌 Manlleu

Marisqueria la cabanya 餐馆 地址：via Ausetània，1。☎ 93 851 33 19。非节日期间周一关门。特色菜：海鲜。

住宿

酒店

比克 Vic

Parador de Turisme H 酒店 **** 地址：paratge Bac de Sau，s/n。☎ 93 812 23 23。

Ausa. H 酒店 ** 地址：pl. Major，4。☎ 93 885 53 11。

NH Ciudad de Vic 酒店 *** 地址：ptge. Can Mastrot，s/n。☎ 93 889 25 51。

Can Pamplona 酒店 *** 地址：Eix Onze de Setembre，10。☎ 93 883 31 12。

普鲁伊特 Pruit

Hostal La Devesa P 酒店 * 地址：ctra.d'Olot，km 34。☎ 93 852 20 12。

卢比特 Rupit

El Repòs P 酒店 * 地址：c. Barbacana，1。☎ 93 852 21 00。

Estrella P 酒店 ** 地址：pl. Bisbe Font，1。☎ 93 852 20 05。

曼列乌 Manlleu

Torres 酒店 地址：pg. Sant Joan，42。☎ 93 850 61 88。

塔贝特 Tavertet

Can Nogué P 酒店 ** 地址：pg. Diputació，1。☎ 93 856 52 51。

比拉诺娃德撒乌 Vilanova de Sau

La Riba H 酒店 *** 地址：c. la Riba，s/n。☎ 93 884 70 23。

乡村旅店

曼列乌 Manlleu

La Rierola 旅店 地址：Masia la Rierola。☎ 93 851 01 31。

佛格罗勒斯 Folgueroles

Cal Masover de la Casica 旅店 地址：Mas la Casica。☎ 93 886 82 14。

卢比特 Rupit

Mas Ca la Quima 旅店 地址：Mas el Llorà。☎ 93 852 20 12。

塔贝诺雷斯 Tavèrnoles

Cal Masover del Banús 旅店 地址：Mas El Banús。☎ 93 812 20 91。

塔贝特 Tavertet

El Jufré 旅店 地址：Bisbe Galzeran Sacosta，1。☎ 93 856 51 67。

比克 Vic

Vaqueria del Tint 旅店 地址：ctra. de Manlleu，km 2。☎ 93 886 11 61。

露营地

卢比特 Rupit

Rupit 地址：ctra. de Vic a Olot，km 31,5。☎ 93 852 21 53。

塔拉德尔 Taradell

La Vall 地址：Mas Vallmitjana。☎ 93 812 63 36。

比拉诺娃德撒乌 Vilanova de Sau

El Pont 地址：Pont de Malafogassa，s/n。☎ 93 743 01 00。

基罗那
Girona

基罗那是基罗那省以及基罗那斯地区(Gironès)的首府，人口总数将近80000。它是加泰罗尼亚地区一个重要的服务业中心，同时也具有多元化的工业。四条河流流经基罗那：特尔河(el Ter)，加以坎河(el Galligants)，桂尔河(el Güell)以及恩雅尔河(l'Onyar)，其中以恩雅尔河最出名，是基罗那古城区和新城区的天然分界线。

基罗那城市的起源并不是很清楚。一些学者认为它源于伊比利亚时期，而另外一些则认为该城应该是在公元前77年至公元前76年之间，在格内欧庞贝欧(Gneo Pompei Magne，罗马将军与政客，公元前106至公元前48年)手中成立。阿拉伯人对它的占领时间非常短。公元785年，卡洛玛格诺(Carlemany)光复了这个城市，他是基罗那郡的创始人。基弗莱·佩洛斯(Guifré el Pelós)于878年将基罗那郡并入了巴塞罗那郡，此举使得基罗那失去了一直以来在政治上的重要性，但同时也让它获得了社会经济的稳定。希伯来社区在13世纪至14世纪期间对基罗那有着相当重要的影响。卡尔犹太人居住区(El Call)是上述这段时期最重要的代表。中世纪时期，古老的罗马城墙给另外一些新建的城墙让了位，这些新城墙一直延伸到圣皮雷德加以坎(Sant Pere de Galligants)以及圣玛丽亚等新区。在遭受了法国战争(1808—1809年)的围攻破坏之后，由于工业化革命的推动，基罗那发生了巨大的改变，开始了它持续百年的城市化进程。作为汹涌海岸地区重要的旅游胜地，并拥有众多的纪念性建筑群，这一切均使得今日的基罗那成为一个日新月异、不断发展壮大的城市。

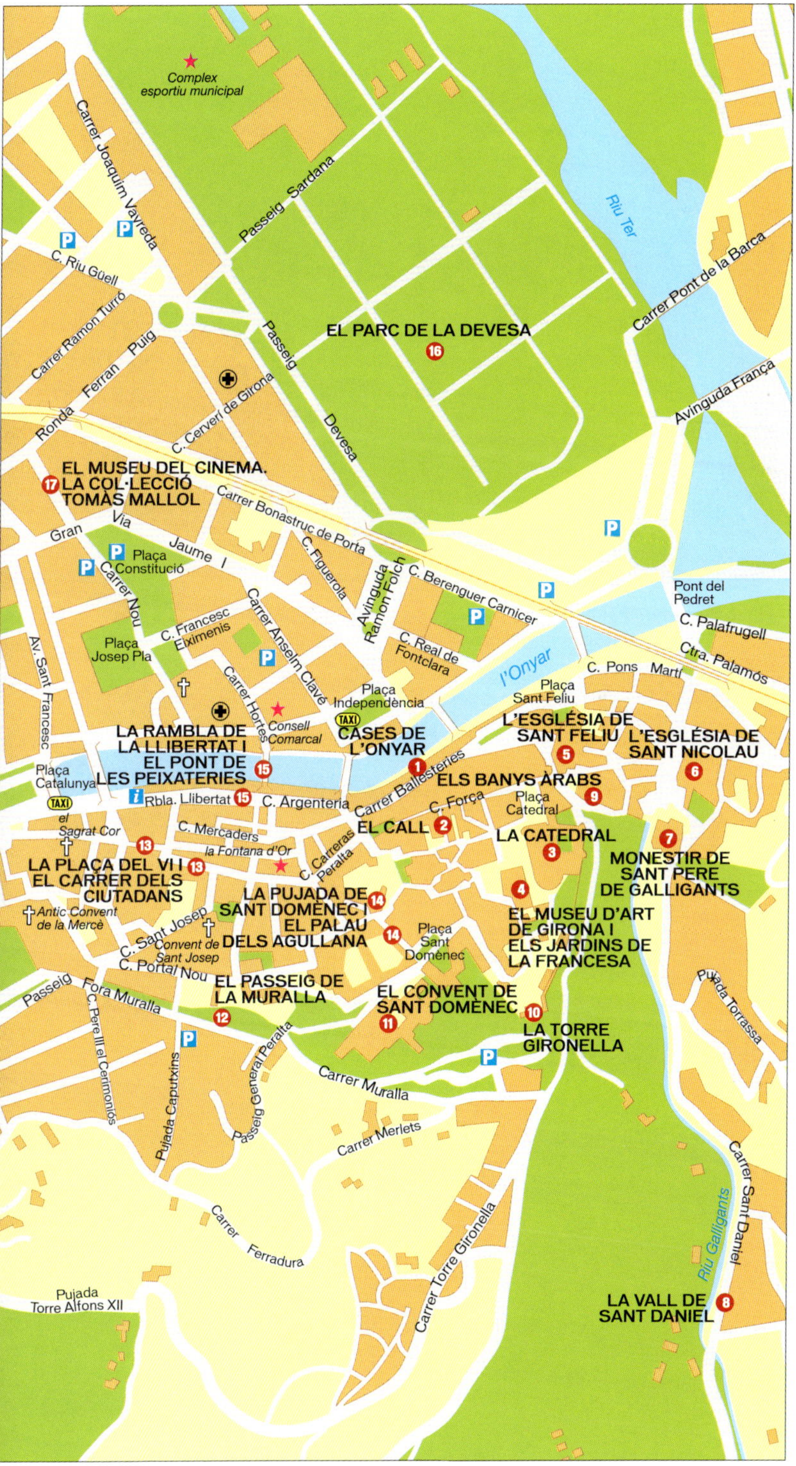
Complex
esportiu municipal
Carrer Joaquim Vayreda
Passeig Sardana
Riu Ter
C. Riu Güell
Carrer Ramon Turró
Ferran
Puig
Ronda
Passeig
Devesa
EL PARC DE LA DEVESA
16
Carrer Pont de la Barca
Avinguda França
C. Cerverí de Girona
EL MUSEU DEL CINEMA.
17 LA COL·LECCIÓ
TOMÀS MALLOL
Carrer Bonastruc de Porta
Gran
Via
Jaume I
Plaça
Constitució
Carrer Nou
C. Figuerola
Avinguda Ramon Folch
C. Berenguer Carnicer
Pont del
Pedret
C. Palafrugell
Ctra. Palamós
C. Francesc
Eiximenis
Carrer Anselm Clavé
C. Real de
Fontclara
l'Onyar
C. Pons
Martí
Plaça
Josep Pla
Av. Sant Francesc
Carrer Hortes
Consell
Comarcal
Plaça
Independència
Plaça
Sant Feliu
L'ESGLÉSIA DE
SANT FELIU
5
L'ESGLÉSIA DE
SANT NICOLAU
6
LA RAMBLA DE
LA LLIBERTAT I
EL PONT DE
LES PEIXATERIES
15
CASES DE
L'ONYAR
1
Carrer Ballesteries
ELS BANYS ÀRABS
9
Plaça
Catalunya
TAXI
Rbla. Llibertat
15
C. Argenteria
C. Força
Plaça
Catedral
el
Sagrat Cor
C. Mercaders
EL CALL
2
LA CATEDRAL
3
7
13
la Fontana d'Or
C. Carreras
Peralta
MONESTIR DE
SANT PERE
DE GALLIGANTS
LA PLAÇA DEL VI I
13
EL CARRER DELS
CIUTADANS
LA PUJADA DE
SANT DOMÈNEC I
14
EL PALAU
DELS AGULLANA
14
4
Antic Convent
de la Mercè
C. Sant Josep
Convent de
Sant Josep
C. Portal Nou
Plaça
Sant
Domènec
EL MUSEU D'ART
DE GIRONA I
ELS JARDINS DE
LA FRANCESA
Pujada Torrassa
Passeig
Fora Muralla
EL PASSEIG DE
LA MURALLA
12
EL CONVENT DE
SANT DOMÈNEC
11
10
LA TORRE
GIRONELLA
C. Pere III el Cerimoniós
Pujada Caputxins
Passeig General Peralta
Carrer Muralla
Carrer Merlets
Carrer
Ferradura
Carrer Torre Gironella
Carrer Sant Daniel
Riu Galligants
Pujada
Torre Alfons XII
LA VALL DE
SANT DANIEL
8

恩雅尔河中基罗那的倒影

1

恩雅尔之家 *
Cases de l'Onyar *

ⓘ Rambla de la Llibertat, 1。☎ 972 22 65 75。

恩雅尔河穿过新古典主义的独立广场(plaça de la Independència),基罗那最著名的景点——恩雅尔之家就呈现在游客眼前。这些建筑于18世纪伊始就耸立在河边的古城墙上,并于1983年重建,饰以赭色、黄色以及橙色。从横跨河流的不同桥上都可以观赏到它的身姿。戈麦斯(Gómez)桥(位于独立广场的左侧)是最佳观景点之一。该桥的纵深处则是大教堂和牧师会主持的圣菲利乌(Sant Feliu)教堂。推荐下午到那儿去,阳光直接投射在上面,恩雅尔之家便投影在水波之中。为了抵达路线的下一个地点,需要穿过圣奥古斯丁(Sant Agustí)桥。

2

卡尔犹太人区 **
El Call **

ⓘ Rambla de la Llibertat, 1。☎ 972 22 65 75。 波拿德鲁克中心 Centre Bonastruc ça Porta 地址: c. de la Força, 8。☎ 972 21 67 61。⏲ 工作日,夏季,10:00到20:00;冬季,10:00到18:00;节假日,10:00到14:00;12月25日、1月1日至6日关门。$ 2欧元。 城市历史博物馆 Museu d'Història de la Ciutat 地址: c. de la Força, 7。☎ 972 22 22 29。⏲ 周二至周六,10:00到14:00,17:00到19:00;周日及节假日,10:00到14:00;逢周一、12月25日和26日、1月1日和1月6日闭馆。$ 2欧元。网址: www.ajuntament.gi/museuciutat。

一跨过恩雅尔河,就进入了古罗马城市的范围。游客应该选择左手边的有趣的佛尔沙(Força)街,这条街通向大教堂。它的街道设计刚好跟罗马的奥古斯塔大道(Via Augusta)相匹配。在罗马时期和中世纪,它曾是这个城市最重要的街道。在这条街的最后一段就是城市历史博物馆,位于18世纪建造的圣安东尼(Sant Antoni)古修道院里面。博物馆展示了城市的历史,里面陈列有雕刻家菲德尔阿吉拉尔(Fidel Aguilar)的作品以及一个非常重要的藏尸骨的罐子。信步闲逛,参观者逐渐深入到蜿蜒的、光线暗淡的那些窄窄的巷子里面,这些巷子组成了卡尔犹太人区,在这种情况下这个古老的犹太人区为人所熟知。这是欧洲保存得最完好的中世纪精髓之一。这个希伯莱社区在12-13世纪期间就曾达到了上千人。在这个区里散步使人沉浸在一种宁静的氛围里面。踏上圣约伦特(Sant Llorenç)街,可以见到波拿德鲁克中心,基罗那最后的犹太教会堂,现在则是一个在西班牙继续希伯莱足迹的研究中心。这个建筑是15世纪的。入口处很小,但是里面的房间很宽敞。院子里种满了树木和花草,还有一个镶嵌式的大卫之星。

3

大教堂 ***
La Catedral ***

ⓘ Rambla de la Llibertat, 1。☎ 972 22 65 75。✝ 工作日、周六及节日前夜,16:30开始;周日及节假日10:00到14:00。 大教堂牧师会博物馆 Museu Capitular de la Catedral ☎ 972 21 44 26。⏲ 每年4月到10月,10:00到20:00;11月至次年3月,10:00到19:00。$ 4欧元。

佛尔卡街上面就是大教堂广场:一个令人难忘的壮丽的巴洛克空间,它两侧的高贵建筑鳞次栉比,而无所不在的石阶以及大教堂的正面都是它的标志。这座广场里值得提及的是18世纪的牧民之家(Casa Pastors)和14世纪的教士之家(Pia Almoina),均为美丽的民间(非宗教的)哥特式建筑典范,现在是建筑师协会的会址所在地。18世纪的石阶是巴洛克风格的。它的九十级台阶和三个台阶平台使得通向大教堂的路途成为令人流连之地,游客在城市的上方拾级而上,感觉别致。

大教堂是在14世纪至18世纪期间在一个古老的罗马式教堂上面建造的。正门是一个美不胜收的加泰罗尼亚巴洛克典范,被做成一扇巨大的石制的祭坛装饰屏。那些拱形壁龛里的雕刻品完成于20世纪(1960—1962)。新古典主义的(17—18世纪)钟楼,从正门的檐口微露出来。它的圆屋顶上面有一个天使的造型的风标。钟楼的内部非常宽敞和简朴。基罗那的大教堂有着欧洲哥特式最为宽敞的正厅。它的建造始于14世纪。在持续了50年的争论之后,根据这个唯一正厅的计划,1416年著名建筑师安东尼卡内特(Antoni Canet)负责了这项工程。宽敞的正厅和镶嵌在教堂的壮丽的彩色玻璃窗(14—16世纪)营造出一种特别的内部氛围。大祭坛上面的彩色玻璃窗都是最古老的。在这些艺术品当中值得提到的是大祭坛的雪花石膏制的祭坛之石,以及查理曼大帝(Carlemany, 11世纪)的椅子。大祭坛的遮篷和祭坛装饰屏都是这个时期加泰罗尼亚贵重金属手工艺品的一些优秀典范。都是用

靠近犹太人区的小巷之一

白银镀金后斜切而成的,并以珐琅和宝石装饰。拉蒙·贝雷戈尔(Ramon Berenguer)的石棺以及艾尔米斯达(Ermessenda)伯爵夫人、纪廉·莫雷尔的(Guillem Morell)雪花石膏作品,同样因为它们

波拿德鲁克犹太人研究中心

大教堂的传道者之门

的美丽和简洁的外形值得特别一赏。从正厅左侧的门进去就到了大教堂牧师会博物馆，里面陈列了一系列风格迥异的美轮美奂的宗教艺术藏品。其中比较突出的有975年的比亚图斯（Beatus）的(圣书、古代典籍的)抄本，里面包括了名人比亚图德里尔瓦纳（Beat de Liébana）图示的对圣经启示录的批注。

10世纪的阿拉伯手工匠人用银子制成的科尔多瓦伊森二世（Còrdova Hixem II）哈里发(伊斯兰教执掌政教大权的领袖的称呼)的棺材。但是毫无疑问最著名的一件藏品是"创世纪挂毯"（Tapís de la Creació）。这块挂毯是面积为12平方米的刺绣品，用色彩明艳的染色羊毛精巧地织成，代表了中世纪基督教的宇宙进化论：基督是宇宙的中心，掌管着所有星辰、风、月份、天、植物、四季、动物以及其他自然元素、生命的周期和时间的周期。

在博物馆的出口处有朝向罗马式回廊的入口，原属于一个罗马式建筑，这个建筑今天已经消失了。这个回廊的长廊有着双重的柱廊，总共有56对柱子，112个柱顶以及一个代表着世界起源种种场景的中楣。紧挨着其中一堵侧墙的是查理曼大帝塔，这个塔是古大教堂的一个五层的罗马式伦巴第风格的钟楼，后来成了哥特式大教堂的扶壁。当离开大教堂的时候还可以参观传道者广场（plaça dels Apòstols），它曾是大教堂的古墓地，那里还有一扇同名的紧挨着教堂正厅右侧的门。这扇门是哥特式风格的，自14世纪开始建造最终于1975年竣工了。

4

基罗那艺术博物馆和法国花园 *
El Museu d'Art de Girona i els Jardins de la Francesa *

基罗那艺术博物馆 Museu d'Art de Girona
地址：Pujada de la Catedral, 12。972 20 38 34。3月到9月，工作日，10:00到19:00；10月到次年2月，10:00到18:00；周日以及节假日，10:00到14:00；逢周一、1月1日、1月6日、12月25日和12月26日闭馆。2欧元。网址：www.museuart.com。

基罗那艺术博物馆就设在古老的主教官（Palau Episcopal），连着大教堂和传道者广场。这个建筑是在中世纪时期建造的，延续着罗马式和哥特式的风格。建筑正面的那些大落地窗以及内部的院子均为文艺复兴风格。博物馆拥有从罗马时期到20世纪的艺术藏品。最突出的同样也是中世纪时期的组成部分。需要强调一下14世纪装玻璃的工人用于制作大教堂的彩色玻璃窗户的镶嵌板，以及15世纪的雪花石膏制成的贝萨鲁圣女（Verge de Besalú）。圣米格尔（Sant Miquel de Cruïlles）哥特式的祭坛组饰是鲁易斯博拉萨（Lluís Borrassà）的作品，还有圣皮雷德布波尔（Sant Pere de Púbol）的祭坛组饰是贝纳特马尔多莱伊（Bernat Martorell）的作品。这两组作品都值得参观者特别留意，因为它们是加泰罗尼亚哥特式绘画最充分的代表作品。至于20世纪

大教堂的罗马式回廊

圣尼古拉教堂的半圆形后殿和圆屋顶

的藏品，值得欣赏的是拉蒙玛尔蒂（Ramon Martí Alsina）、华金巴伊雷达（Joaquim Vayreda）以及圣地亚哥鲁西尼奥尔（Santiago Rusiñol）等人的作品。从一扇朝向毕斯维（Bisbe Josep Cartañà）大街的石门出去可以走到法国花园，它被围墙围着，从这边参观者可以观赏到大教堂和基罗那郊外不同寻常的景色。

5

圣菲利乌教堂

L'església de Sant Feliu

ⓘ Rambla de la Llibertat, 1。📞 972 22 65 75。

基罗那的夜生活

基罗那的夜生活以活跃而闻名，尤其是在基罗那大学合并了之后。有各种各样的夜生活去处：老区和自由大道上的那些露台，佩德雷街（Pedret），或是在夏天的德维莎公园。剧场的正厅（里尔德方街 carrer Real de Fontclara，在法院和邮局之间）值得一游，那里曾是古老的剧院，现在变成酒吧和塞尔厅（Sala del Cel，地址：c. del Pedret，118），迪斯科舞厅的电子音乐节奏是最吸引人的地方（甚至还有人特意从法国赶来）。

在索布雷泊（Sobreportes，古老的城门）的大门和大教堂广场旁边，矗立着圣菲利乌教堂，大约是在13至18世纪在圣菲利乌的墓地上面建造起来的，而圣菲利乌殉难于4世纪。

这座建筑混合了罗马式、哥特式、巴洛克式以及新古典主义的风格。正门是巴洛克式的，朝着圣菲利乌广场，紧挨着未完成的有着八个小尖塔的哥特式的钟楼，形成了这个城市最有特色的建筑之一。教堂内部是哥特式的，是在一个罗马式的底座上建造起来的，还可以看到底座上的那些柱子。教堂里面保存有八个3-4世纪古基督和罗马的石棺，按照社会地位排列在内殿的墙上，在大祭坛的每一端。站在祭坛前面，参观者可以瞻仰16世纪的祭坛组饰。在门边的一个小礼拜堂里可以见到14世纪的由雪花石膏制成的“躺着的基督”（Crist jacent），这是大师阿罗伊（Aloi）的作品。通过一个拱门，可以来到新古典主义的圣纳尔希斯（Sant Narcís）小礼拜堂，里面存放着这个城市守护神的遗物。

装饰教堂拱顶的绘画是巴洛克画家弗朗西斯克特拉慕耶斯（Francesc Tramulles）的作品。

6

圣尼古拉教堂

L'església de Sant Nicolau

ⓘ Rambla de la Llibertat, 1。📞 972 22 65 75。

在加以坎（Galligants）和圣尤西娅（Santa Llúcia）这两条街道的会合处耸立着圣尼古拉教堂，正好位于圣皮雷德加（Sant Pere de Galligants）

圣皮雷本笃会的修道院

修道院面前。这座罗马式的教堂建于12世纪。仅有一个正厅，顶部是三个呈三叶草形的半圆形后殿，在后殿的顶部矗立着一个八角形的开着天窗的圆屋顶。

7

圣皮雷德加修道院 **
Monestir de Sant Pere de Galligants **

ⓘ Rambla de la Llibertat，1。📞 972 22 65 75。

基罗那考古学博物馆 Museu Arqueològic de Girona 地址：pl. Santa Llúcia，1。📞 972 20 26 32。⏰每年10月1日至次年5月31日，周二至周六，10:00到14:00,16:00到18:00；6月1日至9月30日，周二至周六，10:30到13:30,16:00到19:00；周日及节假日，10:00到14:00；逢周一、1月1日、12月25日和26日闭馆。Ⓢ 2欧元。

建造于12世纪的修道院原属于本笃会的僧侣。它是加泰罗尼亚建筑学上最重要的罗马式建筑之一。这个修道院是在古罗马长方形基督教堂的平面图上建造的，有三个正厅，顶部有四个半圆形后殿，形成了教堂的十字形翼部。中央的正厅由一个有轴的拱顶覆盖着，而两旁的正厅则由有四分之一的轴的拱顶覆盖着。修道院有一个很宏伟的钟楼，它的底座是四边形的，而接下来两层塔身则是八角形的。修道院的正门非常简洁，整个正面刻有五条由一些有凹槽的柱子支撑着的拱门装饰线。一个重要的直径为3.5米的圆花窗完善了这个正面。紧挨着南墙可以看到一个罗马式回廊，底座几乎是正方形的。这个地方围合式的特点似乎在邀请人们观赏那些有着各种图像的罗马式柱顶，完善了构成这个回廊的双重廊柱。同样值得强调的还有希伯莱人坟墓上的石柱，这些石柱来自本城犹太人的坟墓。圣皮雷德加修道院的房间成了基罗那考古学博物馆，里面有来源于城市附近的遗址（从旧石器时代到西哥特人时代）的物件，在这些物件当中值得提到的是在恩普里埃斯（Empúries）发现的公元前4世纪“苦路14处”（Sepulcre de les Estacions）——耶稣受难经过的画像和坟墓雕刻石碑。在修道院旁边就是约翰列侬（John Lennon）公园，建造在朝着蒙卓伊克（Montjuïc）山不同的石阶平台的草坪上，在那儿可以观赏到修道院、圣尼古拉教堂以及大教堂的美丽风光。

8

圣达尼尔山谷
Sant Daniel

ⓘ Rambla de la Llibertat，1。📞 972 22 65 75。

继续沿着圣达尼尔街走去，这条街正好始于圣皮雷德加修道院后面，绕着那条同名的河，参观者可以抵达圣达尼尔山谷。这个地区树木繁茂，且面对着城市的邻近地区。

城市的中心围绕在圣达尼尔修道院周围，这个修道院有一个11至12世纪建造的有着希腊十字底座以及一个13世纪建造的回廊的教堂。数不清的温泉可以由指示明确的路径到达，一些温泉还有治疗的作用，如此一来使得整个隐秘而安静的风景趋于完美。对于基罗那的当地人来说到圣达尼尔街上走走不过是习以为常的一次远足罢了，特别是在周日，他们都到那儿去消磨一整天的时间。

阿拉伯浴室的塔

9

阿拉伯浴室 *

Els Banys Àrabs *

ⓘ c. Ferran el Catòlic, s/n。📞 972 21 32 62。⏱ 工作日，4月至9月，10:00到19:00；10月至次年3月，10:00到14:00；节假日，10:00到14:00；逢复活节的周日、1月1日至6日、12月25日和26日关门。$ 1.6欧元。网址：www.banysarabs.org。

从圣皮雷德加修道院出发，穿过一道横跨加以坎河并通向被围墙围着的遗址入口的小桥就可以抵达这个浴室。阿拉伯浴室，虽然名字是这么称呼的，实际上却是一座12至13世纪罗马式的基督教建筑，受着明显的摩尔人风格的影响。这个浴室有四个厅，由不同的水温来划分。

第一个厅是最有趣的，它是更衣室兼休息室，称为frigidarium（一个大的冷水池）。这个厅的中央部分是一个八角形的冷水池，池子的四周环绕着八个柱子，顶部是一个明亮的天窗。其他的三个厅分别是tepidarium(温水的)、hipocaust（蒸汽浴室）以及caldarium(热水的)。最后就是furnus，用来加热caldarium（热水厅）池水的炉子和锅炉。阿拉伯浴室在1929年由建筑师艾米利布兰科（Emili Blanc）和拉尔夫马索（Rafael Masó，1880—1935）主持重建过。拉尔夫马索是基罗那人民的儿子，是特希多尔（Teixidor）这座现代主义风格建筑的创造者。

10

基罗那亚塔

La Torre Gironella

ⓘ Rambla de la Llibertat，1。📞 972 22 65 75。

基罗那亚塔位于考古学大道，是基罗那绿化最好也是最安静的地区之一。游客由18世纪的圣克里斯托弗（Sant Cristòfol）门进去即可抵达，离法国花园很近。绕着围墙走，可以到达基罗那亚塔的遗址，该塔建于12世纪。慢慢从那儿下来到围墙内的遗迹，爬上城墙上面的某个塔，自那儿眺望，可以看到圣达尼尔街的美丽风光。

11

圣多梅内克修道院

El convent de Sant Domènec

ⓘ Rambla de la Llibertat，1。📞 972 41 90 10。

圣多梅内克修道院始建于13世纪，属于多明我会的教团。14世纪的教堂，仅有一个正厅，是加泰罗尼亚最早的哥特式建筑之一。值得一提的是它的大圆花窗以及半圆形后殿的三个落地窗。教堂曾经有过两个回廊：一个是14世纪的，上面扩建了更加简朴的第二层，现在仍旧完整无缺；而另外一个是13世纪的，这个回廊的遗址现在成了外面花园的凉亭。现在这个建筑属于基罗那大学。

修道院所在的多梅内克广场，相较于卡尔犹太人区的狭窄，它的宽敞、整个体积的平衡以及空间的感觉均令人诧异。

12

城墙之路

El passeig de la muralla

ⓘ Rambla de la Llibertat，1。📞 972 22 65 75。

城墙之路令参观者可以欣赏到基罗那最美丽的景色之一。城墙上的通道有一米多宽，它沿着城墙上最高部分古老的环路。这条路线，开始于1985年，可以让游客观赏到卡尔犹太人区的狭小的房子，有的房子里面还有花园般的院子、菜园、大教堂，还可以欣赏到美尔塞文化中心的回廊、市剧院以及市政厅等建筑物。这条城墙之旅的路线在靠近加泰罗尼亚广场的地方就终结了。

从城墙处眺望基罗那的局部风光

13

美酒广场和市民街 *

La plaça del Vi i el carrer dels Ciutadans *

ⓘ Rambla de la Llibertat, 1。☎ 972 22 65 75。

美酒广场名字的来源归因于中世纪的酒商在此经营他们的店铺。市政厅，位于城市古屋（Casal de la Ciutat, 15–20世纪），有一个文艺复兴风格的正面，主宰着带有柱廊的广场，广场上布满了露台，人们可以在此小憩一番并品尝一杯咖啡。在市政厅的旁边，可以欣赏到新古典主义风格的“卡洛斯之家”（Casa Carles）。

市民街，在美酒广场的左侧，里面有着重要的建筑。作为基罗那贵族的居住中心，它在中世纪时期有着非常重要的地位。在街道的末端，靠近欧里（Oli，加泰罗尼亚语中“油”的意思）广场的左手边，就是欧尔泉（Fontana d'Or）所在，这是一个很有趣的建筑，混合了罗马式和哥特式的风格，晚上则流光溢彩。现在成了基罗那加伊夏（Caixa d'Estalvis）文化中心所在地。

14

圣多梅内克坡道和阿古雅宫 *

La pujada de Sant Domènec i el Palau dels Agullana *

ⓘ Rambla de la Llibertat, 1。☎ 972 22 65 75。

与恩雅尔河之家的倩影一道，阿古雅宫的丽影也许是基罗那当地为人所熟知的最有特色的景象了。圣多梅内克坡道是一条美丽的街道，始于欧里广场，止于陡峭的石阶。这些石阶把游客们带到玛尔蒂教堂（Sant Martí Sacosta, 16–17世纪）的正面。半路上，只要一登上石阶的几级台阶，左手边，阿古雅宫（14–17世纪）的低度拱门便映入眼帘。这是一个宏伟的建筑解决方案，它使得这两条街道连接在一起，并于一侧形成了有着独特风格的拱门。整体建筑的和谐，建筑尺寸的合宜，都令游客们自然而然地停下脚步，驻足片刻。推荐晚上拜访。辉煌的宫殿和街道把人带回到过去的时光里。

15

自由大道和佩伊夏桥

La rambla de la Llibertat i el pont de les Peixateries

ⓘ Rambla de la Llibertat, 1。☎ 972 22 65 75。

自由大道从恩雅尔河上19世纪的石桥开始一直延伸到阿尔根特街（Argenteria），连接起了城市的旧区和新区。这是基罗那当地人最常到的地方之一。大道位于河岸边，两旁种满了枝叶繁茂的树木，还布满了很多露台和商业设施。周日的时候，到处都是卖花人。19世纪的佩伊夏(加泰罗尼亚语中“鱼市”的意思)桥由艾菲尔（Eiffel）设计，就是巴黎同名铁塔的建造者。这条大道终结于阿尔根特街，这条街上有着中世纪建筑物遗址的正面。

16

德维莎公园 *

El parc de la Devesa *

德维莎公园是加泰罗尼亚最大的城市公园，有大约40公顷的面积。古时候曾是特尔（Ter）河河岸森林的一部分。国王于15世纪把它移交给城市了，但是直到18世纪才被当做是公众公园。拿破仑的军队在1808–1809年的围攻中把它毁坏了。之后重

德维莎公园

新种植了树木，现在有超过2500棵梧桐树和一些风景优美的凉亭，给整个公园添加了一种特别的宁静和美丽。周二和周六的上午这儿有一个集市。

17

电影博物馆 托马斯马洛系列 *

El Museu del Cinema. La col·lecció Tomàs Mallol *

c.Sèquia，1。972 41 27 77。夏季，10:00到20:00；冬季，周二至周五，10:00到18:00；周六，10:00到20:00；周日，11:00到15:00；逢周一、1月1日至6日、12月25日、26日闭馆。4欧元。

基于托马斯马洛重要系列作品的转让，电影博物馆于1994年开幕。这是自治区里唯一可以让人从电影的开始到它的现状实现一次历史旅游的博物馆。馆内收藏了各种各样的物品以及与视像有关的设备，还有影像技术的演变直至放映机的出现。这个永久性的展览是以讲解及培训的方式构成的，不但能够迷住电影爱好者，同样也可以使更小的孩子们着迷。

实用向导

其他旅游资料

旅游办公室地址 Rambla de la Llibertat，1。972 22 65 75。av. Berenguer Carnisser，3。972 21 16 78。10 月 29 日。其他节日：花展（5 月中旬）；图画，绘画以及古董商的集市（11 月 1 日）；国际宗教音乐节（7 月的第一个星期）。

餐馆

El Celler de Can Roca 餐馆 地址：ctra. de Taialà，40。972 22 21 57。周日及周六中午关门。

Albereda 餐馆 地址：c. Albereda，7。972 22 60 02。周日关门，8 月份关门半个月。位于城市历史中心，提供高品质的加泰罗尼亚风味。

La Penyora 餐馆 地址：c. Nou del Teatre，3。972 21 89 48。周二关门。家常风味。

Massana 餐馆 地址：c. Bonastruc ça Porta，10。972 21 38 20。鱼类特色菜。

Cipresaia 餐馆 地址：c. Blas Fournàs，2。972 22 24 49。

Edelweiss 餐馆 地址：c. Santa Eugènia，7，passatge。972 20 18 97。周日，节假日以及 8 月份的下半月关门。国际风味。

Cal Ros 餐馆 地址：c. Cort Reial，9。972 21 73 79。周三中午（夏季）或者是周四（冬季）和 12 月 20 日至次年 1 月 20 日关门。基罗那最古老的餐馆，传统加泰罗尼亚风味，位置在城市中心。

Casa Marieta 餐馆 地址：pl. de la Independència，5–6。972 20 10 16。每逢周日晚上，周一和 12 月 23 日、24 日关门。餐馆经营家常风味菜。

Núria 餐馆 地址：c. Poeta Marquina，s/n。972 20 30 76。素食者餐馆。

Boira 餐馆 地址：pl. Independència，17。972 20 30 96。风味独特，餐馆可以观赏恩雅尔之家的景色。

Mar Plaça 餐馆 地址：c. de la Independència，3。972 20 59 62。周日及周一晚上关门。鱼类特色菜。

住宿

酒店

Carlemany 酒店 **** 地址：pl. Miquel Santaló，1。972 21 12 12。非常豪华实用。房价：超过 60 欧元。

Melià ConfortGirona 酒店 **** 地址：ctra. de Barcelona，112。972 40 05 00。非常舒适，接受宠物入住并为残疾人提供便利条件。房价：超过 60 欧元。

Ultònia 酒店 *** 地址：av. Jaume I，22。972 20 38 50。位置中心，靠近大教堂。房价：36 欧元至 60 欧元之间。

Europa 酒店 ** 地址：c. Juli Garreta，21。972 20 27 50。该酒店是一个有着美好家庭氛围、环境幽雅的小酒店。房价：36 欧元至 60 欧元之间。

Peninsular 酒店 * 地址：c. Nou，3; av. Sant Francesc，6。972 20 38 00。位于加泰罗尼亚广场。房价：低于 36 欧元。

Condal 酒店 * 地址：c. Joan Maragall，10。972 20 44 62。令人非常愉悦，位置中心。房价：低于 36 欧元。

Coll 旅馆 地址：c. de les Hortes，24。972 20 30 86。家庭化，位置中心，房间舒适。节假日关门。房价：低于 36 欧元。

Alberg Juvenil 旅馆 地址：c. dels Ciutadans，9。972 21 80 03。处于中心旺地，房间既崭新又舒适。需要青年旅馆住宿卡。只在夏季开放。房价：低于 36 欧元。

汹涌海岸
La Costa Brava

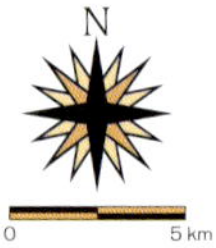

汹涌海岸崎岖美丽的原生态景致是加泰罗尼亚地区最重要也是最有吸引力的旅游景点之一。有着明显城市特征的德阿罗城堡海滩或是约莱特镇，与卡拉城堡那几乎未经开发的风景形成鲜明对比。大海、多岩石的峭壁、多萨德玛小镇、布拉奈斯镇及其周边的植物园和谐并存。那些海滩和小海湾都是风景线的一部分，也是我们这条旅游线路的组成部分。这条线路还会带游人们去参观一些历史名胜。汹涌海岸以鱼为原料的美味佳肴是又一个吸引观光者的卖点。

行程：
2天/94km

卡尔德斯（Caldes de Malavella）→亚哥斯德拉（Llagostera）	**7km**
亚哥斯德拉→多尔门科瓦（Dolmen de la cova d'en Daina）	**10 km**
多尔门科瓦→卡隆海（Calonge）	**13km**
卡隆海→帕拉莫斯（Palamós）	**8km**
帕拉莫斯→德阿罗城堡海滩（Castell-Platja d'Aro）	**9km**
德阿罗城堡海滩→圣菲利乌（Sant Feliu de Guíxols）	**5km**
圣菲利乌→多萨德玛（Tossa de Mar）	**23km**
多萨德玛→约莱特德玛（Lloret de Mar）	**13km**
约莱特德玛→布拉奈斯（Blanes）	**6km**

1

卡尔德斯
Caldes de Malavella

ⓘ Onze de Setembre, s/n。☎ 972 48 01 03。🚌 Autocars Maynau, SL；SARFA, SL；Autocars R. Mas, SL。🚆 RENFE。☺ 8月的第一个周末。

卡尔德斯这个名字是与加泰罗尼亚微姿温泉浴场（Vichy）联系在一起的。1880年一位名叫富莱斯特（Furest）的医生购得阿尼梅斯山丘上的这片土地。从1898年开始，这里便建成了一个现代主义风格的温泉浴场。卡尔德斯地区具有医疗价值的温泉早在古代便已是家喻户晓。今天这些古罗马的公共浴室已经对外开放供游人参观，这其中包括保存下来的两个互通的大厅。此外还可以参观圣埃斯特万（Sant Esteve）浪漫主义风格的教堂。

2

亚哥斯德拉
Llagostera

ⓘ pl. del Castell, 1。☎ 972 83 03 75。🚌 SARFA, SL；TEISA。☺ 第二复活节（segona Pasqua）。

亚哥斯德拉镇位于小山丘上。老城区坐落于地势最高的地方，那里纵横交错的小街最后通向中世纪城堡广场。这座城堡现存的两个由城墙联结的塔楼可以作为眺望风景的平台。圣菲利乌教堂（església de Sant Feliu）正好就在它们的前方。这是一座只有一个大厅和一个钟楼的哥特式建筑，它的正面是文艺复兴时期的风格。在教堂的右面有一个小广场，那里可以看到各种现代主义风格的建筑群。

3

多尔门科瓦 *
Dolmen de la cova d'en Daina *

多尔门科瓦是一座保存完好的巨石制陵墓，其历史可追溯到公元前3500年到公元前2000年。游客们可以在外面游览也可以进入内部参观（尽管里面很矮）。这个陵墓于19世纪末被发现，并出土了一批重要的文物。这是一个集体合葬墓，掩映于一片树丛之中。

4

卡隆海
Calonge

ⓘ pl. Major, s/n。☎ 972 66 04 81。🚌 SARFA, SL。☺ 每年7月第二个周六。其他节日：音乐节（7月、8月）。

卡隆海有一个有趣的老城区，里面有广场、马约尔大街（carrer Major）和卡科尔大街（carrer del Càcol）。小镇的特色建筑就是13世纪建的梅迪娜公爵夫人（duquesa de Medina）的中世纪城堡。这座城堡呈长方形，有着13世纪的塔楼、城墙和一个建于16世纪的寝宫，现在它属于私人财产。从1968年开始，在卡隆海地区，每年夏天都会举办音乐节。位于1公里之外的卡隆海的圣安东尼（Sant Antoni）是一个有着美丽海滩的旅游旺地。

5

帕拉莫斯 *
Palamós *

ⓘ pg. de Mar, s/n。☎ 972 60 05 50。🚌 SARFA, SL。☺ 7月24日至7月26日。其他节日：狂欢节（2月），国际古典音乐节，加泰罗尼亚哈巴涅拉舞展示会和海边歌曲国际音乐节（夏季）。

帕拉莫斯，这个和伊比利亚有着渊源的小镇是汹涌海岸最主要的旅游胜地。至今这里还保留着它当年的渔村风貌。捕鱼活动依然是小镇的主要产业，虾是这里的特色产品。19世纪，这里的软木生产曾有着举足轻重的地位。在老城区（紧靠港口的地方）可以参观15世纪建造的圣玛丽亚德玛（Santa Maria del Mar）哥特式大教堂。它的前厅建筑有文艺复兴时期的特征，而教堂的神殿则带有巴洛克风格。海滨大道和渔港让人们想去漫步其中。我们还建议大家参观帕拉莫斯周边的小海湾。其中一种方式是坐上汽车向北行驶，到达弗斯卡（Fosca）海湾，然后将车停靠在高里（Gori）的松树林里。从那里，经过一条环形公路就到达阿尔盖尔（Alguer）和卡斯特伊（Castell）海湾，人们可以尽情享受它们迷人的景致。卡斯特伊海湾的动人之处在于它是汹涌海岸中唯一没有被开发的海滩。这得益于环保主义者的努力，使它最终保持了原始的风貌。在弗斯卡海湾的景致中，这里奇特的黑色岩石很出名，

卡尔德斯地区著名的建筑

卡隆海具有地方特色的海滩

这也是海湾名字的由来(fosca在西语中的意思是黝黑的)。

6

德阿罗城堡海滩
Castell-Platja d'Aro

ⓘ c. Mn. Jacint Verdaguer, 4。☎ 972 81 71 79。🚌 SARFA, SL; TEISA; Starbús。☺ 德阿罗海滩节(8月15日)。其他节日:狂欢节,德阿罗城堡节(9月8日)。

德阿罗小镇市内,应该参观的景点有老城区,那里坐落着和小镇同名并经过修缮的城堡。正面为巴洛克风格的圣玛丽亚教堂属于哥特式建筑。德阿罗

帕拉莫斯的旅游区

海滩是汹涌海岸最重要的休闲中心。这里的海滩一直绵延至斯阿加洛(S'Agaró),那里是与周边自然环境和谐共处的城市扩建区。

7

圣菲利乌 *
Sant Feliu de Guíxols *

ⓘ pl. del Monestir, s/n。☎ 972 82 00 51。🚌 SARFA, SL; TEISA; Starbús。☺ 8月1日至4日。🏛 城市历史博物馆 **Museu d'Història de la Ciutat** 地址:c. de l' Abadia. Monestir。☎ 972 82 15 75。🕐 11:00到14:00。10月到次年5月,17:00到20:00;6月到9月,18:00到21:00。逢周一、1月1日和12月25日不开放。带导游讲解。

圣菲利乌坐落于海湾边。停泊在防波堤旁众多的船只反映了这个小镇渔业的发达程度。这里的海滩和1839年开始就使用的海洋大道都是必经的停靠点。那里可以看到现代主义建筑风格的诺伊斯娱乐场(Casino dels Nois)和帕特索特别墅(casa Patxot)。在小镇市区,游人们应该去看一看圣贝内特(Sant Benet)修道院,这座巴洛克式的建筑还带着不同时代的各种建筑特色,例如其中最著名的是费拉达柱廊(Porta Ferrada)——建于9至10世纪间的带有两个拱门长廊的建筑。这座柱廊后来也成为这个城市的象征。在修道院内还有城市历史博物馆。博物馆前面坐落着造型奇特的圣贝内特巴洛克式拱门。哥特式的教堂还有两个用于防御工事的塔楼,分别是科恩(Corn)和富姆(Fum)塔楼。

朝多萨德玛方向的路上，在右方的峭壁之上坐落着圣埃尔姆（Sant Elm）修道院。从那里可欣赏到圣菲利乌和大海的美景。据说是记者费兰·阿古约（Ferran Agulló）在这里领略了海岸美景之后用“布拉瓦”命名了这块海滨地带。

8

多萨德玛 **
Tossa de Mar**

ⓘ av. del Pelegrí, 25。☎ 972 34 01 08。🚌 SARFA, SL；Transportes Pujol y Pujol, SL。☺ 6月29日。其他节日：多萨朝圣者节（1月20日）。🏰 古城博物馆 Museu de la Vila Vella 地址：pl. del Pintor Roig i Soler。☎ 972 34 07 09。🕘 周二到周六，10:00到19:00；周日，10:00到19:00。💲 3欧元。

多萨德玛因其自然景色和城墙包围中的古迹成为汹涌海岸最美丽的城镇之一。著名的古城区为了防止海盗入侵而修筑了工事。整个海滩都是彼拉贝亚（Vila Vella）加泰罗尼亚语意为古老的城镇）的范围，它是这个小镇的标志。游览这里较好的线路是从阿尔梅斯广场（plaça d'Armes）开始，然后逛遍狭窄的小巷，置身于小巷中欣赏石头小屋建筑艺术上的细节也是一种消遣享受。在侧面有科多拉尔塔（torre del Codolar）的广场上，坐落着哥特式风格的市长大厦，现在是多萨博物馆。这座建于1935年的博物馆展出了马克·查加伊（Marc Chagall）、萨尔瓦多·达利（Salvador Dalí）、安德列·马逊（André Masson）、拉菲尔·贝内特（Rafael Benet）和何塞·克拉拉（Josep Clarà）等人的绘画作品。所有这些艺术家都在20世纪30年代时常光顾多萨。博物馆游的最后是有关这个城镇的古代部分介绍。科多拉塔下、城墙之外就是科多拉海湾——多萨德玛最美丽的海湾之一。在彼拉贝亚之上就坐落着圣玛尔蒂教堂，灯塔和多萨城堡遗址，那里还保留有面向大海的大炮。

德阿罗小镇壮观的海滩

12世纪至14世纪修建的城墙已被列为艺术历史文物。如果条件允许的话，我们特别建议游客等到天黑。当老城区灯火通明时，看到的又是另一番美妙的景象。多萨镇的新区也是由狭窄的巷道构成，这里是旅游和购物中心。还可以看到小教堂救助站和圣彼塞恩教堂（església de Sant Vicenç）。多萨德玛海滩是游人最多的海滩之一。

位于小镇北部的拉马梅努达海滩（platja de la Mar Menuda）也有其独特的魅力。多萨附近的海湾都非常宜人，推荐大家游览。北边是坎叶特（Canyet）、萨里昂（Salionç）和希贝罗（Giverola）海湾。南边是波尔多皮（Porto Pi）海滩（可以经一条环形路到达那里）。

圣菲利乌的港口

多萨德玛城堡中的塔

9

约莱特德玛 *
Lloret de Mar *

ⓘ av. de les Alegries, 3。☎ 972 36 57 88。🚌 Transportes Pujol y Pujol, SL; Autocars R. Mas, SL; TEISA; SARFA, SL; LINEBUS; Eurolines Peninsula, SA; Autocares Poch, SA; Autocares Julià, SL; Starbús; Enatcar。☺ 7月23日至26日和11月18日。其他节日：阿莱格里埃斯（les Alegries）区地方节（9月8日）。

大规模的建设和房地产投资已经把约莱特德玛变成一个提供无数娱乐方式且适合大众旅游的地方。夏季，小镇要接待20万游人。即使如此，海滨大道、约莱特海滩及其两边的峭壁还是保留着它们独有的魅力。

北边坐落着马略卡瞭望台和美丽的约莱特城堡及帕伊阿城堡（castell d'en Paià）。在另一端是海洋女神（la Dona Marinera）瞭望塔，塔上还有一尊象征女神的埃尔内斯特·马拉加伊（Ernest Maragall）的雕像。从那里延伸出一条环形路通到圣胡安（Sant Joan）城堡遗址。朝着多萨德玛方向行走，游人还可以看到美丽的坎叶耶斯海湾（cala Canyelles）。

10

布拉奈斯
Blanes

ⓘ pl. Catalunya, s/n。☎ 972 33 03 48。🚌 Barcelona Bus, SL; Transportes Pujol y Pujol, SL; Autocars R. Mas, SL。🚆 RENFE。☺ 7月26日。♜ 马里穆德拉植物园 Jardí botànic Marimurtra 地址：pg. Carles Faust, 9。☎ 972 33 08 26。⏲ 4月到10月，9:00到18:00。11月到次年3月，10:00到17:00；逢周六和周日，10:00到14:00。$ 4欧元。网址：www.jboanicmarimurtra.

约莱特德玛度假村的步行道

布拉奈斯海滩和萨帕罗梅拉岬角

org。宾亚德罗萨植物园 Jardí botànic Pinya de Rosa 地址：camí de Santa Cristina。972 35 52 90。4月到10月，9:00到18:00。11月到次年3月，10:00到17:00；逢周六和周日，10:00到14:00。4欧元。

两个海滩——斯阿巴奈伊海滩（s'Albanell）和布拉奈斯海滩（Blanes）将小镇一分为二，萨帕罗梅拉（sa Palomera）多石的岬角将它们隔开。岬角上的瞭望塔标志着汹涌海岸的开始。北部是布拉奈斯最美丽的圣弗朗塞斯克（Sant Francesc）海湾。在城中心圣玛丽亚的哥特式教堂保留着巴洛克式风格的装饰屏。

出生于布拉奈斯小镇的华金·鲁伊拉（Joaquim Ruyra，1858—1939），在他最重要的作品小说《宾亚德罗萨》（Pinya de Rosa）中描写了海边生活的传统习俗。然而今天，吸引游客的是这里的植物园。坐落在圣胡安山上、由德国人卡尔·法乌斯特（Karl Faust，1874-1952）于1921年建成的马里穆德拉植物园（Marimurtra）是欧洲最漂亮的植物园之一，方圆15公顷。在三种类型（热带、温带和地中海气候带）的花园里分别种植了4000多个品种的花卉。紧邻海边的得天独厚的位置使得这里的景色很吸引人。线路终点的林奈修道院（temple de Linne）是供人们小憩的理想场所。

从马里穆德拉植物园的入口处，有一条通向圣胡安城堡的路，城堡中还保留有城墙和一个塔楼。这里能看到布拉奈斯和其周边迷人的景象。在北边可以看到圣芭芭拉修道院（ermita de Santa Bàrbara）。在宾亚德罗萨植物园有世界上最重要的仙人掌科植物群，7000多种仙人掌构成地中海地区一道独特的风景线。

饮食年历

在布拉瓦海湾的饭店全年都开展促销活动，让人们以优惠的价格品尝到各个季节的特色菜。在这些宣传活动中有：渔民吃的大锅饭（ranxo，加泰罗尼亚语中指给很多人一起吃的大锅饭）一般在10月到11月，帕拉莫斯和卡隆海大虾宴一般在4月到6月，“加奈伊那达”宴一般在1月到3月，圣菲利乌的沙丁鱼宴在5月到7月。

靠近圣弗朗塞斯克小海湾的布拉奈斯海岸

实用向导

周边地区

坐落于山丘上的帕拉弗伊（Palafolls）镇靠近布拉奈斯。这里的古城堡遗址很有意思。

斯阿加洛是加泰罗尼亚于 1924 年兴建的第一个城市化地区。建筑师马索·瓦兰蒂（Masó i Valentí）的设计让小镇与周边环境非常协调。

餐馆

卡尔德斯 Caldes de Malavella

Delicius 餐馆 地址：av. del Dr. Furest, 32。☎ 972 47 00 00。餐厅位于加泰罗尼亚微姿浴场，建筑优美并供应传统的加泰罗尼亚美食。€€

亚哥斯德拉 Llagostera

Els Tinars 餐馆 地址：ctra. de Sant Feliu de Guíxols a Girona, km 7,2。☎ 972 83 06 26。10 月到次年 5 月的周二和 1 月 20 日到 2 月 13 日暂停营业。€

卡隆海 Calonge

Can Ramón 餐馆 地址：c. Balmes, 21。☎ 972 65 00 06。周日晚上（夏季除外）、12 月 24 日到次年 1 月 5 日暂停营业。€

帕拉莫斯 Palamós

La Gamba 餐馆 地址：pl. de Sant Pere, 1。☎ 972 31 46 33。周三和 11 月停业。特色菜为各种鱼类。€€€

La Menta 餐馆 地址：c. de Tauler i Servià, 1。☎ 972 31 47 09。周三和 11 月停业。自创食谱，游客可以品尝到地道的美味大虾 carpaccio。€€

El Delfín 餐馆 地址：av. Onze de setembre, 93。☎ 972 31 64 74。周四（夏季除外），6 月 20 日至 9 月 30 日停业。特色菜：各式凉菜、烧鱼、帕拉莫斯虾。€€

Maria de Cadaqués 餐馆 地址：c. de Tauler i Servià, 6。☎ 972 31 40 09。周二，12 月和 1 月不对外营业。特色菜：各式烧鱼、鸡肉、龙虾。€€

Plaça Murada 餐馆 地址：pl. Murada, 5。☎ 972 31 53 76。11 月停业。位于老城中心，佳肴品种多样化。€€

L' Art 餐馆 地址：pg. del Mar, 7。☎ 972 31 55 32。周四下午和周日下午均停业（夏季除外）。特色菜：龙虾面和烤鱼。€€€

德阿罗海滩 Platja d'Aro

Carles Camós-Big Rock 餐馆 地址：av. de Fanals, 5。☎ 972 81 80 12。冬季和 1 月的周一全天和周日晚上不对外营业。位于 15 世纪建造的一座领主庄园内。有创意的恩波尔达式美食。€€

Aradi 餐馆 地址：av. Cavall Bernat, s/n。☎ 972 81 73 76。特色菜：加泰罗尼亚风味美食及各式海鲜。€€

Japet 餐馆 地址：av. de Palamós, 50。☎ 972 81 73 66。特色菜：极富创意烹制出的各式鱼类。€€

圣菲利乌 Sant Feliu de Guíxols

Can Salvi-Montserrat 餐馆 地址：pg. de Mar, 23。☎ 972 32 10 13。周三，11 月 15 日至 12 月 15 日停业。特色菜：各种鱼类，时令菜单中有一些高脂肪含量的鱼类如沙丁鱼等。€€

Bahía 餐馆 地址：pg. del Mar, 12。☎ 972 32 02 19。海洋美食。€€

Can Toni 餐馆 地址：c. Sant Martirià, 29。☎ 972 32 10 26。10 月至次年 5 月的周二及 11 月暂停营业。老城中心地段的家族餐馆。€€

Nàutic 餐馆 地址：Port esportiu。☎ 972 32 06 63。10 月至次年 5 月的周一（节假日除外），1 月 7 日至 2 月 7 日停业。可以品尝海洋美食。€€

多萨德玛 Tossa de Mar

Castell Vell 餐馆 地址：pg. Abat Oliva, 1。☎ 972 34 10 30。4 月到 9 月期间非节假日的周一，10 月 1 日到圣周期间停业。€€

Es Molí 餐馆 地址：c. Tarull, 5。☎ 972 34 14 14。9 月 15 日至 6 月 15 日的周二停业，12 月 15 日至 3 月 15 日仅在周末营业。€€

Can Tonet 餐馆 地址：pl. de l'Església, 2。☎ 972 34 05 11。周一，12 月 12 日至 12 月 31 日期间停业。传统的加泰罗亚美食。€€

Can Toni 餐馆 地址： c. Martirià, 29。☎ 972 32 10 26。10 月至 5 月的周二及 11 月停业。€€

布拉奈斯 Blanes

Can Flores 餐馆 地址：Esplanada del Port, 3。☎ 972 33 16 33。4 月到 9 月期间非节假日的周一，10 月 1 日到圣周期间停业。€€

Can Tarranc 餐馆 地址：ctra. Blanes a Tordera。☎ 93 764 20 37。周一停业。正宗的加泰罗尼亚美食。特色菜：一种名为 rape 的鱼。€€

El Caliu 餐馆 地址：av. Juan Carlos I, 27。☎ 972 33 68 19。家常菜。

s'Auguer 餐馆 地址：c. S' Auguer, 2。☎ 972 35 14 05。一流菜肴，品质与价格比较高。

住宿

酒店

卡尔德斯 Caldes de Malavella

Balneari Prats 酒店 *** 地址：pl. de Sant Esteve, 7。☎ 972 47 00 51。带有宜人花园的浴场疗养地。

Balneari Vichy Catalán 酒店 *** 地址：av. del Dr. Furest, 32。☎ 972 47 00 00。建筑优美、环境舒适、周围服务设施齐全的浴场疗养地。

帕拉莫斯 Palamós

Trias 酒店 *** 地址：pg. del Mar, s/n。☎ 972 60 18 00。3 月 15 日至 10 月 15 日对外营业。环境非常舒适且正对海滩。

Vostra Llar 酒店 *** 地址：c. del President Francesc Macià, 12。☎ 972 31 42 62。5 月 15 日至 9 月 30 日开放。

Marina 酒店 ** 地址：c. Onze de Setembre, 48。☎ 972 31 42 50。简易舒适。

德阿罗海滩 Platja d'Aro

Park hotel San Jorge 酒店 **** 地址：ctra. de Palamós, s/n。☎ 972 65 23 11。12 月到次年 2 月停业。设施一流。

Mar Condal 酒店 *** 地址：pg. Marítim, 102–104。☎ 972 81 80 69。11 月 1 日至 4 月 31 日停业。

圣菲利乌 Sant Feliu de Guíxols

Hostal La Gavina 酒店 ***** 地址：pl. Rosaleda, s/n, de S'Agaró, GL。☎ 972 32 11 00。10 月末至圣周期间停业。

Curhotel Hipócrates 酒店 **** 地址：ctra. de Sant Pol, 229。☎ 972 32 06 62。

Caleta Park 酒店 **** 地址：Platja de Sant Pol。☎ 972 32 00 12。位置得天独厚。

多萨德玛 Tossa de Mar

Gran Hotel Reymar 酒店 **** 地址：Platja Mar Menuda, s/n。☎ 972 34 03 12。11 月 1 日至 4 月 31 日停业。傍海而建，从房间即可一览海景。

Mar Menuda 酒店 *** 地址：Platja Mar Menuda, s/n。☎ 972 34 10 00。11 月 2 日至 12 月 25 日停业。

布拉奈斯 Blanes

Park Hotel Blanes 酒店 *** 地址：c.d'Enric Morera。☎ 972 33 02 50。11 月到次年 3 月停业，酒店离海很近，这里四周环境幽雅，被花园环绕。

Hotel Stella Maris 酒店 ** 地址：av. Vila de Madrid, 18。☎ 972 33 00 92。11 月到 2 月停业。

Beverly Park 酒店 *** 地址：c. Mercè Rodoreda, 7。☎ 972 35 24 26。

乡村旅店

德阿罗圣克里斯蒂娜 Santa Cristina d'Aro

Mas Tinus 旅店 地址：c. Puig, s/n (Barri Salom)。☎ 972 83 75 79。

马卡奈特 Maçanet de la Selva

Casa Oriol Riera 旅店 地址：veïnat Pibitller, 1。☎ 972 85 90 99。

露营地

卡隆海 Calonge

Cala Gogó 地址：ctra. de Sant Feliu a Palamós。☎ 972 65 15 64。各种服务一应俱全有，网球场。

帕拉莫斯 Palamós

Càmping King's 地址：ctra. de la Fosca, s/n。☎ 972 31 75 11。每年 4 月 1 日至 9 月 30 日对外开放。

德阿罗海滩 Platja d'Aro

Riembau 地址：c. Santiago Rusiñol, s/n。☎ 972 81 71 23。

Vall d'Aro 地址：av. Castell d' Aro, 63。☎ 972 81 75 15。

圣菲利乌 Sant Feliu de Guíxols

Càmping Sant Pol 地址：c. Doctor Fleming, 1。☎ 972 32 72 69。10 月 25 日至 3 月 26 日停业。距离海滩 300 米。

多萨德玛 Tossa de Mar

Càmping Can Martí 地址：av. Pau Casals, s/n。☎ 972 34 08 51。9 月 19 日至 3 月 12 日停业。位于多萨小镇上。

Cala Llevadó 地址：ctra. GI–682 de Lloret a Tossa, pk. 18,9。☎ 972 34 03 14。这里设施配套，有小船供租用，还有网球场和小型高尔夫球场。

约莱特德玛 Lloret de Mar

Santa Elena Ciudad 地址：ctra. de Fenals, s/n。☎ 972 36 40 09。设施配套。

布拉奈斯 Blanes

Càmping Bella Terra 地址：av. Vila de Madrid, 35–40。☎ 972 34 80 17。10 月 1 日至 4 月 31 日停业。安静且靠近海滩。

拉塞尔瓦
La Selva

行程:
2天/102km

奥斯塔里克（Hostalric）→布莱达（Breda）	**7km**
布莱达→蒙特索里乌城堡（Castell de Montsoriu）	**5km**
蒙特索里乌城堡→阿布希埃斯（Arbúcies）	**12km**
阿布希埃斯→圣依拉里萨卡姆（Sant Hilari Sacalm）	**10km**
圣依拉里萨卡姆→苏斯盖达水库（Pantà de Susqueda）	**30km**
苏斯盖达水库→阿梅尔（Amer）	**17km**
阿梅尔→安格莱斯（Anglès）	**8km**
安格莱斯→圣科罗玛（Santa Coloma de Farners）	**13km**

这条线路会带着大家走遍拉塞尔瓦地区的每个角落。除了欣赏到不同的景色之外，我们还可以游览一些历史悠久的古镇，例如有着中世纪宗教建筑群的奥斯塔里克。这条线路还会带大家去参观一些有趣的城堡，如蒙特索里乌城堡或是法纳尔斯城堡。

这一地区充沛的水力资源和水资源在医疗方面的妙用是这条线路中又一个吸引人的地方。

奥斯塔里克的防护塔之一

1

奥斯塔里克 *
Hostalric *

ⓘ c. Raval, 45。☎ 972 86 40 11。🚌 Barcelona Bus, SL; Hispano Hilarienca, SA。🚆 RENFE。☺ 7月的第一个周日。在询问处可组团游览并配导游讲解，须事先预约。

当我们沿着公路到达奥斯塔里克时，首先映入眼帘的就是那里的古城墙。这个小镇就坐落于一个火山口之上，其四周都是中世纪时期遗留下来的古城区。它的历史可以追溯到12世纪至15世纪。在这个小镇诸多的入口之中，以巴塞罗那城门、乌埃尔塔斯城门和比那斯城门最值得一看。在修复后的长达600米的城墙边依次矗立着八个圆柱形的塔楼，它们构成了奥斯塔里克一道独特的风景线。位于最东边的塔楼，即僧侣塔楼（torre dels Frares）高33米，它可以监视小镇的所有入口。这样的要塞位置使它成为所有塔楼中最为重要的一个。如果天气晴朗的话，从塔楼群可以将小镇美景一览无余。人们还可以隐约地看见远处的蒙特索里乌城堡。

小镇地势较高的部分坐落着奥斯塔里克城堡。它和这里的古城墙一起于1963年被列为历史艺术文物。这座城堡是9世纪由卡布莱拉（Cabrera）子爵们下令修建的。在过去若干个世纪中，由于这里先后不断发生大大小小的战争，它也一次又一次地重建。现在这座城堡的内部已被改建成一个餐馆。在这个小镇地下10到20米处还有一段长达三公里的通道，它的历史比城墙还要古老。现在看来，这很可能是当年在城镇被包围时用来逃生的紧急通道。这些狭窄的地下隧道起伏不平，对于到这里游览的人们来说犹如是一次小小的探险经历。16世纪的圣玛丽亚教堂是小镇现代主义风格的住宅，市政府大楼也是这里值得参观的景点之一。

2

布莱达
Breda

ⓘ pl. de la Vila, 9。☎ 972 87 00 12。🚌 Hispano Hilarienca, SA。☺ 9月8日、9日。🏛 何塞市立博物馆 Museu Municipal Josep Aragay 地址：c. Nou, 2。☎ 972 87 00 12。🕒 周六，16:00到19:00；周日和节假日，11:00到13:30。带导游讲解。

在布莱达老城区，游客可以看到圣萨尔瓦多（Sant Salvador）本笃会修道院的遗址。现存的有浪漫主义风格的钟楼，高32米，呈四方形。一排拱门将钟楼和它四边的四个建筑物分隔开来，柱子的中楣呈锯齿形状。在钟楼旁边，是建于14世纪的哥特式教堂和浪漫主义风格的回廊遗址。16世纪建的修道院院长室也紧靠着这些建筑。只有一个大厅的圣玛丽亚古教堂现在是市政府和何塞市立博物馆（Josep Aragay）所在地，这里可以看到这位艺术大师的绘画、素描作品及陶瓷装饰品。布莱达的陶瓷制造业有着悠久的传统，最早可以追溯到16世纪。在小镇还可以看到很多瓷窑，人们可以买到陶瓷制的塑像。

3

蒙特索里乌城堡
Castell de Montsoriu

🏛 蒙特索里乌城堡 Castell de Montsoriu 地址：参看Arbúcies。☎ 972 86 09 08。导游讲解须预约。

从塞拉瓦地区的不同地方都可以看到位于海拔642米高山上的蒙特索里乌城堡，它是加泰罗尼亚地区最大的也是保存较好的城堡之一。现在这里还进行着修复和考古挖掘工作。这座建筑由三个不同的区域构成。最古老的部分由一个大塔楼和一座有三个大厅的建筑构成；再上一级的部分建于13世纪，长达75米，其两面都建有塔楼；最后一段，位于最下方，它由环形塔楼组成。从这里最高的地方眺望过去

布莱达的圣萨尔瓦多本笃会修道院的钟楼

布莱达的陶器物件

所看到的景致美不胜收。汽车沿着公路再向前开上几公里，就会到达附近的小山冈。从这里可以将城堡和周边地区的全景尽收眼底。

4
阿布希埃斯
Arbúcies

ⓘ c. Major, 4。📞 972 16 24 77。🚌 Hispano Hilarienca, SA。☺ 每年7月的最后一个周日。其他节日：枝条节，长笛演奏会（10月的第三个周六和周日）。🏛 蒙特塞尼民族学博物馆 Museu Etnològic del Montseny La Gabella 地址：c. Major, 6。📞 972 86 09 08。🕒 9月到次年6月，逢周二到周六，11:00到14:00，17:00到20:00；逢周日和节假日，11:00到14:00；7月到8月，逢周二到周日及其他节假日，11:00到14:00，17:00到20:00；逢周一、1月1日、1月6日、12月25日不开放。💲 1.3欧元。导游讲解须事先预约。

塞拉瓦的矿泉水

在塞拉瓦地区蕴藏着大量有药用价值的矿泉水资源，从而造就了这一带众多温泉浴场。圣依拉里萨卡姆地区富含碳酸氢钠的泉水被用于治疗慢性病。皮坎特泉（Font Picant）的泉水有帮助消化和利尿的功效。圣科罗玛的特尔马斯奥里奥恩（Termes Orion）温泉浴场的温泉还被用于辅助治疗风湿病、骨折和胃痛等疾病。

阿布希埃斯位于阿古德斯山（les Agudes，最高海拔1706米）的山下，在蒙特塞尼群山的东北坡上。在坎波德隆大街（carrer Camprodon）上可以看到现代主义风格的建筑群和蛋糕店。在这里的蛋糕店里，游客们可以买到非常有名的一种名为carquinyolis的用杏仁制成的饼干和一种名为pa de pessic的加泰罗尼亚传统甜食。走到这条大街的尽头，它的左边就是彼拉广场（plaça de la Vila）。广场的中心有一株巨大的梧桐树——自由之树。这棵树是为了庆祝西班牙第一共和国的成立而于1873年栽

蒙特塞尼生态保护区里面的灌木丛景观

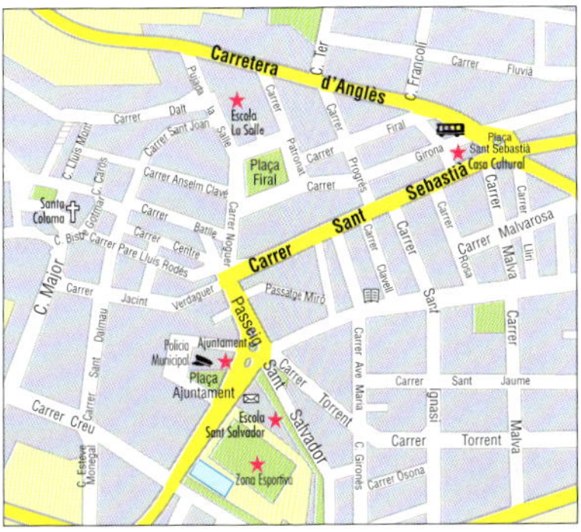

圣科罗玛城区地图

种的。在广场上还坐落着16世纪建造的圣吉尔则大教堂(església de Sant Quirze)。蒙特塞尼民族学博物馆就设在这里的信息咨询办公室内。博物馆涉及阿布希埃斯的历史、大众艺术和其他方方面面。游人们还可以穿越大桥到河岸的另一边去转一转，再游览一下小镇的喷泉，它们可是阿布希埃斯又一个吸引人的去处(在旅游信息咨询处提供的城市地图册中可以找到所有作了标识的喷泉)。

5

圣依拉里萨卡姆
Sant Hilari Sacalm

ⓘ pl. Dr. Robert, s/n。📞 972 86 88 26。🚌 Hispano Hilarienca, SA。☺ 每年8月29日到8月31日，6月24日。其他节日：圣周里的“Crucis Vivent之路”。

环抱于栗木林中的圣依拉里萨卡姆是个避暑胜地。这里值得一看的景点有浪漫主义风格的圣依拉里教堂所在的古城区和它周边上百处的温泉。其中最著名的一处是位于彼坎特的温泉浴场。这里的现代主义风格建筑群如古代合作社建筑和阿伊瓜的酒馆等处也值得关注。

6

苏斯盖达水库
Pantà de Susqueda

ⓘ 参看Sant Hilari Sacalm。📞 972 86 96 86。

苏斯盖达水库(这样称呼这个水库是因为在历史上它曾经淹没过一个名叫苏斯盖达的村镇)有2亿3800万立方米的容量，发电量达2亿千瓦时。该水库兴修于1966年。这里的水最后流向巴塞罗那和周边的一些村镇。顺着水库附近的马莱神殿(El santuari de la Mare de Déu del Coll)位于海拔825米的高处，从那里可看到一片绝好的风景。

7

阿梅尔
Amer

ⓘ pl. de la Vila, 30。📞 972 43 11 12。🚌 TEISA; Compañía del Ferrocarril de Olot a Girona, SA。☺ 圣玛丽亚节(8月15日)。

尽管阿梅尔只是一个有2300多人的小镇，但却拥有加泰罗尼亚地区最大的带柱廊广场。穿过广场向北走去，可以看到古老的圣玛丽亚本笃教会教堂遗址，遗址由同名的教区教堂和两个后殿组成。

苏斯盖达水库风光

阿梅尔的柱廊广场，加泰罗尼亚最大的广场之一

8

安格莱斯
Anglès

ⓘ pl. de la Vila, 1。✆ 972 42 00 58。🚌 TEISA; Compañía del Ferrocarril de Olot a Girona, SA; Hispano Hilarienca, SA。☺ 9月的第一个周日。

这个带着哥特式风格的中世纪古镇位于一个山冈之上，漫步于这里的窄巷，如巴伊街（carrer del Vall）之中，游人们可以发现很多美丽精致的建筑装饰，像拱门、哥特式的大窗户和前厅等。以前是城堡武器广场的马约尔广场（plaça Major）和带有文艺复兴时期风格的圣米格尔教堂（església de Sant Miquel）都向人们展示了这个小镇的过去。

圣科罗玛教区教堂

9

圣科罗玛
Santa Coloma de Farners

ⓘ pg. de Sant Salvador, 25-27。✆ 972 84 21 61。🚌 TEISA。☺ 9月23日至25日。其他节日：圣塞巴斯蒂安节（1月20日），复活节。

古老的圣科伦巴（Santa Columba）这座塞尔瓦地区的首府，沿用了城堡主人法纳尔斯（Farners）的名字。在小镇中心，人们可以看到许多带有现代主义风格的奇特建筑，除此之外还有带着哥特式钟楼的圣科罗玛教区教堂（església parroquial de Santa Coloma）。作家萨尔瓦多·埃斯普里乌（Salvador Espriu，1913—1985）就出生于这个小镇。《埃斯特尔的第一段历史》（1945年），《公牛皮》（1960年）是他最重要的两部作品。在城郊坐落着名为“Termes Orion”的温泉浴场。在圣萨

圣皮雷·赛尔加达修道院

尔瓦多公园，还有一个同名的喷泉。从那里可以踏上一条通向朝法纳尔斯城堡方向的公路。沿路人们可以欣赏到这个小镇许多趣味横生的景致。就这样一直走到一块空地处，那里耸立着法纳尔斯的马莱修道院（ermita de la Mare de Déu de Farners）。这是一座顶部和主体带有浪漫主义风格的建筑，主体的内部已经得到修复。步行20分钟便可到达城堡。它始建于12世纪，是个四边形的有围墙的建筑，这里至今还保存着一个圆柱形的纪念塔楼。

游人们沿着一条林中大道走上10公里的路程就可以到达圣皮雷·赛尔加达修道院（monestir de Sant Pere Cercada）遗址。

实用向导

周边地区

在西尔斯小镇（Sils）坐落着西班牙唯一一所向公众开放的汽车博物馆，展览着萨尔瓦多·克拉莱特（Salvador Claret）的收藏品，其中包括 150 辆车况一流的汽车。汽车博物馆的开放时间是逢周二到周六，10:00 到 13:00，16:00 到 19:00；逢周日和其他节假日期间是 10:00 到 14:00，逢周一不开放。门票 2 欧元。想获取更多的信息，请致电垂询：972 85 30 36。

在靠近布莱达的瓜尔巴镇（Gualba），游人可步行至高尔格奈格莱（Gorg Negre），在那里可以观赏到镶嵌于一片自然美景之中的瀑布群。在塞尔瓦的马卡奈特，可以看到一些展现这个城镇悠久历史的古迹，如卡尔特亚城堡（castell de Cartellà），马拉达塔楼（torre de Marata）和巴伊德马利阿修道院（convent de Valldemaria）。

餐馆

奥斯塔里克 Hostalric

La Fortalesa 餐馆 地址：La Fortalesa。✆ 972 86 41 22。周日下午和周一停业。坐落于城堡中。

Ca l'Esparter 餐馆 地址：c. Major, 72。✆ 972 86 40 89。周日晚上和周一停业。有加泰罗尼亚美食。

阿布希埃斯 Arbúcies

Can Pons 餐馆 地址：ctra. d'Arbúcies a Santa Fe, km 0,6。✆ 972 86 02 05。餐馆主要经营加泰罗尼亚美食。

El Molí de las Pipes 餐馆 地址：ctra. d'Arbúcies, s/n。✆ 972 86 10 88。餐馆环境宜人，饭菜一流。

安格莱斯 Anglès

L'Aliança 餐馆 地址：c. Jacint Verdaguer, 3。✆ 972 42 01 56。用地中海特产烹调出的富于想象力的美食。

圣科罗玛 Santa Coloma de Farners

Can Gurt 餐馆 地址：ctra. de Sils, 32。✆ 972 84 02 60。周日晚上，复活节后的一周和九月最后一周停业。提供绝对一流的炭烤肉和鱼肉。

Mas Sola 餐馆 地址：ctra. de Sils, km 2。✆ 972 84 08 48。周一晚上，周二，11 月 6 日至 11 月 22 日停业。优美的餐厅配以高品质的佳肴。

住宿

酒店

奥斯塔里克 Hostalric

Pensió Papell 酒店 地址：c. Estrada, 8。✆ 972 86 40 42。非常安静，坐落于旧城中心。

阿布希埃斯 Arbúcies

Pensió Montsoliu 酒店 ** 地址：c. Camprodon, 90。✆ 972 86 00 49。位于市中心，非常舒适，内有花园和游泳池。

Pensió Castell 酒店 ** 地址：c. Castell, 1。✆ 972 86 00 44。非常安静且服务周到 。

圣依拉里萨卡姆 Sant Hilari Sacalm

Balneari Font Picant 酒店 地址：ctra. Font Picant, s/n。✆ 972 87 22 94。

Hotel Suizo 酒店 *** 地址：pl. Verdaguer, 8。✆ 972 86 80 00。位于市中心的旅游酒店。

Hostal Torras 酒店 ** 地址：pl. Gravalosa, 13。✆ 972 86 80 96。靠近市中心且新近装修。一月暂停营业。

圣科罗玛 Santa Coloma de Farners

Termes Orión 酒店 *** 地址：Veïnat de Vall, s/n。✆ 972 84 00 65。建筑优美。

乡村旅店

阿布希埃斯 Arbúcies

El molí de ca n'Aulet 旅店 地址：Molí de Ca n'Aulet, s/n。✆ 972 86 07 65。

露营地

阿布希埃斯 Arbúcies

Càmping La Vall del Vidal 露营地 地址：paratge El Vidal。✆ 972 16 22 42。

阿特恩波尔达
Alt Empordà

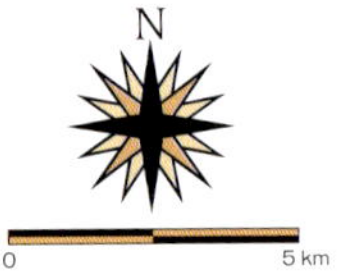

这条线路沿途到达阿特恩波尔达几个重要的中心地带：从首府费盖莱斯到克鲁斯海角，然后到比利牛斯山脉的尽头。在这条环形线路中，我们将游览一系列美轮美奂的景点，像圣皮雷德罗德斯、卡达盖斯和塞尔瓦港等充满魅力的小镇以及一些独一无二的自然景点，例如阿伊瓜莫伊斯自然公园。

事实上，这个名符其实的金三角，囊括了阿特恩波尔达地区著名的海景和山景。

行程：
2天/113km

费盖莱斯（Figueres）→卡斯德约（Castelló d'Empúries）	**9km**
卡斯德约→阿伊瓜莫伊斯（Aiguamolls de l'Empordà）	**4km**
阿伊瓜莫伊斯→罗塞斯（Roses）	**13km**
罗塞斯→卡达盖斯（Cadaqués）	**18km**
卡达盖斯→克鲁斯海角（Cap de Creus）	**8km**
克鲁斯海角→塞尔瓦港（Port de la Selva）	**12km**
塞尔瓦港→圣皮雷德罗德斯（Sant Pere de Rodes）	**6km**
圣皮雷德罗德斯→佩拉拉达（Peralada）	**20km**
佩拉拉达→彼拉贝德兰（Vilabertran）	**5km**
彼拉贝德兰→圣约莱恩（Sant Llorenç de la Muga）	**18km**

1

费盖莱斯 **
Figueres **

ⓘ pl. del Sol, s/n。☎ 972 50 31 55。🚌 Barcelona Bus, SL; SARFA, SL; Eurolines Peninsular, SA; AutocaresJulià, SL; LINEBUS; Starbús; Enatcar; Ampurdán-Bus, SL。🚆 RENFE。☺ 5月的第一周。每年1月25日在卡尔卡达的圣保罗小教堂里有集会游行，7月有国际音乐节。🏛 萨尔瓦多·达利博物馆 Museu Salvador Dalí 地址：pl. Salvador Dalí i Gala, 5。☎ 972 67 75 00。🕘 10月到次年6月，10:30到17:45；非节假日的周一不对外开放。7月到9月，9:00至19:45。带导游讲解。网址：www.salvador-dali.org。🏛 阿特恩波尔达博物馆 Museu de l'Empordà 地址：Rambla, 2。☎ 972 50 23 05。网址：www.museuemporda.org。🕘 逢周二到周六，11:00到19:00，逢周日和节假日，10:00到14:00。逢周一、1月1日、1月6日、耶稣受难节和12月25日不对外开放。$ 2欧元。导游讲解须事先预约。🏛 加泰罗尼亚玩具博物馆 Museu del Joguet de Catalunya 地址：c. de Sant Pere, 1。☎ 972 50 45 85。🕘 6月到9月，周一到周六，10:00到19:00；逢周日和节假日期间，11:00到18:00。10月到次年5月，周二到周六，10:00到18:00；周日和节假日，11:00到14:00。$ 5欧元。

拥有3万多居民的费盖莱斯是阿特恩波尔达地区的首府，它有着浓厚的文化底蕴和无限的经济活力。靠近西法边境的战略性位置使得这里成为头等重要的交通枢纽。

位于费盖莱斯的萨尔瓦多·达利博物馆的加拉德阿塔楼

在这块历史悠久的土地上曾发现伊比利亚人的遗迹，还有资料证明这里曾居住过古罗马人。1267年加乌马一世（Jaume I）不顾佩拉拉达和卡斯德约地区封建领主的反对，授予费盖莱斯城镇居民点证明书，使它成为王室小镇。建于18世纪中叶的圣费兰城堡（Sant Ferran）在1808—1814年期间被拿破仑的军队占领。1939年2月，在这所城堡里召开了西班牙共和国议会最后一次会议。

在这个城市的众多重要景点中不能不提圣皮雷教区大教堂。华美的教堂正厅是1378年兴建的哥特

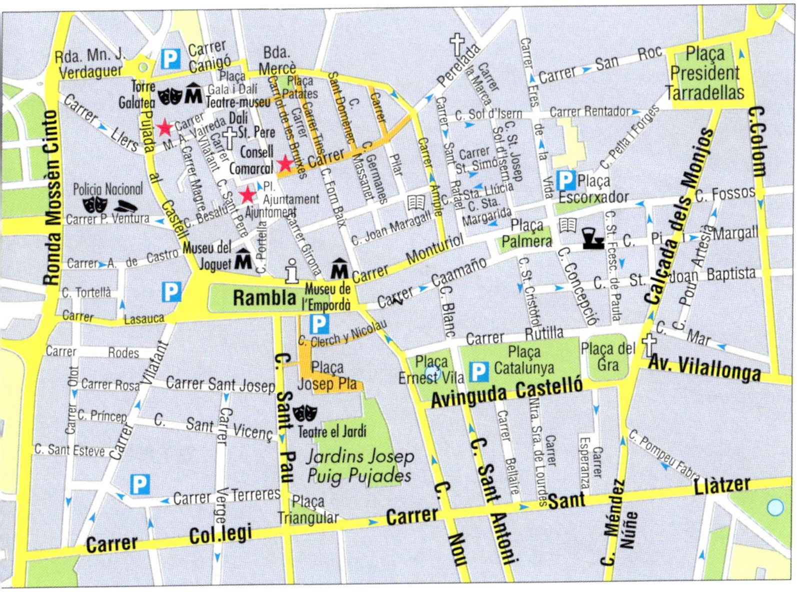

费盖莱斯城中心地图

费盖莱斯的圣费兰城堡

式建筑，其余部分则分别建于16、18和20世纪。宽阔的兰布拉大街（La rambla）两旁是成行的法国梧桐树，这里是这座城市最具有标志性的公共场所之一。这一带也集中着众多建筑群。建筑都是新古典主义风格的代表，这种风格的开创者是建筑师何塞·罗卡（Josep Roca）。1850年建的老市立大剧院便是这位大师最具代表性的作品。1968年被改造后的这座剧院和另一座新古典主义风格的建筑加拉德阿塔楼（Torre Galatea）合并成为达利—剧院博物馆（Teatre-Museu Dalí）。现在这座剧院博物馆已成为费盖莱斯的名胜，也是加泰罗尼亚地区游客量最多的景点之一。这座剧院博物馆内除了总的环境布置是"达利风格"外，还收藏着出生于费盖莱斯的阿特恩波尔达籍画家萨尔瓦多·达利（Salvador Dalí）的重要作品集。其中代表作有：《梦想》（Es son）、《费盖莱斯的女孩》（Noia de Figueres）、《加拉里那》（Galarina）、《巴塞罗那女模特》（Maniquí barcelonès）、《自画像》（Autorretrat）等。同样在博物馆的其他大厅里还可以欣赏到格列高（El Greco）、玛丽亚·弗图尼（Marià Fortuny）、埃瓦里斯特·巴耶斯（Evarist Vallès）、安东尼·皮乔特（Antoni Pichot）、马塞尔·杜恰普（Marcel Duchamp）和海拉德·多乌（Gerard Dou）等大师的作品。作家兼画家的萨尔瓦多·达利（1904—1989）是20世纪最受欢迎的艺术家之一，他最初在巴黎与由安德烈·布莱通（André Bretón）领导的超现实主义团体接触，但不久便被逐出这个团体。1939年达利辗转到了美国，最后定居在波尔伊加特（Portlligat），这一时期的达利将阿特恩波尔达地区的风景和西班牙式的绘画传统融入到自己的作品中去。学院派的绘画技巧、荒诞的梦境臆想以及对他妻子加拉（Gala）的狂热推崇，这一切的因素综合起来使得达利成为一个备受世人争议而又绝无仅有的人物。其最著名的代表作品有《手淫者》（El gran masturbador，现收藏于索菲娅女王艺术中心）和《内战的预感》（Presagi de la Guerra Civil，现收藏于费城艺术博物馆）。1984年，加拉—萨尔瓦多·达利基金会（Fundació Gala-Salvador Dalí）创立。该基金会致力于保护这位艺术大师的遗作。这位大师生命中的最后几年里过着隐居的生活，只是和一小群合作者保持着联系。

阿特恩波尔达博物馆位于1970年建的一所现代化大楼中，里面陈列着重要的文物收藏品。其中包括19至20世纪的绘画作品以及中世纪的文物。在游览了整个市中心后，最后还可以去参观一下玩具博物馆（Museu del Joguet），里面有各个时代不同产地的玩具展品。在郊区，游人还可以看到市立公园和圣费兰的城堡区。这座城堡是费兰六世（Ferran VI）在1753年下令建造的。这应该是当时欧洲最大的防御工事之一，同时它的地理位置也具有重要的战略意义。尽管这是一座面积为215000平方米、周长达5公里的建筑艺术精品，但是作为军事城堡，这里从来只有失败的记录。在1794年的一场大战中，在没有作任何抵抗的情况下，城堡就被外敌占领。1823年拿破仑军队入侵以及后来圣路易斯的千军万马袭击这里时，历史一次又一次重演。好像这座城堡在骑兵的进攻面前简直不堪一击。今天它已经不再有军事上的用途，也不再被用来关押犯人，而是逐步被改造成为新型的文化中心和休闲娱乐场所。潜水艇的发明者纳尔希斯·蒙图里奥（Narcís Monturiol 1819—1885）也出生于费盖莱斯，他曾在巴塞罗那和阿利坎特的港口用潜水艇原型进行最初的实验。

2 卡斯德约 **
Castelló d'Empúries **

ⓘ pl. dels Homes, 1。☎ 972 15 62 33。🚌 SARFA, SL；Barcelona Bus, SL。☺ 8月10日、2月2日的篝火节，中世纪的行吟诗人思乡节（9月11日）。

卡斯德约位于穆加河旁的一块高地上。人们一到这里便会被建于14世纪的七孔圆拱古桥所吸引。小镇中世纪的遗风会让人们流连忘返于这里的古城区（在9世纪便有史料记载）。事实上，整个地区基本上保留了9到14世纪期间小镇作为恩普里埃斯公爵（Empúries）领地首府时的原貌。它也是当时阿特恩波尔达最主要的几个城镇之一。这里保存着古城墙遗址（加亚尔达的柱廊）和现在是市政府所在地的海边交易市场（Llotja de Mar）旧址，它见证了那个渔船经过河流到达这个小镇的时代。

这里需要着重提一下卡斯德约的哥特式风格教堂——圣玛丽亚教堂(Santa Maria de Castelló)。这座建筑有值得特别注意的地方：包含浪漫主义风格元素的钟楼塔尖、教堂本身的结构(14世纪建造)和其与众不同的白色大理石的正面建筑。后者是安东尼·安蒂高(Antoni Antigó)的杰作，于15世纪建造。教堂的三个大厅内都分布有拱顶及半圆形的后殿。后殿的平面呈多角形。基督门徒的雕像都是和真人一般大小，从三角楣开始反映的都是主显节(Epifania，1月6日纪念耶稣显灵的节日)的情景。教堂内部还有其他一些吸引人的细节，例如用雪花石膏为原料，采用哥特式风格加工的装饰屏，带有浪漫主义风格的圣水器和伯爵们的圣物放置处。此外，在教堂的圣器室还有一间小小的展览馆，用于陈列中世纪的一些文物。最后我们还会看到教堂前方的兼有哥特和文艺复兴时期风格的十字架。

在卡斯德约的修道院，不同的教士派别都曾在这里生活居住过。小镇还曾有过一个重要的犹太人生活区。那里曾经是一片沼泽区，而现在已经成为了恩普里埃斯带有水乡风情的城市扩建区。众多的运河线、便利的航运，广阔的海滩使这里成为重要的旅游中心。

3

阿伊瓜莫伊斯国家公园 **
Parc Natural dels Aiguamolls de l'Empordà **

ⓘ El Cortalet。✆ 972 45 42 22。导游讲解要提前预约。网址：www.aiguamolls.org。

阿伊瓜莫伊斯国家公园位于卡斯德约平原，是在穆加河(riu de Muga)和弗鲁维阿河(riu de Fluvià)两个入河口之间的一片面积约4800公顷的沼泽地上，其中的850公顷是完整的保护区。创立于1983年的这个国家公园和埃布罗河三角洲都是加泰罗尼亚地区最重要的沼泽地，这里有着品种多样的动植物群。值得一提的是，作为众多鸟类栖息的场所，沼泽区具有极高的生态价值。现在的风景区是历经岁月沧桑并介入人类活动后的产物。曾在中世纪干涸过的古老湖泊在这片沼泽地和经济作物产区都留下了印迹。那些畜牧业的农场、为牲畜提供草料的牧场都是这一地区最有特色的景点。这一地区尽管受到来自旅游业的不小干扰，但科尔塔莱(El Cortalet)、马斯布罗萨(Mas Brossa)、加伊纳拉(la Gallinera)等地依然体现了人们与其周围环境中的动植物和谐相处的情景。在科尔塔莱咨询中心，游人可以安排在这一地区的游览计划。人们可以耐心地通过观察来研究各种动物，如于1978年重新引进的鹤类、水鸭、海鸟、水獭等。当然，所看到的动物种类还要取决于一年中的季节。为了更好地观察，尤其是那些鸟类，游人有必要带上望远镜。

阿特恩波尔达沼泽地区的花

阿特恩波尔达沼泽地区是一个有着种类丰富鸟禽的湿地

4

罗塞斯 *
Roses *

ⓘ av. de Rhode，77-79。✆ 972 25 73 31。🚌 SARFA，SL；Barcelona Bus，SL。☺ 8月15日。其他节日：苏格节(6月29日)。

最能说明罗塞斯特点的就是它那无与伦比的海湾。从古代起这里就是一个天然港，今天更是重要的旅游胜地，捕鱼业一直是这一地区主要的生产活动。罗塞斯拥有一支在基罗那地区最主要的捕鱼船队。然而，旅游业已经深深地改变了整个小镇的生活。最初这里只是一些窄巷，建于17、18世纪的渔民住宅以及城外的中世纪区。这里还有城墙和防守塔楼的遗址（建于13世纪和15世纪）。事实上，遗迹一直完好保留至今的罗塞斯圣玛丽亚修道院，造就了这个中世纪的小镇。它就建在古希腊和古罗马人称之为罗德（la Rodhe）的地方。

现在，人们已经找到证明古罗德（在公元前8世纪由罗德斯岛上的航海者创建）历史久远的证据，其中包括在公元前4世纪铸造的古希腊银币，另外还发现了4世纪古基督徒们的大坟场。在这一地区的周围还有史前人类居住过的痕迹，例如克莱乌走廊（corredor de Creu）发现的巨石制陵墓，是加泰罗尼亚地区迄今为止发现的规模最大的古墓地。同样，这条线路也可以将游人带入美丽的蒙特赫伊海湾（cala Montjoi），从这里可以看到诺费乌海角（cap Norfeu）那令人难以忘怀的美景，大名鼎鼎的El Bulli饭店就坐落于这个海湾上。这间饭店以它大胆和创新别样的烹调方法而享誉世界。

罗塞斯岗楼（ciutadella de Roses）由卡洛斯五世（Carles V）于1543年下令在中世纪的那个罗德原址上修建起来的。堡垒是五角形建筑。其中值得一提的有：具有文艺复兴风格的波尔塔德玛（Porta de Mar）和罗塞斯圣玛丽亚本笃会修道院遗址。

这座修道院在1808—1814年间被法国军队摧毁。在岗楼的内部，还可以参观圣玛丽亚教堂遗址。特里尼达或称旁塞亚城堡（castell de la Trinitat o de la Poncella）是这个防守岗楼的附属建筑物，罗塞斯灯塔（1853年）就坐落于普伊罗姆（puig Rom）大岩石的斜坡上。

5

卡达盖斯 **
Cadaqués **

ⓘ c. Cotxe, 2。☎ 972 25 83 15。🚌 SARFA, SL。☺ 夏季节日（9月7日至11日）。其他节日：圣埃斯佩兰萨节（12月17日和18日），8月的国际音乐节。🏛 佩洛特—摩尔博物馆 Museu Perrot-Moore 地址：Vigilant, 1。☎ 972 25 82 31。🏛 卡达盖斯艺术博物馆 Museu de l'Art de Cadaqués 地址：Narcís Monturiol, s/n。☎ 972 25 81 94。

走在通往卡达盖斯的公路上，沿途可以看到罗塞斯海湾（golf de Roses）和阿特恩波尔达秀丽的风景。这里的与世隔绝是这个小镇仍旧保存着海滨乡村风貌的主要原因，直到19世纪末这里才修筑了唯一一条通往小镇的公路。有着1800多户居民的卡达盖斯小镇位于美丽的海湾边，人们可以毫无目的地漫步于古镇那地势起伏陡峭的大街小巷中。老市中心的主要建筑是圣玛丽亚教区教堂，这座相当显眼的建筑高耸于一群白色的住宅之中。教堂的正厅是后哥特式风格，但在16到19世纪期间也陆续加入了一些其他不同风格的元素。其内部还保存着一个华美的18世纪由雕塑家保罗·科斯塔（Pau Costa）和胡安·多拉斯（Joan Torras）制作的巴洛克风格的宗教装饰屏。

每年夏季的卡达盖斯音乐节都会在这所教堂里举行。自19世纪以来，这个小镇便是全世界艺术家们特别钟爱的地方之一，这其中包括：马塞尔·杜查普（Marcel Duchamp）、萨尔瓦多·达利、巴布罗·毕加索、路易斯·布努埃尔（Luis Buñuel）、保

达利在卡达盖斯的画作

卡达盖斯一景

罗·埃鲁尔德(Paul Eluard)、加拉(Gala)——埃鲁尔德的前妻，但最终成为达利的妻子。这种艺术上的传统使得小镇里汇集了为数众多的美术陈列馆和现代主义风格的建筑，像拉奥拉和布拉瓦别墅。在由萨尔瓦多·达利的私人秘书创建的佩洛特—摩尔博物馆(Museu Perrot-Moore)内陈列了这位艺术大师收藏的令人意想不到的作品，这里还有其他时代的一些作品以及巴布罗·毕加索的大开本绘画。卡达盖斯艺术博物馆里会陈列一些与小镇有着密切联系的艺术家们的作品。被岩石点缀着的风景伴随着那亘古不变的大海给小镇带来一丝动荡不安的气息。那些零星散布着大大小小海湾和沙滩的海岸也充满着让人无法忘怀的魅力，像霍恩科斯海湾(badia de Jóncols)、波特伊加特海湾(badia de Portlligat)以及阿盖里阿等地的海滩(platges de s'Alqueria)。

6

波特伊加特和克鲁斯海角国家公园 *
Portlligat i el Parc Natural del Cap de Creus *

萨尔瓦多·达利故居博物馆 Casa-Museu Salvador Dalí 972 25 80 63。5月至6月，9月至11月，10:30到18:00；6月至9月，10:30到21:00。8欧元。

在离卡达盖斯不远的地方，游人可以看到圣巴尔蒂里神殿(santuari de Sant Baldiri)和位于迷人海湾边的波特伊加特渔民聚集区。从这里可以领略到波特伊加特岛让人浮想联翩的美景。游人可以沿着波特伊加特的老街步行过去。萨尔瓦多·达利故居以其独特的装饰风格而格外引人注目。事实上，这是所故居博物馆，如果事先协商好游人们可以入内参观。游览路线可一直延伸到克鲁斯海角的自然公园，那里的土地较贫瘠且多为岩石地带，基本上是杂草丛生的荒野峭壁。这条海岸线上众多的海湾和原始荒岛对喜欢寂静的人士来说，可谓是真正的天堂。有一座矗立在海面上的灯塔高达79米。在古里普海湾(cala de Culip)还有一间名为地中海的俱乐部(club Mediterraneé)。这一带苍凉悲壮的风景别有一番风味。克鲁斯海角，这个伊比利亚半岛上最东

克鲁斯海角的灯塔，自然保护区

塞尔瓦港典型的船

边的地方，是比利牛斯山系中最末一段，也就是从这里开始，比利牛斯山系继续向远处伸展数十公里直到沉入地中海。

7

塞尔瓦港 *
El Port de la Selva *

地址：Mar, 1。☎ 972 38 70 25。☺ 8月6日。

克鲁斯海角多岩石的海滩上既没有任何建筑物也没有可以通行车辆的道路，直到塞尔瓦港后，这种情况才有所改善。这个有着古老渔民住宅和陡峭街道的小村镇，仍保留着其特有的魅力。

这里处于港湾庇护下的绝好位置，码头边的住宅群和拉斯尼埃维斯的圣玛丽亚教区教堂(església parroquial de Santa Maria de les Neus)构成了市区一道主要的风景线。这座教堂建于18世纪，那里供奉着圣皮雷的哥特圣像。尽管这里作为城镇的历史并不悠久，然而这里的港口早在中世纪就已被载入史料了。

从20世纪初开始，小镇传统的捕鱼业就被旅游业所逐步替代。

8

圣皮雷德罗德斯 ***
Sant Pere de Rodes ***

ⓘ 圣皮雷德罗德斯修道院 Monestir de Sant Pere de Rodes。☎ 972 38 75 59。⏲ 10月到次年5月，10:00到17:30。6月到9月，10:00到20:00。逢周一不对外开放。$ 3.6欧元，带讲解。

在贝尔德拉山(muntanya de la Verdera)海拔520米处耸立着圣皮雷德罗德斯修道院。这座独一无二的修道院在经历了修缮后，现在成为可以鸟瞰塞尔瓦港、克鲁斯海角和部分莱昂海湾(golf de Lleó)的绝佳瞭望塔。

尽管历史上圣皮雷德罗德斯历经无数侵略和掠夺，但今天它依然被确定为国家级文物，也是加泰罗尼亚浪漫主义时期的重要代表性建筑之一。

这里最早的历史可追溯到9世纪。同样，修道院的历史起源也将继续作为一种传奇而存在和流传。比较确切的说法是，这座古老的修道院在14世纪达到它的鼎盛时期，那时它拥有阿特恩波尔达大量的领土。后来，它经历了海盗的抢劫和掠夺，最后又遭遗弃。

到了18世纪，只有八个教士居住在那里，周边的强盗们抢走了所有他们喜欢的东西，他们一次又一次地登上山坡直到修道院的大门处，就这样洗劫了无数次。经历艰巨的修复工程后，一座雄伟壮丽的建筑再次展现在游人眼前，游客们在叹为观止的同时也可以想象得出这座修道院在全盛时期的辉煌情景。

应该指出的是，这座无与伦比的、受到前浪漫主义风格影响的教堂始建于9世纪。它由三个大厅和三个后殿构成，中间的大厅带有拱顶结构，三个大厅被

拉斯尼埃维斯的圣玛丽亚教区教堂

圣皮雷德罗德斯修道院

带有装饰的柱子和柱头分隔开来。钟楼的塔尖高27米，属浪漫主义风格。教堂地下室和圣米盖尔小教堂(capella de Sant Miquel)也是其中重要的组成部分。修道院里的回廊、牧师会大厅、档案室、图书馆、食堂、完美的塔楼，和其他许多宽敞豪华的附属大厅一起构成了这座辉煌的僧侣式建筑。许多来源于这座修道院的珍品，像圣皮雷德罗德斯的圣经和其他文物在世界各地的博物馆中也有收藏。

游人可以通过一套完整的视听介绍从而清楚地了解和认识这间修道院的历史和它在过去那个时代里的影响力。我们建议您在参观了修道院之后，还可以顺路去看一下圣埃莱那(església de Santa Helena)教堂，然后登上贝尔德拉城堡，整座修道院的全景一览无遗。

这座圣埃莱那教堂是前浪漫主义风格建筑，是由一个主厅和一个四角形塔楼构成。它是圣克莱乌德罗德斯(Santa Creu de Rodes)中世纪古镇中保留最完好的遗迹，这个古镇如今只剩下一片废墟。在贝尔德拉城堡，除了可以鸟瞰全景之外，还有圣萨尔瓦多教堂(església de Sant Salvador)的遗址，这座城堡遗址在今天已经成为老鹰们的家园。

9

佩拉拉达 *
Peralada *

ⓘ pl. Peixateria, 6。☎ 972 53 88 40。🚌 Ampurdán-Bus, SL。☺ 圣玛尔蒂节(11月11日前后的周日)。♜ 佩拉拉达城堡博物馆 Museu del castell de Peralada 地址：pl. del Carme, s/n。☎ 972 53 81 25。

这座在今天成为旅游胜地的不朽小镇在古代一直是阿特恩波尔达地区最重要的居民点之一。古城区依然保留着中世纪的风格：那些城墙遗址和美丽的哥特式小农庄，这其中的代表建筑有拉蒙·穆塔纳尔(Ramon Muntaner 1265—1336年著名的编年史和军旅作家)故居，和建于18世纪的阿维约(Avinyó)故居。

圣多梅内克(Sant Domènec 12—13世纪)这座浪漫主义风格的修道院回廊至今在其柱顶上还保留着极完好的肖像集，这些柱顶上的肖像多表现圣经故事中的场面，装饰图案的基本花纹为植物、几何图形或动物造型。

这条回廊是修道院唯一还现存的遗迹。佩拉拉达圣玛尔蒂教区教堂是18世纪的建筑，它保留有浪漫主义风格的元素和哥特式的钟楼。卡门修道院(claustre gòtic del Carme)是14世纪加泰罗尼哥特式风格的杰出代表。由一个大厅和多角形的顶部及侧边神殿构成。这里安放着罗卡贝蒂家族(Rocabertí)的陵墓，他们是中世纪加泰罗尼亚最为显赫重要的王朝之一。从1923年开始，这座修道院里的一些地方被用来做佩拉拉达城堡博物馆。在这个博物馆里值得一提的藏品有：加泰罗尼亚陶瓷收藏品、考古文物、浪漫主义风格的柱顶和加泰罗尼亚玻璃制品。

在这座由修道院改造而成的博物馆里还设有葡萄酒展馆和拥有藏书70000卷的佩拉拉达城堡图书馆，在这些藏书中有为数众多的16世纪前的古版书。佩拉拉达城堡是以前佩拉拉达娱乐场的所在地，这里的雉堞塔楼非常引人注目。现在能体现它哥特式风格的东西已留存不多，带有文艺复兴风格的建筑

从防护塔望过去的圣约莱恩的中世纪中心

正面是这座城堡最有意义的部分。现在每年夏季，这里成为世界最负盛名的音乐节——佩拉拉达城堡音乐节的举办地。

10

彼拉贝德兰
Vilabertran

ⓘ c. Comuners de Castella, 10。☎ 972 50 59 02。☺ 圣玛丽亚节（每年8月15日），圣费里奥节（临近9月18日的那个周末）。其他节日：彼拉贝德兰音乐节（每年9月）。

彼拉贝德兰有着农业村镇的风貌，肥沃的大果园好像是为圣玛丽亚修道院及其附近建筑群镶上了一道美丽的花边。在修道院的庇护下发展起来的这个小镇，至今在它最古老的建筑物的墙壁上还保留有哥特式风格的大窗户。建于1069年的这座修道院，保留着4处各不相同的部分：浪漫主义风格的圣玛丽亚教堂、回廊、院长室和牧师会大厅。

这里曾是1295年安霍乌的布兰卡（Blanca d'Anjou）和加乌马二世（Jaume II）喜结连理的地方。这座教堂结构为：三个大厅，中间正厅全部为拱形结构，两边的侧厅则分别有两个拱形结构；还有三个后殿。有必要提一下带有12世纪意大利建筑风格的钟楼塔尖。

修道院的回廊也是12世纪的建筑，它的平面图呈不规则四边形。那些不带繁杂装饰简朴的柱顶与整个回廊平和安详的气氛协调一致，二者可谓完美地融为一体。牧师会大厅和圣器室全部是拱形结构。院长室（15世纪建）被公认为加泰罗尼亚民用哥特式建筑最好的代表作品。在整座建筑中，前厅和哥特式的大窗户也是亮点。在修道院的内部，还保存有一个很漂亮的游行队伍使用的大十字架，这是14世纪基罗那金银匠作坊里生产的杰作。现在，在修道院会举办一年一度的彼拉贝德兰古典音乐节。

11

圣约莱恩和阿尔班亚
Sant Llorenç de la Muga i Albanyà

ⓘ pl. de l'Església, 3。☎ 972 56 91 40。🚌 SARFA, SL。☺ 8月10日。

阿特恩波尔达还有一个隐蔽的不为人熟知的地方，那就是穆加的圣约莱恩和阿尔班亚。为了更好地发现这个地带，我们建议大家从费盖莱斯出发，作一个大约三十多公里的短途旅行。

过了叶尔斯（Llers）就到达了圣约莱恩，这里的历史风貌让人们回想起当年它作为男爵领地时那显赫的过去。这里有价值的景点有：穆加河上那座中世纪古桥、城堡遗址、纪念塔楼、位于附近一座小山上的了望塔以及有着浪漫主义风格的圣约莱恩教堂。

出了小镇，继续朝着阿尔班亚的方向走去，游人们会看到另一座经过精心修缮的中世纪古桥，就在圣安东尼小教堂的旁边。再往前，还会无意中看见建于13世纪的浪漫主义风格的教堂。由一个正厅和三个后殿组成的圣皮雷德阿尔班亚教区教堂是一座很有趣的建筑。

从阿尔班亚开始，人们可以沿着一条林荫大道向前走，这一路上会碰到很多游泳的好去处，尤其是在穆加河和宾卡罗（Pincaró）激流相交汇的地方。

实用向导

周边地区

费盖莱斯的周边地带：阿特恩波尔达的波阿德亚（Boadella d'Empordà）是个有趣的小镇，这里保存着完好的古城墙遗址，还有一个高达 25 米的瀑布——卡乌拉瀑布（Salt de la Caula）。

圣吉尔则德科莱拉修道院（monestir de Sant Quirze de Colera）尽管一度被荒置，但依然保留着一些修道院遗迹和两个保存完好的小教堂。波特波乌（Portbou）是一个坐落于海边的边境小镇，同样是海关所在地的火车站建于 1929 年，当时是为了迎接在巴塞罗那举行的世界博览会。

亚恩卡这个小镇（Llançà）有两大吸引游人的地方，即它建于 18 世纪的巴洛克风格的教堂和坐落于马霍尔广场（plaça Major）的自由人民之树。除此之外，这里名为亚恩卡之港（Port de Llançà）的邻海区域与那些海湾、海滩一起让每一位走近这个小镇的游客都流连忘返。

餐馆

费盖莱斯 Figueres

Empordà 餐馆 地址：ctra.N-II。✆ 972 50 05 62。加泰罗尼亚和法国美食。€€€

Bon Retorn 餐馆 地址：ctra. N-II, km 3。✆ 972 50 46 23。特色菜：罗塞斯虾和蜗牛。€€

Duran 餐馆 地址：c. Lasauca, 5。✆ 972 50 12 50。餐馆主要供应阿特恩波尔达地区的特色菜。€

卡斯德约 Castelló d'Empúries

Allioli Hotel 餐馆 地址：Urb. Castellnou, s/n。✆ 972 25 03 20。€€

罗塞斯 Roses

El Bulli 餐馆 地址：cala Montjoi。✆ 972 15 04 57。€€€

La llar 餐馆 地址：ctra. de Figueres a Roses。✆ 972 25 53 68。主要供应加泰罗尼亚和法国现代风味的美食。

Flor de lis 餐馆 地址：c. Cosconilles, 47。✆ 972 25 43 16。法国式大餐。€€

卡达盖斯 Cadaqués

La Galiota 餐馆 地址：c. Narcís Monturiol, 9。✆ 972 25 81 87。特色菜：鳕鱼。€€

塞尔瓦之港 El Port de la Selva

Ca l'Hermida 餐馆 地址：L'Illa, 7。✆ 972 38 70 75。餐馆经营加泰罗尼亚美食，特色菜是烤鱼。€€

住宿

酒店

费盖莱斯 Figueres

Bon Retorn H 酒店 *** 地址:ctra. N-II, km 3。✆ 972 50 46 23。

Los Angeles H 酒店 ** 地址：Barceloneta, 10。✆ 972 51 06 61。

Duran H 酒店 *** 地址：c. Lasauca, 5。✆ 972 50 12 50。

Empordà 酒店 *** 地址：ctra.N-II。✆ 972 50 05 62。

罗塞斯 Roses

Novel Risech H 酒店 ** 地址：av. de Rhode, 183–185。✆ 972 25 62 84。

Almadraba park hotel 酒店 **** 地址：platja de l'Almadraba （5 km de Roses）。✆ 972 25 65 50。

卡达盖斯 Cadaqués

S'Aguarda H 酒店 *** 地址：crta. de Portlligat, 28。✆ 972 25 80 82。

Blaumar H 酒店 **，地址：c. Massa d'Or, 21。✆ 972 15 90 20。

乡村旅店

卡斯德约 Castelló d'Empúries

Ca la Caputxeta 旅店 地址：c. Diseminat, 60。✆ 972 25 03 10。

佩拉拉达 Peralada

La Costa 旅店 地址：costa del Rector, 6–8。✆ 972 53 82 93。

露营地

卡斯德约 Castelló d'Empúries

La Laguna 露营地 地址：Can Túries。✆ 972 45 05 53。

卡达盖斯 Cadaqués

Cadaqués 露营地 地址：ctra. de Portlligat, 17。✆ 972 25 81 26。

塞尔瓦之港 El Port de la Selva

Port de la Vall 露营地 地址：ctra. a Llançà, km 6。✆ 972 38 71 86。

罗塞斯 Roses

Bahia de Roses 露营地 地址：ctra. de Vilajuïga, 10–18。✆ 972 25 66 69。

安堡达奈
L'Empordanet

安堡达奈(l'Empordanet)——或称作下恩波达(el Baix Empordà)向我们呈现出不同的景观,就像一个充满细节的微观世界。曲折的海岸线拥有许多风光绮丽的景点,比如热带风光的小海湾、一侧是松林的小海滩,或者是梅德斯岛(les illes)和佛密盖斯岛(les Formigues)的小岛屿。在内陆的平原上,则有保存完好的中世纪城镇,以及类似乌亚斯德莱(Ullastret)或恩普里埃斯(Empúries)的古老的人类遗址。

行程:
2天/112km

莫乃尔斯(Monells)
→比斯巴(La Bisbal d'Empordà) **2.5km**
比斯巴→布拜亚克(Vulpellac) **1.5km**
布拜亚克→乌亚斯德莱(Ullastret) **5 km**
乌亚斯德莱→拜拉达亚达(Peratallada) **5km**
拜拉达亚达→巴拉乌—萨道尔(Palau-Sator) **2km**
巴拉乌—萨道尔→巴拉富海(Palafrugell) **17km**
巴拉富海→埃古布拉瓦(Aiguablava) **9km**
埃古布拉瓦→拜沽尔(Begur) **7km**
拜沽尔→巴尔斯(Pals) **6km**
巴尔斯→多罗艾亚(Torroella de Montgrí) **8km**
多罗艾亚→埃莱达蒂(l'Estartit) **6km**
埃莱达蒂→拜卡伊莱
(Bellcaire d'Empordà) **3km**
拜卡伊莱→艾斯卡拉(l'Escala) **6km**
艾斯卡拉→恩普里埃斯 (Empúries) **1.5km**
恩普里埃斯→拜尔海斯(Verges) **14km**
拜尔海斯→布博尔(Púbol) **8.5km**

1

莫乃尔斯、格鲁伊业斯和桑萨度尼德莱乌拉 *
Monells, Cruïlles i Sant Sadurní de l'Heura *

ⓘ 请参看la Bisbal。📞 972 64 25 93。🚌 SARFA, SL。☺ 莫乃尔斯，8月25日；格鲁伊业斯，5月14日；桑萨度尼德莱乌拉，9月19日。

这是三个有着罗马建筑群的城市。在莫乃尔斯有必要游览一下四周有柱廊的中心广场和阿克斯街(carrer dels Arcs)。而在格鲁伊业斯则要推荐圣米格尔修道院(monestir de Sant Miquel)，在其穹隆上还有罗马时代的壁画遗迹。在桑·萨度尼德莱乌拉，旅游者可以沿着两旁有房屋的狭窄街道漫步，一直走到桑萨度尼德莱乌拉的罗马式教堂，这个教堂曾在18世纪改建过，但仍保存着原来的钟楼。

2

比斯巴 *
La Bisbal d'Empordà *

ⓘ pl. del Castell, s/n。📞 972 64 51 66。🚌 SARFA, SL。☺ 圣玛丽亚节(8月15日至18日)。🏛 赤陶博物馆 Museu Terracota 地址：c. del 6 de Octubre, 99。📞 972 64 20 67。🕓 圣周以及6月1日至9月30日期间开放，11:00到14:00，16:30至20:30。💲 3欧元，带导游讲解。

游客进入比斯巴城后，一渡过了达罗河(riu Daró)，旅行者便会看到拉斯博特斯(Voltes)，这是一组带廊柱的19世纪建筑。在现在公路经过的桥上还可以看到16世纪的老桥。

在小城游览中，旅游者可以参观建于19世纪的罗马风格的主教城堡式宫殿，但后来在改建过程中也糅合了哥特式和文艺复兴时的风格。旅游者还可以游览古老的带宫殿的军事防御广场，现在是城市的中心广场。在宫殿的一些房间里还陈列着安堡达奈区的历史档案。

安堡达奈的首府以陶器著称，在城中可以找到许多的陶器作坊。赤陶博物馆则展示了整个工艺制作的过程。

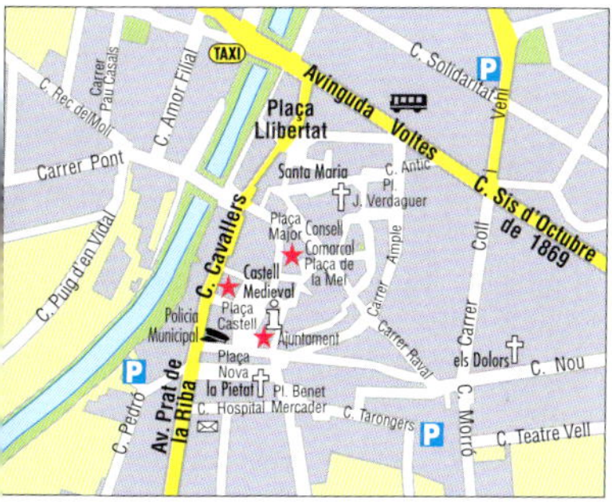

比斯巴市区地图

布拜亚克城堡

3

布拜亚克
Vulpellac

ⓘ 参看la Bisbal。📞 972 64 25 93。☺ 8月20日，21日。

在布拜亚克小城坐落着一座同名的城堡，这座四周有墙的建筑具有哥特式和文艺复兴时期的风格。因为是私人所有，所以只能从外围参观。圣胡丽亚教堂(església de Sant Julià)和圣巴茜利萨小教堂(capella de Santa Basilissa)也属于这座城堡。

4

乌亚斯德莱 **
La ciutat ibèrica d'Ullastret **

🏛 加泰罗尼亚—乌亚斯德莱考古博物馆 Museu d'Arqueologia de Catalunya-Ullastret 地址：Puig de Sant Andreu, s/n, Ullastret。📞 972 17 90 58。🚌 SARFA, SL。🕓 6月1日到9月30日，10:00至20:00；10月1日到次年5月31日，10:00至14:00，15:00至18:00；每周一闭馆。💲 2欧元，有导游讲解。

乌亚斯德莱遗迹是2500年前古伊比利亚半岛城市的残存。在当时是加泰罗尼亚地区最重要的城

拜拉达亚达市区，包括教堂钟楼和城堡

市。也许它的重要性和它离恩普里埃斯的希腊遗迹比较近有关。

意大利柏和橄榄树环绕的城墙内，连城堡加起来方圆有11公顷，包括一个非基督教庙宇的四角形平台以及其他的遗迹。附近有圣奥古斯丁小教堂(capella de Sant Agustí)，现在是乌亚斯德莱专题博物馆(Museu Monogràfic d'Ullastret)所在地，里面陈列着从遗迹以及城堡炮塔里出土的文物。

5

拜拉达亚达 **
Peratallada **

ⓘ 参看Forallac。地址：Unió, s/n。✆ 972 64 55 22。☺ 8月6日—7日。

乌亚斯德莱的伊比利亚半岛城市的城墙

这座在1975年被宣布为历史文化遗产的中世纪城镇，因其建筑的精美而成为必游之地。一圈在石头上凿出来的巨大城墙环绕着市中心（这也是这座城镇名字的由来），也因此保存了这座中世纪城镇所有的魅力。要游的地方中，有建于12至13世纪的带三座塔楼的围墙以及部分有柱廊的中心广场。

另外还有一座中世纪的城堡，是蒙哥利伯爵(comtes de Montgrí)的财产，现在则坐落着一座豪华饭店和宾馆。宏伟的罗马式主堡前，则是华丽的房间、大厅和院子。城堡还有地牢，现在则变成了地窖（如果客人要求，宾馆会让客人浏览一下）。

还有一个有意思的地方是18世纪的圣史蒂夫教堂(església de Sant Esteve)。虽然它已在市中心以外，但有着不常见的一层两个中殿以及两个穹隆的设计。在祈祷室里则可以看到文艺复兴风格和巴洛克风格相糅合的装饰。

游览拜拉达亚达（以及其他邻近的中世纪城镇，例如巴拉乌—萨道尔或布拜亚克）的最好时间是黎明或黄昏，这时太阳不是在最高位置，阳光照在石头上会给它们涂上一种特殊的色调。

6

巴拉乌—萨道尔
Palau-Sator

ⓘ pl. de l' Ajuntament, s/n。✆ 972 63 41 32。🚌 SARFA, SL。☺ 圣玛丽亚节（9月19日）。

巴拉乌—萨道尔是另外一个非常有意思的围墙环绕的中世纪城镇，进城处是一条狭窄的小巷，途中会经过一座钟楼。沿着穿城公路走，不一会就可以看到建于10世纪的古罗马前风格的圣胡丽亚德堡阿达教堂(església de Sant Julià de Boada)。

巴拉富海典型海域

7

巴拉富海 **
Palafrugell **

ⓘ c. del Carrilet, 2。☎ 972 30 02 28。🚌 SARFA, SL。☺ 每年7月20日至22日。其他节日：春天节。🏛 软木博物馆 Museu del Suro 地址：c. de la Tarongeta, 31。☎ 972 30 78 25。🕓 6月15日至9月15日，周二至周六，10:00到13:00，17:00到21:00；9月16日至6月14日，周二至周六，17:00到20:00；周日和节假日，10:30到13:30；周一闭馆。$ 2欧元，带导游讲解。🏛 布拉之路（Ruta Pla，也称做何塞·布拉基金会Fund. Josep Pla）地址：c. Nou, 51。☎ 972 30 55 77。🏛 卡普劳伊岬角植物园 Jardí botànic del Cap Roig ☎ 972 61 45 82。🕓 夏季，9:00至20:00；冬季，9:00至18:00。$ 3欧元。

因为其软木业，巴拉富海曾经是20世纪初重要的文化和工业中心。今天则可以通过游览西班牙唯一的软木博物馆来回忆这个工业传统。这个地区的其他历史，则要通过阅读当地作家何塞·布拉（Josep Pla，1897—1981）恢弘大气的作品来重现。以他名字命名的基金会鼓励游览者，帮助他们去认识他作品中细腻而富有感情的周边环境的描写。作者60多年中所创作的作品已经成为加泰罗尼亚文化中一流的内容丰富的精品，其地位相当于《灰色笔记本》（El quadern gris）、《远方来信》（Cartes de lluny）或者《伟人生平系列》（Homenots）。

值得游览的地方还有艾斯德莱特大街（El carrer Estret）（布拉还为它写了一部同名小说）和哥特式的圣玛尔蒂教堂（església de Sant Martí）。巴拉富海还是去沿海其他旅游地的理想出发地。

哈巴涅拉歌曲

这是水手的经典歌曲，和古巴音乐有渊源，在卡莱亚德巴拉富海（Calella de Palafrugell）有定期的音乐会。每年的7月份，不同的团体就会聚在沙滩上，举办“哈巴涅拉歌曲大合唱”（Cantada d'Havaneres）。

巴拉富海的旅游区海岸

沿海道路

沿着汹涌海岸的道路以前是用来警戒海盗袭击的。这些沿海道路可以让旅游者享受一下悠闲的短途旅行，特别是从卡莱亚（Calella）出来的两条（分别通向卡普劳伊岬角和雅浮兰克）以及环绕萨列拉海湾，萨渡纳（sa Tuna）海湾和埃古阿富莱达（Aiguafreda）海湾的道路。

离开巴拉富海，朝旅游胜地卡普劳伊岬角出发，那里坐落着一个漂亮的有古堡的植物园。这座植物园是由Woevowsky夫妇在1927年建造的（Woevowsky先生是前俄罗斯陆军上校），他们都是大自然的热爱者。从那时起这座植物园就一直完好地保存了下来，这也得益于它嵌在海岸峭壁上得天独厚的地理位置。同时也推荐去佛密盖斯岛（les Formigues）游览，它们就位于卡普劳伊岬角的右面。

卡莱亚巴拉富海（Calella de Palafrugell）是一个风光优美的小城，游览要先从它的几个海滩开始。两个最重要的地方是布里卡伊斯岬角（punta dels Burricaires）瞭望台和卡拉乌港口（port d'en Calau），在那里游览者可以欣赏著名的博尔特斯街（carrer de les Voltes），街上有许多渔船停放在沙滩上。同时也不要忘记在卡那黛尔海滩（platja del Canadell）上散步，沿途可以欣赏矗立在海滩边的漂亮的现代主义建筑。

结束了在卡莱亚德巴拉富海的旅行后，游览者可以向雅浮兰克（Llafranc）方向出发，并且登上圣塞瓦斯地昂岬角（cap de Sant Sebastià）。从岬角高耸的峭壁上可以欣赏到雅浮兰克和卡莱亚德巴拉富海的迷人海岸风光。“加泰罗尼亚最像天堂般的地方，是在这个国家里陆地与大海制造出的最垂直的角”，何塞·布拉曾这样描写它。在圣塞巴斯蒂安寺庙（ermita de Sant Sebastià）的后面有两条小路，分别通向坎迷那德尔斯滔雷斯史前墓遗迹（dolmen de can Mina dels Torrents）和圣洛克岩洞（gruta de Sant Roc）。

8

埃古布拉瓦 **
Aiguablava **

ⓘ 参看Begur。☎ 972 62 45 20。

埃古布拉瓦是安堡达奈最大也是最漂亮的海湾之一。位于德木特岬角（punta des Mut）——那里有一个旅游宾馆，并且有一条沿途风景很美的道路，和佛尔奈珥斯城（Fornells）之间。埃古布拉瓦的海滩相当大。从城市的高处可以欣赏到很迷人的沙滩景色。

9

拜沽尔 *
Begur *

ⓘ av. Onze de Setembre。🚌 SARFA, SL。☎ 972 62 45 20。☺ 圣皮雷节（6月28日到30日）。

坐落在海岸上的拜沽尔城，最醒目的就是市区所在的小山丘最高处的城堡。进入市区后，旅游者会看到许多通向城堡的指示牌，要沿环城公路行驶才能到达。沿途旅游者会看到四座防御塔楼，它们已经被宣布为历史文化遗产，并且至今仍威严耸立。沿左侧上去，可以看到玛斯莫奈斯庄园（Mas Moner），

拜沽尔城堡

巴尔斯中世纪城区的钟楼

以前是女舞蹈家卡门·阿玛娅(Carmen Amaya)的住宅。在市区的最高处,游客可以欣赏到埃莱达蒂(Estartit),梅德斯岛,拜沽尔和埃莱姆堡达平原的迷人风光。在市中心广场坐落着哥特式的圣皮雷教堂(església de Sant Pere)。从拜沽尔城出来,游览者可以朝萨渡纳(sa Tuna)出发。这个以萨撒尔(Sa Sal)岬角为一角的海湾,连同埃古阿富莱达(Aiguafreda)海湾以及萨列拉(Sa Riera)海湾组成了这段海岸最具特色的优美、自然的风光之一。

⑩ 巴尔斯 **
Pals **

ⓘ c. Aniceta Figueras, 6。📞 972 66 78 57。🚌 SARFA, SL。☺ 圣多梅内克节(8月4日)。

在到达巴尔斯之前,可以先游览一下出产加泰罗尼亚地区最好水稻的稻田。在春天,景色尤其漂亮。

巴尔斯是一个非常有意思的中世纪小城。由佩得罗区(barri del Pedró)组成的古老的市中心坐落在一座小山上,山顶上耸立着雄伟的钟楼。佩得罗区的哥特式的卡拉布鲁那府邸(mansió gòtica de Ca la Pruna)里有一个海底考古博物馆(Museu d'Arqueologia Submarina)。刚开始登山,便可以看到那些古老的石头房子。

佩得罗区狭窄的、有着相当斜度的街道两旁都是中世纪的古老房子和墙壁。在这个区的最高处是钟楼,以前是防御用的塔楼,并且是最早的市中心。绕过钟楼游览者会看到佩得罗平地上的何塞·布拉瞭望台,从那里可以看到埃莱姆堡达平原、蒙哥利(Montgrí)城堡、梅德斯岛和卡尼哥山(el Canigó)。在瞭望台的旁边就是建于15世纪的圣皮雷教堂(església de Sant Pere),前面一部分是罗马式风格。一些有斜度的台阶使它在周围房屋中耸立出来。

离开巴尔斯以后,在通向多罗艾亚(Torroella de Montgrí)的公路旁,矗立着巴尔斯磨房,这是一个古老的碾米的磨房,今天仍在运行。在那里可以买上一袋巴尔斯的特产米。

多罗艾亚的带柱廊的中心广场

埃莱达蒂和梅德斯岛风光

11

多罗艾亚 *

Torroella de Montgrí *

ⓘ pl. de la Vila, 1。☎ 972 75 81 12。🚌 SARFA, SL; AMPSA。☺ 8月25日。

从巴尔斯出来，就可以看到蒙哥利古堡的身影，它坐落在蒙哥利高地上，所以必须徒步登上这座中世纪未完成的堡垒。如果根据道路两边的指示上去需要50分钟。从上面看嘎瓦莱斯(les Ga-varres)高地和大海是非常漂亮的。

史前就有人类居住的多罗艾亚，至今仍保存着中世纪的市中心，这个由现存的古城墙环绕的中心包括拉斯布鲁伊塞斯(les Bruixes)塔楼和圣卡达琳娜(Santa Caterina)城门。在有柱廊的中心广场上坐落着哥特式的市政大楼和圣安东尼(Sant Antoni)小教堂。望楼宫(palau del mirador)保存着一条哥特式走廊。建于16世纪的哥特式圣海尼斯(Sant Genís)教堂，正面则是巴洛克风格。每年夏天教堂都会举办盛大的文化活动——多罗艾亚国际音乐节。

12

埃莱达蒂和梅德斯岛 *

L'Estartit i les illes Medes *

ⓘ pg. Marítim。☎ 972 75 19 10。🚌 SARFA, SL; AMPSA。☺ 7月26日。

埃莱达蒂是多罗艾亚的海滨城市，现在是布拉瓦(Brava)海岸上最重要的旅游休闲中心之一。在小城前面的旅游胜地梅德斯岛，由七个小岛组成。中世纪这里是海盗的避难所，后来又变成了军事监狱。只能坐在船上游览这些小岛，并且禁止钓鱼。推荐在当地众多的提供坐船游览和潜水课程的旅行社中选择一家，这样才算圆满完成了海滨游览。

13

拜卡伊莱

Bellcaire d'Empordà

ⓘ 参看l'Estartit ☎ 972 75 19 10。🚌 SARFA, SL。☺ 8月29日。

这座城镇坐落在一个小山脚下，那里有一座13世纪的拜卡伊莱宫殿式城堡(castell-palau de Bellcaire)，已经被宣布为历史文化遗产。这座城堡呈四方形，中间有一个中心院落，城堡外被一个四方的外围院落围起来，四周还有圆柱形的塔楼。城堡中有圣玛丽亚小教堂。

14

艾斯卡拉

L'Escala

ⓘ pl. de les Escoles, 1。☎ 972 77 06 03。🚌 SARFA, SL。☺ 9月2日至5日。

艾斯卡拉是一个渔港城市，有一个重要的海滩和港口。那里出产的优质鲟鱼罐头十分有名，是一种无法拒绝的烹调美味。除了在海滩上漫步，还可以拐个弯去孟特高(Montgó)海湾，虽然那里的风光不像其他海湾保存得那么天然。上了去劳斯哥莱斯达斯(els Crestats)的道路以后(这条路在海湾的右边)，就可以欣赏沿途美丽的风景了。

恩普里埃斯的罗马医药之神——伊斯卡尔普奥塑像

15

恩普里埃斯 ***

Empúries***

加泰罗尼亚—恩普里埃斯考古博物馆 Museu d'arqueologia de Catalunya-Empúries 地址：c. del Museu, s/n, l'Escala。972 77 02 08。6月1日到9月30日，10:00到20:00；10月1日到次年5月31日，10:00到18:00。晚间游览是7月到8月的每周五20:30到22:30，但要提前预约。3欧元；晚间游览6欧元，导游讲解需提前预约。

恩普里埃斯的考古资源是加泰罗尼亚地区最重要的资源之一。现存的古迹有希腊古城爱姆堡里恩(Emporion，加泰罗尼亚语中是市场的意思)，这个古城建于公元前6世纪（整个伊比利亚半岛最早的一个），此外还有胡里奥·恺撒（Julio Cèsar）建造的罗马古城爱姆堡利阿埃(Emporiae)。这些遗迹都位于得天独厚的开阔地，从那里可以看到大海和玫瑰海湾（golf de roses）。1908年建筑师兼历史学家何塞·布伊·伊·卡达法克（Josep Puig i Cadafalch）最先对这些古迹进行了发掘。

佛塞奥斯的航海者（navegants foceus源自法国马赛人）在圣玛尔蒂岛（illa de Sant Martí，今天称作圣玛尔蒂·德恩普里埃斯Sant Martí d'Empúries）建立了最早的临时居住点（或者称为Palaiapolis）。这个临时居住点最初是一个贸易港口。短短几年后(公元前550年)，这个居住点就固定下来，变成了一个真正的城市：今天称之为耐阿堡利斯（Neapolis，意思是新的城市）。在接下来的几个世纪里，繁荣一直伴随着这座城市，它甚至还铸造了自己的钱币。因为与罗马结盟，在公元前218年它成了Gneu Corneli Escipió的军队上岸的地方。尽管因为签有条约而受制于罗马，事实上这座城市一直保持着独立。公元前100年，利用罗马军营的设计图，改建成了一个新的罗马城市：爱姆堡利阿埃(Emporiae)。在一段时间内，这两个罗马和希腊城市（爱姆堡利阿埃和爱姆堡里恩），都相互保持着独立而共存。最终，从法律上合并在了一起，两个市区连在了一起，希腊人获得了罗马人的身份。从1世纪开始，这座城市走向了衰败。在3世纪罗马古城最终被抛弃而改建在了圣玛尔蒂·德·恩普里埃斯，也就是原来的Palaiapolis临时居住点的位置。

希腊城耐阿堡利斯（La Neapolis）已经被完全发掘出来，尽管它较高的地理位置使得这项工作很困难。这个方圆26公里的矩形城市有着坚固的城防，进出只有一个城门。城里保存有两座古庙(一座是神圣的Esculapi庙，另一座是Zeus Serapis庙)。在第一座庙的旁边有一个瞭望塔和地下蓄水池。市中心广场上保存有三个塑像的墩座。在通向海边的地方还有自由市场的遗址，它后面还可以看到一个纪元初年的集会大殿。

另一座罗马城尽管还没有被完全发掘出来，但是可以游览一个宽阔的论坛遗址，它曾经是城市生活的中心。从大门往里望去，那些残存的古墙壁(已部分修复)显得气势雄伟。竞技场遗址和罗马式房子的镶嵌砖是这个罗马古城又一考古发现。

发掘遗址的模型和草图，以及出土的文物都可以在专题博物馆里看到(包括在进城门票里)。推荐花一天的时间来游览这个古城，这样才能把它美丽的景色全部看完。在7月或8月份可以傍晚游览，因为傍晚时遗址会笼罩上一层特别的色彩。在晚间游览时，导游古罗马时代的着装更能让游览者联想起全盛时期这座古城的生活情景。

从古城出来，有必要去一下小城——罗马古城最终被抛弃而改建在了圣玛尔蒂·德·恩普里埃斯，游览者可以在恩普里埃斯海滩漫步，还可以看到建于古希腊后期的堤坝遗迹。城墙围绕的中世纪的美丽小城中还有一座哥特式的精美小教堂。

16

拜尔海斯

Verges

La placeta, 1。972 78 00 07。SARFA, SL；AMPSA。圣周游行、死亡之舞（圣周的星期四）。

拜尔海斯以它令人震撼的死亡之舞的传统闻名。每年的圣周星期四，从晚上10时开始，耶稣受难的游行表演就在小城的大街上开始了。穿着骷髅衣服的五个成人和五个小孩在鼓声的伴奏下起舞：这就是死亡之舞，它起源于中世纪。每年的这个晚上，当游行队伍走过街道的时候，街上就会笼罩着一股神秘、阴暗的气氛，而两旁则挤满了好奇的人群。

17

布博尔的加拉与达利城堡 *
Castell Gala Dalí de Púbol *

加拉与达利城堡博物馆 Casa-Museu Castell Gala Dalí 地址：Casa Gala Dalí, Púbol。972 48 86 55。加拉与达利基金会 Fundació Gala-Salvador Dalí。972 51 75 05。3月15日到6月14日，9月16日到11月1日，10:30到18:00；6月15日至9月15日，每天开放，10:30到20:00，6欧元，有导游讲解。

著名画家萨尔瓦多·达利（1904—1989）在布博尔城堡中度过了他后半生的一部分时光，这里是和他于1970年结婚并一直陪伴他到去世的妻子加拉（Gala，1894—1982）的住所。

这个城堡是旅游路线中推荐的必游之地，因为这里的每个房间和细节都能感受到萨尔瓦多这位画家的气息。最有意思的是花园，里面有大象雕塑和一个有理查德·瓦格纳半身塑像的游泳池。当然，游客在游览中还有一个不可不去的地方是哥特式圣皮雷教堂。

以死亡之舞闻名的拜尔海斯部分风光

实用向导

周边地区

如果有时间，推荐徒步或骑自行车在Albons–Bellcaire–Ullà公路上进行短途旅行。蒙哥利（Montgrí）的一个很漂亮的地方是圣伊斯克莱教堂（l'església de Sant Iscle）。从它所在的位置可以欣赏安堡达奈平原的风光。天体浴场的爱好者将会在爱斯特莱达海湾（Estreta）和博纳岩石（Bona）之间的沙滩和石块间找到一个宜人的角落。要到达那里需从卡普劳伊岬角出发。

餐馆

巴尔斯 Pals

Sa Punta 餐馆 地址：Urbanització Sa Punta，巴尔斯沙滩（在同名的酒店里）。972 66 73 76。环境宜人，食物精美。推荐品尝海鲜饭和甜点。拥有一颗米其林星（在西班牙米其林星代表餐馆的水平）。€€

Alfred 餐馆 地址：c. la Font, 7。972 63 62 62。3月到4月可以一尝多种米饭菜式。€

埃莱达蒂 L'Estartit

La Gaviota 餐馆 地址：pg. Marítim, 92。972 75 20 19。周一晚上，周二，周三（冬季）以及11月7日到12月7日休息。非常热闹颇受欢迎的海港上的海景餐馆。€€

艾斯卡拉 L'Escala

Els pescadors 餐馆 地址：Port d'en Perris, 3。972 77 07 28。12月到次年3月的每周四以及整个12月休息。擅长做鱼类菜肴。€€

El roser 2 餐馆 地址：pg. Lluís Albert, 1。972 77 11 02。2月休息。€€

恩普里埃斯 Empúries

Mesón del Conde 餐馆 地址：pl. Major, 4, Sant Martí d'Empúries。972 77 03 06。沙滩和恩普里埃斯遗迹组成了优美的周边环境。推荐龙虾汤。€€

拜拉达亚达 Peratallada

Can Bonany 餐馆 地址：pl. de les Voltes, 13。972 63 40 34。每周一以及11月份休息。推荐根据季节变化，点当季野味。€€

€ Castell de Peratallada 餐馆 地址：pl. del Castell, 1。972 63 40 21。无与伦比的宫廷式环境加上美味菜肴。€

巴拉富海 Palafrugell

La Xicra 餐馆 地址：c. Estret (Sant Antoni), 17。972 30 56 30。周三休息。经营精美的海鲜菜肴。€€

Can Pep 餐馆 地址：c. de Lladó, 22; pl. del Castell, Calella。972 61 50 00。每周三

休息。到季的时候，推荐品尝刺海胆（1、2、3 月份）。

La casona 餐馆 地址：Paratge de la Sauleda, 4。☎ 972 30 36 61。周日晚上，周一，以及 11 月 3 日到 12 月 15 日休息。

埃古布拉瓦 Aiguablava

Grill Aigua Blava 餐馆 地址：platja de Fornells, s/n。☎ 972 62 20 58。从 11 月 21 日到次年 2 月 18 日休息。优美的环境，精致的海鲜菜肴。

拜沽尔 Begur

Mas Comangau 餐馆 地址：Ctra. de Fornells, s/n。☎ 972 62 32 10。11 月份和冬季的每周二休息。亲切的农庄氛围。推荐炭火烤鱼。

住宿

酒店

巴尔斯 Pals

Hostal Barris 酒店 ** 地址：c. Enginyer Algarra, 51 (pensió)。☎ 972 63 67 02。全年无休，但如果冬季去的话，推荐先预订。位于市中心的家庭氛围酒店。

Aparthotel Golf Beach 酒店 *** 地址：距离巴尔斯海滩 4 公里。☎ 972 63 60 63。舒适，设施齐全的房间。

Sa Punta 酒店 **** 地址：Urbanització Sa Punta, Platja de Pals。☎ 972 66 73 76。可以看见梅德斯岛。

La Costa 酒店 **** 地址：av. Arenals de Mar, 3。☎ 972 66 77 40。11 月至次年 3 月休息。离海滩 50 米。

埃莱达蒂 L'Estartit

Hotel Bell Aire 酒店 *** 地址：c. Església, 39。☎ 972 75 13 02。10 月至次年 3 月休息。距离沙滩 100 米。

Hostal Santa Clara 酒店 ** 地址：pg. Marítim, 18 (pensió)。☎ 972 75 17 67。10 月至次年 4 月休息，面朝大海。

艾斯卡拉 L'Escala

H. Voramar 酒店 *** 地址：pg. Lluís Albert, 2。☎ 972 77 01 08。

Hotel Nieves Mar 酒店 *** 地址：pg. Marítim, 8。☎ 972 77 03 00。11 月 1 日至次年 3 月 14 日休息。酒店所有的房间都是带阳台的海景房。

Hotel Miryam 酒店 ** 地址：ronda del Padró,4。☎ 972 77 02 87。12 月 11 日至次年 1 月 19 日休息。环境优雅舒适。

恩普里埃斯 Empúries

Riomar 酒店 * 地址：Sant Martí d'Empúries。☎ 972 77 03 62。10 月 1 日至次年 4 月 30 日休息。它所在的地区以及离沙滩近的优势使它非常吸引人。

Miryam 酒店 ** 地址：ronda del Padró, 4。☎ 972 77 02 87。12 月 11 日至次年 1 月 19 日休息。宜人，舒适。

拜拉达亚达 Peratallada

Castell de Peratallada 酒店 **** 地址：pl. del Castell, 1。☎ 972 63 40 21。无与伦比的宫廷式环境。

巴拉富海 Palafrugell

Sant Roc 酒店 *** 地址：pl. Atlàntic, 2, Calella。☎ 972 61 42 50。10 月 15 日至次年 3 月 13 日休息。坐落在海滨山崖上，开阔的视野能欣赏大海和卡莱亚海湾（Calella）。

H. Llevant 酒店 *** 地址：c. Francesc Blanes, 5。☎ 972 30 03 66。旁边是一个和卡莱亚海湾相连的小海湾。

Hostal Celimar 酒店 ** 地址：c. Carudo, 12–14, Llafranc。☎ 972 30 13 74。12 月份休息。舒适，离海边近。

埃古布拉瓦 Aiguablava

Parador de Turisme Costa Brava 酒店 **** 地址：Platja d'Aiguablava, s/n。☎ 972 62 21 62。坐落在德斯马特岬角上，并且有松树林环绕，可以看到附近的两个海湾。

拜沽尔 Begur

Rosa 酒店 * 地址：c. Pi i Ralló, 19, Begur。☎ 972 62 30 15。10 月至次年 3 月休息。简洁但环境宜人的酒店。

露营地

埃莱达蒂 L'Estartit

La Sirena 露营地 地址：La Platera, s/n。☎ 972 75 15 42。距离海滩 50 米，设施完备。

艾斯卡拉 L'Escala

Cala Montgó 露营地 地址：av. Montgó, s/n。☎ 972 77 08 66。环境幽雅，有松树林和树荫，离海滩近。

巴拉富海 Palafrugell

Moby Dick 露营地 地址：Costa Verda, 16–28, Calella。☎ 972 61 43 07。从 9 月 16 日至次年 6 月 15 日关闭。树林浓密，离海滩以及通向卡普劳伊岬角的道路比较近。

拜沽尔 Begur

El Maset 露营地 地址：Platja de sa Riera。☎ 972 62 30 23。离萨列拉海滩 300 米。

阿兰谷
Era Val d'Aran

与加泰罗尼亚其他地区相比，阿兰谷地区（面积630平方公里，人口7500）就像是一个世外桃源，尤其是在冬天，冰雪覆盖的阿兰谷与其他季节郁郁葱葱的面貌相去甚远。这种景色是由大西洋气候所决定的，该地区全年雨量充沛。

这条线路的旅游景点多且各具特色：河谷和乡村的自然景色魅力、阿拉贡罗马时期丰富的历史和文化遗产、与众不同的习俗等，都为人们所津津乐道。

行程:	2天/162km
维埃拉镇（Vielha）	
→萨乌特·德特·比斯瀑布（Saut deth Pish）	17km
萨乌特·德特·比斯瀑布	
→韦拉莫斯村（Vilamòs）	12.5km
韦拉莫斯村	
→艾斯·波尔德斯村（Es Bòrdes）	9km
艾斯·波尔德斯村→波索斯特镇（Bossòst）	7km
波索斯特镇	
→克罗特·德·巴勒加村（Clòt de Baretja）	4km
克罗特·德·巴勒加村→雷斯村（Les）	17km
雷斯村→圣胡安·德·托朗村	
（Sant Joan de Toran）	11km
圣胡安·德·托朗村→贝特冷村（Betren）	44km
贝特冷村→阿尔蒂埃斯村（Arties）	6km
阿尔蒂埃斯村→赫萨村（Gessa）	3km
赫萨村→萨拉尔杜村（Salardú）	3km
萨拉尔杜村→乌纳村（Unha）	0.5km
乌纳村→特雷多斯村（Tredòs）	1km
特雷多斯村→蒙特加利（Montgarri）	17km

阿兰谷中心镇维埃拉镇局部

1

维埃拉镇 *
Vielha *

ⓘ Sarriulera, 10。📞 973 64 01 10。🚌 Alsina Graells, SA。☺圣母诞辰节(9月8日)。圣吉特利亚集会(5月22日),维埃拉节(9月8日)。🏛 德拉·瓦尔·达朗博物馆 Musèu dera Val d'Aran 地址:c. Major, 26。📞 973 64 18 15。⏲ 9月16日到次年6月14日,周二到周五,17:00到20:00;周六,10:00到13:00,17:00到20:00;周日,10:00到13:00;周一,节假日不开放;6月15日到9月14日,周二到周六,10:00到13:00,17:00到20:00;周日,10:00到13:00。💲 2欧元,带导游讲解。

拥有约3000人的维埃拉是阿兰谷地区的中心镇。这里是比利牛斯地区重要的旅游目的地之一,提供各种旅游服务项目,还拥有一所现代化的医院。旅游业对这里的影响也是显而易见的,在镇上的老区,游人可以看到一些标志性的建筑,例如中世纪保留下来的两所古老的房子,科·德·罗德斯(Cò de Rodés)之家和科·德·费杜萨(Cò de Fedusa)之家,值得一提的是它们带圆顶的门以及哥特式的窗户。其他的贵族住宅,如托尔·德特·埃内罗阿乌·马尔蒂农(Tor deth Generau Martinhon,17世纪)之家,现在则是阿兰谷博物馆(Musèu dera Val de Aran)。该博物馆分为三层,主要用于展览介绍该地区历史。展品包括宗教艺术、种族物品以及考古挖掘出来的物品。此外还有录像、图片、照片和模型来丰富展出内容。圣米格尔教堂(església parroquial de Sant Miqueu)在镇的中心,它的原建筑体现了从罗马风格过渡到哥特式风格时期的特点(12—13世纪),15世纪到18世纪期间又进行了数次修缮。它由一个带翼部的主殿构成。起到防御作用、巨大的哥特式塔楼建于14世纪,使早期建的钟楼相形见绌。值得驻足浏览的还有教堂哥特式的正面以及侧门处的罗马式基督雕像。教堂内保留了15世纪哥特式的祭坛装饰,据说是皮雷·德斯帕亚尔戈斯(Pere Despallargues)的作品。一个罗马风格的洗礼池,装饰有植物图案以及几何图案浅浮雕。此外,还有一尊罗马式木雕的艺术珍品——"米哈兰的耶稣"(Crist de Mijaran),据说是享有盛誉的埃利尔(Erill)作坊的作品。这间教堂可能是一个规模更大的建筑的一部分,或者是其延续。

2

彭特·德·阿罗斯村—萨乌特·德特·比斯瀑布 *
Pònt d'Arròs-Saut deth Pish *

ⓘ 参看Vielha。📞 973 64 01 10。🚌 Alsina Graells, SA。☺ 阿罗斯和阿雷斯节(8月29日)。其他节日:圣胡安·德·阿罗斯祈祷日(Plegària de Sant Joan d'Arròs, 5月第一个周日)。

在阿罗斯镇的出口(Eth Pònt d'Arròs)可以看到一条山路,往回看,就可以看到维拉多斯河及其河谷。这条山路路况不错,可以通行一般的车辆。随着山路的蜿蜒,海拔高度在不断增加。走了大约15公里后,最终到达阿尔蒂格特斯(Artiguetes)平地。这是一个典型的高山牧场。过了一座桥后,就到了萨乌特·德特·比斯瀑布,这是一个落差达25米的瀑布。过了阿尔蒂格特斯平地后,山路继续带领游人上到巴戈尔格(Bagergue)村。

3

韦拉莫斯村
Vilamòs

ⓘ Casa consistorial。📞 973 64 03 79。🚌 Alsina Graells, SA。☺ 圣洛克节(每年8月

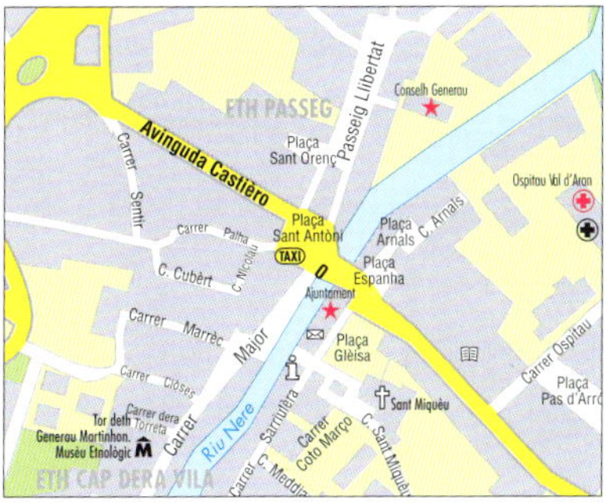

维埃拉镇中心地图

15日和8月16日)。胡安·切科特之家(现在是阿兰谷博物馆)Casa Joanchiquet(Musèu dera Val d'Aran)。☎ 973 64 18 15。🕘 6月15日到9月15日,11:00到14:00,16:00到19:00。9月16日到次年6月14日,只对团体开放,电话预约。

海拔1255米的韦拉莫斯村只有83个村民,是位于加罗纳河(Garona)右岸的一个简朴山村。村中建筑最突出的是供奉圣母玛丽亚的教堂,那是河谷地区最古老的教堂之一。

据记载,它有的组成部分甚至早于罗马时期。在教堂内的一面墙上镶嵌有三颗罗马星,另有两颗在钟楼的最顶层。

这个有三个主殿的建筑原来有三个半圆屋顶,现在则改成了一个正方形的平屋顶。教堂内有一个祝福池,装饰有美丽的花卉图案。

在马约尔街上有一栋名为"胡安·切科特之家"(Joan chiquet)。"胡安·切科特之家"是阿兰谷博物馆的延伸,由18世纪和19世纪的建筑组成,游客可以看到19世纪末阿拉贡地区典型的生活用具及家具。

4

艾斯·波尔德斯村和埃拉·阿尔蒂加·德·林村 *
Es Bòrdes i Era Artiga de Lin *

ⓘ c. Laca,2(Es Bòrdes)。☎ 973 64 09 39。🚌 Alsina Graells, SA。☺ 艾斯·波尔德斯节(9月8日);马勒·德·迪乌·德拉·阿尔蒂加集会(9月9日)。

阿拉贡的机构

阿兰谷自公元前1500年起就有人居住。后来曾附属于古罗马和庞贝古城。中世纪通过1265年的《庇护协议》(Tractat d' Emparança)最终并入加泰罗尼亚和阿拉贡。自那时起,产生了参事这一职务,代表阿拉贡的各个地方:卡斯蒂埃罗(Castièro)、伊里萨(Irissa)、夸特勒·洛克斯(Quatre Lòcs)、阿尔迪埃斯·厄·加罗斯(Arties e Garòs)、马尔卡多萨(Marcatòsa)以及普约罗(Pujòlo)。担任这一职务的人通过选举产生,这可能从12世纪以前已经开始。现在这个职务在被禁止了100年后,在1991年6月17日又得以恢复。显示出阿拉贡机构及其语言的独特性和特权得到承认,阿拉贡语是巴斯克语的一个分支,受到加泰罗尼亚议会的保护,和加泰罗尼亚语以及卡斯蒂亚语一起,构成阿兰谷的正式语言。

艾斯·波尔德斯村位于军事要塞卡斯特尔—莱昂(Castèl-Leon)矗立的岩石之下,该要塞是比利牛斯地区最重要的要塞之一。艾斯·波尔德斯村的形成相对较晚,大约在18世纪。这里是几条旅游线路的交会点。著名的埃拉·阿尔蒂加·德·林村,可以经由这里的一条沥青山路到达。这条山路还通向埃

韦拉莫斯村全貌

位于一块巨石下的艾斯·波尔德斯村中心

特·约艾乌河（deth Joèu），那是加罗纳河在阿拉贡地区最大的支流。

埃拉·阿尔蒂加·德·林村是阿兰谷地区最著名的自然村落。这里的阿拉贡高山景色如田园诗般美丽。埃特·约艾乌河谷的沿途，森林和牧场交替出现。游人可以一直到达布朗·德拉·阿尔蒂加（Plan dera Artiga），靠近洪特·德特·格雷斯隆泉（Hònt deth Gresilhon，意思是"极好的泉水"）的地方，然后停下来欣赏乌埃尔斯·德特·约艾乌（Uelhs deth Joèu）壮观的景色，以及来自弗拉奥·德·阿以古阿约特斯（Forao d'Aigualluts）的湍流。弗拉奥·德·阿以古阿约特斯正是是乌埃斯卡（Osca）地区的贝纳斯克（Benasc）河谷的源头。

5

波索斯特镇 *
Bossòst *

ⓘ c. Eduard Aunós, 14。☎ 973 64 72 79。🚌 Alsina Graells, SA。☺ 每年8月15日。其他节日：圣安东尼节（6月13日），波索斯特集市（Fira de Bossòst，10月20日）。

波索斯特镇位于加罗纳河河面开阔之处，是河谷第二重镇。来到这里，可以在街上和广场上逛逛，参观罗马式的圣母升天教堂（Era Assumpcion de Maria）更是必不可少。其建筑可追溯到12世纪，是河谷地区最重要的教堂。这是一个罗马大教堂的建筑，三个主殿由粗大柱子支撑的拱分开，三个半圆屋顶上有假拱和伦巴第风格的装饰。教堂的正面和背面则是罗马风格，一个在南面，另一个在北面。背面装饰有半圆拱，朝着一组雕塑逐渐变细。四方形的钟楼有

艾斯·波尔德斯村的典型街道

圣胡安节

6月23日是夏至又是圣胡安之夜，在阿兰谷是一个神秘的焰火之夜。在雷斯村，人们燃烧一段长长的冷杉树干。在阿尔蒂埃斯村也举行类似活动：被烧的冷杉树干沿街一直拖到村政府处，年轻人在火焰上跳来跳去，直到村长将火熄灭为止。

四层，在分层处和半圆的窗户处装饰有伦巴第风格的拱，是一座美丽的罗马式钟楼。

6

克罗特·德·巴勒加村 *
Clòt de Baretja *

ⓘ Bossòst。✆ 973 64 72 79。

从克罗特·德·巴勒加村可以欣赏到马拉得塔（Maladeta）起伏山峦的壮观景色。

7

雷斯村
Les

ⓘ pl. Ajuntament, 1。✆ 973 64 70 03。🚌 Alsina Graells, SA。☺ 圣加乌马节（6月25日）；圣皮雷节（6月29日）；埃特·哈罗主节（6月23日）；雷斯集市（10月6日）。

波索斯特镇，罗马式圣母升天教堂的正门

波索斯特镇，加罗纳河

雷斯村原来建在加罗纳河河边。新的部分从河边一直延伸到靠近公路处。由于接近法国，旅游和商业气息很浓。实际上，整个阿兰谷地区和法国的关系历来很密切。雷斯村早在罗马时期就以其温泉而著称。

在历史上，它是整个阿兰谷地区唯一一个获得过男爵封地封号的村庄。历代男爵的官邸附近是12世纪建的罗马式的圣布拉伊教堂（Sant Blai），教堂的主体呈不常见的半圆形。

8

圣胡安·德·托朗村
Sant Joan de Toran

ⓘ 参看Les。✆ 973 64 73 03。☺ 9月8日。

圣胡安·德·托朗村位于阿兰谷北端。其周边的景色则是一片郁郁葱葱的茂盛森林。

9

贝特冷村
Betren

ⓘ 参看Vielha。✆ 973 64 01 10。🚌 Alsina Graells, SA。☺ 罗塞尔节（10月3日）。

这条古老山村是唯一一个依然可以看到原先该地区典型的梯式房子和覆盖页岩屋顶的地方。最令人感兴趣的是圣塞尔尼尔(Sant Sernilh)教堂，这是罗马风格过渡到哥特式风格的建筑(12世纪到13世纪)，主体呈四方形，有一个主殿、三个五角形的半圆屋顶和一座钟楼。在山墙处，主屋顶上有一个哥特式风格的窗，窗上的三个尖拱逐渐变细，末端是一个小圆花饰。旁边可以看到一尊骑士浮雕，一个躺着的人物以及一个女子。教堂的正面处有一个哥特式风格的门，由半圆拱组成，装饰着预示最后裁判的人物，主要人物圣母和幼年的耶稣位于三角楣处。教堂内，除了一个17世纪作为游行用的十字架以外，还保留了15世纪的祭坛装饰。

10

阿尔蒂埃斯村 *
Arties *

ⓘ 参看Salardú。📞 973 64 51 97。🚌 Alsina Graells, SA。☺ 圣胡安节(6月24日和25日)；埃特·哈罗主节(6月23日)。

阿尔蒂埃斯村位于加罗纳河(riu Garona)的两边，包括古老和现代两部分。它的街道和广场值得参观。老区建筑中突出的是阿尔蒂埃斯圣玛丽亚教堂(Santa Maria d'Arties)，这是具有12世纪罗马大教堂风格的一座教堂，由三个被圆柱分开的主殿组成，上面是管式拱顶和三个带拱的半圆屋顶。四方形的钟楼有三层，背对背紧挨着教堂。教堂有两个正面，北正面由六个带装饰的拱门组成。教堂内部可以看到一个浸洗用的洗礼池。此外，在老区还有一个贵族住宅——“科·德·帕乌勒特之家”(Cò de Paulet)，其文艺复兴时期的窗户非常美丽；波尔多拉(Casa des Portolà)之家，保留着一座16世纪

雷斯村，罗马式教堂

从卡内疆看到的景色

那乌特·阿朗，从波纳伊瓜港眺望萨拉尔杜村的风景

的塔楼。波尔多拉之家已修建成旅游宾馆（Parador de Turisme Gaspar de Portolà）。

11
赫萨村 *
Gessa *

ⓘ 参看Salardú。📞 973 64 51 97。☺ 圣皮雷节（6月29日）；圣马尔蒂·德·古尔亚祈祷日（6月19日）。

赫萨村是典型的阿拉贡山村。教堂广场上是1589年建起的科·德斯·德·罗萨塔楼（torre Cò des de Ròsa），呈圆柱形。教堂建于18世纪，粗壮的钟楼建在原古堡塔楼的废墟之上。

12
萨拉尔杜村 **
Salardú **

ⓘ Travèssa de Balmes，2。📞 973 64 51 97。🚌 Alsina Graells，SA。☺ 圣克雷乌节（5月3日）；萨拉尔杜集市（10月7日）。

萨拉尔杜村的位置有战略意义，位于自伯纳伊瓜（Bonaigua）港方向（2072米）的河谷进口处，在乌诺拉河及加罗纳河之间。这是阿拉贡地区美丽的村庄，公路把它一分为二。萨拉尔杜圣安德鲁教堂是罗马大教堂风格，建于13世纪中期，由三个主殿组成，其屋顶和拱都是伦巴第风格。正门的五个拱门由刻有图案的柱子支撑。教堂内保留着非常美丽的一座12世纪上色木雕塑《萨拉尔杜的耶稣》（Crist de Salardú，62×56厘米），是享有盛誉的埃利尔（Erill）作坊的作品。八角形的钟楼

阿尔蒂埃斯村，罗马式圣玛丽亚教堂

阿拉贡杂烩

阿拉贡饮食中最著名的一道菜就是阿拉贡杂烩，在阿兰谷任何一家好餐馆都可以吃到这道菜。这是一道美味的加泰罗尼亚炖汤，做法和混合杂烩非常类似。这里介绍一下它的做法：先用水煮熟干菜豆，然后加入猪肉和猪油；半熟时加入鸡肉、蔬菜（大白菜、红萝卜、芹菜和葱）、猪肉丸以及黑灌肠；煮熟后，加入面条和米。

是15世纪的建筑。中世纪时，萨拉尔杜村是一个防御堡垒，它的位置就是萨拉尔杜堡原来的主塔楼所在地。从萨拉尔杜可以到达两个附属的村子：乌纳(Unha)和巴戈尔格(Bagergue)村，沿着山路可到达阿伊瓜莫格（Aiguamòg）岸边或者克洛梅尔斯（Colomers）冰山。

13

乌纳村 *

Unha *

ⓘ 参看Salardú。✆ 973 64 51 97。☺ 圣萨巴斯蒂亚节（9月16日）。

乌纳村虽小，但可以欣赏到河谷美丽的景色。在村口处游人就可以看到1580年建起的科·德·布拉斯特斯（Cò de Brastet）之家，里面至今还保留着古老的防御堡垒和复兴时期的窗户。

乌纳村还有一个罗马式的圣艾乌拉利亚（Santa Eulàlia）教堂（12世纪），有两座钟楼，一座位于东面的墙上，另一座是1775年建造的，底座呈四方形，楼身是八角形，上面是典型的金字塔屋顶。

14

特雷多斯村

Tredós

ⓘ 参看Salardú。✆ 973 64 51 97。🚌 Alsina Graells, SA。☺ 圣克斯梅和圣达米亚主节（9月27日）。

特雷多斯村是坐落在加罗纳岸边的小山村，有座名为阿兰之圣母（Era Mare de Déu de Cap d'Aran）教堂，教堂只有一个大殿和一座钟楼。最早的时候教堂里有一组壮观的壁画，现在保存在纽约一个名为科洛伊斯特斯（Cloisters）的博物馆。

村内有一座小庙宇，每年的9月2日河谷最重要的政治组织（Conselh Generau d'Aran）都要在这里开会。这座庙宇是罗马大教堂风格，三个主殿被半圆拱分开，上面是三个半圆屋顶。中间的半圆屋顶是11世纪伦巴第风格建筑的杰出代表。庙宇的两个正门现已得到修复，装饰精美。特雷多斯村附近是大型旅游区——巴克依拉（Baquèira），这里有公寓、别墅以及酒店设施，并且靠近前往巴克依拉滑雪场的缆车。滑雪爱好者不但可以享用这里的多个休闲、餐饮服务，而且一年的好几个月都可以滑

萨拉尔杜村，罗马式圣安德鲁教堂

位于那乌特·阿朗区的波纳伊瓜山风景

雪。河谷面对大西洋方向的走向，是这里冬天严寒的原因。

15

蒙特加利祠堂
Santuari de Montgarri

ⓘ 参看Salardú。📞 973 64 51 97。☺ 蒙特加利圣母集会（7月2日）。

从巴克依拉出发可以到达蒙特加利祠堂，最初的祠堂建于1117年，现在游人看到的则是于16世纪重新修建的。每年的7月2日这里都会举行传统的集会，人们在这一天朝拜蒙特加利圣母，据流传于当地的一个传说，这个节日和在比利牛斯地区找到的其中的一个圣母塑像有关。

原维埃拉医院

原维埃拉医院位于维埃拉隧道南出口的旁边，建于12世纪，为经过维埃拉港的游人提供救助服务。

这里传统的节日是每年的5月22日，圣齐特利亚日（Santa Quitèria），人们从这一天开始徒步经过维埃拉港。自17世纪起，维埃拉镇每年用2000个雷阿尔（西班牙古货币）为行经这条路的信徒、士兵以及经过这里的穷人提供食宿。1948年建成的维埃拉隧道结束了该地区的闭塞状况。

实用向导

周边地区

位于米蒂亚山（Pic del Migdia）山脚下的埃斯库纳乌（Escunhau）村有一个罗马教堂——圣皮雷（Sant Pere）教堂，窗户则是哥特式的。教堂的正门装饰有耶稣的雕像、柱廊以及雕刻的柱头。维埃拉隧道于1948年建成，其建设得到阿兰谷地区居民的大力支持，因为它给了该地区更大的发展和自由。位于原中世纪村落加乌萨克（Gausac）的圣马尔蒂（Sant Martí）教堂，是阿兰谷地区哥特式建筑的代表，其钟楼为八角形，内部保留了一个哥特祭坛，分为八组装饰画。

餐馆

维埃拉镇 Vielha

Sidreria era Bruisha 餐馆 地址: Marrèc, 18。☎ 973 64 29 76。5 月 和 6 月、10 月 15 日到 11 月 30 日不营业。主营巴斯克饮食烹饪。€€

Era Mòla 餐馆 地址: Marrèc, 14。☎ 973 64 24 19。5 月和 6 月、10 月 15 日到 11 月 30 日不营业。这里备有多个国家口味的饮食，主营鸭子。€€

阿尔蒂埃斯 Arties

Parador de Turisme Gaspar de Portolà 餐馆 地址: ctra. de Baquèira, s/n。☎ 973 64 08 01。主营阿拉贡饮食兼有其他各国饮食烹饪。€€

Casa Irene 餐馆 地址: c. Major, 3。☎ 973 64 43 64。冬天周一不营业。经营多国饮食烹饪、牛排、夹馅油煎饼。€€€

Urtau 餐馆 地址: pl. Urtau, 2。☎ 973 64 09 26。餐馆主要经营阿拉贡饮食以及家常菜。€€

萨拉尔杜村 Salardú

Eth Cabilac 餐馆 地址: c. Major, 12。☎ 973 64 42 78。5 月到 7 月 10 日、11 月不营业。主营阿拉贡饮食和多国饮食。€€

巴戈尔格 Bagergue

Casa Perú 餐馆 地址: c. Sant Antoni, 4。☎ 973 64 54 37。主营阿拉贡饮食，拿手菜是阿拉贡杂烩和炖野猪。€€

贝特冷村 Betren

Era Borda de Betren 餐馆 地址: c. Major, s/n。☎ 973 64 00 32。主营阿拉贡饮食，拿手菜是烟熏河鳟和牛肉。€€

加罗斯 Garòs

Eth Restillé 餐馆 地址: pl. de Carrera, 2。☎ 973 64 15 39。餐馆主要经营阿拉贡饮食，这里最拿手的美食是阿拉贡杂烩、鹅肝及河鳟。€€

Plaça Garòs 餐馆 地址: c. d'era Hont, 10。☎ 973 64 17 74。冬天周一、5 月和 11 月不营业。有精制烹饪。€€

波索斯特镇 Bossòst

El Portalet 餐馆 地址: c. Sant Jaume, 32。☎ 973 64 82 00。主营多国饮食，拿手菜是菌类炖花菜。€€

巴克依拉 Baquèira

Perdiu blanca 餐馆 地址: Baquèira Beret。☎ 973 64 44 44。主营加泰罗尼亚饮食及多国饮食。€€€

住宿

酒店

波索斯特镇 Bossòst

Hosteria Catalana 酒店 ** 地址: c. Pietat, 34。☎ 973 64 82 02。

维埃拉镇 Vielha

Parador de Vielha 酒店 *** 地址: ctra. del Túnel, s/n。☎ 973 64 01 00。

Eth Solan 酒店 *** 地址: c. Batlle Calbeto Barra, 14。☎ 973 64 02 04。

Fonfreda 酒店 *** 地址: pg. de la Llibertat, 18。☎ 973 64 04 86。

Eth Refugi d'Aran 汽车旅馆 *** 地址: av. Garona, 27。☎ 973 64 30 02。

阿尔蒂埃斯 Arties

Parador de turisme Gaspar de Portolà 酒店 ***** 地址: ctra. de Baquèira, s/n。☎ 973 64 08 01。

Valarties 酒店 *** 地址: c. Major, 3。☎ 973 64 43 64。

萨拉尔杜村 Salardú

Deth Païs 酒店 ** 地址: pl. de la Pica, s/n。☎ 973 64 58 36。

Hotel Petit Lacreu 酒店 *** 地址: Dehòres, s/n。☎ 973 64 41 42。

特雷多斯村 Tredòs

Es Banhs de Tredòs 酒店 *** 地址: Aiguamoix, s/n。☎ 973 25 30 03。

Hotel de Tredòs 酒店 *** 地址: ctra. de Baquèira, s/n。☎ 973 64 40 14。

乡村旅店

卡萨里赫 Casarilh

Casa Jaumicho 之家 地址: c. Sant Antoni, 4。☎ 973 64 14 11。

埃斯昆那 Escunhau

Casa Jansú 之家 地址: c. Sortaus, 18。☎ 973 64 08 08。

加罗斯 Garòs

Matevet 之家 地址: c. Deth Fòrt, 1。☎ 973 6402 65。

露营地

阿尔蒂埃斯 Arties

Yerla Arties 地址: ctra. C-142 de Vielha a Baquèira, s/n。☎ 973 64 16 02。

波尔德达 Era Bordeta

Bedura Park 地址: ctra. N-230, km 174,4。☎ 973 64 82 93。

波伊河谷
La vall de Boí

波伊河谷是一个真正集人文景观和自然景观为一体的好去处。这里最起码有两条旅游热点线路：一条是游客前往阿古埃斯托特斯国家公园以及圣马乌里奇湖（llac de Sant Maurici）时的必经之路。圣马乌里奇湖是比利牛斯山上最令人难忘的景点之一；另一条则是在波伊河谷能欣赏到的一些罗马时期的著名建筑，其中部分建筑已经被联合国教科文组织宣布为人类遗产。

行程：
1天/89km

塞固尔（La Pobla de Segur）	
→森特拉达（Senterada）	**10km**
森特拉达→苏埃尔特（Pont de Suert）	**29km**
苏埃尔特→托尔村（Castilló de Tor）	**4km**
托尔村→巴鲁埃拉（Barruera）	**12km**
巴鲁埃拉→杜罗（Durro）	**3km**
杜罗→埃利尔（Erill-la-Vall）	**7km**
埃利尔→波伊（Boí）	**1.5km**
波伊→塔乌尔（Taüll）	**2km**
塔乌尔→阿古埃斯托特斯国家公园（Parc Nacional d'Aigüestortes）	**11km**
阿古埃斯托特斯国家公园→卡尔德斯·德·波伊温泉（Caldes de Boí）	**9.5km**

塞固尔镇的教堂

1

塞固尔 *
La Pobla de Segur *

地址：av.Verdaguer, 35。☏ 973 24 54 08。🚌 Alsina Graells, SA。🚆 RENFE。☺ 7月24日和25日。其他节日：撑伐人日（7月的第一个周日）。雷伊达到塞固尔旅游专列。☏ 973 22 02 02。

🏛 撑伐人博物馆 Museu dels Raiers 地址：Pont de Claverol。☏ 973 68 01 32。

塞固尔镇位于巴雅尔斯·胡萨（Pallars Jussà）地区，它处于前往巴雅尔斯·索比拉（Pallars Sobirà）、里巴戈尔卡（Alta Ribagorça）以及瓦尔达朗河谷（Vall d'Aran）地区的十字路口上。他所在的地方是一个下沉的河谷，位于诺格拉·巴雅尔斯（Noguera Pallaresa）和诺格拉里巴戈尔卡（Noguera Ribagorçana）之间。其战略位置使它成为经济活跃的地方，此外还是重要的旅游和商业集散地。

由于1915年在弗拉米塞尔斯河（Flamicell）以及诺格拉帕拉斯河河谷实施的大型供电工程，塞固尔的整个面貌相比其他村庄也显得较为现代。从那时起，塞固尔吸引了周边很多居民来这里居住，成为了物资运输及分配中心。现在这里还保留了在河道利用木筏运输木头的传统，撑伐人也就成了这里独特的职业。现在每年7月2日举行撑伐人节，周边的小伙子撑着伐船，漂流在诺格拉帕拉斯河面上。在镇上的建筑物中，"毛乌里之家"（Casa Mauri）是其中最引人注目的，它是建筑师恩里克·德·韦拉诺瓦（Enric de Vilanova）现代风格的作品，位于镇口朝索尔特（Sort）的方向。

2

森特拉达
Senterada

地址：pl. Ajuntament, s/n。☏ 973 66 17 79。🚌 Alsina Graells, SA。☺ 8月15日。其他节日：圣维克多节（7月28日）。

塞固尔镇的"毛乌里之家"

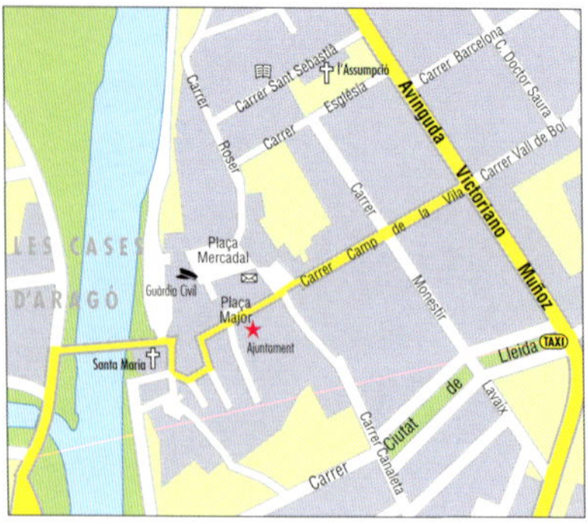

苏埃尔特镇地图

贝耶拉（Bellera）河以及弗拉米塞尔斯河在森特拉达汇合。如今，这里是避暑胜地，有很多城里人度假用的别墅和公寓，但是村里的人依然从事农业和畜牧业。森特拉达的历史可以追溯到西哥特时代，圣戈拉塔（Santa Grata）修道院就是其见证，可惜修道院并没有遗迹保留下来。

3

苏埃尔特 *
El Pont de Suert *

地址：av. Victoriano Muñoz，22。✆ 973 69 06 40。🚌 Alsina Graells，SA。☺ 8月的第二个周四；法雅节（圣胡安日前夜）。

苏埃尔特是1988年加泰罗尼亚自治区政府宣布成立的上里巴戈尔卡地区的中心镇。在这里游人可以看到两个截然不同的社区：老区和新区。由于其战略位置，新区在最近50年里迅速向公路的两旁发展，这是因为从20世纪40年代开始在公路上铺沥青。苏埃尔特最令人感兴趣的是位于诺格拉帕拉斯右边的名为“老别墅”（vila vella）的建筑，此外还有由门廊围起的梅尔卡达尔（Mercadal）广场、马约尔广场（plaça Major）及圣玛丽亚教堂。圣玛丽亚教堂是一座晚哥特式风格的建筑，只有一个主殿，钟楼是四方形的。公路旁边是经过修复的圣母升天（l'Assumpció）教堂，由电力公司ENHER在1955年资助建造，设计师是罗德里格斯·米哈雷斯（J. M. Rodríguez Mijares）。维乌·德·耶维塔（Viu de Llevata）悬崖位于苏埃尔特的中心，为热爱悬崖蹦极的人们所熟知，必须开车才能到悬崖，费时不到一个小时。上悬崖的路在连接苏埃尔特和乌埃斯卡（Osca）的国家公路N-260的341公里处。

4

托尔村、叶斯村、科尔村、卡尔德特村 *
Castilló de Tor, Llesp, Cóll, Cardet *

地址：参看Barruera。✆ 973 69 40 00。🚌 Alsina Graells，SA。☺叶斯村，2月3日；科尔村和卡尔德特村，8月15日。

和托尔特（Tort）河平行的公路旁，零星地矗立着一些小村庄，如托尔村、叶斯村等等。科尔村外是一座罗马式圣玛丽亚教堂，有一个12世纪美丽的正门，带拱门和一个雕带，雕带上，植物和动物图案簇拥着浅浮雕的徽章。卡尔德特村也有一座罗马式圣玛丽亚教堂，只有一个主殿，半圆屋顶相当高，教堂

卡尔德特村的罗马式圣玛丽亚教堂

科尔村的罗马式圣玛丽亚教堂

内保留了卡巴纳塞斯圣母(Mare de Déu de Cabanasses)的塑像。从教堂的半圆屋顶上可以看到整个河谷，一直到巴鲁埃拉镇。

5

巴鲁埃拉 *

Barruera *

地址：pg. St. Feliu, 43。📞 973 69 40 00。🚌 Alsina Graells, SA。☺ 圣菲利乌节(8月1日)。其他节日：法雅节(6月24日夜)。

巴鲁埃拉镇是波伊河谷地区的首府。和该地区的其他村庄一样，这里主要发展旅游业。在镇上的老区，保留了一些传统的房子，屋顶用页岩铺成，阳台有木雕的栏杆，但是首先吸引游人的还是它的罗马式圣菲利乌(Sant Feliu)教堂，因为它远离镇子。整间教堂只有一个主殿，底座四方形的钟楼背靠背紧挨着教堂一面。正门处有一个门廊，中间的半圆屋顶装饰有伦巴第拱。

杜罗村，民间建筑的杰出代表

6

杜罗和圣吉尔克修隐寺

Durro i l'ermita de Sant Quirc

地址：参看Barruera。📞 973 69 40 00。☺ 6月24日。其他节日：法雅节(6月12日)。

沿着多尔(Tor)河来到一条支流，通向小村杜罗。它位于突出斜坡的平地上，周围树木茂盛。和波

巴鲁埃拉镇的罗马式圣菲利乌教堂

伊河谷的其他村庄一样，这里的房子也是石头建的，有的甚至有三层。

罗马式的杜罗圣母(Mare de Déu de Durro)教堂是13世纪建的，有一个带拱顶的主殿以及带连拱的门廊。其外形细长的钟楼有五层，呈四方形，装饰有伦巴第拱。正门令人感兴趣，因为它由拱门组成，而拱门由两排柱子支撑。整个教堂修饰一新。

应该散步到罗马式的圣吉尔克修隐寺。它修建在村外的一个山头上，是10世纪的建筑，有一个主殿以及带一个小钟楼的半圆屋顶。从修隐寺可以欣赏到河谷美丽的景色。

7

埃利尔 **
Erill-la-Vall **

ⓘ 参看Barruera。☎ 973 69 40 00。🚌 Alsina Graells, SA。☺ 法雅节(7月10日)。其他节日：圣克里斯托夫节(7月10日)。

埃利尔位于埃利尔山(Erill，海拔2672米)的山脚下，村中心有一个伦巴第罗马式建筑的瑰宝：圣艾乌拉利亚(Santa Eulàlia)教堂。教堂前一个耶稣

埃利尔的罗马式教堂

波伊村教堂钟楼的局部

从十字架上被取下的木雕塑，是罗马木雕的杰作。原木雕作品的一部分现收藏在加泰罗尼亚民族艺术博物馆(MNAC)以及比克主教博物馆(Museu Episcopal de Vic)。有人说在这里看到的只是复制品，主祭坛的横梁已不知下落，有可能流落到了美国。教堂建于12世纪，有一个主殿以及带有两个十字形半圆壁龛的半圆屋顶。进口处是一个门廊，半圆拱由柱子支撑。钟楼呈四方形，有六层，是河谷地区建筑很典型的代表。

8

波伊 *
Boí *

ⓘ 参看Barruera。☎ 973 69 40 00。🚌 Alsina Graells, SA。☺ 6月24日。其他节日：法雅节(圣胡安日前夜)。

波伊位于波伊河畔。波伊的圣胡安(Sant Joan)教堂保留了伦巴第罗马式的钟楼以及一个半圆屋顶，其余部分已经过修复。

教堂里有11世纪和12世纪壁画的复制品，其中值得一提的是《圣史蒂夫投石》(Lapidació de Sant Esteve)壁画。部分原壁画现收藏在加泰罗尼亚民族艺术博物馆。在这条村子里，还有河谷地区重要的旅游胜地，阿古埃斯托特斯国家公园和圣马乌里奇湖的咨询中心。从这里进入国家公园的游人可以先在这里查询信息，此外，载游人参观公园的越野车也从这里出发。

塔乌尔村全貌

9

塔乌尔 ***

Taüll ***

ⓘ 参看Barruera。📞 973 69 40 00。🚌 Alsina Graells, SA。☺ 7月的第三个周日。其他节日：法雅节（7月17日）。

塔乌尔距离波伊河谷仅一公里不到，是欣赏河谷的最佳地点。这里具有鲜明的独特性，直到不久前还保存得很好。不幸的是村子附近的建筑破坏了其整体美。加泰罗尼亚地区罗马建筑的两块瑰宝就在这里：圣玛丽亚教堂和圣克利蒙特（Sant Climent）教堂。

塔乌尔村的圣玛丽亚教堂

塔乌尔村圣克利蒙特教堂的罗马式基督像

塔乌尔村及圣克利蒙特教堂周边的景色

塔乌尔的圣玛丽亚教堂建于12世纪，位于村子的高处，在马约尔广场（plaça Major）上。它有三个由柱子分开的主殿，上面是三个半圆屋顶，钟楼呈四方形，六层高。值得一提的是那些带拱的半圆屋顶。教堂内有一些重要的壁画，现收藏在加泰罗尼亚民族艺术博物馆。村的下面是圣克利蒙特教堂，可能是加泰罗尼亚罗马建筑最杰出的代表。建于12世纪，和圣玛丽亚教堂建于同一时期。这两间教堂都是由罗达（Roda）主教于1123年12月11日和12日建立。圣克利蒙特教堂有三个由柱子分开的主殿，上面是三个带伦巴第拱半圆屋顶，屋顶上是成对的窗子，有两到三个拱。

钟楼有六层高。在数次修复过程中，发现了一些重要的壁画，最突出的是在主半圆屋顶发现的壁画（原壁画现收藏在加泰罗尼亚民族艺术博物馆），这是中世纪壁画最重要的作品。现在原位置上的是复制品。从塔乌尔出来，沿着公路上到波伊—塔乌尔滑雪场。这个冬季滑雪场1989年投入使用，滑雪的最高点是海拔2500米。

10

阿古埃斯托特斯国家公园和圣马乌里奇湖 ***

Parc Nacional d'Aigüestortes i Estany de Sant Maurici ***

ⓘ Graieres, 2。☎ 973 69 61 89。⏲ 11月1日到次年3月30日，9:00到14:00，15:30到18:00；周日和节假日下午不开放；4月1日到10月31日，9:00到13:00，15:30到19:00；12月25日、26日、1月1日、1月6日不开放。

出了波伊桥一公里处，是和圣尼可拉乌河（Sant Nicolau）平行的一条山路。很快就到了公园的检查站和停车场。游客从波伊一直沿着努特利亚路（ruta

波伊—塔乌尔滑雪道附近的景色

羚羊是比利牛斯山区一种典型的动物

de la Llúdriga）往上走，或者搭乘越野车。耶布雷塔（Llebreta）水塘在五公里以外，这里是国家公园圣尼可拉乌（Sant Nicolau）河谷朝阳山坡的起点，也是加泰罗尼亚地区自然风光最美丽的地方之一。从耶布雷塔水塘沿着路走三公里，就到了著名的阿古埃斯托特斯·德·尼科拉乌（Aigüestortes de Sant Nicolau）。在这里，河流在开阔的平地上形成众多分支，河水在牧场和森林之间肆意穿行，仿佛是一个和谐、梦幻般的仙境。建议一直沿着山路来到营地和龙潭（estany Llong），沿路山色风光绚丽旖旎。

11 卡尔德斯·德·波伊温泉和卡维耶尔斯水库 *
Caldes de Boí - embassament de Cavallers *

卡尔德斯·德·波伊温泉是河谷的开端。温泉浴池可以追溯到罗马时期，据说这里的水对多种疾病有疗效。它的37个治疗池一直以来都吸引着很多人前来，即使是在去塞固尔的公路修建以前，因为那时人们必须骑在骡背上，从埃斯波特（Espot）或者卡德拉（Cabdella）出发，在伯特拉罗·德·埃斯波特（Portarró d'Espot）或者鲁斯港（el port de Rus）穿过现在的国家公园才能到达。过了卡尔德斯·德·波伊温泉，公路经过的河流段流经一个有很多道弯的大斜坡，最终来到卡维耶尔斯水库。水库右边的路沿着贝斯贝里山（Besiberri）山顶往下走（北面、中间和南面的山峰海拔分别是3014米，3003米和3030米），旁边是克马罗福尔诺山峰（Comaloforno，海拔3033米），另一面是高点峰（Punta Alta，海拔3014米）。从黑潭（estany Negre）流出的小溪边上是上山的路，这条路很好辨认。它一直延

阿古埃斯托特斯国家公园——圣马乌里奇的圣尼科拉乌河谷

塔乌尔村圣玛丽亚教堂的壁画

波伊河谷的罗马艺术

埃利尔的领主推动建设了波伊河谷的罗马式建筑。据历史记载，埃利尔的领主自1077年起统治着整个河谷地区。这里由于地理上的封闭，保留了许多罗马时期的建筑以及建筑内的壁画，这些遗迹如今为世人所称道，直到20世纪人们才对其文化价值有了正确的认识。由于在巴塞罗那省博物馆协会的保护之下，12世纪和13世纪大师们的壁画作品大多逃过了被偷窃以及为外国古董商收购的命运。这些壁画后来被取下，1924年收藏于巴塞罗那城堡公园博物馆，后来转到加泰罗尼亚民族艺术博物馆收藏。

伸到拉斯特勒斯·德·拉·莫尔塔（Llastres de la Morta），沿途树木一片葱茏，可直达萨·卡尔维尔（Ventosa Calvell）营地。

这条线路自1996年起就是国家公园的一部分。当时10000公顷的公园面积已经不能满足保护自然遗产的需要，因为这里有着极其丰富多样的动植物种群。这里栖息的哺乳类动物有岩羚羊、野猪、旱獭、狍子和白鼬。飞禽方面，有黑啄木鸟、细嘴松鸡、比利牛斯猫头鹰和红交嘴雀等。

在岩石裸露的山顶上，可以看到秃鹫、金鹰和胡兀鹫。在阿尔卑斯牧场上，生活着白石鸡、阿尔卑斯燕和黄嘴鸦。阿尔卑斯蝾螈是生活在公园里的一种稀有两栖类动物。当然，这里还有蛇类，如蝰蛇、欧洲光身蛇等。植物根据高度和环境而变化，最高处生长着落叶树木，如橡树、欧洲山毛榉、欧洲白桦以及红松。在亚阿尔卑斯地带，则有大片的冷杉、黑松以及灌木丛，还有杜鹃花、欧洲刺柏和金雀花。阿尔卑斯牧场上的植物有阿尔卑斯龙胆、比利牛斯毛茛以及苔藓。

阿古埃斯托特斯国家公园——圣马乌里奇的冰川湖

实用向导

周边地区

维拉耶尔有一座 12 世纪的防御塔，一段古城墙以及一座集多种风格于一体的教堂。

在阿古埃斯托特斯国家公园，可以欣赏到海拔超过 3000 米的贝斯贝里群山。经过一条壮观的瀑布后，来到里乌马罗（Riumalo）平地；拉斯特勒斯·德·拉·莫尔塔岩石裸露的地貌一直延续到黑湖（estany Negre）。黑湖就镶嵌在花岗岩岩石里。游人可以在登山营地 Ventosa i Calvell 稍事休憩。整个行程要花上两个半小时。

餐馆

塞固尔 La Pobla de Segur

Solé 餐馆 地址：av. de l'Estació, 44。☎ 973 68 04 52。有拿手菜是传统灌肠和炖菜。

El raier 餐馆 地址：av. de Madrid, 3。☎ 973 68 08 65。周日不营业。

苏埃尔特 El Pont de Suert

Hostal Ribera 餐馆 地址：c. Sant Aventí, 1。☎ 973 69 00 21 拿手菜是夹肉意粉。

Meson del remei 餐馆 地址：ctra. de la Vall de Boí, km 1.2。☎ 973 69 02 55。除了 6 月到 9 月以外，其他月份的周一以及 9 月的第一个星期不营业。特色菜是加泰罗尼亚菌类。

巴鲁埃拉 Barruera

Farré d'Avall 餐馆 地址：c. Major, 6。☎ 973 69 40 29。拿手菜是炉烤马铃薯和炖菜。

波伊 Boí

Ca la Pepa 餐馆 地址：ctra de Taüll, s/n。☎ 973 69 63 12。拿手菜是百里香汤。

La cabana 餐馆 地址：ctra. de Taüll, s/n。☎ 973 69 62 13。10 月、11 月的周一以及 5 月 1 日到 6 月 22 日不营业。

塔乌尔 Taüll

El caliu 餐馆 地址：ctra. de les Pistes, s/n。☎ 973 69 62 12。冬天周二不营业。

住宿

酒店

巴鲁埃拉 Barruera

Farré d' Avall H 酒店 * 地址：c. Major, 6。☎ 973 69 40 29。

Noray. P 酒店 ** 地址：ctra. de Caldes, s/n。☎ 973 69 40 21。

波伊 Boí

Pey P 酒店 ** 地址：pl. Traio, 3。☎ 973 69 60 36。

卡尔德斯·德·波伊 Caldes de Boí

H. Caldes 酒店 ** 地址：Balneari Caldes de Boí. Afores, s/n。☎ 973 69 62 30。

H. Manantial 酒店 **** 地址：Afores, s/n。☎ 973 69 62 10。设施完善，提供治疗服务。

埃利尔 Erill-la-Vall

Hostal La Plaça P 酒店 * 地址：c. Únic, s/n。☎ 973 69 60 26。

苏埃尔特 El Pont de Suert

Can Mestre H 酒店 * 地址：pl. Major, 8。☎ 973 69 03 06。

塔乌尔 Taüll

Boí-Taull resort 酒店 *** 地址：pla de l'Ermita, s/n。☎ 973 69 60 00。

乡村旅店

巴鲁埃拉 Barruera

Casa Coll 之家 地址：c. Major, s/n。☎ 973 69 40 05。

Casa Milagros 之家 地址：pg. St. Feliu, s/n。☎ 973 69 40 85。

杜罗 Durro

Casa Sastret 之家 地址：c. Sant Quirc, s/n。☎ 973 69 40 53。

Casa Garbot 之家 地址：c. Únic, s/n。☎ 973 69 40 47。

塔乌尔 Taüll

Casa Moliné 之家 地址：c. Santa Maria, 1。☎ 973 69 60 65。

Casa rural Santa Maria 之家 地址：pl. Cap del Riu, 3。☎ 973 69 61 70。

波伊 Boí

Casa Tenda 之家 地址：c. Graieres, s/n。☎ 973 69 60 34。

Casa Escudé 之家 地址：c. Major, s/n。☎ 973 69 60 17。

埃利尔 Erill-la-Vall

Casa Ferro 之家 地址：c. Santa Eulàlia, s/n。☎ 973 69 40 61。

Casa Pernalle 之家 地址：c. Únic, s/n。☎ 973 69 60 49。

阿古埃斯托特斯国家公园驿站 Refugis de muntanya al Parc Nacional d'Aigüestortes

Refugi de muntanya Ventosa i Calvell ☎ 973 29 70 90。有 80 个车位，提供饭菜。可洗澡。

阿内乌的河谷
Les valls d'Àneu

阿内乌的众多河谷位于诺格拉·巴雅尔斯（Noguera Pallaresa）河的源头处，它们之间有着密切的地理、历史和文化联系。几乎所有的河谷都在平坦开阔、阳光充沛的中心河谷——艾斯特里平原处汇集，诺格拉·巴雅尔斯河在这里恣意流淌。宋河谷、伊斯尔河谷、乌纳雷河谷以及艾斯波特河谷散落着众多美丽的巴雅尔斯高山地区村落，在这里可以欣赏到绝美的自然景色。阿古埃斯托特斯国家公园和圣马乌里奇湖给这条典型的阿尔卑斯风光线路画上了圆满的句号。

行程:
1天/78km

艾斯卡洛村（Escaló）
→圣皮雷·德尔·布尔加尔修道院（Sant Pere del Burgal） **2km**
圣皮雷·德尔·布尔加尔修道院
→艾斯特里·阿内乌镇（Esterri d'Àneu） **13km**
艾斯特里·阿内乌镇
→乌纳雷河谷（vall d'Unarre） **5km**
乌纳雷河谷→伊斯尔河谷（vall d'Isil） **17km**
伊斯尔河谷→瓦伦西亚·德·阿内乌镇（València d'Àneu） **15km**
瓦伦西亚·德·阿内乌镇→宋村（Son） **4km**
宋村→约乌村和艾斯塔伊斯村（Jou i Estaís） **8km**
约乌村和艾斯塔伊斯村
→艾斯波特村（Espot） **4km**
艾斯波特村→阿古埃斯托特斯国家公园和圣马乌里奇湖（Parc Nacional de d'Aigüestortes i Estany de Sant Maurici） **10km**

1

艾斯卡洛村
Escaló

ⓘ c. Únic, s/n。📞 973 62 60 67。🚌 Alsina Graells, SA。☺ 8月的第三个周日。

艾斯卡洛村是巴雅尔斯地区中世纪古城池保留最完好的村庄之一。马约尔街（carrer Major）的两头有城门和防御工事，从古老的塔楼北门或者村子南面城池上的中世纪城门可以前往马约尔街。此外，还保留了一座11世纪的瞭望塔，这是阿内乌河谷交通和防御体系的一部分。

2

圣皮雷·德尔·布尔加尔修道院 *
Sant Pere del Burgal *

ⓘ c. del Camp, 22-24（Esterri d'Àneu）。📞 973 62 64 36。网址：www.ecomuseu.com。

据历史记载，古老的圣皮雷·德尔·布尔加尔修道院建于859年，坐落于诺格拉·巴雅尔斯河的左岸，在艾斯卡洛村的前面。需要通过一条通汽车的路过桥，然后步行15分钟。整个修道院已经修复如旧，可以看得出，这是一个罗马大教堂式的建筑，有三个伦巴第拱的半圆屋顶。教堂的主祭坛依然保留了原来的中央半圆屋顶，两个半圆壁龛经过修复。其独特之处是半圆屋顶分为两层，并且位于主殿的西端，这样的结构使得主殿看上去有两个主祭坛。中央半圆屋顶的壁画装饰现在巴塞罗那民族艺术博物馆展出（教堂里保留的是其复制品），教堂由雕刻装饰的蜡油池以及耶稣钉在十字架的木制雕塑也保存在该博物馆。

3

艾斯特里·阿内乌镇
Esterri d'Àneu

ⓘ c. Major, 6。📞 973 62 60 05。🚌 Alsina Graells, SA。☺ 8月的第二个周日。其他节日：巴斯克塔集市（复活节周一）；牲口集市（10月15日）。阿内乌河谷的生态博物馆 Ecomuseu de les valls d'Àneu 地址：c. del Camp, 22-24。📞 973 62 64 36。

艾斯特里·阿内乌镇是巴雅尔斯主要的旅游胜地，可以给游人提供所有的旅游服务。位于诺格拉·巴雅尔斯河的两岸，中间有一座中世纪的古桥连接。阿内乌众多的河谷就在这个具有战略意义的位置处汇合。马约尔街是镇上的主要商业中心，上面有一个17世纪末的十字架。圣维森特教堂的钟楼矗立在马约尔街的古老房子之间。众多的小巷子依然保留着古村落的风貌，其中的加西亚之家（Casa Gasia）是一座19世纪的住宅，那时村子的经济活动主要围绕着畜牧业和农业。加西亚之家得到了全面的修复，因此，参观之后就会对一百年前的日常生活有一个全面的了解。这里同时也是阿内乌河谷生态博物馆的总部，这个博物馆分为不同的地方，这样就可以有多处可供游人选择，比如，宋村的中世纪建筑群，阿罗斯·德·伊斯尔（Alós d'Isil）的水力锯木坊，城

艾斯特里·阿内乌，上阿内乌的服务中心

多拉萨水库

池围着的艾斯卡洛村以及圣皮雷·德尔·布尔加尔修道院。村政府大楼里保存着历史和民俗档案，包括中世纪羊皮纸文献以及20世纪初的一整套照片资料。

4

乌纳雷河谷
vall d'Unarre

ⓘ Guingueta d'Àneu。✆ 973 62 60 67。☺ 乌纳雷，9月的第四个周日；塞尔比（Cerbi），基督升天前的周六。

艾斯特里平原风景最好的地方之一要数海拔1218米的乌纳雷村，它半藏于岩石之间。村里最突出的建筑是位于岩石高处的圣胡丽亚（Sant Julià）教堂。公路可以一直通到海拔1420米的塞尔比（Cerbi），位于罗伊格山（Mont-roig）下的河谷处。

5

伊斯尔河谷 *
La vall d'Isil *

ⓘ av. Port de la Bonaigua。✆ 973 62 60 38。☺ 伊斯尔，6月24日；阿罗斯·德·伊斯尔（Alós d'Isil，8月27日）。其他节日：法雅节（圣胡安节前夜）。

伊斯尔河谷是阿内乌众多河谷中最突出的一个，它的魅力是全方位的：它的村庄，自然风光以及那些罗马时期的教堂。艾斯特里·阿内乌镇北端出来的公路首先到达伊萨瓦勒（Isavarre）小村，应该去到村子的高处，参观罗马式的圣约伦特（Sant Llorenç）教堂，其美丽的正门有拱门饰，两根柱子的上面是柱头。

沿途，游人还可以参观波棱（Borén）村，它和波棱水库融为一体。当然，最有吸引力的还数伊斯尔村的圣胡安（Sant Joan d'Isil）罗马式教堂，它在伊斯尔村入口前的公路右边。教堂有三个大殿以及三个半圆屋顶，中间的要比旁边的两个大，三个屋顶都装饰有伦巴第拱。朝向墓地的教堂正面有雕带，大门有拱门饰，两旁分别有三根柱子，顶端是柱头。整个教堂稍微高出诺格拉·巴雅尔斯河，显得异常美丽。圣胡安教堂附近就是伊斯尔村，它位于公路的两旁。它在圣胡安日举行的法雅节尤其出名，这是有着悠久历史的篝火演出。

位于伊斯尔村三公里以外的阿罗斯·德·伊斯尔村海拔1280米，是伊斯尔河谷最尽头的村庄。进入村子，游人可以看到一座中世纪的古老石桥，横跨诺格拉·巴雅尔斯河。阿罗斯·德·伊斯尔至今依然

波棱村

保留了一些典型的老房子，其中最引人注目的是多尔特之家(Casa del Tort)，这是一个19世纪的大房子，它和该地区传说中的精灵和小矮人的故事有着密切的关系。据史书记载，圣里塞尔(Sant Lliser)教堂建于1090年，它的罗马式正门建于12世纪末或者13世纪初，其结构和伊斯尔村的圣胡安教堂相似。教堂的其他部分按照巴洛克风格进行了修复。除了村子，沿着河谷来到蒙特加利(Montgarri)山，就可以看到阿罗斯的水力锯木坊，这是阿内乌河谷生态博物馆的另一个展区。在锯木坊里可以看到用来切割建筑用木头的器械。

6

瓦伦西亚·德·阿内乌镇
València d'Àneu

ⓘ av. Port de la Bonaigua。☎ 973 62 60 38。🚌 Alsina Graells, SA。☺ 9月8日，11月30日。

瓦伦西亚·德·阿内乌镇是艾斯特里平原一个开阔而突出的村庄，是上阿内乌市政府所在地，管辖着如宋村，索尔贝(Sorpe)村以及伊斯尔河谷的村落。它的圣玛丽亚教堂只保留了罗马时期的半圆屋顶，在镇上低矮的房屋之间显得尤为突出。附近还有巴雅尔斯伯爵城堡废墟，目前正处于挖掘和加固阶段。这是伯爵领地最后的堡垒，在天主教国王费尔南多的同盟卡尔多纳(Cardona)家族三年的围攻下失陷。

7

宋村 *
Son *

ⓘ av. Port de la Bonaigua。☎ 973 62 60 38。☺ 8月的第一个周日。

海拔1393米的宋村是一个宁静的村落，位于河谷开阔、向阳之处，上面是海拔2696米、威严的

伊斯尔圣胡安教堂的罗马式柱头

德索·德·宋(Teso de Son)山峰。整个村落显得古老而简朴，13世纪罗马风格的圣朱斯特·伊·巴斯多尔(Sant Just i Pastor)教堂是一座杰出的中世纪建筑，原来有防御工事。四层高的钟楼有伦巴第拱，圆柱状的钟楼一直以来都是用来召集村民的。上到23米高的塔楼，就可以看到教堂内有一个罗马式的洗礼池，刻有人物和植物的蜡油池以及另一个有浅浮雕的蜡油池，此外，教堂内最令人注目的是15

瓦伦西亚·德·阿内乌镇，圣玛丽亚教堂

世纪的哥特式祭坛组画。该教堂已被宣布为历史艺术遗产。

8

约乌村和艾斯塔伊斯村
Jou i Estaís

ⓘ av. Port de la Bonaigua。✆ 973 62 60 67。☺ 距圣皮雷日最近的周末。

约乌村原是一座中世纪的小村庄，位于艾斯特里平原上的一个斜坡处，地理位置优越。这是一个以畜牧业为主的村落，与周围的自然景色融为一体。在这里欣赏到的艾斯特里平原以及多拉萨（Torrassa）湖的风光尤为出色。从这里可以前往艾斯塔伊斯村。艾斯塔伊斯村稍微远离公路，离大路也有500多米，由于它在高原之上，一眼望去都是起伏的山峦，因此很有吸引力。

9

艾斯波特村 *
Espot *

ⓘ c. Església, s/n。✆ 973 62 40 45。☺ 9月22日。🏰 艾斯波特的国家公园之家 Casa del Parc Nacional d'Espot 地址：Prat del Guarda, 4。✆ 973 62 40 36。

艾斯波特村是一个可以提供所有旅游服务的重要的旅游中心。它的中世纪桥名为教堂桥（pont de la Capella），连接了村内传统的两个区。矗立在贝格拉（Peguera）河旁的艾斯波特塔，是一座出色的中世纪瞭望塔，守卫着艾斯波特村和部分河谷地区。

除了艾斯波特滑雪场外，艾斯波特村也是进入阿古埃斯托特斯国家公园和圣马乌里奇湖的入口之一。艾斯波特的国家公园之家提供信息服务，如风光线路、营地、四驱车公交服务、天气信息等，此外，还有视听资料放映、导游、解说服务、展览以及为游人提供参观国家公园的不同线路。

10

阿古埃斯托特斯国家公园和圣马乌里奇湖 ***
Parc Nacional d'Aigüestortes i Estany de Sant Maurici ***

🏰 艾斯波特的国家公园之家 Casa del Parc Nacional d'Espot 地址：Prat del Guarda, 4。✆ 973 62 40 36。

阿古埃斯托特斯国家公园是加泰罗尼亚地区唯一的国家公园。它是全西班牙十二个国家公园中的其中一个。

根据1955年10月12日颁布的法令宣布成立，1988年3月30日加泰罗尼亚自治区政府颁布的7/1988号法律再次确立其国家公园的地位。

目前整个公园的面积是14119公顷，包括波伊河谷及艾斯波特河谷两部分，艾斯波特河谷这一部

宋村，罗马式圣朱斯特·伊·巴斯多尔教堂

艾斯波特村，阿古埃斯托特斯国家公园的入口之一

分也被称为圣马乌里奇湖。艾斯波特港（Portarró d'Espot）把整个公园一分为二。

在公园及其周边，游人看到的是比利牛斯山区典型的自然景观：高低起伏的山峦（海拔在1500米至3000米之间）是第四纪冰川活动的结果；植被以阿尔卑斯植物为主，主要是松柏丛林以及天然牧场；动物种类繁多，有岩羚羊、野猪、秃鹫、胡兀鹫、比利牛斯猫头鹰、白石鸡以及细嘴松鸡。多种多样的植物争奇斗艳，和高山湖泊一起构成美丽的画卷。

为了保护这一珍贵的财富，公园里一律禁止点火、采集植物或者矿物、捕捉动物或者安营扎寨。每年大约50万的游人必须严格遵守自然公园里的这些规定。

公园里有多条线路，其中最出名也是最值得推荐的是前往圣马乌里奇湖、拉特拉湖以及阿密特格斯湖的线路。从艾斯波特村4公里处开始，沿着路标明显的伊萨尔德（isard）路，走上4公里后，就来到了圣马乌里奇湖，安康塔特斯（Encantats，意

阿古埃斯托特斯国家公园和圣马乌里奇湖

米那伊隆小矮人

米那伊隆是传说中的一些小矮人，他们生活在针线盒里，通常是富人家或者巫师家的针线盒。当有人打开盒盖时，他们就迫不及待地要出来干活儿。如果有人打开了盒盖，又不给他们活儿干，就必死无疑。据说赛格雷河谷（vall del Segre）尽头的拉斯·德·孔戈斯（Ras de Conques）村以及洛克·比克（Roc Picó）村的乱石滩就是这些不知疲惫、勤勤恳恳的小矮人的杰作。

阿古埃斯托特斯国家公园里的安康塔特斯山山峰

为“着魔”）山形状奇特的山头倒映在湖水中。这些山头的名字来自一个传奇故事。说是有一天艾斯波特村的两个猎人不是去做弥撒，而是打猎去了。为了惩罚他们把爱好放在敬仰上帝的前面，就把他们变成了山上双头形状的石头。

建议继续沿着拉特拉湖和阿密特格斯湖的路走，直到把圣马乌里奇湖甩到身后。这条路很好走，沿途可以欣赏消失在远方的美丽的山巅，或者观察身边争奇斗艳的植物。

阿密特格斯河谷的自然风光让走山路的游人忘却了旅途的疲劳。源头湖泊的泉水在河谷里形成了大大小小的湖。在大湖（Estany Gran）旁建有一个高山营地，安顿远足的游人，并提供各种服务，让他们安心游玩。

巴雅尔斯烹饪

跟比利牛斯山的其他地区一样，巴雅尔斯的美食与山上的物产有着密切的联系。由于一直以来这里与外界隔绝，此外气候严寒，因此它的菜式特点是口味浓重，原材料都取自森林，无论是鱼类还是山珍野味。此外，还有多种香肠类食品以及其他可以储存的食品。如今在餐馆里可以品尝到一些特色菜，如糖蘸猪肉、石板烧羊肉、炖岩羚羊、炖野山猪。这里的奶酪出自牛奶和羊奶，在牧场上制作，在油里保存的图皮奶酪是加泰罗尼亚地区最好的奶酪之一。说到烈酒，核桃酒是非常出名的。总而言之，在这里可以品尝到山上出产的珍馐和美酒。

阿古埃斯托特斯国家公园和圣马乌里奇湖湖区风光

实用向导

周边地区

如果想深入了解阿古埃斯托特斯国家公园，就应该去圣马乌里奇湖，拉特拉（Ratera）湖以及阿密特格斯（Amitges）湖，沿途就可以欣赏到艾斯克里塔（Escrita）河美丽的风光，从不同的角度欣赏安康塔特斯（Encantats）山。在到达湖的观察点前，可以看到一棵巨大的松树，名为“阿密特格斯松”（Pi d'Amitges）。这段路程需要三个小时。

餐馆

瓦伦西亚·德·阿内乌 València d'Àneu

Hotel restaurant La Bonaigua 餐馆 地址：ctra. de la Bonaigua, s/n。☎ 973 62 61 10。主营一流菜肴，如岩羚羊肉。

Hotel restaurant La Morera 餐馆 地址：ctra. de la Bonaigua, s/n。☎ 973 62 61 24。拿手菜是白菜心石鸡。

艾斯特里·德·阿内乌 Esterri d'Àneu

Hostal Trainera 餐馆 地址：c. Major, 54。☎ 973 62 61 77。拿手菜是“拉布埃利”肉丸、墨斗鱼和李子、“布拉尔达”走地鸡等。

乌纳雷 Unarre

Casa Tonya 餐馆 地址：c. Únic, s/n。☎ 973 62 60 39。独家鹅肝以及各式炖菜。

艾斯波特 Espot

Hotel restaurant Roya 餐馆 地址：c. Sant Maurici, s/n。☎ 973 62 40 40。

Casa Palmira 餐馆 地址：c. Marineto, s/n。☎ 973 62 40 72。12 月 15 日到 22 日不营业。拿手菜是巴雅尔斯盆菜。

宋村 Son

Casa Masover 餐馆 地址：c. St. Pere, s/n。☎ 973 62 63 83。拿手菜是塔花牛肉。

住宿

酒店

艾斯特里·德·阿内乌 Esterri d'Àneu

Hotel restaurant Trainera P 酒店 ** 地址：c. Major, 54。☎ 973 62 61 77。

Esterri Park Hotel H 酒店 ** 地址：c. Major, 69。☎ 973 62 63 88。

艾斯波特 Espot

Hotel Saurat 酒店 *** 地址：pl. Sant Martí, s/n。☎ 973 62 41 62。

Sant Maurici 酒店 ** 地址：c. Afores, s/n。☎ 973 62 40 61。

瓦伦西亚·德·阿内乌 València d'Àneu

La Morera. HR 酒店 ** 地址：ctra. de la Bonaigua, s/n。☎ 973 62 61 24。10 月 15 日到 12 月 21 日不营业。

El Paller. H 酒店 * 地址：c. Major, s/n。☎ 973 62 61 29。

乡村住所

艾斯特里·德·阿内乌 Esterri d'Àneu

Casa Oficial 地址：cap de la Vila, 1。☎ 973 62 64 15。

乌纳雷 Unarre

Casa Tonya 地址：c. Únic, s/n。☎ 973 62 60 39。

瓦伦西亚·德·阿内乌 València d'Àneu

Casa Campaner 地址：c. Únic, s/n。☎ 973 62 62 51。

伊斯尔 Isil

Casa Fuster 地址：c. Major, 22。☎ 973 62 61 96。

宋村 Son

Casa Manyà 地址：c. Sant Pere, s/n ☎ 973 62 64 27。有两个独立的公寓。

露营地

拉吉格达 德·阿内乌 La Guingueta d'Àneu

Nou Càmping 营地 地址：ctra. C-13, s/n。☎ 973 62 60 85。

艾斯特里·德·阿内乌 Esterri d'Àneu

La Presalla 营地 地址：ctra. C-13km, 159。☎ 973 62 62 63。

艾斯波特 Espot

Sol i Neu 营地 地址：ctra. Sant Maurici, s/n。☎ 973 62 40 01。

青年旅舍

伊斯尔 Isil

Casa Sastrés 旅舍 地址：c. de les Escoles, s/n。☎ 973 62 65 22。

艾斯特里·德·阿内乌 Esterri d'Àneu

Alberg Pirinenc 旅舍 地址：c. Major, 2。☎ 973 62 62 11。

阿古埃斯托特斯国家公园驿站 Refugis de muntanya del Parc Nacional d'Aigüestortes

Montaña Ernest Mallafré 驿站 ☎ 973 25 01 18，提供饮食。

卡尔多斯谷
La vall de Cardós

从索尔特出发不久便可以到达阿苏阿谷(vall d'Àssua)。那里风景宜人，村落呈阶梯状分布在山谷半山腰。一路上游客还可以看到分布在卡尔多斯河沿岸的村庄。这条河是这个地区最主要的水道，并且连通周围数个湖泊，其中最著名的一个叫塞塔斯堪湖(Certascan)。此外，值得一去的景点还有波瓦依平原，那里田园风情十足，风光旖旎，恍若世外桃园，让人流连忘返。

行程:
1天/91km

索尔特(Sort)→耶苏里(Llessuí)	15km
耶苏里→卡尔多斯河岸(Ribera de Cardós)	32km
卡尔多斯河岸→艾斯塔昂谷(vall d'Estaon)	6km
艾斯塔昂谷→中世纪之桥(Pont medieval)	6km
中世纪之桥→爱斯特里(Esterri de Cardós)	3km
爱斯特里→亚多莱(Lladorre)	7km
亚多莱→爱奈多(Aineto)	6km
爱奈多→塔瓦斯堪(Tavascan)	2km
塔瓦斯堪→波瓦依平原(Pla de Boavi)	8.5km
波瓦依平原→罗美多湖)(Estany Romedo de Baix)	5km

耶苏里滑雪场和村落

1

索尔特
Sort

ⓘ av. Comtes de Pallars, 21。☎ 973 62 10 02。🚌 Alsina Graells, SA。☺ 8月1日。其他节日：佩尔斯集会(1月24日)，索莱尔圣女纪念节（5月1日）。🏛 索尔特市区资料档案馆 Arxiu Comarcal de Sort ☎ 973 62 14 09。⏲ 9月16日到次年5月31日，周一到周四，9:00到14:00，15:30到18:00；6月1日到9月15日，周一到周五，8:00到15:00。

产乌利集镇（阿苏阿谷）

索尔特海拔692米，是巴亚斯索比拉地区（Pallars Sobirà）的首府，也可以说是帕拉索比拉地区的一块飞地。在历史上，这里曾经是帕拉斯伯爵领地的所在地，建于11世纪的帕拉斯伯爵城堡的遗址经过一系列修复之后仍然保留着原貌，并向游人开放。游人若想参观此遗址，必须经过这个人口最密集的地区，那里仍然保留着古朴的乡土风格，街巷密布。在索尔特市区资料档案馆有该地区详尽的旅游信息。帕拉斯伯爵城堡的过道，作为人口最密集的中心，充满了浓郁的旅游和商业气息，每周二在这里都有集市。游人不妨在周二的时候来此一转。这里的商品种类繁多，其中比较有特色的是质量上等的香肠、奶酪和各种各样、琳琅满目的手工艺品。

2

阿苏阿谷和耶苏里谷
La vall d'Àssua i Llessuí

ⓘ 参看Sort。☎ 973 62 10 02。☺ 9月份的最后一个星期日。

索尔特，帕拉斯的考特斯大道

卡尔多斯河岸和河岸圣母玛丽亚钟楼

耶苏里是阿苏阿(Àssua)最著名的地区。阿苏阿谷特点鲜明，有连绵起伏蜿蜒俊秀的群山，最高峰为蒙森特峰，海拔2883米。帕拉斯地区拍照效果最好的几处地形都聚集在此。这里小村落众多，比如阿特龙(Altron)、索莱(Sorre)、伯努伊(Bernui)和沙利(Saurí)。这些别致的村落在山谷中完美地交织融合。在耶苏里人们可以眺望到远处的滑雪场，但这个滑雪场现在已经停止使用。在耶苏里的老城区，仍然保留了很多饶有趣味的古老房屋以及圣皮雷教堂(església de Sant Pere)，这些建筑仍有罗马时期的建筑风格。应该说，这里是开驿站和旅馆的黄金宝地，而且这里很有可能扩建森林中的公路，一直延伸到蒙森特峰附近。这里风景秀美，公路一直延伸至艾斯波特谷(Espot)，沿途风景壮观。

回来的路上可抵达卡尔格(Caregue)、艾卡斯(Escàs)和苏尔普(Surp)，苏尔普有一个异常美丽的圣维多利亚罗马式教堂。最终，这条路一直连接到利艾镇(Rialp)。

3

卡尔多斯河岸 *
Ribera de Cardós *

ⓘ 参看Sort。✆ 973 62 10 02。☺ 9月8日。

卡尔多斯河岸海拔898米，人口只有300多。位于福拉特卡尔多斯之穴(Forat de Cardós)的后方。该河岸位于一片广阔无垠、阳光充足的平原上。河岸就在公路的两侧，依傍在海拔1718米的塔瓦卡山(Tabaca)山脚下。卡尔多斯河岸是卡尔多斯谷的首府，这里有丰富的资源，还是帕拉斯河传统捕鱼业朝拜的圣社。在公路两侧，老城区和新城区的发展交相辉映。镇上以及全谷最引人注目的建筑就是河岸圣母玛丽亚教堂(església de Santa Maria de Ribera)。该教堂于公元839年为纪念赛乌捷尔(Seu d'Urgell)的圣母而建，至今仍保留着13世纪的罗马风格。教堂的正面、钟楼以及教堂后殿的半圆形拱顶都具有浓郁的罗马色彩，其中教堂正面的精美装饰和锯齿形状的墙裙令人赞叹不已。在教堂正面，有三条锯齿形状的弧线和一个绝美的玫瑰花饰。钟楼是帕拉斯地区最具有代表性的罗马风格建筑之一。钟楼的广场呈正方形，四层楼由锯齿形状的拱门和墙裙隔开。最顶层是由一个修雉堞构成的平屋顶，从这我们可以看出该建筑最初是用来充当防御工事的。

4

艾斯塔昂谷
La vall d'Estaon

ⓘ 参看Sort。✆ 973 62 10 02。

刚出卡尔多斯河岸，稍稍左拐便可以看到一条通往艾斯塔昂谷的路。首先看到的是苏里镇(Surri)，该镇坐落在奥拉提山(muntanya d'Aurati)脚下的平

阿罗斯的风景

冒险运动

诺格拉·巴雅尔斯河（Noguera Pallaresa）和诺格拉卡尔多斯河（Noguera de Cardós）是近些年来当地最主要的旅游胜地。在这里有二十多家经营各种各样冒险运动的场所，提供各种形式的水上运动，如充气艇潜水等。每年7月上旬在索尔特地区都会开展环凯亚克欧洲锦标赛，届时，世界各地的独木舟划桨高手都会聚集于此，在湍急的流水中一决高下。

原上。从河岸上远眺，小镇就像是悬在山上。这里还有其他村庄，比如波内斯塔莱（Bonestarre），该村庄坐落在康比美山（Campirme）的支脉，从那可以清楚地欣赏卡尔多斯谷和艾斯塔昂谷。艾斯塔昂的圣女爱拉利亚教堂（Santa Eulàlia d'Estaon）留存下来的遗迹所剩无几，但那里曾是珍贵的罗马绘画艺术中心，有些画现在被收入加泰罗尼亚艺术博物馆（MNAC）和赛乌捷尔（Seu d'Urgell）主教博物馆。

5

中世纪桥 *
El Pont Medieval *

离开卡尔多斯河岸，继续沿着公路走600米左右，在经过卡斯布罗斯（Casibrós）之前，可以看到这座美丽的中世纪桥。

卡尔多斯的爱斯特利教堂钟楼

6

爱斯特里
Esterri de Cardós

ⓘ Casa consistorial。✆ 973 63 31 85。
☺ 10月的第二个星期日。

在这个处处可看到草地的小山谷里，有三个美丽有趣的小村落：阿罗斯（Arròs）、爱斯特里和几内斯塔莱（Ginestarre）。在这其中，爱斯特里是该市区的行政中心。在市区广场有些十分吸引人的粗制房屋。罗马式的圣保罗教堂（església romànica de Sant Pau）虽然经过修改，但是其中的半圆形拱顶建筑上留下了原汁原味的13世纪罗马绘画。这些绘画现在可以在加泰罗尼亚艺术博物馆（MNAC）欣赏到。有一条森林公路从村落一直延伸到内瓜平原（pla de Negua），一路风景旖旎。

亚多莱地区比利牛斯山风景

亚德罗斯的集镇

7

亚多莱、博尔帝斯尤萨和博尔帝斯索比拉
Lladorre, Boldís Jussà i Boldís Sobirà

ⓘ c. Major, 5。📞 973 62 30 00。☺ 亚多莱，7月29日；博尔帝斯尤萨，6月29日；博尔帝斯索比拉，9月的第四个星期日。

亚多莱人口稀少，只有200多人，这是游览圣米格尔谷的最佳起点。在博尔帝斯尤萨和博尔帝斯索比拉的村落景色别致，并且不失高山地区古老民族部落风情。

这里有若干高大的楼房，它们见证过古老畜牧业的繁荣和兴旺。从博尔帝斯尤萨可以清楚地眺望到圣皮雷教堂八角形的钟楼。再往上，可以更明显地看到，博尔帝斯索比拉构成抵达图德拉港（Tudela）的最后一道边界。图德拉港与费雷拉谷相通（Ferrera）。圣福录托斯（Sant Fruitós）教堂十分引人入胜，特别是其独特的斜坡瓦屋顶。

8

爱奈多
Aineto

ⓘ 参看Lladorre。📞 973 62 30 00。☺ 集会(8月5日后的星期天)。

爱奈多位于离公路比较偏远的地方，离塔瓦斯堪山脚还有1公里，或者从塔瓦斯堪高地出发沿古道步行。不管怎样，这个简朴的小村落值得一游。从那里可以全方位俯瞰山谷，另外还可以参观圣罗马（Sant Romà）美丽的罗马式小教堂，那里有孤舟、钟楼和弧形半圆的穹隆。

9

塔瓦斯堪
Tavascan

ⓘ 参看Lladorre。📞 973 62 30 00。☺ 8月5日和8月24日。

海拔1116米的塔瓦斯堪是卡尔多斯谷大道上的最后一个村落。在与公路平行的路段有很多夏冬两季旅游设施，这里的确是整个山谷郊游的最佳地点。塔瓦斯堪的高地便是该村落的老城区，那里遍布各式简单而质朴的窄巷。在此漫步，不妨一直信步至横穿大河的中世纪桥和塔瓦斯堪谷。

10

波瓦依平原 *
Pla de Boavi *

ⓘ 参看Lladorre 。📞 973 62 30 00。

波瓦依平原是一处风光秀丽、景色宜人的田园胜地。平原四周围绕着高低起伏的山地地形。在这里，从最高峰3000米一直到平原地带的1460米，千余米的高度落差构成了一道亮丽别致的风景。波瓦依的植被覆盖很广，成片的欧洲白桦和品种各异的松柏遍布山腰。

11

艾斯塔尼赛塔堪、瑙特和罗美多
Estanys de Certascan, Naorte i Romedo

ⓘ 参看Lladorre。📞 973 62 30 00。

波瓦依平原附近的马群

在水库旁边有一条岔路通向波瓦依。这条路是沿比利牛斯山景色最为壮观的公路之一，沿途可以欣赏卡尔多斯山谷、比卡德塔山谷（pica d'Estats）和索特约谷（Sotllo）。

漫步20多分钟就能抵达瑙特河，这里是休闲度假的胜地。如果去塞尔塔斯堪湖（estany de Certascan），其中一段必经之路是弧度很大的主干道，那附近有一个瀑布。如果要绕过这个坡需要45分钟才能到达那个面积达58公顷、比利牛斯山上最大的湖泊。塞尔塔斯堪湖湖面宽广明净，北部被花岗岩墙和铁质板岩墙围绕，和周围红色的基调相互映衬，融为一体。公路的尽头是罗美多德巴伊斯湖（Romedo de Baix），信步向前20分钟，还可以看到附近的另一个湖——罗美多德达特湖（estany Romedo de Dalt）。

比利牛斯山风景一览

实用向导

餐馆

索尔特 Sort

Pessets 酒店 地址：c.Diputació, 3。☎ 973 62 00 00。11 月后休业。酒店特色：主营山羊羔、猪肝酱。

Can Joana 酒店 地址：ctra. de Sort, E, km 3。☎ 973 62 17 58。每周五暂停营业。供应加泰罗尼亚风味饮食。

卡尔多斯河岸 Ribera de Cardós

Ribera de Cardós 餐馆 地址：av. Hug Roger III, 1。☎ 973 62 31 00。酒店特色：家常风味的河鳟及其他菜肴。

塔瓦斯堪 Tavascan

Llacs de Cardós 餐馆 地址：ctra. Única, s/n。☎ 973 62 31 78。11 月 2 日至 12 月 4 日休业。餐馆主要经营：山羊羔配蔬菜，嫩瓜甜品。

耶苏里 Llessuí

El Pigal 酒店 地址：c. Únic, s/n。☎ 973 62 17 15。酒店特色：野味菜式。

住宿

宾馆

索尔特 Sort

Pessets 酒店 *** 地址：Diputació, 3。☎ 973 62 00 00。11 月休业。

卡尔多斯河岸 Ribera de Cardós

Cardós 酒店 * ☎ 973 62 31 00。

塔瓦斯堪 Tavascan

Llacs de Cardós 酒店 地址：ctra. Única, s/n。☎ 973 62 31 78。房间可观山河风景和居民区。

Estanys Blaus 酒店 *** 地址：Únic, s/n。☎ 973 62 31 78。

住宅－别墅

卡尔多斯河岸 Ribera de Cardós

Casa Millet 地址：pl. Sant Ferran, 2。☎ 973 62 31 25。

亚多莱 Lladorre

Casa Serra 地址：ctra. Tavascan, s/n。☎ 973 62 31 17。

爱斯特里 Esterri de Cardós

Casa Borrut 地址：c. Major, s/n。☎ 973 62 31 84。

爱奈多 Ainet de Cardós

Casa Marquès 地址：Afores。☎ 973 62 31 57。

露营地

爱奈多 Ainet de Cardós

Les Contioles 地址：ctra. de Llavorsí a Tavascan, km 11。☎ 973 62 31 56。

卡尔多斯河岸 Ribera de Cardós

Càmping del Cardós 地址：ctra. de Llavorsí a Tavascan, km 8,5。☎ 973 62 31 12。

La Borda del Pubil 地址：ctra. de Tavascan, km 9,5。☎ 973 62 30 88。

塔瓦斯堪 Tavascan

Bordes de Graus 地址：ctra. de la Pleta del Prat, km 5。☎ 973 62 32 46。

费雷拉河谷
La vall Ferrera

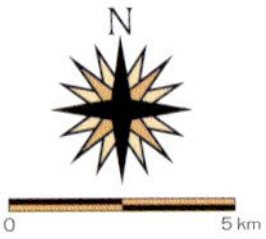

费雷拉河谷是巴雅索韦拉（Pallars Sobirà）区最隐秘的河谷之一。河谷的风景和小村庄有种特别的魅力。

行程:	
	1天/77km
利艾（Rialp）→亚沃西（Llavorsí）	13km
亚沃西→蒂维亚（Tírvia）	5km
蒂维亚→格马德布格（Coma de Burg）	4km
格马德布格→阿拉沃斯（Araós）	8km
阿拉沃斯→埃内特（Ainet de Besan）	4km
埃内特→阿林斯（Alins）	3km
阿林斯→多勒（Tor）	12km
多勒→圣玛丽亚德拉托（Santa Maria de la Torre）	15km
圣玛丽亚德拉托→阿雷乌（Àreu）	2km
阿雷乌→布拉德波（Pla de Boet）	11km

铁矿石给这个地区的房子、教堂和茅屋添加了深暗的颜色。环绕河谷的山岭蜿蜒起伏，所以白桦和松柏的林间景色尤为突出。游客在此路线中也可以领略蒂维亚地区和布格盆地的一些独特风貌。

利艾景色

❶
利艾
Rialp

ⓘ pl. de les Escoles, 2。☎ 973 62 03 65。
🚌 Alsina Graells, SA。☺ 8月15日。

利艾曾经是中世纪的村镇，半残损的古堡和马约（Major）大街上有柱廊的房子都是明证。它坐落在诺格拉·巴雅尔斯河（Noguera Pallaresa）河岸上，可能是近些年来附近经历最多变化的村庄之一。一座古老的村镇变成了充满新式建筑、有活力的村庄。冒险运动，尤其是激流运动，如波特埃内滑雪场等使当地的旅游业发展日益蓬勃。

❷
亚沃西
Llavorsí

ⓘ ctra. de Cardós, s/n。☎ 973 62 22 17。
🚌 Alsina Graells, SA。☺ 7月26日。其他节日：比乌斯圣女节（5月第二个星期日），阿杜拉狗比赛（8月）。

亚沃西是一个河流河谷汇集的地方。诺格拉·巴雅尔斯的河水和来自卡尔多斯（Cardós）的河水在此汇合。同时阿特巴亚斯（Alt Pallars）河一些主要的支流也在这里交集：阿内乌（Àneu）河、卡尔多斯河和费雷拉河。村庄坐落在石山之下，是旅游和激流运动的中心之一。游客可以深入古地，走遍各条小巷来了解其乡村的一面，这与公路附近忙乱和旅游的一面截然不同。亚沃西郊外有座古堡，可能是吉拉雷内（Gilareny）的古堡遗址，是中世纪把守战略要地的堡垒。从古堡遗址望去，可看到整个亚沃西和比利牛斯山河谷入口的美景。

❸
蒂维亚
Tírvia

ⓘ pl. Ajuntament, 1。☎ 973 62 20 73。☺ 8月1日。其他节日：牲畜节（10月23日）。

蒂维亚村坐落于小山顶上，自古被认为是战略要地。它的拉丁文名字是Tribium，意思是三条路，证明了它的位置在三个河谷的交会之处。古城区的痕迹现在所剩无几（只有一段廊柱街）。随着时间流逝，村庄被扩建、被占领过，在内战中又几乎被摧毁。虽然如此，这里仍然是个美丽的地方。应该强调的是，教区里的圣菲利乌（Sant Feliu）教堂是按新浪漫主义风格进行修复的。这座村庄的面包店在整个地区远近闻名。

❹
格马德布格
Coma de Burg

ⓘ pl. de l' Ajuntament, 1。☎ 973 62 20 25。
☺ 格马德布格节（8月第三个星期日）；8月16日。

从蒂维亚出发，在布格盆地到费雷拉村一条非常窄的公路上大约走四公里左右，首先到达格马德布格村，它隐藏在山区陡峭的一角。从这个高地可以欣赏格洛丽塔（Glorieta）、马约莉斯（Mallolís）、阿兰

蒂维亚景色

多(Alendo)和蒙特斯卡拉多(Montesclado)村的美景，这些村落分布于公路坡路下边。费雷拉是这条路段上最有趣的村庄，因为村庄被山路的南坡隐藏起来，快要到达时才能隐约看见它。通向马约尔路的城门穿过圣洛克(Sant Roc)教堂的钟塔，开口半米长，呈拱形。

想要去费雷拉之外其他地方的人，应当雇用越野汽车从索(So)港出发到圣马达莱那(Santa Magdalena)神庙，这段路通过林区道路连接上乌捷尔(Alt Urgell)——秋天这个地区出产蘑菇。

5

阿拉沃斯
Araós

ⓘ 参看Alins。📞 973 62 44 05。☺ 9月1日。

阿拉沃斯是沿费雷拉河谷首先可到达的村庄。圣史蒂夫(Sant Esteve)教堂起源于罗马，但是整个建筑已经改头换面。走十分钟平坦的路就可以到达圣弗朗塞斯克(Sant Francesc)教堂。整个建筑已经被重建，最有趣的是，它没有降低风景的整体性，是属于西哥特人的马蹄铁形门拱，几年之前还是唯一没有倒塌的建筑。不能确定建筑完成的时间，但是已经证实它起源于前罗马时代。

6

埃内特
Ainet de Besan

ⓘ 参看Alins。📞 973 62 44 05。☺ 8月17日。

埃内特位于山坡脚下，上世纪70年代在公路旁边建立起了一个新的村庄。现在没有人能感受到古村庄的痕迹，但可以欣赏到非常美丽的房屋，那是河谷的特色建筑。在埃内特曾经有费雷拉河谷最重要的锻造车间——莫雷斯车间(la Farga de Moles)。通往阿林斯的路上有15世纪的胸像十字架，一面表现耶稣受难，另一面再现神圣家族。不幸的是，现在在原来的地方已经看不到费雷拉河谷的

蒂维亚的特色建筑

主要集镇部分景色和费雷拉的圣洛克教堂

胸像十字架了。十字架原来曾是河谷特色的象征之一，现在十字架已经被阿林斯和阿雷乌政府收藏起来，以防被盗。

7

阿林斯
Alins

ⓘ pl. Ajuntament, s/n。☎ 973 62 44 05。☺ 6月24日。其他节日：复活节星期日。

阿林斯村是费雷拉山谷的中心村庄，它位于河谷的周边地区，其突出特点是蒙特伊科索(Monteixo)的壮丽景色。这里有商店、旅馆和野营地。19世纪末建造了三处锻造车间，在老城区原来还有一个堡垒。现在仍可见一幢叫做卡科伊斯(Cal Coix)的修整过的房子，原来是卡斯特亚努(Castellarnau)家的府第。压力塔是17世纪建成的著名建筑，二层仍保留着锻铁栅栏。同时应该关注一下圣比森斯(Sant Vicenç)教堂的罗马钟塔。步行15分钟就能到圣吉尔则寺(Sant Quirze)，它建于11世纪。在那里，人们可以欣赏到阿林斯和蒙特伊科索的一部分美景。

铁器手工艺

8

多勒
Tor

ⓘ 参看Alins。☎ 973 62 44 05。☺ 7月第二个星期日。

出了阿林斯是一条通往多勒河谷的路，路途很长，简单而美丽，通向多勒村。多勒村(海拔1649米)是

费雷拉河谷的锻造车间

从 10 世纪或者更早开始，费雷拉河谷就拥有以传统锻造业为基础的繁荣工业。阿林斯三个锻造车间的优质铁矿石运往西班牙各地，许多堡垒关隘保护着这个矿产丰富的河谷。锻造车间为许多人提供工作，直到工业革命开始，当时许多的开发项目都落空了。

费雷拉河谷的农场主

加泰罗尼亚地区有人居住的最高地区之一。游客可以在传统的巴雅索韦拉区家庭里用餐。教区的圣皮雷(Sant Pere)教堂是罗马式建筑。10世纪的钟楼是加泰罗尼亚地区11世纪前所剩无几的建筑之一。这里还可以看见中世纪堡垒夫萨多勒(Força de Tor)的遗址，位于附近的山上。

9

圣玛丽亚德拉托
Santa Maria de la Torre

圣玛丽亚德拉托教堂是罗马式教堂，从公路上可以清楚地看见，它位于河的对岸。虽然是重建的建筑，但美丽的罗马式门厅依然炫目。

阿林斯的典型建筑

10

阿雷乌
Àreu

ⓘ 参看Alins。☎ 973 62 44 05。☺ 8月1日。🏛 阿雷乌木材厂 Serradora d'Àreu 地址：Força d'Àreu。☎ 973 62 43 55。$ 2欧元。

阿雷乌位于费雷拉山谷最广阔的部分，是整个河谷最后见到的村镇。蒙特伊科索的圆丘(Mola del Monteixo)几乎到处可见，整个地区分外美丽。平原地区有一个很陡峭的中心，另外一个中心位于中世纪的工事弗萨阿雷乌(Força d'Àreu)周围。整体看来，圣菲利乌教堂非常突出，由一个半圆屋顶和一个石砌钟楼组成。有趣的是，可以在教区圣克里门特(Sant Climent)教堂内部看到保存下来的马雷德

阿雷乌附近的风景

拉托(Mare de Déu de la Torre)的罗马圣母。在阿雷乌也可以去磨坊和传统的木材厂参观。此木材厂的独特之处是全部以水力为动力。

11 波俄特平原 *
Pla de Boet *

从阿雷乌出发，转下GR—11公路之后是一段非常好走的山路，这是通过加泰罗尼亚地区比利牛斯山的主要山路。蒙特伊科索北坡直到莫里纳萨(Molinassa)桥、波尔特平原附近，是有丰饶牧草的好地方。在河的对岸可见费雷拉河谷的隐蔽处，是徒步远足的好地方。

在这里，值得向游客推荐的一条路线是去埃斯达特峰(Pica d'Estats，海拔3115米)，游客可在那里欣赏到非常美丽的景色。

埃斯达特峰，加泰罗尼亚的最高峰

实用向导

餐馆

利艾 Rialp

Comtes de Pallars 餐馆 地址：av. de Flora Cadena，2。☎ 973 62 03 50。

阿雷乌 Àreu

Vall Ferrera 餐馆 地址：c. Martí，1。☎ 973 62 43 43。特色菜：埃斯库德亚(escudella，加泰罗尼亚地区的米糊或面汤)、红烧岩羚羊。

埃内特 Ainet de Besan

Fusté 餐馆 地址：c. Santa Anna，11。☎ 973 62 44 04。家庭餐馆，有这个地区的特产。

住宿

酒店

阿林斯 Alins

Salòria. H 酒店 ** 地址：Únic，s/n。☎ 973 62 43 41。

阿雷乌 Àreu

Vall Ferrera. H 酒店 ** 地址：c. Martí，1。☎ 973 62 43 43。

蒂维亚 Tírvia

Nadalet. P 酒店 ** 地址：Coberts，s/n。☎ 973 62 20 83。

利艾 Rialp

Hostalet. P 酒店 * 地址：ctra. Sort a Rialp，km 97。☎ 973 62 01 09。

Condes del Pallars 酒店 *** 地址：av. Flora Cadena，2。☎ 973 62 03 50。

Víctor 酒店 * 地址：av. Flora Cadena，37。☎ 973 62 03 79。

亚沃西 Llavorsí

Lamoga. H 酒店 ** 地址：av. Pallaresa，4。☎ 973 62 20 06。

H. del Rei 酒店 ** 地址：Santa Anna，7。☎ 973 62 20 11。

乡村旅店

阿林斯 Alins

Casa Bortomico 地址：La Canal，s/n。☎ 973 62 44 22。

阿雷乌 Àreu

Casa Bueno 地址：Pica d'Estats，s/n。☎ 973 62 43 63。

Casa Gallardó 地址：La Força，s/n。☎ 973 62 43 44。

Casa Currona 地址：c. Casa Currona，s/n。☎ 973 62 44 17。

Casa Perejoanet 地址：c. Únic s/n。☎ 973 62 43 32。

露营地

阿林斯 Alins

Vall Ferrera 地址：ctra. Llavorsí a Àreu，km 13。☎ 973 62 44 08。

亚沃西 Llavorsí

Aigües Braves 地址：ctra. d'Esterri，s/n。☎ 973 62 21 53。

福斯卡山谷
La vall Fosca

行程:
1天/89km

塞拉德尔山谷（La vall de Serradell）
→贝尔贝伊（Pobleta de Bellveí） **12km**
贝尔贝伊→卡布德里亚塔
（Torre de Cabdella） **12km**
卡布德里亚塔→埃斯布伊和
卡布德里亚 （Espui i Cabdella） **8km**
埃斯布伊和卡布德里亚
→萨因特水库（Pantà de Sallente） **7km**
萨因特水库→蒙特科尔特斯和佩拉梅阿
（Montcortès i Peramea） **34km**
蒙特科尔特斯和佩拉梅阿→杰里德拉萨尔
（Gerri de la Sal） **4km**
杰里德拉萨尔→阿尔波洛圣母玛丽亚教堂
（Santa Maria d'Arboló） **2km**
阿尔波洛圣母玛丽亚教堂→科勒加德斯山口
（Congost de Collegats） **10km**

通过长长的峡谷，来到山谷一头，有萨因特索道可以登上山顶，这里可以饱览弗拉米塞伊河（riu Flamisell）流域的美丽景色。返程路线经过蒙特科尔特斯镇和佩拉梅阿镇，沿途是高地和草原。最后一段路上有历史悠久的石桥、古老的盐场、杰里德拉萨尔，另有一种特殊的魅力。

比利牛斯山区的塞拉德尔山谷鸟瞰风光

1 塞拉德尔山谷
La vall de Serradell

☺ 显圣节前的星期天。

从塞古尔镇(La Pobla de Segur)到苏埃尔桥(El Pont de Suert)的公路上,有一条支路通向塞拉德尔山谷。红土的山梁构成一道如画的风景。多石的谷地,称为石滩,四周是长满了橡树和圣栎树的树林。游人最先看到的是埃林亚小镇(Erinyà),镇口是圣埃斯特万教区教堂,教堂的钟楼非常显眼。塞拉德尔位置奇特,好像镶嵌在石滩上凸出的奇石中间。这个到20世纪中叶还鲜为人知的地方,奇特而又宜人的风景是这条短途旅游线的最诱人之处。

2 贝尔贝伊
Pobleta de Bellveí

ⓘ 参看Torre de Cabdella。☎ 973 66 30 01。
☺ 8月的第三个周日。其他节日:圣菲利乌节(8月1日)。

贝尔贝伊镇是一个旅游业和传统畜牧业相结合的小镇。大约50年前,那里还举办过一年两度的牲口交易会。小镇以专业养殖骡子出名,今天这一曾经很重要的商业角色已经被人遗忘了。镇中心最显著的建筑是圣菲利乌教堂的钟楼。狭窄的街道和现在还有人居住的古老房屋也别有一番风味。

3 卡布德里亚塔
Torre de Cabdella

ⓘ Casa Consistorial, s/n。☎ 973 66 30 01。☺ 8月的第二个星期天。其他节日:圣克来乌节(5月3日),罗塞降临节(8月的最后一个星期天)。

该镇人口不足800,位于整个福斯卡山谷市政管理地区的中心。卡布德里亚塔附近的圣马尔蒂教堂,位于河下游方向1公里处的Estell十字路口。这是这个山谷地区最有意思的一个去处。镇内还有一座罗马式教堂。它呈长方形,有伦巴达式的连拱和主事区。

塞古尔小镇鸟瞰风光

4

埃斯布伊和卡布德里亚
Espui i Cabdella

ⓘ 参看Torre de Cabdella。☎ 973 66 30 01。☺ 圣胡利亚·埃斯布伊节（1月7日）。其他节日：埃斯布伊之夏（8月的第一个周末），在卡布德里亚镇举行的圣维森特节(1月22日)。

埃斯布伊镇矗立在公路左侧。圣胡利亚教堂（església de Sant Julià）就在小镇中心。最有趣的是教堂那座漂亮的罗马式钟楼。再往前就能望见卡布德里亚镇，矗立在四周都是峭壁的山坡上。那是最美的小镇之一，历史上这里是山谷的真正核心。

1178年起属于圣殿骑士团，后转属埃里尔家属，即封建时代加泰罗尼亚最著名的王朝，在现今帕亚尔·胡萨（Pallars Jussà）和阿尔塔里巴格萨（Alta Ribagorça）地区。圣维森斯·德·卡布德里亚罗马教堂如今已有很大的变化，但保留了原来的钟楼、穹顶和伦巴第的连拱。在加泰罗尼亚艺术国家博物馆里，还保存着出自该教堂的一尊12世纪的罗马风格雕塑。

5

萨因特水库和乘索道到亨托湖 *
Pantà de Sallente i Telefèric a l'estany Gento *

ⓘ 参看Torre de Cabdella。☎ 973 66 30 01。🚡 萨因特索道 Telefèric de Sallente ☎ 973 25 22 31。💲 6欧元（来回程）。

萨因特水库的索道

公路尽头是萨因特发电厂，那里道路崎岖，没有山谷人居地区那样茂密的树木花草。现在游人可以乘索道上山一直到亨托湖。一路上可以看到弗拉米塞尔河流域美妙的空中景色。亨托湖是个长方形的水库，最多可容纳2200万立方米水。这些水来自该地区的其他水库，水库间都有地下涵洞相互联通。按照福斯卡山谷的路线，沿着环绕优美的湖泊区的道路，可以享受一次令人难忘的行程。过了索道可以有两种选择：往左边走，有道路通向其他湖泊，如托特湖（Tort）、内廖洛湖（Neriolo）、库贝索湖（Cubeso）、卡斯迭索湖（Castieso）和莫尔多湖（Morto）等；往右边走，有道路通向科洛米纳山洞（Colomina）和另外一些湖泊，如科洛米纳湖、马尔湖（Mar）、弗雷斯考湖（Frescau）和萨布洛湖（Saburó）。

6

蒙特科尔特斯和佩拉梅阿 *
Montcortès de Pallars i Peramea *

ⓘ 参看Torre de Cabdella。☎ 973 66 30 01。☺ 蒙特科尔特斯地方节（9月的最后一个周日）；佩拉梅阿地方节（6月的第二个周日）。

蒙特科尔特斯小镇是在古代的城堡周围发展起来的，现在城堡已经几乎不存在了。佩拉卡尔斯山（serra de Peracalç）的山峰指引着这座小镇向科尔特斯谷地（pla de Corts）的中部延伸。

蒙特科尔特斯湖的环湖周长约两公里，就在小镇附近。与大部分由冰川造成的湖泊不同，蒙特科尔特斯湖是由喀斯特地貌形成的。这里的大自然的魅力是不可抗拒的。此外，围绕着这块土地还有许多的传说，比如，传说在湖底埋着一座神秘的城市。最著名的传说是从中世纪开始流传的，说的是一位帕勒斯公爵失足掉进湖里（原来的名字叫阿基拉湖），经杰里圣女（Mare de Déu de Gerri）搭救奇迹般生还。公路向有大片草地的高地上伸展，那里突出的景色是圣吉里山（Sant Quiri）和佩拉卡尔斯山（Peracalç）之间的科尔特斯谷地（el pla de Corts）和安科斯河谷（Vall d'Ancs）。

佩拉梅阿镇起源于一座城堡，如今这座城堡只剩下一些不易察觉的遗迹了。小镇还保留了一些中世纪的特色，如老城区可见到典型的带门廊的房子。从安科斯河谷看这里，景色美极了。

7

杰里德拉萨尔 *
Gerri de la Sal *

ⓘ 参看Sant Sebastià。☎ 973 66 20 40。☺ 8月的第三个周日。其他节日：Morisca舞蹈节。

杰里德拉萨尔居民区是非常吸引人的。从公路上就能见到的古石桥、盐场和修道院，构成了一个很有游览价值的整体。周围的自然风光突出的有挺拔的欧洲山毛榉树，还有大片的红松。杰里德拉萨尔修道院，从前是本笃会的圣母玛丽亚修道院，走过诺

卡布德里亚镇的冰川湖

格拉·巴雅尔斯河(riu Noguera Pallaresa)上的石桥，对岸就是修道院。那里曾经是帕拉尔斯(Pallars)的教会核心之一。

这座古老的修道院的历史可以追溯到9世纪，但是现在的漂亮的罗马式建筑竣工于1149年。尽管建筑的结构经过多次改造，并且在18世纪遭受过多次洗劫，但古老的杰里德拉萨尔修道院仍保留了部分昔日的光辉。在帕拉尔斯的历史上它曾扮演过最重要的角色。

修道院有三个大殿和三个穹顶，一个大院分三部分，分别与大殿连接，一座三层的钟楼赋予整个建筑一个有特色的外形。当然，参观内部要比看外观更有意思。在修道院里面可以看到多达30间的祭室，24间在大殿的四周，6间在穹顶的下方。1821年修道院的财产被拍卖。1835年，教团还俗，圣母玛丽亚修道院不复存在。

杰里盐场，从公路上可以望见，离诺盖拉·帕拉雷萨不远，目前仍在运作，但产盐量非常有限。食盐的开发在古代曾经是极为重要的经济项目，在18世纪以前是由杰里教士们控制的，一直到修道院还俗。从此，生产高质量食盐的杰里盐场由王室监管。这里的盐是通过把附近含盐的泉水蒸发得来的。

8 阿尔波洛圣母玛丽亚教堂
Santa Maria d'Arboló

ⓘ 参看Gerri de la Sal。☎ 973 66 20 40。
☺ 阿尔波洛迎圣母节(5月的第一个周日)。

去阿尔波洛圣母玛丽亚教堂，沿着通向索尔特(Sort)的公路走，要经过圣母堂上面的一座便桥过河。再走一小段路就可以到达这座12世纪的罗马式小楼房。圣母堂有一个正殿，一个带连拱的半圆形穹顶，一个小钟楼就建在正殿的顶上。奇怪的是，圣母堂是杰里德拉萨尔修道院的复制品，只是微缩并简化了。建筑物的简洁与和谐，使用的石块的颜色从灰色到红色的变化，使这座名不见经传的祭堂成了比利牛斯山地区罗马建筑中一件小巧的珍品。

科勒加德斯山口下帕拉雷萨的伐木人之碑

杰里德拉萨尔一景

9 科勒加德斯山口 *

Congost de Collegats *

ⓘ 参看Gerri de la Sal。☎ 973 66 20 40。

科勒加德斯山口是个保护区，限制机动车辆通行。这个山口从前是强盗们的藏身之处，是切断通向比利牛斯山脉中心地带的天然屏障之一。

中世纪的古通道需要绕一个很大的圈子。有了这条通道以后就方便多了，实际上这是到1686年才开通的，是由出生于塞古尔镇的伊西德雷（Isidre）和胡安·贝雷戈尔（Joan Berenguer）父子俩修的路。他们花了两年的时间才换来了征收买路钱的权利，凡经过那里的人和牲口必须付钱。狭窄的峡谷

杰里德拉萨尔的盐场

杰里德拉萨尔修道院

里，有几处真正的名胜，如拉尔亨特里亚巨石，在那里可以看到一块“风景如画”的广告牌。

巨石的旁边还可以看到常年滴着晶莹的水滴的地方，周围有大量的钟乳石。1883年，一位诗人兼教士哈辛特·韦尔达盖尔（1845—1902）经过此地，事后他把感想抒发在一首诗中，题目叫《卡尼戈》（Canigó）。

还有一些是有关科勒加德斯山口的民间传说，都是以口头方式代代相传并保存下来的。那不是讲这地方的美丽，而是讲它的神秘。因为在这峡谷里，河水冲出了一条很大的缝隙，那是进入帕拉雷萨山区的入口。凡是要去帕拉雷萨的商人和游人，都必须经过这里。虽然这是商家做买卖的必经之路，但这地方阴暗险恶，使人一下子就会跟鬼怪故事联系起来。

人们给它起了一个名字叫“山猫峡”，因为山猫依照当地的传统说法总是和神怪巫术联系在一起的。许多传说都说这里住着妖魔鬼怪、牛鬼蛇神，走过这里的人有生命危险。

实用向导

周边地区

这条路线很有意思，经过贝尔贝伊小镇，到圣赫尼斯悬崖处，可以看到魔鬼桥。

卡布德里亚电站（Central de Cabdella）是由水力发电站和电站工人住的木屋构成的小镇，还有一个养鱼场，合在一起组成了这个特别的居民点。

如果去科勒加特德山口游览，一路上有蟒蛇山洞，传说洞里有条巨蟒，会吞食走近山洞的人。需要说明一下，那只是传说，去那里时不用害怕。

餐馆

塞古尔镇 La Pobla de Segur

El Raier 餐馆 地址：av. Madrid 3 号。☎ 973 68 08 65，加泰罗尼亚菜，特色菜：蘑菇烧肉圆。

Can Solé 餐馆 地址：av. de l'Estació 44 号。☎ 973 68 04 52，帕拉雷萨菜，特色菜：洋葱头炒菜和帕拉雷萨的 girella，当地传统的肉肠。

埃斯布伊镇 Espui

Hotel Montseny 餐馆 地址：Carretera, s/n。☎ 973 66 30 60，特色菜：当地肉肠，糖艾猪肉。

贝尔贝伊镇 La Pobleta de Bellveí

Casa Arturo 餐馆 地址：c. Major, 19。☎ 973 66 17 21，家常菜：河鳟鱼，烤肉。

住宿

酒店

塞古尔镇 La Pobla de Segur

Can Solé Hotel ** 酒店 地址：av. de l'Estació, 44。☎ 973 68 04 52。

贝尔贝伊镇 La Pobleta de Bellveí

Hostal Canigó ** 旅馆 地址：av. Victòria Muñoz, 6。☎ 973 69 03 50。

Hostal Costa ** 旅馆 地址： Camp de la Vila, 8。☎ 973 69 00 00。

Residencia Ribera ** 旅馆 地址： Sant Aventí, 1。☎ 97369 00 21。

埃斯布伊镇 Espui

Montseny P.** 旅馆 地址：c. Únic, s/n 。☎ 973 66 30 60。

Hotel Vall Fosca* 旅馆 地址：ctra. de Cabdella, km 12。☎ 973 66 30 24。

乡村旅店

卡布德里亚塔 Torre de Cabdella

Casa Joan 之家 地址：c. Únic, s/n。☎ 973 66 31 84。

埃斯布伊镇 Espui

Casa Sastre 之家 ☎ 973 66 30 82。

森特拉达 Senterada

Casa Rutgé 之家 地址：av. del Flamicell, 5。☎ 973 66 17 25。

佩拉梅阿 Peramea

Casa Parramon 之家 地址：c. Major, 2。☎ 973 66 20 36。

阿拉蒙特 Aramunt

Cal Manelic 地址：c. Únic, s/n。☎ 973 68 00 96。

露营地

塞古尔 La Pobla de Segur

Collegats 地址：ctra. N-260, km 306。☎ 973 68 07 14。

Senterada 地址：ctra. L-503, km 5。☎ 973 66 18 18。

Vall Fosca 地址：ctra. de Senterada a Cabdella, km 14。☎ 973 66 30 02。

塔拉姆 Talarn

Gasset 地址：ctra. C-13, km 91。☎ 973 65 07 37。位于高山地区之中。

诺格拉和巴亚斯·胡萨
La Noguera i el Pallars Jussà

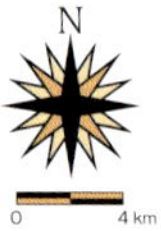

巴拉盖尔镇和特伦普镇，分别是诺格拉区和巴亚斯·胡萨区的首府，从这里可以到达许多重要的名胜古迹，比如那些吸引游客的中世纪的历史遗迹，像阿赫尔牧师会教堂（església-col·legiata d'Àger），修士们居住的姆尔（Mur）城堡、约尔达（Llordà）城堡，科维特的罗马式的圣玛丽亚教堂（església de Santa Maria de Covet），还有蒙特索尼斯（Montsonís）和蒙特科拉尔（Montclar）两座城堡。

行程：
2天/178km

巴拉盖尔（Balaguer）→阿赫尔（Àger） **40km**
阿赫尔→特拉德茨峡谷（Congost de Terradets） **15km**
特拉德茨峡谷→姆尔堡（Castell de Mur） **15km**
姆尔堡→特伦普（Tremp） **15km**
特伦普→伊索那（Isona） **19km**
伊索那→阿贝拉德拉孔卡（Abella de la Conca） **10km**
阿贝拉德拉孔卡→约尔达堡（Castell de Llordà） **17km**
约尔达堡→科维特（Covet） **5km**
科维特→蒙特索尼斯堡（Castell de Montsonís） **35km**
蒙特索尼斯堡→蒙特科拉尔堡（Castell de Montclar） **7km**

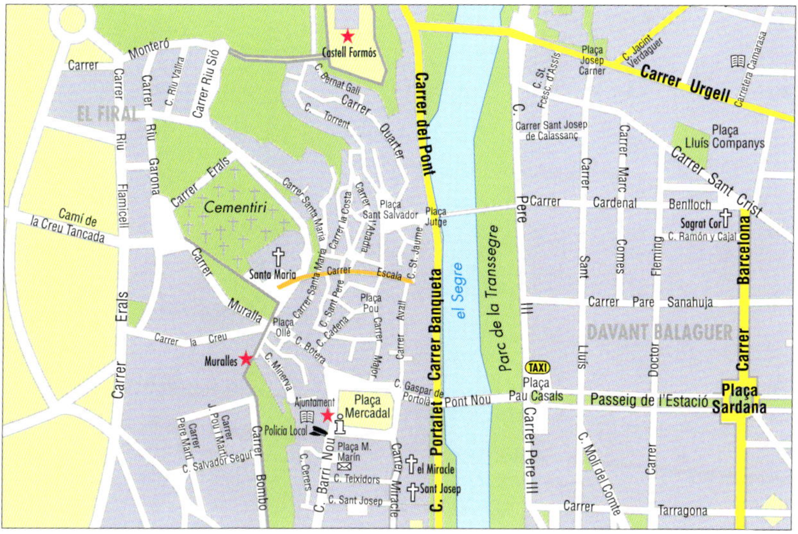

巴拉盖尔地图

❶

巴拉盖尔 **

Balaguer **

ⓘ pl. Mercadal, 1。📞 973 44 52 00。🚌 Alsina Graells, SA; Miguel Gamon, SL; Bullich Grup Autotransport, SL。🚆 RENFE。☺ 11月9日。其他节日：巴拉盖尔集（5月的最后一个周末），特朗斯塞格雷节（6月的第一个周末）。🏛从雷伊达到塞古尔镇的旅游火车 Tren Turístic de Lleida a la Pobla de Segur 📞 973 22 02 02。🏛 镇档案馆 Arxiu Municipal 地址：pl. Mercadal, 1。📞 973 44 52 00。🏛 诺格拉博物馆 Museu de la Noguera 地址：pl. Comtes d'Urgell, 5。📞 973 44 51 94。周二至周日及节假日，11:00至14:00；周一、元旦、圣周星期五、5月1日、9月11日、12月25日不开放。Ⓢ 2.1欧元，有导游讲解。网址：www.museucn.com。

巴拉盖尔市有居民13000多人，位于塞格雷河（riu Segre）河畔，阿尔马它山（serrat d'Almatà）山脚下。历史上中世纪乌捷尔伯爵领地的首府诺格拉，直到11世纪都是阿拉伯人统治下的要地，如今是加泰罗尼亚最大区的首府。游人来到巴拉盖尔，可以看到一堵连着许多建筑的壮观的大墙，最高处是圣玛丽亚教堂（església de Santa Maria），教堂是由加泰罗尼亚和阿拉贡国王——礼仪王皮雷三世（Pere III el Cerimoniós, 1319—1387）于1351年开始兴建的，国王是在当地出生的。这座哥特式的建筑，由一个正殿和一座耸立在八角形基础上的钟楼构成。在教堂内部，游人可以欣赏到用彩色石块镶拼而成的哥特式组画。建议参观者从carrer del Pont街和carrer Major街的大门进入圣玛丽亚教堂。还有一个重要地方是梅尔卡达尔广场（plaça Mercadal），它的门开在镇里其他街上。这个广场是巴拉盖尔的商业中心，占地7000平方米，是加泰罗尼亚最大的广场之一。如果是周六，还会看到设在那里的琳琅满目的周六集市。弗朗盖塞斯（les Franqueses）的罗马教堂和圣多梅内克修道院（convent de Sant Domènec），是值得推荐的景点。在哥特式风格的圣多梅内克修道院里，可以看到那漂亮的回廊和带葱形饰的尖拱顶。当年阿拉伯人建造的城墙的废墟，让人想起巴拉盖尔作为边境城镇和摩尔人与基督教徒斗争的舞台的岁月。地势险要的科摩斯城堡（castell Formós）的遗迹，使人回忆起过去这里曾是乌捷尔伯爵的寓所，再以前是阿拉伯王宫。1413年，费朗·德·安特盖拉（Ferran d'Antequera）攻下城堡，摧毁城堡的同时把最后的伯爵——倒霉王加乌马二世·德·乌捷尔（Jaume II d'Urgell el Dissortat）投入监狱并处死了。镇档案馆和诺格拉区博物馆里，保存了巴拉盖尔的历史资料。在城镇的郊外，阿尔马它山上，耸立着耶稣基督的祭堂（santuari del Sant Crist），从那里可以看到巴拉盖尔最佳的景色。祭堂里存放着14世纪基督的圣像，每年11月9日人们来此祭拜。军人探险家加斯帕尔·德·普尔多

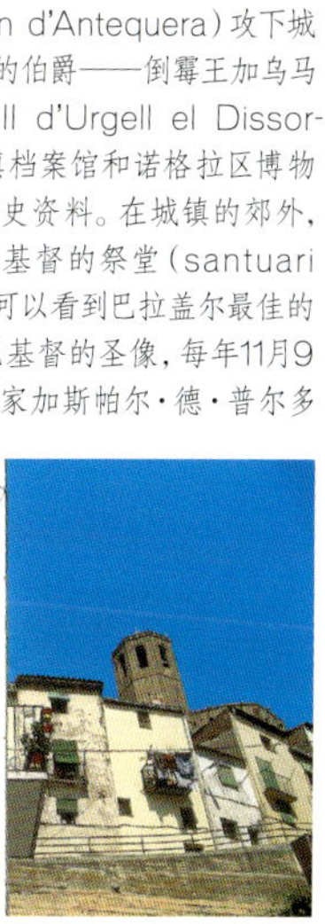

古老的中世纪乌捷尔伯爵领地首府巴拉盖尔的两座建筑

哥特式的建筑圣玛丽亚教堂高耸于城市和塞格尔河谷

拉（Gaspar de Portolà，1717—1786）——美国加利福尼亚州的第一任州长和圣迭戈（San Diego）的创建者——是巴拉盖尔人的后代。

❷
阿赫尔和蒙特塞克
Àger i el Montsec

ⓘ 参看Tremp。📞 973 65 00 09或973 45 50 04。🚌 Alsina Graells，SA。🚆 RENFE。☺ 8月15日，1月22日。

从巴拉盖尔朝阿赫尔镇行走，游人要经过古老的贝尔布伊格修道院（abadia de Bellpuig de les Avellanes）的近旁，那是乌捷尔家族的埃尔门格尔七世（Ermengol VII d'Urgell）在1166年创建的。那里保存有罗马后期风格的古老内院，教士会大厅和一大部分尚未完工的哥特式教堂建筑。乌捷尔伯爵——埃尔门格尔七世和埃尔门格尔十世以及七世的妻子多尔莎（Dolça）的陵寝，1864年被修道院的业主、银行家奥古斯丁·桑特斯马塞斯（Agustí Santesmasses）卖给了纽约The Cloisters博物馆。伯爵们的遗体于1967年归还。现在这里是玛丽亚教友会的神学院（seminari marista）。在阿赫尔港可以看到蒙特塞克丘陵的全景。

阿赫尔的最高建筑——雄伟的圣皮雷牧师会教堂

游人来到阿赫尔镇，可以看到悬挂式和三角翼的飞行器在空中滑翔。由于该地区山地地形的特殊性，这项运动有了理想的开展场所，所以在近几年发展了起来。圣皮雷牧师会教堂（col·legiata de Sant Pere）是镇上最重要的建筑。在教堂中央的最高处，称为“上堂”，那里有城堡和圣皮雷修道院（monestir de Sant Pere）。1035年，阿尔纳乌·米尔·德·托斯特（Arnau Mir de Tost）以乌捷尔伯爵埃尔门格尔二世的名义攻下了小镇和城堡，从此修道院就修建了并享有大片土地的控制权。阿赫尔的圣皮雷教堂是14世纪最好的加泰罗尼亚建筑之一。它有三个带半圆形穹顶的正殿的大教堂结构，中间的穹顶上有几座钟楼。三个正殿下面是教堂结构延伸的地下室。靠着教堂的西墙，是建于15世纪的回廊。整个建筑尽管年久失修，但仍能看出当初的规模。目前教堂正在修缮中。教堂的藏宝也曾相当可观。阿赫尔老镇上都是陡直的小街，往下走通向圣维森斯教堂（església de Sant Vicenç）。现在是教区教堂，那里保存着一个3世纪的大理石罗马墓穴，现在充当洗礼池使用。

特拉德茨山口和诺格拉·巴雅尔斯河

3

特拉德茨峡谷 *

Congost de Terradets *

特拉德茨峡谷是个6公里长的狭长山口，诺格拉·巴雅尔斯河（riu Noguera Pallaresa）的两侧分别是高耸600米和800米的悬崖。峡谷把蒙特塞克山一分为二，一段叫蒙特塞克·德·阿雷斯（Montsec d'Ares），另一段叫蒙特塞克·德·卢比埃斯（Montsec de Rúbies）。建议旅游者到巴伽塞斯泉（font de les Bagasses）附近观看石壁，那里地势开阔，因而被用来做停车场和野餐区。笔直的峭壁上的悬梯表演引人注目，也让人体会到巨石之大。

4

姆尔堡，姆尔的圣玛丽亚修道院 *

Castell de Mur, Santa Maria de Mur *

ⓘ 参看Tremp。✆ 973 65 00 09。

姆尔堡从远处就能看到。游人去姆尔堡和圣玛丽亚修道院，一路上要经过圣尢西娅（Santa Llúcia de Mur）和科尔莫特（Collmorte）等小镇。姆尔堡以11世纪的罗马式城堡出名，城堡保存得相当完好。三角形带圆角的地基和建在城堡内部的圆柱形的四层塔楼，从整体上看形象非常悦目。城堡是由巴亚斯伯爵（comtes de Pallars）下令建在一块巨石上的，在摩尔人和基督教徒对峙的年月里，成为一道保护屏障。整个建筑长约45米，最宽处约20米。古代的圣玛丽亚修道院离城堡约100米，是在11世纪下半叶由巴亚斯伯爵派人修建的。城堡和修道院四周围了一道城墙，构成一座相当牢固的要塞。当年的修道院，现在只剩下一座教堂和一道小回廊。教堂目前正在维修，是伦巴第罗马风格的建筑。教堂有三个正殿，顶上盖有带圆孔的拱顶，正殿由柱子分隔，后面是三个半圆形的穹顶。钟楼是后来加上去的。正殿的

圣玛丽亚教堂造就了姆尔古镇

孔卡的德拉的景色

穹顶上原来是有壁画的，中殿穹顶的壁画现在保存在波士顿美术馆，南殿半圆形神龛上的壁画，保存在巴塞罗那的加泰罗尼亚国家艺术博物馆(MNAC)里。回廊在历史上遭到过抢劫，现在的回廊是在40年前重建的。

5

特伦普
Tremp

ⓘ pl. de la Creu, 1。📞 973 65 00 09。🚌 Alsina Graells, SA。🚉 RENFE。☺ 瓦尔德弗劳节(9月8日)。其他节日：圣布尼法西农业集市(5月15日)。

特伦普有5300多居民，是巴亚斯·胡萨区的首府及本区最重要的服务中心。

圣安东尼水库(pantà de Sant Antoni)和诺格拉·帕拉雷萨河的中游水库赋予了城市周围一种自然特色。

这城市是依托最具有名胜意义的小镇的古老核心发展起来的。城墙已经没有了，只剩下三座塔楼："圣器塔"(Sagristia)、"明戈塔"(Mingo)和"双亲塔"(Padres)。圣器塔楼就在圣玛丽亚大教堂的旁边，古镇就是因为有大教堂才建立起来的。现在的教堂建于1642年，在漫长的岁月中曾多次修建。在这座晚期哥特式的宽大建筑里，保存着一幅15世纪的哥特式彩色大浮雕，题目叫"瓦尔德弗劳的圣玛丽亚"(Santa Maria de Valldeflor)。另外一座标志性的大楼是16世纪那座古老的贫民医院，现在已经被完全重修过了。庇内尔公园(parc del Pinell)在城郊地区，是个热闹的休闲场所。

6

伊索那
Isona

ⓘ pl. Assumpció s/n。📞 973 66 50 62。🚌 Alsina Graells, SA。🏛 孔卡的德拉博物馆 Museu de la Conca de Dellà 地址：c. del Museu, 4。📞 973 66 50 62。⏲ 9月16日至次年6月15日，周二至周六，11:00至14:00及17:00至19:00；周日和节假日，11:00至14:00。圣周及6月16日至9月15日，周一至周日及节假日，11:00至14:00及17:00至19:00。逢周一不开放。$ 2欧元，有导游讲解。🏛 克莱塔西公园 Parc Cretaci 📞 973 66 50 62。冬季，11:00至13:00及17:00至19:00；夏季，10:00至14:00及17:00至19:00；周一不开放。网址：www.parc-cretaci.com。

阿贝拉德孔卡罗马式的圣史蒂夫教堂

特朗斯塞格雷节 La Transsegre

西部土地上最有趣的节日之一是特朗斯塞格雷节。节日活动就是用参赛者自制的各种装置放在塞格雷河里漂流。目的是用尽可能有趣的方式顺流而下。活动在 7 月初分两个阶段举行。第一阶段是从卡马拉萨（Camarasa）出发漂到离巴拉盖尔 9 公里的小岛圣洛伦索（Sant Llorenç），在那里玩一个通宵。第二天乘浮动装置和漂流者一起漂到巴拉盖尔，下午大家美餐一顿，节日结束。

伊索那镇位于特伦普河流域中部，在罗马帝国时期这里曾经有过一定的重要性。地名原为伊比利亚语“Eso”，后来引入民间拉丁语为“Aeso”。在新哥特式风格的圣玛丽亚大教堂里，现存7块罗马时期的石碑，6块在室内，1块在室外。还有一段1世纪的城墙。

孔卡的德拉博物馆是克莱塔西公园颇受欢迎的景点，分布在两座古建筑里，那里展出这座罗马古城的遗迹和6700万年前生存在这一地区的恐龙标本。博物馆的一座楼房里有一个古代的酒窖，现在已经改建为接待游客的场所。在伊索那的伊科尼塔斯矿洞（jaciment d'Icnites de la Posa）里可以看到史前期动物的遗迹，矿洞进出自由不收门票。博物馆提供有关如何游览史前遗迹的一切信息。

7

阿贝拉德拉孔卡 *
Abella de la Conca *

ⓘ 参看Isona。✆ 973 66 50 62。☺ 每年10月的第一个周日。

沿着这条旅游线去阿贝拉德拉孔卡是值得推荐的。那个小镇在阿贝拉山洞下面的一块很陡的土地上，可以看到里斯加尔巨岩（Penyal de la cinglera）遮挡下在山石上开出来的窑洞屋。游客还可以参观一下位于小镇上方的圣史蒂夫教堂（església de Sant Esteve）。那是一座漂亮的12世纪的罗马建筑，有三个带圆柱形拱顶的大殿，后面有三个伦巴第装饰的穹顶。紧贴着的是连拱装饰的钟楼。原在圣史蒂夫教堂的一组精美的哥特式组画。它是皮雷·塞拉（Pere Serra）的作品，现在保存在乌捷尔教区博物馆（Museu Diocesà d'Urgell）里。教堂的内部至今还有壁画的遗迹。

8

约尔达堡 *
Castell de Llordà *

ⓘ 参看Isona。✆ 973 66 50 62。

去约尔达堡大约需要步行20分钟。这座城堡是中世纪要塞非常突出的样板，是大约11世纪中叶由阿尔纳乌·米尔（Arnau Mir de Tost）建造的。与其他城堡不同的是，约尔达堡是一座真正的城堡和寝宫，从11世纪到19世纪，城堡是乌捷尔教区最珍贵的财富之一。尽管年久失修，城堡建筑及其周围的景色依然极其壮观，从城堡上远眺，一眼看到地平线。离城堡不远处是圣萨杜尔尼堡教堂（església de Sant Sadurní del Castell），那是一座大教堂式的建筑，有三个大殿和三个穹顶。这个地方值得一游，因为可以欣赏一下加泰罗尼亚地区11世纪最好的城堡——寝宫建筑样板。

9

科维特圣玛丽亚教堂*
Santa Maria de Covet *

ⓘ Isona。✆ 973 66 50 62。

也处比利牛斯山前的阿贝拉德孔卡的景色

蒙特科拉尔堡附近的城中心，阿尔特萨·德·塞格雷的门廊一景

坐落在盆地里的这座教堂里，保存着一件12世纪加泰罗尼亚罗马式的雕塑最佳作品之一——科维特的圣玛丽亚大教堂的门楼。这座漂亮的建筑位于科维特镇的中心，有一座带圆筒形穹顶的大殿和一个半圆形的屋顶，两翼有两个圆顶的神龛。最吸引人的地方是正墙上那座精美无比的门楼。门楼由几个雕花的圆拱、柱子和柱头构成。一幅椭圆形圣像镶嵌在装饰考究的隅撑和内缘饰中。在这些雕饰中可以看到神话中的动物、福音书的作者们和圣主的形象。这一整套罗马风格的形象生动的雕塑，都是12世纪一位杰出的雕塑家的作品。

10

蒙特索尼斯堡 *
Castell de Montsonís *

加泰罗尼亚城堡基金会 Fundació Castells de Catalunya 973 40 20 45。非预约游览，周日（7月和8月份除外），11:00至12:30，其他日期和时间均接待预约游客，有导游讲解。

蒙特索尼斯堡是王公贵族如里维雷斯（Ribelles）、朋茨（Ponts）、洛卡布罗纳（Rocabruna）家族的城堡。最后，也就是现在，是属于拉尔比男爵（barons de l'Albi）的产业。美丽的小镇蒙特索尼斯是在城堡的庇荫下建立的。目前的城堡是16至17世纪重建的。城堡里的小教堂建于18世纪末。蒙特索尼斯堡位于整个阿尔特萨平原（plana d'Artesa）的最高处，城堡的内外景色都很优美。在教堂的入口处和漂亮的哥特式大窗户下的正门上，游人可以看到蒙特索尼斯堡不同时期的主人的贵族族徽。进入城堡可以看到一切布置得井井有条，进门处排列着盔甲，然后是盾徽室，一个祖先厅，贵族房间的衣橱里恰到好处地挂着贵族服和制服，一间去圣地亚哥·德·孔普斯特拉（Santiago de Compostel·la）朝圣者住的房间，监狱，面包房，酒窖，餐厅。餐厅通向露天平台和修有城堞的塔楼。看着这一切，人们可以想象当年城堡里日常生活的情景。

巍峨的蒙特索尼斯城堡

11

蒙特科拉尔堡 *
Castell de Montclar *

在前往诺格拉和巴亚斯·胡萨地区游览之前，建议先去乌捷尔区参观一下蒙特科拉尔堡，城堡离阿尔特萨·德·赛格雷（Artesa de Segre）很近，是16至17世纪在一座罗马塔楼的废墟上用勒刻得很规整的条石建造起来的。应该说这是一座高耸、坚固，很有气派的建筑。那些塔楼、飞堡、城堞显示了城堡的防御功能。这座文艺复兴时期的城堡要塞里曾经居住过五大家族：卡布雷拉（Cabrera）、里维雷斯、朋茨、德斯布霍尔（Despujol）、米格尔（Miguel）。

城堡里面五脏俱全：门厅、教堂（现在是镇上的教区教堂）、排列的盔甲、一座宏伟的石梯、监狱、酒窖、领主们的房间，还有一个相当规模的图书馆，里面藏有大量的书籍和手抄本。

实用向导

周边地区

在 C-13 公路的上方是卡马拉萨镇，那里可以看到圣米格尔教堂（església de Sant Miquel）的废墟和一个与小镇同名的水库。沿着这条公路向前，靠近特伦普镇，是一处保存完好的名胜——圣奥伊斯曼男爵领地（Baronia de Sant Oïsme），那里有一座城堡和一座罗马教堂。在阿尔特萨·德·塞格雷镇，还应该品尝一下传统食品“谷卡桑法伊那”（coca de samfaina）——一种蔬菜比萨。

餐馆

巴拉盖尔镇 Balaguer

Cal Morell 餐馆 地址：pg. Estació, 18。☎ 973 44 80 09。是诺格拉地区最著名的饭店之一。特色菜有巴拉盖尔猪肉等。€€

El Bosquet 餐馆 地址：ctra. C-26, km 24, 7。☎ 973 44 68 68。特色菜为羊肉馅和鱼。€€

El Caliu de en Ton 餐馆 地址：ctra C-26 km 22。☎ 973 44 70 85。€€

Els cal Terr 餐馆 地址：c. Urgell, 57。☎ 973 45 02 09。€€

塞雷斯镇 Cellers

Hostal del Llac 餐馆 地址：ctra. de Balaguer a Tremp, km 41。☎ 973 65 03 50。€€

阿赫尔镇 Áger

Rebost del Montsec 餐馆 地址：c. Afores, s/n。☎ 973 45 52 00。€€

住宿

酒店

塞勒尔斯 Cellers

Terradets 酒店 ** 地址：ctra. de Balaguer a Tremp, km 41。☎ 973 65 11 20。

巴拉盖尔 Balaguer

Hotel Balaguer 酒店 * 地址：Banqueta, 7。☎ 973 44 57 50。

Hotel del Pont 酒店 ** 地址：c. Del Pont, 91。☎ 973 44 50 15。

Urgell HR 酒店 ** 地址：Urgell, 25。☎ 973 44 53 48。

阿尔特萨·德·萨格雷 Artesa de Segre

Montaña.P 酒店 ** 地址：ctra. d'Agramunt, 84。☎ 973 40 01 86。

特伦普 Tremp

Alegret 酒店 * 地址：pl. de la Creu, 30。☎ 973 65 01 00。

Buenos Aires 酒店 ** 地址：av. Pirineus, 11。☎ 973 65 07 27。

阿赫尔 Àger

El Molí 酒店 * 地址：Santes Creus s/n。☎ 973 45 51 02。

乡村旅店

塞勒尔斯 Cellers

Casa de Cotet 旅店 地址：Únic, s/n。☎ 973 65 28 41。

阿赫尔 Àger

Can Maciarol 旅店 地址：Afores, s/n。☎ 973 45 50 47。

Pasqual d'Oroners 旅店 地址：ctra. C-12, km 201。☎ 973 45 50 88。

Mas Portal 旅店 地址：El Pontet。☎ 973 45 51 25。

蒙特索尼斯 Montsonís

Casa Alejandro 旅店 地址：c. Major, 14。☎ 973 40 02 65。

Casa Valeri 旅店 地址：c. Major, 8。☎ 973 40 02 65。

露营地

阿赫尔镇 Àger

Vall d'Àger 野营地 地址：Afores, s/n。☎ 973 45 52 00。

塞达尼亚和卡迪谷

La Cerdanya i les valls del Cadí

塞达尼亚是比利牛斯山一个平坦而宽阔的山谷，其间布满了草场与农田。同时，根据《比利牛斯协定》，塞达尼亚也成为一个横跨西班牙和法国的自然区域。尽管四周群山环绕，但它特殊的东西走向使其气候干燥日照充足。本条线路横穿这一区域，从普吉塞达到赛乌捷尔，在平原的两侧间蜿蜒曲折，以便游人能充分领略到自然景观、各个村镇以及古罗马建筑的魅力。尤其值得推荐的是赛乌捷尔的大教堂，它是这条线路的亮点。

行程：

2天/131km

普吉塞达（Puigcerdà）→利维亚（Llívia）	**6km**
利维亚→塞达尼亚（Guils de Cerdanya）	**11km**
塞达尼亚→波尔维尔（Bolvir）	**11km**
波尔维尔→萨迦（Santa Eugènia de Saga）	**2km**
萨迦→梅兰格斯（Meranges）	**11km**
梅兰格斯→欧罗普特（Sant Pere d'Olopte）	**13km**
欧罗普特→贝尔瓦（Bellver de Cerdanya）	**8km**
贝尔瓦→塔罗（Santa Maria de Talló）	**2km**
塔罗→克洛萨谷（Vall de la Closa）	**5km**
克洛萨谷→马尔提内（Martinet）	**7km**
马尔提内→雷斯（Lles）	**9km**
雷斯→托洛留和科尔佛拉达（Toloriu i Quer Foradat）	**20km**
托洛留和科尔佛拉达→阿尔瑟格（Arsèguel）	**12km**
阿尔瑟格→赛乌捷尔（La Seu d'Urgell）	**14km**

普吉塞达湖公园

1

普吉塞达 **
Puigcerdà **

ⓘ Querol, 1。☎ 972 88 05 42。🚌 Alsina Graells, SA; Transports Mir, SA; TEISA 🚆 RENFE。☺ 7月16日至19日。其他节日：圣加乌马节（7月25日），牲口市场（4月18日）。

普吉塞达镇位于一个小小的高地上，是这个平原的制高点。由国王阿方索（Alfons II d'Aragó，阿拉贡的阿方索二世）于1178年宣布建立。1243年，加乌马一世（Jaume I）宣布普吉塞达镇成为塞达尼亚的首府，促进了小镇的发展。如今普吉塞达镇是下塞达尼亚（Baixa Cerdanya）的首府，聚集了各种工业生产，尤其是纺织业发达，同时也是商业重镇之一。时至19世纪末，在普吉塞达开始出现度假居住区，小镇开始展示出其休闲的一面。1922年巴塞罗那到普吉塞达的铁路竣工，对整个区域的发展意义重大。今日的普吉塞达已成为能提供各种服务，集旅游居住为一体的中心城市。它拥有坐落于近郊达斯（Das）的运动空港、一座高尔夫球场以及一座溜冰场。

沿着小镇街道细细走一圈绝对是值得的，你会寻见不少高品质的商店和别具一格的景致，比如普吉塞达池（estany de Puigcerdà）——它于14世纪建成，位于老居民区的一个幽静角落。大广场（Plaça Major）在老城区的中心，四周环绕着新文艺复兴式宏伟建筑的柱廊。圣玛丽亚广场（plaça de Santa Maria）上矗立着高达40米的钟楼，曾是与广场同名的老教堂的一部分。教堂建于12世纪，毁于1936年。在这个广场上还有同样建于12世纪的古老的普吉塞达医院。

2

利维亚 *
Llívia *

ⓘ c. Forns, 7。☎ 972 89 63 13。🚌 Miguel Gamon, SL; Alsina Graells, SA; Transports Mir, SA; TEISA。☺ 圣纪廉节（6月19日至20日）。其他节日：帕斯科特复活节（4月10日至12日）。

利维亚是位于边界另一侧的一个小镇，属于法国领土。它之所以成为旅游胜地，不仅因为靠近法国的塞达尼亚滑雪场，而且其老城区内的天使圣母教堂（església de la Mare de Déu dels Àngels）也是著名景点之一。教堂建于16—17世纪，呈后哥特式风格，由一个主堂、两侧的多个小礼拜堂以及一个多边形的后殿组成。门厅呈文艺复兴时期的风格，两侧圆形的高塔显得门幅更宽。在古城堡被毁之后，两座高塔矗立起来以作防卫。教堂内部保存着中世纪的圣像，其中以一座罗马风格向哥特式风格过渡时期的基督像最为著名。

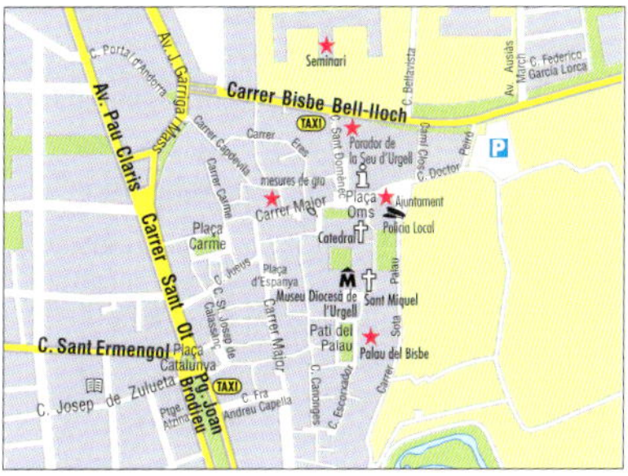

普吉塞达市区地图

利维亚的老药房兼教堂

利维亚的老药房(la farmàcia de Llívia)就坐落在教堂前部，建于1415年，是欧洲最古老的药房之一。在史蒂夫(Esteve)家族23代人的努力下，这一历史遗迹才得以妥善保存。

1965年，基罗那议会掌握了药房所有权，将其安置于贝尔纳特德索古塔(torre de Bernat de So)内，并于1981年并入利维亚博物馆。博物馆内值得一提的藏品还有书籍、配方、瓷器、药材以及17世纪的木盒。最有价值的藏品要数一件巴洛克式的彩色橱柜，造于18世纪，用来存放有毒和贵重的药物。

3

塞达尼亚
Guils de Cerdanya

ⓘ 参看Puigcerdà。☎ 972 14 06 65。☺ 圣伊西德雷节(Sant Isidre，5月15日)，圣史蒂夫节(Sant Esteve，12月26日)。

利维亚和《比利牛斯协定》

根据历史记载，利维亚应属于西班牙领土，且在 1659 年签订的《比利牛斯协定》中，西班牙王室割让给法国的 33 个塞达尼亚的城镇中，也不包括利维亚。由于此前国王卡洛斯五世(Carles V)已为其命名为“维亚”(vila)，故而未被割让给邻国。如今有一条国际公路将西班牙和“维亚”相连接。

在波尔维尔和普吉塞达之间有一条路通向塞达尼亚。经过一个露营地和萨内哈村(Saneja)之后，游客便来到风景如画的塞达尼亚，这里有塞达尼亚最著名的罗马时期教堂之一：塞达尼亚的圣史蒂夫教堂(església de Sant Esteve de Guils)。教堂早在1042年就已封圣，然而如今的教堂建筑却建于12世纪，由一座主堂、一座后殿、两侧的小礼拜堂和一座双塔钟楼组成。后殿外部被精心装饰，拱顶由四片球面组成，并向主堂呈放射状打开。门厅的顶由拱门向三对柱子呈水波状发散，柱头雕花，十分精美。

4

波尔维尔 *
Bolvir *

ⓘ 参看Puigcerdà。☎ 972 14 06 65。🚌 Alsina Graells, SA。☺ 圣伊西德雷节(5月15日)，雷梅节(6月24日)。

虽然波尔维尔的四周被高楼大厦包围，其老城区依然风情万种。圣塞西莉亚和圣巴雷莉亚教堂(església de Santa Cecília i Sant Valerià)是12—13世纪气势恢弘的罗马建筑的典型。教堂由一座用悬臂装饰的半圆形主堂构成，门厅位于南面，塔楼外披一层金字塔形的装饰。主堂入口处保留着精美的罗马式铁塑，其内部有一座15世纪流传下来的哥特式祭坛。

5

萨迦
Santa Eugènia de Saga

ⓘ 参看 Puigcerdà。☎ 972 14 06 65。☺ 圣尤赫尼亚节(12月29日)。

塞达尼亚的民居及宗教建筑

在萨迦的市中心老城，牲口加工厂的包围之中，隐藏着一座罗马式的教堂——萨迦教堂（església de Saga）。它曾属于圣米格尔·古伊萨修道院（monestir de Sant Miquel de Cuixà），其守护神是圣乌赫尼亚（Santa Eugènia）。教堂最奇特之处在于它灰色大理石制成的门厅，四圈水波状发散的拱门顶以及装饰精美的柱头，十分引人注目。

6

梅兰格斯以及马尔钮湖 *
Meranges i l'estany de Malniu *

ⓘ 参看Puigcerdà。☎ 972 14 06 65。☺ 6月15日、16日。

古老的村镇梅兰格斯仍然保留着山村特有的景致，对于热爱自然的人来说，此地不可错过。梅兰格斯的圣瑟尔尼教堂（església de Sant Serni de Meranges）呈罗马式风格，尽管多次改建，仍然风采不减。

教堂的后殿呈半圆形，有一座塔楼以及后来建起的小礼拜堂。门厅朝南，建于12世纪，以门檐为其特色。几根古旧的柱头支撑起水波状的拱门顶，门则由罗马式的铸铁做成。

从梅兰格斯出发，按照清楚的指示标志沿一条小路前行便可来到马尔钮遗迹（refugi de Malniu，海拔2120米）。沿一条坑洼的小路穿过黑松林间的草地，就到了马尔钮湖。此段路程步行不过半小时。湖底水草摇曳，湖面倒映着百年老松。从这里有一条路通向普格佩德罗峰（pic de Puigpedrós，海拔2911米），在山顶眺望塞达尼亚的两面山坡，景色美极。从梅兰格斯和马尔钮遗迹之间的一条林间岔道也可以通向塞达尼亚。

7

欧罗普特
Sant Pere d'Olopte

ⓘ 参看Puigcerdà。☎ 972 14 06 65。☺ 圣皮雷节（6月29日）。

马尔钮湖

赛格雷河旁的贝尔瓦

欧罗普特城里有一座建于12世纪的美轮美奂的罗马式教堂——圣皮雷德欧罗普特教堂(església de Sant Pere d'Olopte)。它由一座主堂、一座半圆形后殿以及旁边的塔楼组成。值得注意的是,其后殿的雕塑极为精美。门厅由门柱和其上的水波状拱顶组成,柱头上有雕花。从后部望去,教堂宛若一座小型的城堡,俯瞰平原,景色十分壮观。

8

贝尔瓦 *
Bellver de Cerdanya *

ⓘ pl. Sant Roc, s/n。☎ 973 51 02 29。🚌 Alsina Graells, SA。☺ 圣安东尼节(6月13日)。其他节日:圣罗伦手工艺品集市(8月10日),比利牛埃斯珀集市(12月6日至8日),牲口市场(10月11日、12日)。

贝尔瓦位于赛格雷河(riu Segre)旁的一座小山丘上,曾有一座古堡矗立于此,但如今已荡然无存。留存下来的只有古城墙和一些国王加乌马一世下令建造的哨塔,可见贝尔瓦战略性地理位置之重要。如今贝尔瓦是塞达尼亚面积最大、第二重要的区域,其下的市区所辖15个镇,也叫巴特里亚(Batllia)。

贝尔瓦的老城中心很有看头,其中最经典的要数哥特式的圣玛丽亚和圣加乌马教堂(església de Santa Maria i Sant Jaume)。马约尔广场(Plaça Major)周围的柱廊给它抹上了一层中世纪的遗风。每年的8月10日举办圣罗伦集市,汇集了比利牛斯山南北最好的手工食品生产者的杰作。值得一去的地方还有市政厅、老海关,以及位于波尔塔广场(Plaça del Portal)的监狱塔楼(torre de la Presó),塔楼曾是环绕山谷的老城墙的一部分。

9

塔罗和科博留的圣母玛丽亚
Santa Maria de Talló i Coborriu de Bellver

ⓘ 参看Puigcerdà。☎ 972 14 06 65。☺ 圣玛丽亚节(8月15日),圣瑟尔尼节(11月29日)。

在贝尔瓦的北面,有一条公路直通古城塔罗。古老的罗马教堂圣玛丽亚教堂(Santa Maria de Talló)是绝对不可错过的。教堂由一座两侧呈发散拱形的主堂、伦巴第风格拱形装饰的半圆形的后殿组成。教堂的塔楼建于16世纪,大门十分有趣——仍然留存着罗马铁器的原迹。圣玛丽亚教堂供奉着塔罗的圣母——一座刻于13世纪的雕像,经历了内战却仍然幸运地得以保存。游客还可以沿着一条狭窄的小路向前步行1.5公里,到达科博留。这里实际是一片村舍。推荐这里的原因在于科博留的圣瑟尔尼小教堂(església de Sant Serni de Coborriu),也是罗马式,于1137年封圣。其主堂、半圆形的后殿以及塔楼,共同构成了和谐的一景。

10

普鲁兰斯、阿尔多沃、约萨科博留以及约萨谷
Prullans, Ardòvol i Coborriu de la Llosa, i la vall de la Llosa

ⓘ 参看Puigcerdà。☎ 972 14 06 65。🚌 Alsina Graells, SA。☺ 普鲁兰斯节(5月的最后一个周日),“普鲁兰斯的马厩”集市(12月)。

在马尔提内和贝尔瓦之间,不妨岔到普鲁兰斯因为那里有塞达尼亚最值得一看之处。普鲁兰斯仅

托洛留的公主

如今城堡已经烟消云散，然而“托洛留”这个名字仍然有它的来历，仿佛在历史与传说中策马飞奔，牵引着人们的怀古之情。相传那里曾经居住着赤帕瓜辛公主（princesa Chipaguazín），她是古国阿兹台克国王莫特祖马二世（Moctezuma II）的女儿，嫁给了埃尔南·考尔特（Hernán Cortés）军队中的骑士——托洛留的胡安·戈劳（Joan Grau）。公主于1536年去世，至今仍有人四处打探何处埋藏了据说是她从墨西哥带来的财宝。有人甚至怀疑她将其藏在了附近的什么地方，如卡萨维马（Casa Vima）——据说此地曾出现异象，或是藏于带有各种神秘民间传说的恩康塔达山洞（les Encantades）内。

然保存有普鲁兰斯公爵时代的城堡与城墙；而圣史蒂夫教堂（església de Sant Esteve）只留下12世纪建造的罗马式后殿。教堂的钟楼建于16世纪，因钟楼顶与附近的传统建筑风格不太协调，整个建筑不免给人大杂烩的感觉。

我们推荐几条郊游线路：从普鲁兰斯到阿尔多沃（2公里），到约萨的科博留（5公里），直至到塞达尼亚最美的地方之一——约萨谷。阿尔多沃（海拔1280米）是这一简短行程的重点。由于其他的村镇都位于塞达尼亚谷的北部，此地便独享一片绝世风光，一直延伸到上乌捷尔（Alt Urgell）区域。根据《赛乌捷尔供奉规定》，阿尔多沃的教堂供奉着罗塞圣母，今日的教堂只留下门厅及一段残垣。科博留（海拔1520米）是约萨谷的一部分（它和上文的科博留是完全不同的两个地方）。此地几乎无人居住，只有一些作为人们第二住宅的房屋。沿着山路前行，路过维雷亚（Vilella）之后便到达莫里瀑布（cascada del Molí）。远处有约萨之屋，此处只有越野汽车能够沿路前行。花上两个小时步行去约萨河（riu Llosa）也是绝对值得的，沿途可以走遍约萨谷，直到巴朗卡德埃斯帕维（Barraca dels Esparvers），从那里开始沿着山路可以穿越边境--直抵达法国和安道尔。

11

马尔提内
Martinet

ⓘ 参看Puigcerdà。☎ 972 14 06 65。☺（6月10日、11日）。

沿着主线路，可以到达赛格雷河畔的马尔提内。马尔提内起源于赛格雷河附近的铸造厂，其名字在加泰罗尼亚语中的意思是用于铸造和锤打材料的工具。如今几乎看不出1982年因赛格雷河水上涨而决口留下的痕迹。无论从地理位置、旅游价值，还是鲑鱼捕捞等方面来说，马尔提内都是塞达尼亚最重要的市镇之一。

12

雷斯、阿兰塞尔以及佩拉湖 *
Lles, Arànser i els estanys de la Pera*

ⓘ 参看Puigcerdà。ⓘ 972 14 06 65。🚌 Alsina Graells, SA。☺ 雷斯节（6月29日），阿兰塞尔节（又称卡门圣女节）。

圣玛丽亚教堂是只有一座主堂的罗马式教堂

阿兰塞尔全貌

近年来，雷斯渐渐失去了作为畜牧业村镇原始的魅力。因邻近有条件优越的卡德雷克(Cap de Rec)山滑雪场，标记滑道长34公里，此地也建起了酒店。阿兰塞尔是一个漂亮的村镇，四周山林延绵，也有长38公里的标记滑道。这段路程最有趣之处从佛内尔角(Fornell)开始，将近14公里的森林滑道一直延伸到佩拉湖(海拔2360米)。对于热爱山地滑雪的人来说，这里应是比利牛斯山脉最好的滑道之一。两个湖所展示的风景各有千秋：下方的湖承接来水，四周围绕着密密的百年老松；而上方的湖较大，被石山环绕，其西北方的佩拉菲塔(Perafita)海拔2752米。滑道的尽头便是加泰罗尼亚旅游团体协会的所在地。

13

托洛留城堡和科尔佛拉达 *

Toloriu i el Quer Foradat*

ⓘ 参看Puigcerdà。✆ 972 14 06 65。☺ 科尔佛拉达节(8月15日后的第一个周日)。

托洛留城堡是矗立在塞达尼亚谷入口处的卫士之一。据说在这里的某处，可能还埋藏着传说中赤帕瓜辛公主(Chipaguazín)的财宝。公主在很久以前曾居住于托洛留城堡中。

距托洛留1公里处，赛格雷河畔坐落着巴尔(Bar)，这里曾是巴利达市(Baridà)的老城中心，在中世纪时曾具有极大的战略意义。要到达科尔佛拉达(海拔1460米)必须再前行6公里，然而为一睹加迪(Cadí)北部的巨石，还是值得的。科尔佛拉达的景色之美，无与伦比。

14

阿尔瑟格 *

Arsèguel *

ⓘ 请参看Puigcerdà。✆ 972 14 06 65。🚌 Alsina Graells, SA。☺ 8月的第一个星期日。其他

阿尔瑟格的教堂及佩德拉佛卡山

赛乌捷尔圣玛丽亚大教堂的背面

节日：比利牛斯手风琴演奏家大会（6月最后一个周日前的周六）。🏛 羊毛厂 Fàbrica de llanes 须预约。📞 973 38 40 09。🏛 手风琴博物馆 Museu de l'Acordió 地址：pl. del Castellot d'Arsèguel。🏛 卡德尔古城堡中心 Antiga seu del castell dels Cadells。📞 973 38 40 87。

山城阿尔瑟格坐落于加迪山脉的山脊前方，每年在此举行极具特色的比利牛斯手风琴演奏家大会。在阿尔瑟格的老城区坐落着羊毛厂，至今仍用18世纪的老机器及水力进行生产。阿尔瑟格小城堡广场（plaça del Castellot d'Arsèguel）是古老的卡德尔城堡的基地，在这里游客可以参观手风琴博物馆，有着全欧洲最齐全的全音节手风琴藏品。

15

赛乌捷尔 **
Seu d'Urgell **

ⓘ av. Valls d'Andorra, 33。📞 973 35 15 11。🚌 Alsina Graells, SA；La Hispano Igualadina, SA。✈ Aeroport de la Seu d'Urgell。☺ 每年8月的最后一个周日。其他节日：圣埃蒙戈尔集市（10月的第三个周日），布鲁迭音乐节（7月及8月）。🏛 赛乌捷尔主教博物馆 Museu Diocesà de la Seu d'Urgell 📞 973 35 32 42。🕓 10:00至13:00，16:00至19:00；周日10:00至13:00。

行程的最后一站，或反向游览时便是行程的起始，恰好是赛格雷河与瓦利拉河的交汇处——赛乌捷尔城。这里是赛乌捷尔区域的行政首府，也是加泰罗尼亚—比利牛斯地区最重要的城市之一。赛乌捷尔的重要性在于它从西哥特人的时代开始就是主教所在地。随着主教权力逐渐扩大，此地也成为中世纪加泰罗尼亚地区最重要的文化中心之一，甚至成为当时众多修道院及宗教团体的所在地。如今的赛乌捷尔能为游客提供各种服务，并成为从陆路通向安道尔的必经之处，公路与瓦利拉河平行，一直向北延伸。此地的名胜不胜枚举，首屈一指的当数观光老城区。从加农格大街（els Canonges）出发，便可

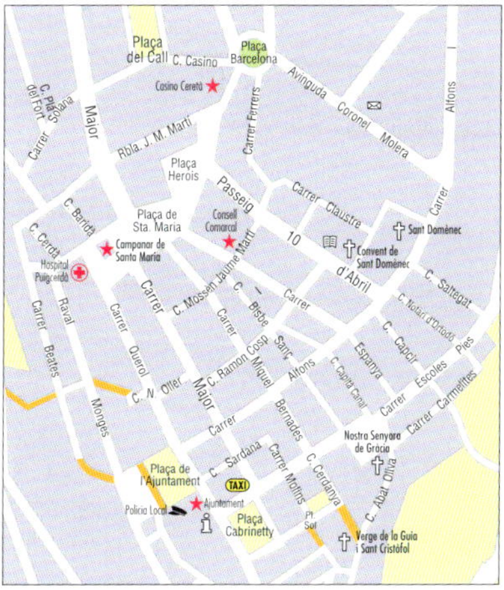

赛乌捷尔老城区地图

赛乌捷尔大街上的建筑

看到壮观的建筑，如卡尔波希（Cal Botxí）、卡尔罗格（Cal Roger）以及卡尔拉门特（Ca l'Armanter），有着哥特式的大窗和雕梁画栋。主干道（carrer Principal）也是游览的理想之地。卡尔皮内雷特（Cal Pinellet）、卡尔郝埃（Cal Joer）和卡尔塔拉戈纳（Cal Tarragona）构成的建筑群更是美不胜收。

在赛乌捷尔，可以看到加泰罗尼亚地区最大的罗马建筑之一：赛乌捷尔的圣玛丽亚大教堂（catedral de Santa Maria de la Seu d'Urgell），是罗马式的伦巴第风格建筑的典范。1918年由建筑师何塞·普依·卡达法克（Josep Puig i Cadafalch）主持修葺，1955—1974年间也翻新过，这些工程使得教堂终于恢复了刚修建时的状态。目前刚对其进行的修缮应是其历史上第三次大手术。

赛乌捷尔的大教堂曾是圣奥特（sant Ot）的终生梦想，但是他却没等到教堂完工就于1122年去世了。直到1175年，在普雷森主教（bisbe Preixens）与主持建造者拉蒙·伦巴第（Ramon Lombard）的带领下，这项工程才取得决定性进展，最终在七年后完成。大教堂包含三座主堂，主堂与供台之间的过渡殿两头与两塔相连，共形成五座后殿，而只有中间的一座在外观上向外突出。中间的主堂为筒状拱顶覆盖，被十字交叉拱切分为四部分。两侧的主堂稍矮，被十字拱顶覆盖。整座建筑有五个大门：正面有三座，两侧两座。两座正方形的高塔坐落在教堂正面的两侧，布满了漂亮的拱形和贝状装饰，其中正门上还雕有两头狮子。受意大利艺术的影响，在后殿外部以及过渡殿的上部有一个半圆拱形窗的阳台。其下后殿内的窗户是由柱子和支撑的圆拱构成的。这一杰出的建筑建于13世纪。三个罗马式阳台的柱头受到罗瑟龙风格的影响，雕刻有历史或幻想的故事，如动物、植物或人像等。回廊南门也称圣玛丽亚门，通向回廊对面的圣皮雷和圣米格尔教堂（església de Sant Pere i Sant Miquel）。圣玛丽亚大教堂的历史可以一直追溯到11世纪，那时只有一座主

赛乌捷尔大教堂建于13世纪的回廊

堂、一座过渡殿以及三座带有伦巴第风格装饰的后殿。装饰教堂的罗马人的小香瓶如今保存于巴塞罗那的加泰罗尼亚国立美术博物馆（MNAC）。悲悯礼拜堂（la Pietat）紧连回廊，其中有赛乌捷尔主教博物馆，藏有著名的《赛乌捷尔的贝阿图》（Beat de la Seu d'Urgell），作于11世纪，是贝阿图·里埃巴纳（Beat de Liébana）作于8世纪的《圣经启示录评注》（comentaris de l'Apo-calipsi）的插图。

博物馆里同时可以欣赏精美的壁画、五彩的雕刻、祭坛、浮雕、柱头雕饰、银饰，以及其他来自比利牛斯山不同地区的宗教艺术珍品。

赛格雷公园里有因1992年奥运会而建的人工河，如今多用来进行水上冒险运动。瓦利拉公园中有一座出名的阳台，是为城市之子、作家路易斯拉校内罗所建的。

赛格雷奥林匹克公园

实用向导

餐馆

赛乌捷尔 La Seu d'Urgell

El Castell 餐馆 地址：ctra. N-260, km 229。☎ 973 36 05 12。高级的特制烹调。特色菜谱。

普吉塞达 Puigcerdà

La Vila 餐馆 地址：c. Alfons I, 34。☎ 972 14 08 04。加泰罗尼亚烹调。

波尔维尔 Bolvir

Torre del Remei 餐馆 地址：camí Reial, s/n。☎ 972 14 01 82。时令菜，以家养鸡和蘑菇酱汁为特色。

马尔提内 Martinet

Boix 餐馆 地址：ctra. de Puigcerdà, km 204。☎ 973 51 50 50。山间土菜，如蔬菜和肉炖成的“特尼萨特”和炖肉“卡内龙”。

梅兰格斯 Meranges

Can Borrell 餐馆 地址：c. Retorn, s/n。☎ 972 88 00 33。山间土菜。

住宿

酒店

赛乌捷尔 La Seu d'Urgell

Parador Nacional 酒店 **** 地址：c. Sant Domènec, s/n。☎ 973 35 20 00。

塞达尼亚的贝尔瓦 Bellver de Cerdanya

Bellavista 酒店 ** 地址：ctra. N-260, 45。☎ 973 51 00 00。

阿兰塞尔 Arànser

Pas de la Pera 酒店 * 地址：pl. del carrer Clos, s/n。☎ 973 51 50 01。

梅兰格斯 Meranges

Can Borrell 酒店 ** 地址：c. Retorn, s/n。☎ 972 88 00 33。

普吉塞达 Puigcerdà

Rita Belvedere 酒店 ** 地址：c. Carmelites, 6-8。☎ 972 88 03 56。

El Campanar 酒店 * 地址：c. Major, 39。☎ 972 88 14 27。

乡村旅店

阿兰塞尔 Arànser

Cal Mariano ☎ 973 51 51 91。

雷斯 Lles

Cal Rei 地址：Cadí, 4。☎ 973 51 52 13。

本塔霍拉 Ventajola

Mas Meya 地址：paratge Ventajola。☎ 972 88 08 47。

露营地

雷斯 Lles

Temple del Sol 地址：camí de Cap de Rec。☎ 973 29 31 18。

普鲁兰斯 Prullans

La Cerdanya 地址：ctra. N-260, km 200。☎ 973 51 02 62。

普吉塞达 Puigcerdà

Stel 地址：ctra. de Llívia, s/n。☎ 972 88 23 61。

萨内哈 Saneja

Pirineus 地址：ctra. Guils de Cerdanya, km 2。☎ 972 88 10 62。

约布雷加特河和佩德拉佛卡山

El Llobregat i el Pedraforca

行程:
2天/158km

普吉雷（Puig-reig）→吉罗那亚（Gironella）	**8km**
吉罗那亚→贝尔加（Berga）	**8km**
贝尔加→克拉尔特圣殿（Santuari de Queralt）	**4km**
克拉尔特圣殿→圣吉尔则（Sant Quirze de Pedret）	**8km**
圣吉尔则→弗龙堂亚（St. Jaume de Frontanyà）	**30km**
弗龙堂亚→贝格达（Guardiola de Berguedà）	**41km**
贝格达→巴加（Bagà）	**2km**
巴加→利耶特（La Pobla de Lillet）	**11km**
利耶特→克劳特（Clot del Moro）	**3km**
克劳特→圣维森斯德鲁斯（Sant Vicenç de Rus）	**3km**
圣维森斯德鲁斯→约布雷加特泉（Fonts del Llobregat）	**2km**
约布雷加特泉→卡斯特亚德努克（Castellar de n'Hug）	**3km**
卡斯特亚德努克→萨德斯和高索（Saldes i Gósol）	**35km**

在贝格达区，19世纪工业化过程的痕迹仍然随处可见。这一进程一方面依靠着约布雷加特河的水资源，同时也依靠着当地的矿产以及纺织业。约布雷加特河上游地区风景如画，到处都是历史遗迹以及自然名胜。加迪—摩瑟罗自然公园（Parc Natural del Cadí-Moixeró）的景色呈现出一派山地风光，其中又以佩德拉佛卡山为最盛。

吉罗那亚以及约布雷加特河

1

普吉雷
Puig-reig

ⓘ c. Pau Casals, 1。✆ 93 838 00 00。🚌 Alsina Graells, SA。☺ 每年的5月16日至19日。其他节日：民间夜行节（5月至6月），手风琴家大会（8月15日），国际合唱节（9月），阿瑟法塔彭斯主节（10月），圣玛尔蒂节（11月11日）。🏛 普吉雷的维达尔区博物馆 Museu de la Colònia Vidal de Puig-reig 地址：Colònia Vidal, ctra. 411, km 56。✆ 93 829 04 58。◷ 周末及节假日11:00开门（临时时间表），工作日参观须提前预约。$ 5欧元，有导游讲解。

普吉雷和约布雷加特河沿岸的其他众多市镇一样，利用河水资源进行工业生产。游客可以看到沿河有大片的纺织厂。

在维达尔村（colònia Vidal）有一座博物馆，在这里的各种单位设施中（包括工厂、教堂、图书馆、学校、鱼铺以及工人宿舍）游览一遍，游客一定会对当地普通工人的日常生活有深刻的了解。在该区周围，散布着几处史前考古遗址，如托伦墓葬（dolmen del Torrent）——在托伦德拉格雷瓦（Torrent de la Gleva）山中发现的墓葬等。

古老的中世纪城堡曾经一度是贝格达区和塞达尼亚区（Cerdanya）的指挥中心，而今仍可以看到其遗迹。普吉雷的王公——行吟诗人、贝格达的纪廉（Guillem de Berguedà），于1187年宣布城堡建成并根据教堂的名字为其命名。

普吉雷的圣玛尔蒂教堂（església de Sant Martí）作为城堡及该镇的圣殿于907年封圣。保存至今的罗马式建筑建于1145年，只有一座主堂，由圆筒状穹顶覆盖，后部连接一座宽度和高度相等的半圆形后殿，并在内部两侧墙上有六条拱形装饰。1954年修葺教堂时，在其北墙上发现了一些壁画，至今透过玻璃保护板仍可以观赏到。其中的一些已经被认定是纪廉本人的作品。

2

吉罗那亚
Gironella

ⓘ pl. de la Vila, 13。✆ 93 825 00 33。🚌 Planas Vila, Ramon; Alsina Graells, SA。☺7月的下半月。其他节日：巴萨克斯节（7月），圣何塞集市（3月17日）。

贝尔加的烟火节

在6月间，圣体节之后，烟火节便在贝尔加热热闹闹地庆贺起来。这一古老节日可以一直追溯到中世纪，宗教仪式与民间活动结合起来。在圣皮雷广场（plaça de Sant Pere），好与坏之间的永恒争斗是表演所表现的主题，和着塔瓦（tabal，一种巨大的鼓）的节奏，流光溢彩。如要参加节日庆典，就得全副武装，因为吉塔（Guita，一种龙）和众魔鬼会四处喷火。鹰是节日的主要标志，此外还有其他各种人物，如土耳其人（turcs）、拉穆拉吉塔（Mulaguita）、小矮人（Nans）以及骑士（cavallers）。

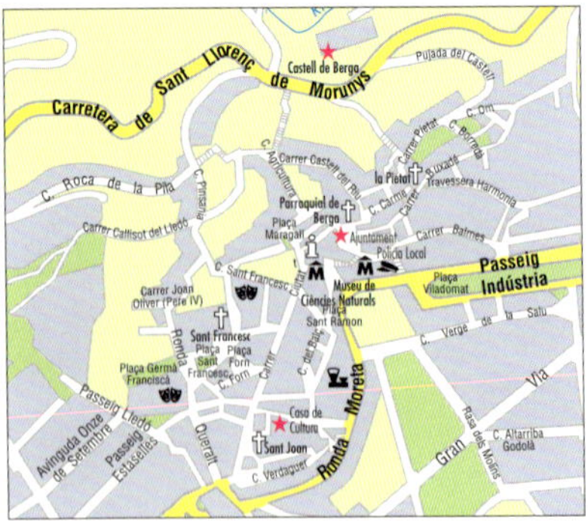

贝尔加地图

烟火节，加泰罗尼亚最盛大的节日之一

吉罗那亚约有5000人口，位于一个山谷中，老城区风景如画，街道两边的民居窗台都向马路中间伸展。该城最大的特色在于穿城而过的约布雷加特河，以及河上的两座桥：一座是现代的，另一座则是罗马式的。城内的圣欧拉利亚教堂(església de Santa Eulàlia de Mèrida)建于12—13世纪，呈后罗马风格。游客还可以参观古堡的遗迹和防御塔。

3

贝尔加 *
Berga *

ⓘ c. dels Àngels, 7。☎ 93 821 13 84。🚌 Planas Vila, Ramon; Alsina Graells, SA。☺12月10日。其他节日：5月1日集市，烟火节(也叫焰火节)，圣体节，三枝松节(7月的第三个周日)，埃洛伊节(7月的第四个周日)，蘑菇大赛(10月的第一个周日)。🏛 地区博物馆 Museu Comarcal 地址：c. dels Àngels, 7。☎ 93 821 13 84。🕔 11:00到14:00，18:00到20:00。🏛自然科学博物馆和马戏博物馆 Museu de Ciències Naturals i Museu del Circ 地址：pl. Dr. Saló, 6。☎ 93 821 01 00。🕔 周六、周日及节假日18:00至20:00。

贝尔加是贝格达区域的首府，坐落于克拉尔特山脉(serra de Queralt)脚下。在19世纪采矿业和纺织工业的推动下，罗马时代的卡斯特鲁贝吉姆(Castrum Bergium)变成了今天的现代化都市。1770年在贝尔加发明的一种新型的织机——“贝尔加织机”(La Berguedana)，大力推动了当地纺织业的迅速

贝尔加老城中心

贝尔加部分景观以及工业大道

发展。马约尔街(carrer Major)地处城市的心脏地带,是古老的城堡时代贝尔加的真实再现。17世纪末,棉纺作坊已经开始了城市工业化的进程,古城墙于那时毁损,圣马达莱那大门(Santa Magdalena)是留存下来的最后遗迹。

古迹中年代最久远的要数兼有罗马式和哥特式风格的圣胡安教堂(església de Sant Joan)。在圣皮雷(Sant Pere)广场,矗立着圣欧拉利亚教堂,其中保存着一架19世纪的管风琴,以及绘画大师安东尼维拉托马(Antoni Viladomat)的部分作品。贝尔加的市民十分注意保留古老的传统,如与圣体节同期举行的烟火节(焰火节)等。

4

克拉尔特圣殿、圣皮雷教堂
El Santuari de Queralt,
Sant Pere de Madrona

ⓘ 参看 Berga。✆ 93 821 13 84。☺ 圣皮雷节(4月25日),在克拉尔特圣殿举办的圣马克节(4月25日)。

从贝尔加的高处走下来,沿一条岔道可以到达克拉尔特圣殿(海拔1500米),一路上众多的圣殿和淙淙泉水显示出这里是贝尔加居民的传统休闲之地。随着指示牌行走,就可以发现圣皮雷教堂的所在地,这座罗马式教堂建于12世纪,坐落在原圣殿的基石上。

11世纪时圣母曾在克拉尔特显圣,而今这座建于18世纪的圣殿里就供奉着圣母。圣殿终年开放,可提供住宿。从三个十字架的瞭望塔或从加雷塔(Garreta)的阳台可以眺望贝尔加全景。

5

圣吉尔则教堂 *
Sant Quirze de Pedret*

ⓘ 参看 Berga。✆ 93 821 13 84。◷ 周六、周日及节假日11:00至14:00。

可以从贝尔加市中心出发到圣吉尔则教堂。从那里,通过一条很窄的斜坡可以到达约布雷加特河上的一条中世纪的古桥。穿过桥后,只要再走十分钟便可到达圣吉尔则教堂。和其他的罗马古迹遗址一样,它也坐落在一块充满阳光的地区,是西哥特时期遗留下来的文化珍宝,由建于11世纪的三座主堂、三座后殿组成。推荐游客参观一下教堂内部,它有前罗马时期保存下来的铸拱以及原画作的残片。这些美妙画作的复制品现藏于索尔索那主教博物馆(Museu Diocesà de Solsona)以及加泰罗尼亚国立艺术博物馆(MNAC)。

6

弗龙堂亚 **
Sant Jaume de Frontanyà **

ⓘ 参看Casa Consistorial。✆ 93 823 91 94。☺ 7月25日。

这个只有26个人的小村处在一块十分抢眼的巨石的保护下。这里原属于古老的圣加乌马教堂(església de Sant Jaume)的一部分。这座罗马式的教堂曾是贝格达最令人瞩目的一座教堂,现存只有建于1143年的一部分。这座教堂拥有一座主堂以及三座后殿,整体设计十分和谐,是受伦巴第风格影响的杰出代表作,将其体现得近于完美。要参

圣罗伦贝内迪托修道院，位于巴加附近

观其内部，须提前向圣加乌马旅馆(Hostal Sant Jaume)或丰达马桑多(Fonda Marxandó)申请。从圣加乌马的弗龙堂亚可以看到一片森林景观，一直延伸到利耶特。

7

贝格达山谷
Guardiola de Berguedà

ⓘ c. de l' Estació, 1。☎ 93 822 71 20。🚌 Alsina Graells, SA; Transports Mir, SA。☺ 圣洛伦主节(8月10日)，其他节日：音乐之夜(8月1日)，圣马克大会(4月25日)。

贝格达山谷坐落于约布雷加特河与巴斯塔雷尼河(Bastareny)的交界处，是进入贝格达北部地区的大门。该处最具历史价值的，毫无疑问是古老的圣罗伦贝内迪托修道院(monestir benedictí de Sant Llorenç)。这座罗马式的修道院位于山谷高处，于898年首次历史记载，并在85年后被封圣。对其进行的翻修十分到位，修道院有三座主堂，由筒状拱顶覆盖，其中地窖和中间主堂祭坛上的雕塑十分有趣。

8

巴加
Bagà

ⓘ Pujada a Palau, 7。☎ 93 824 48 62。🚌 Alsina Graells, SA; Transports Mir, SA。☺ 8月3日，其他节日：天然产品集市(2月的第二个周日)，菲亚法亚集市(圣诞前夜)。🏰 卡达罗斯中世纪中心 Centre medieval i dels Càtars 地址：Palau de Pinós。☎ 93 824 48 62。

在巴加，仍然保存着一部分曾经环绕老城区的城墙。由彼诺斯(Pinós)公爵于1233年宣布建城。游客可以沿着城中石阶小巷四处走走，也可以参观一下哥特式的圣史蒂夫教堂(església de Sant Esteve，建于15世纪)。教堂内保存着一个10世纪拜占廷时期的十字架。被石柱围绕的广场展示着中世纪时的古城之美，并以建城者彼诺斯公爵之名命名。

彼诺斯公爵后来成为了一个颇具传奇色彩的人物。古老的菲亚法亚节(festa de la Fia Faia)也由他创立，在圣诞夜举行，有焰火表演、舞蹈以及转铃等活动。

9

利耶特
La Pobla de Lillet

ⓘ Parque Xesco Boix, s/n。☎ 93 823 61 46。🚌 Alsina Graells, SA; Transports Mir, SA。☺ 每年10月的第一个周日，其他节日：辛瓜杰斯马节(复活节周一)。🏰 阿提加花园 Jardins

巴加部分景观以及圣史蒂夫哥特式教堂

d'Artigas。🕓 10月到次年6月，逢周六、周日和节假日，10:00至17:00；7月到9月，逢周一到周五，10:00到19:00。💲 3欧元，12:00至16:00，有导游讲解。

在约布雷加特河沿岸，松林、悬崖峭壁和绵延不绝的法尔加山脉（Falgars）构成了利耶特周边的景色。在这里，阿利哈河（Arija）、雷加特河（Regatell）以及约布雷加特河三水合一，充足的水源保证了传统纺织业的发展。这里曾是古老的马塔布拉纳（Mataplana）领地的首府所在地。河上有三座桥，其中最有名的古桥是中世纪遗留下来的。村里的圣殿内保存着来自圣米格尔修道院（monestir de Sant Miquel）的圣物。从Castellar de n'Hug公路的高处可以俯瞰整个村庄，景色美不胜收。沿着Campdevànol公路可以看到圣玛丽亚德利列修道院（Santa Maria de Lillet），建于10世纪至13世纪。经整修过的修道院有一圆形的圣殿，是罗马式建筑中令人称奇的设计。

从利耶特出发向工业区行驶一公里，在河边若隐若现的便是阿提加花园了，这是由安东尼·高迪（Antoni Gaudí）于1905年设计的。

⑩

克劳特交通博物馆
Museu del Transport del Clot del Moro

🏛 克劳特交通博物馆 Museu del Transport del Clot del Moro 地址：Clot del Moro。🕓 周日及节假日，11:00至14:00；工作日，需要提前预约。📞 93 825 71 13。💲 2欧元，有导游讲解。

博物馆坐落于利耶特往卡斯特亚德努克方向的公路上三公里处。尽管阿斯兰（Asland）公司的老水泥厂房仍然散发着强烈的工业气息，在这座博物馆里还可以看到一些有趣的交通工具，例如人力车、老火车等。19世纪的最后几十年，整个区域经历了一场工业化浪潮，而克劳特成为了这一时期最好的见证人。

利耶特村和老桥

⑪

圣维森斯德鲁斯教堂
Sant Vicenç de Rus

ⓘ 参看Castellar de n'Hug。📞 93 825 70 97。

从约布雷加特泉到卡斯特亚德努克的路上，圣维森斯德鲁斯小教堂就隐藏在松林之中，展示着伦巴第罗马式建筑的风采。教堂由主堂、后殿及钟楼组成，于1106年封圣，1983年重新修葺。若要参观其内部，则需向旁边的小酒馆预约。其内存有修葺时发现的壁画的复制品，以及一块有着独特风格绘画的方帕，画上描述了圣马达莱那的生平事迹。这些画的真品现藏于主教博物馆以及索尔索那区博物馆。

克劳特的老水泥厂

约布雷加特河的源头附近

12

约布雷加特之源 *

Les fonts del Llobregat *

ⓘ 参看Castellar de n'Hug。📞 93 825 70 97。

沿着pista del Molí小道可以到达约布雷加特之源。这条小路上景色很美，游客在路过老磨坊后，便会看到一条小道，其红土与绿松林和其他植物相映成趣。沿路向前便看到石块之间泻下的三条主瀑布了。此水源头至今尚无人知晓，在这里出现三条瀑布，奔流170公里后注入地中海，这便是约布雷加特河了。

13

卡斯特亚德努克 *

Castellar de n'Hug *

ⓘ cal Crida。📞 93 825 70 97。🚌 Alsina Graells, SA; Transports Mir, SA 。☺ 圣米格尔节（9月29日），其他节日：牧羊犬大赛（8月的最后一个周日）。

卡斯特亚德努克全貌，这里是约罗布雷加特泉的发现地

卡斯特亚德努克（海拔1395米）是这一区域中最高的村镇。其鲜明的特色以及传统建筑的完好保存使得如今的卡斯特亚德努克已完全成为一个旅游胜地。石铺的街道、摆满面包的小铺橱窗、西班牙香肠以及蘑菇干，绝对值得一游一看一尝。

大广场上的圣玛丽亚教堂（església de Santa Maria）十分引人注目，这一罗马时期的建筑经历多次改建，更多地带有新古典主义风格特征。如果游客有兴致，可以徒步沿老路走到位于该村下方的约布雷加特之源。最好的观景位置在莫里纳（Molina）公路旁的小山坡上，在那里卡斯特亚德努克三处建筑群尽收眼底。

14

佩德拉佛卡山、萨德斯和高索 *

El Pedraforca, Saldes i Gósol *

ⓘ（高索）pl. Major, 1。📞 973 37 00 55。ⓘ（加迪—摩瑟罗自然公园）pl. Pedraforca, s/n。📞 93 825 80 46。☺ 高索节（8月15日），其他节日：萨德斯节（8月26日）。🏛 高索市立博物馆 Museu Picasso de Gósol 地址：pl. Major。📞 973 37 00 55。🏛 高索的毕加索博物馆 Museu Picasso de Gósol 地址：pl. Major。📞 973 37 00 55。

到佩德拉佛卡山一游绝对值得推荐。萨德斯的山地地形是佩德拉佛卡山的标志性形象。在山谷中有问讯处，可向游人提供各种旅游线路信息。

走出城镇，向高索方向进发，沿着佩德拉佛卡山的观景路可以绕山一周，饱览壮丽景色。沿路可以到达埃斯塔森（Estasén）教堂附近，山北的墙耸立在教堂以上600多米处。上博耶格（Pollegó superior）峰是佩德拉佛卡山的最高峰，属于加迪—摩瑟罗自然公园（Parc Natural del Cadí-Moixeró）的一部分，是国家级旅游区。通向高索的公路经过特拉帕（Trapa）、埃斯普拉（Esplà）村

加迪—摩瑟罗自然公园

加迪—摩瑟罗自然公园跨越了贝格达区、上乌捷尔区（Alt Urgell）以及塞达尼亚区的土地，1983年被宣布为自然公园。公园占地41342公顷，它的山两侧景色截然不同。北面是塞达尼亚特有的沿海峭壁，而南面的贝格达则是一马平川（共19000公顷），其上佩德拉佛卡山突兀而起。自然公园拥有高山区域最具特色的动植物种群，以及当地独有的物种。巴加的公园信息中心向游客提供关于旅游线路、参观及其他活动的各种信息。📞 93 824 41 51。

以及所利贝村(Sorribes)。游客从宁静的高索广场(plaça de Gósol, 海拔1423米)可以俯瞰佩德拉佛卡山的美丽景色。

镇内可以参观市立博物馆(Museu Municipal)以及毕加索博物馆(Museu Picasso),后者藏有这位艺术大师于1906年在高索期间的作品的复制品以及相关资料。

建于11世纪的中世纪城堡以及老建筑展示了村子地道的乡下景观以及对古迹的充分保护,其中最引人注目的应数圣玛丽亚教堂,尤其是其钟楼。它原是城堡的塔楼,从那里可以眺望全城景色。

吉克拉雷尼以及神秘的佩德拉佛卡山

实用向导

周边地区

在鲁卡(Lluçà)可以看到加泰罗尼亚仅存的五座圆形教堂之一:圣维森斯德鲁斯(Sant Vicenç de Rus)教堂,坐落在古堡的废墟中。在市区也有罗马式的圣玛丽亚修道院(monestir de Santa Maria),特别要强调的是其回廊柱头上美轮美奂的装饰。其内部14世纪的壁画经过修葺,也十分精美。圣玛丽亚德梅乐斯(Santa Maria de Merlès)是一个小山谷,在那里游客可以看到各种遗迹,比如城堡遗迹、哥特式古桥、罗马式教堂。

餐馆

贝尔加 Berga

Can Sala 餐馆 地址:pg. de la Pau, 27。☎ 93 821 11 85。擅长野味。

Santuari de Queralt 餐馆 ☎ 93 821 28 38。擅长经营西班牙名菜,土豆和煮菜汁等。

L'esquirol 餐馆 地址:Càmping de Berga, c-16, km 96, 3。☎ 93 821 12 50。周日晚不营业。擅长贝尔加口味的鳕鱼。

卡斯特亚德努克 Castellar de n'Hug

Fonda cal Armengou 餐馆 地址:pl. de la Generalitat, s/n。☎ 93 822 24 91。擅长蘑菇类的家常菜。

利耶特 La Pobla de Lillet

Hostal Pericas 餐馆 地址:Furrioles Altes, 2。☎ 93 823 61 62。加泰罗尼亚风味,擅长野味,如洋葱口味的菜。

住宿

宾馆

贝尔加 Berga

Queralt 酒店 ** 地址:pl. de la Creu, 4。☎ 93 821 06 11。

卡斯特亚德努克 Castellar de n'Hug

Fonda cal Armengou 酒店 ** 地址:pl. de la Generalitat, s/n。酒店服务周到 ☎ 93 822 24 91。

Les fonts 酒店 ** 地址:ctra. de Castellar de n'Hug, km 8。☎ 93 825 70 89。

高索 Gósol

Cal Triuet 酒店 ** 地址:pl. Major, 4。☎ 973 37 00 72。

萨德斯 Saldes

Pedraforca 酒店 ** 地址:barri Massanes。☎ 93 825 80 21。

弗龙堂亚 Sant Jaume de Frontanyà

Antiga Casa Marxandó 酒店 * 地址:c.Baix, 7。☎ 93 823 90 02。

圣维森斯德鲁斯 Sant Vicenç de Rus

La Farga de Sant Vicenç de Rus 酒店 地址:ctra. de Castellar de n'Hug, km 5,7。☎ 93 825 70 71。

乡村旅店

高索 Gósol

Ca l'Esteve 地址:vista Alegre, 11。☎ 973 37 01 26。

露营地

高索 Gósol

Cadí de Gósol 地址:Camí del Molí, s/n。☎ 973 37 01 34。

萨德斯 Saldes

Repòs del Pedraforca 地址:B-400, km 13.5。☎ 93 825 80 44。

利耶特 La Pobla de Lillet

l'Espelt 地址:ctra. B-402, km 4,35。☎ 93 823 65 02。

坎普罗顿谷和利比斯谷
La vall de Camprodon i la vall de Ribes

利波尔是前往特尔(Ter)河谷和弗雷斯(Freser)河谷的最佳出发点,也是利比斯谷和坎普罗顿谷两大河谷的交界点。

行程:
2天/140km

利波尔(Ripoll)→圣胡安阿巴德塞斯(Sant Joan de les Abadesses) **10km**
圣胡安阿巴德塞斯→坎普罗顿(Camprodon) **15km**
坎普罗顿→贝赫特(Beget) **18km**
贝赫特→莫约(Molló) **18 km**
莫约→亚纳斯(Llanars) **11km**
亚纳斯→塞卡塞斯(Setcases) **7km**
塞卡塞斯→利比斯德弗雷斯(Ribes de Freser) **47km**
利比斯德弗雷斯→盖拉斯(Queralbs) **7 km**
盖拉斯→弗斯堂亚(Fustanyà) **2km**
弗斯堂亚→努里亚(Núria) **5km**

利比斯谷地形崎岖险峻,气候潮湿多雨,努里亚教堂就坐落在山谷入口处。

坎普罗顿谷则恰好相反,地势缓和平坦,而在特尔河的源头则呈现出崇山峻岭的景象。

❶

利波尔 **
Ripoll **

ⓘ pl. Abat Oliba, s/n。☎ 972 70 23 51。🚌 Alsina Graells, SA; Transports Mir, SA; J. Verdaguer, SL; TEISA。🚆 RENFE。☺ 圣埃达节(5月11日),其他节日:羊毛节和农家婚礼(5月11日后的第一个周日);美食展(兰姆斯节的前一个周末)。🏛 利比斯人类博物馆 Museu etnogràfic de Ripoll 地址:pl. de l' Ajuntament, 3。☎ 972 70 31 14。🕓 3月21日至9月20日,9:30至13:30,15:30至19:00;9月21日至次年3月20日,9:30至13:00,15:30至18:00。$ 2欧元。暂时关闭,临时展览除外,临时展厅设在Abat Senjust厅。

该地区的大部分人都住在利波尔。它位于特尔河与弗雷斯河的交汇处,是去往利比斯谷和坎普罗顿谷的最佳出发点。当地经济主要包括纺织、钢铁、农业和旅游等。16、17世纪利波尔铸铁业繁荣一时,是欧洲最重要的武器制造地之一。在人类博物馆还可以看到重要的武器样品。

被基弗雷埃佩罗斯(Guifré el Pelós)伯爵收复之后,利波尔逐渐人丁兴旺起来。修道院所在的位置就是河谷的发源地,后来成为旧时加泰罗尼亚的首府。因此,利波尔通常又被称为"加泰罗尼亚的摇篮"。圣玛丽亚修道院最先是西哥特人修建的,后遭阿拉伯人破坏。880年圣贝尼托(Sant Benet)下令,由基弗雷埃佩罗斯(Guifré el Pelós)主持进行了重建。从10世纪开始,这座修道院就深受院长奥利巴神父(Oliba,公元971—1046年)的影响。奥利巴不仅重建了这座罗马教堂,而且推动了罗马建筑风格的发展。此外,他还于1023年创建了蒙塞拉特修道院,平息了加泰罗尼亚贵族的内部斗争。时光流逝,许多著名的经书已经丢失,到19世纪已破落不堪的大教堂也大部分消失了。现存的部分,由建筑师埃利斯罗赫特(Elies Rogent)于19世纪主持修缮,由大教堂和修道院组成。值得一提的是,大教堂独一无二的12世纪罗马风格的正门,融入了凯旋门的构思,并装饰有83个表现《旧约》和《新约》场景的雕像,其中包含了神兽和具有隐喻含义的人像。顶部是被天使围绕的耶稣雕像——有玻璃保护其免受侵蚀——它是传教士和《启示录》24老人的象征。修道院是12至14世纪的建筑,前面的两条长廊由112个半圆形的弯拱组成,所有的柱头都雕刻了宗教、神话、民俗等不同的人物形象。修道院旁边坐落着11世纪修建的罗马式教堂——圣皮雷(Sant Pere)教堂,它由3个大厅和3个穹顶组成。再往前便是利波尔人类博物馆。修道院四周,尤其是梅尔卡达广场(plaça de Mercadal)和圣埃达尔广场(plaça de Sant Eudald)附近,还有一些气势宏伟的古建筑。

❷

圣胡安阿巴德塞斯 *
Sant Joan de les Abadesses *

ⓘ pl. de l'Abadia。☎ 972 72 05 99。🚌 TEISA。☺ 9月的第二个星期天。🏛 修道院博物馆 Museu

利波尔的圣玛丽亚修道院中两座阳台间的回廊

利波尔圣玛丽亚修道院的回廊与钟楼

del monestir 地址：pl. de l'Abadessa。📞 972 72 00 13。⏲ 3月、4月、9月，10:00至14:00；5月、6月、9月，10:00至14:00，16:00至19:00；7月、8月，10:00至19:00；11月至次年2月，周一至周五，10:00至14:00，16:00至18:00；周六、周日，10:00至14:00。💲 2欧元。

圣胡安阿巴德塞斯是该地区第二大城市。一座哥特式大桥横跨在特尔河上。它始建于12世纪，西班牙内战中被毁，1976年重建。而古老的圣华尼波(Sant Joanipol)教区同样在内战中遭到损坏，日后进行了修建。然而它宏伟的拱门和塔顶却保存了下来。古城中心值得一去的是大广场拱门长廊(porticada)。这座修道院一直由贝尼托派修女掌管，直到11世纪因该修女被指控与阿尔瑙伯爵(comte Arnau)有染而被迫关闭。修道院保留了大量原始的罗马式建筑结构，由一个与塔顶相比略显狭小的大厅、一个中央穹顶、两个侧翼穹顶以及三个小祈祷室组成。后殿雕塑展现的是“耶稣下十字架”的场景，也称为“神圣降临”，是宏伟的13世纪罗马风格雕塑。修道院长宫殿和建于15世纪的著名的哥特式修道院与罗马式雕塑相得益彰。值得推荐的是修道院博物馆，那里展示了雕塑、绘画、金银器、刺绣、纺织等藏品。

❸
坎普罗顿 *
Camprodon *

ⓘ pl. Espanya, 1。📞 972 74 00 10。🚌 TEISA。☺ (6月21日)

坎普罗顿位于特尔河与利乌特河(Riutort)的交汇处，坎普罗顿河谷的中心。它中世纪的名字是罗东度区(Campus Rotundus，意为被环绕的地区)，说明了其在此环形河谷中的位置。坎普罗顿河谷是最具比利牛斯山传统的旅游胜地之一，也是钢琴家、作曲家伊萨克·阿尔贝尼兹(Isaac Albéniz，1860—1909)的故乡。他是弗朗茨·李斯

圣胡安阿巴德塞斯的哥特式风格的桥

坎普罗顿的罗马式的圣皮雷修道院

特(Franz Liszt)的门徒，也是苏依特·伊比利亚(Suite Iberia)的老师。坎普罗顿最为著名的是其标志性的中世纪大桥，位于拉维亚德巴伊斯(Vila de Baix)，横跨于特尔河上。

在利乌特另一侧的达特镇，有哥特式的圣玛丽亚教堂，附近便是坎普罗顿最为著名的建筑——圣皮雷修道院的罗马教堂，它是12世纪建造的古老的修道院唯一保存下来的建筑。除了拉丁十字架和锌制穹顶外，最为独特的便是支撑两层钟楼的八角灯了。

阿尔瑙伯爵

传说阿尔瑙伯爵建造了一座修道院，并根据中世纪的习惯，不管白天黑夜都前去拜访。修道院有上百名修女修行，然而有一天，一个少女逃了出来，躲进了圣胡安阿巴德塞斯修道院。从那时起，人们便开始谈论起阿尔瑙伯爵和女修道院院长们的风流韵事。但是，使阿尔瑙伯爵坠入地狱的似乎是修建蒙格罗尼(Mogrony)之梯一事，因其之后没有付给许诺工人的小麦作为报酬，于是人们称他为"吝啬鬼"。直到今天，在月明之夜，午夜12点，阿尔瑙伯爵还会骑着黑马从地狱里出来。

4

贝赫特 *
Beget *

ⓘ Camprodon。✆ 972 74 00 10。☺ 马赫斯塔主节(11月的第一个星期天)。

翻过波塞达(Boixeda)山口，便可以看到跟坎普罗顿河谷截然不同的景色：栎树和松树林。放眼望去，还可以看到远处巴塞戈达(Bassegoda)山的轮廓。半路上会经过名叫罗卡布鲁纳(Roca-bruna)的小村庄，那里有古老的城堡和圣菲利乌罗马教堂。

随后便到了贝赫特。这个村落是公认的比利牛斯山地区保存最为完好的历史艺术遗产之一。最引人注目的是其独特的建筑风格和始建于12世纪的罗马风格教堂：圣克里斯托弗(Sant Cristòfol)教堂。值得一提的还有宏伟的四层大钟楼。在教堂里，可以看到12世纪高达2米的贝赫特塑像。

5

莫约
Molló

ⓘ Camprodon。✆ 972 74 00 10。🚌 TEISA。☺ 圣塞西丽亚节(每年11月的第三或第四个星期日)。

圣史蒂夫教堂罗马式风格的大门

莫约位于利乌特河谷的中心地带，被农田环绕。游客很远就可以看到罗马风格的圣塞西丽亚（Santa Cecília）教堂。

其堪称宏伟和简约完美结合的五层钟楼最引人注目。如果继续向北走10公里，就可以从阿雷斯（Ares）山口俯瞰巴耶斯毕尔（Vallespir）地区的全景。

6

亚纳斯
Llanars

ⓘ 参看Camprodon。☎ 972 74 00 10。☺ 圣考斯麦节和圣达米亚节（9月的第四个星期天）。

沿着从坎普罗顿通往塞卡塞斯的公路，从特尔河谷入口向里走上2公里就可以到达巴特（Vallter）2000滑雪场。亚纳斯由错综的小巷和新建的旅店组成。最为人称道的景点是始于1168年的圣史蒂夫（Sant Esteve）教堂，其外部还保留着12世纪原始的铸铁工艺的痕迹。

7

塞卡塞斯 *
Setcases *

ⓘ 参看Camprodon。☎ 972 74 00 10。🚌 TEISA。☺ 圣米格尔节（9月29日）。

虽然大量的新建筑改变了塞卡塞斯河谷的旧貌，但它还是保留了相当的魅力。以前，如其加泰罗尼亚语名字所言，塞卡塞斯由七所房子组成，传说为一个失明的牧羊人和他的7个儿子所建。这里是多条远足路线的出发点，例如徒步穿越峡谷到达努里亚。

贝赫特，加泰罗尼亚最偏远也最美丽的村镇之一

盖拉斯的罗马式圣加美教堂

8

利比斯德弗雷斯
Ribes de Freser

ⓘ pl. de l'Ajuntament。☎ 972 72 77 28。
🚌 Transports Mir, SA; Sagalés, SA; TEISA。
🚆 RENFE; Ferrocarrils de la Generalitat。
☺ 冬季，1月14日；夏季，8月15日。

弗斯堂亚附近的比利牛斯山的风景

利比斯德弗雷斯位于三条河流的交汇处，作为旅游景点，各种服务设施齐全。众多桥梁将拉比拉达蒙（Vila d'Amunt）（上游河谷）和拉比拉拜斯（Vila de Baix）（下游河谷）连接起来。这里有很多历史遗迹，保存着一些古旧的房屋和小巷，以及圣皮雷堡的遗址。在镇子的另一侧，可以看到Cerdanya街尽头圣克利斯托佛教堂的小祈祷室。圣玛丽亚教区两侧的小教堂之上的罗马式风格的穹顶是1936年被损毁的教堂遗迹。

9

盖拉斯
Queralbs

ⓘ 参看Ribes de Freser。☎ 972 72 77 28。
🚆 Transports Mir, SA; Ferrocarrils de la Generalitat。☺ 圣加乌马节（6月25日）。

盖拉斯依山而建，房屋拾级而上。这是一个洁净的环境宜人的小村庄。建于12世纪的圣加乌马教堂很值得一看。最有趣的是它的长廊，由六个跨在负重石柱上的拱组成。

10

弗斯堂亚
Fustanyà

ⓘ 参看Ribes de Freser。☎ 972 72 77 28。

离盖拉斯很近的弗斯堂亚，是个风景秀丽的宁静的小村庄。建于12世纪的罗马式教堂圣萨杜尼（Sant Sadurní）只有一个大厅及穹顶。教堂外部保留了罗马式的铸像。

努里亚山谷风光和努里亚教堂

11

努里亚 **
Núria **

ⓘ 参看Ribes de Freser。☎ 972 72 77 28。🚆 Transports Mir, SA; Ferrocarrils de la Generalitat。☺ 努里亚牧羊人节（9月1日），努里亚圣女节（9月8日）。

沿着努里亚的老路从盖拉斯高处顺势而下，再步行上坡，3个小时便可以到达教堂。最舒适的是乘坐1931年3月22日投入运营的“齿轨火车”。它从盖拉斯站开出，是西班牙国内唯一一趟到达2000米以上高度的列车。之所以叫做“齿轨”火车，是因为它另外使用了一条与车头车轮相咬合的有齿铁轨。这种结构能够为火车在海拔超过1000米，起伏度大于15%的地域行驶时提供更大的牵引力。到达努里亚山谷的路程约为45分钟。

努里亚的“齿轨火车”

随着海拔的升高，可以看到不同的地貌特征。到达努里亚山谷，游客就可以参观已成为旅游景点的古代洞穴。滑雪场在齿轨火车站建有索道，乘缆车到达阿利戈（Àliga）山顶，便可以看到由稻田和湖泊组成的平静而壮阔的自然景色。

努里亚教堂是整个加泰罗尼亚地区香火最盛的。据文献记载，努里亚教堂本是为朝圣的人设立的医院，中世纪时则作为艰苦的山路旅程的补给站。据说它大约在12世纪时由圣希尔建造，其中最珍贵的物品便是钟、十字架和锅。

宗教被迫害之后，11世纪，一位叫圣阿马德（sant Amadeu）的隐士主持重建了教堂。直到今天，努里亚的女人们还保留着将头伸进圣希尔礼拜堂的锅里，以祈求生育能力的传统。如果所怀的是女孩，就必须取带有“努里亚”的名字。

古老的中世纪属地在1428年比利牛斯山地区的地震中遭到了破坏。我们现在所看到的建筑都是19世纪末20世纪初不断重建的结果。存放在教堂里的努里亚圣女神像（Mare de Déu de Núria）是12世纪的作品。而加泰罗尼亚大区的第一部法典，就是于1931年在努里亚撰写的。

实用向导

周边地区

距利波尔 12 公里的孟德斯鸠(Montesquiu)城堡是 16 世纪建造的，在之后几百年间都堪称伟大的建筑，人们可以在节日的上午参观城堡。阿雷斯山(Coll d'Ares)距莫约大约 10 公里，位于西法边境。登上山顶可以欣赏到利波雷斯和加罗萨(Ripollès i la Garrotxa)的壮丽风光。

餐馆

利波尔 Ripoll

Can Nerol 餐馆 地址：Pla d'Ordina，11。☎ 972 70 18 94。不错的法国菜。

坎普罗顿 Camprodon

Núria 餐馆 地址：pl. Espanya，11。☎ 972 74 00 04。家常菜和当地特产。

亚纳斯 Llanars

Pizzeria Marechiaro c. Font d'en Rabel，15。☎ 972 74 11 49。

利比斯德弗雷斯 Ribes de Freser

Els Caçadors 餐馆 地址：Balandrau，26。☎ 972 72 70 77。特色菜是烤羊肉。

La Perdiu Blanca 餐馆 地址：c. Puigcerdà，5。☎ 972 72 79 36。

Can Cigala 餐馆 地址：c. Ribes Altes，s/n。☎ 972 72 74 25。

La Corva 餐馆 地址：Mas la Corva，ctra. N-152，km 115。☎ 972 72 70 34。

盖拉斯 Queralbs

Restaurant de la plaça 餐馆 地址：pl. de la Vila，2。☎ 972 72 70 37。地方特色菜。

努里亚 Núria

Vall de Núria 餐馆 地址：Santuari de Núria。☎ 972 73 20 00。特色菜是"西维特"。

贝赫特 Beget

Can Joanic 餐馆 地址：c. Bell Aire，1。☎ 972 74 12 41。特色菜是炭炉火锅。

住宿

酒店

利波尔 Ripoll

Solana de Ter 酒店 ** 地址：C-17，km 92,5。☎ 972 70 10 62。

Monasterio P 酒店 ** 地址：pl. Gran，4。☎ 972 70 41 33。

圣胡安阿巴德塞斯 Sant Joan de les Abadesses

Janpere P 酒店 * 地址：Mestre Andreu，3。☎ 972 72 00 77。

塞卡塞斯 Setcases

La Coma 酒店 ** 地址：c. Prat de la Coma，s/n。☎ 972 13 60 74。

坎普罗顿 Camprodon

Güell 酒店 ** 地址：pl. Espanya，8。☎ 972 74 00 11。

Maristany 酒店 *** 地址：av. Maristany，20。☎ 972 13 00 78。

Edelweis 酒店 **** 地址：ctra. Sant Joan，28。☎ 972 74 06 14。

贝赫特 Beget

Can Joanic 酒店 地址：c. Bell Aire，1。☎ 972 74 12 41。

亚纳斯 Llanars

H. El Grevol 酒店 **** 地址：ctra. de Camprodon，s/n。☎ 972 74 10 13。

利比斯德弗雷斯 Ribes de Freser

Catalunya Park 酒店 ** 地址：c. Salvador Mauri，9。☎ 972 72 71 98。

盖拉斯 Queralbs

H. Rialp 酒店 *** 地址：ctra. de Núria，s/n。☎ 972 72 73 63。

努里亚 Núria

Vall de Núria 酒店 *** 地址：santuari de Núria。☎ 972 73 20 00。

乡村旅店

莫约 Molló

Can Illa 地址：ctra. Comarcal 38，km 22。☎ 972 74 05 12。

利比斯德弗雷斯 Ribes de Freser

Mas Ventaiolà ☎ 972 72 79 48。

盖拉斯 Queralbs

Can Constans：Mas can Constans。☎ 972 72 70 13。

露营地

坎普罗顿 Camprodon

Vall de Camprodon ☎ 972 74 05 07。

Els Solans 地址：ctra. de Ripoll a França，km 27。☎ 972 13 00 99。

圣胡安阿巴德塞斯 Sant Joan de les Abadesses

Abadesses 地址：ctra. Camprodon，km 14,6。☎ 972 72 22 72。

从加洛特夏火山地区到埃斯坦尼平原

De la zona volcànica de la Garrotxa al Pla de l'Estany

在加洛特夏有着各种各样的风景，比如上加洛特夏（Alta Garrotxa）的井和冷峻而粗糙的悬崖，还有圣保罗和贝萨鲁无与伦比的中世纪街区，但其中最主要的特色是它的火山——整个伊比利亚半岛上加洛特夏所独有的火山。在游览普拉德拉埃斯坦尼的过程中，游客们可以近距离地接触广袤的乔尔达山毛榉树林和班约勒斯象征着加泰罗尼亚的大湖。

行程：
2天/84km

奥洛特（Olot）→喀斯特佛伊特（Castellfollit de la Roca）	6km
喀斯特佛伊特→萨德尔尼斯（Sadernes）	11km
萨德尔尼斯→贝萨鲁（Besalú）	19km
贝萨鲁→贝乌达（Beuda）	5km
贝乌达→ 班约勒斯（Banyoles）	13km
班约勒斯→圣保罗（Santa Pau）	25km
圣保罗→圣玛格丽特火山（Volcà de Santa Margarida）	4km
圣玛格丽特火山→乔尔达山毛榉林（La fageda d'en Jordà）	1km

奥洛特现代主义风格的雕塑作品之一

❶

奥洛特 **
Olot **

ⓘ Mulleres, 33。✆ 972 27 02 42。ⓘ c. Hospici, 8。✆ 972 26 01 41。🚌 TEISA; Compañía del Ferrocarril de Olot a Girona。☺ 图拉圣女节(9月8日)。其他节日:巨人之舞节(12月8日),萨尔达纳之会(7月的第二个周日),圣域克节(10月18日),美食展会(11月的第四周)。🏛 地区博物馆 Museu Comarcal 地址: c. Hospici, 8。✆ 972 27 91 30。⊙ 周一至周六,10:00至14:00, 16:00至19:00;周日及节假日,只在上午开门;周二、元旦及12月25日关门。$ 2欧元。导游服务须预约。🏛 火山之家博物馆 Museu Casal dels Volcans 地址: av. Santa Coloma, 43。✆ 972 26 67 62。⊙ 周一至周六,10:00至14:00, 16:00至18:00;周二和周日下午,元旦及12月25日关门。$ 2欧元。导游服务须预约。🏛 史蒂夫教区教堂博物馆 Museu Parroquial de Sant Esteve 地址:史蒂夫教堂。✆ 972 26 04 74。参观须提前预约。🏛 地区历史档案博物馆 Arxiu Històric Comarcal 地址: c. Antoni Llopis edifici de l' Hospici。✆ 972 27 91 31。⊙ 9:00至14:00, 15:30至18:00;夏季,周一到周五,8:00到15:00。

不足30000人口的奥洛特城是加洛特夏地区的首府。它位于佛鲁维亚(Fluvià)高高的山谷之中,以拥有自然美景而著称。奥洛特是加洛特夏火山区自然公园的中轴线。在这个城市中心耸立着四座火山:蒙特萨科巴(Montsacopa)、蒙托里维特(Montolivet)、比萨洛克斯(Bisaroques)以及加里那达(Garrinada)火山。由于该城周围得天独厚的自然美景吸引游客纷至沓来,使得旅游业和该城的纺织业、商业并驾齐驱。奥洛特城在其他时期曾以制作宗教圣像的工艺品作坊而闻名于世,同时它也是那群聚集在名为奥洛特学校的艺术家的灵感之地。画家华金·巴以雷达(Joaquim Vayreda, 1843—1894)推动了这所学校的建立。奥洛特学校使得该地区的风景成为无数画家创作的源泉并形成了一种风格。这种风格就是把令人心旷神怡的风景变成创作中的主角,而这些创作又常常朝着田园主义的方向发展。莫德斯特·乌捷尔(Modest Urgell)、何塞·贝尔嘉(Josep Berga)和胡安·伊莫那(Joan Llimona)是奥洛特学校那群画家中最著名的几位。曾经成为那个时代的艺术家灵感之源的很多地方今天仍旧屹立在那儿,尤其充满了魅力的地方有莫伊西那(Moixina)、帕克诺乌(Parc Nou)以及蒙特萨科巴火山,该火山仍旧保存着喷发时候遗留下来的锥体。这个火山坑直径有120米,是一个极佳的城市风光俯瞰点。

除了推荐游客到该城真正的动感中心——布拉伊步道(passeig Blay)逛逛之外,还强烈推荐到马约尔大街(carrer Major)、马约尔广场(plaça Major)或是克拉拉广场(plaça de Clarà)去走

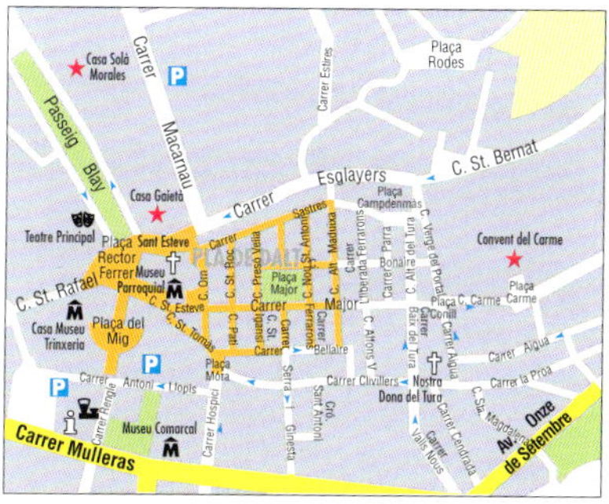

奥洛特老城中心地图

乔尔达山毛榉林是加洛特夏火山地区的特色森林

走。信步闲逛，游客可以观赏到美丽的现代主义建筑，比如加伊达比亚之家（Casa Gaietà Vila）和索拉莫拉雷斯之家（Casa Solà-Morales，18世纪），这两座建筑在1915—1916年被多梅内克·伊·蒙塔内尔（Domènech i Montaner）精心地重修过。当然游客还可以见到其他一些著名的地方，比如医院文艺复兴时期的大门厅、斗牛广场（plaça de Braus，西班牙最古老的斗牛广场之一），还有巴以雷达家族著名的古老大屋。

在那些纪念性的宗教建筑群之中最具标志性的是18世纪建造的圣史蒂夫教堂（església de Sant Esteve）。教堂里面保存了罗赛尔（Roser）的巴洛克祭坛装饰，是保罗·科斯塔（Pau Costa）的作品，在大祭坛上则是何塞·克拉拉（Josep Clarà）的雕刻，在教区教堂博物馆里面保存有格列高（El Greco）于1605年创作的名为《耶稣抱十字架》（Crist abraçat a la creu）的作品。图拉圣女巴洛克教堂是奥洛特另一座标志性建筑。建于罗马时期，仅仅保存了图拉圣女（Verge del Tura，该城的保护女神）的圣像以及一些不重要的建筑。

在城里广泛的文化瑰宝之中，不可不提的是地区的档案博物馆。该馆位于18世纪的欧斯比西大楼（Hospici），院子里面有带着拱门的三条走廊。博物馆保留着这座城市历史变迁的资料：奥洛特山水画学校的绘画作品（特别是华金和玛丽亚、巴以雷达兄妹），还有19世纪和20世纪加泰罗尼亚的绘画和雕刻作品。这里值得一提的是，拉蒙卡萨斯的画《负担》（La càrrega）以及米格尔·布拉伊（Miquel Blay）和奥洛特·何塞·克拉拉（Josep Clarà，1878—1958）的儿子的雕刻。坎德领薛利亚（Can Trinxeria）的《领主之屋》描绘了18世纪的生活风貌。火山博物馆在卡斯坦尼斯塔（Torre Castanys）里面，描绘了加洛特夏独特的生态系统，还有一个漂亮的植物园环绕着这栋建筑。

2

喀斯特佛伊特
Castellfollit de la Roca

ⓘ pl. Sant Roc, 2。✆ 972 29 40 03。🚌 TEISA。☺ 9月的第三个周日。其他节日：赫尔曼达特节。♜ 香肠博物馆 Museu de l'Embotit 地址：ctra. de Girona, km 10。✆ 972 29 44 63。🕓 周一至周五，9:30至13:30，16:00至20:00；周六、周日以及节假日，9:30至14:00，16:30至20:00。

从顺着佛鲁维亚河河道蜿蜒的N—260公路上可以看到喀斯特佛伊特市美丽的景色。高60米、长1公里的壮观的玄武岩悬崖是老城的美妙之地。这个古老的被围墙围起来的城市中心曾是战争时期最令人垂涎的要塞之一。圣萨尔瓦多教堂（Sant Salvador）在15世纪的地震中被毁坏过，在内战中更是几乎被摧毁了，后来在文化中心被重新修复，并以原貌再现。游客可以在前面的广场上找到令人赞叹的何塞广场（Josep Pla）观察点。作为补充，游客还可以逛逛香肠博物馆，馆内展出了各种各样的和该类产品的古老制作工序有关的工具。

3

耶尔加桥、萨德尔尼斯和圣阿尼奥尔德阿谷哈的井
El pont de Llierca, Sadernes, les gorges de Sant Aniol d'Aguja

ⓘ 参看Olot。✆ 972 27 02 42。☺ 11月6日和7日。

喀斯特佛伊特，位于一个玄武岩质的小山上

加洛特夏火山地区自然公园里面的科洛斯卡特火山

这是一次值得推荐的短途旅行，由此可以了解上加洛特夏（Alta Garrotxa）的景色。从蒙塔故特（Montagut）出发2公里后，游客可以看到一座壮观的单跨式的耶尔加中世纪大桥。在萨德尔尼斯，源于罗马时期的圣塞西莉亚教堂（Santa Cecília）成为了这里的中心。在此值得一游的是加尔塞澜农庄（mas de Can Galceran），现在成了一间客栈。林间小道沿着河流一直到达莫里（Molí）的平地，从这儿有一条路继续从河的右侧向上攀升着，步行一个半小时的路程即可到达古老的圣阿尼奥尔德阿谷哈修道院。圣阿尼奥尔河道的那些井开凿在令人印象深刻的石灰岩的悬崖上。那些地方，比如努维亚的峭壁（Núvia）、毕斯维的洞穴（Bisbe）、希特洛的井（Citró）或是布鲁日峭壁（Brull），形成了一幅相当诱人的风景。

4
贝萨鲁 **
Besalú **

ⓘ pl. Llibertat, 1。☎ 972 59 12 40。🚌 TEISA。
☺ 9月的下半月。其他节日：圣维森克节（1月22日），拉塔菲娅市集（12月的第一个周日）。

贝萨鲁的伯爵城，1966年被宣布为艺术历史之城，是加泰罗尼亚最重要的中世纪古城之一。这座古城位于卡贝亚达河（Capellada）与佛鲁维亚河的交汇处，继承了始于894年的悠久而又重要的历史遗产，自那时起贝萨鲁就拥有了自己的王朝。这种情形一直持续到1111年，那年它依附了巴塞罗那城。自那时候起贝萨鲁就慢慢衰败下去了，再没有恢复过往日的辉煌。时至今日，当游客通过一座壮观的罗马时期的大桥，进入中世纪的遗址时，都会不由自主地发出一阵阵的惊叹。这座桥始建于12世纪，是最古老的通道之一。大桥后来重修过，它采用七个大拱来支撑整个桥身，这些拱下面则是一些陷入河床的大柱子。在古城旧址里面，游客可以看到一些古老的房屋，带有柱廊的街道以及犹太人街区。密科维（*Miqwé*），是一个清洁身体的大浴室，是犹太人街区最突出的建筑之一。马约尔广场保持了中世纪的构造。还值得一提的是古老的罗马教皇的王宫（Palau de la Cúria Reial），现在成了一间小旅馆。塔拉菲洛（Tallaferro）和波尔塔雷特（Portalet）邻近的街道也很适合对历史文化有些兴趣的游客的胃口。

贝萨鲁最重要的建筑是古老的圣皮雷（Sant Pere）修道院。修道院位于同名的大广场上，它的根源要追溯至10世纪。它是现在仍存留的建于10世纪的教堂，由被方形立柱撑起的拱形分割成三个大的

加洛特夏火山地区自然公园

在加洛特夏，沿着佛鲁维亚河盆地，更确切地说，是在奥洛特、喀斯特佛伊特以及圣巴乌之间的地区，有着一个伊比利亚半岛最重要的、最有趣的火山。这个地区自1982年成立自然公园以后就被保护起来了，面积120平方公里，里面有30多个火山口，但大部分是休眠火山，很多火山口在旷野和森林之间几乎分辨不出来。参观者经常只能清楚地看到奥洛特蒙特萨科巴火山以及圣玛格丽特火山的半边。加洛特夏自然公园的火山近几个世纪以来的活动已经不活跃了，几乎所有的火山都被农作物和房子覆盖住了，形成了火山与种类繁多的动植物以及人类共存的有趣画面。

贝萨鲁中世纪中心标志性的罗马式大桥

独立的正厅以及一个半圆形的后殿组成。值得一提的是位于祭坛后面的回廊，上面的柱顶有着引人注目的雕刻。正门上面华丽而恢弘的大窗同样值得注意，窗上有五根拱形的装饰线条，两对配套的柱子和精雕细刻的柱顶。守在窗子两侧的狮子非常具有象征意义，钟楼则是正方形的。

广场的另外一端可以看到一座有趣的中世纪建筑——亚乌德斯之家(Llaudes)，这是科尔那亚王朝时期的领主之家。还可以看到其他著名的房子，比如塔亚菲洛(Tallaferro)之家，它非常靠近一个恢弘的柱廊区。圣皮雷教堂后面是圣胡丽亚医院(Sant Julià)，它保留了一个12世纪的纵深的门厅。在马约尔街上是罗马式的圣维森特教堂，那是贝萨鲁伯爵们的古老教堂。始建于12世纪，呈现了(古罗马)长方形基督教堂的构造：三个正厅以及一个半圆形的后殿。它的侧门很受人们喜爱。门两边的柱子上面有两道装饰线，柱顶则有精美的雕刻装饰。

5 伊高尔达、巴雷拉的圣墓和贝乌达 *
Lligordà, el Sant Sepulcre de Palera i Beuda *

ⓘ Besalú。☎ 972 59 12 40。☺ 8月的第一个周日。其他节日：圣墓朝圣(圣灵降临节的周一)。

沿着从贝萨鲁到贝乌达的公路旅游，游客们可以领略到不同的风情。首先过了2公里后，可以看到伊高尔达的圣皮雷罗马式的教堂——12世纪的一座小庙，紧挨着墓地。这是一个简洁却结实的结构，其中引人注意的是它的钟楼，让人觉得更像是旧的尖塔扩建的。到伊高尔达1公里处，有一条朝左的小岔路，从那儿走上1公里的林间小路，可以到达巴雷拉的圣墓教堂。这座教堂坐落在枝繁叶茂的森林之中，是俯瞰加洛特夏景色的绝妙之处。它曾是一座古老的修道院，现今勉强保存下了教堂，于1086年被祝圣，获得了豁免和免罪这两项非常的特权。教堂有着古罗马长方形基督教堂的平面设计——三个正厅以及三个半圆形的后殿，整个外观造型很简洁。紧挨着教堂可以看到古旧的回廊遗址。今天仍保留了“圣墓互助会”(Sant Sepulcre)的传统，在圣灵降临节的周一都会举行朝圣仪式。

在贝乌达这条只有100多名居民的小村子里，游客可以看到一个美轮美奂的罗马式教堂：圣菲利乌(Sant Feliu)教堂。它的正面和钟楼使人回忆起伊高尔达的圣皮雷大教堂的风格。整座建筑的造型，包括朝着正门的门廊，都非常的简朴和平衡。教堂里面保存了一个12世纪时期的巨大的洗礼盆。

圣玛丽亚博尔格雷斯的罗马式神庙

6

班约勒斯和博尔格雷斯 **
Banyoles i Porqueres **

ⓘ pg.Darder, 10。☎ 972 57 55 73。🚌 TEISA。☺ 10月的第三个周日。其他节日：圣女节，8月的夏天节（8月15日），萨尔达纳之会（7月的第一个周日），农民的帕萨卡里亚舞（一种慢速庄严的古代西班牙舞蹈，5月15日），花卉竞赛（5月24日），捕鱼竞赛（5月的前半个月）。🏛 地区考古学博物馆 Museu Arqueològic Comarcal 地址：pl. de la Font, 11。☎ 972 57 23 61。🕓 9月至次年6月，周二至周六，10:30至13:30，16:00至18:30；7月至8月，10:30至13:30，16:00至19:30；周日及节假日，10:30至14:00，周一闭馆；$ 3欧元，提供导游服务。🏛 达尔德尔自然历史博物馆 Museu Darder d'Història Natural 地址：pl. dels Estudis, 2。☎ 972 57 44 67。🕓 周二至周六，10:30至13:30，16:00至18:30；周日，10:30至14:00；周一，1月1日，1月6日，12月25日和12月26日闭馆。$ 3欧元（包含以上两个博物馆）。需提前预约导游服务。

莫尔嘎特农民的传奇

据班约勒斯的人说，除了那个大湖，一些小湖泊出现了，然后又消失了，就像魔术一样。那些看不见的从地底下冒出来的东西总是成为那些传说的起源。就比如莫尔嘎特农民的那个深深地植根于那个湖的地名的传说。据说，现在这个湖所在的地方，从前曾是一个叫莫尔嘎特的农民耕种的肥沃的平原。一天，当他割了麦子，感觉到了一个来自上天的声音命令他回家。莫尔嘎特是一个很顽固的人，但是那个声音不断地大声地响起，最后他只好离开了自己劳作的那块地。这时整片田野马上涌出了巨大的泉水，使得这个地方变成了一个大湖。这就是班约勒斯湖。这个湖是 8 字形的，3178 米 x 1590 米，总面积达 106 公顷，最深处有 40 米。

在抵达班约勒斯之前，在瑟林亚（Serinyà），可以见到一座罗马式的圣安德鲁教堂（Sant Andreu）。它有一个引人注目的正门和一个带有拱廊的半圆形后殿。到达班约勒斯时，有一条岔路通向班约勒斯湖。这是一个喀斯特湖，适合绕湖走上一圈，周长大约9公里，可以就近了解那些最令人陶醉的角角落落，比如被橡树林和圣栎树林环抱的莫尔嘎特平原（Can Morgat）、卡斯特尔小山（Castell）、诺乌小湖（Nou）、垂柳，还有不少其他可以看到渐渐变色的湖水的地方。在进入班约勒斯城的街道之前，游客可以在附近的村庄博尔格雷斯停留一下，这条小村子就坐落在湖边。在村子附近可以参观博尔格雷斯令人惊叹的12世纪罗马式的圣玛丽亚教堂。一个正厅和一个半圆形后殿组成了一座美丽的罗马式建筑典范。钟楼和教堂的正面，三个马蹄铁形状依次递减的拱形和精美雕饰的柱顶形成了一个整体。班约勒斯城是埃斯坦尼平原（Pla de l'Estany）的首府，是一个1988年才因大湖的存在而规定设立的区。带有柱廊的马约尔广场是小城传统的中心，同时也是市集日的商业活动中心。班约勒斯拥有丰富的纪念性建筑。这里值得一提的是图雷斯圣玛丽亚教堂（Turers），它大概是在1270年和1333年之间最先耸立在加泰罗尼亚的哥特式建筑之一。圣史蒂夫修道院（Sant Esteve）——一座始于18世纪的建筑，保留下来了回廊、16世纪哥特式的正面以及埃斯卡拉圣女（Mare de Déu de l'Escala）的祭坛装饰，这组祭坛装饰是15世纪班约勒斯的能工巧匠的作品。比亚阿日莫伊那（Pia Almoina）是14世纪的民间建筑的例子，现在是地区考古学博物馆所在地。这间博物馆收集了很多当地的历史藏品。在博物馆里存放着一块1887年发现

班约勒斯的大湖，艺术家们的灵感之源

圣保罗的历史建筑群以及13世纪的城堡

的九万年前的内安德尔塔日人(Neandertal)的下颚骨。达尔德尔自然历史博物馆是另外一家相当出名的博物馆,聚集了人类学、动物学、人种学以及动物化石学和弗朗塞斯克达尔德(Francesc Darder,1851—1918)医生个人的藏品。

7

圣保罗 **
Santa Pau **

ⓘ pl. Major,1。☎ 972 68 03 49。🚌 TEISA。☺ 圣玛丽亚节(8月15日)。其他节日:圣安东尼市集(1月18日)。🏛 教区教堂博物馆 Museu Parroquial 地址:pl. Major, s/n。☎ 972 26 04 74。

圣保罗拥有所有能够吸引游客的魅力之处:自然公园整整三分之一的面积、杰出的历史建筑群以及与乔尔达山毛榉林的咫尺之距。在城里的古老中心有着公认的历史艺术建筑群,当中可以找到一个宝贵的中世纪遗址。很久以前,这座城曾是中世纪男爵的领地,被城墙包围着,并由一座建于13世纪的结实的城

圣玛格丽特火山

堡控制着。城墙的一些片段以及方楼状的城堡,还有一些哥特式和文艺复兴时期的房子都保存了下来。同样,也需要提一提15世纪的圣玛丽亚大教堂,它具有哥特式的建筑风格,有一个结实的方形钟楼。尤其需要提到的是14世纪带有回廊的马约尔广场的壮观遗址,曾被称为波乌斯露天市场(Firal dels Bous),是当地的黄金中心地带,身处其中,可以最强烈地感受到中世纪的氛围。亲身感受一下阿克斯圣女罗马式教堂(Mare de Déu dels Arcs)也是一项有趣的体验。游客可以由地区公路上的岔路抵达那儿,距离村庄1.5公里。这座始于12世纪的教堂只有一个正厅在有拱廊装饰的半圆形后殿上矗立着,虽然整座建筑本身在后来漫长的时间里不断地被多次修葺。

8

圣玛格丽特火山 *
El volcà de Santa Margarida *

ⓘ 参看 Santa Pau。☎ 972 68 03 49。

在距离奥洛特大约4公里处有条路通往圣玛格丽特火山。经过林间小径可以抵达火山的锥形峰顶。它是加洛特夏保存最好的火山顶之一,也许还是最漂亮的呢。位于火山中心的圣玛格丽特形象生动逼真的神殿,使得整座火山成为一个惬意的、打发时间的短程旅行之地。公路另一头的科洛斯卡特(Croscat)火山,呈现出一个巨大的切口,它是一种特别黏土(一种有去垢特性的泛蓝色黏土)爆炸的结果。这种黏土的特性直至1991年才被发现。

9

乔尔达山毛榉林 *
La fageda d'en Jordà *

ⓘ Àrea d'aparcament de la fageda d' en Jordà。☎ 972 19 50 74。

距离奥洛特4公里处就是乔尔达山毛榉林。这种被诗人胡安·马拉加尔(Joan Maragall)提到

的山毛榉林，就在加洛特夏火山地区自然公园林木线里面。该地区主要的降雨与大西洋地区有关，降雨的不规则性是地中海的典型特色。这是整个欧洲最大的山毛榉林之一，不同时代的艺术家们络绎不绝地参观这个自然的领地，美丽的景色激发了他们绘画的灵感。

游览旺季在秋季的几个月里，这是由于那时色彩斑斓的树叶实在太吸引人所致。

实用向导

周边地区

在科尔那拉德特利（Cornellà de Terri）城里可以去参观两座有趣的罗马式教堂：布哈斯（Pujals dels Cavallers）街区的圣欧乌拉丽亚德美丽达（Santa Eulàlia de Mèrida）教堂和在科尔茨（Corts）有扇宏伟大门的圣胡丽亚教堂。圣米格尔德坎普马约尔（Sant Miquel de Campmajor）的那些小湖，就在同名的村子附近，这些湖就在一个山谷里，是一个非常宜人的休憩之地。

餐馆

奥洛特 Olot

La Deu 餐馆 地址：ctra. de la Deu, s/n。☎ 972 26 10 04。在奥洛特当地相当有名。特色菜肴有拉德乌土豆、猪手和牛尾炖墨鱼。€€

Ramon 餐馆 地址：pl. Clarà,10。☎ 972 26 10 01。特色菜是李子鸡肉。€€

Les cols 餐馆 地址：Mas les Cols, ctra. de la Canya,s/n。☎ 972 26 92 09。物超所值，加洛特夏地方风味。€€

贝萨鲁 Besalú

Cúria Reial 餐馆 地址：pl. de la Llibertat, 14。☎ 972 59 02 63。传统风味，美妙的中世纪用餐环境。€€

Fonda Siques 餐馆 地址：av. Lluís Companys, 6–8。☎ 972 59 01 10。特色菜是埃斯古德亚（escudella）、加泰罗尼亚特色菜，以汤、蔬菜、鸡肉和猪肉为基础，还有其他蘑菇菜色。€€

班约勒斯 Banyoles

Can Xabanet 餐馆 地址：pl. del Carme, 24。☎ 972 57 03 75。同时也是酒店，它的餐馆也值得称道。加泰罗尼亚风味，物超所值。€€

Quatre estacions 餐馆 地址：pg. de la Farga, 5。☎ 972 57 33 00。€€

埃斯皮那维萨 Espinavessa

La Rectoria 餐馆 地址：la Font, s/n。☎ 972 55 35 31。特色菜是腌兔肉和法式生菜调味酱蜗牛。€€

圣保罗 Santa Pau

Cal Sastre 餐馆 地址： pl. dels Balls, 6。☎ 972 68 04 11 和 972 68 04 21。传统美味，特色菜是家常烤碎肉卷子、葡萄干鳕鱼和圣保罗的油炸圈饼。€€

住宿

酒店

奥洛特 Olot

Borrell 酒店 *** 地址：c. Nonet Escubós,8。☎ 972 27 61 61。

Riu Olot 酒店 **** 地址：ctra. de Santa Pau, s/n。☎ 972 26 94 44。

La Perla 酒店公寓 ** 地址：Av. Santa Coloma, 7。☎ 972 26 23 26。

贝萨鲁 Besalú

Siques P 旅馆 ** 地址：路易斯康帕斯 Lluís Companys 大道 6–8 号。☎ 972 59 01 10。

班约勒斯 Banyoles

L'Ast 酒店 ** 地址：pg. Dalmau, 63。☎ 972 57 04 14。

Mirallac 酒店 **** 地址：pg. Darder, 50。☎ 972 57 10 45。

乡村旅店

圣保罗 Santa Pau

Collelldemunt 地址：ctra. d'Olot。☎ 972 68 05 23。

Mas Prat de la Plaça 地址：Plà de la Cot, 65。☎ 972 68 05 09。

露营地

奥洛特 Olot

La fageda 地址： ctra. Olot a Santa Pau, km 3.5。☎ 972 27 12 39。

萨德尔尼斯 Sadernes

Sadernes 地址：camí de Montagut a Sant Aniol。☎ 972 68 75 36。

圣保罗 Santa Pau

Lava 地址：ctra. de Santa Pau, km 7。☎ 972 68 03 58。

博尔格雷斯 Porqueres

El Llac 地址：ctra. Circumval·lació de l'Estany, s/n。☎ 972 57 03 05。

塔拉戈纳
Tarragona

塔拉戈纳城位于地中海之滨，与弗兰克里河（riu Francolí）相连，是塔拉格内斯（Tarragonés）区的首府，同时也是塔拉戈纳省的首府。它具有重要的经济地位，由于石油化工业的发展，塔拉戈纳已成为加泰罗尼亚地区的第二大工业区，第一大海洋港口。当地渔业相当发达，这都得益于旅游业的发展。塔拉戈纳，这座金色海滩之都，目前已经成为夏季旅游的热门城市。

大体来讲，我们可以把塔拉戈纳划分为三个区：位于山顶的老城区，也就是通常所说的“高地部分”（part alta），这一地区在古代是罗马城市，后来具有了中世纪的风格；扩展区（zona de l'eixample）建于19世纪，是一个现代化的商业区，主干道是一条新建的林荫道；第三个区是最新建成的，一直扩展到弗兰克里河平原（pla del riu Francolí）。

塔拉科（Tarraco）是普布里·格内乌·埃斯西皮翁（Publi i Gneu Escipión）于公元前218年建立的。参观考古博物馆（Museu Arqueològic）和圆形剧院时，沿着罗马时期的城墙漫步，我们可以感受到这座首府在古代的繁荣。如今，塔拉戈纳的历史遗迹已经被联合国教科文组织宣布为人类文化遗产。在5世纪时，由于日耳曼人的入侵，这座城市开始走向了衰落。714年，穆斯林侵略了塔拉戈纳。很快，这里也毁于战火，在四个世纪之内成为了无人居住之地。从12世纪开始，由于收复失地运动，以及后来的城市迁移重建工作，塔拉戈纳的新时代到来了。这里见证了罗马时期和中世纪的历史，留下了很多历史遗迹。最恢弘的建筑要数1171年开始修建的大教堂了。1790年的海港重建为城市的拓展提供了契机，于是，这座城市又开始了新一轮的发展。

MAR MEDITERRÀNIA
CATEDRAL DE TARRAGONA I MUSEU DIOCESÀ
MUSEU NACIONAL ARQUEOLÒGIC DE TARRAGONA
CIRC I CASTELL DE PILAT
AMFITEATRE
LA PART ALTA
LES MURALLES I EL PASSEIG ARQUEOLÒGIC
LA RAMBLA I EL CENTRE COMERCIAL
PORT I ZONA MARÍTIMA
Fortí de Sant Jordi
Fortí de la Reina
Muralla romana
Portal de Sant Antoni
Fortí de Sta. Bàrbara
Parc del Miracle
Platja del Miracle
Passeig Marítim Rafael de Casanova
Pg. Marítim Rafael de Casanova
Rambla Nova
Rambla Vella
Via Imperi Romà
Plaça Imperial Tarraco
Parc de la Ciutat
Necròpolis Paleocristiana
Passeig de la Independència
Riu Francolí
Fòrum Romà
Teatre Romà
Plaça de Braus
Recinte Firal
Moll de Costa
EL SERRALLO
Plaça Carles
Avinguda Ramón y Cajal
Avinguda Roma
Av. President F. Macià
Av. President Companys
Avinguda Andorra
Av. República Argentina
Av. Marquès de Montoliu
Avinguda Prat de la Riba
Carrer Pere Martell
Carrer Jaume I
Carrer Francesc Bastos
Carrer Torres Jordi
Carrer Reial
Carrer Smith
Carrer del Mar
Carrer Apodaca
Carrer Unió
Carrer Gasòmetre
Carrer Mallorca
Carrer Eivissa
Carrer Sant Miquel
Carrer Armanyà
Carrer Pons d'Icart
Camí de la Cuixa
Pl. Orleans
Sant Fructuós
Sant Agustí

被宣告为人文遗产的塔拉戈纳的古罗马风貌

罗马时期的塔拉戈纳
La Tarragona romana

1

城墙和考古之旅 **
Les muralles i el Passeig Arqueològic **

地址：av. Catalunya, s/n。📞 977 24 57 96。🕒 周二到周六，9:00到21:00；周日，9:00到13:00；逢周一闭馆。💲 2欧元。

和其他许多城市一样，这些城墙在古代的很长时间内都是起着军事防御作用的。事实上，历史学家们更倾向于认为，直到19世纪初，塔拉戈纳的城墙都一直在延续着这样的作用。塔拉戈纳城市的建造可以追溯到公元前3世纪。之后的几个世纪里，城市的规模都在不断地扩大。起初，塔拉戈纳的城墙长达4公里，而现在保留下来的只剩下1公里了。从建筑学的角度着眼，我们应该强调一下城墙建造的地基结构：由大方石组成的地基，上面再摞叠着石块，建成城墙。1932年，在城墙脚下建造了所谓的考古步道（Passeig Arqueològic）。在这条路上，我们可以看到城市的很大一部分，还可以看到一些纪念碑等古迹，例如奥古斯多雕像（estàtua d'August）、还有罗马城赠送的罗马母狼雕塑、圣芭芭拉碉堡（baluard de Santa Bàrbara）、米内尔瓦塔（torre de Minerva）和大主教塔（torre de l'Arquebisbe）。夜幕降临，城墙和花园里持续半个小时的人工照明使得这条道路呈现出美轮美奂的面貌。

塔拉戈纳的古罗马城墙

2

塔拉戈纳国家考古博物馆 ***
El Museu Nacional Arqueològic de Tarragona ***

🏛 塔拉戈纳国家考古博物馆 Museu Nacional Arqueològic de Tarragona 地址：pl. del Rei, 5。📞 977 23 62 09。🕒 6月1日到9月30日，工作日，10:00到20:00；节假日，10:00到14:00。10月1日到次年5月30日，工作日，10:00到13:30，16:00到19:00，节假日，10:00到14:00。逢周一闭馆。💲 2.4欧元，带讲解。网址：www.mnat.es。

塔拉戈纳国家考古博物馆（简称MNAT）虽然有些部分于16世纪已经建成了，但最后全部完工是在19世纪上半叶。现在我们所能看到的博物馆主楼修建于1960年，也就是在原来的罗马城墙的基础上施工的。在博物馆里展出的是在历年的考古发掘中，从该城市及其周边地区出土的文物及艺术珍品。这些展品被安放在博物馆的底层，展厅为一座罗马风格的大厅，其余的一些高大建筑，例如竞技场、

塔拉戈纳城墙

圆形剧场等，也都是罗马风格的建筑。首层展出的是一些日用品、竞赛或游戏用品、祭祀用品等。另一个展厅与海洋关系紧密，它体现了从古至今这座城市与地中海的密切联系。在一楼和二楼还展出了加泰罗尼亚地区保存得最完好的、罗马时期的镶嵌工艺品，它们品种繁多，造型多样。其中，尤为突出的是美杜萨的镶嵌砖，做工精美，表现力极强。

二楼面积最大，这里展出的主要是罗马时期的雕塑，尤其是一些知名人物的人体雕塑。这里面就有马克·奥雷略（Marc Aureli）的弟弟卢西奥·贝罗（Luci Ver）的大理石半身雕像、智慧和艺术女神米内尔瓦（Minerva）的半身雕像等。这些雕像是由法布伦建筑学院（Schola Collegium Fabrum，即建筑工人总部）的工作人员装饰完成的。即使是墓地的雕刻也展现出了极精巧的艺术水准。这座博物馆的参观将会在一座乡村别墅蒙特斯（Munts）结束。这是一座具有罗马时期风格的建筑，里面展出的还有来自康斯坦丁市政府的森特塞耶斯纪念堂的展品。

陵园

塔拉戈纳考古博物馆中也包括纪元初年博物馆（Museu Paleocristià）和纪元初年陵园（Necròpolis Paleocristiana），它们正位于塔拉戈纳的入口处。在罗马时代，人们对死亡的信仰、习惯、仪式等等，都反映在了这座陵园的建设之中。现在陈列在博物馆中的遗迹是1923年在建设塔巴卡雷拉楼时发现的。陵园是在一块露天的空地上开凿而成（上面被金属的结构覆盖），而博物馆就建在一片花丛之中，地下的石棺里安息着那些故去的先人们。

3

竞技场和皮拉特城堡 **
El circ i el castell de Pilat **

地址：pl. del Rei, s/n。Rbla. Vella, s/n。☎ 977 24 19 52 或 977 24 22 20。🕓 周二到周六，9:00到21:00；周日，9:00到13:00；逢周一不开放。$ 2欧元。

皮拉特城堡，现名为罗马博物馆，位于塔拉戈纳

圆形剧场，远处为地中海

塔拉戈纳的罗马竞技场建造于多米西亚王(Domicià)在位期间(89—96年)。它长290米，宽115米，尽管如此，它仍然小于其他一些同时期的城市里的竞技场。这个竞技场的位置略显特殊，它建造在城墙之中，并作为分开居民住宅区和公共办公区的标志。

从16世纪开始，这条原本打算用来修公路的广阔地段被用来建筑房屋，于是，老城区的一些街道也就根据地下竞技场的位置而改道。如今已经很难想象这座古罗马竞技场的恢弘气势。普雷托里奥城堡(Pretori，建筑于公元前1世纪，后在中世纪改造)，又名皮拉特城堡(castell de Pilat)，现在已经连同地下的废墟一起被开辟为罗马博物馆(Museu de la Romanitat)。里面有一座可以参观的长廊。

在这座博物馆里经常举办一些短期的展览。不过，普雷托里奥最具魅力之处在于，通过这条长长的隧道，游客们将会被带到那遥远的古代。在博物馆内还有于1948年从海里打捞上来的伊波利托的石棺(sarcòfag d'Hipòlit，公元前3世纪)，在石棺的四周雕刻着有关伊波利托和菲德拉的传说。登上普雷托里奥的最高处，我们可以看到整座城市，看到圆形剧院的遗址，看到海港，甚至可以看到维拉—塞卡(Vila-seca)和萨洛乌(Salou)的冒险港(Port Aventura)。在距离博物馆几米处就是旧林荫道的起点，这也是在竞技场中挖掘出来的最重要的部分之一，它把整座建筑的长廊部分和台阶分得一清二楚。

4

圆形剧院 **
L 'amfiteatre **

地址：Parc del Miracle, s/n。✆ 977 24 25 79。◷ 周二到周六，9:00到21:00；周日，9:00到13:00；逢周一不开放。Ⓢ 2欧元。

塔拉戈纳的圆形剧院建造于1世纪的下半叶。从新林荫道起程，沿着新建的帕尔梅雷斯步道(passeig de les Palmeres)一路走去，就到了圆形剧场。古时候，这里曾经用来举行角斗表演、狩猎表演以及人兽之战。它的椭圆形的结构正是利用了土地的自然斜面建造而成的。圆形剧场一共分为两部分：一部分是沙地，用来进行表演(长62米，宽37.25米)；另一部分是观众席，可同时容纳11800名观众，根据观众的社会等级的不同，观众席分为三等。259年，罗马人活活烧死了塔拉戈纳的第一位大主教圣·弗鲁克托索(Sant Fructuós)以及传教士奥古里奥(Auguri)和埃罗西奥(Elogi)。为了纪念这三位殉道者，在西哥特时期(6世纪和7世纪)，人们建造了一座拥有三个大殿的教堂。此后，大约在12世纪，又在此基础上建造了玛丽亚—米拉格雷圣女教堂(església de Santa Maria del Miracle)。这座玛丽亚—米拉格雷圣女教堂的遗迹如今在圆形剧场的沙场和观众席上仍然可见一斑。尽管它保存

中世纪时期的塔拉戈纳以及罗马时期的塔拉戈纳的海港

塔拉戈纳的圣玛丽亚大教堂主门廊

得并不完好，但我们仍然能够比较清楚地想象出它原来的结构。这里是塔拉戈纳最受欢迎的景点之一，并成为了塔拉戈纳城的象征。

中世纪的塔拉戈纳
La Tarragona medieval

5

塔拉戈纳大教堂*** 和迪奥塞萨博物馆 **
La Catedral de Tarragona *** i el Museu Diocesà **

大教堂和迪奥塞萨博物馆 Catedral i Museu Diocesà 地址：pla de la Seu, s/n。 977 23 86 85。10:00到13:00，16:00到19:00。6月到9月，10:00到19:00。逢周日闭馆。3.5欧元，带导游讲解。

塔拉戈纳大教堂始建于1171年，其前身为罗马时期的朱庇特神殿（temple romà a Júpiter Capitolí）。这座大教堂体现了罗马风格向哥特式风格过渡，同时，在教堂的内部也存在着文艺复兴和巴洛克风格的元素。一般情况下，要想到达大教堂，可以选择从中世纪时期的主干道马约尔大街（carrer Major）进入。走上石阶，我们就会看到大教堂的平地就在眼前，正面尚未完全竣工，左右两边一边是坎布雷利亚宫（palau de la Cambreria），另一边是神甫住宅区。两面的侧墙是罗马风格的。教堂的门修建于13世纪，中心部分是哥特式的，上面有一个漂亮的同心拱顶，下面的门柱上布满哥特式的金字塔形纹路。在门下的部分可以看到“末日审判”的场景，出现了耶稣和魔鬼。窗户的中柱上有巴尔托美乌（Bartomeu）大师执笔的圣母和婴儿耶稣像。每一侧的拱门上都雕刻着人物，主要是一些传教士和预言家。正门的上部有一扇巨大的哥特式风格的圆花窗。教堂正面建筑的最后一步就是窗户的修建了，但这一部分直到现在仍然没有完工。

大教堂的内部同样是罗马十字形的平面，里面共有三间大殿和一个十字架。大殿的正上方是一个由支承拱支撑的八边形穹顶。中心大殿宽17米，高26米。除了后面的半圆形室是罗马式风格以外，教堂的其他部分都是哥特式的。这个建筑群集合了很多宗教艺术的因素。哥特式的圣特格拉（Santa Tecla）祭坛是加泰罗尼亚地区最有名的祭坛之一。这里所提到的圣特格拉是该城的保护女神，祭坛的后面是建造于1426年到1431年的半球形室。必须一提的是，这些作品的雕塑者皮雷·胡安（Pere Joan）在工作中力求精细，以至于浮雕中关于圣特格拉的每一个细节他都不放过。在教堂的内部有许多石棺，例如小王子胡安，他的大理石棺在祭台的右侧。值得一看的还有蒙特塞拉特圣女（Verge de Montserrat）墓穴里的祭坛组画，它是鲁伊斯·博拉萨（Lluís Borrassà）于15世纪完成的。另外，还有圣玛丽亚的哥特式墓穴以及圣米格尔的墓穴。

大教堂的回廊有一个半圆形室，西侧设有扶手。在这个几乎是正方形的楼层里，回廊的面积很大（每侧45米）。回廊和教堂内不相连的部分有一扇罗马时期的白色大理石门，上面刻有耶稣像。这座回廊始建于12世纪末，经历了一个世纪的修建才最终完工。它的罗马式风格（体现在雕刻的装饰上）与哥特式风格（体现在交叉的拱顶上）和谐统一，浑然一体。六个拱形分布在角落之中，上面的装饰具有阿拉伯风格的元素。上面的钟塔高70米，始建于1200年。在1330年，教堂建筑群里加上了最后一部分——也就是最大的、重达五吨的卡波纳钟楼（campana Capona）。在大教堂旁边，游客们可以见到迪奥塞萨博物馆，在它里面的四个大厅里展出了很多进行礼拜仪式时所用的器物。在展品中有一件具有很高艺术价值的挂毯，还有宗教器物、圣海罗尼（San Jeroni）的雪花石膏浮雕以及一块来自波布雷特的、于17世纪在罗马制造的丧葬用的呢布。

6

高地部分 **
La Part Alta **

卡斯特亚纳乌博物馆 Casa Museu Castellarnau 地址：c. Cavallers, 14。☎ 977 24 22 20。⊙ 冬季，工作日，10:00到13:30，16:00到18:30；节假日，10:00到14:00。夏季，工作日，9:00到21:00；节假日，9:00到15:00。$ 2.2欧元。现代艺术博物馆 Museu d'Art Modern 地址：c. Santa Anna, 8。☎ 977 23 50 73。⊙ 周二到周五，10:00到20:00；周六，10:00到15:00，17:00到20:00；周日，11:00到14:00；周一、5月1日、6月24日、9月11日、12月25日和12月26日不开放。导游讲解须提前预约。古代兵器博物馆 Museu d'Armes Antigues 地址：c. de la Nau, 12。☎ 977 21 28 19。⊙ 周二到周六，10:00到13:30，17:30到19:30；周日，11:00到13:30。周一闭馆。

广为人知的“高地”在古代位于一片城墙之中。近年来，这片街区的面貌有了很大的变化。很多原来的老房子现在已经被重建为住宅，不计其数的餐馆和咖啡厅使这里成为了重要的休闲娱乐区。一些标志性的广场——帕约尔广场（plaça Pallol）、论坛广场（plaça del Fòrum）、国王广场（plaça del Rei）等，都是游人会聚的场所。在迷宫般的街道中间，罗马时代的街区古迹和现代的街区相互交织。梅尔塞利亚街（carrer de la Merceria）上的哥特式门廊是现存的中世纪时期的市场的唯一见证，它和大教堂的石阶一道，在炎热的夏季为旅客们提供了庇荫纳凉之处。

弗鲁姆广场

大教堂的回廊

在高地，汇集了这座城市的很多博物馆，例如塔拉戈纳国家考古博物馆、揭幕于1991年的现代艺术博物馆、迪奥塞萨诺博物馆以及古代兵器博物馆（Museu de les Armes Antigues）等。每个星期日，在大教堂广场都会有一个很有意思的古玩市场。在这一带游览时，最好不要按照一个固定的方向走。

游客们会看到卡瓦耶尔斯街（carrer Cavallers），这是一条狭窄的胡同，它是塔拉戈纳中世纪时期的见证，在那里有一些上层社会人家的府邸，例如蒙托里乌府邸（casa Montoliu）、古老的议会厅宫（Palau de la Generalitat）、卡斯特纳亚府邸（Casa Castellarnau，建造于15到16世纪）。

这最后一座府邸是由卡斯特纳亚家族在18世纪时买下来，并按照当时的审美观点和自己的喜好进行了修缮和改造。如今看起来已经具有了明显的巴洛克风格。西班牙国王卡洛斯五世（Carles V）路过塔拉戈纳时，曾在这座卡斯特纳亚府邸暂住。

塔拉戈纳周边地区地图

其他地点

7

林荫路及商业中心 *
La rambla i el centre comercial *

如今的塔拉戈纳的中轴主干道是新林荫大道，这是一条真正意义上连接了城市高地和面向海洋市区的道路。徜徉在这条林荫路上，吃着冰淇淋，或是喝着清凉的饮料，你会感到非常惬意。在这条大路上以及周围的小街旁，开设了很多家出售各种各样货物的商店。塔拉戈纳人来到林荫道上安静闲适地散步，来到地中海阳台（Balcó del Mediterrani），这是一座非常理想的瞭望台，从这里能够看到美丽的地中海。另外，据说触摸阳台上的铁可以为我们带来好运。

8

港口沿海区
El port i la zona marítima

塔拉戈纳一直是一座面海而居的城市。除了海滩的景点之外，这座城市也拥有着地中海沿岸最重要的贸易港口之一。但是，古代塔拉戈纳城的优势在于城市南部的塞拉约街区（barri del Serrallo），那里渔民们始终是社会生活的主角。另外，塔拉戈纳的新运动港口也成为了一块布满咖啡厅、餐馆和音乐酒吧的地区，真切地体现了夏季塔拉戈纳热闹非凡的夜景。

在塞拉约海边织鱼网的妇女

贝拉门，位于古老的奥古斯塔古道

周边地区

贝拉门（arc de de Berà），被称作“魔鬼桥”（pont del diable）而闻名的费雷雷斯水渠（aqüeducte de les Ferreres），这些考古遗迹旅行者们都可以考虑前往参观，以免给自己的旅行留下遗憾之处。

9

贝拉门 *
L'arc de Berà *

在从塔拉戈纳到巴塞罗那的340号公路上，也就是原来的奥古斯塔公路（Via Augusta），在距离塔拉戈纳20公里的地方，我们会看到罗达德巴拉城（Roda de Barà），还有同名的贝拉门（这个名字来自原来的名字“巴拉”）。这座罗马时期的建筑修建于公元前1世纪的后25年里，高10.14米，宽4.87米，直角形的门身主体分列在两边，上面雕刻着花纹。一般认为，这扇贝拉门是塔拉戈纳东北部领土的分界点。整个建筑高12.28米，侧面高12米，宽2.34米。

10

魔鬼桥 **
El pont del Diable **

从塔拉戈纳出来，走上240号公路，向雷伊达（Lleida）方向进发，大约4公里处，我们就会看到通向罗马引水渠的路，这就是修建于1世纪，被人们称之为“魔鬼桥”或是费雷雷斯引水渠的建筑。现在，这座桥已经被迁到了一个长满绿树的地方，这样，我们就可以踏在令人惬意的路上前往那里了。桥身共有两层，两层都设有桥洞（下层有11个桥洞，上层有25个桥洞）。整座桥的桥身高27米，长217米，至今仍然保存完好。

11

蒙特斯罗马别墅 *
La vil·la romana dels Munts *

ⓘ Museu arqueològic de Tarragona。☎ 977 25 15 15。

蒙特斯罗马别墅是建造于1世纪到4世纪的一座著名的私人庄园，它的主人是某位塔戈纳的贵族。现在，它已经被纳入了阿塔夫亚（Altafulla）市政府的一部分。

蒙特斯家族拥有很完备的温泉设施，上面有着很多具有极高艺术价值的装饰图案：庄园里既有壁画（现在仍保存着遗迹），也有一些镶花地板砖。

12

森特塞耶斯纪念堂 **
El mausoleu de Centcelles **

ⓘ Museu arqueològic de Tarragona。☎ 977 25 15 15。

森特塞耶斯纪念堂的建筑群坐落于康斯坦丁市，一直到4世纪，它都是一座罗马式的别墅。后来，又修建了著名的纪念堂。纪念堂的穹顶直径长11米，上面绘有《新约》中所描绘的古代的场景。这是一幅精美绝伦的具有纪元初年风格的画面。这座纪念堂有可能是康斯坦斯的墓，他是康斯坦蒂诺的儿子，350年被刺杀。

13

梅多尔采石场
La pedrera del Mèdol

ⓘ Museu d'Història de Tarragona。☎ 977 24 22 20。

费雷雷斯引水渠，又称“魔鬼桥”

梅多尔采石场是塔拉戈纳周边众多的采石场之一，从这里开采的原料多为建筑用途。透过这个长16米的采石口，我们可以看到岩石原始的状态。梅多尔采石场属于梅多尔市的辖区。

14

埃斯西皮翁
La torre dels Escipions

埃斯西皮翁家族是公元前3世纪到公元前2世纪末在政界有着巨大影响的罗马家族。这座塔是为埃斯西皮翁兄弟修建的，他们参加了罗马发动的西班牙战争。塔层是四方形的，塔身共分三部分，最下面的一层仍然保存着两块人物浮雕。这个底层内部的墓室里供奉着受祭奠的人的骨灰。埃斯西皮翁塔位于340号公路，在塔拉戈纳到巴塞罗那的道路上，距离塔拉戈纳6公里。

塔拉戈纳地处黄金海岸，图为塔玛里特的城堡

实用向导

有用的信息

ⓘ 旅游业办公室地址：c. Major, 39。☎ 977 24 52 03。ⓘ 信息点地址：rbla. Vella（在马戏团的帐篷前面）, portal del Roser（靠近城墙）, pl. Imperial Tàrraco。ⓘ 自治区旅游办公室地址：c. Fortuny, 4。☎ 977 23 34 15。ⓘ 旅游业市政理事会地址：c. Major, 39。☎ 977 25 07 95。☺ 圣特格拉节（9月23日）。其他节日：圣玛希节（8月19日），塔拉戈纳万岁（每年5月的下半旬），夏季节（7月和8月）。

餐馆

Fòrum 餐馆 地址：pl. de la Font, 37。☎ 977 23 17 18。周三不营业。加泰罗尼亚地区饮食，擅长烹制牛肉和鱼。位于塔拉戈纳的中心地带。

Les Voltes 餐馆 地址：Trinquet Vell, 12。☎ 977 23 06 51。周日下午不营业。大众饮食，地道的塔拉戈纳菜肴。位于罗马时期地下室集中的地段。

Les Coques 餐馆 地址：baixada del Patriarca, 2, bis。☎ 977 22 83 00。周日不营业。地中海式菜肴，擅长做蘑菇和虾烹制的菜肴。

Can Bonachí 餐馆 地址：Vileta de Mar, 5。☎ 977 23 10 47。距离拉巴萨达（Rabassada）海滩很近。大众菜肴，擅长做鱼、海鲜以及米饭。

Fortí de la Reina 餐馆 地址：platja del Miracle, s/n。☎ 977 24 48 77。周二休息。这家餐馆坐落在一座古老的碉堡上，从这里可以眺望大海以及整座城市。擅长做各种各样的肉菜和鱼。

Sol-Ric 餐馆 地址：Via Augusta, 227。☎ 977 23 20 32。周日晚上、周一、12月20日、1月20日不营业。位于城市的郊区，擅长做鱼、海鲜以及一些其他的当地特色菜。

Les Fonts de Can Sala 餐馆 地址：ctra. de Valls, 62。☎ 977 22 85 75。距该城2公里，在去往瓦尔斯的路上。加泰罗尼亚地区时令菜肴，另外，还有一些夏季和冬季的经典菜肴。

Estació Marítima 餐馆 地址：Tinglado, 4. Moll de Costa. Port。☎ 977 23 2100。周日晚上和周一休息。位于塔拉戈纳港口。主营米饭、鱼类以及海鲜类菜肴。

La Puda 餐馆 地址：Moll de Pescadors, 25。☎ 977 21 15 11。位于渔民街区，el Serrallo。没有停业时间，主营海鲜菜肴。

Barquet 餐馆 地址：c. Gasòmetre, 16。☎ 977 24 00 23。周日、节日以及8月份不营业。主营鱼类和海鲜类。性价比很高。

Cal Brut 餐馆 地址：c. Sant Pere, 14。☎ 977 24 14 05。周三、10月1日至15日不营业。餐馆主要经营海鲜类菜肴以及加泰罗尼亚传统菜肴。

Merlot 餐馆 地址：c. Cavallers, 6。☎ 977 22 06 52。周日下午以及冬天的周一、夏季的周日及周一的中午不营业。采用当地的原材料，烹制出别具特色的地中海式菜肴。餐馆里还存有很多美酒。

住宿

酒店

Ciutat de Tarragona 酒店 **** 地址：pl. Imperial Tàrraco, 5。☎ 977 25 09 99。位于 Nova 大街的起点。房价：60欧元起。

Hotel Husa Imperia Tarraco 酒店 **** 地址：pg. de les Palmeres, s/n。☎ 977 23 30 40。位于维亚（Vella）大街的尽头，距海岸很近。房价：60欧元起。

Lauria 酒店 *** 地址：rbla. Nova 20。☎ 977 23 67 12。正处于市中心地段。房价：60欧元起。

Astari 酒店 *** 地址：Via Augusta, 95。☎ 977 23 69 00。酒店环境幽雅。房价：60欧元起。

Urbis 酒店 *** 地址：pl. Corsini, 10。☎ 977 24 0116。酒店位于市中心。房价：60欧元起。

Núria 酒店 *** 地址：Via Augusta, 145。☎ 977 23 50 11。距兰布拉大道很近。房价：36欧元至60欧元。

Pensió Fòrum 酒店 ** 地址：pl. de la Font, 37。☎ 977 21 13 33。位于市政广场。房价：36欧元起。

露营地

塔拉戈纳 Tarragona

Càmping las Palmeras 地址：ctra. N-340, km 1168。☎ 977 20 80 81。圣周以及9月末对游人开放。

黄金海岸
La Costa Daurada

“环球工作室瑞索特”地中海主题公园（parc temàtic Universal Mediterránea Resort）对游客具有巨大的吸引力。它和萨洛乌、堪布里尔斯还有萨玛的那些富有异国情趣的花园一道，成为了黄金海岸最主要的旅游景点。这里是夏季的加泰罗尼亚地区游人最多的地方，它那柔软的细沙、明媚的阳光以及林立的餐馆和休闲设施，使这里成为独具特色之处。

行程:
2天/20km

“环球工作室瑞索特”地中海主题公园（Universal Mediterránea resort）→萨洛乌（Salou） **4km**
萨洛乌→堪布里尔斯（Cambrils） **12km**
堪布里尔斯→萨玛公园（Parc Samà） **4km**

1

“环球工作室瑞索特”地中海主题公园 ***

Universal Mediterránea Resort ***

“环球工作室瑞索特”地中海主题公园 Universal Mediterránea Resort 902 20 20 41。
3月16日到6月16日，9月18日到11月5日，周一到周五，10:00到20:00；逢周六、周日、圣周，10:00到22:30；6月17日到9月17日，10:00到24:00。
成人每天37欧元，连续两天53.5欧元。5岁到12岁的儿童或是60岁以上的老人，每天30欧元，连续两天43欧元，连续三天49欧元。成人套票115欧元；5岁到12岁的儿童或是60岁以上的老人，套票95欧元。手持套票可以无限制地在公园里游玩所有的设施，另外还可以免费停车，并可以畅通地到达塔拉戈纳博物馆。网址：www. portaventura.com。

地中海主题公园修建在黄金海岸岸边，位于维拉—塞卡（Vila-seca）和萨洛乌之间，占地115公顷。自1995年揭幕以来，公园就定位为面向所有人群的休闲和娱乐的公园。在公园里具有不同主题的五个区域内，游客可以游览三十多个引人入胜的经典地方，欣赏上百个街头戏剧表演。除了享受这些娱乐设施之外，游客们还可以在这里品尝具有不同国度的特色食品，因为这些餐馆在主题公园内的75%的地区随处可见，既有餐馆，又有快餐店。另外，在整个主题公园内分布着大约三十家商店，在这些商店里出售着来自不同地方的特色纪念品。

在公园的入口处，游客们听到的音乐是反映出他们将在公园的不同区域内所进行探险活动的相关情景。建议游客在进入公园之前，先在入口处索取一张地图，这样将便于确切地知道各项表演的时间。

在公园里随处可见由“环球工作室”创作的四个著名的卡通人物Woody、Winnie Woodpecker、Rocky和Bullwinkle，一只“松鼠”和一棵“槭树”在路上来回走着，向遇到的孩子们打招呼。公园里有两条著名的过山车滑道：德拉贡卡安（Dragon Khan）和斯坦比达（Stampida）。那些勇敢的游客可以在上面一尝刺激的感受。当然，这里以年轻人居多。为了在炎热的夏季感受到一丝清凉，我们可以在水上公园“加勒比海岸”参加一些娱乐活动，如Tutuki Splash，Gran Ganyon Rapids，还有Silver River Flume等，这些都是由“环球工作室”制作的。“欧德赛海”（Sea Odyssey）能让我们体验一次海底探险的经历；“火塔”（Templo del Fuego）里，水与火共同演奏无与伦比的交响乐，这更让我们叹为观止。另外还有中国杂技演员精彩的杂技节目、沙龙里常常表演的坎坎舞蹈、电影《Far West》中激烈的打斗、墨西哥卢比达（Lupita）的婚礼以及来自太平洋群岛波利尼西亚异彩纷呈的鸟类展览等。这些都是在这个主题公园的热烈的气氛下，我们能够亲身感受到的五种文化的交汇：地中海文化、中国文化、墨西哥文化、波利尼西亚文化以及法尔维斯特（Far West）文化。

公园里著名的德拉贡卡安过山车滑道

游客正在享受惊险刺激的斯坦比达过山车滑道

钓鱼用的小房子以及其他海边的设施使得游客们好像来到了地中海。在这里，湖水在下午变成了“节日探险”的舞台；在这里，整个公园所有的主题都会得到体现。这种于1999年引进的节目实际上是一种各种艺术成分的融合，它包括了舞蹈、音乐、人造火焰、水车以及视听效果等。根据规定，在这个区域内，游客们在购买具有公园特色的产品时，还可以享受到很大的优惠。当然，地中海公园还向游客们提供一般公园里都具有的常规服务，如租借轮椅、兑换外币、物品寄存以及冲洗照片等。

茅屋、瀑布，还有热带植被环绕的公路，这些仿佛把我们一下子带到了太平洋的波利尼西亚群岛。波利尼西亚风景让我们领略到了Tutuki Splash的风光，在这里，人的热情与天然的水浑然一体。公园里波利尼西亚区的王牌旅游点是2000年起对外开放的“奥德赛海”，这里放映着通过特技制作的风光电影。这种动态电影的特点是：利用更快于通常电影的放映速度、贴近真实的声效以及座椅位置的移动等技术，使得观众们有身临其境之感，好像自己就是影片中的主人公，并亲身实现了一次海底探险。这个景点所在的大楼占地面积2500平方米，要从海洋研究所（Institut Oceanique）一扇秘密的门进入。这里提到的海洋研究所是一所有关世界海洋状况研究的秘密研究机构，具有先进的技术，主要致力于揭开那些隐藏在海底的秘密。

公园鸟瞰图

辛旁小村（Ximpang）是园里中国区的第一个游览点，孩子们都很喜欢去那里。由中国人扮演的街头演员向游客们展现了中国的传奇故事，而在“京愁魔塔”（Temple Màgic Jing-Chou）里，人们会看到中国令人惊奇的一面。

在这里，“毫龙”（Dragon Khan）会让游客们度过令人难以忘怀的时刻。在过山车上将会穿越共1285米的距离，耗时约为2分钟，有共八层套环来保证游客的安全。

在旅游景点墨西哥区，要想看到整个公园的全景，我们可以登上“帕卡尔王冠”（Tron de Pacal）。这里也有在哥伦布到达美洲大陆以前美洲大陆上最高大的葬礼纪念碑。在同一地点，我们还可以一边在餐厅吃饭，一边欣赏马利亚奇（mariachi）表演，观看在玛雅大剧院演出的精彩的墨西哥传统舞蹈、卢比达的小车、街头幽默表演等。在洛斯—波多里约（Los Potrillos），孩子们可以尝试第一次做骑士的经历。在景点“墨西哥”中，对于年轻人和成人来讲，同样值得一提的还有矿车、“魔鬼”（Diablo）以及尤卡坦（Yucatán）。

一扇石头门将会把游客引向整个主题公园中最大的、拥有最多的娱乐设施的区域：法尔维斯特（Far West）。冷峻的牧羊人、射击、纸牌、传教士、乡村音乐，还有自称卖灵丹妙药的人，这些都是在贝尼旦赛（Penitence）常见的。

在公园里的“惊险表演”（Stunt Show）中，所有的动作都是具有完备的安全措施的。演员们所表演的打斗、射击、跌落以及爆炸等情景，看起来都尤为逼真，同时，法尔维斯特游艺场也给我们一种原始野蛮、激动人心的感觉。斯坦比达是一条在木质结构上建造的过山车滑道。弗鲁梅银河（Silver River Flume）、拉比多斯大峡谷等水上娱乐活动也是非常值得一游的项目。

水上乐园的“加勒比海岸”（Costa Caribe）坐落于一片热带植物之中，其美轮美奂的建筑得益于海外异域风格的影响。这个水上乐园的面积广阔，拥有许多水上嬉戏的游乐项目。海滩、游泳池、湖水、水上游乐、滑道、按摩浴缸等，让游客们感觉就像置身于加勒比的天堂之中，令人神驰遐想。在乌蒂池塘（la Laguna de Woody）中骑上水上自行车，在马博（Mambo）、林博（Limbo）以及蒂丰（Tifón）的水上设施中感受速度，或是在洛克河（el Río Loco）中痛快地畅游，无论是老人还是孩子们都会为这里的水上娱乐项目而流连忘返。

在地中海主题公园里建造的两座大酒店：波特奇遇酒店和埃尔帕索酒店，可以让游人有充裕的时间和精力游览这两个公园。每家酒店的接客量均可达到500人以上，游客可以在就寝之前尽情地享受休闲时光带来的快乐。

2

萨洛乌 *
Salou *

ⓘ pg. Jaume I, 4。🚌 La Hispano Igualadina, SA; T. y J. Plana, SL; Alsina Graells, SA; La Hispano de Fuente en Segures, SA;

公园里的“火塔”表演

加乌马一世的雕像

Autocares del Penedès, SA; Starbús; Eurolines Peninsular, SA; Linebus; Transportes Bacoma, SA; Autocares Julià, SL; Enatcar。 RENFE。 977 35 01 02。

玛丽亚升天节(8月15日到18日)。其他节日：加乌马一世国王节(9月初)；每年2月的第一个周末。

萨洛乌在冬季约有7000位居民，而在假日期间却会达到20万人。通过这些数据，我们就可以想象出这里的主要行业是什么了。从20世纪下半叶开始，萨洛乌逐渐变成了一座以旅游业为支柱产业的城市。夏季到来时，这里挤满了各地的游客，他们选择萨洛乌作为享受黄金海岸阳光和沙滩的地点。据史料记载，过去这里拥有伊比利亚土地上第一个具有人工设施的村镇。在中世纪时，萨洛乌就已经是一个举足轻重的地方了。许多来自加泰罗尼亚各地的船只在这里的港口停靠。据史书记载，加乌马的船只就是从萨洛乌出发，开始了征服马约卡(Mallorca)的历程。在很长一段时间里，萨洛乌同时也是一个著名的贸易港口，很多在塔拉戈纳(Tarragona)和雷乌斯(Reus)生产的烧酒、白酒都是由这里进出口的。在20世纪初，萨洛乌开始发展旅游业。雷乌斯和巴塞罗那的资产阶级们在这里面向海边的位置建造了许多具有现代主义风格的别墅。就在加乌马一世路的尽头，在一片棕榈树之间，矗立着博耐特别墅。另外一个建筑是维亚塔(Torre Vella)，现在已经被开辟为展览馆。维亚塔建成于16世纪，原为防御来自土耳其和阿尔及尔海盗的碉堡。另外还有一处值得一游的地方，那就是萨洛乌角(Cap de Salou)，它大约处于伸向海里一公里左右的位置。在萨洛乌角的一端是卡瓦尔(Cavall，意为"马")，那里有一座灯塔，它的灯光可以照到70米远的地方。穿梭于岩石之间，游客们可以发现许多天然小海湾，例如冯特湾(Font，意为"喷泉")，还有克兰克斯湾(Crancs，意为螃蟹)等。在萨洛乌和堪布里尔斯之间有长达大约八公里的海滩，那里有柔软的细沙，而这段海滩也因此而成为了该地区最重要的旅游景点。另外，在萨洛乌和堪布里尔斯之间还有一座维拉冯杜尼城堡(castell de Vilafortuny)，城堡所在的城市也因此而得名。

萨洛乌的海滨路

堪布里尔斯渔港

维拉冯杜尼城堡建造于中世纪时期，起初是一座城堡，但在16世纪的时候成为了一座宫殿。

3
堪布里尔斯 **
Cambrils **

ⓘ pg. de les Palmeres, s/n。☎ 977 79 23 07。🚌 T. y J. Plana, SL；Alsina Graells, SA；La Hispano de Fuente en Segures, SA。🚆 RENFE。☺ 圣皮雷节（festa Major de Sant Pere，6月29日）。🏛 堪布里尔斯历史博物馆和三个时代博物馆 Museu d'Història de Cambrils. Museu de les Tres Eres 地址：Via Augusta, 1。☎ 977 79 45 28。🕒 9月1日到次年6月30日，周六，11:00到14:00，17:00到20:00；周日及节日，11:00到14:00；7月1日到8月31日，周二到周六，11:00到14:00，18:00到21:00；周日和节日，11:00到14:00；逢周一、1月1日、1月6日、5月1日、12月25日以及12月26日闭馆。参观应提前预约。$ 2欧元。导游讲解须预约。🏛 堪布里尔斯历史博物馆，堪布里尔斯农业博物馆 Museu d'Història de Cambrils. Museu Agrícola de Cambrils 地址：c. del Sindicat, 2。☎ 977 79 45 28。🕒 9月1日到6月30日，周六，10:00到13:30，17:00到20:30；周日和节日，11:00到14:00；7月1日到8月31日，周二到周六，10:00到13:30，17:00到20:30；周日和节日，11:00到14:00；周一、每月1月1日、1月6日、5月1日、12月25日以及12月26日闭馆。票价：2欧元。导游讲解须预约。🏛 堪布里尔斯历史博物馆 Museu de Historia de Cambrils. Torre de l'Ermita 地址：c. de la Verge del Camí, 1。☎ 977 79 45 28。开放时间:9月1日到6月30日，周六，11:00到14:00，17:00到19:00；周日和节日，11:00到14:00；7月1日到8月31日，周二到周六，18:00到21:00；周日和节日，11:00到14:00；周一、每月1月1日、1月6日、5月1日、12月25日以及12月26日闭馆。参观的时间应提前预约。$ 2欧元。导游讲解须预约。

堪布里尔斯市现在已经成为了以旅游业为基础产业的城市，它的饮食文化尤为突出。一些有关鱼类和海鲜的食谱使得人们不禁想起了过去这个村庄捕鱼的历史。在这不计其数的餐馆里，游客们可以品尝到一种被冠名为“温泉食品”或是海鲜冷盘的菜。尽管在港口停靠的船只多为运动性质，但港口边上的街区里仍然保持着海岸的魅力。堪布里尔斯一共有两个城市中心，它们相互分开，彼此独立。游客们会发现，港口地区和内陆地区是很不一样的。例如，港口地区主要发展捕鱼业、旅游业，但内陆地区在古代是被城墙隔开的，主要发展的是农业。由于旅游业的发展，现在，堪布里尔斯市的这些区域已经被紧密地联系在一起了。这里有为卡米诺圣女修建的卡米诺圣女教堂（ermita de la Mare de Déu del Camí）。在堪布里尔斯的城里仍然保存着一些古代护城墙的遗迹。来到一座三角形的广场，我们可以感受到中世纪时期城市的美观和恢弘。市区里的许多条小胡同会聚在主干道马约尔街（carrer Major）两旁，大街的另一头仍然保留着中世纪时期的城门。

如果您想更详细地了解这座城市的历史的话，可到以下三个展馆参观游览：“三个时代的风车”（Molí de les Tres Eres），展出的是史前以及古代出土的展品；“埃尔米达塔”（Torre de l'Ermita，即教堂之塔），带着我们回顾该城市在中世纪时期的历史；还有农业博物馆，坐落于老城区的一座现代主义风格的建筑，在那里我们可以了解到葡萄酒和橄榄油的制作过程。

4
萨玛公园 *
El parc Samà *

ⓘ 参看Cambrils。☎ 977 79 23 07。🏛 萨玛公园 Parc Samà ☎ 977 82 65 14。🕒 冬季，9:00到18:00；夏季，9:00到21:00。$ 2.5欧元。

萨玛公园位于堪布里尔斯到蒙特洛伊格（Mont-Roig）之间，距堪布里尔斯三公里处。这是马拉伊纳欧侯爵（Marquès de Marainao）于1882年下令修建的庄园。这是仿造马拉伊纳欧侯爵家族原来在古巴的宅邸所建造的，是一座具有殖民时期风格的庄园。庄园中独具特色的是里面的众多

堪布里尔斯的海边防御塔

花园。萨玛公园的整个建筑群由建筑师何塞·冯特塞雷（Josep Fontseré）设计建造，他同时也是城堡公园（Parc de la Ciutadella）以及巴塞罗那的波尔内市场（mercat del Born）的建筑师。在萨玛公园的众多花园里，我们会看到各式各样的地中海植物和热带花木争奇斗艳，使整座公园洋溢着春天般的明媚与温暖。另外，还有一座美丽的人工水塘，为我们展现了塔拉格纳土地上别具一格的景色。

实用向导

周边地区

在维拉·塞卡（Vila-seca de Solcina）可以游览镇里的两座城堡以及附近的皮奈达（Pineda）圣女教堂。

在文约尔斯·伊·阿尔克斯（Vinyols i Arcs）的圣塔卡特里娜教堂里有11世纪的祭坛雕塑。

餐馆

“环球工作室瑞索特”地中海主题公园

Universal Studios Port Aventura

Racó de Mar 餐馆 地址：位于“地中海”公园前面。✆ 977 77 90 00。在淡季只有中午营业提供餐饮服务。

Cantina Mexicana 餐馆 地址：pl. Yucatán。✆ 977 77 90 00。在淡季只有中午营业提供餐饮服务。这是一家墨西哥自助餐厅。顾客可以在用餐的同时欣赏马利亚奇表演。

萨洛乌 Salou

Albatros 餐馆 地址：c. Brusel·les,60。✆ 977 38 50 70 或 972 66 73 76。周日晚上、周一、1月1日和1月15日闭店。

La Goleta 餐馆 地址：Gavina,s/n. Platja Capellans。✆ 977 38 35 66。除了夏季以外，周日的晚上闭店。特色菜是海鲜菜。

Casa Font 餐馆 地址： c. Colom, 17。✆ 977 38 04 35。10月份到5月份的周一、圣诞节闭店。地中海式菜肴以及当地菜肴。

堪布里尔斯 Cambrils

Can Gatell–Joan Gatell 餐馆 地址：pg. Miramar, 26。✆ 977 36 00 57。周日晚上、周一、1月份闭店。特色菜品为 Gatell 冷盘、海鲜以及鳗鱼。曾在同类产品的排行榜中榜上有名。

Can Gatell–Rodolfo 餐馆 地址：av. de la Diputació, 3。✆ 9 77 36 01 06。周日晚上、周一、1月份以及圣诞节闭店。特色菜品为海鲜及鱼类。

Can Bosch 餐馆 地址：rambla Jaume I, 19。✆ 977 36 00 19。周日晚上、周一、12月23日到1月末闭店。特色菜品为海鲜类菜肴。曾在同类产品的排行榜中榜上有名。

Rincón de Diego 餐馆 地址：c. Drassanes, 7。✆ 977 36 13 07。周日晚上、周一、12月20日到1月20日闭店。

Macarrilla 餐馆 地址：c. Barques, 16。✆ 977 36 08 14。非节日的周二、12月15日到1月15日闭店。主要经营鱼类菜肴。

住宿

酒店

萨洛乌 Salou

Regente Aragó 酒店 *** 地址：c. Llevant, 5。✆ 977 35 20 02。

Caspel 酒店 *** 地址：c. Alfons V El Magnànim, 9。✆ 977 38 02 07。

Blaumar 酒店 *** 地址：pg. Jaume I, s/n。✆ 977 35 04 44。

H10 Platja Margarita 酒店 *** 地址：c. Amposta, 4–6。✆ 977 38 53 53。

堪布里尔斯 Cambrils

H Hesperia Centurió 酒店 **** 地址：av. Diputació, 70。✆ 977 36 14 50。

Mas Gallau 酒店 **** 地址：ctra. N–340, km 1147。✆ 977 36 05 88。

Mònica 酒店 *** 地址：c. Galceran Marquet, 1–3。✆ 977 79 10 00。

露营地

萨洛乌 Salou

Sanguli 地址：prolongació c/E, s/n。✆ 977 38 16 41。

蒙特—洛伊格 Mont-Roig

Caravaning Platja Mont-roig 地址：ctra. N–340, km 1139。✆ 977 81 06 37。

La Torre del Sol 地址：ctra. N–340, km 1136。✆ 977 81 04 86。

Màrius 地址：ctra. N–340, km 1137。✆ 977 81 06 84。

乡村别墅

卡特亚尔 El Catllar

Molí Cortadas 别墅 地址：Molí Cortadas。✆ 977 65 53 17。

圣克鲁斯和伯布莱特修道院

Els monestirs de Santes Creus i Poblet

从上坎普（Alt Camp）和巴贝拉（Conca de Barberà）河谷地区走过，游人置身于弗朗克里的史前遗迹——方特玛约（Font Major）山洞。圣克鲁斯和伯布莱特修道院，蒙特布朗城墙环绕的遗迹，还有巴尔斯城中心，在短短的几公里范围内构成了无比丰富的游览点。卡斯蒂尔（Castell）的传统和美食，尤其是卡尔可特（calçot）地区的，使这条线路丰富多彩。

行程：
2天/54km

巴尔斯（Valls）→圣克鲁斯（Santes Creus） **16km**
圣克鲁斯→蒙特布朗（Montblanc） **28km**
蒙特布朗→弗朗克里（L'Espluga de Francolí） **6km**
弗朗克里→伯布莱特（Poblet） **4km**

1

巴尔斯 *
Valls *

ⓘ c. de la Cort, 61。☎ 977 61 25 30。🚌 La Hispano Igualadina, SA; T. y J. Plana, SL; VIBASA。🚆 RENFE。☺ 圣胡安节(6月24日)。其他节日：圣烛节(2月2日)。🏛 巴尔斯博物馆 Museu de Valls 地址：pg. dels Caputxins, 18。☎ 977 60 66 54。🕓上午，周二至周日，11:00至14:00；下午，周二至周六，17:00至20:00。1月1日，1月6日，圣周星期五，复活节星期四和星期一，9月11日，12月25日,12月26日闭馆。$ 2欧元。

巴尔斯是上坎普地区的首府，是一个工业、商业和农业城市。它最初是一个伊比利亚人的城市，接着被罗马人占领，后来又遭阿拉伯人入侵。巴尔斯是加泰罗尼亚现代小说之父——纳尔西斯·欧耶尔(Narcís Oller, 1846—1930)的故乡，他著有《淘金热》(La febre d'or)和《比拉尔·布利姆》(Pilar Prim)等小说。圣胡安教堂(建于16世纪)是市内最重要的景点，以气势宏伟著称。教堂里汇集了杰出的宗教艺术，例如鲁伊斯·博尼法克(Lluís Bonifaç)的圣阿莱克斯(Sant Aleix)圣坛(建于1769年)。门廊是文艺复兴式的，高76米的钟楼是

烤大葱 La calçotada

巴尔斯是众所周知的烤大葱之乡。具体的作法是：先将葡萄藤烧着，然后把大葱放在明火上烧，直到表皮烧焦为止，并佐以一种叫罗美思可(romesco)的酱料(由杏仁及番茄混合制成)，味道极为鲜美。

烤大葱遍及加泰罗尼亚，已然成为当地旅游美食的一大亮点。每年11月至次年4月是吃烤大葱的季节。虽然原出产地是巴尔斯，但现在整个上坎普和邻近地区都可买到。

巴尔斯的特产：大葱

圣克鲁斯修道院的主门厅

圣克鲁斯修道院的入口

加泰罗尼亚地区最高的。市中心拉科特(La Cort)大街的罗赛尔小教堂(Roser),是具有历史和艺术价值的景点,在这里,人们可以欣赏到17世纪描述莱潘多战役(Lepant)的马赛克。其他著名建筑有圣克鲁斯故居,拉比亚(casa de la vila)之家(建于16世纪,后经修复),卡拉马松纳(Ca La Massona)大剧院(建于1884年,是加泰罗尼亚地区新古典主义剧院之一),卡尔塞加拉(Cal Segarra),耶多圣母(Mare de Deu del Lledó)教堂,德卡梅(Mare de Déu del Carme)教堂,圣弗朗塞斯克(Sant Francesc)教堂,圣安东尼(Sant Antoni)教堂。除此以外,巴尔斯还以悠久的城堡历史而闻名,城中有两组城堡:西克兹城堡(Xiquets de Valls)(俗称巴尔斯蜡烛)和拉可拉霍夫城堡(俗称拉霍夫,La Jove)。加泰罗尼亚的卡斯蒂尔博物馆(Museu Casteller de Catalunya)选址于上坎普地区的首府,足以表明巴尔斯在整个大区的重要性。现在人们在巴尔斯博物馆可欣赏到19、20世纪的加泰罗尼亚绘画作品。

2

圣克鲁斯 ***
Santes Creus ***

ⓘ pl. Sant Bernat,1。☎ 977 63 85 76。🚌 La Hispano Igualadina, SA。🏛 圣克鲁斯修道院 Patronat de Santes Creus 地址:pl. Jaume Just, s/n。☎ 977 63 83 29。🕒 周二至周日,3月15日至9月15日,10:00至13:30,15:00至19:00;9月16日至次年1月15日,10:00至13:30,15:00至17:30;1月16日至3月15日,10:00至13:30,15:00至18:00。$ 4欧元,有导游,闭馆前20分钟停止售票。网址:www.abscsantescreus.com。

圣克鲁斯修道院建于1150年,地处加伊亚(Gaià)河左岸一处幽深隐蔽的山谷。刚开始建时建筑风格是罗马式,后改为哥特式。修道院集大成于一身。13世纪它迎来了鼎盛时期。那时圣伯纳特卡博院长(Sant Bernat Calbó)是加乌马一世(Jaume I)的顾问,而赫内尔院长(Gener)获得了皮雷二世(Pere II el Gran)的保护。圣克鲁斯在1319年蒙特沙(Montesa)军事秩序的建立中作用突出,取代了加泰罗尼亚王室院系的部分权力。它一直对加泰罗尼亚的政治生活影响深远。在文化领域,它在人文学方面的研究很突出,16世纪,圣克鲁斯图书馆声名显赫。19世纪初,圣克鲁斯修道院开始衰落,先是不得不拍卖财产,接着又遭抢劫,还发生了火灾。1931年,圣克鲁斯保护会成立,着手修道院的修复工作。如今,圣克鲁斯修道院是"朝圣之路"(Ruta de Císter)中唯一没有宗教社团的修道院,朝圣之路由圣克鲁斯、伯布莱特和巴尔伯纳的拉斯蒙赫斯(Vallbona de les Monges)三座修道院组成。

进入修道院,要从位于圣伯纳特卡尔博广场的阿苏姆达门廊(Assumpta)进入,该门廊建于18世纪。门廊将游人引进马约尔(Major)大广场,大广场是从前修道院附属机构所在地,现今的古玩市场和私人住宅区。院长殿位于这一区域,由一个小回廊和一间教堂组成。

圣克鲁斯修道院的小回廊

具有文化活力的修道院

在圣克鲁斯修道院，你可以欣赏到视听表演，表演每半小时一次，讲述有关修道院的建设及中世纪修道士的生活。夏天，这里有一系列圣礼音乐和古典音乐演出。圣克鲁斯文化事业组织是这些活动的推动者。一系列的文化活动使这里生气勃勃。

教堂的正面朴素而有气势。12世纪的原始建筑给它留下了罗马式的门廊和两个拱形窗。门上方是哥特式大窗。教堂于1221年正式投入使用。教堂里面是拉丁十字形布局，分为三个厅，中厅为十字形拱顶。整座建筑异常简朴，却不乏点睛之笔：美轮美奂的玻璃，14世纪的圆拱顶，祭司台两旁的加泰罗尼亚—阿拉贡王国国王墓。加乌马一世之子皮雷二世（1240—1285）的墓建于13世纪末，是巴托梅乌（Bartomeu）大师的作品。坟墓极其奢华，是唯一一座没被盗的墓，因为它体积庞大，贼人无法打开。哥特式的神龛覆盖着红色斑岩骨盒里的国王遗骨。坟墓脚下埋葬着加泰罗尼亚舰队司令罗吉尔·德·路易阿（Roger de Llúria，1250—1305）的遗骨。皮雷二世之子加乌马二世和他的第二任妻子布朗卡·德·安吉（Blanca d'Anjou）的墓就没这么豪华了。神龛覆盖着的白色大理石骨盒上雕刻着墓室主人的雕像，见证着西斯特的等级制度。

圣玛丽亚教堂的巴洛克式门面

从皇家之门（porta Reial）可进入到小回廊的南厅。小回廊建于14世纪，宏伟壮丽，是哥特式建筑的代表作。它注入了英国瑞纳德·佛诺（Reinard Fonoll）大师多变的哥特式风格。值得一提的是由前回廊建筑留下的洗礼室神龛。在小回廊周围建有牧师会堂，上面是修士们的寝室，建于12世纪，宽10米，长50米。穿过会见室，在底层，游人可进入另一个小回廊，这个小回廊面积较小而且风格简朴。从那里可进入地下室、思过室和内阿尔殿，以及一个建于14世纪的庭院。

3

蒙特布朗
Montblanc

ⓘ Antiga església de Sant Francesc。📞 977 86 17 33。🚌 La Hispano Igualadina，SA；T. y J. Plana，SL；VIBASA。🚆 RENFE。🏛 巴贝拉河谷地区博物馆 Museu Comarcal de la Conca de Barberà 地址：c. Josa，6。📞 977 86 03 49。🕓10月至次年5月，10:00至14:00，16:00至19:00；6月至9月，10:00至14:00，17:00至20:00；周日及节假日，10:00至14:00。逢周一、9月8日、12月25日闭馆。💲 3欧元，带导游讲解。

蒙特布朗位于弗朗科里（Francolí）河岸，是巴贝拉河谷地区的首府。它始建于1163年，由皮雷·贝雷戈尔·德·比拉佛朗加（Pere Berenguer de Vilafranca）创建。大量的遗迹向游人展示了它曾经历的历史变迁。国王们意图在蒙特布朗建立一个强有力的阵地，以对抗那些封建领主们。14世纪，为了未来国王玛尔蒂·乌马（Martí l'Humà）的利益，在这里建立了蒙特布朗公爵领地。在这个时期，加泰罗尼亚王室在这里举行了四次国会。

蒙特布朗的城墙令人印象深刻。城墙长1500米，共有35个瞭望塔环绕整个城镇，1947年被宣布为历史艺术胜地。这一区域始建于1366年，由注重礼仪的皮雷国王兴建。弗拉·纪廉·德·吉梅拉（Fra Guillem de Guimerà）负责工程施工。它是中世纪加泰罗尼亚最重要的军事建筑。整个区域被分为四段：东方，圣德科拉（Santa Tecla）城墙；南方，圣弗朗塞斯克城墙；西方，圣约尔蒂（Sant Jordi）城墙；北方，圣安娜（Santa Anna）城堡。目前整个建筑的60%得到了保存。

圣玛丽亚教堂建于14世纪，是巴洛克式建筑，教堂原址曾是一间罗马式教堂。圣玛丽亚教堂高100多米，是城中的标志性建筑。它是瑞纳德·佛诺（Reinard Fonoll）大师的杰作，是加泰罗尼亚最突

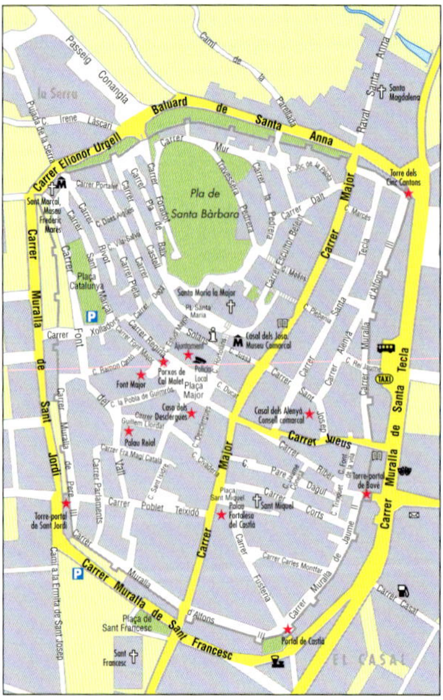

蒙特布朗地图

出的尖顶哥特式建筑。教堂的正面是巴洛克式，取代了1651年被炸毁的哥特式门面。教堂里面只有一个正厅，11个侧殿分布在众多护墙和十字圆顶之间。值得一提的是圣伯纳特和伯纳乌（Bernabéu）的石刻装饰屏，科尔圣母（Mare de Déu del Cor）彩饰木雕，以及经修复的17世纪杰出作品管风琴。1333年，在这里举行了国会会议。

这个城镇还有一些景点，它们保存了中世纪的魅力，游人可以步行参观，经历一次令人愉悦而又惊喜的旅程。它们是：圣弗朗塞斯克教堂，建于13世纪的古老教堂，是加泰罗尼亚哥特式建筑的典范，1414年国会会议在此举行；加斯特拉（Castla）要塞，建于14至15世纪，曾是国王的军事代表的住处；皇宫，建于14世纪，为国王们的行宫；圣米格尔（Sant Miquel）教堂，建于13世纪，是从罗马式向哥特式过渡的风格，1307年及1370年国会会议在此举行；霍萨（Josa）大屋，1958年修复，现为蒙特布朗地区博物馆所在地，馆藏有丰富的考古学、人种学、美术方面的文物及有关巴贝拉河谷（Conca de Barberà）的文献；圣马克（Sant Marçal）教堂及医院，建于14世纪，哥特式建筑，400年前就是拉桑（Congregació de la Sang）教徒聚集地和圣周庆祝活动策划地；罗斯胡埃乌斯（carrer dels Jueus）大街，这是犹太人社区当年繁盛的见证；圣芭芭拉（Santa Bàrbara）小山，蒙特布朗这一地名就源自这座山，好像在15世纪前，这里是一个伊比利亚小镇，镇上建有一座城堡，后被拆毁，现在小山是这个山谷的一个迷人的观景点；弗朗科里河上的古桥，建于12世纪；还有圣马达莱那（Santa Magdalena）医院，医院有一个两层楼的小回廊，是哥特式向文艺复兴式过渡时期的风格，外观非常漂亮。

4

弗朗克里
L'Espluga de Francolí

ⓘ pl. del Mil·lenari, 1。☎ 977 87 12 20。🚌 La Hispano Igualadina, SA；VIBASA。🚆 RENFE。🏛 乡村生活博物馆 Museu de la Vida Rural 地址：c. Canos, 16。☎ 977 87 05 76。🕓 周二至周六，10:30至14:00，16:00至18:00；周日及节假日，10:30至14:00；周一、12月25日、12月26日闭馆。$ 8欧元。网址：www.museu-vidarural.com。🏛 德尔比博物馆 Museu del Vi 地址：pl. Jaume I, 1。☎ 93 890 05 82。🕓 9月到次年5月，周二至周六，10:00至14:00，16:00至19:00；周日及节假日，10:00至14:00。6月到8月，周二至周六，10:00至21:00；周日及节假日，10:00至14:00。逢周一、1月1日、1月6日、12月25日、12月26日闭馆。$ 3欧元。网址：www.museudeudelvi.org。🏛 戈坝博物馆和比拉山洞 Cova-Museu Font Major i Cova de la Vila 地址：av. Catalunya, s/n。☎ 977 87 12 22。🕓 冬季，周二至周日，10:30至13:30，16:00至18:00；夏季，10:30至13:30，16:30至19:30。$ 2.8欧元；山洞游，22欧元。网址：www.covesdelespluga.com。

弗朗克里是巴尔贝拉河谷人口第二多的城镇，共有人口3600多。这里最著名的是两间献给圣米格尔（Sant Miquel）的教堂，一间建于13世纪，称为老教堂，哥特式的，已宣告为历史艺术遗迹；另一间建于19世纪，称为新教堂，正面为新古典主义风格。另外值得一提的是建于14世纪的旧医院，医院有一个美丽的庭院，一个建于1913年的现代主义风格的酒窖，作家安吉尔·吉美拉（Angel Guimerà）称之为葡萄酒教堂，现在这里是葡萄酒博物馆。乡村生活博物馆选址于卡鲁亚（Carulla）家族大屋，那里展出了用具、工具、家具、服饰等，真实地反映了加泰罗尼亚乡村独有的生活方式。

但是，毫无疑问，弗朗克里最棒的地方还是方特玛约山洞。山洞于1853年被偶然发现。这是一

圣约尔蒂的传说

“圣约尔蒂周”是蒙特布朗众多节日庆祝活动中的一个，每年由圣约尔蒂传说协会举办。庆祝活动还包括传说中圣约尔蒂和龙博斗的演出。

根据传说，龙是蒙特布朗城的死神。蒙特布朗很多人都参加演出。另一个演出是加泰罗尼亚宫廷演出。通常在4月的下半月，蒙特布朗倒退600多年回到中世纪。

莱斯布鲁加的弗朗克里博物馆

片独特的空间，使游人得以进入该区的史前地质环境。洞长近四公里，是世界上最长的山洞之一，四公里长的巷道里有数百个砾岩。洞里发现了30万年前旧石器时代后期的动物种群遗迹、新石器时代人类活动痕迹和其他考古遗迹；同时也发现了伊比利亚和罗马时期的遗迹。弗朗克里河就是发源于方特玛约山洞的河水，它全长85公里，流入塔拉戈纳（Tarragona）。在方特玛约山洞旁边的是比拉山洞，用同一张门票就可进入参观。

5

伯布莱特 ***
Poblet ***

ⓘ pg. de l'Abat Conill, 9。✆ 977 87 12 47。🚌 La Hispano Igualadina, SA; VIBASA。🚆 RENFE。♜ 伯布莱特修道院 Monestir de Poblet ✆ 977 87 00 89。🕒 上午，10:00至12:30。下午，10月至次年3月，15:00至17:30；4月至9月，15:00至18:00；周日开放至17:30。1月1日、12月25日、12月26日休息。$ 4欧元，带导游讲解，预约导游。✆ 977 87 02 54。

伯布莱特修道院位于普拉德斯（Prades）山侧一片丛林和农田围绕的山坡上，现地属比姆波迪（Vimbodí）市辖区内。修道院由一组令人印象深刻的建筑群组成，可能是欧洲最重要的中世纪修道院建筑。1136年，拉蒙·贝雷戈尔四世（Ramon Berenguer IV）在勒多隆雷特（Le Thoronet）修道院亲眼目睹了朝圣者的能力。1151年，在征服了阿拉伯人之后，他决定将巴贝拉河谷交给他们。1150年1月18日，他将伯布莱特交给了丰特弗雷达（Fontfreda）修道院的桑科（Sanç）院长。1151年8月18日捐地手续完成，1152年11月30日得到教皇确认。一年后，戈拉乌（Guerau）院长带领12名修道士出现在这里。从那时候起，也就是12世纪与13世纪间，修道院对周边地区的经济影响越来越大。由于有贵族们的捐资，修道院在14世纪的极盛时期，管辖范围达到七个男爵领地，七十个城镇，此外还建了三间分院，它们是贝德拉（Pedra）、贝尼法萨（Benifassà）和拉雷阿马约卡（Real de Mallorca）。加泰罗尼亚的封建君主们将伯布莱特当作心灵歇息之地，皮雷三世把它变成了皇家墓地。从16世纪起，伯布莱特修道院开始衰落。1820年至1823年的三年期宪法废除了宗教等级制度，后来又出售已经转让给教会的财产，这些都不啻为修道院的死亡文书。1930年，外交家、金融学家雷乌斯·爱德华·托达（Eduard Toda）创立了伯布莱特保护会，推动了它的恢复工作。1940年修道士们回来了，并在此生活至今，伯布莱特仍然是一个重要的基督教会中心。现在，这里住有三十多个西斯特修道士，是他们使伯布莱特继续成为许多加泰罗尼亚人的精神家园。伯布莱特修道院的建筑从12世纪一直持续到17世纪，不同时期、不同风格的建筑融合在一起，从某种意义上与西斯特式的淳朴简单不谋而合。不

伯布莱特大葡萄园和修道院

论从实际角度，还是从精神角度，伯布莱特完全是自给自足的。整个建筑群可分为三个不同的区域：农业和工业区、对外关系区及闭门清修区。

第一区

从普拉德斯门可进入第一区。普拉德斯门是半圆拱形门，门拱正中是修道院保护神圣母玛丽亚像。里面主要是菜园、手工作坊、临时工宿舍及建于16世纪的门房，里面还有一个庭院，庭院里有雕刻精美的廊柱。一道长两公里、高5米的围墙环绕着整个区域。

从里面和其他建筑旁可以看到全院最出众的楼之一：圣约尔蒂（Sant Jordi）殿。该殿建于17世纪，是为了庆祝当时占领那不勒斯，由阿方索（Alfons el Magnànim）国王下令兴建的。该殿长9米，宽5米，虽然面积不大，却保持着一种美丽的和谐。在殿里面，游人可以欣赏到晚期哥特式建筑的娴熟技巧，拱顶上布满了星星。神殿的外墙饰有精美的雕刻。

第二区

就在圣约尔蒂殿的前面，多拉达（Porta Daurada）金门把我们引入第二区。第二区的建设几乎持续了15世纪整个下半纪。在它的正面有阿拉贡和加泰罗尼亚、西西里亚和卡斯特亚的徽章。它的里面有两条石凳，石凳的后面画有关于修道院起源的壁画。城垛和碉楼使整座建筑充满军事色彩。门的名字亦有渊源：菲利佩二世（Felip II）参观修道院时，命人将青铜色的门涂成金色。

穿过第二道门，就来到了马约尔（plaça Major）大广场，广场形状不规则，围绕着它的都是辉煌的楼宇，如建于12世纪的圣母卡特琳娜（Santa Caterina）殿、朝圣者医院、木工坊，或是右边装饰丰富的院长殿遗迹（建于16世纪），以及同时代的吉梅拉（Guimerà）院长石质十字架。从广场上还可以欣赏到环绕修道院的城墙，大教堂的巴洛克式正面，还有皇家之门，通过此门可进入第三区。虽然西斯特教堂正面一般都不朝外，但这一间是例外，它由卡多纳（Cardona）公爵建于17世纪，为了方便从内院进入教堂而将正面朝外。教堂的正面雕饰异常丰富，与修道院整体极为简朴的风格形成对比。正面正中可以欣赏到圣伯尔纳特和伯内特（Sant Benet）的雕像。大门的上方是圣母玛丽亚像。

皇家大门和伯布莱特教堂门厅

第三区

通过皇家之门(Porta Reial),就进入了第三区,这一区域主要用于修道士们生活和修道。这是一座雄伟的建筑,体积大,风格朴素,装饰只有"四条棒"(现存三条);皮雷四世的徽章、阿拉贡国王徽章以及拉丁文的铭文,讲述修道院如何起源于这些朝代。建筑两侧有两座塔。

进入伯布莱特范围的城墙门

与大多数修道院不同,伯布莱特的附属机构被安排在教堂的北沿。右手边,拾级而上就来到了玛尔蒂(Martí)国王殿,该殿是火焰哥特式,建于1392年,但没完工。值得一提的是该殿那些镂空的哥特式大窗,以及花瓣形拱门上方、宫殿正面上的雕饰。宫殿的底层是会客室,最初是寝室——那些皈依了基督教的农民的寝室,他们来此修行,同时在修道院打短工。现在这里是伯布莱特皇家修道院博物馆,里面展出的是有关修道院在建筑、雕刻艺术方面的辉煌成就。

在博物馆正前方,就是建于15世纪的老修道士寝室。现在用于摆放修道院平面图,以及它曾经历的各种改革方面的文献。此外,值得进入地下室一游,那里是建于12世纪的哥特式地窖,地窖上方是一个十字形圆顶,有柱子支撑着。

经过一个十字形圆顶的门厅,就到了宏伟的小回廊。小回廊的三面是过渡中的罗马式。而最古老的部分则是罗马式的,紧靠着教堂,遵照纯粹的西斯特式标准,风格简朴。小回廊的柱头特别引人注目,所有雕刻都精工细作,主题是植物和几何图形。从小回廊的一边可进入罗马式的洗礼室。里面有一个大理石喷泉,冒着三十注涓涓细泉,供修道士们进行日常沐浴净身。

出了洗礼室,在正前方,就是建于12世纪的思过室,现在是修道士食堂。长方形的厅中央,有一个八角形的喷泉。紧挨着的房间是暖气室。食堂的另一边是十字形圆顶覆盖的厨房。

现在的图书馆建于13世纪。17世纪以前,这里是抄写员们抄写手稿的地方,名叫抄经室。它由两个

从修道院小回廊看到的风景

不同的空间组成，分别由尖形拱顶覆盖，一排柱子支撑着尖形顶。图书馆的绝大部分藏书现散落于博物馆里或是被个人收藏，现在仅保存着一些古版书。从小回廊穿过一道精美的罗马式拱门，就可以进入牧师会厅。

伯布莱特教堂的祭坛

这是整座修道院最美的处所之一。地上排列着十一块伯布莱特院长的墓碑。抬头看天花，可见八角形大柱支撑着的九个棕榈树叶形状的拱顶。在牧师会厅、会客室和图书馆的楼上，是长87米、宽10米的寝室，现在其中一部分仍然是修道士休息的地方，并被分隔成多个单间。

教堂装饰及建筑空间简单朴素，是西斯特哲学的典型例证。墙面及柱头极少装饰，使教堂平添庄重肃穆之气。教堂占地面积大，是国内相同等级教堂中最大的。教堂始建于12世纪阿方索一世时期。两个世纪后，在郭鹏（Abat Copons）院长任内，重建了埃庇斯多拉（Epístola）殿，郭鹏院长也是八角形柱的推动者。

教堂正殿由三个大厅组成，各大厅之间由柱子间隔开。主厅为管形尖拱顶，另外两个厅是十字形拱顶。护墙间的七个神殿是14世纪建的。主祭坛由两个半圆形后殿及一个回廊组成，回廊又有五个小后殿。

主祭坛上的雕饰屏是一件出色的文艺复兴时期的作品，出自当时加泰罗尼亚—阿拉贡王朝最著名的雕塑家达米亚·佛门特（Damià Forment）之手，雕饰屏制作于公元1527年至1529年间，用材取自修道院附近采石场的雪花石膏，共由四个平面组成。第一个平面和第三个平面描述耶稣生活的场景，第二个平面是圣徒簇拥着的圣母玛丽亚像，第四个平面是耶稣像，两边为十二门徒。在十字形耳堂，从两个降低弧度的拱门看皇家墓地，可以看到雪花石膏制的棺材，棺顶刻有墓主肖像和一些重大事件。这里长眠着加乌马国王、皮雷三世以及他的三个妻子，费朗一世（Ferran I）和他的妻子莱昂诺尔（Leonor）。在埃庇斯多拉殿旁，埋葬着阿方索二世（Alfons II），胡安一世（Joan I）和他的妻子，费尔南多（Ferran）的父母亲。

阿方索四世（Alfons IV）以及玛尔蒂乌玛（Martí l'Humà）的墓在修道院其他地方。圣安第罗（Sant Enterrament）大理石神台则保存在内院，内院建于1275年。

实用向导

周边地区

萨拉尔（Sarral）以其工业及雪花石膏工艺品闻名。可在不同商店买到雪花石膏工艺品，或是去雪花石膏博物馆参观制作流程。预约 ☎ 977 89 01 58。

从小山上的佛里斯（Forès）镇，可以看到巴尔贝拉河谷及巴伊萨塞加拉（Baixa Segarra）的全景。

在比姆博迪，有两座城堡，它们分别是路达贝拉（Riudabella）城堡和米尔曼达（Milmanda）城堡。另外，镇上还有一间玻璃博物馆，可看到传统玻璃的制作。

餐馆

蒙特布朗 Montblanc

El Molí del Mallol 餐馆 地址：Muralla de Santa Anna，2。☎ 977 86 05 91。星期天晚上和星期一关门休息。餐馆就在蒙特布朗城墙边，加泰罗尼亚菜，招牌菜有蜗牛、炭烧肉和袋鼠肉。

Ducal 餐馆 地址：c. de Francesc Macià，11。☎ 977 86 00 25。全年都开，招牌菜有炭烧肉、卡尔可塔达和野味。

弗朗克里 L'Espluga de Francolí

L'Ocell Francolí 餐馆 地址：pg. Canyelles，2–3。☎ 977 87 12 16。星期一不营业。特色菜是肉类。

El Senglar 餐馆 地址：pl. de Montserrat Canals，1。☎ 977 87 01 21。加泰罗尼亚传统菜，招牌菜有猪手、野猪肉等等。

Monestir 餐馆 地址：les Masies，s/n。☎ 977 87 00 58。餐馆离伯布莱特修道院很近，在莱斯布鲁加境内。

伯布莱特 Poblet

Fonoll 餐馆 地址：pl. de Ramon Berenguer IV，2。☎ 977 87 03 33。只设午餐。逢12月、1月的星期四关门休息。

巴尔斯 Valls

Masia Bou 餐馆 地址：ctra. Tarragona–Lleida，km 21,5。☎ 977 60 04 27。逢星期二关门休息。夏天可以在树下的露台上用餐。招牌菜是卡尔可塔达。

Casa Fèlix 餐馆 地址：ctra. de Tarragona，km17。☎ 977 60 13 50。全年营业。加泰罗尼亚传统菜。卡尔可塔达很出名。

住宿

酒店

蒙特布朗 Montblanc

Ducal 酒店 ** 地址：c. de Francesc Macià，11。☎ 977 86 00 25。酒店位于市中心。

Fonda dels Àngels 酒店 ** 地址：pl. dels Àngels，1。☎ 977 86 01 73。

Blasi 酒店 ** 地址：c. d'Alenyà，11。☎ 977 86 13 36。

弗朗科里 L'Espluga de Francolí

El Senglar 汽车旅馆 ** 地址：pl. de Montserrat Canals，1。☎ 977 87 01 21。有泳池和网球场。

Masia del Cadet 旅馆 ** 地址：les Masies，s/n。☎ 977 87 08 69。这是一座兴建于15世纪的乡村别墅。

伯布莱特 Poblet

Fonoll 汽车旅馆 ** 地址：pl. de Ramon Berenguer IV，2。☎ 977 87 03 33。圣周及7至9月都开门。

巴尔斯 Valls

Casa Fèlix 酒店 *** 地址：ctra. de Tarragona，km17。☎ 977 60 90 90。有酒吧、餐馆、网球场及泳池。

乡村旅店

布雷那菲达 Prenafeta

Casa de Pagès Cal Gaya 地址：ctra. de Montblanc，s/n。☎ 977 86 23 06。整间房屋出租。

比姆博迪 Vimbodí

Castell de Riudabella 地址：Riudabella，s/n。☎ 977 87 80 40。原为伯布莱特修道院年长修道士休养所。

雷乌斯和普里拉特
Reus i el Priorat

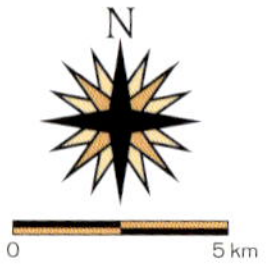

拥有丰富的现代主义（modernista）艺术遗产是雷乌斯的其中一个诱人之处，它是该城市于19世纪经济辉煌时遗留下来的精神财富硕果。离开下坎普（Baix Camp）地区，进入普里拉特地区，游客即到达了它的首府法尔塞。它建于12世纪，今天已成为废墟。斯乌拉那最美的地区是普拉德斯，它坐落在一座山丘的顶峰，最后一座位于加泰罗尼亚的伊斯兰多面城堡，它和拉穆萨拉一样，都处于地势高处，在那儿可以欣赏到南部地区最为壮观的景色之一，这些都是这条路线上最为诱人的部分。

行程：
1天/113km

雷乌斯（Reus）→爱斯克那布城堡（Castell d'Escornalbou）	**16km**
爱斯克那布城堡→法尔塞（Falset）	**25km**
法尔塞→爱斯卡拉德（Cartoixa d'Escaladei）	**20km**
爱斯卡拉德→斯乌拉那（Siurana）	**18km**
斯乌拉那→阿尔巴卡（Albarca）	**11km**
阿尔巴卡→普拉德斯（Prades）	**8km**
普拉德斯→拉穆萨拉（La Mussara）	**15km**

雷乌斯的布里姆广场

1

雷乌斯 **

Reus **

ⓘ c. Sant Joan, 34。☎ 977 77 81 50。🚌 T. y J. Plana, SL; La Hispano Igualadina, SA; Reus-Tarragona Bus, SL; AISA; La Hispano de Fuente en Segures, SA; Autocares Julià, SL; ABASA。🚆 RENFE。✈ Aeropuerto de Reus。☺ 圣皮雷节(6月29日),慈悲圣女日(9月25日)。🏛 萨尔瓦多·维亚塞加地区博物馆 Museu Comarcal Salvador Vilaseca 地址:raval de Santa Anna, 59, i pl. de la Llibertat, 13。☎ 977 34 54 18。🕓 周二到周六,10:00到14:00,17:00到20:00。💲 2欧元,提供参观向导,但要提前预约。

雷乌斯,作为巴伊斯地区的首府,是一个重要的农业(干果)、工业(纺织)和商业中心。这座城市的特点是,19世纪时由于经济的推动,使其成为了加泰罗尼亚的第二大城市。如同其他提到过的地区的首府,当时的雷乌斯政府也保护烈酒的定价。在那个鼎盛时期,当禁止加泰罗尼亚和美洲做生意的禁令被废除后,这个城市开始不断地出口烈酒和纺织品。

那个时代经济的发展,是当地资产阶级的富裕崛起,开始出现了流行的艺术风格——现代主义。所有这些使得这个城市在各个方面都成为了活动的核心。雷乌斯出了几个杰出人物,他们是建筑师安东尼·高迪(Antoni Gaudí);画家玛丽亚·弗图尼(Marià Fortuny, 1838—1874),他的作品灵感来源于东方世界,带有浮夸风格;胡安·布里姆(Joan Prim, 1814—1870)将军,是个出众的军人及政治家;还有诗人和语言学家加布里尔·斐拉特(Gabriel Ferrater, 1922—1972)。

游客如果在市中心随心所欲地漫步,还可以观赏到城市的现代主义遗产的精华部分。诺瓦斯(Navàs)的房子,是鲁伊斯·多梅内克·伊·蒙特内尔(Lluís Domènech i Montaner)的作品,是城市中现代主义建筑中最好的。多米尼奇的作品还有卢尔(Rull)和加苏(Gasull)的房子,它们的出众之处在于,首先是正面的狮子,其次是饰以的影线。巴塞罗那有位建筑家、艺术家,在巴塞罗那建筑学校的讲台上传播着新的风格,他就是壮观宏伟的精神病疗养院的设计者皮雷·马塔(Pere Mata),该医院是前巴塞罗那的圣保罗(Sant Pau)医院。这座建筑距离市中心2公里,建筑师开始时就是根据有伊斯兰遗留风格的一个独立大厅的图解来设计的,这种风格建筑的外部是以花为图案的灿烂夺目的马赛克。另一些具有突出的现代主义风格的建筑是塞拉(Serra)的实验室和瓜德拉达(Quadrada)的房子,这两处建筑都是胡安·鲁维奥(Joan Rubió)的作品。

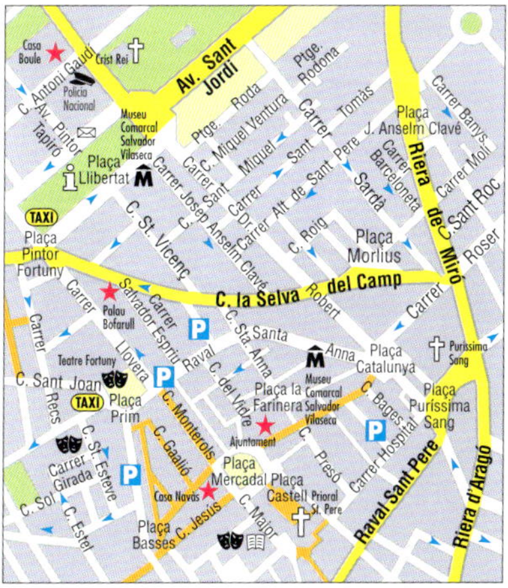

雷乌斯的城市地图

诺瓦斯的房子，在雷乌斯的梅尔卡达广场

还有一些很有趣的地方如圣皮雷(Sant Pere)教堂，这是一座又细又高的哥特式教堂，还有一座63米高的六角钟楼，已变为该城市的标志，就像布里姆(plaça Prim)广场，最引人注目的地方是雷乌斯将军胡安·布里姆的纪念碑，是建在他的马上面的。博法卢(Palau Bofarull)宫殿，建于1760年，目前是音乐学院所在地，它的墙上的那些敬奉卡洛斯(Carles)三世和卡洛斯四世的壁画尤为突出。

普里拉特的葡萄酒

今天普里拉特地区以它的葡萄酒的质量而闻名。酿造的传统由很远的地方而来，当时卡土哈教徒开始在此地区种植葡萄。很多年来该地区的葡萄酒被认为是酒精度数过高而没有调配，目前如何从最好的原材料中提取精华的技术已被掌握，这使得他们的酒是最好的。土壤的成分——被称为伊蔻莱亚(llicorella)的页岩存在有差别，传统上有差别的是加尔纳恰酒和卡利涅纳酒——是在沙丘上加工而成的，还有气候学用来标注夏天的气候干燥和冬天的寒冷，这些使得普里拉特的红葡萄酒享有不同特色，可以很好地搭配多种食物。

萨尔瓦多·比亚塞加地区的博物馆被分成两个部分：一边是展出考古学和民族学方面的，另一边是展出所收藏的于本地出生的艺术家的作品。雷乌斯广阔的文化生活方面体现在它的阅读中心和巴特里那(teatre Bartrina)及弗图尼(Fortuny)剧院。在雷乌斯的郊区，有一个高迪(Gaudí)区，是一个具有争议但不乏有趣的地方，是理查·保菲尔(Ricard Bofill)的设计作品。

2

爱斯克那布城堡
Castell d'Escornalbou

爱斯克那布城堡 Castell d'Escornalbou
977 83 40 07。10月1日至次年5月31日，10:00到13:30，15:00到17:30；6月1日至9月30

法尔塞的瓜尔特拉广场

爱斯卡拉德修道院遗址，伊比利亚半岛上最古老的修道院

日，10:00到13:30，15:00到18:30；周日10:00到13:30。$ 2.40欧元，提供参观向导。

据1153年的记载，圣米格尔爱斯克那布国王城堡（castell-monestir de Sant Miquel d'Escornalbou）原来位于里乌德堪耶斯（Riudecanyes）城区5公里处，被建在圣巴巴拉（Santa Bàrbara）山丘上。城堡和圣米格尔教堂一样，都位于一块男爵领地的中央，奥古斯丁派修士一直住在这里，直到1574年。后来又是方济各会修士的居住地。后者于城堡变卖期间离开。这里后来被商人和政治家爱都·多达（Eduard Toda）获得，他把它修复并重建为开放式。这里有些有意思的收藏，陶瓷、雕刻和其他一些物品可供参观。其中最重要的是教堂（修建于12世纪至13世纪）、市政会议和修道院那些房子的遗迹。圣巴巴拉的僻静住所坐落在山丘顶端，从那里可以观赏到塔拉戈纳（Tarragona）无与伦比的田园风光。

3

法尔塞
Falset

ⓘ av. de Catalunya, 6。✆ 977 83 10 23。🚌 La Hispano Igualadina, SA。☺ 8月15日。

法尔塞是普里拉特的首府，该地区以酿酒传统而闻名，其酿酒传统于最近几年经历了一次重要的扩展。在法尔塞游客可以参观一座古城堡，城堡坐落在城区的高地，于1714年被菲利佩五世（Felip V）毁坏。那些遗留下来的部分在很长一段时间被用作监狱。还有一处重要的是合作酿酒厂，它是瓦斯·恺撒·马提奈（Valls Cèsar Martinell）的作品，是可以参观的。在法尔塞市中心区有一间博物馆——法尔塞和地方博物馆，快完工并准备对公众开放。

4

爱斯卡拉德修道院*
La cartoixa d'Escaladei *

爱斯卡拉德修道院 Cartoixa d'Escaladei ✆ 977 82 70 06。⏲ 10月到次年5月，10:00到13:30，15:00到17:30。6月到9月，10:00到13:30，16:00到19:30。逢非节假日周一关门。$ 2.4欧元，提供参观向导。

爱斯卡拉德的圣玛丽亚遗迹是在蒙桑特（Montsant）南面的斜坡上，在爱斯卡拉德的一个叫康莱里亚（Conreria）的中心附近，是在蒙桑特的莫莱拉（Morera）市区。由阿方索·爱尔·卡斯多（Alfons el Cast）于12世纪创建的卡土哈会（cartoixa）是半岛上最古老的。修道院于1835年变卖，意味着一笔优厚的文化财富结束了。尽管那些遗迹的面貌已不好，参观向导却可以引领你看到古迹有意思的一面。

卡土哈会遗迹占地面积大约为3万平方米。现在是很难看到原来的房屋了。卡土哈会后来有了三座教堂和三十多个门厅，那里住着卡土哈会教徒（现在可以看到重建后的全貌）。饭堂和通往第二个庭院的新古典主义大门，从这些尚存的遗迹中还可以追溯圣玛丽亚的一些古迹。卡土哈会是普里拉特历史的发源地，名字是该地方后来命名的。

5

斯乌拉那 *
Siurana de Prades *

ⓘ Cornudella de Montsant。✆ 977 82 10 00。

风景如画的斯乌拉那，被高737米的陡峭石灰岩顶托着，是一个绝好的览胜点，这里可以看到斯乌拉那水库（于1965年至1974年间建造，是为了利用以同名命名的河流的水），这里是普里拉特、巴伊斯地区和沿海地区最美的部分。斯乌拉那市的遗迹是以加泰罗尼亚的最后的一座阿拉伯城堡为主的，该地区于1153年被拉蒙·贝雷戈尔（Ramon Berenguer）四世征服。居民的房屋都在平原上，这些房屋是根据特别的喜好，被建造在不规则的街道上。至于罗马

蒙桑特山脉的风景

普拉德斯的大广场

式的教堂，可以特别强调的特点是入口在建筑物的旁边。这座城市是由于一些神话传说而被人们所知的。其中最著名的就是城市旁边的一处100米深的悬崖，此处因莫拉王后（Reina Mora）的一跳而闻名。莫拉王后是阿拉伯阿卜杜拉萨依达（Abdelazaida）的王后，当她看见丈夫死了，城堡被包围了，为了不落在基督教徒的手上，她纵身跳下。据说她的那匹白马最后的足迹还留在石头上。

特罗那（Trona），一块在城市附近的巨大岩石，小路因它而变得弯弯曲曲，黄昏时的光影给这里增添了特殊的景致。

6

科奴德亚、阿尔巴卡、乌尔·莫林斯
Cornudella de Montsant, Albarca, Ulldemolins

ⓘ ☎ 977 56 14 13。🚌 T. y J. Plana, SL。阿尔巴卡驿站 Refugi d'Albarca。☎ 977 76 81 00。

科奴德亚坐落在斯乌拉那的水库旁边，是众多旅游点中最有意思的一站。那些地方中值得强调的是去圣达高瓦（Cova Santa）。合作社是恺撒·马提奈的作品。阿尔巴卡这个小城区是科奴德亚附近的地区，坐落在以此名命名山的最东面。夏天，城里年长的人或避暑的人会聚到这里，冬天时就留在城里。这里总是有很多的远足者，原因是蒙桑特的导游们，还有普拉德斯山脉都给游客提供了一系列的活动。因为有了阿尔巴卡的消暑营地，使得周围自然环境的旅游资源才得以开发。乌尔·莫林斯，在蒙桑特河的源头，和前两座城市一样，这里适合徒步。一条可以推荐的路线是参观圣马达莱那（Santa Magdalena）、圣安东尼（Sant Antoni）及圣巴多麦乌（Sant Bartomeu）的僻静住所。

7

普拉德斯 *
Prades *

ⓘ pl. Major, 2。☎ 977 86 80 18。🚌 T. y J. Plana, SL。☺ 8月15日。

普拉德斯是著名的“红色地区”（vila vermella），因为它最古老的建筑都是用红色石头砌成的，它是以普拉德斯伯爵的名字命名的领地旧首府。游客可以漫步于马约尔广场（plaça Major）。在城区的中央会看见一块由巴塞罗那的西班牙人民再造的、代表着文艺复兴源头的石头。

圣玛丽亚教区的教堂是哥特式风格的。普拉德斯是一处避暑胜地，可以在同名的山脉间徒步旅行。离中心不远处，是阿贝耶拉圣女（Mare de Déu de l'Abellera）的僻静住所，游客们会为它的美丽和它在过去和现代之间完美的平衡而叹为观止。普拉德斯市区是在高原中央，几百米处就是巴尔塔萨那（Baltasana）山丘，有1201米高，是巴伊斯（Baix）山区的最高点。

8

拉穆萨拉 *
La Mussara *

ⓘ pl. de la Vila, 4 (Vila Plana)。☎ 977 81 50 12。

沿着由普拉德斯向着拉穆萨拉的公路，会从一处叫马斯·德·弗拉莱斯（Mas dels Frares）建筑物的一旁经过，这是一幢古老的建筑，不久前有人来这儿居住过。拉穆萨拉市位于巴伊斯山区海拔最高点（1052米）。该城市现已无人居住，教堂和房子的遗迹中保存下来的都是外貌很差的。这个地方主要吸引人的是一些令人印象深刻的大岩石，从那里可以看到巴伊斯山区的美景，在晴朗的日子，马约卡（Mallorca）隐约可见。离拉穆萨拉村几米远处有一个山上避难所。

乌尔·莫林斯的罗莱多修道院

实用向导

周边地区

从阿尔比奥（Albiol）可以观赏到塔拉戈纳（Tarragona）的田园美景。还可以参观它的古城堡的其他遗迹。

巴伊斯的拉皮雷亚（La Vilella Baixa）就要变为瀑布。河的上面有一座三拱桥，很吸引人。

在爱斯克那布城堡附近，是里乌德堪耶斯（Riudecanyes），一个颇具吸引力的村庄，坐落在以里乌德堪耶斯命名的水库旁。

餐馆

雷乌斯 Reus

La Glorieta del Castell 餐馆 地址：pl. del Castell, 2。☎ 977 34 08 26。星期日和 8 月的 1 日至 31 日不营业。特色菜是腌制的虾和盐制鲷鱼。

Masia Típica Crusells 餐馆 地址：ctra. Reus-Tarragona, km 1。☎ 977 75 40 60。星期日晚上不营业。在雷乌斯郊区，提供加泰罗尼亚菜。

Celler del Raïm 餐馆 地址：raval de Sant Pere, 19-21。☎ 977 77 15 22。全年开放。坐落在著名的 Tomb de Ravals，是现代主义建筑。

Simonet 餐馆 地址：raval de Santa Anna, 18。☎ 977 34 59 74。星期日晚上不营业。是雷乌斯最古老的餐馆，有 120 年的历史。特色菜是鳕鱼和米饭。

普拉德斯 Prades

Espasa 餐馆 地址：Sant Roc, 1。☎ 977 86 80 23。冬天的星期一不营业。特色菜是加泰罗尼亚菜。

L'Estanc 餐馆 地址：pl. Major, 9。☎ 977 86 81 67。冬天的星期三不营业。特色菜是家庭菜、时令野味。

维莱亚巴伊斯 La Vilella Baixa

El Racó del Priorat 餐馆 地址：c. Priorat, 9。☎ 977 83 90 65。全年开放。时令野味。

法尔塞 Falset

Sport 餐馆 地址：c. de Miquel Barceló, 4。☎ 977 83 00 78。全年开放。特色菜是加泰罗尼亚传统菜。

哥拉达要普斯 Gratallops

La Font 餐馆 地址：c. Consolació, 12。☎ 977 83 92 79。坐落在城区内，特色菜是爱斯古莱亚（escudella）和猪手。

爱斯卡拉德 Escaladei

El Cairat 餐馆 地址：c. Nou, 3。☎ 977 83 04 81。星期日下午、每星期一、九月份不营业。餐馆的特色菜是（escalivada）色拉，辣的菜、用羊奶酪烤的茄子和洋葱、苹果酱和 foie 土司。

泊玻莱达 Poboleda

Populetus 餐馆 地址：c. Raval, 16。☎ 977 82 70 10。星期一不营业。特色菜是罗美斯格（romesco）。

住宿

酒店

雷乌斯 Reus

Fonda Simonet 酒店 ** 地址：raval de Santa Anna, 18。☎ 977 34 59 74。

☎ Quality 酒店 *** 地址 ctra. de Salou, 129。☎ 977 75 57 40。从中心往萨椒（Salou）方向 2 公里处。

Gaudí 酒店 *** 地址：Raval Robuster, 49。☎ 977 34 55 45。在雷乌斯市中心。

NH Ciutat de Reus 酒店 **** 地址：av. de Marià Fortuny, 85。☎ 977 34 53 53。离议会和消防厅很近。

普拉德斯 Prades

Fonda Espasa 酒店 * 地址：Sant Roc, 1。☎ 977 86 80 23。该酒店距离主广场很近，只有几米。

爱斯卡拉德 Escaladei

Els Troncs 旅馆 ** 地址：Rambla, 6。☎ 977 82 71 58。该旅馆距离爱斯卡拉德修道院仅仅 1 公里。

拉莫莱拉 La Morera del Montsant

El Balcó del Priorat 旅馆 ** 地址：Bon repós, s/n。☎ 977 82 72 11。风景独特。

泊玻莱达 Poboleda

Pensión Popoletus 公寓 地址：c. Raval, 16。☎ 977 82 70 10。

露营地

乌尔德莫林斯 Ulldemolins

Montsant Park 地址：partida Pedrenyeres, ctra. C-242。☎ 977 56 17 08。全年开放，根据种类提供需求。

维亚诺瓦 Vilanova de Prades

Serra de Prades 地址：c. de Sant Antoni, s/n。☎ 977 86 90 50。

艾布罗地区
Les terres de l'Ebre

艾布罗河经过加泰罗尼亚陆面的部分呈现出来的是两种截然不同的景色。一种是由河流的三角洲而形成的，另一种却是由高的地势形成的，它们位于艾布罗河岸及高地（Terra Alta）与下艾布罗（Baix Ebre）之间。这条路线经过的地区聚集了很多诱人的地方。艺术方面，有位于甘德萨的恺撒·马提奈（Cèsar Martinell）的储藏室，可参观奥塔德圣胡安的毕加索中心或米拉维特（Miravet）城堡。自然方面，呈现给游客的是梅拉维叶（Meravelles）山洞、白尼法特山洞，以及位于萨尔特（Xerta）和提文尼（Tivenys）市的阿苏特艾布罗（l'Assut de l'Ebre）的天然与人工合成的风景。

行程:
1天/110km

莫拉德艾布罗（Móra d'Ebre）
→考贝拉（Corbera d'Ebre） **19km**
考贝拉→甘德萨（Gandesa） **5km**
甘德萨→奥德圣胡安（Horta de Sant Joan） **21km**
奥德圣胡安→白尼法特（Benifallet） **30km**
白尼法特→阿苏特堰
（Assut de Xerta-Tivenys） **10km**
阿苏特堰→米拉维特（Miravet） **25km**

艾布罗河经过莫拉德艾布罗

1 莫拉德艾布罗
Móra d'Ebre

ⓘ pl. de Baix, 1。☎ 977 40 00 12。🚌 La Hispano de Fuente en Segures, SA; Bus Eix de l' Ebre; Alsina Graells, SA; T. y J. Plana, SL; La Hispano Igualadina, SA; ABASA。☺ 8月底。

莫拉德艾布罗是艾布罗河地区的首府，坐落于艾布罗河的右岸，在一座小山丘的斜坡上还保留着莫拉城堡的遗迹。

市内有一处阿拉伯人的原址。后来拉蒙贝雷戈尔(Ramon Berenguer)四世把它让给了修道院。城堡方面，今天只剩下外墙和两座分立的塔。

市内其他一些有趣的部分是具有巴洛克风格的蒙塔古(Montagut)的房子和圣海罗尼(Sant Jeroni)的僻静住所，还有圣胡安巴提斯塔(Sant Joan Baptista)教区的教堂，是内战后重建的。这座城市的居民向来都与位于艾布罗河另一边的莫拉娜瓦(Móra la Nova)城的居民有着这样那样的小摩擦。

2 考贝拉 *
Corbera d'Ebre *

ⓘ pg. del doctor Ferran, s/n。☎ 977 42 04 31。🚌 La Hispano de Fuente en Segures, SA; La Hispano Igualadina, SA; ABASA。☺ 8月15日至18日。

这个有着一千多人口的城市是加泰罗尼亚人口稀少的一个明显的证据，它映射了西班牙内战(1936—1939)所带来的创伤。现在的考贝拉市建在距离它古代时原始位置100米处，在一座叫蒙特拉(Montera)的山的高处。战争时期最艰难的那几个月，考贝拉经历了无数次的轰炸，以致它在总体上遭受了摧毁，只剩下山脚下的教堂和少量的房子。漫步在古老的考贝拉，参观者置身于过去，即会感受到艾布罗战役的残酷。近几年，市政府决定修复城市里的这个部分的一些地方，以作为旅游用途。古老的核心部分以圣皮雷(Sant Pere)教堂最为突出，这是一座建于1780年代巴洛克式的建筑，它的正面很有意思，有一个钟塔，下座是四方形，上面有三个身体的形象，但被毁坏得很厉害。在市区的东北面是卡瓦利奥(Calvari)小教堂，它处在地势高处。这是一个宽阔的建筑，圆顶，四周环绕着柏树林。在市区的2公里处、卡瓦斯(Cavalls)山脉脚下，是圣马多那(Santa Madrona)的僻静住所，它的修道院和住宅是连在一起的。它有一座小钟楼，旁边有很丰富的泉水。还有烤炉、桌子和幼儿园。三月份的第三周，是举行圣马多那朝圣仪式的日子。在考贝拉还可以参观象征着自由的字母表，它被放在一个位于老市区的露天博物馆里。它是一个以世界和平为主题的纪念碑。这是由二十五个艺术家和很多作家、诗人共同参与并且认同的一个理念：这些文字记载着一句传达友爱的话。

3 甘德萨 *
Gandesa *

ⓘ av. Catalunya, 3-5。☎ 977 42 09 10。🚌 La Hispano de Fuente en Segures, SA; La Hispano Igualadina, SA; ABASA。☺ 每年9月份。

甘德萨是高地(Terra Alta)的首府。这里曾是内战期间主要流血事件——艾布罗战役(1938年)的主战场。长达四个月持续不断的进攻与反击导致民族派

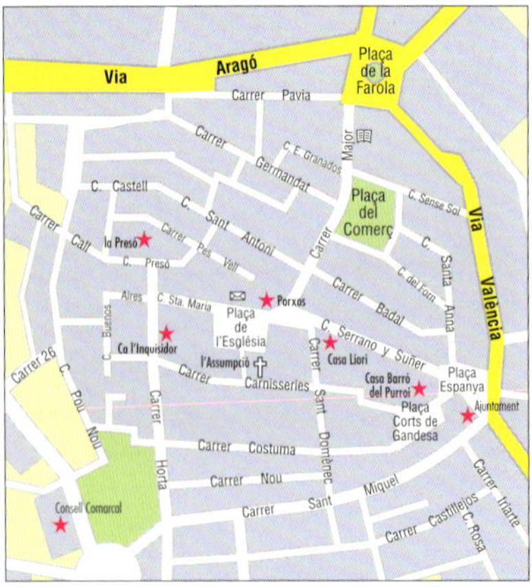

甘德萨的地图

(bàndol nacional)死亡7000人，共和派(republicà)死亡14000人。从甘德萨的入口处可以看到它标志性的建筑之一，即合作酿酒厂(Celler Cooperatiu)，这幢现代主义风格建筑是恺撒·马提奈1919年的作品，他是高迪(Gaudí)的门徒。酿酒厂最有趣的一点是，屋顶上有一个原来就放置在那儿的储水器。室内可以欣赏到那些独特的用砖石砌成并可保持平衡的抛物线状的拱门。在市内阿孙森(Assumpció)的主教堂也很突出，它矗立在一座清真寺上。修道院内最具罗马风格的部分是多边形的教堂后殿及从山后延伸而来的侧面墙，这样就展现了一个非常宏伟的正面。

可推荐参观芬卡尔达(Fontcalda)的浴场和神殿，它坐落在市区南面。那里地形崎岖而深远，却呈现出天然的美丽。就如同它的名字一样，芬卡尔达是指位于卡那里特(Canaletes)河左翼的热泉水，那里翻滚着的疗效矿泉水有25° C。这里自18世纪就被开采出来作为浴场以供理疗之用。甘德萨区域内，离市区6公里，还有一处摩尔人居住的地方。那里保留着三块不同时代的墓地，是介于公元前8世纪和公元前1世纪的。另有一个被损坏了一半的监视塔，那里曾建过一间纱厂和陶瓷厂。

4

奥德圣胡安 *
Horta de Sant Joan *

ⓘ pl. de Catalunya, s/n。☎ 977 43 56 00。🚌 La Hispano de Fuente en Segures, SA。🏛 奥德毕加索中心 Centre Picasso d'Horta 地址：antic Hospital。☎ 977 43 53 30。⏱ 上午，周二到周日，11:00至13:30；下午，周六，17:00到20:00；7月、8月，周二到周日，11:00到14:00，17:00到20:00。$ 3欧元。网址：www.centrepicasso.cat。🏛 盖普德艾克博物馆 Cap de l'Ecomuseu dels Ports ☎ 977 43 50 05。⏱ 有展览时开放。

高地市最吸引人的地方之一是两处文化场所：奥德毕加索中心和盖普德艾克博物馆。在这个中心，参观者可以找到有关领土、人文和历史的所有最基本的信息，也就是说在力所能及的范围内提供一切可提供的服务。

奥德毕加索中心，位于旧医院(Antic Hospital)，里面陈列了毕加索于1898年和1909年两次在此地逗留期间所有作品的复制品。出城2公里处，参观者可以看到该地区最重要的建筑：安赫尔圣母(Mare de Déu dels Àngels)修道院，它因圣萨尔瓦多(Sant Salvador d'Horta)而被人熟知。

它是由圣殿骑士团于13世纪建造的(尽管史料上没有记录)，突出的是哥特式风格的教堂和巴洛克

甘德萨的部分风景

奥德圣胡安

式的侧边小教堂。这座建筑在经历了战争后褪色不少，但是它目前正在修复之中，并已被列为历史和艺术纪念馆。在奥德圣胡安的市中心，教堂广场尤为突出，不久前刚修复完毕。广场的门廊是14世纪文艺复兴时期由政府造的。就在这个广场上，有一座圣胡安巴提斯塔教堂，是哥特式的，只有一个中殿。

皮奈尔布拉伊现代主义的酿酒厂可作为典范

5

白尼法特 *
Benifallet *

ⓘ c. Major, 1。📞 977 46 22 49。🚌 Bus Eix de l'Ebre; La Hispano de Fuente en Segures, SA。☺9月8日。梅拉维尔的科瓦 Cova de les Meravelles 📞 977 46 22 49。🕓 10:00至14:00；下午，冬季，16:00至18:30；夏季，16:00至19:30。1月1日和12月25日关闭。$ 7欧元，有讲解。

卡尔多（Cardó）山脚下，就是白尼法特市的所在地了。自从1968年发现了那些山洞以后，来这个地方参观的游客络绎不绝。梅拉维斯（Meravelles）山洞和马里高特（Marigot）山洞形成了一个壮观的石笋林和钟乳石群。渗入地下的水慢慢滴下，所含的碳酸盐溶解开来，形成了奇特的外观。这些都是游客们想象不到的变幻莫测的形态。

城市中最为突出的是达尔特圣母（Mare de Déu de Dalt）教堂。它属于晚期的罗马风格，是旧

卡尔多山脉的风景

从米拉维特城堡能望见艾布罗河

教区教堂的所在地。它位于城市高处的一块岩石上面，正好呈半拱形，并恰好填补了石头缝隙。教区教堂(església parroquial)建于1635年，是用来拜奉圣母升天的。它属于新古典风格，内战期间被毁坏得很厉害。后来重建的是科林斯式柱子中的一个，采用了十字形的墩座，它位于城市入口处。

白尼法特另一个吸引人的地方是卡尔多山谷(vall Cardó)，那儿的建筑现在处于废墟中。以前这里是卡尔多的古浴场，这座古浴场坐落在壮观的弗拉莱(Frare)瀑布的山丘上，由多尔多撒·弗拉·保罗·德·克里斯(fra Pau de Crist)于1606年建成，后者还于1617年在此处建立了一个圣衣会教的赤足派团体。

那些修道院的建筑和十四间僻静住所融为一体。那些僻静住所是开放的，可供参观。修道院于1835年还俗时被取消，并于1866年利用这里颇有药效的地下水开设了浴场。这里还曾经是在艾布罗战役中共和派的医院。

6

阿苏特堰 *
L'Assut de Xerta - Tivenys *

ⓘ c. Romelia, 22 (Tivenys)。☎ 977 49 62 97。🚌 La Hispano de Fuente en Segures, SA。

无论是艾布罗堰还者阿苏特堰，它们都是以地区来命名的。当地村民把河水引向运河，然后用来灌溉果园。阿苏特堰是于1411年在穆萨·阿拉米(Mussà Alamí)的领导下完成的，但是至于什么时间开始使用的却无从考证。这项有趣的建筑工程长3100米，顶部宽3.5米，坡面宽度24米，地基部分35米，底部6米。当游客靠近时能切身感受到水流倾泻的力量。

7

米拉维特 **
Miravet **

ⓘ c. Verge de Gràcia 5。☎ 977 40 76 26。🚌 La Hispano de Fuente en Segures, SA。☺ 圣多梅内克节(8月8日)。其他节日：樱桃节(6月的第一或第二个星期日)，米拉维特城堡节(8月15日)，冬天主节(10月12日)。🏰 米拉维特城堡 Castell de Miravet ☎ 977 40 73 68。🕐 上午，10:00至13:30；下午，10月至次年5月，15:00至17:30；6月至9月，16:00至19:30。星期一、1月1日和12月25日关闭。$ 2.4欧元，7月和8月、一些夏季的周末有导游讲解。

米拉维特区位于艾布罗河岸。其威严的城堡和陶瓷制品的生产尤为突出。城堡是由华金·米尔

阿苏特堰

(Joaquim Mir)设计的，建在一个有战略意义的要塞上，是巴卢菲斯(Barrufemes)通道的入口，并控制着艾布罗河的通道。最初的建筑建于阿拉伯人统治时代。它于1153年被拉蒙·贝雷戈尔二世征服。而拉蒙·贝雷戈尔四世在圣殿骑士们的命令下被迫搬了出来。圣殿骑士在这个城堡上建了指挥部。后当教皇克莱门特(Climent)五世决定废弃法令时，这里又成了他的避难所。城堡也曾是历史上几个著名战役的主要战场。米拉维特是加泰罗尼亚为数不多的还保持着陶瓷工艺的地方。当地陶瓷反映了从新石器时代到现今的一段长长的未间断过的历史所带来的影响。

实用向导

周边地区

风景如画的拉斯盖拉地区(Rasquera)是以棕榈叶制筐的手工艺而闻名的。

班永莱斯的城堡(Castellet de Banyoles)是一个非常重要的伊比利亚人居住区，从那里可以看到两个监视塔的遗迹和平原。

餐馆

莫拉德艾布罗 Móra d'Ebre

La Sirga 餐馆 地址：c. Girasol, 15。☎ 977 40 09 36。星期一全天和星期日晚上不营业，特色菜是法国菜。

Sant Jordi 餐馆 地址：c. Mestre, 1。☎ 977 40 04 58。推荐菜是石烧肉排和洋葱汤。

莫拉拉诺瓦 Móra la Nova

Fonda Barcelona 餐馆 地址：c. Hostal, 3。☎ 977 40 03 36。星期三不营业。推荐爱斯古莱亚(escudella)和艾布罗河岸的鳕鱼。

加西亚 Garcia

L'Embarcador 餐馆 地址：ctra. de Móra la Nova a Garcia, s/n。☎ 977 40 00 50。星期一不营业。特色菜是拉克酪萨(clotxa)——一种巴耶斯包(pa de pagès)，里面有不同种类的馅。

奥德圣胡安 Horta de Sant Joan

Miralles 餐馆 地址：av. de la Generalitat, 19–21。☎ 977 43 55 55。

La venta del rome 餐馆 地址：ctra. Tortosa–Vallderoures, km 16。☎ 977 43 54 70。

博特 Bot

Cal Josep 餐馆 地址：av. Catalunya, 34。☎ 977 42 82 40。星期三晚上不营业。特色菜是蒜油鳕鱼、脆猪脚色拉和酱汁饼。

甘德萨 Gandesa

Piqué 餐馆 地址：av. Catalunya, s/n。☎ 977 42 00 68。特色菜是鲟鱼罐头。

Fonda Antiga Casa Serres 餐馆 地址：av. de Aragó, 8。☎ 977 42 10 25。星期日不营业，特别推荐爱斯古莱亚(escudella)、猪肉和鹰嘴豆虾。

Coll del Moro 餐馆 地址：ctra. N–420, km. 795, 5。☎ 977 42 12 02。距市区向着阿堪伊斯(Alcanyís)方向 5 公里处。供应加泰罗尼亚家庭菜。

白尼法特 Benifallet

Xiringuito 餐馆 地址：c. Alfons, 12。☎ 977 46 20 02。星期一不营业。供应地道的加泰罗尼亚菜，比如鳕鱼。

住宿

酒店

莫拉德艾布罗 Móra d'Ebre

Móra Park 酒店 ** 地址：ctra. de Tivissa, s/n。☎ 977 40 09 29。

Sant Jordi 酒店 ** 地址：c. Mestre, 1。☎ 977 40 04 58。位于市中心。

莫拉拉诺瓦 Móra la Nova

Fonda Barcelona 酒店 地址：c. Major, 51。☎ 977 40 03 36。

奥德圣胡安 Horta de Sant Joan

Miralles 酒店 * 地址：av. de la Generalitat, 19–21。☎ 977 43 55 55。

甘德萨 Gandesa

Piqué 酒店 * 地址：via Catalunya, s/n。☎ 977 42 00 68。有餐厅和酒吧。

Fonda Antiga Casa Serres 酒店 地址：av. d'Aragó, 8。☎ 977 42 10 25。

白尼法特 Benifallet

Xiringuito 酒店 地址：c. Alfons, 12。☎ 977 46 20 02。

乡村旅店

奥德圣胡安 Horta de Sant Joan

Els Olivers 地址：Roques d'en Benet, s/n。☎ 977 43 53 60。提供在校学生住宿，多人同宿和营地住宿。有自然的课程和环境教育活动。接受个人和家庭住宿。

Mas de Manresa 地址：partida Viarnets, s/n。☎ 977 43 51 97。提供家庭住宿。距市区向着阿麦斯(Arnes)方向 5 公里处。

多尔多撒和艾布罗三角洲
Tortosa i el Delta de l'Ebre

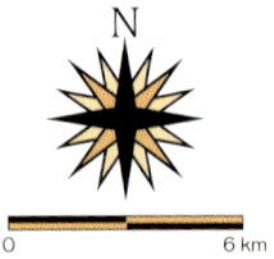

蒙特西亚(Montsià)和巴伊斯·艾布罗(Baix Ebre)地区汇集了大量的旅游景观，其中最值得一游的是艾布罗三角洲。该地区仅次于法国卡玛尔嘎(Camarga)，是地中海西岸最重要的水生物栖息地。三角洲地区大部分面积属于自然公园，来到这里游玩既可骑车观光领略海滩美景，也可在宁静的自然之中修养身心。在多尔多撒，则有数不胜数的遗迹见证着该城的悠久历史。

行程:
1天/44km

多尔多撒(Tortosa)→阿波斯特(Amposta) **15km**
阿波斯特→圣卡洛斯(Sant Carles de la Ràpita) **10km**
圣卡洛斯→圣加乌马(Sant Jaume d'Enveja) **18km**
圣加乌马→德特布莱(Deltebre) **1km**

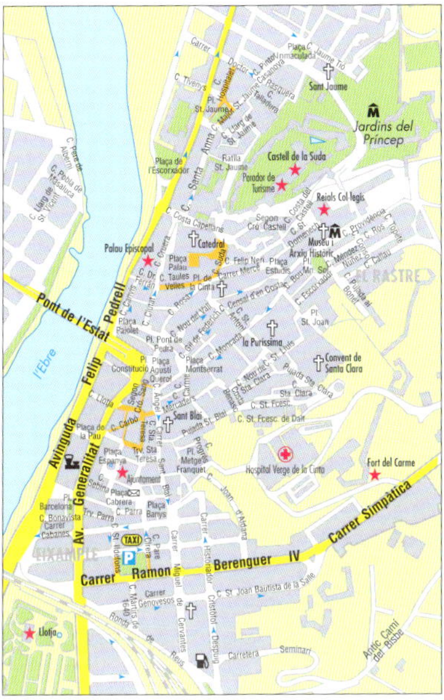

多尔多撒地图

1

多尔多撒 **

Tortosa **

ⓘ pl. Carrilet, 1。📞 977 44 96 48。🚌 La Hispano de Fuente en Segures, SA; Bus Eix de l' Ebre; Autocares Jaime Carrera, SA。🚆 RENFE。☺ 9月的第一个周日。其他节日：复兴节（7月25日）。🏛 王子花园博物馆 Museu dels Jardins del Príncep 地址：Pujada del castillo de la Suda, s/n。📞 977 44 20 05。🕓 4月1日至9月15日，周二至周六，10:00至13:00，15:30至17:30；9月16日至次年5月31日，周二至周六，10:00至13:00，15:30至17:30，周日只有上午开放；周一闭馆。Ⓢ 2欧元，带导游讲解。

巴伊斯·艾布罗首府多尔多撒拥有重要的历史古迹建筑群。历史上，该区曾被伊比利亚人、罗马人（公元前2世纪）、西哥特人（411年）和阿拉伯人（714年）相继占领。直到1148年，在圣殿骑士和热那亚人的帮助下，拉蒙贝雷戈尔（Ramon Berenguer）四世攻克该城，取得了加泰罗尼亚和阿拉贡地区的王位。至此，该城便成为皇家临时居住地和艾内罗拉王朝（Corts Generals）召开会议的地方。天主教文化、犹太文化和阿拉伯文化的长期共存使得多尔多撒城成为中世纪的文化中心。尤艾乌（jueu）街，又称犹太区，在10世纪左右便成为加泰罗尼亚最重要的地区。13世纪，多尔多撒颁布了中世纪法律史上极其重要的一部法律——多尔多撒法律。1875年，拆毁城墙，城市得以扩建。

艾布罗河是连接地中海和内陆的重要航道。游客可以从拉苏达（la Suda）感受到该城独特的战略地理位置。拉苏达是由阿德兰门三世（Abderraman III）在古罗马城堡基础上建造的阿拉伯式古堡，是守卫该城和艾布罗谷地的战略高地及城市扩张的起始点。被基督教徒攻克后，该古堡起到了几大作

未建成的多尔多撒大教堂

流经多尔多撒的艾布罗河

用：皇家居住地、圣殿骑士城堡及火药库。时至今日，该地更成为了旅游胜地。城堡脚下坐落着雕刻家圣地亚哥·德·圣地亚哥（Santiago de Santiago）的杰作——王子花园博物馆。馆内雕塑系列的主题为“人类、起源和命运”。该类型的博物馆在西班牙独此一家，全世界仅有三家。

在拉苏达城堡脚下，游客可参观多尔多撒大教堂（la catedral de Tortosa）。该教堂始建于1347年，坐落于原古罗马庙宇处，之后成为阿拉伯清真寺，再后来成为罗马式教堂。作为国家级文物，该教堂是加泰罗尼亚哥特式建筑最完美的代表之一。18世纪的巴洛克式大门建于整个工程后期，雕饰奢华繁冗。教堂内部共三个大殿，上有双半圆式穹隆，护墙两侧列有祭坛。其中以巴洛克风格的圣女辛塔（Verge de la Cinta）皇家祭坛最为重要，该祭坛用于祭奉该城守护女神及孕育女神。游览教堂内部值得一看的作品有祭坛装饰组画《天星圣女》、《耶稣幻化节》和文艺复兴风格的《耶稣之名》以及《月神洗礼池》。教堂四周环绕着样式简洁的加泰罗尼亚哥特式回廊。

在多尔多撒还有其他值得一看的地方，如多尔多撒主教宫，该主教宫是加泰罗尼亚哥特式建筑的显著代表。其中不能错过的是哥特式风格的祭坛厅堂和入口处的彩色大门。另有皇家学院，于1564年在卡洛斯五世的倡导下建成，初用于教化居住在当地的摩尔人，后成为一所大学。该皇家学院是加泰罗尼亚地区文艺复兴时期最优秀的建筑群之一，学院大门和内部庭院值得一游。

圣多梅内克和圣约尔蒂学校（col·legi de Sant Domènech i Sant Jordi）以及圣多梅内克教堂（iglesia de Sant Domènech）已成为如今市博物馆和艾布罗地区历史档案馆所在地。该馆创建于1900年，收藏着包括12世纪公民宪章在内的大批与该城有关的历史文献。同时，在此也可看到罗马时期雕塑的代表作——龙哈德玛（la Llotja de Mar），它表现出了加泰罗尼亚哥特式建筑的朴素简洁之美。近代历史人物里值得一提的是菲利普·佩德莱法官（Felip Pedrell，1841—1922）。佩德莱生长于多尔多撒，是现代西班牙音乐理论研究的创始人。加泰罗尼亚庆祝建区2000年的纪念碑是瓦伦西亚雕塑家安德鲁阿发罗（Andreu Alfaro）的得意之作，它和另外一座同因庆祝建区2000年而建的桥一起传递出了这个地区传统与现代和谐共存的寓意。

2

阿波斯特
Amposta

ⓘ av. Sant Jaume, 1。☎ 977 70 34 53。🚌 La Hispano de Fuente en Segures, SA。☺ 8月15日、16日那一周。🏛 梦特赛博物馆 Museu del Montsià 地址：c.del Gran Capità, 34。☎ 977 70 29 54。🕒 周二至周六，11:00至14:00，17:00到20:00；周日和节假日，11:00至14:00；逢周一，圣周星期五，5月1日，9月11日及12月25日闭馆。$ 1欧元，提供导游服务。网址：www.museumontsia.org 🏛 木之家博物馆 Museu de la Casa de Fusta 地址：Partida Cuixota, s/n。☎ 977 26 10 22。🕒 周二至周日，10:00至14:00，15:00至18:00，周一闭馆。$ 2欧元，带导游讲解。

梦特赛（Montsià）的首府阿波斯特位于加泰罗尼亚省最南端，艾布罗河河岸右侧，临近入海口。几个世纪以来，城市生活围绕着该城城堡开展，现今，该古堡已成为格拉乌地区的文化要地。格拉乌地区于1518年遭受海盗侵略。迫于长期的侵犯，格拉乌人不得不巩固城池。绝大部分的防御工事现已不复存在或已成为废墟。

19世纪初叶，得益于艾布罗三角洲重新垦殖和随之而来的农业活动的兴起，该城曾一度繁荣。艾布罗桥建于1915至1919年间。内战时期被摧毁，之后重建。如今，静静矗立的梦特赛博物馆（位于古老的公立学校之中）向游人生动地展示着该区的独特风貌。同时，馆内也开展临时展览。

游览阿波斯特至三角洲市中心一线，不能错过木之家博物馆。该馆是由一位想在三角洲采木的富人从美洲搬至于此的。如今，位于堂卡达（Tancada）湖边的“木之家”是艾布罗三角洲公园内必看的景点。另外，馆内还开设了附有湖区资料介绍的水鸟博物馆。

龙哈德玛 La Llotja de Mar

多尔多撒的龙哈德玛又名小麦门廊。这座哥特式建筑是13至15世纪多尔多撒城商业繁荣的象征。建筑内部，半圆形拱梁分出两个长方形大殿。如今，这座由泰欧德冈萨雷斯（Teodor González）建造的公园已成为该市的象征之一，大量花卉古树使得这里成为城市中一处宁静祥和之地。

3

圣卡洛斯
Sant Carles de la Ràpita

ⓘ pl. de Carles III, 13。☎ 977 74 46 24。🚌 La Hispano de Fuente en Segures, SA。☺ 圣加乌马周（7月25日）。🏛 阿法克自然博物馆 Museu Natura Alfacs 地址：Arsenal, 12。☎ 977 74 02 55。🕒 10:00至13:00，17:00至21:00。$ 2欧元，带导游讲解。

该区拥有加泰罗尼亚自治区第三大捕鱼船队，自去年开始的鱼市拍卖场面同样十分有趣。古老船坞作为渔业对于当地重要性的见证，沿用至今。城镇中心的新古典建筑风格的圣卡洛斯新教堂（iglesia

阿波斯特艾布罗河上的大桥

圣卡洛斯市场的鱼

nueva de Sant Carles）值得一去。该教堂始建于卡洛斯三世（Carles III）时期，至今未能建成。圣卡洛斯城是在卡洛斯王朝的资助下修建的，该王朝奉行以港口活动为重心的扩张计划。尽管该计划并未付诸实施，但这个以该国国王名字命名的城市却在19世纪壮大起来。毋庸置疑，圣卡洛斯是艾布罗地区的饮食之都。当地餐馆口味正宗，品种繁多：对虾、欧洲鳗鲡苗和欧洲鳗鲡、田鸡腿、米饭、面条、野味等应有尽有。特里尼塔（las Salines de la Trinitat）盐场作为重要的产盐中心，同样值得一游。该盐仓面积广阔，内栖有飞鸟水禽，被纳入艾布罗三角洲自然公园。

4

圣加乌马

Sant Jaume d'Enveja

ⓘ av. Catalunya，22–30。☎ 977 47 80 56。🚌 La Hispano de Fuente en Segures，SA。☺ 圣加乌马节（7月25日）。三角洲指南 Delta Guía ☎ 977 46 80 54。自然公园及伊亚佛（l'Illa）有导游服务。乌禽博物馆 Museu ornitològic 地址：av. Catalunya，26。☎ 977 26 10 22。🕓 复活节至10月，10:30至13:30，15:00至18:30。Ⓢ 1欧元，带导游讲解。

三角洲地区居民的生活和水息息相关。无论是农业（稻粱和蔬菜）或是旅游业，水都是财富的源泉。圣加乌马于1978年从三角洲城分出并建城。该城有一半面积属于艾布罗三角洲自然公园，城中有许多调度桥，晚上十点还可见摩托车和行人往返于河的两岸。旅游景点之一的乌禽博物馆准备了三角洲地区种类各异的鸟类收藏。

艾布罗三角洲质朴简单的建筑

提示游客，在三角洲游玩容易迷路，因此需要有充够的耐心来享受这里奇特的风景。

5

德特布莱和艾布罗三角洲自然公园

Deltebre i Parc Natural del Delta de l'Ebre

ⓘ pl. del 20 de Maig, s/n。☎ 977 48 93 09。☺ 8月16日至8月30日。其他节日：夏季美食节，7月；冬季美食节，12月1日至15日。艾布罗三角洲自然公园生态博物馆和自公园至德特布莱信息中心 Ecomuseu del parc Natural del de l'Ebre i Centre d'Informació del parc Deltebre 地址：c. del Doctor Martí Buera, 22。☎ 977 48 96 79。⏲ 周一至周五，10:00至 14:00，15:00至18:00；周六，10:00至13:00，15:30至18:00；周日及节假日，10:00至13:00。$ 1.2欧元，带导游讲解。网址：www.deltebre.net。

德特布莱于1977年从多尔多撒城分出并建城，占据艾布罗三角洲北部地区，位于河岸边的耶稣玛丽亚（Jesús i Maria）及拉加瓦（la Cava）两大中心城附近。据圣米格尔教堂（església de Sant Miquel，拆于1962年）周边建筑推断，该城历史可追溯到19世纪初。该城稻米种植农业和现今旅游业的发展与艾布罗三角洲密切相关。艾布罗河河口是加泰罗尼亚最重要的湿地地区，面积达320平方公里，其中内海面积30平方公里。河流流动携带而来的物质是促成三角洲形成的原因。三角洲风景独特，富于变化。现在的河口地区因1937年洪水泛滥而形成。

沙滩

艾布罗三角洲另一个景区便是广阔的沙滩。该沙滩沙质细腻，是享受日光浴和自然海景的理想之地。其中位于利物玛（Riumar）城区前的同名沙滩值得推荐。这里提供各种旅游服务，如体育活动专区和风景瞭望台。凡卡角（Punta del Fangar）段沙滩同样景致独特，晴朗的天气里灯塔会产生海市蜃楼的幻象。4月至8月间，种类各异的鸟类到此栖息。

作为重要的自然风景区，艾布罗三角洲自然公园，是众多动物迁徙栖息的必经之地。这里的动植物种类极其多样：鸟类300种达30余万只，两栖类动物10种，爬行类动物19种，鱼类37种，花卉类515种，其中许多品种仅在此生长。

在德特布莱市政府的倡导下，加泰罗尼亚政府于1983年8月宣布三角洲东半部为自然公园，所在地为德特布莱。保护区面积初为3185公顷，后扩大为4019公顷。其中绿化面积占四分之三。19世纪引进的稻米种植在该区有极其重要的地位。一年中，稻

艾布罗三角洲凡卡河的灯塔

艾布罗三角洲的稻田

田的风景四季变换，随着稻谷生长的不同时期各种色彩变化交融。湖边地区、湖水、沙丘和围有篱笆的沙滩呈现出的景观和三角洲城内的景色相映成趣。

阿法克自然博物馆

阿法克自然博物馆风格独特，是软体动物学和自然科学的中心。这里收藏着全世界各种海水、淡水类贝壳共 8000 种，包括当地海生动物、海星、微生物、珊瑚、珊瑚虫等。馆内为专业人士提供的大量实物收藏吸引了许多知名科学家来此参观。

游览该自然公园，最好是先到德特布莱的公园咨询中心，因为这里是各条旅游路线的起点。该咨询中心会在不同的季节根据游客的喜好提供相应的游览信息。推荐景点有维尔运河（Canal Vell）湖区，这里动物种类繁多，栖息着各种鸟禽，野鸭便是其中特殊的一族。

游人可从湖区的观景台领略到无边的自然之美，因而特别适合摄影爱好者前往。卡萨尔景区由小岛和湖区组成，在这里游客可以找到种类各异的水鸟；沙滩和各种植物覆盖的圣安东尼岛同样栖息着各种水鸟，从艾布罗河左岸或是维尔赫斯山（muntell de les Verges）可以看到各种鸟类栖息于宽叶香蒲岛（不对外开放）的独特景观。

无论按照哪一条游览路线游玩，都不要错过河流入海口（离德特布莱市中心10公里），在这里，游客可以看到河流淡水汇入地中海成为海水时的变化。游人可坐游船荡漾湖中，享受此处天堂般的自然美景。

艾布罗三角洲自然公园凡卡河岸的传统式捕鱼

实用向导

周边地区

在圣安东尼废弃的盐场区，人们可游览狭长的沙带，或从德拉布卡沙滩徒步穿越阿法克港海湾。

旅游胜地阿伯娅的城区中心依然保留着白色小屋的古老风貌。与此同时，在郭都（Còdol）地区，可见牡蛎、蛤蜊、贻贝养殖场。

餐馆

多尔多撒 Tortosa

Parador de Turisme de Tortosa 餐馆 地址：castell de la Suda, s/n。📞 977 44 44 50。全年营业，提供三角洲特色海鲜。

El Parc 餐馆 地址：av. de la Generalitat, 72。📞 977 44 48 66。周二不营业。位于特欧多冈萨雷斯公园内，提供各式米饭。

Corona Plaza 餐馆 地址：pl. de la Corona d'Aragó。📞 977 58 04 33。冬季周日晚不营业，特色菜有米面及海鲜。

圣卡洛斯 Sant Carles de la Ràpita

Casa Ramon 餐馆 地址：Arsenal, 16。📞 977 74 03 61。特色菜有海鲜面、各类鱼产品及黑米饭。

Varadero 餐馆 地址：av. de la Constitució, 1。📞 977 74 10 01。周一，12月15日至1月不营业。位于航海俱乐部前。提供各式海鲜。

Miami 餐馆 地址：av. de la Constitució, 33。📞 977 74 05 51。全年营业，特色菜有海鲜饭，各式鱼类及海鲜。

德特布莱 Deltebre

Galatxo 餐馆 地址：ctra. Riomar-Galatxo, s/n。📞 977 26 75 03。全年营业，特色菜有鸭肉鳗鱼饭。

Delta-Hotel 餐馆 地址：av. de Canal, s/n。Camí de la Illeta。📞 977 48 00 46。特色菜为田鸡腿、蛤蜊和新鲜鳗鱼。

阿波斯特 Amposta

L'Àspic 餐馆 地址：av. Catalunya/Brasil, 2。📞 977 70 32 13。周日晚、周一不营业。特色菜为洋蓟蛤蜊、铁板意大利面。

L' Estany-Casa de Fusta 餐馆 地址：Encanyissada, s/n。📞 977 26 10 26。餐馆距离阿波斯特12公里，木之家博物馆旁。特色菜有汤汁鸭。

La Barraca 餐馆 地址：ctra. de Sant Jaume, km 4。📞 977 26 10 97。周一不营业，周二至周四仅提供餐饮服务。位于三角洲民居小屋内。特色菜有带汁鳗鱼、海鲜饭和炖鸭。鸭为该店养殖的。

住宿

酒店

多尔多撒 Tortosa

Parador de Turisme de Tortosa 酒店 **** 地址：castell de la Suda, s/n。📞 977 44 44 50。全方位设施，可观全城景观。

Corona Plaza 酒店 *** 地址：pl. de la Corona d'Aragó, s/n。📞 977 58 04 33。带游泳池、花园和娱乐休闲区。

Tortosa Park 酒店 ** 地址：Comte de Bañuelos, 11。📞 977 44 61 12。地处市中心。

阿波斯特 Amposta

Montsià 酒店 ** 地址：pl. de la Ràpita, 8。📞 977 70 19 67。地处市中心。

圣卡洛斯 Sant Carles de la Ràpita

Delta 酒店 *** 地址：pl. de Lluís Companys, s/n。📞 977 74 15 07。距海200米。

Miami Park*** 地址：av. de la Constitució, 33-37。📞 977 74 03 51。地处市中心。

德特布莱 Deltebre

Delta 酒店 *** 地址：av. del Canal, s/n。📞 977 48 00 46。所在地适宜观景。

乡村旅店

圣加乌马 Sant Jaume d'Enveja

Can Teresa 地址：ctra. d'Amposta a Sant Jaume。📞 977 70 20 20。

阿波斯特 Amposta

Casa rural Ca Pilar 地址：c. Major, 5（el Poblenou del Delta）。📞 977 74 55 16。

Casa rural Can Gilabert 地址：ronda de la Fortalesa, 14（el Poblenou del Delta）。📞 977 74 42 34。

露营地

德特布莱 Deltebre

Càmping Aube 地址：El Garxal - Urb. Riumar。📞 977 26 70 66。开放时间：3月1日至10月31日。

阿伯娅 L'Ampolla

Cap Roig 地址：Urbanització Cap Roig, s/n。📞 977 46 01 02。开放时间：6月1日至9月15日。

雷伊达
Lleida

雷伊达城坐落于赛格雷河（riu Segre）畔，城中有一座象征性的小山，著名的塞欧旧教堂（Seu Vella）正位于这座山上。雷伊达城是雷伊达省的省会和塞格丽阿区（comarca del Segrià）的中心。整座城市位于葱郁的果树园中，共有人口119380。近些年，这座城市已经成为一个不可替代的贸易和文化中心。雷伊达城的历史可以追溯到公元前5世纪，当时伊比利亚的一支部落伊莱尔达人（ilergets）利用赛格雷河谷肥沃的土地，在小山的三层岩石阶上建立起了这座城市。最初伊莱尔达人给这座城市起名为伊尔提塔（Iltirta），在罗马人占领这座城市之后，将其改名为伊莱尔达（Ilerda）。在8—12世纪，阿拉伯人占领了这座城市，他们在建筑和城市化以及农业开发等方面为这座城市留下了很深的印记。1149年当巴塞罗那的拉蒙贝雷戈尔四世（Ramon Berenguer IV de Barcelona）和乌捷尔艾尔蒙高尔六世（Ermengol VI d'Urgell）的军队收复这座城市以后，才开始使用雷伊达这个名字，并归入巴塞罗那自治区。13—14世纪是雷伊达城发展的鼎盛时期，这座城市中很多标志性的建筑都是在这一时期建造的。14世纪初，得益于加乌马二世（Jaume II）授予其的特权，雷伊达获得了城市称号，并成为研究的所在地。然而在15世纪，雷伊达开始陷入危机，这种情况持续了几个世纪。由于受到法国侵略、瘟疫、王位之争以及向巴塞罗那移民潮的影响，到19世纪，这座城市的人口减少了很多。到20世纪时，葡蚜灾之后，开始大面积种植果树，促进了雷伊达城的发展，20世纪下半期该城人口翻了三倍。

LA SUDA O CASTELL DEL REI
8
LA SEU VELLA O CATEDRAL DE SANTA MARIA
7
AUDITORI ENRIC GRANADOS
11
L'ARC DEL PONT
9
EL PALAU DE LA PAERIA
1
MUSEU D'ART JAUME MORERA
2
LA CATEDRAL NOVA
3
ANTIC HOSPITAL DE SANTA MARIA I INSTITUT D'ESTUDIS ILERDENCS
4
ESGLÉSIA DE SANT LLORENÇ
5
ESGLÉSIA DE SANT MARTÍ I MUSEU DIOCESÀ DE LLEIDA
6
SALA CRISTÒFOL
10
ESPAI ESCORXADOR
12
CENTRE DE TITELLES
13
el Segre
Pont Vell
Passarel·la
Pont de la Universitat
Pont Nou
Avinguda Catalunya
Avinguda Francesc Macià
Rambla Ferran
Ronda Seu Vella
Carrer Major
Carrer Vila Antònia
Avinguda Segre
Avinguda Madrid
Avinguda Blondel
Avinguda Alcalde Areny
Rambla Aragó
Carrer Sant Martí
Carrer Monterrey
Rda. St. Martí
Avinguda Prat de la Riba
Carrer Alfred Perenya
Carrer Pallars
Carrer Bonaire
Carrer Camp de Mart
Carrer Balmes
Carrer Vallcalent
Carrer Joan Baget
Carrer Bisbe Ruano
Avinguda Pius XII
Carrer Doctor Combelles
Carrer Ramón y Cajal
Carrer Bisbe Messeguer
Carrer Canonge Brugulat
Carrer Roca Labrador
Carrer Lluís Companys
Carrer Templers
Carrer Acadèmia
Carrer República del Paraguai
Carrer Isaac Albéniz
Carrer Cots i Gayan
Passeig de Ronda
Gran Passeig de Ronda
C. Cardenal Cisneros
Carrer Lluís Millet
Carrer Mariola
Plaça Pagesos
Carrer Saturn
C. Juli Cèsar
Plaça Sant Josep
Palau Episcopal
Antic Seminari
Castell de Gardeny
Sant Andreu
Carrer Tallada
C. Palau
C. Bisbe
Carrer Cavallers
C. la Palma
C. el Roser
Sant Joan
Sant Jaume
la Sang
Carrer Canyeret
el Carme
Carrer Comerç
Carrer Solidaritat
Carrer Costa
Carrer Ramon
Carrer Alcalde
Carrer Unió
TAXI
P

巴艾利亚宫，雷伊达市政府所在地

1

巴艾利亚宫**
El Palau de la Paeria **

巴艾利亚博物馆 Museu de la Paeria 地址：pl. de la Paeria, 1。 973 70 03 19。 周一至周六，11:00到14:00，17:00到20:00；周日和节假日，11:00到14:00。 市政府档案馆 Arxiu Municipal 地址：pl. Paeria, 1。 973 70 03 52。 周一至周五，9:00到14:00。有导游讲解。网址:www.paeria.es/cultura。

位于旧城最中心的地区——繁华的坎耶莱特(Canyeret)地区，从圣胡安广场(plaça de Sant Joan)出发，沿马约尔大街往前走，在广场的左手侧便可以看见巴艾利亚宫——雷伊达市政府所在地。

这座宫殿是13世纪时波旁·布朗盖司(Borges Blanques)的萨那胡哈家族(família Sanahüja)在之前的罗马和阿拉伯结构的基础上修建的；并于1382年被购买用作市政府所在地。从那时起，这座楼开始被命名为巴艾利亚宫。巴艾利亚这个名字来源于1264年加乌马授予特权取代古罗马领事馆的机构的名称，这所机构当时是市政府为和平人士建立的。

在罗马晚期原型的基础上，因为后来的历史变革，现在的巴艾利亚宫融合了几种不同的建筑风格。其面向马约尔大街的一面从1868年开始进行了重修，融入了新古典主义的特色要素。在1927年对这座宫殿进行的最重要的一次重修中，结合了中世纪的建筑要素，这一点在这座建筑的正面有明显体现，其主门为楔形拱石状，窗户是哥特式的，中间立有石柱。其地下部分就是巴艾利亚博物馆，在过去的几个世纪中一直作为市政府的监狱。现在这座博物馆中展出的是地方历史和一个很有趣的建筑模型。市政府档案馆就在这座宫殿的内部，市政府档案馆中保存着中世纪遗留下来的著名的特权柜和习俗书籍。在来达布罗大厅内可以观赏到巴艾尔斯时代遗留下来的“圣女的装饰屏”(Retaule de la Verge dels Plaers)。

2

加乌马·莫雷那艺术博物馆 *
El Museu d'Art Jaume Morera *

加乌马·莫雷那艺术博物馆 Museu d'Art Jaume Morera 地址：c. dels Cavallers, 15。 973 70 04 19。 周二至周六，11:00到14:00，17:00到20:00；周日及节假日，11:00到14:00。导游讲解须预约。网址：www.paeria.es/mmorera。

在Cavallers大街有一座巴洛克式的建筑，这里从前曾是多明尼戈修道院(antic convent dominic del Roser)，加乌马·莫雷那艺术博物馆就位于这里。这座博物馆是1914年在雷伊达画家加乌马·莫雷那·加里西亚(Jaume Morera i Galícia)的捐助下创立的，它使雷伊达艺术从19世纪末得以延续发展到现在。博物馆里展出了大量的艺术品，其中包括大师莫雷那的风景画珍品，以及雷伊达艺术运动的最具代表性的画家如黑利·劳伊哥(Gili i Roig)、哈比爱尔·高塞(Xavier Gosé)、安东尼·萨马拉(Antoni Samarra)和米格尔·比拉得力奇(Miquel Viladrich)等人的绘画珍品。博物馆中还保存了雷伊达艺术最具现代特色的代表作，包括阿尔贝·特高·马爱斯戴亚(Albert Coma Estadella)、贝耐特·罗塞尔(Benet Rossell)和安赫尔·何维(Àngel Jové)等画家的代表作。

3

新教堂 *
La Catedral nova *

一旦您到了教堂广场就很容易进入新教堂内部参观。

新教堂又名新塞乌(Seu nova)，在工程完工二十年后(1781年)成为教堂，到1790年废止。新教堂的建筑是按照佩德罗·马丁·塞尔麦诺(Pedro Martín Cermeño)的设计和在弗朗塞斯克·萨巴帝尼(Francesc Sabatini)的指挥下，由费朗六世国王(Ferran VI)授权开始动工的，目的是取代塞欧旧教堂，塞欧旧教堂在1707年已经变为军事碉堡(供士兵住宿或贮藏粮食用)。这是一座三层楼房，三层殿的高度相同，楼顶上面覆盖着对称式穹顶，大殿由有凹纹的柱子分隔，柱顶为科林斯式。教堂内有一个三拱式门廊，与钟楼相通。外面的墙壁装饰有半露的壁柱。1936年教堂中央的唱诗台、装饰屏和其他雕刻都受到了破坏，今天新教堂中保存着一些有趣的绘画和一本著名的绿皮书。

18世纪的新塞乌教堂

雷伊达的公园和自然风景区

离雷伊达城非常近处有一个叫米哈那(la Mitjana)的地方，这一处自然风景区的景色惊人的美丽。这个风景区位于河边，大量的水、土地和环境条件使得这里形成了一个特别的小气候，非常有利于动植物的生长。其他的自然风景区有阿皮卡特池(basses d'Alpicat)和厄力塞欧花园(jardins dels Camps Elisis)，这个现代主义风格的花园位于赛格雷左边，在这里经常举行各种不同的比赛。其中比较出名的如圣米格尔展览会，每年九月份举行，这是这个人口大省的水果盛会，每年都吸引成千上万的游客前来参加。

4

古圣玛丽亚医院和伊莱尔达研究院 **
L'antic Hospital de Santa Maria i l'Institut d'Estudis Ilerdencs **

建筑院 Sala d'Arqueologia ☎ 973 27 15 00。🕒 周二至周六，12:00到14:00，17:30到20:30；周一、周日和节假日休息。有导游讲解。

古圣玛丽亚医院位于教堂广场和新教堂之前。创建这家医院是为了联合中世纪雷伊达存在的六

圣米格尔教堂

摩尔人和基督教徒

雷伊达是一座有庆祝最古老的摩尔人和基督教徒节日传统的城市。

节日庆祝活动由两部分组成：首先是入场式，然后是谈判和战役。入场式是一个展示的环节，摩尔军队和基督教军队将会出场列队游行并展示他们的服装。谈判和战役的部分是为了争夺这座城市的两方军队的战争。

家私人医院，圣玛丽亚中心医院始于1454年，是在这座城市中的巴艾尔斯家族（paers）和阿方索（Alfons el Magnànim）的妻子玛丽亚王后的赞助下创立的。这座建筑的历史可以追溯到15至16世纪，这是一座加泰罗尼亚典型的哥特式建筑。在整座建筑中值得一提的是中央院落，它是四方结构的，平衡式的设计，有两层，院中有高贵的石阶，可以直通最高层，走廊是尖形拱式的。在建筑高贵简洁的正面，比较突出的是宽敞的长方形窗户，通过这些窗户照亮了这座楼最上面的两层。正门上装饰有圣母像和雷伊达的城市徽章。这座楼现在是伊莱尔达研究院的所在地和行政附属部门的所在地，其中还包括一些特别厅馆（如建筑博物馆、展览厅、大堂）和技术服务部门。在建筑博物馆内可以观赏到加泰罗尼亚铁器和铜器时代工具的最好的展品，以及伊比利亚和罗马及西哥特人时代的一些物品。哥特厅有不同主题的临时展览。当走出古圣玛丽亚医院，在新教堂的墙壁旁边就是Almodí Vell大街，经过米塞里高地亚之家（Casa de la Misericòrdia）前面，可以到达圣约伦特教堂（església de Sant Llorenç）。

5

圣约伦特教堂 **
L'església de Sant Llorenç **

圣约伦特教堂位于圣何塞广场（plaça de Sant Josep）的拉蒙区。它始建于12世纪，是由高马（Pere de Coma）和罗马伊莱尔达派的雕刻家和石匠共同完成的。教堂共有三个大殿，三殿高度相同，为穹隆式的建筑。中央的大殿及其穹顶属于第一期的建筑，是罗马晚期风格。其他两个侧殿穹隆是多边形的，属于哥特式风格，是在14世纪加上的。简洁的八边形钟楼也是哥特式的，这是后来15世纪才加进去的。在这座建筑的内部还保存着一些重要的哥特式的石质的装饰像，如一万一千个圣女像（Onze mil verges）、圣约伦特像（Sant Llorenç）、乌尔苏拉（Santa Úrsula）、圣尢西娅（Santa Llúcia）和圣皮雷（Sant Pere）像。游客还可以欣赏到一些古代像，如费月斯圣女像（Virgen del Fillols）以及贵族的哥特式陵墓。

在教堂朝向圣何塞广场的一面，有哥特式大门，大门上有其捐赠者贝雷戈尔·噶亚特（Berenguer de Gallart）的纹章。

这座教堂在雷伊达城中的重要性仅次于塞欧旧教堂。从圣何塞广场，沿教堂旁边的两条街道的左边就可以到达阿拉贡码头（rambla de Aragó）。

6

圣玛尔蒂教堂和雷伊达的宗教博物馆 *
L'església de Sant Martí i el Museu Diocesà de Lleida *

雷伊达主教区博物馆和圣玛尔蒂教堂 Museu Diocesà de Lleida i església de Sant Martí 地址：c. Sant Martí, s/n。☎ 973 28 30 75。主教官 Palau Episcopal 地址：c. del Obispo, 1。☎ 973 26 57 03。装修作坊 Taller de restauració ☎ 973 28 30 75。周二到周六，10:00到13:30，18:00到20:00；周日和节假日，10:00到13:30；周一关闭。2欧元，有导游讲解。

教堂靠城墙而建，位于圣玛尔蒂门的旁边。这是一座只有一个大殿的罗马式建筑，12世纪时在古清真寺的基础上建造起来的。1168年成为教堂，

圣约伦特教堂

旧塞乌教堂和赛格雷河的景色

1300年这里变成研究会，即在同一年由加泰罗尼亚和阿拉贡的加乌马二世授权创立的最高教育机构。1646年这里成为军事碉堡，19世纪时成为市政府监狱。1893年大主教何塞·麦森盖（Josep Messeguer）命令对其进行重建，在这次重建中增加了一个两层的钟楼，所用的石头都是从多而米约（El Tormillo）的阿拉贡小镇运来的。自此三年之后，这里又重新成为教堂。

雷伊达宗教博物馆就位于教堂内，这个博物馆中包括一系列极其重要的中世纪雕刻的作品，如14至15世纪的珍品。博物馆中最好的藏品主要是中世纪和现代的作品，存放于前展厅内。这些展品按照时间顺序分组，是各种不同技术和风格的代表，见证了宗教艺术创作发展的过程。

7

旧塞乌教堂或圣玛丽亚大教堂 ***
La Seu Vella o Catedral de Santa Maria ***

塞欧旧教堂 Seu Vella 973 23 06 53。夏季，10:00到13:30，16:00到19:30；冬季，10:00到13:30，15:00到17:30；周日和节假日，10:00到13:30，周日下午、节假日和周一关闭。2.4欧元。有导游讲解。电梯 Ascensor 973 27 29 99。6月1日至9月30日，10:00到13:30，16:00到20:00；全年其他时候，10:00到13:30，15:00到17:30；周日下午和节假日及周一关闭。

要到达这个城墙围绕的地方必须沿着非常狭窄的圣玛尔蒂大街走到尽头。那些看上去没有力气登山到达这座复杂建筑的游客可以乘坐位于圣胡安广场（plaça de Sant Joan）的公共电梯。在苏达（Suda）和塞欧旧教堂之外的宽阔的城墙内，可以看到恩里克石榴花园（jardins d'Enric Granados）和罕见的冰冻井。

在那里游客们可以看到这座城市和赛格雷河最美丽的一处全景。塞欧旧教堂位于城内主要的山上，是中世纪艺术和历史性的建筑，现在这里已经成为雷伊达城的象征。塞欧旧教堂是1203年在高马的指挥下开始修建的，根据某些历史学家的观点，这里原来是古清真寺所在地，也有另外一些历史学家认为，这里原来是古罗马教堂。在建成的75年之后（即1287年）最终被纪廉·蒙卡达（Guillem de Montcada）大主教变为教堂。1707年，塞欧旧教堂成为军事基地，直到1946年才又再次成为教堂。

马拉科

“马拉科”（Marraco）是一条和善的龙，从16世纪就是科而普斯（Corpus）游行的一个部分。它是这座城市的象征，是这座城市节日中最有代表性的要素之一。

卡拉科美食节

雷伊达城最热闹的节日就是卡拉科美食节。在 5 月的周末举行，一万多雷伊达人穿着颜色鲜艳的衣服，组成上百个团体会聚在恩里塞尔公园，来自各地的成千上万的人在这个城市参加这次烹调盛会。

这座教堂基本上是罗马风格的——融合了伊莱尔达罗马流派的特色的要素——包括了哥特时代各种艺术手法。这座教堂有三间带后殿的大殿和四个壁龛。14世纪教堂废止，后来增建了钟楼，而且还根据新的哥特样式重建了一些殿。与很多罗马风格的建筑不同，圣玛丽亚教堂通过三个大圆花窗将室内照亮。这一特点使得旅游者可以欣赏到人物雕刻装饰的美丽。在中央和两侧的大殿中可以看到《圣经·新约》中的人物像，在走廊和后殿中可以看到《圣经·旧约》中的一些场景。在外面各种不同的雕塑反映其受到非洲的摩尔风格、意大利的托斯卡纳风格、西班牙的托洛萨风格和法国的普罗旺斯风格的影响。

要进入这个建筑必然经过的是“圣贝雷戈尔之门”(porta de Sant Berenguer)，其风格简洁，位于北边。在中间的墙上，有两个宏伟的大门——圆花窗下的圣母领报门和费约斯之门，以及其他位于教堂脚下的三个门，成为雷伊达流派罗马晚期建筑结构的优秀典范。侧门即传道者之门，有五个拱门装饰和三角楣柱，这是哥特时代的建筑风格。

“苏达宫”是9世纪摩尔人建造的原始防御工事

这里主要的神像——蓝色圣母像现在在新教堂中。值得强调的是其高耸的钟楼，这是加泰罗尼亚最高的建筑，始建于14世纪后半期，与惯例不同的是它建在了教堂的一个角楼上。参观者可以登上钟楼的顶上，观赏雷伊达平原难忘的景色。

这里的回廊位于教堂的西面，是西班牙所有的回廊中最特别的。在不规则四边形的那一层，大殿是五段式的尖形穹隆建筑，几扇精美雕刻的大窗户嵌在南面的走廊上向外打开，视野十分开阔。

8

苏达宫 *
La Suda o castell del Rei *

苏达宫即国王城堡位于一个城墙围绕的场地中。这个9世纪时的原始的穆斯林碉堡是在伊

古教堂回廊的柱头

桥拱门上纪念印第比尔和曼多尼烈士的雕像

玛尔·本·木萨·阿恰斯(Isma'il ben Musa al-Qasi)首领征服雷伊达城后命令建造的。中世纪时，城堡在1812年的一次火药爆炸中大部分被毁坏，只剩下南边的侧殿在这座古阿拉伯城堡的废墟中独自耸立着。这座建筑是巴塞罗那的伯爵拉蒙·贝雷戈尔四世(Ramon Berenguer IV)和阿拉贡国王的女儿佩罗内亚(Peronella)的婚礼举行地，这是见证巴塞罗那和阿拉贡王国统一的大事件。从1031年到1036年，这里是科尔多瓦最后一位国王伊萨姆三世(Hisham III)的住所。虽然在阿拉伯时代这里就已经被作为本胡地(Ben Hud)王朝的宫殿，但是在13世纪时这里又成为皇家城堡。

9

桥拱门
L'Arc del Pont

雷伊达城在1868年扩建，桥拱门成为进入这个城墙围绕的古城的唯一城门。这座新古典主义的城门，正如今天我们所看到的一样，是18世纪时在其原有的15世纪的哥特式结构的基础上建造的。关于这座拱门，值得一提的是被罗马人(公元前205年)杀害的印第比尔(Indíbil)和曼多尼(Mandoni)首领的雕像群。

10

克里斯多夫大厅
Sala Cristòfol

莱安得勒·克里斯多夫大厅 Sala Leandre Cristòfol 地址：av. de Blondel, 42。电话 973 27 36 65。开放时间 周二至周五，18:00到20:00；周六，11:00到14:00，18:00到20:00；周日和节假日，11:00到14:00；周一关门。

莱安得勒·克里斯多夫(Leandre Cristòfol，1908—1998)现在已经成为现代加泰罗尼亚雕刻发展史上的关键人物。以他的名字命名的这座博物馆中藏有69件雕刻作品和11幅设计图。这些展览可

雷伊达市中心广场

从古教堂上看到的雷伊达城和赛格雷河

以让我们追寻这位艺术家从最初创作开始的轨迹，这些雕塑作品突出展现了他的原始表现主义。这座博物馆中还展出了克里斯多夫在上世纪50年代到70年代之间创作的代表作，如现在的平面测量法、体积测量法、几何装饰等，这些都是雕刻领域划时代的贡献。

11

恩里克·格拉那多斯音乐厅 **

L'Auditori Enric Granados **

🏨 恩里克·格拉那多斯音乐厅 Auditori Enric Granados 地址：pl. Mossèn Cinto Verdaguer, s/n。📞 973 22 33 20。🕓 周一至周五 18:00到20:00。网址：www.paeria.es/auditori。

恩里克·格拉那多斯（Enric Granados, 1867—1916）和理查·威尼斯（Ricard Viñes）一样，是这座城市最重要的音乐家和作曲家。他和阿尔贝尼斯（Albéniz）一起，创立了加泰罗尼亚现代钢琴流派。恩里克市政音乐厅是一座致力于巩固和促进雷伊达音乐文化的建筑。

其中包括一间大的交响乐厅、一间公演厅、一间展览厅、市政音乐学院和有声资料馆。音乐厅两个大厅的音响质量非常出众，在最近几年里先后进行过独唱、合唱和交响乐的表演。可以咨询这一年中将要在这里举行的不同乐团的演出计划。

12

恩斯科夏多剧场

L'espai Escorxador

🏨 恩斯科夏多剧场 Teatre de l'Escorxador 地址：c. Lluís Companys, s/n。📞 973 27 93 56。

恩斯科夏多（Escorxador，在加泰罗尼亚语中的意思是屠宰场）剧场是一座现代主义风格的建筑，它由雷伊达市政府重建，并将其变成一座剧院。这座剧院是从1998年开始使用的，它由两个厅组成：一个是拥有310个座位席的演出厅，另一个小厅用于实验性演出。此外，还有一个咖啡剧场，用于演出、会议和预演活动。

13

木偶中心

El Centre de Titelles

🏨 木偶中心 Centre de Titelles 地址：pl. de l'Hort de Santa Teresa, 1。📞 973 27 02 49。

木偶中心位于古圣特雷莎修道院内（convent de Santa Teresa），创建于1986年，其主要目的是促进和传播木偶艺术在演出和教育领域内的发展。而且在这里还有一个戏剧学习资料中心，这里每周日提供可靠的有规律的演出单。

雷伊达周边地区

14

拉麦特地区 *

Les terres de Raïmat *

🏨 酒窖 Bodegues Raïmat 地址：Afores, s/n, Raïmat（Lleida）。📞 973 72 40 00。🕓 周六至周日，10:30、11:30、12:30；周一至周五参观须预约，有导游讲解。网址：www.raimat.com。

葡萄栽培和酿酒的传统在雷伊达的土地上根深蒂固。各种不同种类的葡萄的加工使得这个地区成为西班牙重要的葡萄产区。葡萄酒的质量以源于“高斯特·赛格雷”（Costers del Segre）的名义得到保证。拉麦特距离雷伊达市25公里，是一个重要的农产品中心，生产高质量的红白葡萄酒，这里的酒窖是欧洲最好的酒窖之一。古代酒窖是1918年高迪的一个徒弟——工程师鲁维奥·贝尔威尔（Rubió i Bellver）设计的。1988年在一个小山上挖了一个新的酒窖，深90米，宽126米。这里的葡萄园面积有1500亩，拉麦特的葡萄酒远近闻名。到这里的旅游者将有机会参观酒窖和品尝到上好的葡萄酒。在夏季，莱买特城堡外就变成了一个古典音乐会场，很多国际知名的人物都来参加这些音乐会。夜幕降临时音乐会便开始了，结束时听众们可以到城堡里面参观。

地方首要节日

从1627年开始，雷伊达市每年5月11日纪念它的保护者圣阿那塔西（Sant Anastasi），他是一个罗马战士，公元303年被迪奥雷西诺（Diocleciā）杀害，根据传统说法，他是雷伊达的儿子。这个节日中包括各种各样的文化和游戏活动，还有一些有传统意义的活动，如在教堂中举行的弥撒和向保护者献花环的活动。

实用向导

相关资料信息

ⓘ av. de Madrid, 36。☎ 973 27 09 97。雷伊达 c. Major, 31 bis。☎ 973 70 03 19。☺ 圣阿那塔西节（5 月 11 日），圣米格尔节（9 月 29 日），卡拉科美食节（5 月 20 和 21 日）。

餐馆

Cal Nenet 餐馆 地址：Partida Butsènit, 38。☎ 973 26 00 16。营业时间：周三和周日晚上关闭。加泰罗尼亚传统菜，特色菜是海螺和烤肉。

Can Rubies 餐馆 地址：Partida Butsènit, 10。☎ 973 26 14 81。周一关闭。特色菜是烤肉和海螺。

L'Antull 餐馆 地址：c. Cristóbal de Boleda, 1。☎ 973 26 96 36。周三下午、节假日和八月份的上半个月关闭。经营精品菜，特色菜有虾酱绿豆和醋腌鼠。餐馆内设有残疾人便利设施。

Casa Lluís 餐馆 地址：pl. Ramon Berenguer IV, 8。☎ 973 24 00 26。周六关闭。加泰罗尼亚家常菜，特色菜是鱼肉肠。

La Dolceta 餐馆 地址：camí de Montcada, 42。☎ 973 23 13 64。周日晚上和周一关闭。加泰罗尼亚菜，特色菜是海螺。

La Fonda del Nastasi 餐馆 地址：ctra. d'Osca, km 2.5。☎ 973 24 92 22。周日晚上和周一关闭；周二到周四仅中午营业。加泰罗尼亚传统菜，菜式多样。

La Huerta 餐馆 地址：av. de Tortosa, 9。☎ 973 24 24 13。周日晚上和周一关闭。传统家常菜。

La Masia 餐馆 地址：c. Democràcia, 16。☎ 973 23 42 24。

El Sauce 餐馆 地址：av. de Barcelona, 21。☎ 973 20 23 00。餐馆的特色食品是面条和米饭。这里有专为残疾人用餐提供便利而设的专座。

Sheyton 餐馆 地址：av. Prat de la Riba, 39。☎ 973 23 81 97。周日关闭，加泰罗尼亚传统菜，特色菜是海螺和鳕鱼。

Xalet Suís 餐馆 地址：av. Alcalde Rovira Roure, 9。☎ 973 23 04 12。1 月的下半月和八月的下半月关闭，经营各国美食（如沙拉、炖鱼和羔羊肉等）。

Forn de Nastasi 餐馆 地址：c. Salmeró, 10。☎ 973 23 45 10。周日晚上和周一关闭。传统加泰罗尼亚菜，特色菜有蘑菇虾肉饼、蛤蜊和水果鸭等。

La Pèrgola 餐馆 地址：Gran Passeig de Ronda, 123。☎ 973 23 82 37。周日晚上和 8 月的一周关闭，这家餐馆位于一个很漂亮的小房子内，在这里可以品尝到能够想象到的各种用上乘产品烹调的菜肴。

住宿

酒店

Comtes d'Urgell 酒店 **** 地址：av. Barcelona, 21。☎ 973 20 23 00。位于距离集市五分钟远的地方，距离城市商业和历史中心约十分钟。房价：60 多欧元。

NH Pirineus 酒店 *** 地址：pg. de Ronda, 63。☎ 973 27 31 99。酒店位于城市的商业和服务中心，房价：60 多欧元。

Trànsit 酒店 *** 地址：pl. Ramon Berenguer IV, s/n。☎ 973 23 00 08。位于 RENFE 火车站旁边，城市的金融中心，酒店位于一个重建的古典式洋楼内，房价：36 至 60 欧元。

Ramon Berenguer IV 酒店 ** 地址：Pl. Ramon Berenguer IV, 2。☎ 973 23 73 45。位于雷伊达城商业中心的一座古典楼房内，酒店共有 56 个房间，房价：36 至 60 欧元。

Real 酒店 ** 地址：av. de Blonde, 22。☎ 973 23 94 05。地处雷伊达行政、商业中心，全新建筑。房价：36 至 60 欧元。

Ilerda 酒店 ** 地址：ctra. N2, km 467。☎ 973 20 07 50。距离市中心仅 1 公里。房价：36 至 60 欧元。

La Canonja 酒店 * 地址：c. General Britos, 21。☎ 973 23 80 14。地处市中心。房价：36 欧元以下。

Principal 酒店 ** 地址：pl. de la Paeria, 7。☎ 973 23 08 00。地处市中心。房价：36 欧元以下。

Tryp Segrià 酒店 * 地址：segon passeig de Ronda, 23。☎ 973 23 89 89。地处城市近郊。房价：36 至 60 欧元。

露营地

Les Basses 露营地 地址：ctra. d'Osca, km 5。☎ 973 23 59 54。是夏日避暑的胜地，营地里有游泳池。

加利格斯、乌捷尔和塞戈拉
Les Garrigues, l'Urgell i la Segarra

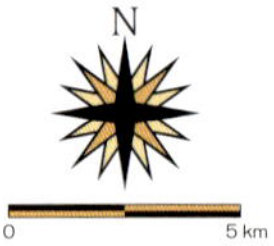

加利格斯、乌捷尔和塞戈拉三地的历史遗产丰富，风景秀美游客无不为这里的景色折服。这个地区远离游客熙攘的旅游区，游客们可以在这里看到加利格斯地区大片的橄榄林——那里生产大量高质量的橄榄油，还可以欣赏到像巴博那、塔勒卡和塞维拉这些地区美丽的风景，以及格阿格拉木特、吉莫拉和城堡等地方中世纪的城堡和其他历史遗迹。

行程:
2天/123km

巴博那（Vallbona de les Monges）
→波尔赫布兰格（Les Borges Blanques） **24km**
波尔赫布兰格→塔勒卡（Tàrrega） **32km**
塔勒卡→塞维拉（Cervera） **11km**
塞维拉→阿格拉木特（Agramunt） **21km**
阿格拉木特→贝尔杜（Verdú） **20km**
贝尔杜→吉莫拉（Guimerà） **10km**
吉莫拉→城堡（Ciutadilla） **5km**

1

巴博那**

Vallbona de les Monges **

ⓘ pg. de Montesquieu, s/n。📞 973 33 02 60。🚌 Auto Transporte Parellada, SL。☺ 9月的第三个星期。♜ 巴博那修女修道院 Monestir de Vallbona de les Monges 📞 973 33 02 66。🕒 周一至周五，10:30到13:30，16:30到18:45；节假日，12:00到13:30，16:30到18:45；冬季关门时间为18:00；非节假日周一不营业。$ 4欧元。参观有导游讲解。网址：www.vallbona.com。

巴勒那隶属于乌捷尔区，坐落在塔亚山脉脚下，这里因圣玛丽亚修道院（monestir de Santa Maria）而远近闻名。现在这个修道院有三十个修女。著名的"朝圣者之路"（Ruta del Cister）就是由这个修道院和波布莱特及圣十字修道院（els monestirs de Poblet i Santes Creus）组成的。圣玛丽亚修道院最初是1153年由隐士拉蒙·巴博那（Ramon de Vallbona）创立的一个混合的宗教团体。在1176年四个修女从那瓦拉的杜来拉斯（Tulebras）来到这里，这些修女将这个修道院归属到著名的西斯特尔教团下，同时将它变成了女子修道院。这四个修女中的一个——欧丽亚·拉米雷斯（Òria Ramírez）成为这个修道院第一任女修道院院长。在接下来的三个世纪中，巴博那有很强的生命力：那时很泥泞的山谷变得干了，促进了人们在这里安家落户，从而推动了农业的发展。贵族保护修道院，

巴博那的修道院内部的回廊和圆顶

不仅为修道院捐赠，还允许女儿们进修道院。在16世纪中期，由于宣传禁止孤立修道院，这个修道院成为巴博那居民的核心。分布在修道院周围的建筑是在不同时期建造的。教堂体现了从罗马风格到哥

巴博那的部分景观

以橄榄油闻名的城市——波尔赫布兰格

特风格的变化，是拉丁十字的建筑，整个建筑中只有一个大殿，在走廊处有三个半圆形的后殿。在十字交叉处上方是13世纪的螺旋八角穹顶。而大殿中心上方的宏伟的钟式穹顶则属于14世纪。栅上的交叉尖形拱是在14世纪修建的，取代了以前的罗马式穹顶。在教堂内部的牌位上写着修道院各位院长的名字。在大祭坛中埋葬的是加乌马一世（Jaume I）的妻子，匈牙利的比奥兰特王后（Violant d'Hongria）和她的女儿桑萨（Sança）。十字回廊北侧的门是罗马风格的（13世纪）。在这个建筑前面是一个古护城广场。教堂的墙边有三个罗马式石棺。

修道院的回廊是不规则四边形的，其中每一个房间的风格都各不相同（12—15世纪）。在回廊旁边还有几个附属房间，有厨房和餐厅。这些附属房间不允许参观，牧师会议厅是哥特风格的（建于14世纪），它的古朴简洁让游人惊讶不已。在这个房间里还保存着米塞里高迪亚（Misericòrdia）的石像（15世纪）。这个修道院中还有后来建造的几间楼房（建于18—19世纪），是当时修女们的住处。

2

波尔赫布兰格 *
Les Borges Blanques *

ⓘ av. de Francesc Macià, 54。✆ 973 14 26 58。🚌 La Hispano Igualadina, SA; VIBASA; Auto Transporte Parellada, SL; Alsina Graells, SA。🚆 RENFE。☺ 9月的第一个周末。🏛 橄榄油主题公园 Parc Temàtic de l'Oli ✆ 973 14 00 18。🕓 周一至周五，10:00到14:00，15:00到18:00（夏季下午15:30到18:30）；周六、周日和其他节假日，10:00到18:30。💲 4.5欧元。

加利格斯区的省会是一个重要的农业区，那里专门种植橄榄。这个区生产的橄榄油让加利格斯名扬四海。早在1918年这里就已经有62家橄榄油厂和90个水压机。要了解橄榄油生产和制作过程，最好的办法就是参观橄榄油主题公园，它位于郊区的一个圣殿骑士时代的古老楼房的旁边。在这个很全面的博物馆内，可以详细了解橄榄油加工的历史沿革。而且可以看到世界上最大的水压机，造于17世

波尔赫布兰格市中心的回廊街道

现在的乌捷尔地区的中心城市——塔勒卡的部分景观

纪，有十四米高，另外这里还有一棵千年油橄榄树。在这个地方，游客可以参观到一个建于1743年的巴洛克风格的小教堂，一个融合文艺复兴元素的有回廊围绕的广场，一个巴洛克风格的升天教堂（església de l'Assumpció），这座教堂是新古典主义风格的，教堂中有一个很重要的露台，从那里可以看到很开阔的景色。在这里向大家推荐一个游览的地方——得拉园，在那里有两个湖，湖上有天鹅和鸭子游来游去，还有一个花园，花园中有一个古代榨油机和纪念萨而达纳的纪念碑、纪念曼萨森集中营牺牲者的纪念碑和加泰罗尼亚自治区主席弗朗塞斯克·马西阿（Francesc Macià）的纪念碑。

3

塔勒卡 *
Tàrrega *

ⓘ c. de Agoders, 16。📞 973 50 07 07。🚌 Alsina Graells, SA; Eix Bus, SA; La Hispano Igualadina, SA; Auto Transporte Parellada, SL; Autocars Agramunt, SL。🚆 RENFE。☺ 圣艾罗伊节（9月的第二个周日）。🏛 乌捷尔地方博物馆 **Museu Comarcal de l'Urgell** 地址：c. Major, 11。📞 973 31 29 60。🕓 周六，12:00到14:00，16:00到21:00；周日和节假日，12:00到14:00；周一至周四，9:00到14:00，15:00到19:00，参观和导游讲解都须预约。网址：www.museutarrega.com。

塔勒卡是乌捷尔的省会，这个城市的地理位置十分重要，是巴塞罗那和西方的交通枢纽。这个城市可以追溯到罗马时代，曾经被阿拉伯人占领，后于11世纪被拉蒙·贝雷戈尔（Ramon Berenguer）收复。其居民居住的历史可以追溯到1180年。从那时开始这个城市开始在城堡周围慢慢形成。犹太社区在这个地区扮演着非常重要的角色。这里每周一的集市已经有四个世纪的历史了，延续至今。这个城市经济的繁荣是18世纪农业专业化和人口扩张的结果，从而促进了1777年“国家朋友经济社”（Societat Econòmica d'Amics）的创立。

对塔勒卡的参观主要集中在两方面：第一个方面是参观其历史和贸易中心，那里游客可以惬意地散步，欣赏中世纪鼎盛时期的狭窄的街道和一些古老的建筑等特色景观；第二个方面是拉巴圣玛丽亚教堂（Santa Maria de l'Alba），这是一个新古典主义风格的建筑（建于17—18世纪），整个教堂有三间殿，在十字回廊上方是圆形屋顶。这个城市的历史建筑的核心建在三个广场的周围——位于城堡废墟脚下的圣安东尼广场（plaça de Sant Antoni）、马约广场（plaça Major）和巴迪广场（plaça del Pati），这里可以欣赏到一座瓦伦西亚雕刻家安得

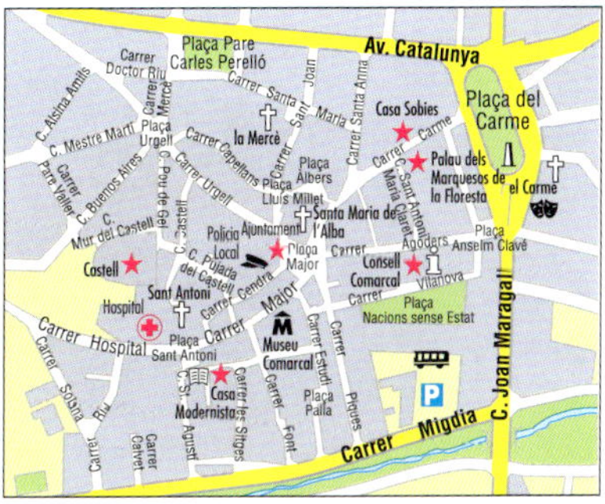

塔勒卡地图

塞维拉的主要建筑——哥特风格的圣玛丽亚教堂

列·阿法罗(Andreu Alfaro)的作品。在Carme街，游客们可以看到钟楼和行政长官官殿，这是一座建造于13世纪的罗马风格的楼房。地区博物馆位于马约街，在著名的卡尔贝雷罗之家(Cal Perelló)内。在这个博物馆中展出了一组重要的建筑模型，当地流派的艺术家壁画以及巴雷斯的圣库卡的壁毯厂(Tapís de Sant Cugat)生产的加泰罗尼亚风格的壁毯。

圣艾罗伊公园位于圣艾罗伊山的山顶，在这里可以看到整个城市的壮丽景色和这个区的一部分。13世纪时一位隐士曾经住在这里，现在这里向游客开放。从1981年开始，塔勒卡就以其作为重要的文化活动中心而闻名于世，这些文化活动中最著名的是戏剧节。每年的9月，很多戏剧演出团都齐聚在这里，

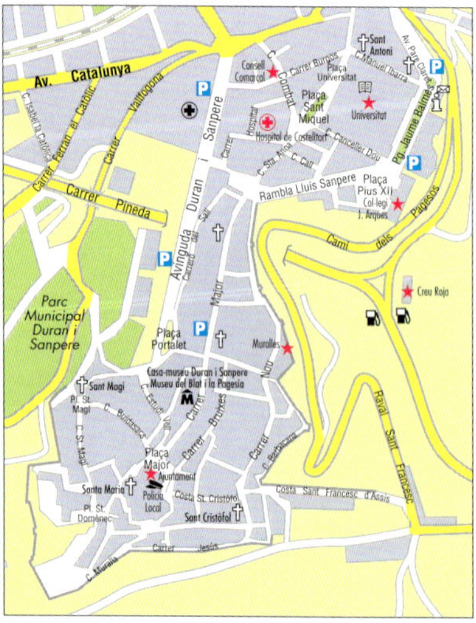

塞维拉地图

他们在这里的街道和广场上演出为下一个时期新排演的剧目。每年大约有三万多人参加塔勒卡的戏剧节。另外值得强调的文化活动有，每年10月和11月举办的爵士乐和布鲁斯舞曲节。

4

塞维拉 *

Cervera *

ⓘ c. Major, 115。☎ 973 53 13 03。🚌 Alsina Graells, SA; Cots Alsina, SL; Eix Bus, SA; La Hispano Igualadina, SA。🚆 RENFE。🏛 杜兰和桑裴雷之家博物馆 Casa Museu Duran i Sanpere 地址: c.Major, 115。☎ 973 53 39 17。🕘 6月到9月，周二到周六，10:30到14:00，17:00到19:00；周日和其他节假日，10:30到14:00；10月到次年5月，周六，10:30到14:00，17:00到19:00；周日和其他节假日，10:30到14:00。导游讲解须预约。

塞维拉是塞格拉的省会，它坐落于拉斯萨维内斯山的山坡上。城中的圣玛丽亚塔(torre de Santa Maria)有这个地方非常突出的景色。这座城市最初是一座古老的穆斯林风格的防御工事，还有些部分也体现了伊比利亚和罗马风格。建议您去参观城墙围绕的古老的市中心，最近这里还重建了一些地方：弯曲的马约尔胡同、布鲁西斯胡同(carrerons de les Bruixes)、萨巴特胡同(Sabater)和塞博耶利亚胡同(Sebolleria)，以及哥特风格的圣玛丽亚教堂(parròquia de Santa Maria)。教堂的门是罗马风格的，刻有圣安东尼(Sant Antoni)雕像，这是以前建筑的见证。圣玛丽亚教堂有三间主殿，有十字形穹顶和多边形后殿，这里最出色的是八边形的钟楼和前面的那些玻璃窗。在教堂的内部有贝雷戈尔(Berenguer de Castelltort)和拉蒙·塞拉(Ramon Serra)的圣墓，罗马的拉斯萨维

塞维拉大学巴洛克风格的大门

内斯圣母（Mare de Déu de les Savines）和萨格利斯达圣母（Mare de Déu de la Sagristia）像，以及大理石的圣梅斯特里奥圣坛（altar del Santíssim Misteri，1788—1810），是加乌马·佩德罗（Jaume Pedró）的作品。巴艾利亚宫即市政厅是一座17世纪的楼房，在1786年曾经扩建。它的正面是巴洛克风格的装饰有代表其职能、五官和正义的有趣的雕刻。塞维拉以其大学而闻名。这所大学建于1718年，建筑是巴洛克风格的，这里最终成为当时加泰罗尼亚地区唯一的大学，因为那时的其他六所大学都被取消了。这种状况一直持续到1842年。加泰罗尼亚很多的名人都在这里学习过，如 著名的基督教徒加乌马·巴尔梅斯（Jaume Balmes）和著名的作家米拉佛达那斯（Milà i Fontanals）。

1982年这里建立了一座纪念碑，是雕刻家何塞·玛丽亚·苏比拉斯（Josep Maria Subirachs）的作品，用以纪念加泰罗尼亚宫廷，1359年在这座城市曾经建立了总议院，加泰罗尼亚的格内拉丽塔宫廷的前身也曾设在这里。而且儿童时代的费兰（Ferran II）就是在塞维拉市签署了和卡斯蒂亚的伊沙贝尔（Isabel）公主的婚约。至于博物馆，在塞维拉比较著名的是杜兰和桑裴雷之家博物馆（Casa Museu Duran i Sanpere）。博物馆的第二层是原来的主人——历史学家塞维拉·奥古斯汀·杜兰（Cervera Agustí Duran，1887—1975）儿子的住所，其装饰是阿方索风格的。杜兰是巴塞罗那市政府历史学院的创始人。博物馆的第一层展出了宗教艺术的一些作品，其中包括建筑方面和人种学方面的。从佛萨而广场的看台上可以看到塞格拉和农业会的一部分概貌，农业会是高迪的徒弟恺撒·马丁内尔（Cèsar Martinell）的作品。在8月的最后一个周六在塞维拉庆祝传统节日——群魔节，以纪念这个山谷中的巫术传统。这个城市和全省的人们都会非常隆重地庆祝这个节日，恢复了中世纪的传统。画家弗朗西斯科·戈雅（Francisco de Goya）在他的题为《群魔节》（Aquelarre）的画中曾经描绘了这个仪式，画中一个貌似山羊的魔鬼主持巫师们的晚间聚会。塞维拉在古老的城区，尤其是布鲁西斯（加泰罗尼亚语中巫师的意思）街庆祝这个夜晚。塞维拉还有另外一个有趣的文化盛事——这里是加泰罗尼亚受难日表演传统保留得最好的城市之一。在每年的3月和4月都会有成千上万的游客被吸引到这里，观看耶稣生死的场景再现。这一传统可以追溯到15世纪。

5

阿格拉木特
Agramunt

ⓘ pl. del Pou，s/n。📞 9/3 39 00 40。🚌 Alsina Graells，SA。☺索克斯圣母节（9月首个周末）。其他节日：杏仁糖和石头巧克力交易会（Pilar节前后）。**H** 吉诺巴尔特之家 **Espai Guinovart** 地址：pl. del Mercat，s/n。📞 973 39 09 04。🕓 周二到周五，10:00到13:00，17:00到20:00；周六，11:00到14:00，17:00到20:00；周日和节假日，11:00到14:00（夏季下午的开放时间是16:00到19:00）。有导游讲解。网址：www.museudecervera.com。**H** 人类学博物馆 **Museu Etnològic Municipal** 地址：pl. del Mercat，s/n。📞 973 39 09 04。🕓 周日和节假日，12:00到14:00。**H** 诗人维苏阿·罗·帕而达之家 **Casa de Poesia Visual Lo Pardal** 地址：pl. del Pare Gras，6。📞 973 39 00 87。参观须事先预约。

阿格拉木特是乌捷尔地区的第二大城市，城市有很多种类不同的有趣的建筑。其中比较重要的有罗马式的圣玛丽亚教堂，它坐落于这个城市的中心。1931年它被宣布为国家级建筑物，并于1953年开始重建。这个建筑中比较突出的地方是西方的门，这是加泰罗尼亚罗马风格的最重要的建筑之一。在这个教堂中可以看到《东方三王朝拜圣母圣子》（verge i infant adorats pels Reis Mags）雕刻组图，这是由1283年这个城市的纺织工行会资助建设，由雷伊达派的手工业者完成的。整座楼有三间，棚顶是炮式的穹顶，后面有三个半圆形的后殿。钟楼是14世纪的。另外一个有趣的地方是梅尔卡达广场（plaça del Mercada），这是加泰罗尼亚有计划地修建的广场之一，根据现代城市主义的标准，这里一共有32个拱。吉诺巴特之家，位于阿格拉木特集市广场的古市政府市场大楼内，其中保存了加泰罗尼亚现代画家、雕刻家何塞·吉诺巴特（Josep Guinovart，1927）的作品。吉诺巴特是国际知名的艺术家，他一直着迷于自然和人之间的关系，并在某种意义上延续了胡安·米罗（Joan Miró）创立的路线。这里

中世纪小城——吉莫拉

也有一些现代艺术家作品的长期展出。在这座楼的下面是市人类学(Etnològic)博物馆,这里展出了很多农业器具和古代手工业器具,家居用品,建筑材料和这个城市的老照片。要欣赏景色就应该参观帕而达之家,它展出了这个城市的儿子——作家和诗人吉雷姆·维拉多特(Guillem Viladot, 1922—1999)的作品。在阿格拉木特另外比较著名的景点是蒙特卡尔城堡(castell de Montclar),它位于距离城市8公里远的地方,是收复城市时的防御工事(建于11世纪,在17世纪时重建),1979年被宣布为国家级建筑。现在里面布置了家具,可以参观。在夏季时,这里常常举行古典音乐会。这个城市也以其制作石头巧克力和杏仁糖的传统而闻名,制作杏仁糖的原料是榛子、杏仁、蜂蜜、鸡蛋清。

6

贝尔杜
Verdú

ⓘ pl. Major, 1。📞 973 34 70 07。🚌 Autocars Agramunt, SL; La Hispano Igualadina, SA。☺ 圣佛拉维阿节(1月的最后一个周末),圣皮雷·卡拉维尔节(9月的第一个周末)。

贝尔杜是一个古老的有1000居民的小镇,小镇周围有城墙围绕。这座城市中比较著名的景点有古城墙遗址、巴洛克式的圣玛丽亚教堂(església de Santa Maria)和城堡,其中圣玛丽亚教堂体现了其从罗马风格到哥特风格的过渡。城堡现在是市级古迹,是这个小镇最初的核心地区。这是一个非常有趣的建筑,它由几个相当出色的部分组成,如25米高的圆柱形纪念塔。制作琉璃尤其是黑琉璃,在这个地方已有两千多年的历史。根据传统,各式各样的坛子可以最大限度地保持水的新鲜。这个小镇到处分布着手工作坊,站在高处俯瞰这个小镇,可以看到某些作坊中的手工业者在劳动。

7

吉莫拉
Guimerà

ⓘ ctra. de Tàrrega, 32。📞 973 30 30 38。🚌 Autocars Agramunt, SL; La Hispano Igualadina, SA。☺ 圣塞巴斯蒂安(1月的第三个周末),圣塞巴斯地安还愿节(4月20日)。

吉莫拉是一座纯粹的中世纪城市,整座城市就是一个沿着街道可以到达教堂和城堡的迷宫,创造出一组原始的建筑形式。1975年这个城市被宣布为历史和艺术古城。在城堡的废墟之上耸立着一座高塔,虽然已经破损,但仍然是考博河谷中最重要的建筑,从远处就可以看到这座代表着这个小镇的高塔。城中的城堡是中世纪的防御工事,此建筑正是吉莫拉伯爵领地的中心。这里比较有名的建筑还包括哥特风格的圣塞巴斯蒂安教堂。教堂的原始哥特风格的装饰屏,今天仍然可以在维克博物馆中看到。现在,在那里还可以欣赏到一个雪花石膏宗教装饰屏,这是何塞·玛丽亚·朱约尔(Josep Maria Jujol)的作品。在吉莫拉还可以参观到其他有意思的地方,例如古医院圣恩斯戴维卡而曼塞塔(capella de Sant Esteve i Cal Manseta),那里的阳台和窗户非常能体现建筑的美感。在吉莫拉(Guimerà)和城堡(Ciutadilla)两个城市中间有一个巴尔桑塔修道院(convent de Vallsanta)。在这座哥特风格的建筑中,值得参观的是有三个窗户的教堂的后殿。

8

城堡
Ciutadilla

ⓘ pl. Major, 4。📞 973 30 30 10。🚌 Autocars Agramunt, SL; Auto Transporte Parellada, SL; La Hispano Igualadina, SA。☺ 圣洛克节(8月的第二个周末),圣米格尔节(9月29日)。

这个城市的轮廓非常强劲有力，城堡是这个城市的主要建筑。这个城堡是11世纪修建的中世纪风格的防御工事，后来这里成为一座寝宫，直到1835年都保存得完整无损，1908年以前这里还有人居住。

尤其值得一提的是另外一座七层高的纪念塔。在最上面的三层中有文艺复兴式的受哥特风格影响的窗户。另外一处值得一提的地方是圣米格尔教堂（建于16世纪），位于几乎是这个小城最高点的城堡脚下。其内部的装修十分简朴。内部值得一看的是吉莫拉家族的石棺、两个侧殿。石板地和圆花窗，为教堂内部提供了充足的光线。

城堡中的主要建筑是一个巨大的中世纪的防御工事

实用向导

周边地区

烽火台：位于距阿格拉木特五公里远的地方，从公路的路标点开始行走五分钟就可以到达。这是一个具有防御和监视功能的圆形塔（建于 11 世纪），外形和莱里达山区基督教防御塔非常相似。塔高 14 米，可以登到塔顶。

圣皮雷·高斯教堂（Sant Pere el Gros）：在塞维拉的郊区，沿着通向罗卡福特淂盖拉（Rocafort de Queralt）的公路，游客们会看到一座很罕见的罗马风格的教堂，教堂是环形的，附有一座钟楼。蒙法科木拉特（Montfalcó Murallat）是一座小城，在这个城市被城墙围绕的地区建起了很多相同样式的房子。这个卵形结构的建筑区是围绕中心广场的中轴线而建的。

餐馆

塞维拉 Cervera

Les Forques 餐馆 地址：av. de Catalunya，4。☎ 973 53 15 22。这里经营伊达地区的特色菜海螺。🍴

莫雷露萨 Mollerussa

Moragues 餐馆 地址：c. de Ferrer i Bus-quets，23。☎ 973 60 04 06。🍴🍴

阿格拉木特 Agramunt

Blanc i Negre 餐馆 地址：ctra. de Cervera。☎ 973 39 12 13。🍴

Kipps 餐馆 地址：ctra. de Pons a Salou，km 12,900。☎ 973 39 08 25。🍴

吉莫拉 Guimerà

Ca la Mundeta 餐馆 地址：Plaça，2。☎ 973 30 30 89。经营中世纪菜。

塔勒卡 Tàrrega

Pintor Marsà 餐馆 地址：av. de Catalunya，112。☎ 973 50 15 16。周一关闭。餐馆主要经营加泰罗尼亚美食。🍴🍴

巴博那 Vallbona de les Monges

El Tallat 餐馆 地址：raval del Talat，77。☎ 973 33 02 70。季节性营业特色菜是 calço-tades。🍴

贝尔杜 Verdú

La Graella 餐馆 地址：pl. Major，18。☎ 973 34 70 93。常年营业，餐馆的特色菜是烤肉。🍴

波尔赫布兰格 Les Borges Blanques

Masia Salat 餐馆 地址：ctra. de Lleida，km 71。☎ 973 14 32 74。常年营业，位于橄榄油主题公园旁边。特色菜是海螺。🍴🍴

住宿

酒店

塞维拉 Cervera

Bonavista 酒店 * 地址：av. de Catalunya，12。☎ 973 53 00 27。

莫雷露萨 Mollerussa

Apartaments Jardí 酒店 * 地址：pl. de l'Esta-ció，2。☎ 973 60 01 91。

阿格拉木特 Agramunt

Blanc i Negre 酒店 * 地址：ctra. de Cervera。☎ 973 39 12 13。

Kipps 酒店 ** 地址：ctra. de Pons a Salou，km 12,900。☎ 973 39 08 25。

吉莫拉 Guimerà

Sant Jordi 酒店 地址：c. de Vallfogona，2。☎ 973 30 31 92。

塔勒卡 Tàrrega

Pintor Marsà 酒店 *** 地址：av. de Cata-lunya，112。☎ 973 50 15 16。

地名索引

地名索引

D

E

F

旅游小贴士

铁路

加泰罗尼亚有两大铁路交通公司，分别是RENFE和Ferrocarrils de la Generalitat。其中，RENFE的业务遍布整个西班牙。

游客在加泰罗尼亚乘坐RENFE的火车还可以在Portbou站和Puigcerdá站换乘前往法国的列车。

海运

巴塞罗那港是加泰罗尼亚地区最重要的港口，无论是货运吨位还是客运数量都独占鳌头。许多游客是乘坐地中海的渡轮来到巴塞罗那的。巴塞罗那港有多条前往巴利阿里群岛和地中海其他港口的航线。

此外，在加泰罗尼亚的海岸线上，我们还可以找到40多个专门提供给水上运动的“体育港口”。

相关联系电话

巴塞罗那海运站：933 068 800
塔拉戈纳海运站：977 259 400
地中海运输公司：902 454 645
汹涌海岸渡轮：972 314 969
黄金海岸渡轮：977 363 090

航空

加泰罗尼亚地区最重要的机场叫普拉特机场（Prat），游客可以在机场方便地搭乘轻铁或巴士直达巴塞罗那市中心，前后只需15分钟左右。如果游客乘坐出租车从机场到市中心，的士费约为25欧元。

不管怎么说，只要到达巴塞罗那，您就可以坐汽车或者火车到达任何一个你想去的加泰罗尼亚大区的城市。

巴塞罗那和加泰罗尼亚的官方网站

www.gencat.net
这是一个专门介绍加泰罗尼亚地区政府和该地区综合信息的官方网站。如果想了解更多加泰罗尼亚地区旅游的资讯，还可以登陆以下两个网址：
www.gencat.net/turistex_nou/home.htm
www.catalunyatruisme.com

如果想了解巴塞罗那市旅游方面的信息，请查询以下两个网站：
www.bcn.es/turisme/catala/turisme/welcome.htm
www.barcelonaturisme.com

其他城市和景点的网站分别是
汹涌海岸——基罗那 **www.costabrava.org**
雷伊达 **www.lleidatur.es**
黄金海岸 **www.costadaurada.org**

中华人民共和国驻西班牙使领馆联系方式

中华人民共和国驻西班牙大使馆

地址：Calle Arturo Soria, 113 28043Madrid (Madrid)
电话：34 915194242或34 915193672
传真：34 915192035

中华人民共和国驻巴塞罗那总领事馆

地址：Avenida Tibidabo, 3408022 Barcelona (Barcelona)
电话：34 932541199 或 34 932541192

西班牙驻华使领馆联系方式

西班牙驻华大使馆办公处

地址：北京三里屯路9号
电话：86 10 6532 3629
传真：86 10 6532 3401

西班牙驻华大使馆领事处

地址：北京亮马河南路18号
电话：86 10 6532 0780
传真：86 10 6532 0784

西班牙驻香港总领事馆

地址：香港中环雪厂街18号印刷行8楼
电话：852 2525 3041
传真：852 2877 2407

西班牙驻上海总领事馆

地址：上海黄浦区中山东一路12号3楼
电话：86 21 6321 3543
传真：86 21 6321 1396

商场、酒吧和餐馆的作息时间

商场的营业时间一般是每个星期周一到周六，早上9:30到13:30，下午16:30到20:00。大型的购物商城或者购物中心会另有自己的作息安排，一般会从10:00一直营业到晚上的21:00或22:00。

通常，酒吧开门营业提供早餐的时间是在早上8:00到10:00。餐馆里提供午餐的时间一般在13:00到15:30。大部分的餐馆一般要到20:30才开始供应晚饭，直到23:00结束。不了解情况的中国游客如果太早赶过去，会发现餐馆闭门谢客，可能会以为是提早打烊了。一般来说，很多咖啡厅和酒吧都是全天24小时营业的，游客也可以在这里解决午饭和晚饭的问题，来一碟叫tapa的小吃或者三文治填填肚子也是不错的。在加泰罗尼亚，尤其是在巴塞罗那，热闹的夜生活通常从周四开始一直持续到周日。各种各样的小酒吧、酒馆和迪斯科舞厅都会营业到凌晨的三四点钟。在巴塞罗那市区，还有很多通宵开放的娱乐场所，人们称之为“afterhours”。

申请前往西班牙

中华人民共和国公民（港澳台除外）前往西班牙之前必须到相应的西班牙驻华使领馆申请合

法入境签证。申请者要向大使馆或领事馆递交有效的护照。根据申请者入境的目的，使领馆划分了不同类别的签证，申请者必须如实按照自己的入境目的进行申请手续。此外，使领馆还会根据申请者的具体情况要求对方提供相应的材料，其中包括居住证明文件（如户口），整个行程的酒店、机票预订确认单，对方的邀请函等。

除了上述材料，申请者还要出示一些能够保证足以维持在西班牙短期生活的经济来源或经济能力证明。

流通货币

西班牙的货币单位是欧元。流通硬币的面值为 1、2、5、10、20和50分，还有1和2欧元。纸币面值为 5、10、20、50、100、200 和 500 欧元。所有的银行都可以办理兑换业务，包括大多数的酒店、旅店、兑换店、旅行社、租屋中介等。银行的营业时间为周一至周五8点半到中午2点，周六冬季9点到中午1点，夏季周六关门。

支付方式

除了用现金，另一个在商业机构普遍使用的是国际信用卡，或者是西班牙国内的信用卡。使用信用卡的同时要出示护照或者学生证等表明身份的证件。旅行支票也被大多数酒店、餐馆等商业机构接受，使用时也要出示护照。如果一次性购物超过90.15欧元，在离开西班牙的时候可以要求返还购物时支付的消费税(IVA)，因此在商场消费要索取退税单（cheque Tax free）。

小费

虽然在加泰罗尼亚地区，支付消费没有在西班牙其他地区那么流行，但是，在酒吧、酒店和乘坐出租车的时候，习惯上会给小费。一般根据服务的质量、你消费的水平和个人的慷慨程度来给。一般是给消费额的5%～10%作为小费。

用电

加泰罗尼亚乃至西班牙用的都是220V的交流电。电插头使用的都是欧洲标准，即两孔圆插。一般来说，酒店都会提供一些常用的转换插头以方便客人，但是建议大家在去欧洲之前就在中国买好相应的转换插会更实际一些。

节日

加泰罗尼亚节日众多，一整年都陆续有大大小小的节日。这些节日大多数都跟宗教有关，而主要的公众节日有以下这些：

1月1日：元旦
1月6日：东方三王节
3至4月：圣星期五、复活节的星期一
5月1日：劳动节
6月24日：圣胡安节
8月15日：8月圣母升天日
9月11日：加泰罗尼亚地区国庆日
10月12日：西班牙语国家节
11月1日：圣徒节
12月6日：西班牙宪法日
12月8日：圣母受孕日
12月25日：圣诞
12月26日：圣艾斯特万节

健康

去西班牙旅游不需要打任何疫苗。但是正如其他国家一样，如果游客将与自然或者原始生态环境接触比较多的话，建议出国前打破伤风等疫苗。西班牙当局只有在特殊情况下，才会要求提供医生出具的证明，为的是确保入境游客没有感染《国际卫生条例》里列出的疾病。医院提供各种专业的门诊、护理等，此外，还有建立在医院和健康中心的急救服务。虽然在紧急的情况下可随叫随到，但这种服务是要付费的。因此，建议旅客在出门前买好医疗保险。急救可拨打免费电话112（整个西班牙都通用），接听将是用西班牙语，而在旅游区，还有英语、法语和德语服务。药店门口都有醒目的红色或者绿色十字作为标识。营业时间为9点半到中午1点半，下午4点半到8点。大城市有些药店会24小时开门。此外，晚上和周末非营业时间一般也有人轮值。在小村镇的话就要与当地城市警察取得联系。大多数的药品都要凭处方购买。

怎样打电话

从其他国家打电话去西班牙，要在号码前加拨0034（西班牙国家区号），然后拨打9位数的电话号码（无论固定电话还是手机都是9位数号码）。在西班牙向其他国家打电话要拨该国家区号，再拨电话号码。旅客可以在公共电话亭或者各地的电话黄页查到各国区号。在公用电话亭打电话，可以使用硬币或者电话卡。一般杂货店或者买香烟的小店都有售电话卡。西班牙手机用的是GSM网络，有些国家（例如美国和日本）的手机在西班牙不通用。中国的手机一般都能换上西班牙的SIM卡直接使用。或者游客可以在出国前办理全球通的漫游服务，在西班牙都可以用国内的号码。

加泰罗尼亚和巴塞罗那的重要电话

国家警察和城市警察：091或092
巴塞罗那信息咨询电话：010
急救全国统一号码：112
紧急医疗：061
交通信息：010
导游、旅游翻译：933 198 416或932 682 422
加泰罗尼亚旅游局：934 849 900

宗教

西班牙宪法规定信仰自由，大部分公民信仰天主教。其他的宗教还有伊斯兰教、犹太教、新教等。所有这些教派都有他们的活动场所。

加泰罗尼亚地区公共交通运输公司电话和网址

铁路 TREN

Ferrocarrils de la Generalitat de Catalunya
TEL: 93 2051515
www.fgc.net

RENFE
TEL: 902 240202
www.renfe.es

公交车 BUS

25 Osona Bus, SA
TEL: 902 13 00 14 / 93 8506063
www.sagales.com

ABASA, Automóviles Bajo Aragón, SA
TEL: 974 830871
www.abasa.es

AISA, Automnibus Interurbanos, SA
TEL: 91 5304607
www.aisa-grupo.com

Alsina Graells de Auto Transportes, SA
TEL: 93 265 68 66 / 265 65 92
www.alsinagraells.es

AMPSA, Autocars Martí Pí, SA
TEL: 972 758233
www.ampsa.org

Ampurdán-Bus, SL
TEL: 972 502383
www.ampurdanbus.com

Auto Transporte Parellada, SL
TEL: 973 275599
www.ifr.es/xampany

Autocares A. García, SA
TEL: 986 571 777

Autocars del Penedès, SA
TEL: 977 660821
www.autocarsdelpenedes.com

Autocares Jaime Carrera, SA
TEL: 977 823143
www.carrera.nu

Autocares Julià, SL
TEL: 93 4311100
www.autocaresjulia.es

Autocares Poch, SA
TEL: 977 660240

Autocares Prat, SA
TEL: 93 8126411

Autocars Maynau, SL
TEL: 972 461748

Autocars Agramunt, SL
TEL: 973 390642

Autocars R. Mas, SL
TEL: 972 850425

Autocars Vendrell, SL
TEL: 93 8922544
www.autocarsvendrell.com

Barcelona Bus, SL
TEL: 93 5931112
www.sagales.com

Bullich Grup Autotransport, SL
TEL: 973 190118

Bus Castellví, SA
TEL: 93 8918202
buscastellvi@yahoo.es

Bus Eix de l'Ebre
TEL: 973 271470

Casas Verdaguer, Josep /
J. Verdaguer, SL
TEL: 93 8870560

Cingles Bus, SA
TEL: 90 2130014
www.sagales.com

Cintoi Bus, SL (Prat Llobregat-Garraf)
TEL: 93 8937511
www.monbus.org

Comasolivas Codina, Jordi
TEL: 93 8862614

Compañía del Ferrocarril de
Olot a Gerona, SA
TEL: 972 204868

Cots Alsina, SL
TEL: 973 532127
www.cotsalsina.com

C R A la Hispania, SA
TEL: 902 130014
www.sagales.com

Eix Bus, SA
TEL: 972 204868

Empresa Casas, SA
TEL: 93 7981100
www.sarbus.com

Eurolines Peninsular, SA
TEL: 902 40 50 40
www.juliatours.com

Empresa Sagalés, SA
TEL: 90 2130014
www.sagales.com

Enatcar
TEL: 902 422242
www.enatcar.com

Ferrocarriles y Transportes, SA
TEL: 93 5931112 / 93 593 13 00
www.sagales.com

Hispano Hilarienca, SA
TEL: 972 245012
www.hispanohilarienca.com

La Hispano Igualadina, SA
TEL: 93 8044451
www.hispanoigualadina.net

La Hispano de Fuente en Segures, SA
TEL: 977 440300
www.hife.es

La Hispano Llacunense, SL
TEL: 93 8912561
www.hillsabus.com

La Vallesana, SA
TEL: 93 7103905
www.lavallesana.com

LINEBUS, Líneas Europeas de Autobuses
TEL: 96 3401979
www.linebus.com

Llorente Bus, SL
TEL: 91 3520709
www.llorentebus.es

J. Verdaguer, SL
TEL: 93 858 40 37

Martí Renom, SA
TEL: 93 7279292
www.sarbus.com

Martín Colomer, SL
TEL: 93 7951254

Masats Transports Generals Sociedad Anónima
TEL: 93 8358111
www.masatstransport.com

Miguel Gamon, SL
TEL: 973 770223
www.autocarsgamon.com

Mohn, SL (Castelldefels)
TEL: 93 6357670
info@baixbus.com

Montferri Hermanos, SL
TEL: 93 8010359

Oliveras, SA
TEL: 93 2632644
info@baixbus.com

Planas Vila, Ramon
TEL: 93 8210107

Reus-Tarragona Bus, SL
TEL: 93 4882621

Rosanbús SL
TEL: 93 3359514
info@baixbus.com

Rovira Sansalvador, Josep M.
TEL: 93 8570704

SARFA, SL
TEL: 972 300623
www.sarfa.com

Starbús
TEL: 96 3496767
www.starbus.es

T.y J. Plana Empresa Plana, SL
TEL: 977 354445
www.autocarsplana.com

TEISA, Transportes Eléctricos Interurbanos, SA
TEL: 972 200275
www.teisa-bus.com

TMB, Transports Metropolitans de Barcelona, SA
TEL: 93 2987000
www.tmb.net

Transbages, SL
TEL: 93 8357064
www.sagales.com

Transportes Bacoma, SA
TEL: 90 2422242
www.enatcar.com

Transportes Castellà, SA
TEL: 93 5931112
www.sagales.com

Transportes Generales de Olesa, SA
TEL: 93 7780088
www.tgo.net

Transportes Pujol y Pujol, SL
TEL: 972 364074
www.transpujol.com

Transports Mir, SA
TEL: 972 703012
www.autocarsmir.com

TUSGSAL, Transports Urbans i Serveis Generals SAL.
TEL: 93 3953111
www.tusgsal.net